HISTOIRE
DE
FLORENCE

OUVRAGES DU MÊME AUTEUR

Jérôme Savonarole, sa vie, ses prédications, ses écrits. Ouvrage couronné par l'Académie française. 3ᵉ édition. 1 vol. in-12 (Hachette).

Deux ans de révolution en Italie. 1848-1849. 1 vol. in-12 (Hachette).

Étienne Marcel, prévôt des marchands. 2ᵉ édition, dans la collection municipale de l'Histoire de Paris. 1 vol. in-4.

Histoire de la littérature italienne, depuis ses origines jusqu'à nos jours. 2ᵉ édition. 1 vol. in-12 (Delagrave).

Les mariages espagnols sous le règne d'Henri IV et la régence de Marie de Médicis. Ouvrage couronné par l'Académie française. 1 vol. in-8 (Didier).

L'Église et l'État en France, sous le règne d'Henri IV et la régence de Marie de Médicis. Ouvrage couronné par l'Académie française. 2 vol. in-8 (Pedone-Lauriel).

La démocratie en France au moyen âge. Ouvrage couronné par l'Académie des sciences morales et politiques. 2ᵉ édition. 2 vol. in-12 (Didier).

Étude historique sur Sully, couronnée par l'Académie française.

MÉMOIRES LUS A L'ACADÉMIE DES SCIENCES MORALES ET POLITIQUES
ET INSÉRÉS DANS SES COMPTES RENDUS

La comtesse Mathilde de Toscane et le Saint-Siége (1865).

Un procès criminel sous le règne d'Henri IV (1867).

Le duc de Lerme et la cour d'Espagne sous le règne de Philippe III (1870).

Mémoire critique sur l'auteur et la composition des Œconomies Royales (1871).

Typographie Lahure, rue de Fleurus, 9, à Paris.

HISTOIRE

DE

FLORENCE

PAR

F.-T. PERRENS

TOME TROISIÈME

PARIS
LIBRAIRIE HACHETTE ET Cie
79, BOULEVARD SAINT-GERMAIN, 79

1877

Droits de propriété et de traduction réservés

HISTOIRE DE FLORENCE

LIVRE VI

CHAPITRE PREMIER

LES BLANCS ET LES NOIRS

— 1295-1302 —

Transformation des partis par suite des ordonnances de justice. — Cerchi et Donati. — Cancellieri et Panciatichi à Pistoia. — Les Blancs et les Noirs (1295). — Les Posés. — La *balia* donnée par eux à Florence (7 décembre 1295). — La *balia* renouvelée pour cinq ans (26 avril 1296). — Les factions des Blancs et des Noirs à Florence (1297). — Leurs querelles (1298-1300). — Vieri des Cerchi appelé devant le pape (1299). — Rixe sur la place Santa Trinita (1er mai 1300). — Ambassade des Noirs au pape. — Légation du cardinal d'Acquasparta à Florence (juin 1300). — Mauvaises dispositions de la seigneurie. — Dante prieur. — Échec du légat. — Irritation croissante des partis. — Nouvelles rixes, attaques à main armée (décembre 1300). — Condamnation des coupables. — Empoisonnement dans la prison. — Nouvelle ambassade des Noirs au pape (décembre 1300). — Les chefs des deux partis exilés. — Retour des exilés Blancs. — Corso Donati à la cour pontificale. — Charles de Valois appelé en Italie. — Son arrivée (août 1301). — Attitude hostile de Pistoia. — Charles à Anagni. — Il est nommé pacificateur de Toscane. — Nouvelle modification des partis à Florence. — Ambassade des Blancs au pape. — Dante en fait partie. — Charles en Toscane (octobre). — Ambassade des Florentins à ce prince. — Charles à Florence (1er novembre). — Conférence à Santa Maria Novella (5 novembre). — Parjure de Charles. —

Rentrée de Corso Donati. — Il se rend maître de Florence. — Six jours d'anarchie et de vengeances. — Dévastation du *contado*. — Reconstitution des pouvoirs publics (7 et 9 novembre). — Domination tyrannique de Charles (16 novembre). — Nouvelle mission du cardinal d'Acquasparta (2 décembre). — Nouvelles rixes privées (25 décembre). — Nouvelles proscriptions (27 janvier 1302). — Exil de Dante. — Fausse conjuration des Blancs (26 mars). — Bannissement des Blancs (4 avril). — Départ de Charles (5 avril).

Jusqu'aux dernières années du treizième siècle, la discorde avait bien pu traverser et troubler l'histoire de Florence; elle n'en était pas le principal. Elle le devint dès qu'eurent cessé d'être à craindre les agressions du dehors. Toutes les forces dès lors se dépensèrent au dedans. Querelles des familles, des partis politiques, des classes sociales, Florence avait enduré tous ces funestes effets de l'esprit d'envie et de haine. Successivement, elle avait obvié aux querelles de famille par des exils ou des réconciliations obligées; aux querelles de parti en se faisant guelfe et ne laissant point de place à la faction gibeline; aux querelles sociales en réduisant les nobles à l'état d'ilotes, et en augmentant le nombre des *popolani* citoyens. Mais comprimer n'est pas supprimer. Véritable protée, la discorde sait prendre toutes les formes, comme tous les prétextes. Après cette période d'organisation qui donnait à la société des bases plus stables, quoique plus étroites, au gouvernement des forces plus grandes et moins contestées, s'accomplit une de ses transformations les plus singulières, et, au jugement des contemporains, les plus affligeantes Les vainqueurs en parlent comme les vaincus, Villani comme Dante, à la poésie et à l'indignation près. C'est alors, selon ce chroniqueur guelfe, que l'orgueil et la corruption mirent fin aux fêtes et à l'allégresse publique. C'en fut fait de cette vie heureuse et tranquille, de ces festins, de ces divertissements, de ces danses qui, chaque année, réunissaient hommes et femmes aux premiers jours de mai, pour célébrer l'heureux retour du printemps[1]. L'âme superstitieuse des Florentins en gémit plus qu'elle n'en fut étonnée : elle n'avait pas vu sans effroi déplacer, pour les constructions du palais de la seigneurie, tourner du levant vers la tramontane la vieille statue de Mars, dernier débris du lointain paganisme[2]. Présage funeste! Tous n'attendaient plus que méchefs et calamités.

C'est qu'en effet le calme forcé de la surface cachait mal les bouillonnements du fond. Les ordonnances de justice avaient pu dompter les grands, et l'unité guelfe les gibelins; mais la persistance de leurs regrets allumait en eux le désir d'une revanche; l'excès de l'oppression la rendait nécessaire, et c'est par les mesures imaginées pour l'empêcher qu'elle redevenait possible. Comme on avait à la solidarité dans l'offense opposé la solidarité dans la répression, le malheur commun resserrait, à chaque condamnation nouvelle, ces liens qu'il aurait fallu relâcher. En fait, par les rigueurs qui l'écrasaient, la noblesse se trouvait reconnue comme caste : on avait pu la vaincre, nullement la ravaler. D'indestructibles traditions lui conservaient le prestige du nom et des souvenirs. N'ayant plus à craindre ses anciens maîtres, le peuple se reprenait à les envier, à se rapprocher d'eux. Pour retrouver des alliés dans le peuple et recommencer la lutte, il suffisait aux victimes des ordonnances de faire

---

[1] Villani, VIII, 38.

[2] E nota che l'anno dinanzi a queste novitadi, erano fatte le case del comune, che cominciavano a piè del ponte vecchio sopr' Arno, verso il castello Altafronte, e per ciò fare si fece il pilastro a piè del ponte vecchio, e convenne che si rimovesse la statua di Marte, etc. (Villani, VIII, 38.)

croire qu'elles ne l'engageaient pas à titre de grands[1].

Des haines de voisinage accélérèrent ce groupement nouveau des partis. « Selon un ancien proverbe, dit le chroniqueur Stefani, les voisins se veulent rarement de bonnes années[2]. » Rivaux de gloire depuis Campaldino, Corso Donati et Vieri des Cerchi habitaient l'un près de l'autre, en ville, dans le quartier de Porta San Piero, et même à la campagne, où, loin de l'œil des magistrats, s'envenimaient leurs différends. Les deux familles s'associaient aux passions de leurs chefs et prenaient modèle sur leur caractère. Pauvres et arrogants, haïs pour leur humeur batailleuse, toujours prêts à dégaîner, les Donati étaient surnommés par la malice populaire *Malefarai*, *Malefammi* ou *Malefami*, trois sobriquets également peu flatteurs[3]. Ils se consumaient de jalousie en voyant les Cerchi, originaires des champs, dont ils avaient conservé la sauvagerie[4], et adonnés au trafic, où ils avaient pris cette « ingratitude » propre aux parvenus[5], diriger avec éclat une des plus grandes maisons de banque et de commerce qu'il y eût dans le monde entier[6]. A titre de mar-

---

[1] Les historiens modernes de Florence ayant suivi, dans cette partie de leur récit, celui de Dino Compagni, de beaucoup plus circonstancié que tous les autres, on ne s'étonnera pas de ne point trouver ici beaucoup de détails qui n'ont d'autorité que celle de ce fallacieux chroniqueur.

[2] Perocchè in gli antichi proverbi si dice che i vicini si vogliano a rado buoni anni (Stefani, IV, 217).

[3] Ils signifient : Tu feras mal, fais-moi mal, mal famés. — Voy. Villani, VIII, 38, et ses commentateurs.

[4] Sariensi i Cerchi nel pivier d'Acone (*Parad.*, XVI, 65). — Acone était une petite localité du val de Sieve (Voy. Repetti et les commentateurs de Dante).

[5] Uomini erano morbidi, selvatichi et ingrati, sicome gente venuti in piccol tempo in grande stato e podere (Villani, VIII, 38).—On a vu plus haut (l. V, c. III, t. II, p. 356) des lettres d'eux à leurs correspondants de Londres.

[6] La loro compagnia era delle maggiore del mondo (Villani, VIII, 38).

chands et de *popolani* avérés, les Cerchi avaient pour
eux la plus grande partie du peuple[1]. Le peuple leur savait gré de n'avoir, malgré les plus illustres alliances, ni
morgue ni orgueil[2]. Sentant bien que là était leur force,
ils se retrempaient comme à plaisir dans le courant populaire et se tenaient à l'écart des conseils de la *parte
guelfa*, devenus le réduit, le repaire des grands. S'ils
évitaient ainsi de se mêler à leurs adversaires, ils s'exposaient au reproche de pactiser avec les proscrits. — Voilà
le gibelin! murmurait, en montrant du doigt Vieri dans
les rues, cette foule stupide qui saluait Corso au cri de :
Vive le baron! Accusation à la fois injuste et fondée, car
si Vieri ne pouvait s'éloigner des grands guelfes que pour
se rapprocher de la seigneurie qui les tenait en échec,
les gibelins, stimulés par la haine, accomplissaient la
même évolution et devenaient, dans cette lutte, des alliés
pour les Cerchi comme pour les prieurs. C'est ainsi qu'un
gouvernement guelfe le devenait de moins en moins,
parce que ses plus anciens partisans l'étaient trop, et ses
plus nouveaux pas du tout. C'est ainsi que les Cerchi,
marchant comme lui dans les voies du juste milieu et de
la conciliation, avaient contre eux les grands en haut et
la populace en bas, mais pour eux toute la noblesse gibeline, tous les *popolani* jaloux de la paix publique par
amour du travail ou de la richesse, et jusqu'à cette partie
du *popolo minuto* qui s'ouvrait graduellement accès vers
les arts majeurs. N'avait-on pas vu, dès l'année 1296, la
seigneurie convoquer dans la maison des Cerchi, sa rési-

---

[1] Il quale per parte tenea co' Cerchi, la maggior parte perchè erano mercatanti (Stefani, IV, 220).
[2] Villani, VIII, 38.

dence, les *Capitudini* des vingt-un arts[1]? Douze pourtant, on ne l'a pas oublié, et cinq d'entre eux depuis bien peu de temps encore, avaient seuls qualité, d'après les statuts, pour prendre part à la vie publique.

Hôtes ordinaires des prieurs, on peut dire que les Cerchi tenaient dans leurs mains le gouvernement[2]. Ils n'en avaient pas moins leurs causes de faiblesse. L'inévitable alliance des gibelins devenait contre eux un terrible grief auprès des gens qui se payent de mots. Vieri, par son caractère terne, était un médiocre chef de parti. Doué d'une fermeté douce, plus propre à la résistance et au martyre qu'à l'attaque et au triomphe, il manquait de ce brillant qui éblouit, de cette chaleur qui passionne, de cette finesse qui pénètre, de ce beau parler qui subjugue et persuade, qui modifie parfois les convictions[3]. Ses résolutions n'étaient ni promptes ni hardies, tandis que Corso Donati se distinguait par l'impétuosité de l'attaque, comme par la rapide justesse du coup d'œil.

C'est dans cette situation embrouillée, dans le rapprochement des contraires et l'éloignement des semblables qu'il faut chercher la clef des événements qui vont suivre, le fil conducteur à travers des détails très-différents et très-différemment classés dans les chroniques. L'inexo-

---

[1] 13 mars 1296. Il s'agissait, il est vrai, de mesures monétaires, c'est-à-dire d'intérêt commun et de compétence très-générale ; mais qui ne voit qu'une fois la porte entr'ouverte, elle devait, à la longue, s'ouvrir tout à fait? (Voy. *Provvisioni*, n° VI, p. 118.)

[2] Per lo seguito grande che aveano i Cerchi, il reggimento della città era quasi tutto in loro podere (Villani, VIII, 38).

[3] L'assertion est du prétendu Dino Compagni (Era uomo bellissimo, ma di poca malizia nè di bel parlare. I, 20, p. 61), mais elle est confirmée, pour ce qui est de la finesse, par tout ce qu'on sait de Vieri ; pour ce qui est de la parole, par l'examen des *Consulte* et *Provvisioni* où le nom de Vieri des Cerchi est aussi rare que celui de Corso Donati est fréquent.

rable logique des passions et des intérêts, tel doit être notre seul guide¹. Du dehors, quoi qu'on en ait dit, quoi qu'on en dise encore, vinrent seulement les noms nouveaux que se donnèrent ou que reçurent les deux partis.

Les dissensions intestines qui troublaient Florence n'étaient que jeux d'enfants au prix de celles qui ensanglantaient Pistoia. Aux habitants de Pistoia Dante reproche de dépasser dans le mal leurs aïeux, les Romains de Catilina². C'est Pistoia qui avait imaginé la première, en 1286, de soumettre les nobles à un régime particulier, d'inscrire au registre infamant des magnats toute famille qui violerait l'ordre public³. Durant tout le treizième siècle, les fureurs guelfes et gibelines avaient déchiré le sein de la malheureuse cité. De noblesse peu ancienne⁴, mais riches de vastes fiefs dans la fertile plaine et le pittoresque Apennin de la contrée, les Cancellieri et les Panciatichi étaient à la tête des deux partis. Ils en avaient naturellement suivi les destinées. Dans le temps où Guido Novello s'échappait de Florence, les Cancellieri avaient chassé leurs ennemis. Puis, selon l'usage des victorieux, ils s'étaient bientôt divisés eux-mêmes, s'appelant, pour se distinguer, les uns *Bianchi* ou blancs, les autres *Neri*

---

¹ La difficulté de se débrouiller dans ce chaos est surtout extrême quand on tient D. Compagni pour une autorité, et qu'on le veut concilier avec Villani. Sismondi et Fauriel ne paraissent pas soupçonner la difficulté. M. Hillebrand, qui la voit, abandonne complétement Villani pour suivre le malencontreux chroniqueur auquel il a consacré tout un volume ; M. Gino Capponi, qui n'a pas les mêmes raisons, préfère cependant, en général, l'autorité de D. Compagni à celle de Villani. Machiavel seul cherche, sans le trouver toujours, un ordre logique.

² Poichè in mal far lo seme tuo avanzi (*Inf.*, XXV, 12).

³ *Ptol. Luc. Ann.*, 1286, R. I. S., t. XI, 1296.

⁴ Tout au moins les Cancellieri, « nati d'un ser celliere, il quale fu mercatore e guadagnò moneta assai. » (Villani, VIII, 37.) — Cf. Ammirato, *Istoria della famiglia Cancelliera di Pistoia*, Venise, 1622.

ou noirs. D'où venaient ces noms et ce qu'ils signifiaient, c'est ce qu'on a diversement dit, sans le savoir au juste[1]; mais les avoir trouvés, c'était beaucoup pour creuser, entre amis de la veille, un insondable abîme. « Les hommes, dit avec raison un auteur moderne, se haïssent pour des mots bien plus que pour des choses[2]. »

De l'année 1295 paraît dater cette funeste scission[3]. Au début, elle n'empêchait pas les jeunes gens des deux branches de se rencontrer dans les tavernes, d'y jouer et d'y boire ensemble. C'est ce contact de tous les jours qui l'aggrava. Les pertes au jeu et les fumées du vin sont mauvaises conseillères. A la suite d'une rixe futile, Carlino, Blanc, blesse Amadore, Noir. Cette injure criait vengeance, et les cruelles mœurs de Pistoia jugeaient insuffisante la peine du talion. Ce qu'il faut, c'est frapper

[1] On a émis bien des hypothèses à cet égard. Les uns disent que le chef de la famille, ce chancelier, ce notaire dont parle Villani (Voy. pag. précéd., note 4) avait épousé deux femmes, dont la seconde s'appelait Bianca, ce qui donna occasion aux enfants du premier lit, en mauvaise intelligence avec ceux du deuxième, d'appeler Nera leur propre mère (Voy. Machiavel, *Ist. fior.*, II, 23 A). D'autres, dont Fioravanti rapporte l'opinion, disent que ce fut d'après la couleur des cheveux des deux chefs rivaux. Fioravanti lui-même pense que ce fut plutôt parce que les deux partis prirent pour couleur de leurs armes l'un le blanc, l'autre le noir (Voy. *Mem. stor. di Pistoia*, p. 249). Stefani (IV, 216) admet la version des deux femmes.

[2] Men hate each other more bitterly for words and names than for things Trollope, I, 236).

[3] Eodem anno (1295) in gestis Lucensium inveni hic incœpisse ferventem discordiam Cancellariorum de Pistorio, ut nominarentur albi et nigri (*Ptol. Luc. Ann.*, R. I. S., t. XI, 1301). La plupart des auteurs mettent ce fait à l'année 1300, parce qu'ils n'en tiennent compte que du jour où il eut son contre-coup à Florence; mais Sismondi (III, 67) préfère comme nous l'autorité de Ptolémée de Lucques, même à celle de l'anonyme de Pistoia, qui, se plaçant, dès la première ligne de son récit, à l'année 1300, ne mérite pour les dates aucune confiance, comme le prouvent, on le verra plus bas, les documents florentins. Évêque et prieur de Santa Maria Novella, issu d'une noble famille lucquoise, Ptolémée était en mesure d'être bien informé.

un innocent. Le soir même, donc, Dore, en embuscade, blesse au visage le juge Vanni, frère de Carlino, d'un grand coup d'épée, et tranche au passage quatre doigts de la main qui s'efforçait de parer[1]. Ainsi s'ouvrait l'interminable, la sanglante voie des représailles. Pour la fermer sans retard, Guglielmo, homme de décision et d'expérience, remet sans conditions son fils Dore à Gualfredi, père de Vanni. Secrètement, il se flattait sans doute que Gualfredi ferait avec lui assaut de magnanimité[2]. Vaine illusion ! — C'est avec le fer, non avec des paroles, dit l'implacable vieillard, qu'on guérit de telles blessures, — et il tranche la main au coupable sur une mangeoire à chevaux, et il lui balafre le visage, comme celui de Vanni avait été balafré[3].

En bonne justice, les deux adversaires étaient quittes ; mais ainsi ne l'entendaient ni eux ni leurs amis. Les offensés ne pensent qu'à tirer vengeance d'une barbarie imprévue, les offenseurs qu'à prendre les devants. Du côté de Dore ou de Vanni, sur le territoire comme dans la cité, se rangent toutes les familles[4]. Chacun est blanc ou noir dans cette guerre de tous les instants qui dure cinq années. Les batailles des rues en étaient le moindre mal. Là du moins on combattait ouvertement, presque avec loyauté. Partout ailleurs on agissait en trahison, mettant

---

[1] *Istorie pistolesi*, R. I. S., t. XI, 368.

[2] Credendo che con discrezione lo trattassono come fratello (*Ibid.*, p. 369). Stefani (IV, 216) pense de même. Villani (VIII, 37) insiste plutôt sur le droit laissé à l'offensé de tirer vengeance, et selon Machiavel (*Ist. fior.*, II, 22 B) Dore était envoyé uniquement pour demander pardon.

[3] Les mêmes, plus Fioravanti, c. xvii, p. 248 ; Salvi, *Ist. di Pistoia*, t. I.

[4] E tanto multiplicò la guerra che non rimase in Pistoia nè nel contado persona che non tenesse o con una parte o con l'altra. (*Ist. pist.*, loc. cit.)

le feu aux palais comme aux masures, attendant aux coins obscurs l'ennemi, ses proches et ses *consorti*[1]. La rage de tuer ne respectait pas même le magistrat, l'officier public qui se jetait dans la mêlée pour rétablir la paix. Voyant mettre à mort un de ses chevaliers, sentant son impuissance à se faire obéir, le potestat déposait enfin sa baguette; puis, secouant la poussière de ses pieds, il repartait pour Bergame, sa patrie[2].

L'exemple donné, beaucoup de citoyens le suivirent : l'intimidation, le découragement les poussèrent hors de Pistoia. Mais d'autres, pendant ce temps, espéraient encore la conciliation et tentaient de former un parti intermédiaire. On les appela *i posati*, les posés, les modérés. C'étaient des Blancs pour la plupart. L'idée leur vint d'inviter Florence à rétablir l'ordre. Rien n'était plus naturel, car entre Florence et Pistoia des relations incessantes attestaient la bonne amitié. Le 19 novembre 1294, le conseil des cent avait décidé et les autres conseils approuvé que les habitants du territoire de Pistoia ayant des biens sur celui de Florence, n'y payeraient plus, pendant un an, aucune redevance réelle ni personnelle[3], à condition que, dans les dix jours, le capitaine de Pistoia ferait voter la réciprocité par les conseils opportuns et solennels[4]. Or, c'étaient les Cerchi, c'est-à-dire les modérés, qui dominaient à Florence; les modérés de Pistoia devaient donc tourner vers eux leurs regards[5]. Ils leur offrirent la *ba-*

---

[1] On peut voir les curieux détails dans les *Istorie pistolesi*, R. I. S., t. XI, 369 sq.

[2] *Ibid.*, p. 373.

[3] Alicujus libre vel prestantie, datii vel collecte vel cujuscumque alterius factionis realis vel personalis (*Consulte.* P. IV, 109-111, C. I, 21).

[4] Per solempnia et opportuna consilia. (*Ibid.*)

[5] L'anonyme de Pistoia (p. 373) voit là le dessein de faire triompher le

lia[1], qu'acceptèrent par amour de la paix et tout ensemble de la puissance les prieurs florentins[2].

Elle ne leur était donnée que pour un mois, du 7 décembre 1295 au 10 janvier suivant, et concurremment avec Lucques, comme pour marquer à la fois que des hommes libres ne faisaient à personne litière de leurs libertés, et qu'ils n'appelaient l'étranger qu'à titre d'essai. Aussi ne fut-ce pas un citoyen, comme jadis Giano della Bella, qui vint à Pistoia exercer les pouvoirs délégués à sa patrie; ce fut un simple chevalier du potestat[3]. Mais l'essai dut réussir, car le 26 avril 1296, Florence obtenait pour cinq ans, à partir du 1er juillet suivant, pleine *balia* de gouverner et réformer Pistoia, d'y publier toutes les ordonnances, tous les statuts propres à y rétablir la tranquillité, et d'y envoyer tous les six mois un potestat et un capitaine[4]. En retour, les habitants de Pistoia résidant à

---

parti blanc; il se laisse induire en erreur par ce fait que la plupart des *posés* étaient blancs d'origine. Dans le triomphe de la modération, la partialité des contemporains devait voir le triomphe d'un parti.

[1] Selon Villani, ils acceptèrent « temendo che Pistoia per le dette parti non venisse a rubellazione e sconcio di parte guelfa. » (VIII, 37.) Ce que nous avons dit plus haut de la situation faite aux Cerchi prouve assez qu'ils ne purent avoir le motif que leur prête Villani. Rien ne montre d'ailleurs que le triomphe des Noirs à Pistoia dût être plus favorable aux gibelins dans cette ville qu'à Florence.

[2] Molto furono allegri perochè conosceano e credeano veramente ch' habbiendo la signoria di Pistoia, non potea essere tolto loro lo loro stato (*Ist. pist.*, R. I. S., t. XI, 374).

[3] *Provvisioni*, n° V, p. 190.

[4] *Provvisioni* du 5 mai 1296, n° VI, p. 21. — Tous les auteurs mettent ce fait, dont ils ne donnent pas les détails, à l'année 1300. Toutefois la place que lui assigne Villani (VIII, 37) dans l'ordre de son récit semble indiquer qu'il a eu quelque soupçon de la vérité. Paolino (II, 51) s'en rapproche assez, car il met en 1297 l'introduction des Blancs et des Noirs à Florence. Les chroniqueurs disent aussi que la *balia* fut de trois ans. On voit combien ils connaissent mal tous les faits de cette période. Nous n'avons trouvé dans les documents aucune trace d'une nouvelle *balia* en 1300 ou 1301.

Florence, sont exemptés pour ces cinq années de tout impôt, de tout service réel ou personnel ; leurs faillis, leurs exilés, sont bannis du territoire de la République, les conseils condamnent à deux cents livres d'amende tout grand, à cent tout *popolano* qui les recevrait, toujours sous réserve de la réciprocité ; car les Florentins traitaient avec la commune protégée comme également libre de refuser et d'accorder[1].

Tels sont les faits, défigurés et mal placés par les auteurs, qui, dès l'année 1296, avaient mis en parfait accord les Cerchi et les *Posati*. Le nom de *Blancs*, justement donné à ceux-ci, ne pouvait tarder de s'étendre à ceux-là. Ils le reçurent, selon Paolino, en 1297[2]. Divers documents établissent tout au moins que, dès 1298, il y avait des Cerchi *Bianchi* et même des Cerchi *Neri* ; à plus forte raison des Donati Noirs[3]. Ces appellations « maudites », voilà quel fut le présent de Pistoia à Florence : elles y furent « comme un surcroît de mauvaise nourriture dans un estomac faible et déjà plein, où la seconde corrompt la première et réciproquement[4]. » Cette image de Stefani

---

[1] « Hoc si per comune Pistorii similia provisa sint. » (*Provvisioni*, 5 juin 1296, n° VI, p. 34.) — Le 22 octobre 1297, il était décidé que l'élection du potestat et du capitaine de Pistoia serait faite par la seigneurie et des sages à Florence en fin novembre et fin mai pour les potestats, qui entraient en charge le 1ᵉʳ janvier et le 1ᵉʳ juillet, en mars et septembre pour les capitaines, installés en mai et novembre (*Provvisioni*, n° VIII, p. 44).

[2] Paolino, II, 51.

[3] 27 septembre 1298. *Provvisioni*, n° IX, p. 208 v°.

[4] La giunta della maledizione d'Italia delle parti e spezialmente quella della città di Firenze, fu parte nera e bianca, siccome aggiunta di cibo cattivo che si pone sopra lo stomaco debole pieno d'altro cibo che corrompe l'uno l'altro (Stefani, IV, 216). Ces mots, souvenir de Dante (*Parad.*, XVI, 69), marquent bien la part des troubles de Pistoia dans ceux de Florence. L'anonyme de Pistoia et avec lui presque tous les auteurs, Machiavel lui-même, l'ont singulièrement exagérée.

est plus juste que celle de Villani parlant d'une brebis malade qui contamine tout le troupeau[1].

Les querelles mêmes, en effet, sont antérieures : Florence n'avait pas attendu l'exemple et les conseils de Pistoia pour se déchirer de ses propres mains. Mais les noms nouveaux donnent à ses factions une assiette nouvelle. Des familles jadis amies deviennent ennemies. Au sein de quelques autres, à l'union succèdent la discorde et cette haine fraternelle qui ne s'éteint que dans le sang. A la tête des Noirs marchaient Corso Donati, Rosso della Tosa, Geri Spina, suivis des Pazzi, des Visdomini, des Manieri, des Bagnesi, des Buondelmonti, des Spini, des Gianfigliazzi, des Tornaquinci, des Agli, des Cavi, des Brunelleschi. A la tête des Blancs, Vieri des Cerchi, Baschiera della Tosa, Baldinaccio des Adimari. Derrière eux, quiconque regrettait Giano, Mozzi et Scali, Pigli et Giandonati, Arrigucci, Cavalcanti, Falconieri, et par surcroît presque tout ce qui restait de gibelins à Florence, les Abati, les Malespini et les Mannelli[1]. Toutefois de ces derniers il y en avait parmi les Noirs, et de même on trouvait, dans les deux factions, des Bardi et des Rossi, des Nerli et des Gherardini, des Bostichi et des Adimari. Quelques-uns des Cerchi, nous l'avons vu, étaient Noirs, et l'on voyait jusqu'à des Frescobaldi Blancs[2].

Entre ces frères ennemis la lutte n'était point égale. Maîtres du pouvoir, les Blancs n'en usaient qu'avec mollesse. Ils semblaient croire l'énergie incompatible avec la

---

[1] Voy. Machiavel, *Ist. fior.*, II, 23 A. — Les autres grandes familles de ce parti avaient déjà à peu près disparu de Florence.

[2] Villani, VIII, 38, 40. De même Manetti (*Hist. Pistor.*, l. II, R. I. S., t. XIX, 1020), sauf quelques variantes. En cas de désaccord entre ces deux auteurs, il est permis de croire Villani mieux informé.

modération. Ils ne réprimaient point les attaques dont ils étaient l'objet. Accusés de pactiser avec les gibelins, ils souriaient dédaigneusement. On trouvait parmi eux des théoriciens, des spéculatifs, plutôt que des hommes pratiques d'action et de parole, Dante Alighieri, poëte et philosophe de la politique, Guido Cavalcanti, absorbé dans ses rêveries, sauf en de rares heures de passion violente[1], Cino de Pistoia, versificateur et jurisconsulte, l'avocat Lapo Salterelli[2], le notaire Petracco, père plus tard de Pétrarque. Ils laissaient les Noirs relever la tête, parler haut, reprendre les avantages que la multitude, si volontiers, accorde à la hardiesse. D'une faction à l'autre, les disputes, les agressions se renouvelaient chaque jour. On en lit le récit dans les vieilles chroniques, mais sans y trouver de dates précises. Tout contraire, d'un auteur à l'autre, est l'ordre des incidents. C'est qu'entre ces incidents et les événements qui suivirent, on chercherait en vain le rapport de cause à effet. Ils furent comme les gouttes d'eau qui, tombant une à une, remplissent le vase, et, à la fin, le font déborder.

---

[1] Guido Cavalcanti avait épousé en 1266 la fille de Farinata des Uberti (Voy. Balbo, *Vita di Dante*, I, 91). Il n'en fallait pas davantage pour qu'il fût ou qu'on l'accusât d'être favorable aux gibelins.

[2] Lapo Salterelli est fort maltraité par Dante. Sa présence aux siècles d'or de la république, dit-il, eût été aussi surprenante qu'en ce siècle de fer un Cincinnatus ou une Cornélie (*Parad.*, XV, 127). On peut voir dans Fauriel (I, 161) les détails d'un procès fort grave intenté contre Lapo, et qui était cause qu'il redoutait beaucoup le pape. — Nous devons dire que sa participation aux conseils, assez fréquente d'après les documents des Archives, ne le montre ni plus violent, ni plus inique que la plupart de ses concitoyens. — En 1326, ses biens étaient restitués à ses héritiers sur la demande du pape, en considération de son frère Simone Salterelli, archevêque de Pise, qui avait rendu des services au parti guelfe en Allemagne, et qui grâce à Pétrarque est devenu célèbre comme Lapo grâce à Dante. (Voy. Ammirato, l. VI, t. I, p. 331.)

De toutes parts, on n'entendait parler que de coups et de blessures. Ceux qui les donnaient le plus volontiers se plaignaient de les recevoir. Les dénonciations se multipliaient, « plutôt pour faire naître des haines et des dissensions que pour obtenir justice. » La seigneurie en était lasse. Le 20 décembre 1298, Carbone des Cerchi, Blanc, ayant blessé Chérico des Pazzi, Noir, de si violentes clameurs s'élevèrent parmi les Noirs confondus de trouver les rôles intervertis, qu'elle dut leur imposer silence, laissant libre du reste, sur le fait même de la blessure, l'action du potestat[1]. L'année suivante, c'est le colérique père des fidèles qui entreprit de rétablir la paix. Chaque jour éclataient de nouvelles rixes, surtout dans ce quartier de Porta San Piero que Villani appelle le quartier du scandale[2]. Boniface VIII manda auprès de lui les principaux citoyens[3]. Chef des Blancs, Vieri était du nombre, quoiqu'il affectât, par une impartialité sereine, de planer au-dessus des partis. Comme il avait à Rome, et dans les autres villes pontificales, de grands intérêts commerciaux, le pape ne doutait pas de son obéissance[4]. Il le pria de se réconcilier avec Corso Donati et les Noirs; il lui promit de le mettre, ainsi que les siens, en grand et bon état à Florence, et de lui faire les grâces spirituelles qu'il demanderait. « Messer Vieri, quoique dans les autres choses il fût un sage chevalier, en celle-ci le fut peu et se montra trop dur et bizarre. A la demande du pape, il ne voulut rien faire, disant qu'il n'avait de guerre

---

[1] *Provvisioni*, n° IX, p. 137.
[2] Sesto dello scandalo. (Villani, VIII, 38.)
[3] Paolino, II, 57; Villani, VIII, 38.
[4] Credendo che perch' egli era mercatante in Roma e nell' altre terre facea gran mercatanzia, lo ubbidisse (Stefani, III, 218).

avec personne. Puis il s'en retourna à Florence, laissant le pape fort indigné contre lui et les siens[1]. »

Où Boniface VIII avait échoué, personne n'espéra plus réussir. Sa tentative avortée irrita même les partis et raviva leurs querelles. On parvint ainsi au 1ᵉʳ mai de l'année 1300. Dans ces jours radieux de printemps, les Florentins avaient coutume d'en célébrer par des danses et des réjouissances publiques l'heureux retour. Sur la place de Santa Trinita, où avait lieu un « bal de femmes, » débouche et s'arrête une compagnie de Donati à cheval. Par mégarde et pour mieux voir, ou à dessein et pour provoquer une rixe, ils poussent quelques-uns des Cerchi, qui se trouvaient dans l'assistance. Ceux-ci ripostent vivement. Une grande rumeur s'élève, on tire les dagues, plusieurs des combattants sont blessés, et Ricoverino des Cerchi, frappé au visage, a le nez coupé. A la vue du sang, la population paisible prend la fuite, les rues se vident, les boutiques se ferment, le soir toute la ville est sous les armes[2]. Trois jours plus tard, le 4 mai, aux pouvoirs ordinaires de la seigneurie on en substitue d'extraordinaires, une « pleine *balia* à cause des nouveautés, troubles et scandales qui venaient d'avoir lieu[3]. »

Mais donner la dictature aux Blancs, ce n'était pas le moyen de calmer, de rassurer les Noirs. Ils « craignaient que le parti gibelin n'exultât à Florence, sous le prétexte de bon gouvernement, que beaucoup de gibelins, tenus pour bons hommes, ne fussent appelés aux offices, comme

---

[1] Villani, VIII, 38 ; Paolino, II, 57. — On sait que si Paolino est quelquefois intéressant pour les détails, il ne faut jamais se fier à lui pour la chronologie.

[2] Villani, VIII, 38 ; Stefani, IV, 217.

[3] *Provvisioni*, n° X, p. 238.

on avait déjà commencé. » Impuissants à l'empêcher, ils prièrent par ambassadeurs le pape Boniface d'aviser pour le bien de la ville et du parti de l'Église[1]. Père des fidèles et chef naturel des guelfes, le pontife le plus guelfe qui, depuis longtemps, eût ceint la tiare, saisit avec joie l'occasion d'intervenir de nouveau dans les affaires de Florence. Pour recoudre ensemble les deux moitiés séparées du parti, comme pour expulser du pouvoir tout élément gibelin, il délégua le cardinal Matteo d'Acquasparta. Ce prélat connaissait bien la Toscane : il avait été archiprêtre de Prato, et il était venu à Florence en 1297 et 1298, réclamer des secours contre les Colonna[2]. Il y avait montré, disent les lettres pontificales, « l'étendue de sa science, la vertu de la discrétion, le présent de l'activité, la grâce de la circonspection et les autres mérites dont le Très-Haut l'avait gratifié[3]. » Cet « ange de paix[4] » descendit, vers le milieu de juin, chez les Spini : un membre de cette famille, Geri Spina, était, nous l'avons vu, « en grandissime état auprès du Saint-Père[5]. »

[1] Villani, VIII, 39 ; Stefani, IV, 219. — Ce dernier, dans la rubrique précédente, parle d'une ambassade antérieure de « la commune et du peuple » au pape pour le même objet. L'accueil fait par les diverses seigneuries au légat rend cette assertion peu vraisemblable. Des prieurs Blancs ne pouvaient solliciter une intervention qui ne s'exercerait, ils devaient le penser, qu'en faveur des Noirs.

[2] 26 juin 1297. *Provvisioni*, n° VIII, p. 95 ; 8 février, 27 juin 1298. *Ibid.*, n° IX, p. 4, 14. Voy. plus haut, l. V, c. IV, t. II, p. 442, et notes de cette page et de la suivante.

[3] Personam tuam scientiæ magnitudine, discretionis virtute, industriæ munere, circumspectionis gratia et aliarum virtutum titulis decoravit dator altissimus (Lettre de Boniface à Matteo d'Acquasparta, Anagni, 23 mai 1300, publiée par Tosti, II, 477).

[4] Tanquam pacis angelum. (*Ibid.*)

[5] Boccace, *Giorn.* IV, nov. 2, t. III, p. 25-26. — Cf. D. M. Manni, *Istoria del Decamerone*, p. 383, et *Ann. eccl.*, 1300, § 24, t. XXIII, p. 294.

Sans tarder, le cardinal fit connaître sa mission. Il demanda « autorité et *balia*, pour rétablir, avec le concours du bras séculier, la paix entre quelques magnats qui étaient en guerre entre eux, et aussi entre les magnats et les *popolani*. » Le 27 juin, le conseil des cent et les conseils du capitaine accédaient à sa requête, sous cette double réserve, toutefois, qu'il se servirait avec mesure du pouvoir accordé, et que si, ne pouvant conclure la paix, il concluait une trêve, cette trêve n'excéderait pas le terme de trois ans[1].

C'était la mauvaise humeur des Blancs qui se faisait jour. S'ils n'osaient résister à la volonté du pape, ils s'irritaient d'une mission qu'ils n'avaient pas provoquée, qui les venait troubler dans la possession du pouvoir. Pénétrés de ce sentiment, ils avaient élu, le 14 juin, et installé le 15, une seigneurie nouvelle où soufflait l'esprit de réaction contre l'ingérence trop marquée du pontife et de son légat dans les affaires de la commune. Dante Alighieri, membre de l'art des apothicaires, était un de ces prieurs[2]. Florence ne méconnaissait point ses talents : plus d'une

---

[1] *Provvisioni*, n° X, p. 260. — Ce document fixe la date. Un chroniqueur prétend que le légat ne vint à Florence qu'en octobre (*Chron. Cæsenat.*, R. I. S., t. XIV, 1121).

[2] Cette seigneurie était composée comme suit : Noffo di Guido, Neri del Giudice, Nello Doni, Bindo Bilenchi, Ricco Falconetti, Dante Alighieri et Fazio de Micciole, gonfalonier de justice, enfin Ser Aldobrandino de Campi notaire (Stefani, IV, 222, *Delizie*, X, 15). Dante dit lui-même dans une lettre publiée par Leon. Bruni (*Vita di Dante*, en tête de la *Divine Comédie*, éd. de Flor., 1771, p. 7) qu'il fut prieur dix ans après Campaldino. Ce serait donc en 1299, et les listes connues prouvent que l'assertion est inexacte. Il est permis de croire que Dante parlait en chiffres ronds. — D'après les listes de gonfaloniers données par Reumont (*Tav. cron.*), Dante aurait été prieur en août ; mais l'auteur allemand ne cite pas ses autorités, et celle de Stefani (IV, 223), suivie par Balbo (I, 265), doit être préférée. Il y a là quelque inadvertance.

fois, déjà, elle l'avait envoyé en ambassade[1]. Mais en lui elle ne voyait qu'un marchand, plus docte peut-être et plus sombre que les autres. Elle ne pouvait prévoir ni les tragiques destinées de cette grande âme, ni l'éternelle gloire dont cet exilé la couvrirait en la flagellant. Mieux éclairé, l'historien doit se défendre tout ensemble de faire à Dante une part exagérée dans la gestion des affaires publiques[2], et de croire qu'il n'y ait marqué sa place que comme une vulgaire unité. Nous ne saurions passer sur une seigneurie dont Dante fut membre, sans mettre en lumière les sentiments politiques de l'immortel génie en qui elle s'incarne à nos yeux.

Ces sentiments, on ne peut dire qu'il les eût reçus en héritage de ses ancêtres. Dans son arbre de famille, on trouve des guelfes et des gibelins. Si les Elisei étaient gibelins en 1215 et 1248[3], son aïeul Cacciaguida comptait parmi les guelfes[4]; un de ses oncles figurait, à Montaperti, comme garde du *carroccio*, et cette mémorable

---

[1] Voy. plus haut, l. V, ch. IV, t. II, p. 438. — Filelfo (Vie inédite de Dante, ap. Sismondi, III, 122) a dit que Dante fut chargé de quatorze ambassades et qu'il réussit dans toutes, sauf dans la dernière. Balbo ajoute foi à cette assertion d'un auteur non contemporain; mais Fraticelli s'en moque avec raison (*Storia della vita*, etc., p. 139).

[2] C'est le tort de Leon. Bruni écrivant « quod ingenio et eloquentia inter collegas eminebat, voluntatem ejus *unius* nutumque omnes maxime spectabant. » (*Hist. Flor.*, l. IV, p. 74.) — Le silence de Villani, de Paolino, de Stefani, qui, dans le récit des faits, ne nomment pas même Dante, prouve qu'il n'était pas au premier rang. Le même Bruni (*Vita di Dante*, p. 10) attribue à son héros les résolutions que prit la seigneurie et dont il va être question plus bas. A cet égard, il n'en sait pas plus que nous. Que le cardinal fût encore à Florence pendant la seigneurie du 15 août au 15 octobre, c'est ce qu'on peut inférer de Paolino qui dit qu'il y séjourna plusieurs mois (II, 57).

[3] Voy. Villani, V, 39; VI, 33.

[4] Dante fait allusion à ces sentiments guelfes dans des vers de la *Divine Comédie* (*Inf.*, X, 46-49).

défaite avait jeté dans l'exil les Alighieri[1]. Entre ces traditions contraires, Dante semble avoir hésité. Ses vers, qui ne sont pas tous du même temps, le montrent tantôt dédaigneux des gens nouveaux, des gains subits qui engendrent l'orgueil et les ambitions démesurées[2], ou indigné de « la confusion des personnes, qui fut toujours pour les villes le principe de leurs maux[3], » tantôt favorable à Giano della Bella, « qui a pris le parti du peuple, quoiqu'il entoure son noble écu d'une broderie d'or[4]. » Malgré un fond d'humeur patricienne, qu'il tient de sa naissance, il estime que la noblesse ne passe pas de père en fils, qu'elle n'est ni dans la race, ni dans la possession de richesses héréditaires, mais qu'elle vient uniquement de l'exercice des vertus morales et de l'amour de la sagesse[5]. Il condamne les priviléges féodaux, l'hérédité des fonctions, celle même des biens[6]. Comment n'eût-il pas été

---

[1] Ils furent rappelés assez tôt pour que Dante pût naître à Florence en 1265, un an avant le retour des guelfes (Voy. plus de détails dans Fraticelli, *Cenni storici*, en tête de son édition de la *Divine Comédie*, Flor., 1865, p. 9, 10, 15, 46, 51).

[2]
La gente nuova e i subiti guadagni,
Orgoglio e dismisura han generata.
(*Inf.*, XVI, 73.)

[3]
Sempre la confusion delle persone
Principio fu del mal della cittade.
(*Parad.*, XVI, 67.)

[4]
Avvegna che col popol si rauni
Oggi colui che la fascia col fregio.
(*Parad.*, XVI, 131.)

[5] *Il Convito*, Trattato IV, passim. Voy. Fraticelli, *Opere minori di Dante*, III, 257 sq., et *Discorso sul Convito*, III, 53.

[6] On peut comparer tout le IV° livre du *Convito* avec divers passages de la *Divine Comédie* (*Inf.*, XV, 55 ; *Purg.*, VI, 129 ; *Parad.*, XVI, disc. de Cacciaguida). Il ne faut pas dire avec Foscolo (*La Commedia di Dante illustrata*) que le *Convito*, écrit dans l'exil, peut renfermer quelques pages propres à plaire aux guelfes, pour rentrer dans Florence, car la *canzone*

guelfe? Son maître, Brunetto Latini, l'était, et Dante, pour vivre parmi les guelfes, avait inscrit son nom au registre matricule d'un des arts[1]. C'est dans des conseils guelfes qu'on le voit à plusieurs reprises prendre la parole. A vrai dire, il tenait l'esprit des deux factions pour funeste[2]; il répugnait aux excès de la démocratie comme à ceux de l'aristocratie, il se défiait de tout ce dont la foule s'engoue, immixtion du grand nombre dans les affaires publiques, instabilité des lois, mélange corrupteur du sang étranger au vieux sang florentin. S'il se rapprochait des gibelins, c'est par son antipathie marquée pour le pape, dont il repoussait invariablement, on le verra, les éternelles demandes d'hommes et d'argent[3].

Que ce sentiment lui fût commun avec ses collègues de la seigneurie, ou que son éloquence enflammée le leur eût inspiré, ils faisaient aux desseins du légat une discrète mais constante opposition. Feignant de ne la point voir, Matteo d'Acquasparta divulguait ses plans de réforme : il voulait admettre aux fonctions de prieur tous ceux qui en seraient dignes, sans acception de parti, introduire leurs noms dans des bourses, *sesto* par *sesto*, et les tirer au sort tous les deux mois[4]. Ce système, démocratique à

expliquée au l. IV du *Convito*, est une œuvre de la jeunesse du poëte. C'est ce qu'a très-bien fait remarquer Ozanam, *Dante et la philosophie catholique* (Œuvres, VI, 356).

[1] Voy. Balbo, I, 52.

[2]
    L'uno al pubblico segno i gigli gialli
    Oppone, e l'altro appropria quello a parte,
    Si ch' è forte a veder qual piu si falli.
        (*Parad.*, VI, 100.)

Les lis d'or, ce sont les armes de Charles II d'Anjou ; le *pubblico segno*, la bannière romaine. Voy. aussi les vers suivants sur les divisions des partis.

[3] Voy. même chapitre, p. 38, 39.

[4] Villani, VIII, 39.

l'excès, était réservé à une haute fortune : ultérieurement les Noirs l'adoptèrent quand ils furent maîtres incontestés de Florence; mais il déplaisait aux Blancs, par tout ce qu'il avait d'aléatoire. Le hasard pouvait donner une seigneurie toute gibeline ou toute guelfe, et par là provoquer les plus brusques soubresauts. Il pouvait aussi, par un mauvais partage des voix, réduire à néant l'action des prieurs, exposer les plus hardis d'entre eux à la tentation de quelque mesure illégale qui leur rendît la puissance, ainsi qu'à leur parti. Voilà ce que pensaient les Blancs et ce qu'ils auraient dû dire. Ils préférèrent porter contre le cardinal l'accusation vague et malheureuse de partialité. Au fond, il la méritait sans doute : sous le règne des Blancs substituer à l'élection le sort, c'était donner aux Noirs quelque chance de les supplanter ; mais comment faire passer pour partial, aux yeux du grand nombre, le prélat qui s'en remettait au hasard du soin de désigner les magistrats? Quoi qu'il en soit, « ceux des Blancs, écrit Villani, qui guidaient la seigneurie, par crainte de perdre leur état et d'être trompés, dans cette réforme, par le pape et son légat, prirent le plus mauvais parti et ne voulurent pas obéir[1]. » Le légat fut scandalisé de leur peu de foi, car il les tenait pour solidaires de la seigneurie précédente, mieux disposée à son égard. Il ne réfléchit pas combien devait être suspect le légat d'un pape despote par caractère, absolu par tradition, poussant du premier coup à l'extrême démocratie les pouvoirs établis. Dans son courroux il sortit de la cité rebelle, la laissant sous le coup de l'excommunication et de l'interdit[2].

---

[1] Presono il piggiore consiglio e non vollono ubbidire (Villani, VIII, 39).
[2] Villani, VIII, 39; Paolino, II, 57.

Ce départ, ces malédictions plongèrent Florence dans un trouble inexprimable[1]. En d'autres temps, elle se fût vite consolée; mais les deux factions étant presque égales en nombre, une telle arme aux mains des Noirs déplaçait en leur faveur ou du moins rétablissait l'équilibre. Ils attisèrent contre les prieurs le feu de la haine. « Tous mes maux, toutes mes disgrâces, lit-on dans une lettre de Dante, eurent pour cause et pour principe ces malheureux comices de mon priorat, dont j'étais peut-être indigne par ma prudence, mais non par mon âge et ma loyauté[2]. » Les Noirs signalaient avec amertume la malédiction, les dangers qu'attirait sur Florence le gouvernement des Blancs. Ce n'est pas qu'ils se souciassent plus qu'eux des foudres pontificales : on les vit plus tard introduire dans les statuts communaux plusieurs de ces mesures qu'inspire l'esprit laïque, que l'Église subit quand un pouvoir fort les lui impose, qu'elle déclare intolérables dès qu'elle entrevoit le moyen d'en secouer le joug[3]. Mais aux yeux de la passion politique, brouiller la commune avec l'Église, c'était au premier chef être impie et gibelin.

---

[1] Partito il legato, la città rimase in grande gelosia e in male stato (Villani, VIII, 40).

[2] Tutti li mali e tutti gl' inconvenienti miei dalli infausti comizi del mio priorato ebbero cagione e principio etc. (Lettre de Dante déjà citée, ap. Leon. Bruni, p. 7).

[3] C'est ainsi que Florence, pour repousser les usurpations des ecclésiastiques, proscrivait d'intenter aucun procès en matière temporelle ailleurs qu'au tribunal du potestat (31 janvier, 1er et 3 février 1291. *Provvisioni*, t. I, n° 2, p. 175) ; c'est ainsi qu'elle soumettait tout clerc au for de la commune sous peine d'incarcération, déclarait que leur action ou l'effet des sentences rendues ne pourrait être empêché ni diminué par aucune excommunication ou interdiction, décidait que chacun pouvait exercer librement ses droits sur les biens profanes de l'Église, c'est-à-dire sur ceux qu'elle tenait des laïques (*Statuta*, II, 18, 21, 23. Voy. Salvetti, *Antiquitates florentinæ*, 1777, et M. P. Villari, *Il Politecnico*, juillet-août 1868, p. 221).

Réduite à se défendre, la seigneurie voulait le faire avec vigueur. Mal secondée par les deux potestats du 1ᵉʳ juillet 1299 et du 1ᵉʳ janvier 1300, Ugolino de Corigia et Gherardino de Gambera, elle ne se bornait pas à les soumettre, selon la loi et l'usage, au plus sévère syndicat : par une démarche insolite elle demandait aux habitants de Parme et de Brescia, d'où ces deux officiers étaient originaires, de les mettre en accusation [1].

Un nouvel éclat des discordes privées vint irriter ces discordes publiques, dont elles étaient l'écho. En décembre 1300, on célébrait les obsèques d'une femme, dans la famille des Frescobaldi [2]. Cerchi et Donati s'y étaient rendus armés avec leur suite. Les uns et les autres, assis devant la maison mortuaire, se regardaient de travers, avec défiance. Quelque mouvement d'un d'entre eux fut pris pour le signal d'une attaque préméditée. Tous aussitôt se lèvent avec grand bruit, se menacent de l'œil et du geste, rentrent chacun chez soi pour s'y mettre en défense. Dans le morne silence des rues, où pas une boutique n'est ouverte, on voit s'avancer les Blancs à cheval, suivis d'autres à pied. A leur tête sont Gentile des Cerchi,

---

[1] *Capitoli*, n° XLIV, fᵒˢ 258, 259. — Il est remarquable que Gherardino de Gambera fut réélu potestat, le 21 juin 1302, quand les Noirs eurent triomphé, ce qui permet de croire : 1° que ces plaintes furent portées au nom des Blancs encore dominants ; 2° qu'elles avaient pour objet la partialité de ces deux magistrats pour les Noirs.

[2] Pour la date, nous suivons ici Villani (VIII, 40) et Stefani (IV, 220). Ces troubles graves expliquent très-bien et expliquent seuls les mesures ultérieures. — Paolino (II, 51) dit en 1297, date qui ne soutient pas l'examen. — M. G. Capponi (I, 97) ne sait décider si l'aventure de ces obsèques est avant ou après le départ du légat. — M. P. Fanfani, dans une récente brochure (*La critica storica de' nonni*, Livourne, 1875) suit comme nous l'ordre de Villani, que confirment les rares documents où il est question de ces faits, et dont avait seule fait douter la prétendue autorité et l'inextricable confusion de D. Compagni.

Guido Cavalcanti, Baldinaccio et Corso des Adimari, Baschiera della Tosa, Naldo Gherardini, qui les dirigent vers le *sesto* du scandale, où étaient les maisons des Donati. « Des femmes seules les y reçoivent. — Il n'y a point d'hommes ici, disent-elles avec dédain. Allez à San Pier Maggiore ; vous y en trouverez peut-être, car nous ne croyons pas qu'ils aient pris la fuite par crainte de vous. — A San Pier Maggiore, en effet, Corso Donati et les siens étaient sur leurs gardes. A coups de flèches et de lances ils reçoivent les assaillants, qui battent promptement en retraite, couverts de blessures et sans honneur pour leur parti [1]. »

A quelques jours de là, plusieurs des Cerchi revenaient de Nipozzano, où ils avaient des biens dans le val de Sieve [2]. Ils devaient passer devant Remole [3], qui appartenait aux Donati, ou faire un grand détour. Par bravade comme pour abréger, ils longèrent ouvertement le pied de la colline, et se frayèrent par les armes le passage qu'on leur disputait. S'ils eurent des blessés, les Donati avaient aussi les leurs [4]. « Ainsi, écrit Paolino, se découvrit le venin que recélait l'âme des citoyens de Florence [5]. » Il eût fallu être bien aveugle pour n'avoir pas les yeux depuis longtemps dessillés.

Mais ces agressions devenaient en vérité trop fréquen-

---

[1] Paolino, II, 51, 52 ; Villani, VIII, 40.
[2] Nipozzano ou Nepozzano sur une hauteur à 2 milles et demi au nord-est de Pontassieve, avait d'abord appartenu aux comtes Guidi. Repetti (III, 643) ne mentionne pas la possession de Nipozzano par les Cerchi, établie pourtant par Villani (VIII, 40). Des mains de Guidi, il montre ce château passant à celles de la commune, à qui il appartenait en 1312, puis des Albizzi.
[3] Remole, près de l'Arno et de la route d'Arezzo, à 3 milles à l'ouest de Pontassieve (Repetti, IV, 740).
[4] Villani, VIII, 40 ; Stefani, IV, 221.
[5] Paolino, II, 52.

tes ; sévir parut nécessaire aux prieurs. Une forte amende frappa les deux partis. Sous les dehors de l'impartialité, c'était encore ménager les Blancs, car les Donati, étant pauvres, et, pour la plupart, ne pouvant payer, durent se résigner à la prison. Les Cerchi, au contraire, pouvaient, sans se ruiner, satisfaire à la loi et conserver leur liberté. Ils ne le voulurent point. — Nous ne nous laisserons pas, dirent-ils, épuiser par les amendes, comme on a fait les Tedaldini ; nous aussi nous irons en prison. — Vieri et les sages Blancs furent surpris de cette résolution autant que courroucés. Leur âme candide n'avait pas prévu qu'à des amis frappés la seule apparence de l'égalité paraîtrait injustice[1]. Le plus fâcheux des accidents vint encore compliquer leur embarras. Un « maudit » ser Neri des Abati était gardien de la prison. Ses prisonniers tombèrent tout à coup malades d'une fricassée de boudins ou gâteau de porc qu'il leur avait fait servir. Même quatre d'entre eux en moururent, Pigello Portinari, Ferrano des Bronci et deux Cerchi Noirs[2]. Mouraient-ils empoisonnés par le gardien? Rien n'était moins vraisemblable, car il mangeait avec eux, il comptait parmi eux des amis, et il n'aurait pas plus voulu exposer leur vie que la sienne, ou se dénoncer d'avance en s'abstenant de goûter au plat homicide. Mais on ne savait point alors que la chair de porc est souvent malsaine, et si l'on n'ignorait pas que des vases de cuivre mal étamés, mal récurés peuvent donner

---

[1] Les mêmes. Villani paraît croire les Cerchi sincères dans leur désir de ne pas se ruiner en payant l'amende. Ils étaient trop riches pour que ce fût autre chose qu'un prétexte pour mettre dans l'embarras les amis trop sévères qui les châtiaient. Balbo (I, 280) croit comme nous que ce fut une marque de mécontentement ; mais on ne comprend pas l'explication qu'il en donne.

[2] Les mêmes.

la mort, nul ne voulut s'en souvenir. Par manque de raisonnement, par goût de l'étrange et de l'horrible, la multitude crut au crime et se répandit en imprécations contre le criminel. Plus éclairée, la seigneurie douta ou crut même à l'accident fortuit, car de Neri des Abati elle ne tira aucune vengeance [1], au risque d'une croissante impopularité.

Inquiets de cette impunité menaçante ou feignant de l'être, les Noirs convoquent aussitôt une assemblée des leurs dans l'église de Santa Trinita, où se réunissaient d'ordinaire les conseils de la *parte guelfa*. Grands et *popolani* de la faction y décidèrent d'envoyer au pape une nouvelle ambassade, pour le conjurer de « mettre en mouvement quelque seigneur de la maison de France qui les remît en état [2]. » En vue d'accomplir ce dessein ils promettaient de « dépenser eux-mêmes tout ce qu'ils pourraient. » L'ambassade partit, mais non pas si secrètement qu'il n'en transpirât quelque chose. « La commune et le peuple, dit Villani, s'en émurent fort. La seigneurie en fit une enquête, et après s'être fortifiée contre l'impétuosité des mouvements populaires, elle condamna dans son avoir et sa personne Messer Corso, chef de la conjuration [3]. » Les autres chefs présents au conciliabule de Santa Trinita durent payer plus de vingt mille livres et

---

[1] Di ciò non fu vendetta neuna (Villani, VIII, 40). Villani et Stefani croient à l'empoisonnement. Le prétendu Dino Compagni, qui juge de loin, avec le sang-froid de la postérité, paraît porté à croire Neri innocent, ou tout au moins à douter (Voy. l. I, c. xx, p. 58).

[2] Acciocchè commovesse alcuno signore della casa di Francia che li rimettesse in istato (Villani, VIII, 41). Nul accord parmi les auteurs sur la date de ce fait. Villani paraît le placer en décembre 1300 ; Stefani en janvier 1301 ; Ammirato du 15 février au 15 avril 1301. Balbo (I, 282) et Fauriel (I, 167), d'après D. Compagni, en août 1300.

[3] Leon. Bruni, *Vita di Dante*, p. 10.

partir pour aller aux confins. Ils étaient relégués à Castello della Pieve dans le val de Chiana[1]. C'étaient Sinibaldo des Donati, frère de Corso, Rosso et Rossellino della Tosa, Geri Spina, avec plusieurs des parents et *consorti* de chacun d'eux[2]. Mais en même temps, à l'instigation sans doute de Vieri des Cerchi, quelques-uns des principaux Blancs furent exilés, faute inexplicable qui, par recherche d'un vain semblant d'impartialité, donnait à croire qu'on sévissait moins contre des coupables, pour faire respecter les lois, que contre des suspects, par mesure de salut public. Quoi qu'il en soit, Gentile, Torrigiano et Carbone des Cerchi, Baschiera della Tosa, Baldinaccio des Adimari, Naldo Gherardini, Guido Cavalcanti, Giacotto Malespini et autres membres de ces familles durent se rendre à Sarzane, sur la frontière génoise, à l'embouchure de la Magra[3].

[1] Villani, VIII, 41, et Stefani, IV, 122, qui a quelques variantes. — Leon. Bruni, *loc. cit.* — Après avoir dit Castello della Pieve, le prétendu D. Compagni dit Massa Trebara. — Balbo (I, 287) et d'autres en concluent que Corso dut être exilé deux fois. C'est faire trop d'honneur à l'inadvertance d'un faussaire. Corso Donati, qui rompit son ban pour aller à Rome, pouvait bien l'avoir rompu aussi pour aller voir ses propriétés à Massa Trebara entre le Metauro et la Foglia dans l'Apennin (Voy. Repetti, III, 175).

[2] Villani, VIII, 41 ; Stefani, IV, 222.

[3] Cette localité, située loin des Maremmes, est parfaitement saine ; on serait donc tenté de croire, à cause de la maladie de Guido Cavalcanti, attribuée au mauvais air, qu'il s'agit de Serezzano (c'est la forme du nom dans Villani), petit château au sud de Volterre et de la Cecina, non loin de ces *lagoni* infects qui envoyaient la pestilence à plusieurs milles à la ronde, selon la direction du vent (Voy. Targioni-Tozzetti, *Viaggi*, VII, 376). Mais tous les autres auteurs sont d'accord à dire Sarzana, les deux formes étant indifféremment employées. Il semble d'ailleurs inadmissible que des prieurs Blancs eussent envoyé leurs amis en un lieu malsain. Il est plus probable que, pour les rappeler, ils prirent le prétexte du mauvais air. — M. Hillebrand (p. 92) voit là un ostracisme inconnu de la loi, une espèce de coup d'État préventif. C'est qu'il ne tient pas compte de Villani et suit uniquement Dino Compagni. Il y avait eu condamnation formelle à la suite d'un

Ce n'était pas, du reste, pour longtemps. Guido Cavalcanti ayant pris dans son exil la maladie dont il devait mourir quelques mois plus tard [1], ses amis en accusèrent le mauvais air, et assaillirent la seigneurie de leurs demandes de rappel. Sous couleur d'humanité, les prieurs cédèrent. Ils pouvaient confiner le philosophe en un lieu plus salubre, si l'air de Sarzane était malsain ; ils le rappelèrent à Florence, où revinrent à sa suite tous ses compagnons [2]. Le motif ne parut donc qu'un prétexte : ce rappel en masse fut blâmé même des Blancs. Dante se disculpe d'y avoir pris part : « Alors, dit-il, je n'étais plus prieur [3]. » Quant aux Noirs, quant aux indifférents, ils étaient outrés. La partialité est surtout révoltante chez qui se pique d'être impartial.

Pour comble de maladresse et d'imprudence, on avait relégué Corso Donati sur le chemin de Rome. C'était lui donner la facilité comme la tentation de rompre son ban, de se rendre à la cour pontificale, où l'attendait un bienveillant accueil. Chef des guelfes à outrance, il avait, de plus, commandé pour le pape dans une des villes de Romagne [4]. Organe autorisé de son parti, il en renouvela toutes les instances, il suivit le pape en tous lieux [5], avec

---

délit qualifié par les *Ordinamenta*. — Quant à l'exil des Cerchi, il était fondé sur leur part aux actes de violence de San Pier Maggiore et de Remole.

[1] Leon. Bruni, *Vita di Dante*, p. 55 ; Balbo, I, 275.

[2] Villani, VIII, 41.

[3] Voy. l'analyse de la lettre de Dante dans Leon. Bruni, *loc. cit.* — Balbo (I, 274) prétend bien que les deux partis furent rappelés ; mais il se fonde sur un mot unique de Villani, dont il paraît torturer le sens : « Questa parte (les Blancs) stette *meno* ai confini. » (Villani, VIII, 41.)

[4] Voy. Fauriel, I, 169.

[5] Villani, VIII, 42.

l'obstination qui s'unissait à l'ardeur dans ce caractère fortement trempé.

Il semait des paroles de vengeance sur un sol prêt à les recevoir. Boniface VIII ne voyait pas sans alarmes la transformation des partis à Florence et à Pistoia. Il en craignait la contagion pour d'autres villes ; il craignait la défaite et la disparition du parti guelfe, fondement et soutien de la puissance pontificale. Hors de la Toscane même il le voyait fort compromis. Dans l'Ombrie, Federico de Montefeltro, fils du vieux Guido, Uberto Malatesta, Uguccione de la Faggiuola, chefs gibelins, faisaient la loi. Uguccione avait chassé d'Agobbio (ou Gubbio) tous les guelfes, et Napoleone des Orsini ne les y ramenait que par une victoire souillée de rapines, grosse de prochaines représailles. Les cités de Romagne elles-mêmes remuaient. En quittant Florence, Matteo d'Acquasparta avait dû s'y rendre en qualité de gouverneur, pour les calmer et y prévenir l'effusion du sang[1].

Jaloux de recouvrer la force, Boniface VIII était prêt à tout. Selon le conseil des guelfes florentins, il fit appel à la maison de France. Il avait jeté les yeux sur Charles de Valois, qu'on appelait Charles sans terre, et qu'on supposait avide d'en acquérir. Frère de Philippe le Bel[2], ce

---

[1] Villani, VIII, 43. *Chron. Cæsenat.*, R. I. S., t. XIV, 1121.

[2] Les documents florentins l'appellent à plusieurs reprises « fils du roi de France. » Ils auraient dû ajouter « défunt. » — Pour excuser le pape son héros d'un appel à l'étranger, le P. Tosti (l. V, t. II, p. 152) en reporte la responsabilité sur les Blancs, à cause de leur refus d'écouter Matteo d'Acquasparta ; mais il se contredit, et commet en outre une grave erreur, car il prétend que Charles de Valois fut appelé pour appuyer les négociations du cardinal. Elles étaient rompues. Tout le zèle de Tosti ne peut prévaloir contre Ptolémée de Lucques appelant Boniface « fastuosus et arrogans et omnium contemptivus » (*Hist. eccl.*, l. XXIV, c. xxxvi, R. I. S., t. XI,

prince était connu pour ses aventureuses destinées.
En 1285, à peine âgé de quatorze ans, il recevait du
pape Martin IV, en guerre avec l'Aragon, l'investiture de
ce royaume. En 1290, lâchant l'ombre pour la proie, il
vendait son titre et ses droits à une couronne insaisissable,
pour épouser la fille de son cousin Charles II de Naples,
qui lui donnait en dot les comtés du Maine et d'Anjou[1].
Avec sa femme, morte en 1299, il venait de tout perdre[2],
et, au plus fort de son deuil, cherchant autour de lui
quelque avantageux mariage, il ne demandait qu'à pêcher
en eau trouble. Vaillant guerrier, il était capable de
cruauté comme de vigueur. Aux derniers mois de 1294,
on l'avait vu, dans la guerre de Gascogne, pendre soixante
citoyens, massacrer les habitants de la Réole, quoiqu'ils
eussent déposé les armes[3]. Si cette férocité déloyale soulevait les autres communes du territoire aquitain et lui
ôtait toute chance d'en expulser l'Anglais, de plus profitables et plus récents exploits le signalaient à l'attention.
Il venait, dans les premiers mois de l'année 1300, de prendre Douai, Béthune et Ham, de contraindre le comte de
Flandre à lui ouvrir les portes de Gand, et de réunir
cette riche province à la couronne de France au moyen
du parjure[4].

1203); contre Célestin V, le pape dépossédé, s'écriant : « In papatum ut
vulpes subiisti, regnabis ut leo, morieris ut canis. » (*Pipini Chron.*, l. IV,
c. xli, R. I. S., t. IX, 741); contre la verve satirique de Jacopone de Todi
(*I cantici del beato Jacopone da Todi*, p. 75, Rome, 1558, et *Nuova
Antologia*, t. IV, janvier 1867).

[1] Guillaume de Nangis, ap. *Hist. des Gaules et de la France*, XX, 574.
[2] Anselme, *Hist. généal.*, I, 100 ; Henri Martin, IV, 377, 388.
[3] Guill. de Nangis, *Ibid.*, p. 576.
[4] Charles avait juré, au nom du roi, de rendre à Guy, comte de Flandre, tous ses domaines, toutes ses prérogatives. Il l'envoya à Paris et son
comté fut confisqué (Voy. G. de Nangis, 1300, p. 581-582).

Philippe le Bel, offusqué de sa gloire, ne souhaitait que de l'éloigner. Avec empressement il accueillit donc les ouvertures du pape, il approuva le départ de Charles pour l'Italie. Boniface VIII lui offrait la Sicile, médiocre présent puisqu'il fallait la conquérir et qu'il manquait de marine; le titre de roi des Romains, que portait indûment, aux yeux du saint-siége, Albert d'Autriche, tenu pour usurpateur, pour meurtrier de son prince légitime[1]; enfin la couronne impériale d'Orient à laquelle il pouvait prétendre par son prochain mariage avec Catherine de Courtenay[2], héritière de Baudouin, le dernier prince français qui se fût assis sur le trône de Constantinople[3]. Parmi tout ce mirage, la seule réalité c'était des dispenses pour épouser une si proche parente. Le reste, il fallait l'enlever à la pointe de l'épée, et Boniface ne craignait guère que Charles y parvînt. Il ne voyait en lui qu'un capitaine sans avenir, sinon sans espoir, et que solderait le riche royaume de France. C'est au clergé de France qu'il s'adressait déjà pour obtenir des décimes[4]. « La Sicile, lui écrivait-il, est encore en révolte contre l'Église, le domaine ecclésias-

---

[1] Voy. Tosti, l. IV, t. II, p. 43-44; H. Martin, IV, 422.

[2] Catherine de Courtenay descendait en droite ligne de Louis le Gros, dont Pierre de Courtenay, Ier du nom, était le septième fils. Pierre Ier a pour fils Pierre II, celui-ci Baudouin (Voy. Anselme, I, 473-477, et Du Bouchet, *Histoire de la maison de Courtenay*, l. I, c. vi).

[3] Philippe de Courtenay, fils de Baudouin, n'avait porté que le vain titre d'empereur d'Orient, mais il l'avait légué à sa fille unique, Catherine de Courtenay, dont la mère était Béatrix de Sicile. Ce mariage eut lieu le 28 janvier 1301 (Voy. Anselme, I, 101).

[4] Cette lettre porte la date de l'année, non du mois (*Ann. eccl.*, 1300, t. XXIII, p. 292-293, et Tosti, t. II, p. 479, doc. II.); mais la série des faits précédemment exposés montre qu'elle ne peut être que de décembre. — L'anonyme de Pistoia (R. I. S., t. XI, 377) dit que le pape envoya beaucoup d'argent à Charles pour lever *la gente sua*. Mais on peut douter de cette assertion. Ce n'est guère ainsi que faisait le saint-siége.

tique est soulevé, la Toscane envahie par les flots du scandale. Ce n'est donc pas de près seulement, c'est aussi de loin qu'il faut faire résistance. Il invitait Charles de Valois « à se mettre en route avant la Purification de la bienheureuse Vierge (en d'autres termes avant le 2 février 1301), avec une grande et honorable troupe d'hommes armés, et à venir personnellement à marches forcées en Italie, afin d'y séjourner dans tous les lieux et pour tout le temps que déterminerait le saint siége, puis, les rebelles étant subjugués dans ce pays et dans la Sicile, de porter efficacement secours à la Terre sainte[1]. » Ce dernier mot des lettres pontificales tendait à obtenir, par l'appât trompeur d'une campagne sacrée, l'or du clergé français pour une expédition profane. Promettre beaucoup et tenir peu était décidément la politique de Boniface : le vieux renard encapuchonné de Montefeltro avait trouvé un disciple docile à ses conseils[2].

Charles de Valois l'était moins à l'ordre de faire hâte. Il lui fallut du temps pour rassembler, pour équiper cinq cents cavaliers français, bourguignons, picards, nivernais, champenois[3]. Il lui en fallut plus encore pour traverser la France et les Alpes. Qu'il fût parti au jour fixé, on ne saurait le croire, car si lentement qu'il chevauchât, il n'eût pas mis sept mois à faire ce trajet. C'est seule-

---

[1] Status insuper Tusciæ impetitur admodum fluctibus scandalorum... civitates, loca et incolæ ipsi matri Ecclesiæ subjecta rebellant.... Et nisi eorum insolentiæ compescuntur, invalescent plurimum rebelliores ipsorum.... Et ideo non solum de prope, sed etiam de longe resistendum.... venturus continuatis dietis, et intraturus personaliter in Italiam ac mansurus in ipsius Italiæ provinciis sive locis de quibus apostolica sedes duxerit ordinandum.... (*Ann. eccl.*, et Tosti, *loc. cit.*)

[2] Voy. plus haut, l. V, c. IV, t. II, p. 443, note 3.

[3] Bibl. Magl., classe XXV, cod. 591, ap. Desjardins, Introd., p. 24. — Cf. Villani, VIII, 48. — Tosti, l. V, t. II, p. 152-153.

ment en août 1301 que, accompagné de Musciatto Franzesi, « son guide et son conseiller en toutes choses[1], » il déboucha en Italie[2]. Il traversa les fertiles plaines du pays lombard ; puis, par Bologne et l'Apennin, il s'achemina vers Florence[3].

Sur sa route était Pistoia, et il devait rencontrer là ses premiers ennemis. Les potestats florentins y avaient appesanti leur main de fer[4], pour y assurer la domination des Blancs. Cantino Cavalcanti déposait tous les Noirs qui commandaient à quelque château ou exerçaient quelque emploi important[5]. Andrea Gherardini s'assurait des compagnies du peuple en faisant nommer des gonfaloniers de son choix[6], puis attaquait à main armée, incendiait les maisons des Rossi, brûlait au sommet des tours ceux qui n'en pouvaient ou n'en osaient descendre, assiégeait dans la forteresse de Damiata[7] les malheureux restes du parti vaincu, et, secondé par Barone de San Miniato, capitaine de la *taglia* toscane, les forçait à prendre la route de l'exil (28 mai 1301)[8]. Prato, pour

---

[1] Ammirato, l. IV, t. I, p. 213.

[2] *Ist. Pist.*, R. I. S., t. XI, 377.

[3] M. Trollope (I, 257) prétend que Charles aborda à Pise. Il le dit uniquement par conjecture, parce qu'il le voit à Lucques dans Villani. Les autres auteurs montrent par quelle route vint le prince français.

[4] Signoreggiavano la città e' l contado molto aspramente, sì che ciascuna parte la teneano, ma tutta volta sosteneano più la parte bianca che la nera (*Ist. Pist.*, R. I. S., t. XI, 374).

[5] *Ibid.*

[6] Li gonfalonieri del popolo di Pistoia, li quali egli havea fatti a quel fine (*Ibid.*, p. 375).

[7] Elle appartenait alors à Simone de Pantano des Cancellieri.

[8] En mai 1302, les vérificateurs ou syndics approuvaient les comptes d'Angiolino des Malchiavelli (*sic*), qui, envoyé pour régler les dépenses de l'armée devant Pistoia, avait payé 12 093 flor. 6 sous 4 deniers (16 août 1302, *Cartapecore Strozziane Uguccioni*).

échapper au courroux de Florence, refusait de les recevoir, et Lucques, après les avoir reçus, se voyait réduite à les chasser[1]. Sauf quelques-uns qui trouvèrent asile à Pescia, dans le val de Nievole, la plupart durent se réfugier à Florence même, dans la ville qui les persécutait. Hôtes des Frescobaldi d'Oltrarno, ces amis et alliés des Donati[2], ils se trouvaient face à face avec nombre de leurs compatriotes Blancs, que l'amitié ou l'exil appelait chez les Cerchi, car ceux-ci, paraît-il, fidèles à leur système d'équilibre, avaient, à Pistoia comme dans leur propre patrie, condamné au bannissement les chefs des deux partis[3]. Pour pacifier Pistoia, ils agitaient Florence : leur manie d'impartialité apparente n'aboutissait qu'à verser de l'huile sur le feu.

Quoi qu'il en soit, maîtres de Pistoia, ils la voulurent défendre contre Charles de Valois. Ils appellent des hommes d'armes, garnissent leurs forteresses, ferment leurs portes, mettent sur leurs murailles des machines propres à lancer des pierres[4]. Ainsi préparés pour la guerre, ils demandent la paix, ils prient le prince français de venir dans la ville, ils l'entourent d'ambassadeurs, de *donzelli* qui caracolaient autour de lui pour lui rendre hommage[5]. Avec eux il descendit le cours de l'Ombrone ; mais en avançant s'éveillait sa défiance : il voyait plus clair sous ces vaines démonstrations. Quand il eût atteint Pontelungo, à un mille de Pistoia, il se détourna brusque-

---

[1] Villani, VIII, 45.
[2] *Ist. Pist.*, R. I. S., t. XI, 374-376. — Villani, VIII, 44. — *Ptol. Luc. Ann.*, R. I. S., t. XI, 1304. — Stefani (IV, 216) dit qu'ils furent « confinés » à Florence ainsi que les chefs des Blancs.
[3] Villani, VIII, 37 ; Stefani, IV, 216.
[4] *Ist. Pist.*, R. I. S., t. XI, 377.
[5] Donzelli armeggiando. (*Ibid.*)

ment vers le val de Nievole et le château de Buggiano[1]. Il y reçut les exilés noirs de Pistoia et les ambassadeurs de Lucques, qui lui prodiguaient, pour se le concilier, honneurs, argent, étoffes de soie. Reprenant ensuite son chemin par Fucecchio et San Miniato[2], il faisait à Lucques une visite de courtoisie[3], et, en évitant Florence comme il avait fait Pistoia[4], il arrivait en septembre à Anagni, résidence favorite de Boniface VIII qui y était né[5].

Boniface lui pardonna ses lenteurs : il était dans l'allégresse, et avec lui tout le parti de l'Église. Les cardinaux, les magnats de Rome et de la campagne romaine accablaient d'hommages le vaillant capitaine que leur envoyait le roi de France. Charles de Naples vint avec ses fils saluer son parent. Mais sans tarder éclatèrent les dissidences. Aussi pressé dès lors qu'il l'était peu précédemment, le Valois voulait au plus tôt porter la guerre en Sicile, pour passer de là en Grèce et s'asseoir sur le trône impérial d'Orient. Ce n'était pas le compte du pape. Il allégua, pour le retenir, la saison peu favorable, la flotte non prête, double motif d'ajourner jusqu'au printemps[6], et l'œuvre de pacification qui pouvait suffire, durant

---

[1] Borgo a Buggiano, au centre du val de Nievole, au pied d'une colline où est le château, dit Borgo alto, à 13 milles à l'est de Lucques et 32 à l'ouest de Florence (Repetti, I, 337).

[2] *Ist. Pist.*, R. I. S., t. XI, 377. — A partir de ce moment, cet auteur confond les dates et les faits. Il envoie Charles en Sicile, tandis que Paolino (II, 57) le renvoie en France, faire la guerre aux Flamands.

[3] Villani (VIII, 48) parle seul de ce passage par Lucques, mais il répond trop bien aux démonstrations des Lucquois dont parle l'anonyme de Pistoia, pour qu'on en puisse douter.

[4] Senza entrare in Firenze, perchè n' era sospetto (Villani, VIII, 48).

[5] Le passage de Charles devant Pistoia est indiqué par l'anonyme de Pistoia comme ayant eu lieu en août ; c'est dans Villani qu'on voit qu'il arrive à Anagni en septembre.

[6] Villani, VIII, 48.

l'hiver, à la plus fiévreuse activité. Ne venait-il pas d'être fait par le pape comte de Romagne, seigneur de la Marche d'Ancône, lieutenant d'Empire pour l'Église, capitaine général de toutes les terres soumises à la juridiction temporelle du saint-siége, *paciarius* enfin, ou pacificateur de la Toscane[1]? Qu'il fît, dans tous ces pays, reconnaître son autorité : l'entreprise était urgente et ne pouvait être l'œuvre d'un jour.

Elle était pourtant plus facile que ne le disait et ne le croyait Boniface. Il avait suffi que la papauté eût aux mains une force effective pour ramener à elle ses anciens serviteurs, pour provoquer en Toscane une nouvelle évolution des partis. On vit reparaître la vieille division, un peu effacée, des guelfes et des gibelins. Aux guelfes résolus et par conséquent aux Noirs devaient se rattacher les guelfes sincères, mais tièdes, les *popolani* fauteurs des Blancs tant qu'ils ne craignaient pas la noblesse gibeline. Dès lors, celle-ci, que les intérêts communs aux grands opprimés avaient jetée dans les bras des grands de la faction noire, se trouvait reportée vers la faction blanche, et les Blancs, qui représentaient la démocratie, allaient devenir peu à peu le parti aristocratique. Leur embarras était extrême. Ils voulaient rester guelfes[2], et ils voyaient venir à eux, d'instinct, les gibelins d'Arezzo et de Pise. Les repousser, c'était perdre un précieux surcroît de forces; les accueillir, donner un fondement à la plus périlleuse accusation. Quant à se déclarer gibelins, ils y avaient tout à perdre, rien à gagner. Il eût fallu, en effet, s'appuyer

[1] *Ptol. Luc. Ann.*, 1301, R. I. S., t, XI, 1304. — Villani, VIII, 42: — Paolino, II, 67. — *Ist. Pist.*, R. I. S., t. XI, 374-577.

[2] Coloro che reggeano la terra, tutto fossero a parte Bianchi, si chiamavano e volcansi tenere guelfi (Villani, VIII, 48).

à l'héritier des Césars ; or, c'est un Allemand qui le dit : « il n'y avait plus de Hohenstaufen portant sur le trône impérial de vastes desseins. Une famille de Suisses économes, monarques bons ménagers, les Habsbourg, avaient ceint la couronne de Frédéric Barberousse, et se souciaient médiocrement de rétablir l'unité sur la terre [1]. »

Ainsi, d'inextricables difficultés retenaient les Blancs dans ces voies mixtes, équivoques, qui ne conduisent jamais aux grands succès et ne détournent pas toujours des grands revers. Les Noirs, au contraire, se donnaient sans répugnance à un prince que leur présentait le pape, qu'ils sentaient aussi mal disposé qu'eux-mêmes envers la démocratie, mais aussi prêt à y incliner ou à en faire semblant, pour ne pas perdre les nécessaires recrues que leur fournissaient les *popolani*. C'était donc au parti que semblait menacer la venue du prince français, qu'il appartenait d'agir pour conjurer le danger, pour apaiser le pape, pour contre-balancer auprès de lui le crédit de son argentier Geri Spina, et l'influence chaque jour croissante de Corso Donati [2].

Leur malheur ou leur maladresse fut de ne pas trouver parmi eux des personnes agréables à la cour apostolique, pour composer l'ambassade qu'ils avaient résolu d'y envoyer. Dans le nombre était Dante, invariable adversaire, au sein des conseils, de toute demande d'hommes ou

---

[1] Hillebrand, p. 103.

[2] Egli (G. Spina) e la sua compagnia erano mercatanti di papa Bonifazio, e del tutto guidatori con loro procaccio e studio, e di M. Corso Donati, che seguiva la corte (Villani, VIII, 42). — La date précise de cette ambassade, dont Villani ne parle point, ne saurait être donnée, mais il est clair qu'elle est des derniers mois de 1301. M. G. Capponi (I, 104 note) fait remarquer que l'ambassade ne put partir avant le 15 septembre, puisque ce jour-là Dante opinait dans une consulte dont on peut voir le résumé dans l'*Arch. stor.*, nuova serie, t. I, part. I, p. 82.

d'argent que faisait le saint-siége. La veille encore, le 19 juin 1301, comme le cardinal d'Acquasparta demandait par lettres cent cavaliers contre les villes rebelles de Romagne, le poëte avait opiné « de ne rien faire pour le service du pape. » Le plus hardi après lui, c'était le juge Albizzo Corbinelli, et il proposait seulement de suspendre toute résolution. Le même jour, dans un second débat sur le même sujet, comme on proposait d'envoyer jusqu'au 1er septembre Neri des Giandonati et cent cavaliers, Dante s'y opposait encore. A la minute de la délibération, son avis est rapporté dans les mêmes termes[1].

Il n'était guère moins opposé à Charles de Valois qu'au saint-siége. Ce fut plus tard un des griefs qu'on allégua pour le condamner[2]. Il redoutait les aventuriers capétiens, race encombrante, qui obstruait l'univers[3], qui, au seul cours du treizième siècle, faisait de Baudouin de Flandre un empereur à Constantinople (1204), de Jean de Brienne un roi à Jérusalem (1209), de Louis VIII un prétendant au trône d'Angleterre (1215), de Charles d'Anjou le souverain de la Sicile, de Philippe le Bel l'hé-

---

[1] De centum militibus secundum formam literarum D. Mathei cardinalis. — Dantes Alagherii consuluit quod servitio faciendo domino papæ nihil fiat (*Arch. stor.*, ap. Fraticelli, *Storia della vita di Dante*, p. 135-147). — Un tel langage rend bien peu vraisemblable le mot fameux que Boccace met dans la bouche de Dante au sujet de son ambassade, et qui aurait déplu même aux siens. — Si j'y vais, qui restera, aurait-il dit, et si je reste, qui ira ? — Tout le monde pouvait et devait y aller plutôt que lui. — En fait, il y eut plusieurs ambassadeurs, ce qui achève de rendre inadmissible ce mot inventé par des ennemis et trop facilement accueilli par Boccace dans sa *Vita di Dante.*

[2] Voy. la sentence rendue contre Dante, ap. *Delizie*, X, 94, et Pelli, *Memorie per servire alla vita di Dante*, p. 105, note 42.

I' fui radice della mala pianta
Che la terra cristiana tutta aduggia.
(*Purg.* XX, 43.)

ritier de la Navarre (1284). Sans avoir un goût bien vif pour les Allemands, il les préférait. S'il haïssait la gloutonnerie germaine non moins que la vanité gauloise[1], de deux maux il choisissait le moindre, et déjà il méditait les vers éloquents où il reproche à « Albert le Tudesque » d'abandonner l'Italie indomptée et sauvage, au lieu d'enfourcher ses arçons pour venir en aide aux opprimés[2], où il gourmande « l'empereur Rodolphe » de n'avoir pas, en 1277, quand il le pouvait, guéri les plaies qui avaient donné la mort à l'Italie[3]. En un mot, cette humeur envahissante qu'il constatait et qu'il blâmait chez les Capétiens, il la provoquait chez les Habsbourg qui s'en trouvaient dépourvus.

Tel était l'ambassadeur peu persuasif qui devait, avec deux ou trois autres, persuader à Boniface de congédier Charles de Valois. Le modeste appareil que lui permettait un modique salaire, la faible escorte qui l'accompagnait,

---

[1] Li Tedeschi lurchi. (*Inf.* XVII, 21.)
Or fu giammai
Gente si vana come la sanese?
Certo non la francesca sì d'assai.
(*Inf.* XXIX, 121-123.)
Boccace allait jusqu'à contester la loyauté allemande. Il parle d'un « Tedesco al soldo, pro della persona, e assai leale a coloro ne' cui servigi si mettea, *il che rade volte suole ne' Tedeschi avvenire* (*Giorn.* VIII, nov. I, t. III, p. 177). »

[2] O Alberto Tedesco che abbandoni
Costei ch' è fatta indomita e selvaggia,
E dovresti inforcar li tuoi arcioni.
(*Purg.* VI, 97 sq.)

[3] Ridolfo imperador fu, che potea
Sanar le piaghe c' hanno Italia morta.
(*Purg.* VII, 91.)

Il est remarquable que le guelfe Villani estime, comme le gibelin Dante, que « si Rodolphe avait voulu passer en Italie, il y eût été sans contestation le maître. » (Villani, VII, 54.)

n'étaient pas de nature à imposer au pape le respect d'une puissance qui doutait d'elle-même. Faute de savoir ce qui se dit aux audiences pontificales, un moderne cherche à se représenter la scène : « le poëte, dans son *lucco* florentin, longue et gracieuse robe que ses portraits nous ont rendue familière, pliant le genou sur les marches du trône, mais le regard haut et tous les traits de son énergique visage exprimant l'anxiété et la passion ; le pontife avec sa physionomie rude, son nez sardonique, sa bouche sensuelle, son double menton, ses yeux froids et perçants[1]. » Conférences, entretiens stériles ! De caractère résolu et entouré de guelfes noirs acharnés à le confirmer dans son dessein, à l'exciter encore, Boniface VIII demeura inflexible : il n'eut de cesse, il ne prit de relâche qu'après avoir lancé contre la Toscane le royal aventurier.

On était au mois d'octobre[2]. Charles de Valois s'avançait, suivi de ses chevaliers et d'un grand nombre de Florentins, de Toscans, de Romagnols guelfes et noirs, exilés ou fugitifs[3]. A Sienne, il reçut beaucoup d'honneurs, et, ce qui le touchait davantage, beaucoup d'argent[4]. Au château de Staggia, à quatre milles au sud-est de Poggibonzi, il crut devoir faire halte[5]. Là, dans une

---

[1] Trollope, I, 256. — Les portraits de Dante sont partout ; quant à celui de Boniface VIII, l'auteur anglais renvoie aux *Gesta Pontificum, auctore So. Palatino*, Venise, 1687.

[2] Cette date est donnée par des *Provvisioni* du 26 octobre et du 7 novembre 1301, où les conseils approuvent les mesures prises à l'occasion de la venue de Charles (N° XI, p. 67 v°, 100 v°). — Il en sera question plus bas.

[3] Usciti e confinati di loro terre per parte guelfa e nera (Villani, VIII, 48).

[4] *Ist. Pist.*, R. I. S., t. XI, p. 377.

[5] La famille des Franzesi devait bientôt prendre le nom de ce château. En

verte et riante vallée, au milieu des bois de chênes d'où l'on voit, encore aujourd'hui, s'élever les pittoresques ruines de la vieille forteresse, il résolut d'attendre l'effet que produirait à Florence la nouvelle de son approche.

L'agitation y fut extrême, comme en une fourmilière où l'on a posé le pied. Dans les conseils se croisèrent les plus contradictoires propositions. Laisserait-on le Valois entrer dans la ville, ou lui en fermerait-on les portes comme à un ennemi [1] ? Pleins de mauvais vouloir étaient les Blancs et les gibelins [2] ; mais les suggestions de la prudence l'emportèrent. Soutenir au dehors la guerre contre l'envoyé du saint-siége, c'était, au dedans, se mettre à dos les bons guelfes, les jeter tous dans le parti des Noirs. Loin de participer à la défense, ils l'eussent entravée. Un siége, dont l'issue, en ces conditions, n'était pas douteuse, eût produit la suspension du travail, la ruine des métiers, des marchands, de la ville même, que le vainqueur mettrait à sac, s'il la prenait d'assaut. D'aucun allié Florence ne devait espérer des secours. Frédéric d'Aragon lui-même ne pouvait distraire de la Sicile menacée la moindre partie de ses forces. La faveur que le pape marquait aux Noirs leur conciliait celle des puissances extérieures [3].

1303, le fameux Musciatto y devait recevoir Guillaume de Nogaret, qui allait, par les voies de traverse, surprendre Boniface VIII à Anagni (Repetti, V, 455-457).

[1] Avendo sospetto di sua venuta, tennero più consigli di lasciarlo entrare nella terra o nò (Villani, VIII, 48).

[2] Per contastare al mal volere che mostravano li Biànchi e li ghibellini di Firenze e di Pistoia (*Ist. Pist.*, R. I. S., t. XI, 377). — Cf. Paolino, II, 57.

[3] Dans un écrit intitulé *Il gran rifiuto* (Trübner and C°, 1862), le docteur Burlow, et après lui M. Trollope (I, 263-265) prétendent que c'est de Vieri des Cerchi et de cette résolution peu hardie que Dante veut parler,

Peu héroïques sans doute, ces considérations étaient raisonnables, et les Florentins, nous l'avons vu, ne se risquaient guère aux sublimes folies. On reproche aux Blancs d'avoir manqué de hardiesse. Il eût été hardi, en effet, et même téméraire de résister seuls contre tous, avec l'ennemi dans la place, presque aussi nombreux que ses défenseurs, avec la perspective de lui fournir des recrues et des armes, par une rébellion contre l'Église que beaucoup d'honnêtes consciences condamnaient. On oublie toujours, quand on parle des communes italiennes et de leurs défaillances à la guerre, la nature même de ces guerres, et les déchirements des partis.

Négocier paraissant nécessaire, une ambassade s'achemina vers le camp du Valois[1]. Charles la reçut « avec de belles et amicales paroles. Il répondit qu'il venait pour leur bien et bon état, et pour les mettre en paix ensemble[2]. » Quoique l'on crût peu à ses promesses, que démentait la

quand il dit le mot célèbre qui sert de titre au travail de l'auteur anglais :

L'ombra di colui
Che fece per viltade il gran rifiuto.
(*Inf*. III, 59.)

Les commentateurs avaient pensé jusqu'à présent qu'il s'agissait de Célestin V, refusant de rester pape par sentiment de son insuffisance, et laissant ainsi la tiare à Boniface VIII exécré de Dante. Les faits que nous allons voir montrent assez que les Florentins n'étaient ni aussi ardents, ni surtout aussi unanimes qu'on les suppose à fermer leurs portes. S'ils l'avaient été, Vieri n'avait pas assez d'action sur eux pour les en empêcher. Ils auraient trouvé d'autres chefs. L'ancienne explication manque peut-être de certitude, mais la nouvelle en manque infiniment plus. Elle est même dénuée de toute vraisemblance.

[1] E mandandoli ambasciadori (Villani, VIII, 48). M. Trollope dit, au contraire, que c'est Charles qui envoya des ambassadeurs (Sent messengers to Florence, I, 265). Cette assertion invraisemblable et contredite par le principal témoignage, n'a aucun fondement.

[2] Villani, VIII, 48.

présence de Corso Donati auprès de lui[1], quoique des Blancs nombreux conseillassent plus que jamais de ne point ouvrir les portes[2], à la fin, comme ils voulaient, nous l'avons vu, rester guelfes[3], le bon sens l'emporta[4]. Le 28 octobre, les conseils opportuns approuvaient les ordonnances que la seigneurie et quarante sages venaient de préparer « pour le rétablissement de la paix dans Florence, à l'occasion de la venue de Charles de Valois[5]. »

Le jour de la Toussaint, ce prince fit solennellement son entrée[6]. Ses gens étaient désarmés[7]. Il descendit, comblé d'honneurs, au palais des Frescobaldi, à l'extrémité sud du pont *alla Trinita*, tandis que ses barons s'établissaient au palais Spini, à l'extrémité nord du même pont. Leurs communications ainsi assurées, ils pouvaient à volonté passer sur la rive droite pour prendre l'offensive, ou se retrancher sur la rive gauche

---

[1] E M. Corso Donati.... era con lui ito a corte, ed accompagnatolo ancora, tornava con lui (Paolino, II, 57).

[2] La parte bianca che reggea ebbero gelosia e gran spavento, e più consigli tennero di non lasciarlo intrare in Firenze, e più raunamenti si fecero (Paolino, II, 57). — Molti furono quelli che nol voleano (*Ist. Pist.*, R. I. S., t. XI, 378).

[3] Voleansi tenere Guelfi. (Villani, VIII, 48.)

[4] Ma pure il senno vinserlo (Paolino, II, 57).

[5] *Provvisioni*, n° XI, p. 67 v°. — Le document contient tout au long ces *Ordinamenti*.

[6] 1301 in Kal. Nov. a terza entrò M. Carlo in Firenze (Bibl. Magl., cl. xxv, cod. 591, *Estratti dai libri di diversi archivi*, ap. Desjardins, Introd., p. 24). — On suppose que ce document émane d'un des chefs de la faction des Blancs (Cf. Villani, VIII, 48 ; Simone della Tosa, p. 223 ; Stefani, IV, 226). — Seul, le faussaire brouillon qui a usurpé le nom de Dino Compagni, dit le dimanche 4 novembre. Or c'est le 5, cette année-là, qui était un dimanche. La plupart des auteurs modernes ont pourtant adopté cette date, sous prétexte que l'autorité de Dino Compagni, témoin oculaire, prime toutes les autres.

[7] Disarmata sua gente (Villani, VIII, 48).

pour s'y défendre[1]. De telles précautions juraient étrangement avec ses protestations formelles « de ne pas vouloir être seigneur, de donner paix, bon état et liberté à la ville, de ne rien faire sans le consentement de ceux qui tenaient alors le pouvoir[2]. » Mais il ne devait pas tarder à prendre plus de confiance. De tous côtés affluaient les Noirs. Cante des Gabbrielli d'Agobbio, qui avait été potestat de Sienne le 1er janvier 1298, et de Florence le 1er juillet de la même année[3], amenait bon nombre de Siennois. Venciolo de Guccianello arrivait avec cent cavaliers de Pérouse, aux chevaux bien harnachés[4]. D'autres seigneurs, d'autres villes encore vinrent grossir les rangs comme l'audace des Noirs et de leur chef étranger. Désormais il était prudent de lui faire la cour. Six jours après son entrée à Florence, on voyait Sienne combler de faveurs Musciatto Franzesi, son conseiller intime, son mauvais génie, et même le frère de Musciatto[5]; puis, « pour l'honneur de la commune, » voter à Catherine, femme

---

[1] Villani, VIII, 48. — L'anonyme de Pistoia (p. 578) dit que Charles descendit au palais Spini et ses barons au palais Frescobaldi. C'est moins vraisemblable. Le prince avait dû prendre pour lui le poste le moins exposé et établir ses barons comme en avant-garde.

[2] Stefani, IV, 226.

[3] Cante figure parmi les potestats de Florence pour le 1er juillet 1298 dans la liste des *Officiales forenses*. Quant à sa charge de Sienne, affirmée par M. Del Lungo (*D. Comp.*, t. II, p. 106, n. 9), pour la même année, elle ne peut donc être que du 1er janvier. Elle explique très-bien comment il put amener des Siennois. C'est ce que donne à entendre Paolino, quand il dit de lui : « Il quale allora era in Firenze venuto in servigio. » (II, 59.)

[4] Chronique pérugine, de 1194 à 1352 (*Arch. stor.*, 1e série, t. XVI).

[5] Le 2 juin, Musciatto était autorisé à acquérir à Sienne ; le 27, il y obtenait le droit de cité. — Son frère, le noble cavalier Albizzo, fils comme lui de Guidone des Franzesi, obtenait certaines immunités, le 22 juillet. (*Consiglio della Campana*, LIX, 95, 108 ; LX, 40.)

du prince, en prévision de ses couches prochaines, cinq cents florins d'or[1].

Après avoir pris quelques jours de repos, Charles de Valois déclara aux prieurs « qu'il voulait la seigneurie et la garde de la ville, ainsi que *balia* pour pacifier les guelfes ensemble[2]. » Il rencontra d'abord une vive résistance. Ne voyant nulle part le salut, les Blancs firent durer les pourparlers[3] : ils attendaient du temps l'imprévu. L'imprévu ne venant point, après quatre jours ils se résignèrent. « Le 5 novembre, dit Villani, en l'église de Santa Maria Novella, étant rassemblés les seigneuries et prieurs de Florence, et le conseil, et l'évêque, et toutes les autres bonnes gens, sur sa demande furent faites la proposition et la délibération; puis on lui remit la seigneurie et la garde de la ville. Et Messer Charles, après l'exposition de son interprète, accepta et jura de sa bouche, et, comme fils de roi, promit de conserver la ville en pacifique et bon état, et moi, qui écris, j'ai été témoin de ces choses[4]. » Toutefois à peine le serment était-il prêté, et avant même que Charles eût pu rentrer au palais Frescobaldi, « par ses gens il fut fait le contraire. Sur le conseil de Musciatto des Franzesi qui était venu de France pour lui servir de pilote, comme l'avaient ordonné les guelfes noirs, tout ce monde s'arma et parcourut la ville à cheval, ce qui la mit fort en jalousie et soupçon. Grands et *popolani* s'armèrent et se fortifièrent chacun chez soi

---

[1] *Consiglio della Campana*, LX, 80 v°.

[2] Villani, VIII, 48.

[3] *Ist. Pist.*, R. I. S., t. XI, 378. — Balbo met toute la modération chez les Blancs pour glorifier Dante, et Tosti chez les Noirs pour glorifier Boniface. Nous avons vu qu'en fait les Blancs étaient d'humeur plus pacifique, partant plus modérée.

[4] Villani, VIII, 48 ; Stefani, IV, 226.

avec ses amis, barricadant la ville sur plusieurs points. Mais à la maison des prieurs peu se réunirent, et le peuple fut comme sans chefs, les prieurs et ceux qui gouvernaient la commune se voyant trompés et trahis [1]. »

L'effrontée violation des promesses du maître, à l'instant même où il venait de les faire, montrait assez aux Blancs ce qu'ils pouvaient espérer. Plongés dans un découragement morne, ils contemplaient tous les soirs avec tristesse la sinistre comète qui, depuis le mois de septembre, promenait à l'horizon, vers l'occident, sa grande queue aux rayons noirs, et formait comme « une croix enveloppée de ces vapeurs qui suivent la planète de Mars. » Les sages astrologues en prédisaient de grands maux à l'Italie et à Florence, ainsi que de la conjonction de Mars et de Saturne, qui avait eu lieu deux fois cette année [2]. Quel moyen de ne pas courber la tête devant l'évidente fatalité? Mais contre le prince qui s'en faisait l'instrument, l'indignation était au fond de tous les cœurs. On a vu, si guelfe qu'il soit, Villani s'indigner discrètement et frémir du parjure. L'âme passionnée de Dante méditait déjà les vers vengeurs où il flétrit « ce Charles venu de France pour se faire mieux connaître, lui et les siens. — Il sort sans armes, s'écrie le poëte, avec la seule lance dont

---

[1] Villani, VIII, 48.
[2] Villani, VIII, 47. — Selon Villani, cette comète resta à l'horizon de septembre à janvier. Selon Ptolémée de Lucques (R. I. S., t. XI, 304) un mois seulement. Il y a dans le *Convito* de Dante (Trattato, II, c. xiv) une phrase qui pourrait bien se rapporter à ce fait, quoique M. Fraticelli (*Opere minori di Dante*, III, 168, Flor. 1857) la rapporte à la destruction de Florence par Totila : « In Fiorenza nel principio della sua distruzione, veduta fu nell' aere in figura d'una croce grande quantità di questi vapori seguaci della stella di Marte. » — M. Del Lungo pense comme nous que ce passage se rapporte à la comète de septembre 1301. (*D. Comp.*, l. II, p. 130, note 4.)

Judas combattit, et, l'ayant mise en arrêt, il en ouvre le ventre à Florence. Il y gagnera non des terres, mais le péché, et une honte d'autant plus grave qu'il tient pour peu un tel dommage[1]. »

Un ennemi nouveau, ou pour mieux dire plus ancien, et de beaucoup plus implacable, allait fondre sur les Blancs abattus. Jusqu'à ce moment, Corso Donati, banni et rebelle, n'avait pas osé rentrer dans sa patrie. Il y craignait un exemplaire et mérité châtiment. Aux portes de la ville, il s'était séparé de Charles; mais du village d'Ognano[2], situé à cinq milles sur les bords de l'Arno[3], il élevait sa voix insolente et annonçait qu'il ne tarderait pas à reparaître le front haut. Schiatta des Cancellieri, capitaine de trois cents cavaliers à la solde de la seigneurie, proposait de marcher contre lui et de s'emparer de sa personne. Vieri des Cerchi ne le voulut point. Il avait encore, malgré son âge, des illusions sur la fixité des sentiments populaires. — Laissez-le venir, disait-il, le peuple le punira[4]. — Sur ce décevant espoir, on laissa grossir et s'approcher l'orage.

Avec le consentement de Charles, mécontent des prieurs[5], et la connivence de ces Noirs toscans, « aussi fourbes, dit Pétrarque, que les Romains sont grondeurs

---

[1] Senz' arme n'esce, e solo con la lancia
Con la qual giostrò Giuda, e quella porta
Sì ch' a Fiorenza fa scoppiar la pancia....
(*Purg.* XX, 73.)

[2] Paolino, II, 58.

[3] Del Lungo (*D. Comp.*, l. II, p. 128, n. 10).

[4] Lasciatelo venire, confidandosi nella vana speranza del popolo che 'l punisse (Villani, VIII, 48).

[5] E non potendo aver da loro cosa che gli piacesse, consentio che M. Corso Donati e altri.... tornassero (*Ist. Pist.*, R. I. S., t. XI, 378).

et les Lombards insolents[1], » Corso Donati, plein de confiance, partit d'Ognano dans la nuit du 4 au 5 novembre, peu d'heures, par conséquent, avant celle où le prince français devait faire à Santa Maria Novella son fallacieux serment[2]. Ayant passé l'Arno avec trente hommes à cheval et environ soixante-dix à pied[3], il traversa le pré d'Ognissanti, et tournant les murs de la ville, il s'en vint droit aux *Servi* de Cafaggio et à la porte Albertinelli, qu'il savait en mauvais état[4]. Pour ce motif même, cette porte était gardée par Pazzino des Pazzi et divers membres de sa famille. Comme ils refusaient de l'ouvrir, Corso se dirigea vers la petite porte des Pinti, voisine de ses maisons et de San Pier Maggiore. Il entreprit de la briser, et, de l'intérieur, ses amis l'y aidèrent : ils étaient nombreux dans son quartier.

Sans coup férir, le rebelle entra donc à Florence. Courant aussitôt sur la place de San Pier Maggiore, il arma le clocher de l'église, car, en face, se dressait la tour menaçante des Corbizzi, qu'il fallait tenir en échec. Tandis que ses gens mangeaient debout sur le seuil sacré, il vit accourir ses partisans, la multitude heureuse de crier, comme jadis, *Viva il barone !* et les cavaliers de Charles, qui était encore à Santa Maria Novella. Il leur donne des armes[5], contraint les Corbizzi, par ce déploie-

---

[1] « Com' era ordinato per li Neri dentro. » (*Ibid.*) — Murmurationes Romanorum, versutias Tuscorum, insolentias Lombardorum (Pétrarque, *Variarum* ep. 3, éd. Fracassetti, t. III, p. 313).

[2] 4 die poi (après l'entrée de Charles) entrò M. Corso Donati (Bibl. Magl., cl. XXV, cod. 591, ap. Desjardins, Introd., p. 24). — Stefani (IV, 225) confirme cette date en reliant, comme on va le voir, la rentrée de Corso à l'affaire de S. M. Novella.

[3] Paolino, II, 58.

[4] La quale era disconfitta (Paolino, II, 58).

[5] Stefani, IV, 225.

ment inattendu de forces, à céder sans combat[1], et tranquille désormais sur sa base d'opérations, il laisse les Français retourner auprès de leur maître, le reconduire au palais Frescobaldi[2]. Lui, pendant ce temps, le fer et le feu dans les mains, il vole à la vengeance ; il livre aux flammes les maisons de quelques *popolani*, prieurs au moment de sa condamnation. L'incendie gagne les maisons voisines, dont les habitants ou les propriétaires ne sont pas ses ennemis : il n'en a cure. Ses satellites mettent tout au pillage, saccagent jusqu'à un jardin d'orangers et de citronniers, le plus beau qu'on eût oncques vu à Florence. Branches et feuilles jonchaient partout le sol dans les rues[3]. Poursuivant sa route, il fait prisonniers les Blancs qu'il rencontre, et les enferme, sa demeure étant détruite, dans celle d'un certain Cecino, dont il a fait son quartier général. Il ne leur rend la liberté qu'au prix de douze cents florins d'or[4].

Tandis qu'il s'assure ainsi des finances, il répartit en compagnies de *balestrieri* à cheval et de *pavesari* à pied les Noirs qui affluent, et il leur donne des bannières. Il pousse et l'on répète sur son passage ses cris de guerre : Vive Messer Charles ! Vive le parti guelfe et noir ! Mort aux Blancs et aux gibelins[5] ! Parvenu aux maisons des Bastari et au palais du potestat, où étaient les prisons, il en ouvre de vive force les portes, « et en retire tous ceux

---

[1] E i Corbizzi non furono arditi di contrastare, anzi si rendero a M. Corso sanza patto e Renieri del Pazzo li ricevette (Bibl. Magl., cod. 591, *loc. cit.*)

[2] Stefani, IV, 225.
[3] Paolino (II, 58) dit qu'il y avait 3488 de ces arbres.
[4] *Ibid.*
[5] *Ist. Pist.*, R. I. S., t. XI, 378.

qui s'y trouvaient, pour quelque motif que ce fût[1]. » Or la plupart devaient être détenus pour crimes ou délits d'ordre commun, puisque les peines politiques étaient la mort, l'exil, l'amende, puisque les condamnés politiques qui ne payaient pas les sommes dues étaient seuls incarcérés. Mais délivrer les prisonniers parut toujours, au moyen âge, une œuvre pie, plus encore que révolutionnaire. Souvent elle avait pour but, non de se créer des partisans dans un jour d'émeute, mais de se concilier le ciel dans un jour de fête. Si cette seconde coutume a disparu par la disparition de la foi, la première s'est prolongée jusqu'aux temps modernes, et c'est à tort qu'on a tenu pour nouveauté criminelle ce qui n'était que malencontreuse tradition.

Ce qu'auraient pu les Blancs contre l'audacieux rebelle, on ne saurait le dire ; mais ils auraient dû tenter quelque chose, et ils ne tentèrent rien. C'est alors, et non auparavant, qu'ils méritent ce reproche de défaillance que leur adressent les auteurs[2]. Au lieu de se réunir et de diriger la résistance, les membres de la seigneurie s'étaient retirés chacun chez soi[3]. Leurs partisans, privés de chefs, demeuraient dans la stupeur ou l'effroi. Quand ils virent flotter, sur la tour du palais communal, la séditieuse bannière de Corso Donati[4], ils comprirent que

---

[1] E trassene tutti i prigioni che dentro v' erano per ogne cagione (Paolino, II, 59). — Villani, VIII, 48.

[2] I Cerchi e loro seguaci mancarono alla patria, quando più aveva bisogno della loro opera (Atto Vannucci, p. 271).

[3] Villani, VIII, 48 ; Stefani, IV, 225 ; Manetti, *Hist. Pist.*, l. II, R. I S., t. XIX, 1022. — Cette faible seigneurie était composée de Lapo Angiolieri, Lippo Cambi, Dino Compagni, Girolamo del Chiaro, Guccio Marignolli, Vermiglio Alfani, et Piero Brandani, gonfalonier (Voy. Stefani, IV, 23).

[4] E posevi su la torre del Parlascio e sua insegna con bandiera. (Bibl. Magl., cod. 591, *loc. cit.*)

c'en était fait de leur domination sur Florence. Beaucoup, craignant d'être mis à mort, s'enfuirent en toute hâte[1]. Les autres courbèrent la tête, et, de gré ou de force, se soumirent au joug.

Six jours durant se déchaîna la plus effroyable anarchie. Aucune autorité légale n'étant reconnue, la suite du magnat triomphant et celle du prince son complice s'abandonnèrent à tous les excès, sans que Corso par prudence, ni Charles par pudeur, essayassent de rien empêcher. Les exilés, les « tyrans, » les malfaiteurs dont regorgeait la ville, incendiaient les maisons, ceux-là pour se venger, ceux-ci pour se livrer au pillage. Les pertes des riches Blancs, celles des marchands surtout, furent incalculables. Ils virent leurs boutiques, leurs magasins vidés de tout ce qu'y avait entassé leur travail. Ceux qui essayaient de défendre leur bien ou contre qui s'élevaient de vieilles haines, étaient poursuivis, frappés, blessés, tués jusqu'au fond de leurs demeures[2]. Ce fut une de ces heures néfastes où toutes les impuretés du fond montent à la surface, où toutes les mauvaises passions éclatent, parce qu'elles comptent sur l'impunité. Un des Frescobaldi, qui devait dix-sept mille florins à Vieri des Cerchi, au lieu de les payer, ameutait les Noirs contre lui[3]. Une autre victime de ces brigandages, Neri des Strinati, nous en a laissé, pour ce qui le concerne, un simple mais saisissant récit :

« La *masnada* à pied des fils Della Tosa, envoyée par Mes-

---

[1] *Ist. Pist.*, R. I. S., t. XI, 378.
[2] Paolino, II, 59 ; Villani, VIII, 48 ; *Ist. Pist.*, R. I. S., t. XI, 378. — Villani dit cinq jours, au lieu de six.
[3] Bindaccio des Cerchi, *Cronichetta di famiglia*, ap. Lami, *Deliciæ eruditorum*, *Hist. Siculæ*, part. II, ap. G. Capponi, I, 108 note.

ser Odaldo et Messer Rosilino, avec une bannière à leurs armes, vint, de nuit, dans notre maison, au *Mercato vecchio*, où habitaient les trois fils de Morabottini et moi Neri, et ils volèrent ce qui s'y trouvait. A vrai dire, nous en avions emporté, le soir précédent, les choses les plus précieuses. Survint, à demi-vêtu, en homme qui sort du lit, Pinuccio de Nanni, qui, battant et chassant cette *masnada*, nous a fait rendre beaucoup de choses qui eussent été perdues sans sa bonté. Cela fait, Messer Odaldo Della Tosa envoya faire des offres de service à nos femmes, qui déclarèrent que nous n'y étions pas, et, en effet, nous nous étions éloignés dans la soirée[1]. C'est ainsi que les fils Della Tosa rompirent avec nous. La même nuit vint encore la *masnada* des Medici. Ils nous volèrent ce qui était resté. Cela fait, Averardo des Medici envoya faire des offres de service à nos femmes[2]. Les enfants, garçons et filles, furent laissés nus sur la paillasse (*saccone*) de leurs lits ; on emporta jusqu'à leurs habits, ce que n'avaient pas fait à Acre les Sarrasins. La veille au soir, était venu offrir à nos femmes de sauver et garder tout ce qu'elles voudraient par ce temps où nous étions, le prêtre Guido de San Donato des Vecchi. Nos femmes lui donnèrent beaucoup de choses à mettre en sûreté. Quand la tranquillité fut revenue, il ne rendit presque rien[3]. Loin de là, il nous menaçait, il nous faisait menacer. Le fils de Filippo Cielembroni, de Trebbio, dans le Mugello, qui demeurait en face de San Donato des Vecchi, tira son couteau tout nu contre Cambino[4]. »

Le malheureux Neri n'était pas encore au bout de ses peines. Ce qu'il avait dérobé aux voleurs, ce qu'il possé-

---

[1] Quando fummo rubati e M. Odaldo si mandò profferendo alle donne nostre.... (*Cronichetta di Neri degli Strinati*, p. 124.)

[2] E quando fummo rubati per questa masnada, e Averardo de' Medici si mandò profferendo alle nostre donne (*Ibid.*, p. 121). — Cette répétition des mêmes termes pour stigmatiser ce double acte d'hypocrisie dans la même nuit, n'est-ce pas déjà presque de l'art ?

[3] Poi quando le cose furono riposate, non rendè quasi nulla, anzi ci minacciava. (*Ibid.*)

[4] *Ibid.*, p. 121.

dait de plus précieux, il l'avait mis dans un coffret en bois et confié aux fils de Tieri Dietisalvi, marchands de Calimala. Ce coffret fut, dans leur magasin, la proie des flammes « quand les perfides guelfes brûlèrent Florence pour y conserver le pouvoir[1]. » Lui-même, les jours suivants, condamné comme gibelin, il dut partir à jamais pour l'exil et se retirer à Padoue, où il consignait par écrit, en 1312, ses amers et vivants souvenirs[2].

De la ville, le fléau de l'anarchie s'était propagé sur tout le territoire. Durant quatre jours, selon les uns, durant huit, selon les autres[3], des bandes s'y répandirent, dévastant, pillant, brûlant les splendides maisons, les riches propriétés. Comme dans la ville, il y eut des blessés et des morts. « Fit mal qui voulut, s'il en avait la puissance, à ses amis comme à ses ennemis, dans leur avoir et dans leurs personnes[4]. » — « Jamais, dit Ptolémée de Lucques, on n'avait vu pareille chose, depuis le temps qu'il y avait des guelfes et des gibelins[5]. »

Tout a un terme, cependant, le mal comme le bien. Remédier à l'anarchie, rétablir un ordre quelconque s'imposait à ceux-là mêmes qui avaient troublé l'ordre ré-

---

[1] Quando i perfidi guelfi affogaron Firenze per paura di non perdere la terra (*Ibid.*, p. 103).

[2] *Ibid.*, p. 124. — Neri dit lui-même que c'est en 1301 qu'il partit pour l'exil. Or ce n'est pas avant les tristes journées de novembre dont on vient de lire le récit, puisqu'il y dit qu'il avait quitté sa maison le soir même.

[3] E bastò quattro dì (Bibl. Magl., n° 591, *loc. cit.*) — Per più d'otto dì (Villani, VIII, 48).

[4] Metti che ogni uomo fece male che volle a amico e a nemico, e di avere e di persona (Bibl. Magl., *loc. cit.*). Fece male chiunque volle, se egli ebbe il potere (Paolino, II, 59). — La similitude des termes est, ici, digne de remarque.

[5] Qualis non fuit a tempore quo guelfi et gibellini Florentiæ fuerunt (*Ptol. Luc. Ann.*, R. I. S., t. XI, 1304).

gnant. Sans être troublés à leur tour ils entendaient jouir de leur victoire. Une ardente soif de repos et de sécurité devait rapprocher d'eux les marchands, fussent-ils de la faction vaincue : seuls, en effet, les vainqueurs restaient debout. Le 5 novembre, avaient été déposés par Charles ou par Corso le potestat Tebaldo de Montelupone, le capitaine du peuple Carlo des Marchioni de Monticalo[1], et les prieurs qui avaient si honteusement disparu au moment du danger[2]. Le 7 déjà l'on « réformait un peu la terre[3]. » On laissait partir le potestat déposé, sans autre injure ou vexation que de ne pas recevoir son salaire[4], et l'on rétablissait dans sa charge le capitaine du peuple, moins dévoué aux Blancs, afin qu'il présidât à l'élection d'une nouvelle seigneurie.

Cette élection avait lieu le jour même. « A l'honneur et révérence de Dieu tout-puissant et de la glorieuse Marie toujours Vierge, du bienheureux Jean-Baptiste, de la bienheureuse Reparata et du bienheureux Zanobi, et à l'exaltation de la sacrosainte Église Romaine et du très-saint père et seigneur Boniface, par la permission divine souverain pontife, huitième du nom, et de ses frères les seigneurs cardinaux, et du sérénissime seigneur Charles, par la grâce de Dieu roi de Jérusalem et de Sicile, et de l'illustre seigneur Charles, fils de feu le sérénissime roi des Francs, pacificateur institué par la dite sainte mère Église dans la province de Toscane pour l'honneur, bien, pacifique et tranquille état du peuple et de la commune

---

[1] Liste des *Officiales forenses*.
[2] Manetti, *Hist. Pist.*, l. II. R. I. S., t. XIX, 1022.
[3] Al quinto dì (des troubles de la campagne) si riformò un poco la terra. (Bibl. Magl., *loc. cit.*)
[4] Paolino, II, 59.

de Florence, pour éviter qu'incendies, dévastations, roberies, offenses et homicides se commettent dans la ville, le comitat et le district[1], » étaient élus prieurs jusqu'au 15 décembre suivant, Baldo Ridolfi, Duccio Magalotti, Neri Ardinghelli, Ammanato Ammanati, M. Andrea de Cerreto, Ricco des Albizzi, et Tedia Manovelli gonfalonier, « tous *popolani*[2]. » On leur reconnaissait explicitement les droits et attributions de leur charge, d'après les statuts et les ordonnances ; on leur donnait pleine *balia* pour trouver de l'argent, pour subvenir aux dépenses faites ou à faire en l'honneur de Charles de Valois[3]. Deux jours plus tard, le 9 novembre, on appelait aux fonctions de potestat un fidèle serviteur de la cause guelfe et noire, Cante des Gabbrielli d'Agobbio qui déjà, en 1298, les avait exercées, et qu'on avait vu récemment accourir à Florence pour soutenir ses amis et le prince français[4]. Tous ceux qui, depuis trente mois, avaient suivi dans l'exil Corso Donati, rentrèrent triomphants. Leurs condamnations furent annulées : on les dispensa de rien payer. Quant aux bannis des temps antérieurs, ils trouvèrent également ouvertes les portes de leur ville

---

[1] Ad evitandum et prohibendum ne incendia, vasta, robaria, offensiones et homicidia fiant in civitate, comitatu et districtu Florentie. (*Provvisioni*, n° XI, p. 73. Doc. publié ap. *Delizie*, X, 81.)

[2] Stefani, IV, 226.

[3] *Provvisioni*, n° XI, p. 73-75 ; Reumont, Sismondi (III, 84) disent que cette seigneurie entra en charge le 11 novembre. L'erreur est désormais constatée. Elle provient de Dino Compagni. Une édition in-4° de cet auteur, suivie par M. Hillebrand, portant par erreur typographique le 1er, M. Hillebrand, sans recourir au texte de son auteur publié par Muratori, où on lit *A' di undici novembre* (R. I. S., t. IX, 498), en conclut que ce fut le 1er décembre, sous prétexte que tant d'événements n'auraient pu se passer en si peu de jours.

[4] Liste des *Officiales forenses*.

natale, mais à condition d'y payer certaines gabelles[1].

Florence n'avait plus, ce semble, qu'à reprendre sa vie régulière ; en réalité, ces beaux dehors d'ordre et de conciliation n'étaient chez ses nouveaux maîtres qu'un masque d'hypocrisie. La seigneurie installée n'était qu'un pouvoir subordonné; mais exclusivement composée de Noirs, elle supportait aisément sa servitude. Charles de Valois, le vrai seigneur, commandait à deux mille huit cent cinquante hommes[2], force plus que suffisante pour maintenir la paix publique, s'il le voulait. Il ne le voulait point : c'est par lui, on l'en accuse du moins, qu'elle était incessamment troublée[3], et sa conduite ultérieure justifie cette accusation. Après quelques jours de répit, où « partit qui voulut, sans que personne fût chassé[4], » le 16 novembre, « il commença d'agir en maître[5]. » Il cita devant lui tous les chefs Blancs, grands et *popolani*. Ceux qui se présentaient, on les envoyait aux frontières. Ceux qui ne se présentaient pas, et ce fut le plus grand nombre, on les condamnait comme rebelles et traîtres, on les arrêtait dans leurs maisons, on ne leur rendait la liberté qu'à prix d'argent. Quiconque parvenait à s'enfuir, en était châtié par la confiscation de ses biens, par la destruction de sa demeure. Quiconque était suspect recevait, la nuit, des visites domiciliaires, voyait fouiller, forcer, percer tout, jusqu'aux paillasses des lits[6].

---

[1] Paolino, II, 59.

[2] Stefani, IV, 225.

[3] Che potea bene resistere se avesse voluto ; ma pare e si dice fusse suo ordine e fattura (Stefani, IV, 225).

[4] Stando in quello riposo tra la paura ed il danno de' Bianchi, si partì chi volle, niuno non fu cacciato (Stefani, IV, 226).

[5] Incominciò a signoreggiare (Paolino, II, 59).

[6] *Ist. Pist.*, R. I. S., t. XI, 378.—Pignotti, l. III, c. viii, t. III, p. 205.

Sans respect de soi ni d'autrui, les prieurs n'avaient pour ces honteux exploits que lâches actions de grâces. Le 24 novembre, ils marquaient leur reconnaissance au prince de la manière qu'ils lui savaient la plus agréable, par des dons d'argent et d'objets mobiliers[1]. « Considérant les grands bienfaits et largesses mirifiques récemment accordés du ciel au peuple et à la commune de Florence touchant la réintégration de son libre état et son affranchissement de toute servitude[2], » ils faisaient décider par les conseils la mise en liberté de tous les prisonniers détenus aux prisons neuves de San Simone ou qui s'y constitueraient avant la Nativité de Notre-Seigneur, la Pâque ou la Saint-Jean prochaines. De cette faveur étaient pourtant exceptés, avec les voleurs, les incendiaires et les assassins, tous ceux qui avaient combattu contre Florence ou encouru plus d'une condamnation[3]. C'était retirer d'une main ce qu'on donnait de l'autre. L'allégresse des Noirs n'amollissait point leurs cœurs. Même victorieux, ils ne savaient pas être modérés.

Si dur qu'il fût lui-même, Boniface VIII jugea qu'ils dépassaient les bornes permises. Il résolut de les y ramener en imposant à Charles pour conseiller le sage et prudent cardinal d'Acquasparta. A la date du 2 décembre,

---

[1] *Provvisioni*, n° XI, p. 78 v°, 81 v°.

[2] Pro evidenti comunis Florentie utilitate et statu pacifico et tranquillo.... attendentes ad summa beneficia et largitates mirificas nuper collata et exhibita divinitus populo et comuni Florentie.... circa reintegrationem liberi status sui ab omni honere servitutis (24 novembre 1301. *Provvisioni*, n° XI, p. 82 v°).

[3] Des condamnés non libérables on ordonna de faire un registre ; des libérables on fit deux catégories, l'une de ceux qui étaient condamnés depuis le 1ᵉʳ janvier 1300, l'autre de ceux qui l'étaient avant ce jour-là, en remontant jusqu'au 18 janvier 1281, date de la paix du cardinal Latino (*Ibid.*, p. 82 v°, 85).

il donnait par lettres à ce prélat[1] mission d'aider par la maturité de son expérience le comte à poursuivre sa tâche de pacificateur, si louablement entreprise, à purger la perversité hérétique, à conduire plus tranquillement et plus utilement, avec plus de modération et de mesure, selon le bon plaisir de Dieu et du saint-siége, l'important office qui lui était confié[2]. Mais Charles ne voulait point d'un mentor : les Noirs qu'il inspirait firent donc au cardinal froid visage, comme les Blancs jadis, quand il était venu en qualité de légat. Il essaya néanmoins de réconcilier par des mariages les Cerchi avec les Donati, les Pazzi avec les Adimari, de partager entre les deux factions ennemies les principaux emplois ; mais, de ceux qui les détenaient il rencontra sur ce dernier point une résistance invincible, et dépité il repartit bientôt, laissant ou remettant Florence sous l'interdit. La paix, comme dit Villani, avait peu duré[3].

La bride sur le col et dispensés désormais de ménagements envers le saint-siége, les Noirs déchaînèrent de nouveau leurs violences. On ne comptait plus leurs obscures victimes, pour qui personne ne réclamait. En fai-

---

[1] Cette lettre, datée de Latran, porte une date impossible : VI non. Dec. ann. 7. — C'est évidemment une faute typographique, puisque, en décembre, les nones tombent le 5, et il faut lire IV (Voy. *Ann. eccl.*, 1301, § 14, t. XXIII, p. 308). — Villani (VIII, 48) met cette mission au mois de novembre.

[2] Qui provinciam ipsam potenter et prudenter ingressus, hujusmodi commissum sibi paciariatus, divina sibi assistente virtute, cœpit laudabiliter exercere.... Et per hoc in ea purgaretur hæretica pravitas.... te ad partes easdem providimus destinare, in eadem provincia nostra tibi auctoritate concessa per cujus dictus comes favorem protectus, directus consilio et maturitate adjutus, commissum sibi officium, juxta beneplacitum divinum et nostrum cum moderatione ac mensura tranquillius et utilius possit debitæ executioni mandare. (*Ann. eccl.*, ibid.)

[3] La detta pace poco durò (Villani, VIII, 48). — Cf. Stefani, IV, 227.

saient-ils d'illustres, le meurtre devenait un événement. Le jour de Noël de cette tragique année, Simone des Donati, fils du tout-puissant Corso, rencontre, sur la pla e de Santa Croce où l'on prêchait, Niccola des Cerchi blancs, dont il était le neveu par sa mère. Niccola s'en allait paisiblement à sa terre et à ses moulins. Il était accompagné de quatre personnes, plus son fils enfant, « encore en cheveux et n'ayant autre chose pour protéger sa tête[1]. » Sans motif connu[2], Simone l'attaque, aidé des cinq hommes de sa suite, le jette à bas de son cheval et lui coupe les veines. « Mais comme il plut à Dieu, le châtiment fut égal à la faute, car ledit Simone, blessé au flanc par Messer Niccola, mourut la nuit suivante, juste jugement de Dieu. Le fait fut tenu pour un grand dommage, car c'était le plus accompli et le plus vertueux *donzello* de Florence, qui devait venir en plus grand état et estime, et qui était tout l'espoir de son père Messer Corso[3]. » Étrange oraison funèbre d'un si criminel meurtrier! Les mains teintes du sang d'un oncle, Simone des Donati passait encore pour vertueux. A vrai dire, il venait de faire, en l'église de San Piero où l'avaient porté des amis, une fin édifiante. On l'avait vu, pour mettre en paix son âme avec le ciel, prier son père de ne pas venger sa mort, et de se réconcilier avec les Cerchi[4].

Ce sont là les attendrissements de l'agonie. Simone,

---

[1] Paolino, II, 59.
[2] Senza colpa o ragione (Villani, VIII, 48).
[3] Villani, VIII, 48. — Cf. Paolino (II, 60) : « Di senno e di franchezza gli avanzava il padre di cortesia, e per fermo mostrava di dover venire il migliore uomo di sua casa. »
[4] Paolino, II, 59. — Villani, VIII, 48. — Simone della Tosa, p. 223. — Ce dernier, très-bref, confirme la date donnée par Villani.

s'il eût vécu, serait resté implacable, comme le fut Corso Donati. Ces Cerchi, en effet, étaient bien irritants. Nulle part, au récit de leurs querelles, on ne les voit jouer le rôle d'agresseurs. Que ne fournissaient-ils, par moins de respect pour la paix publique et la légalité, de suffisants prétextes pour les dépouiller et les exiler ! Les prétextes manquant, on prit le parti de s'en passer. Une loi fut bâclée, qui permettait au potestat l'examen rétrospectif des actes de tout prieur, alors même que l'examen des syndics avait été favorable[1]. Peu de familles échappèrent à ce nouveau genre de proscription. L'on y vit enveloppés des Cerchi, des Adimari, des Bellincioni, des Gherardini, des Cavalcanti, des Malespini. Dante était encore à Rome, retenu par sa prudence plus que par sa vaine ambassade. Le 27 janvier 1302, Cante des Gabbrielli introduisit son nom dans la sentence dont il frappait, en qualité de potestat, Palmieri des Altoviti, Lippo Becchi, Orlandino Orlandi. « Il a été procédé contre eux, était-il dit, par inquisition de notre office et de notre cour, sur ce que le bruit public a porté à nos oreilles[2], que lorsqu'ils étaient dans la charge de prieurs, ils ont commis par eux-mêmes ou par intermédiaires des fraudes, des gains illicites, des extorsions iniques en argent ou en objets ; reçu de l'argent ou des engagements écrits d'argent pour l'élection

---

[1] Leon. Bruni, *Vita di Dante*, p. 13.

[2] Super eo et ex eo quod ad aures nostras et curie nostre notitia, fama publica referente, pervenit quod... (*Arch. delle Riform., Capitoli*, classe XI, Dist. 1, n° 19, p. 2, ap. Fraticelli, *Storia della vita di Dante*, p. 148, et *Delizie*, X, 94). — Ce document porte la date de 1302, qui est la date vraie, selon le nouveau style, mais il devait porter celle de 1301, selon l'ancien. Balbo (I, 336) suppose, non sans vraisemblance, que le copiste, plus soucieux de la vérité que de l'exactitude, aura dû faire cette correction. Villani (VIII, 48) donne d'ailleurs 1302.

des futurs prieurs et gonfalonier, quoique sous le nom d'autrui; donné ou dépensé contre le souverain pontife et le seigneur Charles pour s'opposer à son arrivée ou contre le pacifique état de la commune de Florence et de la *parte guelfa ;* introduit la division dans la ville de Pistoia ; fait des pratiques pour que les *anziani* et le gonfalonier y fussent tous du même parti; ordonné enfin l'expulsion de ceux de ses citoyens qu'on désignait sous le nom de Noirs[1]. » Pour ces méfaits, dont quelques-uns ressemblent assez à ceux de l'agneau de la fable, notamment le singulier reproche d'avoir « introduit la division à Pistoia, » ils étaient condamnés à payer cinq mille livres dans les trois jours, faute de quoi leurs biens, dévastés et détruits, appartiendraient à la commune[2]. Même en payant, ils étaient condamnés à deux ans d'exil aux confins de la Toscane[3], et exclus à jamais de tout office ou bénéfice public dans la ville, le territoire ou autres lieux[4].

Ces griefs n'avaient rien de spécial et de personnel : en beaucoup de condamnations on les retrouve mot pour mot[5]. Ils étaient comme un prétexte banal dont se couvraient négligemment les haines de parti[6]. Dante, en

---

[1] Quod civitas Pistorii divideretur.... et tractassent quod antiani et vexillifer dicte civitatis Pistorii essent ex una parte tantum, fecissentque tractari, fieri seu ordinari expulsionem de dicta civitate eorum qui dicuntur nigri. (Doc. ap. Fratic., *Stor. della vita*, p. 148, et *Delizie*, X, 94.)

[2] Vastantur, destruantur, et vastata et destructa remaneant in communi. (*Ibid.*)

[3] Nihilhominus stare debeat extra provinciam Tuscie ad confines duobus annis. (*Ibid.*)

[4] Nullo tempore possit habere aliquod offitium vel benefitium pro comuni, vel a comuni Florentie, in civitate, comitatu vel districtu, vel alibi, sive condepnationem solverit, sive non. (*Ibid.*)

[5] Voy. une autre condamnation dans les *Delizie*, X, 93.

[6] Borghini l'a bien compris. Voy. une observation de lui ap. *Delizie*, X, 94).

particulier, avait beaucoup d'ennemis. Il nous reste contre lui nombre de pièces satiriques et injurieuses. Dans aucune, cependant, on ne voit trace de ces accusations [1]. Mais fondées ou non, elles ne paraissaient pas sans danger. Quiconque en était l'objet se hâtait de quitter Florence, ou, s'il était dehors, se dispensait d'y rentrer. Nul n'avait intérêt à y venir réclamer un jugement contradictoire. Outre que la défense n'était guère admise, on n'encourait en plus, à ne pas comparaître, que la transformation des deux ans d'exil en un exil perpétuel : or, qu'importait à ces bannis qu'un prompt retour de fortune devait, avant deux ans, c'était leur ferme conviction, ramener dans leur patrie? Quant à la vente et à la confiscation des biens, elle y était toujours si probable contre un ennemi, même présent, que c'était folie de risquer sa tête pour les sauver. Peut-être, d'ailleurs, y avait-il des moyens d'éluder la loi. Les anciens auteurs qui ont écrit sur Dante disent qu'un de ses motifs pour laisser à Florence Gemma Donati, sa femme, c'est que par son nom et par son droit personnel sur les immeubles, elle devait les protéger contre les Noirs [2]. Il s'éloigna donc, triste, mais fier, « lâche aux yeux de beaucoup qui, par ce qu'ils avaient ouï de lui, l'imaginaient peut-être différemment, mais tenant à honneur l'exil qui le faisait tomber avec les bons. J'ai été, disait-il, un navire sans voile et sans

---

[1] Fauriel, I, 181-184.

[2] Era alcuna particella delle sue possessioni dalla donna col titolo della sua dote dalla cittadina rabbia difesa, e non senza fatica ottenutala, de' frutti di essa se e li piccoli figliuoli di lui assai sottilmente reggeva. (Boccace, *Vita di Dante*, p. 55, ap. Balbo, I, 358.) — Puisque Gemma vivait de ces biens, ce n'était pas une *particella*, et il n'est pas prouvé que par une possession factice, favorisée des Donati, elle n'ait pas sauvé une partie des biens de Dante lui-même.

gouvernail, que poussait vers divers ports et rivages un vent aride, embrasé par la perfide pauvreté[1]. »

En conséquence, le 10 mars 1302, le potestat, après avoir constaté la contumace[2], rappelait les motifs de la condamnation, déclarait, conformément aux statuts et ordonnances de justice, les condamnés atteints et convaincus des crimes qui leur étaient reprochés, et prononçait que s'ils venaient à tomber aux mains de la commune de Florence, ils seraient livrés aux flammes et brûlés vifs[3].

Trop de Blancs, toutefois, vivaient encore dans la ville pour que les Noirs y dormissent en repos. Leurs inquiétudes, qu'ils exprimaient fort haut, étaient sincères. Ils se sentaient à la veille de perdre leur chef et ses redoutés Français. Charles de Valois ne voyait pas le moment de partir pour l'expédition de Sicile[4]. En vain essayait-on de

---

[1] L'esilio che m' è dato, onor mi tegno....
Cader co' buoni è pur di lode degno.
(Dante, *Canzone* XVII, st. 5.)

Veramente io sono stato legno senza vele e senza governo, portato a diversi porti e foci e lidi dal vento secco che vapora la dolosa povertà; e sono vile apparito a molti che forse per alcuna fama in altra forma mi aveano immaginato (Dante, *Convito*, Tratt. I, c. 3).

[2] Ut condepnationes termino assignato non solverint. (Arch. delle Riform. *Capitoli*, cl. XI, dist. 1, n° 19, p. 9, ap. Fraticelli, *Storia della vita di Dante*, p. 152; *Delizie*, XIII, 258; Tiraboschi, *Storia della letteratura italiana*, V, 494; Pelli, *Mem. per la vita di Dante*, p. 106, note 43.) Ce document, découvert par Savioli en 1772, porte la date du 10 mars 1302. Il devrait, comme le précédent, porter 1301, à cause du vieux style. Il faut donc croire encore à une rectification de copiste. Balbo (I, 337) hésitait pourtant. Le document, dit-il, étant au nom du potestat Cante Gabrielli, il faudrait savoir s'il était encore potestat le 10 mars. Or la liste des *Officiales forenses* prouve qu'il l'était : nommé le 9 novembre 1301, il n'était remplacé que le 21 juin 1302 par Gherardino de Gambera.

[3] Ut si quis predictorum ullo tempore in fortiam dicti comunis pervenerit, talis perveniens igne comburatur sic quod moriatur. (*Ibid.*)

[4] Pro Siculis rebellibus dicte Ecclesie et dicti D. regis Karoli ad ipsorum mandata revocandis (26 mars 1302. *Provvisioni*, n° XI, p. 108 v°).

le retenir en faisant droit à toutes ses exigences[1]. Ce qu'il exigeait à toute heure, c'était de l'argent, et plus il en recevait, plus il se disait prêt pour le départ. Florence, d'ailleurs, avait intérêt à cette conquête[2] : elle ne savait trop ce qu'elle devait souhaiter. Mais qu'allaient faire les Blancs, lorsqu'ils ne verraient plus dirigée contre leur poitrine la pointe de l'épée étrangère ? Grande était la préoccupation de ce prochain et menaçant avenir.

Tout à coup, dans les derniers jours de mars, le bruit se répand partout que les magistrats ont découvert un traité conclu, le 26 de ce même mois, par Baschiera des Tosinghi, Ubaldinaccio des Adimari et Naldo Gherardini, avec Pierre Ferrand, comte de Languedoc, un des barons de Charles, pour trahir ce prince et remettre les Blancs en état[3]. La foule crédule ajouta foi à cette accusation peu croyable. Elle ne douta point de cet excès d'imprudence chez des hommes si prudents. Elle ne se demanda point comment, inertes quand ils étaient forts, ils seraient de-

---

[1] 27 janvier 1302 : Charles reconnaît avoir reçu de Florence 8000 flor. d'or pour salaire de 400 cavaliers (*Capitoli*, n° XLIV, f° 185); 11 février, autre reçu de 12,000 fl. d'or (f° 185 v°); 24 février, sept quittances de 2000 fl.; 2 et 9 mars, deux de 2000; 31 mars, une de 2900, une de 1000. A cette dernière date, une quittance générale (f°⁵ 186-187); 5 avril, une autre, également générale (f° 194), et une pour 10,000 fl. d'or récemment donnés (f° 189); 21 avril, remerciement pour 5000 fl. (f° 183 v°). Plusieurs de ces documents portent la date de 1301, mais ce ne peut être qu'une erreur, puisque Charles n'était à Florence que depuis le 1ᵉʳ novembre.

[2] Considerato etiam quod de victoria que speratur sub dextera ipsius Domini Karoli, ac Dei auxilio in brevi haberi posse ac debere maxima comoditas et utilitas obvenient comuni et populo Florentie. (26 mars 1302. *Provisioni*, n° XI, p. 108 v°.)

[3] *Capitoli*, n° XLIV, f° 188. Ce document, c'est le texte même du traité. Pierre Ferrand y est appelé Pietro di Veogua ou Vergua. Ammirato l'appelle Pietro Ferrante de' Vergua. Dans un doc. des *Delizie* (X, 94), on lit : Petrum Ferrandum de Vergi. Villani (VIII, 48) dit Piero Ferrante di Linguadocca.

venus actifs quand ils étaient faibles; comment ils auraient choisi, pour agir, la veille du jour où l'éloignement de l'étranger leur devait rendre quelques chances de succès; comment ils auraient conjuré avec un chevalier français dont ils devaient suspecter les desseins et craindre les dénonciations. Faute si énorme pourtant que Villani, contemporain, l'a révoquée en doute, et Leonardo Bruni, plus tard, résolûment niée [1]. Il saute aux yeux, en effet, que les Noirs seuls avaient intérêt à en finir avec leurs adversaires avant le départ de leur champion; et comme rien ne montre que Pierre Ferrand eût à se plaindre de son maître, tout porte à penser qu'ils étaient l'un et l'autre complices des Noirs calomniant les vaincus pour les écraser.

L'écrasement ne se fit point attendre. « Le 4 avril, furent chassés tous les Blancs de Florence par le fait de Messer Charles [2]. » Son titre de pacificateur et les ordonnances de justice lui donnaient le droit comme les moyens de sévir. Six cents citoyens furent frappés, dont beaucoup de *popolani* [3]. D'autres, oubliés d'abord, furent l'objet de sentences spéciales. De ce nombre, ser Petracco, notaire et fils de notaire, chancelier des réformes ou *riforma-*

---

[1] E col loro suggello fur fatte *ovvero falsificate* (Villani, VIII, 48). — Quanto a me, ella mi pare forte sospetta, e *credo certo* ch' ella sia fittizia. (Leon. Bruni, *Vita di Dante,* p. 12.)

[2] Furono cacciati tutti i Bianchi di Firenze per fattura di M. Carlo (Simone della Tosa, p. 223). Cet auteur et Villani disent le 4 avril; les documents leur donnent raison contre Stefani, qui dit le 2.

[3] La liste, publiée dans les *Delizie* (X, 93-116), ne remplit pas moins de 14 pages, contenant chacune 38 noms. Cela en ferait 532; mais il y a des pages où plusieurs lignes sont consacrées au même condamné. Le chiffre de 500 est donc un *maximum* pour cette liste; mais en comptant celles dont il est question plus bas, on n'est pas loin du chiffre de 600, que donne M. G. Capponi (I, 110).

gioni[1], natif de l'Incisa, bourg du val d'Arno supérieur. Injustement accusé d'avoir fabriqué un acte faux, il devait payer dans les dix jours mille livres d'amende, ou avoir la main coupée. Il sauva sa main et sa bourse en se condamnant à l'exil. Dans la ville d'Arezzo, sa retraite, allait naître, en 1304, Francesco Petrarca, son docte et poétique fils[2]. Les principaux Blancs étaient l'objet de plusieurs sentences, pour divers méfaits. En tête d'une première liste de soixante-dix noms figuraient Vieri des Cerchi, qui n'avait point comparu, et onze membres de sa famille. Le lendemain 5 avril, nouvelle liste de onze noms, où l'on voit encore Vieri et cinq autres Cerchi, « pour avoir fait un traité contre la *parte guelfa*, l'Église et l'illustre seigneur Charles pacificateur, pour avoir voulu changer l'État et renverser les guelfes[3]. » Enfin, le 3 mai, troisième condamnation contre Vieri et autres, « pour n'avoir pas rendu le château de Monte Agliari[4]. » Selon l'usage, on détruisit le palais des « rebelles, » on donna le *guasto* à leurs biens, dans la ville et dans le *contado*. Un d'eux, Neri des Strinati, nous apprend que ces sortes d'expéditions ne se faisaient pas exclusivement au profit de l'État. « Messer Rosso della Tosa, dit-il, en

---

[1] Ce mot, qui vient de *riformare*, était synonyme de délibération ou provision. Le lieu où se conservaient les registres des délibérations s'est appelé, jusqu'à la réorganisation de ces dernières années, *Archivio delle riformagioni*. Le chancelier en avait la garde. — Voy. Del Lungo, *D. Comp.*, l. II, p. 148, n° 60.

[2] J. de Sade, *Mémoires pour la vie de Fr. Pétrarque*, Amsterdam, 1764. — Baldelli, *Vita di Fr. Petrarca*, Florence, 1792-1837. — Diestel, *Fr. Petrarca, Ein Lebensbild*, ap. *Teutsches Museum*. 1858, n°° 31, 32. — Mézières, *Pétrarque*, p. 1, 2. Paris, 1868.

[3] Voy. les doc. ou l'analyse ap. *Delizie*, X, 85, 99.

[4] *Delizie*, X, 100. Deux de leurs coaccusés de ce chef insignifiant ayant comparu, on ne lit pas la sentence contre eux.

étant chargé, détruisit nos maisons en ville et à la campagne, coupa les vignes, les arbres, les récoltes, enleva les tonneaux et autres mobiliers, et les envoya dans sa propre maison[1]. »

C'est ainsi que les Noirs florentins exécutaient d'iniques sentences et que le prince français entendait sa pacifique mission. Charles s'éloignait le 5 avril, après cinq mois de séjour, « après avoir, écrit Dante, arraché du sein de Florence la plus grande partie de ses fleurs[2]. » Il s'acheminait vers la Sicile ; mais il y arriva, comme dit encore le poëte, « en Totila retardataire[3]. » Sans même tenter la fortune des armes, il fut réduit à conclure la paix. Honteusement il retourna en France, ayant perdu le plus grand nombre de ses chevaliers[4], objet de raillerie pour les Italiens qui résumaient son expédition par cette piquante et juste antithèse : Charles est venu en Toscane pour la paix et il y a laissé la guerre; il est allé en Sicile pour la guerre, et il en a rapporté une honteuse paix[5].

Bon juge des faits et gestes de ce triste prince, Villani l'est moins de la situation où il laissait Florence. « C'est de cette façon, écrit-il, que fut abattu et chassé, avec beaucoup de gibelins, par commission du pape Boniface, l'ingrat et orgueilleux parti des Blancs, ce qui fut cause pour notre ville de beaucoup de ruines et de périls[6]. »

---

[1] E tolse i tini ed altre masserizie, e mandossegline a casa (*Cronichetta*, etc., p. 117).

[2] Ejecta maxima parte florum de sinu tuo, Florentia. (Dante, *De vulgari eloquio*, l. II, c. vi, ap. Fraticelli, *Opere minori*, II, 226).

[3] Nequicquam Trinacriam Totila serus adivit. (*Ibid.*)

[4] Villani, VIII, 49.

[5] Carlo venne in Toscana per paciaro e lasciolla in guerra; e andonne in Cicilia per guerra fare e reconne vergognosa pace (Villani, VIII, 49).

[6] Villani (VIII, 48).

Naïf langage où le guelfe se démêle mal du chroniqueur, l'un frappant encore avec dureté des adversaires vaincus, l'autre confessant avec candeur les funestes résultats des proscriptions. C'est que, malgré son sens droit, Villani voit de trop près les choses pour en porter un jugement définitif. Les Blancs n'étaient ni orgueilleux ni ingrats. D'autre part, leur proscription, si elle fut cause de périls et de ruines, n'en assurait pas moins pour une longue durée la domination des Noirs. Avec le règne de ceux-ci se confond désormais l'histoire de Florence. Par exception, la violence était parvenue à fonder.

Spectacle immoral en apparence, mais résultat naturel et nécessaire en réalité. Si les Blancs étaient modérés, involontairement ils entraînaient leur patrie dans les voies aristocratiques et gibelines, qui ne pouvaient qu'être violentes, parce qu'elles lui répugnaient. De là une résistance grandissante des hommes d'action, et une complicité tacite des hommes de paix. Par désir du but, les uns s'affranchirent de tout scrupule sur le choix des moyens ; les autres, après en avoir gémi, ne refusèrent pas leur adhésion. La victoire, d'ailleurs, eut son effet ordinaire : elle rallia aux victorieux ceux-là même, en grande partie, qui les avaient exécrés et maudits. Les exilés seuls restaient fidèles à leurs haines et à leurs colères. Ils allaient agir en conséquence, de jour en jour plus étrangers à la ville où ils voulaient rentrer et de nouveau faire la loi.

CHAPITRE II

DOMINATION ET DISCORDES DES NOIRS

— 1302-1308 —

Les Noirs remplacent les Blancs dans la faveur publique. — Rigueurs contre les exilés (7 mai-9 juin 1302). — Arezzo et Pistoia aux mains des Blancs. — Uguccione de la Faggiuola les chasse d'Arezzo. — Ils portent la guerre dans le Mugello (1303). — Leur défaite à Pulicciano (12 mars). — Cruautés envers les prisonniers. — Ligue des Blancs (1304). — Divisions parmi les Noirs : Rosso della Tosa et Corso Donati. — Combats dans les rues (février). — Médiation des Lucquois. — Médiation du cardinal de Prato (10 mars). — Ses réformes. — Son appel aux syndics des Blancs. — Accident du pont alla Carraja (1er mai). — Complots des Noirs contre la médiation. — Le cardinal à Prato et à Pistoia (8 mai). — Soumission de Prato. — Expulsion des syndics blancs. — Départ du cardinal (4 juin). — Formation d'un parti modéré. — Il est attaqué par les Noirs (10 juin). — Florence incendiée. — Les chefs noirs cités devant le pape (21 juin). — Expédition des Blancs contre Florence (19 juillet). — Défaite et retraite des Blancs (20 juillet). — Agitation à Florence. — Les douze lieutenants de potestat (5-28 août). — Prise des Stinche et de Montecalvi. — Robert de Calabre, capitaine de la ligue guelfe (16 octobre). — Siège de Pistoia (fin mai 1305). — Cruautés réciproques. — Médiation de Clément V. — Souffrances de Pistoia. — Ses portes ouvertes aux assiégeants (11 avril 1306). — Le légat Orsini en Toscane. — Campagne contre les Ubaldini du Mugello (mai). — Campagne contre Arezzo (mai 1307). — Rappel d'Orsini. — Confirmation des ordonnances de justice (15 mars 1307). — Nouveaux articles. — L'exécuteur de justice. — Augmentation des milices. — Mesures au sujet des grands. — Conjuration de Corso Donati (6 octobre 1308). — Combat autour de sa maison. — Sa fuite et sa mort. — Courte période de calme.

La calomnie et la haine avaient creusé entre les Noirs proscripteurs et les Blancs proscrits un abîme que ceux-ci allaient agrandir de leurs propres mains. Déjà ils n'étaient plus le parti populaire : le peuple guelfe s'était éloigné d'eux, en les voyant s'allier aux gibelins. Cette alliance devenait dans l'exil plus étroite et plus manifeste : le support des exilés c'étaient les châteaux fortifiés, c'était la noblesse féodale des campagnes. Ils perdirent dès lors, avec l'étiquette menteuse de guelfes, toute racine dans leur patrie ; ils n'inspirèrent plus à leurs compatriotes qu'un sentiment d'horreur. Des guelfes bannis, on ne sait pour quel motif, par Charles de Valois, plutôt que de se retirer dans le duché de Spolète, comme ils en avaient reçu l'ordre, s'en allaient jusqu'à Venise pour éviter l'odieux contact des Blancs, dont la conformité de disgrâce eût fait jadis leurs amis [1]. C'est en vain que Boniface VIII, Philippe le Bel, Albert d'Autriche auront des successeurs moins hostiles ou plus favorables aux gibelins ; c'est en vain que le manque de cohésion et d'unité, que l'excès de violence et de tyrannie chez les guelfes noirs de Florence fourniront aux vaincus plus d'une occasion propice de ressaisir la victoire : les meilleures causes se perdent quelquefois faute d'hommes, et les hommes ne relèvent guère les causes perdues. Contre celle des Blancs on pouvait alors tout oser.

Ce qu'osèrent leurs ennemis est incroyable d'acharnée et persistante rigueur. Le 7 mai 1302, des sages délégués par la seigneurie proposent et les conseils adoptent les mesures suivantes : 1° Nul, sous peine de mille livres, ne donnera asile ou faveur à ceux qui, pour prévarication, trahison ou conjuration, ont été bannis et condamnés par Cante des Gabbrielli ou le seront à l'avenir. La maison où un rebelle aura été reçu sera brûlée. Si c'est un château en état de défense, on brûlera, on détruira sur le

---

[1] *Provvisioni*, XIV, 32. Document du 26 octobre 1308.

champ tous les bâtiments que le propriétaire peut posséder dans la ville ou sur le territoire. Le château une fois pris aura le même sort. Dix jours sont accordés au recéleur, pour livrer ce banni *ou un autre*. 2° Quand un banni passe dans quelque commune, le devoir de tous est de sonner les cloches et de l'arrêter, sous peine de deux mille livres pour tout *popolo*, et de deux cents pour tout particulier récalcitrant. Si le banni est tué ou blessé en se défendant, ni l'auteur du fait ni la commune n'encourent aucune responsabilité. 3° Pleine *balia* est donnée au potestat et au capitaine de procéder contre de tels délits avec ou sans torture. Pour preuve contre le délinquant, il suffit de l'assertion d'un seul témoin oculaire, ou de celle de quatre témoins affirmant que la faute est de notoriété publique. 4° Il sera donné mille livres à qui tuera ou livrera un banni. Si celui qui le tue ou le livre est un condamné, il rentrera en grâce. 5° Quiconque fait révolter un château ou une localité sur le territoire, guerroie contre la commune ou va au camp de ses ennemis, encourt une condamnation qui est inscrite aux ordonnances de justice, et dont il ne pourra jamais être relevé [1].

Le 9 juin suivant, un officier spécial était institué, dont les attributions sont significatives. Il devait réunir au trésor (*incamerare*) les biens des rebelles bannis ou à bannir, de ceux-là surtout qui seraient convaincus de s'obstiner dans les factions, d'avoir vendu les offices, contribué à chasser de Pistoia les Noirs, fait révolter quel-

---

[1] *Provvisioni*, XI, 132. Le 18 août, comme on craignait que les châtelains ne désobéissent en donnant asile à des rebelles, il était enjoint au potestat de les faire visiter chaque mois par un de ses chevaliers (*Ibid.*, p. 149).

que localité, rompu leur ban, refusé les impôts, pris les armes contre Florence. Il n'admettrait point les revendications des tiers sur les biens confisqués d'un rebelle, sans une caution de trois cents florins d'or, laquelle serait perdue, à moins que, dans les trois jours, le réclamant n'eût prouvé son dire. Or, pour l'infirmer, il suffira que trois personnes déclarent, même en secret, qu'il est de notoriété publique que les documents produits sont faux ou falsifiés. Pleine *balia* est donnée audit officier pour découvrir les biens des rebelles, comme ceux des meurtriers, des incendiaires et des voleurs, fallût-il soumettre à la torture recteurs, syndics, communes, peuples et universités. Il procédera contre les inculpés même morts depuis longtemps ; leurs fils et descendants mâles âgés de quatorze ans au moins, sont chassés du territoire, ainsi que leurs mères, et déclarés rebelles s'ils y remettent le pied [1]. Il ne pourra être soumis à l'examen des syndics pour trop de sévérité : une seule chose lui pourra être reprochée, d'avoir reçu des présents pour favoriser un condamné [2]. « Ces ordonnances rédigées, lit-on dans un de ces curieux documents, on élira pour préposé à l'incamération Ser Puccino d'Agobbio, lequel se présentant d'un visage joyeux (*hilariter*) devant la seigneurie, acceptera l'office et jurera l'exacte observance de tout ce qui lui est prescrit [2]. » Jamais sans doute, sur le parchemin ou le papier, ne fut poussé plus loin, dans

---

[1] Gemma Donati, femme de Dante, continua pourtant de résider à Florence ; mais elle appartenait à une des plus puissantes familles du parti noir. Que son fait soit une exception, c'est ce que prouve un document du 18 août 1302 (*Provvisioni*, XI, 149), où l'on voit que les mesures décrétées contre les rebelles ne restèrent pas à l'état de lettre morte.

[2] *Provvisioni*, XI, 142.

une ville réputée libre, le mépris de la liberté d'élection et du droit individuel.

A vrai dire, ces excessives rigueurs n'étaient pas sans excuse : il y faut voir une réponse à des hostilités incessantes, une manière de se défendre contre les dangers du dehors. Des nombreux châteaux où ils avaient trouvé un refuge, comme des importantes places d'Arezzo et de Pistoia, les Blancs sortaient chaque jour pour se livrer à mille déprédations. Du côté de Ganghereta, quatre cents de leurs cavaliers attaquaient et pillaient, en véritables voleurs, marchands et bêtes de somme [1]. A Montagliari [2], Naldo et Cione des Gherardini, deux gentilshommes, assaillaient sur la voie publique les voituriers qui portaient des denrées à Florence, les couvraient de blessures, les mettaient à mort, coupaient les pieds ou les jambes aux ânes et aux mulets. Contre ces nobles malfaiteurs c'était une médiocre vengeance que de les représenter en peinture dans le palais du potestat, sur les murailles consacrées par l'usage à cette publicité infamante. Contre leur repaire on pouvait bien envoyer une expédition avec ordre de le détruire [3]; mais pour mettre à la raison de fortes communes, il eût fallu une guerre en règle, avec son ruineux appareil.

Forte par ses remparts, qui s'élevaient sur une hauteur escarpée, dans une position stratégique, Arezzo, depuis cent ans, servait aux gibelins de quartier général. Ses *Secchi* et ses *Verdi*, si ennemis qu'ils fussent les uns des autres, n'étaient que deux espèces du même genre : les

---

[1] *Ist. Pist.*, R. I. S. t. XI, 389.

[2] Montagliari, val de Greve, à trois milles au sud-ouest de ce cours d'eau. Ganghereta, val d'Arno supérieur, pays d'Arezzo (Repetti, III, 264; II, 398).

[3] 18 août 1302. *Provvisioni*, XI, 149.

secs étaient des gibelins purs, et les verts des gibelins tempérés. Ces derniers, maîtres du pouvoir, avaient à leur tête Uguccione de la Faggiuola[1], héros du parti depuis 1275, agréable de visage, habile dans l'art de la parole, sorte de géant glouton, qui trouvait difficilement des armes à sa taille [2]. Pour ne pas s'exposer à ses rudes coups, on avait tâché de le gagner, non sans succès. Il n'exerçait plus qu'avec tiédeur ses fonctions de potestat, depuis que Boniface VIII faisait luire à ses yeux pour son fils un chapeau de cardinal, et pour lui-même la levée de l'excommunication[3]. Mais justement cette tiédeur, qui révoltait l'ardeur des secs, devait avant peu leur rendre la prépondérance et attacher au flanc des Noirs de plus dangereux ennemis.

Moins forte et moins puissante, mais aussi moins éloignée, Pistoia les gênait plus encore qu'Arezzo. Schiatta Amati des Cancellieri avait suivi les exilés florentins dans sa ville natale, réceptacle désormais des Blancs de tout pays. Avec les Interminelli, bannis de Lucques, il inquiétait sans cesse Lucques et Florence[4]: plus d'une fois, du haut des murs, on put voir leurs audacieuses déprédations. Déjà en avril, Charles de Valois avait entrepris campagne contre Pistoia ; mais faute de préparatifs suffisants, il avait dû, après le *guasto* accoutumé, rebrousser chemin[5]. A peine était-il hors de la

---

[1] La Faggiuola était un château à cinq lieues au nord-ouest d'Urbino, près des sources du fleuve Conca, entre les deux petites villes de Macerata-Feltria et de Feltrio-San-Leo (Fraticelli, *Stor. della vita*, etc., p. 193).

[2] Troya, *Del veltro allegorico di Dante*, Flor. 1826, et *Del veltro allegorico de' ghibellini*. Naples, 1856. – Balbo, *Vita di Dante*, II, 16.

[3] Fraticelli, *Stor. della vita*, etc., p. 156.

[4] Stefani, IV, 231.

[5] *Ist. Pist.*, R. I. S., t. XI, 378.

Toscane, que Florentins et Lucquois, le 10 mai 1302, marchaient de concert à l'attaque de Pistoia sous la conduite du potestat Cante des Gabbrielli[1]. Ils s'emparent de Serravalle par la famine[2], de Montale par la corruption[3], dressent un instant leurs tentes devant la ville, et s'en éloignent presque aussitôt pour reprendre aux Blancs Pian di Trevigne, château tombé en leur pouvoir par un heureux coup de main (15 juillet)[4] ; puis, au mois d'août, en pleine canicule, ils courent aux « Alpes des Ubaldini, » pour faire, de ce côté, face au péril.

Uguccione, en effet, venait de jeter le masque : brusquement il avait chassé d'Arezzo Blancs et gibelins. Ceux-ci, le cœur serré, reprenaient leur course vagabonde. Ils se réfugiaient un peu partout, dans la voisine mais douteuse Sienne, dont on disait : *la lupa puttaneggia*[5] ; à Pistoia, affaiblie par la perte de tous ses châteaux[6] ; à

---

[1] Stefani, IV, 231. Simone della Tosa, p. 224. — On peut voir le compte et l'approbation des dépenses faites pour cette expédition dans l'*Arch. stor.*, 3ᵉ série, t. VI, part. 2, p. 9, ann. 1867. Elles se montent à 12093 fl. d'or, 6 sous, 4 deniers, pour 497 cavaliers des *cavallate*, 117 arbalétriers à grosses arbalètes, 644 arbalétriers des *sesti*, 5961 *pedoni* du *contado*, 977 sapeurs et autres pour ouvrir les tranchées, combler les fossés, frayer un passage, 1058 *pedoni* étrangers, 10 cavaliers mercenaires. Les autres mercenaires ne figurent pas dans les comptes de Boninsegna Machiavelli, parce qu'ils étaient payés par les camerlingues. — Les comptes nous apprennent que le potestat conduisait l'expédition, quoique les chroniqueurs ne le disent pas : « Nuntiis consistentibus in exercitu cum D. Potestate.... » (p. 8). Quatuor ligatoribus cum dicto D. Potestate (p. 11).

[2] *Ist. Pist.*, R. I. S., t. XI, 381-384.

[3] Villani, VIII, 65 ; Stefani, IV, 238. Selon ces auteurs et Simone della Tosa (p. 224), Montale fut pris en mai; selon Paolino (II, 60 et 62), le 6 septembre 1302, mais il fait commencer le siège en 1301.

[4] Paolino, II, 61. Stefani, IV, 232. Dante (*Inf.* XXXII, 68) met au cercle des traîtres Carlino des Pazzi du val d'Arno, qui, après avoir pris ce château pour les Blancs, le livra aux Noirs.

[5] Dino Compagni, II, 28, éd. Del Lungo, p. 155.

[6] *Ist. Pist.* R. I. S., t. XI, 588.

Forlì, où dominait le jeune et habile Scarpetta des Ordelaffi[1]; à Pise, où il fallait, pour trouver bon accueil, faire profession ouverte d'être gibelin; à Bologne enfin et dans le Mugello, qui communiquaient librement par les défilés des montagnes. Les réfugiés du Mugello offrirent aux Bolonais de leur livrer ce massif, cette forteresse naturelle, que les Noirs, disaient-ils, n'oseraient attaquer. Dans ce vain espoir, Bologne envoie aussitôt neuf cents cavaliers, sept cents *pedoni*, sous les ordres de Scarpetta. La terre de Pulicciano prise[2] et sa forteresse assiégée, Blancs et Bolonais tenaient en leurs mains la clef du pays : ils croyaient pouvoir marcher sur Florence. C'est alors qu'apparaissent les Florentins et leurs alliés. L'écrasante supériorité de leurs forces contraint les Bolonais à se retirer, les Blancs à prendre la fuite (12 mars 1303). Ils eurent beau abandonner leurs bagages, ils ne coururent pas assez vite pour n'être pas rejoints. Battus, ils furent traités sans miséricorde. Gianni Ridolfi, quoique prisonnier, fut tué par un des Tosinghi. Donato Alberti[3], emmené à Florence,

---

[1] Troya (*Veltro de' ghib.*, p. 13) fait de Scarpetta un vicaire du pape à Forlì; mais il n'allègue d'autre autorité que Dino Compagni. Un gibelin, vicaire de Boniface VIII, c'est peu vraisemblable.

[2] Ou Poggio di Pulciano, val de Sieve. Ce château avait été enlevé aux Ubaldini par les Florentins en 1254. Villani (VIII, 60) dit que les Blancs s'en emparèrent; Paolino (II 63), que le potestat de Florence arriva assez tôt pour le ravitailler. — On avait peu fait durant cet hiver, à cause d'un froid rigoureux. Le 11 janvier 1303, diverses personnes affirmaient avoir passé l'Arno sur la glace. Voy. *Diario di ser Giovanni di Lemmo* (notaire de San Miniato) *da Comugnori* (château aujourd'hui détruit du val d'Evola, entre San Romano, Stibbio et Montopoli), ap. *Documenti di storia italiana*, p. 162. Flor. 1876. Cette chronique d'un contemporain, qui va de 1299 à 1320, avait été publiée d'après une réduction du texte en langue vulgaire, par Lami (*Deliciæ eruditorum*, t. III), et par Mansi dans ses additions aux *Miscellanea* de Baluze (Lucques, 1761). M. Passerini a publié pour la première fois le texte latin en 1876.

[3] Il y avait à Florence six familles Alberti. La plus ancienne était celle

avec beaucoup d'autres, y eut la tête coupée, « en vertu de cette loi même qu'il avait faite et mise en ordre de justice, quand il régnait et qu'il était prieur [1]. » Le 11 avril, neuf des plus considérables captifs « furent immolés, dit Paolino, comme des boucs [2]. »

L'instigateur de cette boucherie, de cette cruauté toute nouvelle dans les mœurs florentines, c'était Musciatto Franzesi, « alors le plus grand personnage de Florence [3]; » son féroce instrument, le potestat Fulciero de Calvoli [4]. Sous prétexte de conspiration, ils incarcéraient leurs ennemis, ceux-là mêmes qui étaient frappés de démence [5]; par les tourments, ils les contraignaient à déclarer leurs complots, vrais ou supposés [6]. Ceux qui n'avouaient pas mouraient à la corde, autrement dit à l'estrapade. Ceux qui avouaient avaient la tête coupée. Huit des Abati étaient compromis : pour sauver leur vie ils prennent la fuite. Fulciero aussitôt proclame leur famille rebelle, en fait abattre les maisons et vendre les biens. « Depuis, dit

des comtes de Mangona. Ceux dont il s'agit ici, ce sont les Alberti de Catenaia, qui étaient dans la judicature, dans les arts de la laine et du change. Depuis la première moitié du treizième siècle, ils étaient dans les honneurs publics, *anziani*, conseillers du potestat. Guelfes avant de venir à Florence, ils l'étaient restés. Donato paraît donc une exception, d'autant plus choquante, dans sa famille. — M. Passerini a écrit l'histoire de cette branche : *Gli Alberti di Firenze*, 2 vol. in-4°, Flor. 1870, part. I, Genealogia e storia, t. I, p. 5-15.

[1] Villani, VIII, 60.

[2] Paolino, II. 63. Villani, VIII, 60. Stefani, IV, 236. Ces auteurs ne sont pas entièrement d'accord sur les noms.

[3] Dante l'a flétri en beaux vers (*Purg.* XIV, 58).

[4] Il maggior uomo di Firenze (Stefani, IV, 234). — Era de' signori della terra (Villani, VIII, 59).

[5] Nuccio Coderini de' Galigai, il quale era quasi uno mentecatto (Villani, VIII, 59).

[6] O colpa o non colpa per martorio li fece confessare (Villani, VIII, 59). Cf. Stefani, IV, 254.

Villani, ils ne furent jamais plus citoyens, et ce fut une grande perturbation dans la ville[1]. » On devait, avant peu, voir jusqu'où les pouvait pousser la soif de la vengeance.

Les Noirs goûtaient-ils ces exécutions implacables ? On serait tenté de le croire, quand on les voit, en juillet, maintenir pour six mois dans sa charge le cruel potestat[2]. Toutefois, à peine a-t-il quitté Florence, qu'on y revient à plus d'humanité. Le 6 février 1304, « pour user de réciprocité envers Sienne et aussi pour récompenser la famille des Cavalcanti, qui, dans les temps passés, avait marqué tant de dévouement à l'Église romaine et à la *parte guelfa*, considérant en particulier que la destruction de leurs maisons nuirait moins à eux qu'aux marchands et changeurs qui y faisaient leur trafic et y avaient leurs magasins, » on rapportait la sentence de mort et de destruction desdites maisons rendue par Fulciero de Calvoli contre Ciampolo et Andrea des Cavalcanti, et on suspendait l'exécution du *guasto*, de la confiscation, de la représentation en effigie des condamnés sur les murs du palais qu'habitait le potestat[3].

Mais ces tardifs tempéraments n'avaient pas pour but et ne pouvaient avoir pour effet de réconcilier les Blancs exilés à leur patrie. Y rentrer par la force était désormais leur seul espoir. Ils ne pensaient plus qu'à cimenter leurs anciennes alliances et à en former de nouvelles. Scarpetta des Ordelaffi les y aida. Il noua vigoureusement les liens d'une ligue redoutable où entrèrent Forlì, Faenza, Pistoia,

---

[1] Villani, VIII, 59; Stefani, IV, 254.
[2] Liste des *Off. forens*.
[3] *Provvisioni*, XI, 190 v°.

Imola, Pise, Bologne, plusieurs seigneurs, tels que Bernardino de Polenta et Federico de Montefeltro. L'accession de Bologne était surtout précieuse. Toujours guelfe, toujours amie des Florentins[1], cette importante cité n'en partageait pas les passions exaspérées : depuis qu'il y avait des Noirs et des Blancs, c'est-à-dire des extrêmes et des modérés, elle passait pour une ville blanche. Elle comptait, comme Florence, des guelfes *neri* et *bianchi*, comme Arezzo, des gibelins *secchi* et *verdi;* mais un rapprochement s'était fait entre les blancs et les verts, entre les modérés des deux partis[2]. Comme ils dominaient dans leur patrie, ils en avaient ouvert les portes aux exilés florentins. On les voyait conjointement contraindre à la retraite les Noirs et Azzo VIII de Ferrare[3] qui les voulaient par force amener à leur cause, puis s'unir aux Blancs dans la campagne de Pulicciano[4], et favoriser la formation d'un gouvernement de l'exil. Réunis à Gargonza, château des Ubertini, à moitié chemin de Sienne et d'Arezzo[5], les exilés se donnaient un conseil des douze, dont Dante fit partie, un conseil secret, dépositaire des pouvoirs exécutifs, un chef militaire, charge successivement confiée à Salinguerra de Ferrare, à Scarpetta des

---

[1] En juin 1296 Florence envoyait des secours à Bologne (*Provvisioni*, VI, 39 v°, 57). Le 25 août 1300, les Florentins nommaient des syndics pour former union, société, confédération avec Bologne pour trois ans (*Capitoli*, XXXV, 157 v°).

[2] Ghirardacci, l. XIII, t. I, p. 438.

[3] Voy. sur ce personnage Dante, *Purg*. XX, 79. *Historia miscella Bononiensis*, auctore fratre Bartholomæo de la Pugliola. R. I. S. t. XVIII, 306. — *Ann. Foroliv.*, R. I. S., t. XXII, 176, 177. — Ghirardacci, l. XIII.

[4] Ghirardacci, l. XIII, t. I, p. 438.

[5] Sur une hauteur entre la route et la rivière d'Esse de Monte San Savino. En 1285 les Arétins, unis aux exilés gibelins de Sienne, s'en étaient emparés (Repetti, II, 409).

Ordelaffi, au comte Alessandro de Romena [1]. Trop fréquents et trop rapprochés, ces changements de capitaine montrent les Blancs peu satisfaits de la direction imprimée à cette guerre de vaines promenades à cheval, de places attaquées et secourues, de batailles offertes et non livrées. Malhabiles, ils l'étaient comme par le passé, et ils avaient perdu ce qui faisait naguère leur honneur, la modération, l'amour du bien public, le respect de la justice et de la légalité.

Doués de plus de hardiesse et de tact, ils auraient profité des divisions imprudentes où s'aventuraient leurs ennemis. L'inspirateur des diverses seigneuries qui se succédaient tous les deux mois à Florence, c'était Rosso della Tosa, flanqué de Geri Spina et de Pazzino des Pazzi, ses deux satellites. Il prenait son point d'appui dans le *popolo grasso*, dans ces riches marchands, souteneurs habituels de tout pouvoir dont ils espéraient pour leur patrie l'ordre et pour leur trafic la sécurité. Son tort était de négliger le menu peuple, peu propre à maintenir les gouvernements, mais très-capable de les renverser à ses heures, et qu'une sage politique commande de ménager, de satisfaire, sans le flatter ni lui obéir. Or il avait en face un redoutable rival, habile à profiter de ses fautes, également cher à ce qu'il y avait de plus élevé parmi les grands et de plus bas parmi le peuple, ce Corso Donati qui ouvrait les prisons pour en faire sortir les coquins et sa maison pour les y recevoir, qui affectait de mépriser la bourgeoisie opulente, qui nouait amitié avec les princes ou tyrans de l'Italie, et qui prenait des airs de mécontent

---

[1] *Ann. Foroliv.*, R. I. S., t. XXII, 176-177. — Fraticelli, *Stor. della vita*, etc., p. 154. — Fauriel, I, 186.

« pour n'être pas aussi grand dans la commune qu'il en croyait être digne[1]. »

En quête d'alliés au dedans comme au dehors, ce Noir ardent tendait effrontément la main aux Cavalcanti blancs qui avaient échappé à l'exil. Il gagnait à sa cause l'évêque même de Florence, Lottieri della Tosa, que la jalousie éloignait de Rosso, son parent[2]; il lui cédait le pas, les honneurs, un semblant de direction, pour couvrir ses manœuvres des dehors de la sainteté. « Ainsi, dit Paolino, la *partè guelfa* s'était divisée en deux, l'une dite de l'évêque et l'autre du peuple. Celle de l'évêque contenait, avec Corso Donati, presque tous les grands[3]. » Le vieux chroniqueur aurait pu ajouter : « et toute la populace. » L'aristocratie, comme le despotisme, sait remuer à son profit les bas fonds de la société.

Quand on eut, des deux parts, armé les tours et les forteresses, muni de machines de guerre jusqu'au palais de l'évêché[4], au moindre prétexte devait s'engager une lutte acharnée. On était au mois de septembre 1303. La disette ayant sévi toute l'année, Rosso della Tosa et les prieurs *popolani* avaient fait venir de la Sicile et de la Pouille, par le moyen de marchands génois, vingt-six mille muids de grains, pour donner au peuple du pain à bas prix. C'était une précaution sage, et tout ensemble

---

[1] Villani, VIII, 68. — Ammirato, l. IV, t. I. p. 237-238.

[2] Villani (VIII, 68) dit que l'évêque était « de' figliuoli de la Tosa, dal lato bianco. » — Il y a ici dans le prétendu Dino Compagni d'intéressants détails, qui n'ont malheureusement d'autre autorité que la sienne.

[3] Paolino, II, 65. Les seuls grands qui ne fussent pas avec Corso, étaient, selon Stefani (IV, 240), les Gherardini, les Pazzi, les Spini et M. Tegghia Frescobaldi. — Villani (VIII, 68) dit au contraire qu'il y avait des neutres : « E chi non li amava, si stava di mezzo. »

[4] Villani, VIII, 68.

une avance tardive à la popularité. « Sans cette mesure, dit Villani, les citoyens seraient morts de faim¹. » Mais le trafic des blés procurant à divers des bénéfices, Corso Donati s'en fit une arme contre ses adversaires. Il faisait reprocher à la seigneurie le prix croissant de cette nécessaire denrée, l'argent qu'elle y dépensait ou qu'elle feignait d'y dépenser. Il y ajoutait les accusations dont se remplissent la bouche les démagogues, l'augmentation des impôts, l'exagération de la *taglia* ou service militaire, l'obligation si onéreuse au peuple d'aller construire et garder des forteresses au dehors².

Ainsi fomentée, l'agitation grandit de jour en jour. La mort même de Boniface VIII n'y put apporter qu'un court temps d'arrêt (11 octobre 1303). Un moment, les Noirs en furent atterrés, comme les Blancs enivrés d'espérance, car quel pape eût pu être aussi fervent pour les guelfes que la grande victime d'Anagni? Mais, à la réflexion, l'on put voir que rien ne serait changé dans les forces respectives des partis. Boniface VIII avait pu réussir où échouait jadis Grégoire VII : les Allemands, ne briguant plus l'empire, s'en tenaient à se quereller chez eux. A Rome, l'épée et le bâton pastoral, comme dit Dante, étaient dans les mêmes mains³. Le malheur est que ces mains ne pouvaient en rien faire. C'était pure forfanterie, si, au jubilé, assis en armes sur le siége de l'apôtre, la

---

¹ Villani, VIII, 68. Stefani, IV, 240.

² Questo traffico del grano fu *coll' altre* una delle cagioni di voler rivedere le ragioni del comune per la molta moneta che vi corse (Villani, VIII, 68). — Le détail de ces griefs se trouve dans le prétendu Dino Compagni. (liv. III, R. I. S., t: IX, 509.) Nos rares citations de cet auteur renvoient désormais à l'édition de Muratori, M. Del Lungo n'ayant édité que les deux premiers livres.

³ *Purg.*, XVI, 106.

tête ceinte du diadème impérial, et le glaive au côté, ce pontife vantard s'était fait fort de défendre l'empire[1]. Il pouvait signer « empereur des Romains, toujours auguste, » en même temps que « serviteur des serviteurs de Dieu[2]; » mais, en fait, abandonné par le fils aîné de l'Église, comme par les Italiens, le saint-siége n'avait plus de puissance, et quel que fût le prélat qu'y porterait le conclave, les Noirs pouvaient en détourner leur attention et se déchirer en toute liberté.

Par mesure d'ordre et de prudence, les prieurs avaient décidé que Corso Donati évacuerait enfin la tour des Corbizzi. Il l'occupait, on l'a vu, depuis son retour à Florence. Sur son refus, le potestat l'avait condamné à cinq cents livres d'amende, et c'est pour ne pas les payer qu'i donna le signal de la lutte. Il était prêt, et le moment semblait bien choisi. Le 4 février 1304, Florence se trouvait dans cette période critique, qui revenait tous les deux mois, où les prieurs sortant le 15 étaient moralement affaiblis, comme tout pouvoir expirant. Entouré des magnats et des amis de l'évêque, Corso l'était, en outre, d'une multitude de paysans, de condamnés ou de coupables qui avaient fui leur condamnation, de voleurs et de sicaires qu'il avait fait venir[3], et dont les ignobles prouesses, mises à sa charge, expliquent le mot du chroniqueur Simone della Tosa, l'accusant de ne combattre que pour voler[4].

---

[1] Nonne possum imperii jura testari. (*Fr. Pipini Chron.*, l. IV, c. xi, R. I. S., t. IX, 749).

[2] Bonifatius episcopus, servus servorum Dei et ejusdem omnipotentis gratia Romanorum imperator et semper Augustus (Paolino, II, 76).

[3] Confluxerant in urbem rusticorum turbæ, reorumque ac damnatorum, ac præterea latronum et sicariorum multitudo ingens; homicidio rapinisque omnia fædabantur (L. Bruni, l. IV, p. 78).

[4] Si levò in Firenze romore della ragione del comune, e ciò fece M. Corso Donati per voler rubare (Simone della Tosa, p. 224). Simone parle en parent

Son but était, par d'incessants combats, livrés la nuit comme le jour, de fatiguer ses adversaires, et au moment opportun, de prendre par surprise le palais de la seigneurie, d'annuler l'élection des nouveaux prieurs, s'ils lui étaient hostiles, et d'appeler ses partisans à la recommencer. Mais Rosso, à son exemple, avait fait venir force gens de la campagne, et, par là, donné du cœur aux *popolani*. Défendre le palais, repousser les assauts, poursuivre l'ennemi dans les rues voisines, ce fut chose facile. Ce qui l'était moins, c'était de faire entendre la voix des seigneurs dans un rayon plus étendu. D'un quartier à l'autre nulle communication, chacun vivait dans le sien comme dans une ville isolée. L'effroi avait fermé les boutiques, l'instinct de la défense élevé des barricades. Partout se déchaînait la vengeance, le vol, l'incendie, l'homicide. Cet état de choses, pire que la guerre, qui du moins a ses lois, dura une longue semaine, jusqu'aux fêtes du carnaval[1].

S'il prit fin alors, c'est que dès les derniers jours de janvier[2], les prieurs, à l'instigation de Rosso, avaient invoqué le secours des Lucquois. De Lucques arrivaient cinq nobles, escortés d'un nombre respectable d'hommes d'armes à cheval et à pied[3]. Acceptés comme arbitres par les deux partis[4], ils réclamèrent pleine *balia*, et en usèrent

---

de Rosso, en contemporain. Peu s'en faut qu'il ne le fût : son éditeur, Manni, le dit né vers l'an 1300 (Voy. *Notice biograph.*, p. 7).

[1] Paolino, II, 65. Villani, VIII, 68. Stefani, IV, 240.

[2] Villani (VIII, 68) rapporte au mois de février les troubles qui provoquèrent l'appel aux Lucquois; mais on verra plus bas que ces Lucquois restèrent seulement seize jours, et qu'en partant, ils élurent la seigneurie du 15 février, qui resta vacante un jour, au dire de Stefani (IV, 240).

[3] Les mêmes et Cianelli, I, 246, qui donne les noms de ces nobles.

[4] Furono fatti arbitri per bello parlamento, di concordia di tutte le parti. (Stefani, IV, 240.)

avec partialité[1]. Favorables à leurs pareils, ils dérangèrent les choses, dit Paolino, au lieu de les arranger[2]. Les magnats attendaient d'eux l'abrogation de ces odieux *ordinamenti di giustizia* qu'ils appelaient *ordinamenti di tristizia*[3], et les *popolani* ne pouvaient se prononcer contre les auxiliaires qu'ils avaient appelés ; mais une colère concentrée n'est guère moins périlleuse qu'une révolte ouverte. L'explosion de quelques-uns faisait d'ailleurs prévoir celle de tous. Quelques condamnations à l'exil parurent un excès de pouvoir, tant on avait de mauvaise grâce accordé la *balia*. Entendant proclamer une de ces sentences, Ponciardo des Ponti ne peut contenir son indignation. De son épée il frappe au visage le héraut lucquois : — Porte ceci à Lucques, dit-il, et offre-le à Santa Zita[4]. — Les réformateurs effrayés usèrent dès lors de plus de réserve : laissant à la seigneurie le soin de poursuivre les crimes, ils n'en punirent plus aucun, et par là ils apaisèrent le mécontentement[5]. Après quinze jours d'impuissante dictature, ils repartirent (16 février), n'ayant commis d'autre acte d'arbitraire que d'élire eux-mêmes les nouveaux prieurs, n'ayant accompli d'autre réforme que d'en doubler le nombre[6], innovation main-

[1] Erano arbitri e non signori (Stefani, IV, 240). — Vollono in mano la questione e guardia della città, e così fu loro data per necessità balia generale (Villani, VIII, 68). Omnem auctoritatem et bayliam (Protocole ap. Cianelli, I, 246).

[2] Per acconciare quelle cose, ma isconciaronle, perciocchè presero parte Paolino, II, 65).

[3] *Ibid*. — En langue italienne, *tristizia* signifie méchanceté, scélératesse.

[4] Villani, VIII, 68. — Stefani, IV, 240.

[5] Onde poi non fecione più bandire da loro parte, ma operaron sì che alla fine racquetaro il romore.... sanza fare nulla punizion de' misfatti commessi Villani, VIII, 68).

[6] Duodecim priores tunc primum creati sunt (L. Bruni, IV, 78). —

tenue aux élections d'avril, mais supprimée aux élections de juin[1]. S'ils n'avaient pas fait de bien, du moins n'avaient-ils pas fait de mal : « ils laissaient le peuple en son état et liberté[2]. »

Un médiateur apostolique vint aussitôt les remplacer. Dès le 22 janvier précédent, Benoît XI, le nouveau pape[3], avait chargé de pacifier Florence Niccolò des Alberti ou Albertini des comtes de Prato[4], frère prêcheur comme lui. Ce religieux avait étudié à Paris la théologie ; Boniface VIII l'avait fait successivement évêque de Spolète, vicaire de Rome, légat en France et en Angleterre. Élu, dit-on, par ses soins[5], Benoît XI venait de l'honorer de la pourpre et de le transférer au siége d'Ostie. Homme sensé, sagace, subtil, instruit, grand politique, il était gibelin de naissance, mais ennemi déclaré des fureurs de parti[6], excellemment propre, en conséquence, à la haute

---

Paolino (II, 65) dit 14 au lieu de 12 ; c'est qu'il compte le gonfalonier pour un des prieurs (che infino allora erano di prima pur sette). C'est l'idée du double qui l'induit en erreur. — Il est singulier que Villani ne mentionne pas ce fait. Stefani, qui le suit, s'en tait à son exemple. « Ed elessero il priorato, » dit-il (IV, 240).

[1] Idque altero quoque bimestri servatum est (L. Bruni, IV, 78).

[2] Villani, VIII, 68. — Mazzarosa, l'historien de Lucques, présente, mais sans autre autorité que les nôtres, tous les faits sous un jour plus favorable à ses compatriotes (I, 117). — M. Trollope (I, 292) les admire beaucoup pour être partis après avoir rempli leur office, laissant, dit-il, un exemple probablement unique. — Il oublie : 1° qu'on appelait trop souvent des médiateurs pour que cet exemple, au contraire, n'ait pas été assez fréquent ; 2° que Lucques n'était pas assez puissante pour mettre la main sur Florence.

[3] Niccolò Boccasini, de Trévise, frère prêcheur, élu le 29 octobre 1303. (Ciaconio, II, 339.)

[4] D'autres le disent des Martini (Voy. Fraticelli, *Stor. della vita*, p. 155). C'est sa mère qui était une Martini. (Voy. Ciaconio, II, 348.)

[5] Malavolti, part. II, l. IV, f° 64 r°.

[6] Villani, VIII, 68. Ciaconio, II, 348. Muratori, *Ann. d'Ital.*, 1304. — Villani, cependant, l'accuse de partialité : « Di progenie ghibellina era nato

mission de légat pacificateur¹. Retardé peut-être par la présence et la tentative des Lucquois, il n'arrivait à Florence que le 10 mars². Sans tarder, il demandait au peuple, sur la place de San Giovanni, et il se faisait donner par les conseils opportuns pleine et libre *balia* pour rétablir la paix entre les citoyens et les exilés, comme pour nommer à son gré la prochaine seigneurie.

Plus habile ou plus heureux que les nobles de Lucques, il parvint à réconcilier beaucoup de familles que séparaient de vieilles rancunes et même le sang versé³. Puis, il mit hardiment la main aux réformes. Il rétablit les anciennes compagnies, en supprimant toutefois, on ne sait trop pour quel motif, celle de San Pier Scheraggio. Il en donna quatre au *sestiere* d'Oltrarno, trois à chacun des cinq autres⁴. Aux dix-neuf gonfaloniers il remit des gonfalons nouveaux⁵. L'unité de tactique, dès lors, n'était plus

---

e mostrossi poi, che molto li favoreggiò. » L. Bruni (IV, 78) prétend au contraire qu'il embrassa « partes plebis, » jugeant le peuple plus porté à une réconciliation.

¹ La lettre du pape qui le nomme *paciarius* est aux *Ann. eccl.*, XXIII, 370. Ann. 1304, § 1. — Une autre lettre à la même date étend sa juridiction de Florence jusqu'à Venise.

² Cette date est celle des *Ann. eccl.*, de Ciaconio, du faux Dino Compagni, de M. Reumont et de M. G. Capponi. Stefani dit le 8 mai; Villani et Simone della Tosa le 10 de ce dernier mois; L. Bruni confirme et même commente : « Venit Florentiam tribus fere mensibus postquam Lucenses abierant. » (IV, 78.) Mais Villani se contredit, car il rapporte un accident grave survenu le 1ᵉʳ mai, de son propre aveu, « in questo medesimo tempo che il cardinale di Prato era in Firenze. » (VIII, 70.) On ne comprendrait guère d'ailleurs que le cardinal ne fût parti que près de quatre mois après avoir reçu sa mission. Enfin, en disant le 10 mai 1303, Villani perd le bénéfice du vieux style et permet de croire que *mai* s'est glissé par inadvertance pour *mars* sous sa plume. — Paolino (II, 66) dit le 2 mars.

³ Villani, VIII, 69. Paolino, II, 66. Stefani, IV, 242.

⁴ Peut-être San Pier Scheraggio étant le quartier de la seigneurie, la compagnie y était-elle surabondamment remplacée par les milices du gonfalonier.

⁵ Villani, VIII, 69. L. Bruni, IV, 78.

le *sestiere*, mais les paroisses dont il se composait. De là pour chacune d'elles la possibilité comme le droit de se lever et de se mouvoir sans faire appel à tout le quartier. La *mobilisation* en devenait ainsi plus restreinte et par conséquent moins onéreuse, plus rapide et par conséquent plus efficace. Elles devaient intervenir, si un *popolano* était attaqué, blessé ou tué par un grand, s'abstenir si la querelle était entre *popolani*[1]. Protectrice de ces derniers[2], étendue à tout le *contado*, cette institution, dans la pensée du cardinal, autorisait les magistrats à ne plus écouter les plaintes portées contre la puissance des grands. Elle obtint l'effet désiré : Villani et Machiavel affirment que la puissance du peuple en fut accrue, et celle des grands amoindrie[3]. Si tel était le but du saint-siége, c'est moins pour maintenir la tradition guelfe, dont personne alors ne s'écartait à Florence, que parce que les uns semblaient plus que les autres disposés à la paix[4].

Mais la paix ne pouvait qu'être incomplète tant qu'il y aurait au dehors des exilés. Fallait-il donc, du même coup, avec les Blancs, ennemis d'hier, rappeler les gibelins, ennemis de tous les temps ? C'était ce que peu de

---

[1] Si plebeius plebeium invaderet aut occideret, nullæ erant partes signiferi neque societatis (L. Brùni, IV, 79).

[2] Ex quo apparebat et popularium societates esse solum, et contra potentiam nobilitatis constitutas solum (L. Bruni, IV, 79). — « Ces compagnies furent renouvelées en 1303 (*sic*), pour assurer le peuple contre les grands.» (*Sommario*, etc., p. 40. Bibl. nat., ms. ital., n° 743.)

[3] Villani, VIII, 69. Machiavel, *Ist. fior.* II, 24 B. Villani revient plus bas sur cette réforme, et essaye, mais avec peu de clarté, d'en donner la philosophie (VIII, 87). Cf. Stefani, IV, 242.

[4] Sentiens id genus hominum minus pertinax adversus reductionem exsulum, minus acre studiis partium reperiri (L. Bruni, IV, 78). — Studiis multitudinis quæ etiam ad concordiam propendebat (*Ann. eccl.*, XXIII, 372).

personnes pouvaient admettre, et, par une tactique perfide, les plus ardents des Noirs s'étudiaient à montrer sous chaque Blanc un gibelin. Impopulaires, dès lors, étaient donc les tentatives pour rouvrir aux exilés les portes de Florence. Or, le cardinal négociait au grand jour. Par son ordre, un moine s'acheminait vers Arezzo, porteur de lettres pour Vieri des Cerchi et pour les conseils dont le comte Alessandro de Romena était assisté. Rétablis dans leurs droits, y était-il dit, ils verraient leur patrie réorganisée selon leurs vœux. A ces ouvertures, ils firent une si éloquente réponse, qu'on n'en peut guère attribuer qu'à Dante la rédaction[1] :

« Nous avons lu, en fils reconnaissants, les lettres de Votre Paternité. Elles ont donné une première satisfaction à nos désirs; elles ont rempli nos cœurs d'une joie que la parole ne saurait exprimer, ni la pensée mesurer. Ce salut de la patrie, que nous entrevoyions comme un rêve, vos lettres nous le promettent. Dans quel dessein conduisions-nous à la guerre civile nos blancs étendards, et rougissions-nous de sang nos traits et nos épées, sinon pour que ceux qui avaient pris un plaisir téméraire à violer les droits d'un peuple fussent contraints à courber la tête sous le joug sacré de la loi et à laisser la paix à leur patrie? Les flèches que lançaient nos arcs ne tendaient, ne tendent, ne tendront jamais qu'à assurer la liberté du peuple florentin. Si vos veilles, comme nos honnêtes efforts, cherchent à procurer ce bienfait, si vous voulez ramener nos adversaires dans les sillons de la bonne politique, comment vous rendre de dignes actions de grâces? Invités par vos lettres et par votre messager à nous abstenir de la guerre, à nous remettre entre vos mains, nous obéissons en fils dévoués et amis de la paix, avec une volonté sincère, et nous vous supplions ardemment de rafraîchir cette

---

[1] C'est l'avis notamment du prof. Witte, du docteur Torri et de M. Fraticelli. (Voy. *Op. min. di Dante*, illustrazione delle epistole, t. III, p. 435-437.)

Florence, si longtemps agitée, par le sommeil de la paix et de la tranquillité[1]. »

Ainsi assuré du consentement des bannis, le cardinal manda à Florence douze d'entre eux en qualité de syndics, à raison de deux par *sesto*, un pour les Blancs, un pour les gibelins. Il les fit loger dans le *borgo* et peut-être dans l'église même de San Niccolò[2], où leurs personnes devenaient inviolables. Il les avait ainsi près de lui, car il résidait, selon l'usage des légats, chez les Mozzi, en face du pont Rubaconte. Il les réunissait aux syndics des Noirs, également nommés par lui, dans des conférences qui demandaient du temps, et qui en laissaient malheureusement trop aux mécontents pour faire obstacle à la pacification projetée[3].

Pendant qu'ils tramaient leurs complots dans l'ombre, le gros du peuple florentin se livrait à l'espérance. Il allumait partout des feux de joie[4]. Le moment était venu des fêtes du printemps, qui avaient lieu chaque année le 1er mai. Elles eurent cette fois une issue de sinistre augure pour des gens superstitieux, comme l'étaient alors même les moins croyants. Le 30 avril, les habitants du *borgo* San Friano firent savoir par un crieur à toutes personnes que qui voudrait des nouvelles de l'autre monde, se rendît le lendemain dans le royaume de San Friano, entre le pont de la Carraja et le pont de la Trinité. Le lendemain,

---

[1] Voy. le texte ap. Fraticelli, *Op. min. di Dante*, t. III, p. 438-440. Cette lettre porte le n° 1 de celles de Dante.

[2] Stefani, IV, 272. Ces syndics portaient presque tous des noms considérables, Gangalandi, Uberti, Ubertini, Gherardini, Lamberti, Adimari, Della Tosa, Scolari, Soldanieri, Abati, Cerchi (Paolino, II, 67).

[3] Villani, VIII, 69. Stefani, IV, 242.

[4] Fecerne falò (Paolino, II, 67).

donc, après dîner, toute la population de Florence affluant sur lesdits ponts et sur les deux rives du fleuve, des barques qui le couvraient partirent divers feux d'artifice pour donner de l'enfer une idée terrible. Les âmes étaient représentées nues, livrées à des démons hideux et contrefaits. Les victimes poussaient des cris, des hurlements, se tordaient dans les supplices dont on donnait l'effrayante représentation. Tout à coup, le pont de la Carraja, qui était en bois, s'écroule sous le poids des deux mille personnes qui s'y étaient entassées. Une moitié d'entre elles, noyées ou étouffées sous le poids des débris et des corps, s'en allèrent dans l'autre monde. « Elles en eurent ainsi les nouvelles véritables qu'on leur avait promises, » répètent à l'envi les chroniqueurs charmés de cette plaisanterie malséante. Ceux qui ne périrent point durent leur salut aux barques qui sillonnaient l'Arno, mais beaucoup demeurèrent estropiés pour le restant de leurs jours[1].

L'ébranlement donné aux imaginations servait à souhait les desseins ténébreux des principaux Noirs. Un sentiment commun rapprochait Corso Donati et Rosso della Tosa : la crainte de voir les gibelins rentrer dans Florence et y recouvrer leurs biens. Pour conjurer le péril, ils osèrent envoyer aux gibelins de Bologne et de la Romagne de fausses lettres du légat, scellées de son sceau, qui les invitaient à accourir en armes[2]. Les deux rivaux réconciliés comptaient bien qu'à l'approche de ces ennemis, de ces étrangers, éclaterait parmi les guelfes un irrésistible soulèvement. Telle fut, en effet, leur indignation, quand

---

[1] Villani, VIII, 70. Paolino, II, 66. Simone della Tosa, p. 224. Stefani, IV, 243. Ammirato, l. IV, t. I, p. 225.
[2] Villani, VIII, 69. *Ann. eccl.*, XXIII, 372.

ils apprirent qu'à Trespiano, aux portes mêmes de la cité[1], se déployaient insolemment es bannières hostiles, que le cardinal dut intervenir aussitôt, et obtenir des Romagnols l'immédaite évacuation du Mugello.

Mais le coup était porté et la défiance éveillée. Les Florentins ne voyaient partout que surprise et trahison[2]. Sincèrement ou par ruse, pour se débarrasser du légat pacificateur, ou pour prévenir un attentat contre sa personne sacrée, les prieurs lui persuadèrent de s'éloigner pour quelques jours, d'aller à Prato et à Pistoia, où il trouverait, comme à Florence, des réformes à faire, des discordes à apaiser. Docile à ce conseil, il sortit de la ville le 8 mai, accompagné, comme à son arrivée, de tous les honneurs dus à son rang. Déjà étaient partis les émissaires des chefs noirs, pour demander contre lui main-forte aux Lucquois[3], et provoquer les Guazzagliotti de Prato à faire repousser toutes les propositions, à faire échouer tous les plans du prélat, leur concitoyen[4].

Ces intrigues eurent un plein succès. A Pistoia, où il se rendit d'abord, s'il obtint la *balia* pour réconcilier entre eux les habitants, elle lui fut refusée pour ramener les exilés, comme pour donner à la ville d'autres maîtres[5]. A Prato, il put déposer les huit, le potestat, le capitaine ; mais tout le monde fut bientôt en armes : les Guazzagliotti avaient répandu qu'il ne tendait qu'à rétablir les gibelins.

---

[1] Trespiano est situé près de Fiesole, un peu à l'ouest de la route de Bologne, et à trois milles seulement de Florence (Repetti, V, 597).

[2] Villani, VIII, 69.

[3] Lucanis consciis, tumultum non sine præcedenti conjuratione (Lettre de Benoît XI, ap. *Ann. eccl.*, XXIII, 573).

[4] Villani, VIII, 69. — Il est probable, quoique les auteurs n'en disent rien, que de semblables pratiques furent ouvertes avec Pistoia.

[5] Non vi potea far niente (Paolino, II, 66).

Menacé dans sa vie et dans celle de ses *famigli*, apprenant que les Lucquois arrivaient à Fucecchio pour prêter main-forte à ses ennemis[1], il repartit en toute hâte pour Florence, non sans fulminer l'excommunication et l'interdit contre sa patrie, non sans ordonner contre elle une véritable croisade. En donnant la croix aux cavaliers et aux *pedoni*, il leur promettait des indulgences[2], et les lançait en avant. Ces croisés de banlieue n'étaient encore qu'à Campi, à six milles de Florence[3], que Prato terrifiée apportait sa soumission. Florence avait une sujette de plus[4].

Ce rapide succès valait bien quelque gratitude; les Noirs n'y trouvèrent qu'un nouveau sujet de défiance. Des gibelins surtout, disaient-ils, s'étaient armés dans la ville et le *contado*, sous prétexte de croisade. Les bons Florentins vivaient donc entourés d'ennemis et d'embûches; d'invisibles épées menaçaient leurs poitrines. Des propos on en vint aux barricades, et des barricades aux combats. « Vive le peuple, meurent les grands! » criaient les uns. « Vivent les grands, meure le peuple! » osèrent riposter les autres. Mais ceux-ci étant de beaucoup les moins forts, les syndics blancs reçurent avis de s'éloigner au plus vite, sans quoi ils seraient infailliblement mis à mort. Effrayé comme eux, malgré sa pourpre, le cardinal les suivait de

---

[1] De se suaque familia, in quorum machinabantur vitam; merito timens.... Dictique Lucani seditiosis hujusmodi præbituri subsidium, in equitum et peditum multitudine gravi accessere Ficecchium (Lettre de Benoît XI; ap. *Ann. eccl.*, XXIII, 373).

[2] Dum in Pratenses expeditionem sacram, impertitis indulgentiis religiosam militiam accepto crucis symbolo professuris conflaret (*Ibid.*, p. 372). Cf. Paolino, II, 67.

[3] Réunion de bourgades, sur la rive gauche du Bisenzio, à six milles de Florence et quatre de Prato (Repetti, I, 413).

[4] Paolino, II, 66, 67. Villani, VIII, 69. Stefani, IV, 242.

près. Deux jours plus tard, le 4 juin[1], il partait dans la direction de Sienne, accablant Florence, comme naguère Prato, de ses apostoliques malédictions[2].

Benoît XI partageait de si légitimes colères. Il accusait surtout les Lucquois, dont la complicité avait enhardi les Noirs. « La conjuration de Catilina, écrit-il, n'était pas plus perfide, la cruauté de Sylla était à peine supérieure, et la férocité de Marius à peine moindre. O misérable Florence ! en toi déjà languissait la vigueur de la justice, faiblissait la force de l'âme ; la saveur de la liberté t'inspirait des nausées ; maintenant tu tombes en pourriture, exposée à la dérision et aux sifflets[3]. »

L'heure était loin encore de la pourriture ; mais le pape pouvait s'y méprendre, car à Florence s'accomplissait alors un vrai travail de décomposition. Les Noirs, malgré leur audace, n'y avaient pas osé rompre la paix du cardinal ; les portes restaient donc ouvertes aux Blancs, pourvu qu'ils se déclarassent guelfes[4]. Les Cavalcanti, les Gherardini, les Pulci, les Cerchi del Garbo, banquiers du saint-siége, profitèrent de leur droit, et retrouvèrent même auprès du peuple quelque faveur. Ils furent le noyau d'un parti intermédiaire, qui se grossit bientôt des Magalotti, des Mancini, des Peruzzi, des Antellesi, des Baroncelli, des Acciajuoli, des Alberti, des Strozzi, des Ricci, des Albizzi et autres familles de *popolani*, bien fournies de florins et d'armes, soutenues par de nombreux clients[5].

---

[1] C'est la date de Villani (VIII, 69) que suivent Stefani, les *Ann. eccl.*, Ciaconio et G. Capponi. Paolino dit le 8 juin.
[2] Paolino, II, 67. Villani, VIII, 69. Stefani, IV, 242. *Ann. eccl.*, loc. cit.
[3] *Ann. eccl.*, XXIII, 374, ann. 1304, § 5.
[4] G. Capponi, I, 114.
[5] Villani, VIII, 71.

Du coup se trouvaient rejetés parmi les violents, parmi les extrêmes, ceux qu'avait modérés la possession du pouvoir, Rosso della Tosa et ses amis, nombre de familles bourgeoises, notamment les Giugni et les Medici. Corso Donati avait donc, semble-t-il, intérêt à se rapprocher d'eux ; mais fidèle à ses rancunes, il voyait avec plaisir ses ennemis s'entre-dévorer. Il arguait de sa goutte pour rester neutre, comptant devenir avant peu l'arbitre des deux factions[1].

Le 10 juin, les Giugni engagèrent la lutte contre les Cerchi del Garbo, les assiégeant dans leurs demeures, combattant de nuit comme de jour. Sans retard accoururent au secours des Cerchi les Cavalcanti, les Antellesi, les Gherardini. Ils avancèrent de concert jusqu'au *Mercato vecchio* et à la place de San Giovanni. Personne ne leur faisait résistance. Les gibelins de la ville se levaient ; ceux du *contado* amenaient du renfort ; de Volognano accouraient plus de mille hommes armés. Les Blancs reprenaient visiblement l'avantage. Pour justifier leurs prochaines vengeances, ils rappelaient que Masino Cavalcanti et d'autres des leurs avaient eu la tête coupée. C'est à ce moment qu'éclata sur trois points à la fois, dans les quartiers où faiblissaient les Noirs, un formidable incendie. Qu'il fût, comme beaucoup le dirent alors, l'effet du hasard ou d'une vengeance particulière[2], on pourrait le croire, si le feu n'avait projeté que sur un point ses

---

[1] C'est ainsi qu'en a jugé Machiavel (*Ist. fior.*, II, 25 A). Leo, tout Allemand qu'il est, voit beaucoup moins clair : selon lui, Corso s'indignait que d'autres, à la faveur de sa maladie, prissent le premier rôle parmi les Noirs (Voy. l. VII, c. II, t. II, p. 61).

[2] Questo fuoco fu opinione di molti che a caso nello ardore della zuffa si appiccasse (Machiavel, *Ist. fior.*, II, 25 A). — Villani y voit une vengeance particulière, ce qui rentre dans la catégorie des accidents.

sinistres lueurs ; Paolino, contemporain et guelfe prononcé, n'hésite pas à y voir un dessein politique du parti des guelfes et des grands[1]. Un des Abati, clerc mondain et dissolu, prieur de San Pier Scheraggio, et noir parce qu'il était brouillé avec sa famille, avait été vu se dirigeant du côté d'Orsanmichele, vers les maisons de ces parents qu'il haïssait. Il tenait dans les mains un pot plein de feu composé, qui répandait sur le sol ses flammèches bleuâtres[2]. Pendant qu'il embrasait ce riche quartier, l'incendie éclatait à l'entrée du *Mercato vecchio*, dans la rue de Calimala, aux maisons des Caponsacchi, et près du *Mercato nuovo*, à celles des Cavalcanti. Un vent furieux, venant en aide à la malice des hommes, poussa au loin et très-rapidement les flammes. Avec le palais du capitaine et la tour de la cloche communale on vit se consumer, s'écrouler dix-sept cents maisons, leurs boutiques et leurs magasins, le cœur, la moelle de la cité, dit Villani, la dixième partie pour l'étendue, selon Paolino, et la sixième pour la valeur[3]. A la faveur du trouble et du désordre, les malfaiteurs « dont la ville était pleine, » pénétraient dans les maisons embrasées, faisant main basse sur les objets de prix. Cette catastrophe causa la ruine d'un grand nombre de familles, surtout des Cavalcanti, dont la fortune consistait en immeubles qu'ils donnaient à loyer. Avec les Gherardini, si puissants dans le *contado*, ils furent chassés comme rebelles, et plus que jamais le pouvoir, qu'ils avaient pensé ressaisir, appartint à leurs ennemis[4].

[1] Quella parte che si dicea de' grandi e de' guelfi misero fuoco (II, 67).
[2] Paolino, II, 67 ; Villani, VIII, 71. — Paolino dit qu'il mit le feu à sa propre maison. Ce serait alors l'excès du fanatisme de parti.
[3] Villani, Paolino, *loc. cit.*; Stefani, IV, 244.
[4] Les mêmes et G. Capponi, 1, 117.

Cette criminelle victoire ne porta cependant que des fruits amers. Les grands s'étaient flattés d'abolir les ordonnances exécrées : plus que jamais ils durent les respecter, car pour dominer comme pour vaincre, c'est dans le peuple qu'ils devaient chercher un appui[1]. Sur eux, comme un coup de tonnerre, éclatait d'ailleurs la colère pontificale : Benoît XI citait à son tribunal les séditieux incendiaires. Le 20 juin 1304[2], il sommait d'être à Pérouse, avant le 6 juillet, Rosso della Tosa, Corso Donati, les deux Neri des Buondelmonti, Gherardo et Burgerio des Tornaquinci; Jacopo des Rossi, Geri Spina, chevalier, Pagano Bordone, plus cinq Lucquois[3]. Désobéir eût paru dangereux ; les personnages cités partirent en grande compagnie : avec leurs amis et familiers, ils étaient au nombre de cent cinquante, tous à cheval.

L'instigateur de la citation, c'était le cardinal de Prato. Ulcéré de son récent échec, altéré de vengeance, il avait irrité le courroux de son maître, habilement mis à profit les fautes et le crime des Noirs, averti en secret les Blancs et les gibelins de Pise, de Pistoia, de Bologne, d'Arezzo, du départ de leurs principaux adversaires. Il ajoutait le conseil de réunir leurs forces et de marcher sur Florence faible et ouverte de tous côtés ; il fixait même le jour où l'on devrait l'attaquer. Le pape, dit-il, approuvait et vou-

---

[1] Ciascuna parte s'abbracciò col popolo per non perdere stato (Villani, VIII, 74).

[2] La lettre, dans les *Ann. eccl.* (XXIII, 372), porte la date du XI° *Kal. junii*, mais c'est évidemment une erreur, et il faut lire *julii*. Le 22 mai, le cardinal était encore à Florence, d'où il ne partit, on l'a vu, que le 4 juin.

[3] *Ibid*. Villani (VIII, 72) dit douze des principaux chefs. Il n'en nomme que cinq, dont Pazzino des Pazzi et Betto Brunelleschi qui ne sont pas nommés dans les lettres pontificales. Cf. Paolino (II, 68), Stefani (IV, 245) qui dit 15 chefs; *Ist. Pist.* (R. I. S., t. XI, 389) peu exactes sur ces faits, et Malavolti (part. II, l. IV, f° 61 r°).

lait leur entreprise ; mais c'était, selon Villani, un grand mensonge, car le pape n'en savait rien[1].

Ivres de joie et prompts à obéir, les Blancs, dès le 19 juillet[2], étaient sur les hauteurs de la Lastra, à deux milles de Florence, entre Fiesole à l'est et Careggi à l'ouest[3]. Leur armée comptait seize cents cavaliers et neuf mille hommes de pied. Leur chef, ce n'était point le comte Alessandro de Romena, déjà malade et qu'attendait une mort prochaine[4], c'était Baschiera della Tosa, capitaine des exilés florentins. Par une brusque attaque de nuit l'on pouvait enlever la ville avant qu'elle se fût mise en défense, avant que les chefs noirs y eussent pu revenir. Ceux-ci, en effet, étaient encore à Pérouse. La mort du pape, hâtée peut-être par le poison, et survenue le 7 juillet, deux jours après leur arrivée[5], les y avait retenus, soit que le soupçon s'attachant à eux, on ne leur permît

---

[1] Simone della Tosa dit le 20 (p. 224) et Paolino le 18 (II, 68). Mais ce dernier tombe d'accord avec Villani, que le combat eut lieu le 20 ; or il paraît établi que les assaillants n'étaient arrivés que la veille au soir (Voy. Villani, VIII, 80).

[2] Villani, VIII, 72 ; Stefani, IV, 245 ; Ciaconio n'affirme pas, mais il n'ose pas nier : « Adductus est in invidiam legatus illud consilium ghibellinis suggessisse. » (II, 350.)

[3] La Lastra *alla loggia*, nommée ainsi d'une *loggia* et d'une villa des Pazzi et des gros quartiers de rocher (*lastroni di macigno*) sur lesquels elle était bâtie. On la distinguait ainsi de la Lastra a Signa, qui se trouvait près de Signa. Brunetto Latino était né à la Lastra *alla loggia* (Repetti, II, 651).

[4] Troya, Fraticelli, *Stor. della vita*, etc., p. 192.

[5] Il y a des contradictions sur cette date. Ciaconio (II, 341) dit *nonis julii*, et l'*Art de vérifier les dates* (I, 511) le 6 ou le 7 ; Ferreto de Vicence (l. III, R. I. S., t. IX, 1013) 4 *non. jul.*, c'est-à-dire le 4 juillet ; les *Ann. eccl.* (XXIII, 387, ann. 1304, § 31) de même. Villani le 27. (VIII, 80.) Cette dernière date doit être tout d'abord écartée. Quant aux deux autres, de cette histoire ressort une raison de préférer la première. Si le pape était mort avant l'arrivée des chefs noirs, n'y a-t-il pas lieu de penser que ceux-ci eussent rebroussé chemin ?

pas de s'éloigner, soit qu'ils espérassent peser sur l'élection d'un nouveau pape, qu'ils devaient supposer prochaine, et que le conclave différa près d'une année. Mais les Blancs, dociles à la consigne, voulurent attendre le jour fixé, comme l'arrivée des cavaliers qu'amenaient de Pise le comte Fazio, et de Pistoia Tolosato des Uberti, petit fils du grand Farinata[1].

C'était une faute grave, si l'on n'attaquait sur-le-champ, de s'être tant approché de Florence, car une armée si considérable, faisant halte dans la banlieue, ne s'y pouvait dissimuler. Ce fut l'aggraver, après l'avoir commise, que d'agir sans avoir réuni toutes les forces, et de préférer le jour à la nuit, par les chaleurs de juillet, si terribles sous ce climat. Les Bolonais et les Romagnols s'étaient prononcés pour la prudence; Baschiera della Tosa, n'y voyant que lâcheté, n'écouta que sa bouillante ardeur[2]. Le 20 juillet, dans la matinée, las d'attendre les renforts, il se lança ventre à terre, avec les douze cents cavaliers dont il disposait, vers le faubourg de San Gallo, le plus rapproché de la Lastra. Il y pénétra sans obstacle, car il le trouvait en dehors des anciens murs, qui d'ailleurs tombaient en ruines, et non protégé encore par les nouveaux, auxquels on travaillait mollement. Il put même s'avancer jusque dans la ville : les fossés étaient sans eau, et même en partie comblés. Ce n'en fut pas moins une troisième faute

---

[1] Stefani (IV, 245) prétend que les Pisans et les Arétins étaient venus camper sous les murs d'Oltrarno, les uns devant San Friano, les autres devant San Niccolò; mais ce témoignage est unique, et s'il y fallait croire, on ne comprendrait ni comment les Arétins se trouvaient à l'attaque du côté des *Servi*, ni comment les Siennois purent venir au secours des Noirs.

[2] Villani (VIII, 72) suppose que les Bolonais agirent par lâcheté ou parce qu'il y avait parmi eux des guelfes; mais, en ce cas, pourquoi auraient-ils jusque-là fait partie de l'expédition?

que d'avoir couru au plus près : le manque d'eau y devait rudement éprouver les chevaux et les hommes. Mieux eût valu faire un détour vers l'est et se déployer sur la place extérieure de Santa Croce, sur la rive de l'Arno, où les uns et les autres auraient eu de l'eau à discrétion[1].

Dans le faubourg, les assaillants n'offensèrent personne, dit un chroniqueur[2]. Ils n'y avaient pas grand mérite, n'ayant point rencontré de résistance. La résistance commença un peu plus loin, à une forte barricade ou *serraglio* en bois, dans laquelle s'ouvraient des portes, et que garnissaient des chaînes, futur trophée des Arétins après le combat. En arrière, sur la place de San Giovanni, les grands avaient concentré deux cents cavaliers et cinq cents hommes de pied. Afin de soutenir Baschiera della Tosa, les Bolonais, renonçant à l'expectative, se portèrent vers le *borgo* San Lorenzo, jusqu'à la porte des *Spadai*[3]. Mais sans haches pour la couper, sans instruments pour l'enfoncer, car ils avaient compté qu'elle s'ouvrirait devant eux, ils ne purent qu'y clouer injurieusement un écu, et lancer dans la ville en grand nombre des flèches et des pierres[4], jusqu'à ce qu'on eut mis le feu à la maison où

---

[1] Villani, VIII, 72.

[2] *Ist. Pist.*, R. I. S., t. XI, 390.

[3] Cette porte était au bout d'une rue du même nom, qui est devenue plus tard la via de' Martelli, et qui, élargie, est aujourd'hui le commencement de la via Cavour, près de la place San Giovanni (Voy. A. Vannucci, I, 284 note). Selon Malavolti (part. II, l. IV, f° 61), cette porte s'appelait indifféremment porte San Lorenzo ou des Spadai. Ce n'est pas tout à fait exact. La *postierla* ou petite porte *degli Spadai* était distincte, quoique très-voisine, de la *porta San Lorenzo* aussi nommée *porta al Vescovo*. Voy. le plan de Florence joint à ce volume. Sur tous ces faits, le contemporain Ser Giovanni di Lemmo est très-sec : « Cum magna quantitate militum et peditum fregerunt unam portam et intraverunt per eam (*Diario*, ap. *Doc. di stor. ital.*, p. 164).

[4] *Hist. misc. Bonon.*, R. I. S., t. XVIII, 306. Villani (VIII, 72) paraît

ils s'étaient retranchés. Au lieu d'aller rejoindre les assaillants du *borgo* San Gallo, ils retournèrent vers leur campement.

Sur ces entrefaites, Baschiera, avec un certain nombre des siens, s'était avancé jusqu'à l'église des *Servi*, d'où leurs flèches atteignaient Santa Reparata [1]. Pour pousser plus loin, il eût fallu trouver de l'appui dans la ville : or parmi les mieux disposés on avait adroitement semé la crainte d'une complète spoliation ; aussi les uns ne bougèrent-ils point, tandis que les autres prenaient part à la défense. Les Noirs la soutenaient fermement, mais sans beaucoup d'avantages, lorsque, enfin, sur leurs derrières, ils entendirent avec le son des trompettes le pas de nombreux chevaux. C'étaient les Siennois qui arrivaient à leur secours, sous la conduite d'Uguccione Renaldini [2]. Saisis de panique, les Blancs, au lieu de battre en retraite, quittent leurs rangs, jettent leurs armes, s'enfuient sans être poursuivis, sauf par quelques aventuriers, cupides de butin. En peu d'instants il n'y a plus personne à la Lastra : chacun, en toute hâte, retourne chez soi. C'est en vain que Tolosato des Uberti, qui arrivait par les plus difficiles et plus courts sentiers de la montagne, veut arrêter, ramasser, ramener au combat les fuyards : loin

---

attribuer cette attaque à « certains chefs » florentins ; mais l'inaction absolue des Bolonais est si peu vraisemblable, qu'on n'hésite pas à ajouter foi au témoignage de Fra Bartholomeo de la Pugliola, implicitement confirmé par celui de Stefani (*fatto cenno a' Bolognesi*, IV, 245). Quant à l'attaque contre la porte des Spadai, elle est établie non-seulement par les chroniqueurs, mais aussi par un document du 27 janvier 1305 (Voy. *Provvisioni*, XII, 125 v°).

[1] Villani, VIII, 72. — Paolino, II, 68. — Stefani, IV, 245. — *Ist: Pist.*, R. I. S., XI, 390. — Ammirato, l. IV, t. I, p. 227. — Ghirardacci, l. XIV, t. I, p. 457.

[2] Malavolti, part. II, l. IV, f° 61.

d'y réussir, il est entraîné en arrière, il rétrograde malgré lui.

Trop de précipitation d'abord à engager la lutte, puis à y renoncer, faisait perdre aux Blancs une belle partie. Tel est le jugement de Machiavel [1], et aussi des contemporains. Villani déclare que la faiblesse de Florence et le désordre qui y régnaient étaient pour les exilés comme un gage de victoire [2]. Dante au désespoir ne pensa plus qu'à « fuir la compagnie perverse, folle, ingrate, impie; » il allait bientôt tenir à honneur de « former un parti à lui tout seul [3]. »

Ce triomphe inespéré, les Noirs le compromirent par la cruauté et l'anarchie. Ils avaient fait de nombreux prisonniers, qu'arrêtait dans leur fuite éperdue une chaleur étouffante et une ardente soif : ils les pendaient aux arbres sur la route, ou au gibet sur la place de San Giovanni [4]. Ils condamnaient les *contadini* à mille livres d'amende pour avoir approvisionné les « gibelins, » ou à la potence, pour avoir attaqué avec eux la porte des *spadai*, le tout à la légère, sans preuves, sur un simple soupçon : quelques mois plus tard ils se voyaient réduits à reconnaître leurs accusations fausses, et à revenir sur celles de ces rigueurs qui n'étaient pas irrémédiables [5]. Le retour des chefs qui se trouvaient à Pérouse ne rétablit point

---

[1] *Ist. fior.*, II, 25 A.

[2] Villani, VIII, 72.

[3] *Parad.*, XVIII, 58. — Il ne paraît pas que Dante ait fait partie de l'expédition de la Lastra. (Voy. Balbo, II, 25, 81, et Fraticelli, *Stor. della vita di Dante*.)

[4] Villani, VIII, 72. — Le témoignage de cet auteur a sur tous ces événements une valeur particulière, car il déclare qu'il y était présent. — Cf. Stefani, IV, 245. — Paolino (II, 68) porte à 21 le nombre de ceux qui périrent au gibet, et à 400 le total des morts.

[5] 27 janvier 1305. *Provvisioni*, XII, 125 v°.

l'ordre dans la ville[1]. Tout y semblait remis en question. Le 1er août, Gigliolo des Puttagli, de Parme, capitaine du peuple, se voyait chargé en même temps des fonctions de potestat: il les conservait juste quatre jours. Le 5, comme on avait conduit en son nom au palais de la commune Talano Cavicciuli des Adimari, inculpé d'un méfait, les *consorti* de celui-ci attendent cet officier au sortir du conseil, l'attaquent à main armée, lui font de graves blessures, mettent à mort deux de ses familiers, puis, profitant du désordre, livrent aux flammes le palais et emmènent leur parent. Impuissant à les punir, Gigliolo offensé réclamait son salaire, et se retirait à Lucques, où il ne tarda pas, dit-on, à mourir des coups furieux qu'on lui avait portés. Au lieu d'un successeur, Florence lui en donnait provisoirement douze, deux par *sesto*, dont un grand et un *popolano*, qu'on appela les douze potestats ou lieutenants de potestat[2]. La liste votée semble attester une tentative de conciliation entre les deux branches des Noirs, car, à côté de Rosso della Tosa, on y voit figurer Giovanni des Giugni, partisan résolu de Corso Donati[3].

Nommé seulement jusqu'au jour prochain où devait arriver le potestat déjà élu, ce pouvoir intérimaire effaçait presque celui des prieurs, et remédiait à l'anarchie par les entreprises extérieures. Il faisait assiéger et détruire le château des *Stinche* dans le val de Greve, propriété des Cavalcanti[4]. La prison neuve où furent enfermés les Blancs vaincus reçut et devait garder, durant de longues

---

[1] *Ann. eccl.*, XXIII, 375, ann. 1304, § 6.

[2] Villani, VIII, 74; Paolino, II, 69; Simone della Tosa, p. 224.

[3] Voy. liste des *Officiales forenses*, et Manni (annotations à Paolino, R. I. S., Suppl., II, 69) qui donne aussi tous les noms.

[4] Entre le val de Pesa à l'est et le val de Greve à l'ouest, diocèse de Fiesole (Repetti, V, 476).

années, le nom de cette forteresse[1]. Celle de Montecalvi, dans le val de Pesa[2], eut le même sort. Malgré la promesse de la vie sauve, Bianco Cavalcanti fut mis à mort par un jeune homme de la famille della Tosa, et ce scandale restait impuni comme l'outrage fait naguère au potestat[3]. Enfin, le 28 août, arrivait à Florence le comte Rogerio de Doadola. Prenant aussitôt possession de sa charge de potestat, il la devait conserver jusqu'au 1er juillet de l'année suivante[4].

Qu'il fût un homme énergique, on serait tenté de le croire, en voyant pour tout ce temps la nuit s'étendre sur l'histoire de Florence. Le plus sommaire des chroniqueurs dit bien que la lutte continuait entre Rosso della Tosa et son parent l'évêque Lottieri, et que l'évêché était transformé en une forteresse[5]; mais si l'on en fût souvent venu aux mains, il en resterait quelque trace dans Villani, si minutieux, ou dans ceux qui, venant après lui, le corrigeaient et le complétaient. La vie, d'ailleurs, semblait alors en suspens dans toute la chrétienté. Le conclave durait toujours, et ne devait se décider que le 5 juin 1305 à faire un pape de Bertrand de Got, archevêque de Bordeaux[6]. La faveur dont jouit bientôt le docile Clément V

---

[1] Villani, VIII, 75 ; Stefani, IV, 248.
[2] A trois milles de San Casciano, diocèse de Florence. Ce château détruit par les Florentins après Montaperti, avait été reconstruit et poussé à la révolte, comme les Stinche, par les Cavalcanti (Repetti, III, 329). Ne pas confondre avec la localité du même nom dont il est question à la p. 2 du t. II. On appelle également les deux Montecalvi et Montecalvoli.
[3] Villani, VIII, 75; Simone della Tosa, p. 225; Stefani, IV, 248.
[4] Liste des *Off. forens*.
[5] Simone della Tosa, p. 225.
[6] Voy. sur cette élection : Villani, VIII, 80; Sismondi, III, 154 ; Rabanis, *Clément V et Philippe le Bel*, Paris, 1858 ; Boutaric, *La France sous Philippe le Bel*, p. 123.

auprès du despotique et puissant roi de France, n'était pas d'un bon augure pour la paisible domination des Noirs, suppôts naguère de Boniface VIII ; mais ayant établi le saint siége en terre d'Avignon et commencé « l'exil de Babylone, » le nouveau pontife perdait tout moyen comme tout motif d'intervenir activement aux affaires de la Toscane. L'intelligente Florence sut aussitôt en profiter.

Des quatre villes qui leur donnaient encore de l'ombrage, les Noirs pouvaient négliger Bologne : séparée d'eux par le massif de l'Apennin, son mauvais vouloir était impuissant. Pise paraissait trop redoutable pour pouvoir être attaquée ; mais en tendant la main aux habitants de Pistoia et d'Arezzo, elle formait autour de Florence comme une ceinture ennemie qu'il était urgent de couper par le milieu. Attaquer Pistoia, la moins forte et la plus voisine de ces villes ennemies, s'imposait donc aux politiques florentins. Depuis deux ans déjà ils y pensaient. Dès le mois de mai 1303, les prieurs empruntaient à divers marchands 6225 florins d'or pour équiper une armée contre Pistoia[1]. Le 16 octobre 1304, Robert, duc de Calabre, fils aîné de Charles II de Naples[2], était élu pour un an capitaine de la *taglia*[3]. A la guerre comme dans les troubles civils, on ne pouvait plus se passer d'un prince étranger ou de son vicaire. L'esprit d'égalité trouvait son compte à un joug que tous supportaient[4], et la défiance qu'inspiraient aux Italiens leurs

---

[1] 10 octobre 1303. *Provvisioni*, XII, 44.

[2] Il était devenu l'aîné par la mort de son frère Charles Martel, qui avait été roi de Hongrie (Voy. Sismondi, III, 198).

[3] *Capitoli*, XLI, 85. — Son acceptation est du 22 décembre 1304 (*Ibid.*, f° 87).

[4] En bon Anglais, M. Trollope s'en indigne (I, 290). Mais la domination

aptitudes militaires les disposait à en prêter d'exagérées à tout rejeton d'une race de guerriers. « Sage homme plus que gaillard[1], » Robert ne se pressait point d'accourir ; on le suppliait de faire hâte. En l'attendant pour prendre l'offensive, on mettait la ville en état de défense[2] ; on désignait, parmi les habitants, des officiers chargés de ce soin, des porte-bannières tenus d'inscrire dans les trois jours, sur deux registres de parchemin qui seraient gardés l'un par eux, l'autre par le potestat, les noms de tous les guelfes de quinze à soixante-dix ans, magnats et *popolani*. Ils devaient leur remettre à tous pavois, écus, haches, lances, arcs, arbalètes, et les préposer à la garde des rares portes qu'on s'abstenait de murer. Interdiction générale était faite de se rendre en armes dans un *popolo* où l'on ne serait pas inscrit ; ordre était donné à chacun dans son *sesto* de mettre, la nuit, des lanternes ou autres lumières aux lieux désignés, et cela aux dépens des hommes du *sesto*. Le potestat et le capitaine devaient forcer tous les guelfes de la ville ayant des inimitiés, à jurer la paix, et si leurs haines provenaient du sang répandu, tout au moins à faire trêve[3]. Enfin, tous les vicaires et châtelains, sauf quatre, étaient révoqués avec leurs serviteurs, et remplacés par des hommes plus sûrs[4].

---

de l'aristocratie anglaise ne saurait être comparée à celle de l'aristocratie florentine, trop oppressive et trop violente pour qu'on ne respirât pas mieux sous celle de l'étranger.

[1] Savio uomo più che gagliardo (Stefani, IV, 250).

[2] Super custodia et defensione civitatis Florentie et fortificatione felicis Florentie exercitus contra Pistorienses (2 mars 1305. *Provvisioni*, XII, 188).

[3] Salvo quod ubi vulnus vel vulnera intervenerunt inter predictos guelfos et videretur conveniens quod pax fieret, ipsos discordes et inimicos cogere teneantur ad treugam (*Ibid.*, p. 189 v°). — C'était avouer que les mœurs étaient plus fortes que la loi.

[4] *Ibid.*, p. 188-189 v°.

Le 23 avril 1305 arriva Robert de Calabre. Trois cents cavaliers aragonais ou catalans le suivaient, avec un corps considérable d'infanterie almogarave. Ces *pedoni*, les flèches sur le dos, l'épée pointue au flanc, la hache à la main, semblaient étranges avec leur barrette de cuir, leur tunique courte, leurs étroites chausses de peau, leur besace à pain et à pierres; mais on apprécia bientôt en eux la frugalité prodigieuse qui se contentait, trois jours durant, d'herbes sauvages, et l'art de combattre à l'improviste, comme les Mores, en se retirant avec rapidité[1]. Un mois plein ils restèrent à Florence avec leur chef. Robert n'en partit qu'aux derniers jours de mai[2]. Il fut rejoint devant Pistoia par le marquis Maorello Malespina et par les autres alliés de la ligue toscane[3]. D'un commun accord l'engagement fut pris de ne pas lever le siége avant d'avoir détruit la ville assiégée, engagement hardi, téméraire même dans un temps où les forts avancés, les redoutes, les murailles crénelées, les « postes de guerre, » les grands fossés pleins d'eau étaient autant d'obstacles dont on savait mal triompher. Mais cette fois la résolution était bien arrêtée : elle ne faiblit point devant une longue épreuve de dix mois.

Avec leur imprévoyance ordinaire, les Blancs et les gi-

[1] C'étaient des Espagnols qui avaient défendu contre les Mores leur religion et leur liberté. Ils étaient venus en Sicile les uns avec le roi don Pedro, les autres avec ses fils. En 1296, Jayme d'Aragon avait voulu les rappeler; ils s'y étaient refusés. Ils allèrent finir misérablement sur les champs de bataille en Italie, en Grèce, en Thessalie, en Asie (Voy. Hieron. Blancas, *Comment. Rer. Aragon.*, p. 737, et Bern. d'Esclot, *Hist. Catalaun.*, l. II, cités par Ducange (Glossaire) et Ricotti, I, 314; Cf. Villani, VIII, 50; Gibbon, c. LXII; Leo, l. VII, c. II, t. II, p. 62).

[2] Le 22 selon l'anonyme de Pistoia (R. I. S., t. XI, 391), le 26 selon Villani (VIII, 82).

[3] M. Reumont (ann., 1306) donne, par erreur, Malespina pour chef aux Florentins (Voy. *Ist. Pist.*, p. 393).

belins n'avaient pas ravitaillé Pistoia. C'est à peine s'ils y avaient envoyé trois cents chevaux et un certain nombre d'hommes de pied. Ils sentirent leur faute en voyant les Noirs, le 28 juin, prendre et détruire le château d'Ostina dans le val d'Arno[1], édifier des redoutes à un demi mille de la place, publier que ses défenseurs avaient trois jours pour en sortir, après quoi ils seraient traités comme rebelles, comme ennemis de l'Église et du roi de Sicile, chacun ayant droit de leur courir sus et de les tuer. Tolosato des Uberti et Agnolo de Guglielmino, qui commandaient à Pistoia, profitèrent de ce court répit pour mettre hors les enfants, les femmes veuves ou de basse condition, et « tous les pauvres, » réputés incapables de subvenir à leurs besoins, comme de faire leur devoir de combattants. Puis la ville fut si étroitement bloquée qu'un oiseau, dit Stefani, n'aurait pu en sortir. On en sortait pourtant, tout au moins la nuit, mais au péril de la vie. La faim contraignait les gens à s'exposer aux flèches pour arracher, dans la campagne, quelques maigres racines au sol desséché. Ils tombaient dans les fossés dont les assiégeants protégeaient leurs redoutes ; ils se heurtaient aux palissades qui protégeaient ces fossés. Les prenait-on? tout homme était privé d'un pied, d'une main, d'un œil ; toute femme défigurée, à son grand désespoir, par la perte de son nez ; puis, dans ce triste état, on les renvoyait à Pistoia. La fureur y inspirait de légitimes représailles ; on y pendait par la gorge tout prisonnier ; mais les assiégés étaient toujours en reste : pour un ennemi qu'ils mettaient à mort, on tuait deux des leurs chez les assiégeants[2].

[1] Villani, VIII, 82 ; Stefani, IV, 252.
[2] Les mêmes et *Ist. Pist.*; R. I. S., t. XI, 392.

Inconnues jadis à la Toscane, ces horreurs émurent d'indignation l'âme humaine de Clément V. Il résolut d'intervenir. Il en était vivement sollicité : les Blancs avaient demandé au cardinal de Prato et à son collègue Napoleone des Orsini d'assurer à la malheureuse Pistoia les bons offices du saint-siége. Dans le courant de septembre, arrivèrent au camp des guelfes deux clercs gascons, deux légats qui les sommèrent, sous peine d'excommunication, de lever le siége, et qui enjoignirent au duc Robert de partir pour Avignon. Les guelfes ne bougèrent point : ils savaient de longue date braver les foudres de l'Église. Robert qui les craignait, obéit ; mais s'en tenant à la lettre de l'ordre qu'il avait reçu, il partit seul ; il laissa ses cavaliers et mercenaires sous le commandement de son maréchal, le catalan Diego de la Rata. Cet officier, un très-bel homme, si l'on en croit Boccace, et très-porté pour les femmes [1], devint même, au lieu et place de son maître, capitaine général. Sous ses ordres Maorello Malespina continua de commander les Lucquois, et Bino des Gabrielli d'Agobbio vint se mettre à la tête des Florentins : devenu potestat le 1ᵉʳ janvier 1306, il partait le 17 pour le camp [2].

Ne le point lever de ce sol défoncé par les pluies de l'automne, gelé ensuite et couvert des neiges de l'hiver, c'était faire preuve d'une ténacité inaccoutumée. Les assiégés se flattaient chaque jour du prochain départ de

---

[1] Del corpo bellissimo e viè più che grande vagheggiatore. (*Decamer.*, Giorn. VI, nov. 3, t. III, p. 31.)

[2] *Off. forens.*, *Ist. Pist.*, XI, 392. — Villani (VIII, 82) appelle ce potestat Lando, surnommé Longino ; mais il confond sans doute avec un de ses notaires, Ser Lando d'Agobbio, comme on le voit dans Stefani, IV, 251. — En partant pour l'armée, il fut remplacé à Florence, dans ses fonctions judiciaires, par son vicaire, Monaldello d'Agobbio (Liste des *Officiales forenses*).

l'ennemi. Pour l'y déterminer, ils faisaient de fréquentes sorties, ils livraient de « fort belles batailles ; » mais des forces supérieures les ramenaient toujours vers la place. Telle y était la misère, qu'un demi-boisseau de grains y valait sept livres, et une châtaigne un denier. Les chevaux mangés, on n'eut plus qu'un pain noir de maïs et de son, dur comme la pierre. Entre parents comme entre étrangers on s'arrachait avec menaces cette dégoûtante nourriture. Pour diminuer encore le nombre des bouches inutiles, on chassait dehors les jeunes filles, aussitôt réduites en esclavage. L'espérance soutenait ces âmes vaillantes dans des corps épuisés. Après avoir attendu en vain le secours des Bolonais, ils vivaient l'oreille tendue du côté de Pise, pour percevoir les premiers sons des lointaines trompettes, messagères espérées de délivrance.

Mais les Pisans ne venaient point, et les dernières ressources s'épuisaient. L'énergique Tolosato avait résolu, quand il ne resterait plus qu'à mourir de faim, de lancer les survivants contre l'ennemi, pour le mettre en fuite ou succomber glorieusement[1]. Politique cependant jusqu'en son désespoir, il cherchait une dernière planche de salut, et, chose surprenante ! il la trouva. Par l'intermédiaire du cardinal de Prato, il sollicita et il obtint que Napoleone des Orsini serait nommé légat en Toscane, et y viendrait sans délai recevoir la soumission de Pistoia à l'Église. Le coup était bien porté : si le cardinal de Prato avait encore sur le cœur la résistance opposée à sa mission, deux ans auparavant, par les habitants de la malheureuse ville, cette amende honorable, faite entre ses mains, ne pouvait que l'attendrir sur leur misère ; se donner au

---

[1] *Ist. Pist.*, R. I. S., t. XI, 392, 393 ; Villani, VIII, 82 ; Stefani, IV, 255.

saint-siége, c'était effacer le passé, rendre sacrilége toute attaque ultérieure. Les Florentins le comprirent. Sans laisser au cardinal Orsini le temps d'arriver, ils dépêchèrent aux assiégés un moine, chargé de promettre, s'ils se rendaient, qu'ils auraient la vie sauve, que leur ville resterait intacte et libre, que leurs mercenaires recevraient des assiégeants trois mille florins d'or, enfin que les Blancs de Pistoia pourraient se retirer dans les deux châteaux de Piteccio et de Sambuca [1].

De la protection de l'Église on n'aurait pu espérer plus d'avantages. Les *anziani* accueillirent donc avec empressement ces propositions honorables. A peine d'ailleurs avaient-ils pour un jour encore de leurs détestables vivres. Le 11 avril, les portes furent ouvertes. Beaucoup de personnes moururent, pour avoir dévoré avec trop d'avidité les provisions qu'on leur apportait. Les autres eurent la douleur de voir violer les conditions accordées [2]. Craignant que l'Église ne revendiquât leur conquête, les vainqueurs lui voulurent ôter tout intérêt à le faire : ils consacrèrent deux mois à renverser ces superbes murailles, à combler ces profonds fossés, à démanteler, à raser forteresses et palais, le tout aux frais des infortunés habitants [3]. Le territoire, sauf un mille de banlieue, fut partagé entre les Lucquois et les Florentins. Quant à la ville même, la possession en resta indivise : Florence s'y réserva la nomination du potestat, et Lucques celle du capitaine. D'énormes salaires furent assurés à ces deux magistrats [4],

---

[1] *Ist. Pist.*, R. I. S., t. XI, 393.

[2] Villani supprime les promesses faites, pour supprimer la mauvaise foi des guelfes. L'autorité ici c'est l'anonyme de Pistoia.

[3] E quelli che erano diputati sopra ciò per li Lucchesi, erano fatti pagare alla camera del comune di Pistoia (*Ist. Pist.*, R. I. S., t. XI, 393).

[4] Con grandissimi salari (*Ist. Pist.*, t. XI, 393). — Villani (VIII, 82) dit

sans garantir Pistoia contre leurs exactions. Jaloux de s'enrichir, ils l'accablaient d'impôts, surtout de condamnations rachetables à prix d'argent. En même temps, les exilés noirs revenaient, altérés de vengeance. Atteints dans leurs personnes comme dans leurs biens, beaucoup de Blancs s'éloignèrent. Ceux que retint l'amour du sol natal, maltraités comme Blancs par les nouveaux maîtres de leur patrie, l'étaient comme Noirs par leurs anciens amis, retirés dans les châteaux que leur laissait, aux portes mêmes de la ville, une clause du traité. Jamais Pistoia n'avait été en proie à plus de maux. Florence n'avait pas sujet de glorifier ceux qui faisaient un tel abus de la force. Elle le fit pourtant : c'est sous un dais de drap d'or que toute la chevalerie vint recevoir Bino d'Agobbio à son retour [1].

Plus rapide, le cardinal Orsini aurait pu défendre les opprimés, jouer facilement auprès d'eux le rôle de providence. Mais il venait de Lyon à petites journées. En apprenant la reddition de Pistoia, que sa lenteur aurait dû lui faire prévoir, il n'en fut pas moins transporté de colère, car cette ville échappait à l'Église, et il avait fait inutilement un long voyage. Il dut s'arrêter à Bologne, où les guelfes avaient ressaisi le pouvoir en février, et adhéré à la ligue toscane le 5 avril. Irrité contre eux, son premier soin fut de conjurer avec les gibelins. Mal lui en prit : les comtes de Panico, ses principaux alliés, ayant été bannis à la suite d'une sédition populaire [2], il

---

seulement que l'une des deux républiques nommait le potestat et l'autre le capitaine. Sismondi (III, 175) part de là pour dire que chacun des deux peuples alternativement nommait ces deux magistrats. En fait, les trois premiers potestats furent Florentins. (Voy. *Ist. Pist.*)

[1] Villani, VIII, 82.
[2] *Hist. misc. Bonon.*, R. I. S., t. XVIII, 309.

fut lui-même, « à l'instigation des Florentins[1], » menacé du bourreau et pillé dans sa fuite. Il eut beau mettre Bologne sous l'interdit, fermer l'Université, fulminer l'excommunication contre tout écolier qui irait y faire ses études : grâce aux Florentins les portes d'Imola et de Forlì lui furent fermées ; il ne trouva ouvertes que celles d'Arezzo[2].

L'implacable haine des guelfes allait donc le poursuivre dans cet asile ; mais il convenait qu'auparavant ils assurassent leurs derrières, toujours fort menacés. Les Ubaldini du Mugello étaient plus encore que par le passé d'intolérables voisins. Ils détroussaient jusqu'aux ambassadeurs qui se rendaient à Florence, et que cette ville devait indemniser[3]. Dans leurs montagnes s'étaient réfugiés une partie des gibelins de Bologne et Dante avec eux, menaçant, de concert avec le légat Orsini, Pistoia et Florence même. Dès le mois de mai, les affaires de Pistoia à peine réglées, une armée florentine partait en guerre contre la forteresse de Monte-Accinico, la plus belle et la plus riche de la Toscane, qu'avait bâtie à grands frais, en 1251, le fameux cardinal Ottaviano des Ubaldini. Un premier siége de treize jours avait échoué devant ce double cercle de hautes murailles[4] ; mais, cette fois, les mesures étaient mieux prises. Le 29 avril, avant de lancer les milices,

---

[1] Per soducimento de' Fiorentini (Villani, VIII, 85).

[2] Les mêmes. Voy. en outre Ghirardacci, XV, 436, 488, et *Ist. Pist.*, XI, 391. — Simone della Tosa (p. 225) dit qu'Orsini vint un moment à Florence pour tenter de la pacifier. Mais il est le seul qui fasse mention de ce fait invraisemblable.

[3] Le 7 juillet 1302, Florence avait indemnisé Biagio d'Antolino et Francesco de Leonardo, citoyens et ambassadeurs d'Ancône, détroussés près de Monte-Accinico. En bonne comptable, elle s'était fait donner quittance. (*Capitoli*, XLI, 84 v°.)

[4] Paolino, II, 62 ; Villani, VI, 86 ; Stefani, IV, 256.

on avait décidé la construction des deux châteaux de Scarperia et de Firenzuola pour tenir les Ubaldini en échec, et accordé d'avance des priviléges à quiconque irait s'y établir. Des peines sévères étaient portées contre qui prendrait part à la défense de Monte-Accinico, énergique réponse à l'appel fait aux habitants du Mugello par les Ubaldini[1].

Fort lents, toutefois, étaient les progrès des Florentins dans cette campagne. Ils avaient si peu réussi à intimider leurs ennemis, que, dans le mois de juin, les chefs blancs, réunis au nombre de dix-huit en l'église abbatiale de San Gaudenzio, au pied des montagnes, stipulaient solidairement envers Ugolino des Ubaldini et ses fils l'engagement de les indemniser de toutes leurs pertes, tant en bénéfices ecclésiastiques qu'en biens temporels. Cet engagement était signé de Vieri, Torrigiani et Carbone des Cerchi, Dante Alighieri, Guglielmo des Ricasoli, Andrea des Gherardini, Roberto des Pazzi, Mino des Radda, deux des Scolari, quatre des Uberti et autant des Ubertini, en présence de Lapo Bertaldi, Davizino des Corbizzi et Orco Gherardi Guidalotti, tous les trois Florentins, qui recevaient l'engagement au nom d'Ugolino des Ubaldini[2]. A ces serments, les Noirs opposaient sans tarder des négociations corruptrices : c'est Ugolino lui-même qu'ils prétendaient détacher de la confédération blanche dont il était le support et l'appui. Le 29 juillet, les conseils opportuns, « voulant ramener la paix dans le

---

[1] *Provvisioni*, XII, 206. — L'armée devait être conduite, si Diego de la Rata n'y allait en personne, par le potestat Bino d'Agobbio.

[2] Voy. ce doc. ap. Pelli, *Mem. per la vita di Dante*, p. 117, n. 39, et Fraticelli, *Stor. della vita*, p. 194. — Ce dernier démontre très-bien qu'il ne saurait être de 1304, comme l'ont cru Troya et Balbo.

Mugello et soumettre le château de Monte-Accinico, ordonnaient d'absoudre les Ubaldini de toute condamnation, d'étendre cette grâce à tous les habitants libres du Mugello, de leur rendre les biens confisqués, de leur accorder l'exemption des charges publiques pour un temps que déterminerait le potestat. » Bino d'Agobbio, maintenu le 1er juillet dans cette charge, était investi de tous droits pour recueillir l'argent nécessaire à l'heureuse conclusion de l'entreprise, pourvu qu'il ne dépassât pas la somme de vingt mille florins, et qu'il s'abstînt d'imposer à nouveau des gabelles[1].

Comme, pour obtenir cette paix, les Florentins préparaient toujours la guerre, comme ils continuaient de construire des machines et de creuser des fossés, les Ubaldini finirent par acquiescer aux conditions avantageuses qu'on leur faisait. A chacun d'eux on achetait sa part de Monte-Accinico. La dépense se montait à quinze mille florins d'or : Bino n'excédait pas les limites de son crédit[2]. Qu'importait, au reste, si l'on ne devait pas payer ? Villani affirme tout au moins que le paiement fut loin d'être complet[3]. Les personnes eurent la vie sauve : sur ce point seulement les promesses faites furent tenues. De Monte-Accinico détruit il ne resta pas pierre sur pierre. En septembre et en octobre, le *guasto* fut donné aux terres des Ubaldini, « parce qu'ils avaient fait la guerre, reçu les Blancs et les gibelins[4]. » Les conseils souffraient volontiers, approuvaient sans doute que le potestat enfreignît ainsi leurs décisions.

---

[1] *Provvisioni*, XIII, 13, 19, 20.
[2] 17 et 22 octobre 1306 (*Capitoli*, XLIV, 196, 211).
[3] Onde di gran parte n'ebbono male pagamento (Villani, VIII, 86).
[4] *Ibid.* Cf. Simone della Tosa, p. 225 ; Stefani, IV, 257.

A la fin Florence était libre de se retourner contre Arezzo. Là, comme dans le Mugello, elle essaya d'abord des négociations. Le 20 août, Jacopo des Neri se rendait auprès du cardinal Orsini pour protester du dévouement de ses compatriotes envers la personne sacrée de ce prince de l'Église comme envers l'Église même, et pour tâcher d'obtenir la paix. Le 26, Jacopo des Rossi, chevalier, et Ugolino des Tornaquinci, jurisprudent, étaient envoyés auprès du pape, pour le supplier de lever l'interdit qui pesait sur sa fidèle Florence[1]. Mais on n'allait pas au pays d'Avignon en un jour, et d'autre part le haineux légat, entouré de dix-sept cents cavaliers, sans compter de nombreuses milices, faisait obstinément la sourde oreille. Il fallait donc appuyer par les armes ces pacifiques ouvertures. A cet effet, le potestat Ferrantino des Malatesti, de Rimini, avait réuni trois mille cavaliers et plus de quinze mille hommes de pied[2]. Très-sévère capitaine, il avait édicté le châtiment de l'amende ou d'un membre coupé contre quiconque s'éloignerait du camp, s'abstiendrait des revues, du guet, des marches et des gardes de nuit[3].

La campagne de 1307 s'ouvrit au mois de mai. Florentins et Lucquois pénétrèrent sur le territoire d'Arezzo, dans le val d'Ambra, donnant partout le *guasto*, mais n'osant ni s'approcher d'Arezzo, ni descendre dans la plaine, où ils craignaient que les passages ne leur fussent

---

[1] *Provvisioni*, XIII, 26, 27. Villani (VIII, 89) prétend que ces négociations n'étaient qu'un jeu, une dérision. La faiblesse militaire des Florentins dans leur lutte contre Arezzo démontre l'erreur de cet historien.

[2] Villani, VIII, 89 ; Stefani, IV, 259.

[3] *Provvisioni*, XIII, 156. — Le 12 décembre suivant, on devait revenir sur les rigueurs, et permettre aux condamnés de se libérer en payant 6 deniers pour une livre. Ceux qui avaient eu un membre coupé on fit remise de l'amende entière. (*Ibid.*)

disputés. Rejoints devant le château de Gargonza par trois cents cavaliers et deux mille fantassins de Sienne, ils entreprirent le siége ; mais ayant appris que le cardinal s'acheminait par le Casentino et Bibbiena vers Florence, dont il disait hautement que ses pratiques à l'intérieur lui ouvriraient les portes, ils revinrent précipitamment et croisèrent les messagers qu'envoyait pour les rappeler leur patrie en alarmes. Tel était leur désordre, qu'Orsini, tombant sur leurs derrières, les eût mis en pleine déroute[1]. Il jugea moins dangereux et plus sûr de fulminer une fois de plus l'excommunication et l'interdit. Sienne en devait obtenir la levée, au mois de décembre suivant, en révoquant contre ses gibelins la sentence d'exil [2]. Quant à Florence, elle bravait mieux le glaive spirituel que le temporel. Sa réponse fut, en juillet, d'imposer au clergé florentin des contributions excessives. Comme les clercs de la *Badia* refusaient de payer, fermaient leurs portes et sonnaient leurs cloches, les fidèles qu'ils appelaient à la rescousse n'accoururent que pour les mettre à la raison par la violence : ils prirent d'assaut le vieil édifice, le livrèrent au pillage, abattirent à moitié le *campanile*. Pour le même motif, d'autres prêtres, et jusqu'aux marchands dont ils étaient locataires, furent insultés et maltraités par les principaux des *popolani*, « qui ne les aimaient point[3]. » Ainsi rien ne réussissait à l'orgueilleux mais médiocre Napoleone des Orsini. De

---

[1] Se il legato li avesse assaliti, ne tornavano sconfitti. (Villani, VIII, 89.) Cf. Stefani, IV, 260 ; Malavolti, part. II, l. IV, f° 62 v°; *Diario di Ser Giovanni di Lemmo*, p. 168.

[2] Malavolti, *Ibid.*, f° 63 v°.

[3] Con suspignimento di loro possenti vicini e grandi popolani che non li amavano (Villani, VIII, 89).

sa légation rejaillissait tant de honte sur le saint-siége, que Clément V y mit fin par un tardif rappel [1]. .

Maîtresse chez elle, et, malgré ses faiblesses militaires, forte, énergique, résolue au dedans, Florence y vengeait ses déboires. Son âme n'avait point émigré avec les Blancs : elle se retrouvait tout entière contre les magnats. Ceux des Noirs qui détenaient la puissance devaient, pour la garder, se faire peuple, épouser les passions populaires, alors même qu'un sang aristocratique coulait dans leurs veines. Sous l'influence de Rosso della Tosa, qui inspirait les prieurs, les conseils décidèrent, le 10 mars 1307, que si un magnat était condamné pour crime, méfait ou excès contre un *popolano*, ses parents, déjà tenus de payer pour lui, sous peine de voir détruire leurs maisons et leurs biens, pourraient en outre être bannis, s'ils étaient hors d'état de remplir intégralement cette obligation [2]. Le 15, « sur l'avis du conseil des cent hommes du peuple de Florence, sur le commandement de noble homme, Messer Rainaldo de Spolète, capitaine et défenseur du peuple et de la commune de Florence, dans l'église de San Pier Scheraggio, selon l'usage, en présence des conseils général et spécial du capitaine, et des *capitudini* des douze arts majeurs, » étaient renouvelées et confirmées toutes les mesures prises au mois d'août 1294, c'est-à-dire ces fameuses ordonnances de justice dont les nobles poursuivaient obstinément l'abrogation, qu'ils prétendaient même être abrogées virtuellement [3]. Non valable était déclaré par avance tout règlement qui leur serait contraire [4].

[1] Villani, VIII, 89, et Stefani, IV, 260.
[2] *Provvisioni*, XIII, 66.
[3] *Ordin. di giust.*, § 80, ap. Giudici, Append., p. 385.
[4] E in quanto i detti ordinamenti fatti di nuovo a quelli ordinamenti de ustizia contradicessono, non vagliano, etc. (*Ibid.*, § 85, p. 393.)

De nouveaux articles y furent introduits, pour aggraver certaines exclusions ou pénalités. Les prieurs recevaient interdiction d'élire soit eux-mêmes, soit leurs parents ou alliés à aucun emploi[1]. L'expérience ayant montré les dangers d'élections trop rapprochées ou portant trop souvent sur les mêmes personnes, celui entre autres d'établir ou de maintenir certaines traditions mauvaises et abusives, on décidait que le potestat, le capitaine, les officiers chargés de l'exécution des ordonnances, le juge d'appellation et le juge commis aux biens des rebelles, ne pourraient être réélus que dix ans après l'expiration de leur charge[2]. Le *divieto* devenait de cinq ans pour les autres officiers étrangers, et de trois pour toute personne native de la même localité qu'eux[3]. A l'amende, peine obligée de toute infraction à ces règles nouvelles comme aux anciennes, on ajoutait une peine infamante : le portrait des coupables serait tracé, comme perturbateur et corrupteur de la commune, sur les murailles du palais public, où s'étalaient déjà ceux des auteurs de crimes ou de graves délits[4].

Une dernière innovation, la plus considérable de toutes, allait compléter et affermir la grande œuvre des ordonnances : l'exécution en fut ôtée au gonfalonier et confiée à un magistrat nouveau, qui prit le nom d'exécuteur de justice. Depuis le 23 décembre précédent, cette création était résolue en principe par les conseils. Le gonfalonier avait l'inconvénient sérieux d'être citoyen de Florence,

---

[1] *Ordin. di giust.*, § 104, p. 419.
[2] *Ibid.*, § 89, p. 396.
[3] *Ibid.*, §§ 90, 92, p. 398, 400.
[4] Ed ancora a maggiore sua infamia nel palagio del comune si come barattiere e corrompitore del detto comune sia dipinto (*Ibid.*, § 91, p. 399).

souvent en rapport, par conséquent, avec ceux qu'il devait poursuivre et punir. En outre, comme il restait dans la ville après l'expiration de ses pouvoirs, il s'y trouvait exposé à leurs vengeances ou à celles de leurs amis. Il avait donc de puissants motifs pour n'agir qu'avec mollesse et lenteur, ou même pour ne point agir du tout, sous prétexte que la loi lui laissait vingt jours pour le faire. Dans les derniers vingt jours de son office, il devenait presque impossible d'obtenir de lui qu'il fît son devoir. Or, élu avec les prieurs, il se retirait avec eux : sur les deux mois que durait sa charge, il y en avait un, ou peu s'en faut, et, par suite, presque la moitié de l'année, où les coupables pouvaient espérer l'impunité. Le gonfalonier, d'ailleurs, du dernier rang qu'il occupait dans la seigneurie, s'élevait insensiblement au premier, soit parce qu'il était seul de son espèce et qu'en cas de partage des voix la sienne devenait moralement prépondérante, sans toutefois déterminer la majorité légale, soit plutôt parce qu'il disposait de la force publique. Convenait-il que le chef des seigneurs eût mission d'exécuter leurs ordres?

C'est pour ces motifs qu'on en vint à lui substituer un officier spécial, étranger, « vaillant et loyal homme du peuple, non cavalier ni juge, guelfe et âgé au moins de trente ans. » Défense était faite de le prendre en Toscane, dans un rayon de quatre-vingts milles, dans une localité soumise à un seigneur, dans les villes d'où étaient le capitaine et le potestat. Élu pour six mois, d'avril à octobre ou d'octobre à avril, assisté d'un juge, de deux notaires, de vingt *berrovieri* étrangers, il recevait pour lui et sa *famiglia* deux mille livres, plus cent sous pour son encre, ses plumes, son papier. A son arrivée, il prêtait serment en l'église de San Pier Scheraggio ou devant le palais des prieurs, d'observer et de faire observer toutes les ordonnances, de maintenir en liberté le peuple florentin, de défendre les personnes misérables et impuissantes contre les injures des grands et des puissants. La seigneurie devait l'établir « gracieusement » avec les siens dans une maison distante du palais tout au plus de deux cents brasses. Soumis aux mêmes servitudes que le potestat, il ne devait s'asseoir à la table de personne. Toute familiarité lui était interdite avec les magistrats et les citoyens tant de la ville que du territoire. Nul bouffon ou jongleur n'avait accès dans sa demeure, afin qu'aux yeux de tous il parût grave et terrible. Les prieurs et le gonfalonier ne pouvaient l'employer au service d'aucun grand, sous peine de cinq cents livres d'amende pour chacun d'eux, et de mille pour lui, s'il cédait.

S'agissait-il, en revanche, de diriger une expédition contre un grand, il avait tous les droits, notamment celui d'appeler à soi les chefs des compagnies, et de désigner avec eux celles qui prendraient part à l'expédition projetée, et de décider si, pendant qu'elle aurait lieu, les boutiques devraient ou non rester fermées, car la coutume de les fermer toujours, même en des quartiers éloignés de celui où sévissait la justice, amenait inutilement des chômages ruineux. Il pouvait réclamer du potestat et du capitaine autant d'hommes d'armes, de juges, de notaires, qu'il le croyait à propos. Il procédait par lui-même dans la ville, et par un de ses familiers dans le *contado*[1].

Selon l'étrange coutume de confondre tous les pouvoirs, la loi lui confiait en outre une mission de surveillance et

---

[1] *Ordin. di giust.*, § 94, p. 405.

de suppléance. Tous les mois, il réunissait les gonfaloniers des compagnies, pour recueillir leurs observations et proposer lui-même ce qu'il jugeait convenable à la conservation du peuple de Florence[1]. Ce que le potestat ou le capitaine ne faisait pas, des choses qu'ils auraient dû faire, il était tenu de l'accomplir dans les huit jours, à partir de celui où il avait reçu avis[2]. Il présidait à l'enquête (*sindacato*) sur la gestion de ces deux officiers. Lui-même il était soumis à ce jugement redoutable; mais on ne lui pouvait reprocher que la prévarication ou le vol. Condamné de ce chef, on lui retenait son salaire des deux derniers mois. S'il était indûment absous, son successeur condamnait les syndics à l'amende qu'ils auraient dû infliger[3]. Ce successeur, par crainte de connivence, ne devait pas être du même pays. Bien plus, l'élection, faite deux mois d'avance, restait secrète jusqu'à l'arrivée de l'élu, lequel n'avait droit de venir à Florence que quatre jours avant d'entrer en charge[4].

En même temps, les magistrats justiciers recevaient un surcroît de forces effectives. Non-seulement on ajoutait quarante *berrovieri* aux soixante du potestat[5], mais encore la ville put désormais être requise de deux mille hommes de pied, tous *popolani*, en sus des deux mille qui composaient la garde du gonfalonier[6]. Le territoire même fut appelé à fournir son contingent. Les grosses paroisses de San Giovanni, Fiesole, Ripoli, Santo Stefano

---

[1] *Ordin. di giust.*, § 109, p. 123.
[2] *Ibid.*, § 95, p. 411.
[3] *Ibid.*, § 94, p. 410.
[4] *Ibid.*, p. 406.
[5] 5 et 6 juillet 1307. *Provvisioni*, XIII, 98. — Leur salaire était fixé à 4 livres 10 sous par mois pour chacun.
[6] *Ordin. di giust.*, § 42, p. 361.

in Pane, Giogole, devaient chacune cinq cents hommes de pied[1]; les autres ensemble, mille répartis en deux corps, qui, étant pauvres, recevaient leurs bannières aux frais de la commune de Florence[2], plus une solde de quatre sous par jour sur les biens de celui ou de ceux qui étaient cause du déplacement imposé, ou, en cas d'insuffisance desdits biens, sur le trésor public[3]. Chaque année on complétait les cadres en remplaçant les morts[4]. Ces compagnies, qui portaient, depuis 1284 et peut être auparavant, le nom de ligues du peuple[5], devaient, au premier appel, se joindre aux compagnies urbaines. L'antique Rome avait de même divisé la campagne et la ville en trente-cinq tribus; mais elle ne les mêlait point. La démocratique Florence mêlait, au contraire, et les compagnies, et, dans chaque compagnie, les cavaliers aux hommes de pied. Curieux spectacle, sans aucun doute, que ce mélange de corps armés et vêtus si diversement.

Par d'autres mesures encore Florence marquait son ferme dessein d'assurer la paix publique. Nul recteur, nul citoyen ne doit, en aucune assemblée, provoquer aucun mouvement, aucune vocifération. Point d'autres cris autorisés que les suivants : Vive le peuple! vive la justice! vivent les guelfes[6]! Au moindre soupçon de tumulte, l'exécuteur fera occuper par les gonfaloniers des compagnies les forteresses de la ville. Défense est faite à tout magistrat de traiter avec des rebelles, sans expresse

---

[1] *Ordin. di giust.*, § 39, p. 360.
[2] *Ibid.*, § 40, p. 360.
[3] *Ibid.*, § 41, p. 360.
[4] *Ibid.*, § 45, p. 362.
[5] Leghe del popolo (Villani, VIII, 1).
[6] *Ordin. di giust.*, § 108, p. 422.

licence des prieurs et du gonfalonier, certifiée par écrit. A qui sera convaincu du crime, « l'exécuteur fera sans retard tomber la tête de dessus les épaules, de manière à ce qu'il meure [1]. »

Ainsi la mort, peine rare jusqu'à ce jour, tend à être plus fréquemment édictée. D'autant plus nécessaire paraissait-il dès lors de réviser les articles des ordonnances relatifs aux dénonciations. La lâcheté, la bassesse des âmes vulgaires avait abusé scandaleusement des facilités de la loi. Tenus, comme par le passé, de recevoir les accusations et notifications publiques ou secrètes, anonymes ou signées, le capitaine et le potestat doivent désormais, avec l'exécuteur, s'assurer s'il y a lieu de les croire fausses ou d'en suspecter la sincérité. En pareil cas, dans les cinq jours, l'exécuteur réunit les gonfaloniers des compagnies et le conseil des cent. Quand ils sont réunis, au nombre des deux tiers pour le moins, il leur communique la dénonciation et les motifs de n'y pas donner suite. L'assemblée décide alors, au scrutin secret, et à la pluralité des deux tiers des voix [2].

C'était pour les grands une précieuse garantie ; mais d'autres mesures, fort sévères, les rappelaient au sentiment de leur humiliante situation. Aucun d'eux, sous peine d'amende, ne devait mettre les pieds dans la maison de l'exécuteur ni dans le palais de la seigneurie [3]. Tout *popolano* qui venait en aide à un magnat [4] encourait une peine double de celle qu'il eût encourue à seconder

[1] De la quale debbia apparire piuvica carta.... Ed a lui convinto faccia mozzare il capo da le spalle sì che muoja ; la qual cosa lo esecutore procuri che sia fatta sollecitamente (*Ordin. di giust.*, § 108, p. 423).
[2] *Ibid.*, § 97, p. 412.
[3] *Ibid.*, §§ 101, 115, p. 417, 426.
[4] Sans doute pour le mal. En s'abstenant de le dire, on donne à en-

une personne d'autre condition [1]. Tout *popolano* qui conspire avec les magnats est condamné par l'exécuteur à avoir la tête tranchée. Ses fils et descendants sont dès lors rangés au nombre des magnats, et, en toutes choses, traités comme tels [2]. Florence n'avait pas encore entièrement secoué le joug des grands guelfes, et déjà le nom de grand y devenait synonyme d'infâme ; on y craignait si peu la caste maudite, qu'on augmentait le nombre de ses membres par manière de châtiment. Il est donc certain, sans qu'aucun fait éclatant montre, en dehors de la loi, cette transformation progressive, que les *popolani* guelfes, soutiens de Rosso della Tosa, étaient désormais les maîtres. Rosso ne commandait plus qu'à la condition de leur obéir. Un moment détourné de son lit, le fleuve y rentrait naturellement.

Ce qui explique ces progrès de la bourgeoisie, insensibles comme ceux de la marée montante, c'est l'incurable esprit de division qui régnait parmi les grands. Jadis ils se divisaient, parce qu'ils se croyaient sûrs du pouvoir ; maintenant ils se divisent, quoiqu'ils soient menacés de le perdre ou qu'ils l'aient déjà perdu. C'est la folie des décadences.

Plus superbe, plus ambitieux que jamais, Corso Donati continuait de menacer, d'ébranler le fragile pouvoir de Rosso della Tosa. Seul il se croyait digne de la puissance, et on l'accusait de ne vouloir point la partager [3]. Par ses

---

tendre qu'aux yeux des législateurs *popolani* un magnat était incapable de faire le bien, de demander assistance pour le bien.

[1] *Ordin. di giust.*, § 111, p. 424.

[2] Sieno intesi e sieno grandi, e in tutte cose sì come grandi sieno avuti et trattati (*Ibid.*, § 110, p. 423).

[3] Parendo loro essere più degni.... si voleva fare signore, e non volea essere compagnone (Villani, VIII, 96). — Cf. Stefani, IV, 264.

actes il prêtait le flanc à ces accusations. Lui, le plus noir, c'est-à-dire le plus ardent des guelfes, il venait, quoique âgé et perclus de goutte, d'épouser en troisièmes noces la fille d'Uguccione de la Faggiuola, principal chef des gibelins [1]. S'il se conciliait par cette alliance tout ce qu'il y avait de gibelins dans sa patrie, comme par son opposition tous les nobles furieux des ordonnances aggravées, s'il conservait encore quelques restes de sa popularité malsaine dans ces bas fonds de la population florentine qu'agitaient et découvraient les tempêtes, il voyait de plus en plus s'éloigner de lui les hommes honnêtes, sages, guelfes d'instinct [2]. Pouvaient-ils lui pardonner ce cynique démenti à toute sa vie, quand les guelfes blancs, grâce à lui, payaient si cher une évolution moins avérée ? Ses adversaires craignaient tout de sa violence, la spoliation, l'exil, la mort. Ils craignirent bien plus encore, quand ils surent qu'il conjurait avec son beau-père [3], quand la nouvelle leur vint de la campagne, le 6 octobre 1308 [4]; que des hommes à la solde d'Uguccione arrivaient à Remole, presque aux portes de Florence [5]. Au milieu du trouble et de la confusion, les prieurs font sonner le tocsin,

---

[1] Villani, VIII, 96 ; Troya, *Del veltro alleg. di Dante*, p. 93.

[2] Non era nè amato come solea, nè seguito (Stefani, IV, 264).

[3] *Trovarono* che avea fatto lega e congiura (Villani, VIII, 96). — Ce n'est donc pas une accusation en l'air, c'est un fait.

[4] Cette date est fixée par l'appel fait aux *leghe di contado*, qu'on a retrouvé dans un registre des lettres de la seigneurie. (Voy. *Arch. stor.*, nuova serie, t. VI, 1857, disp. II, p. 8, et G. Capponi, I, 124 note.) — Avant de connaître ce document, on rapportait ces faits au 15 septembre. Ces lettres sont du 3 et du 5 octobre, pour faire appel aux *leghe;* il y en a d'autres du 8 au soir, quand on connut la mort de Corso, pour leur donner contre-ordre (p. 9).

[5] Dans le val d'Arno, au-dessus de Florence, à trois milles de Pontassieve (Repetti, IV, 740).

appellent aux armes les compagnies de la ville et celles du *contado*, le maréchal du roi avec ses Catalans. Ils enjoignent au potestat, Piero della Branca, d'Agobbio[1], d'accuser Corso de trahison. En une heure l'accusation est portée, l'instruction faite, la sentence rendue. Aussitôt sort du palais le gonfalon de justice, avec le potestat, le capitaine, l'exécuteur, leurs familiers, que suivent les bannières des dix-neuf compagnies et le peuple en armes, et l'on se dirige à grands cris vers la maison qu'habitait alors le *Barone*, tout près de San Pier Maggiore[2].

A l'approche du péril, et quoique en proie à une violente attaque de goutte, l'énergique magnat avait en hâte barricadé les rues qui conduisaient sur la place. Tous ses serviteurs, tous ses amis affluaient autour de sa demeure, prêts à le défendre. Les assaillants étaient sans doute plus nombreux, mais « le désordre régnait dans leurs rangs, et un certain nombre ne marchaient qu'à contre-cœur. Si les hommes d'Uguccione et les gens du *contado*, qu'avait appelés Corso Donati, étaient arrivés à temps, le peuple de Florence, ce jour-là, aurait eu fort à faire[3]. » Un chroniqueur rapporte que, pour décourager leur ardeur, la seigneurie leur avait faire dire faussement, à Remole, que Corso était battu, prisonnier, qu'on allait lui couper la tête, et qu'il était urgent de lui porter se-

---

[1] Ce potestat, entré en charge le 23 juin, succédait à Carlo des Ternibili, d'Amelia, frère de Matteo, le premier élu des exécuteurs de justice. Carlo n'avait pu terminer son temps ; accusé de prévarication, il s'était enfui, emportant le sceau du potestat, qui représentait un Hercule. On écrivit en tous lieux de ne pas croire, pour ce motif, aux lettres signées de lui. Son frère, honteux, parvint à lui reprendre le sceau et le renvoya à Florence. Depuis il fut laissé à la garde des *frati* de Settimo. (Stefani, IV, 263. — Liste des *Off. forens.*)

[2] Villani, VIII, 96 ; Stefani, IV, 264.

[3] Villani, VIII, 96.

cours[1]. A supposer le fait exact, rien n'était plus propre à dégoûter des *masnade* qui venaient pour une surprise, pour une partie de plaisir. En tout cas, la levée de tout un peuple en armes suffisait à leur faire rebrousser chemin. Quand la nouvelle de leur retraite parvint derrière les barricades, ceux qui les gardaient se retirèrent à leur tour : prévoyant la défaite, ces hommes prudents ne voulaient pas qu'on leur pût reprocher d'avoir soutenu Messer Corso. Autour de lui continuèrent seuls à faire bonne contenance quelques amis dévoués.

Tout à coup, ils voient s'écrouler un pan de mur qui les protégeait. C'était celui du jardin attenant à la prison des *Stinche*. Ceux qui l'avaient abattu se précipitent par la brèche, suivis de la foule que leur succès enhardit. Que pouvait contre ce torrent une poignée d'hommes ? Les plus braves lâchent pied, s'enfuient hors de la ville, et Corso, resté seul, ne peut que suivre leur exemple. Il était temps : le peuple envahissait déjà les maisons, pour les piller et les détruire. Chacun s'élançait à la poursuite de ses ennemis personnels. Boccaccio Cavicciuli rejoint Gherardo Bordoni sur les bords d'un ruisseau qui portait le nom d'Affrico[2]; il le tue, lui coupe la main et court la clouer à la porte de Tedice des Adimari, avec qui il était en inimitié[3]. Quant à Corso, sur l'ordre de la seigneurie, des Catalans partent à sa recherche[4]. De ses mains

---

[1] Stefani, IV, 264.

[2] Plusieurs ruisseaux portaient ce nom, qui leur venait sans doute de ce qu'ils coulaient dans la direction du vent d'Afrique. Celui dont il s'agit ici est à l'orient de Florence, dans le faubourg qui a fourni à Boccace le sujet de son poëme de *Ninfale* (Repetti, I, 51).

[3] Villani, VIII, 96 ; Stefani, IV, 264.

[4] Volendolne pur menare, siccome era loro imposto da' signori. (Villani, VIII, 96.)

noueuses, de ses pieds douloureux, il était parvenu, malgré de vives souffrances, à se hisser sur un cheval ; mais il ne pouvait aller vite ni loin. On retrouve sa trace, on le rejoint près de la villa de Rovezzano, on le ramène vers Florence. En chemin, il tente de corrompre ces mercenaires étrangers ; tous, jusqu'aux plus avides, font la sourde oreille : ils attendaient plus d'argent des vainqueurs que du vaincu. Pour échapper à l'ignominie comme aux angoisses du supplice, l'infortuné Corso se laisse alors tomber de cheval, espérant trouver la mort dans sa chute. Son pied restait engagé dans l'étrier : le cheval prend le galop, traînant après lui ce vieillard infirme, dont la tête battait les pierres du chemin. Furieux, les Catalans recommencent leur ardente poursuite, entourent bientôt la victime désignée, et, dans leur brutale colère, au lieu de la conduire aux prieurs, la frappent de leur dague à la gorge, sans penser qu'ils frappaient peut-être un cadavre[1]. Des moines de San-Salvi l'ayant relevé, l'emportèrent dans leur abbaye, et l'y ensevelirent sans pompe. Peu de personnes, par crainte de la commune, osèrent assister à la cérémonie. Aux yeux du plus grand nombre, d'ailleurs, pour tant de maux qui, depuis des années, affligeaient Florence, le grand coupable, c'était Corso Donati[2].

Sa mort causa donc une grande joie dans sa patrie. En récompense d'avoir forcé le vieux lion dans sa tanière, dix gonfaloniers des dix-neuf compagnies, un notaire et un homme obscur du peuple de San Lorenzo, obtinrent de la seigneurie le privilége de porter toute la vie des armes

---

[1] Les mêmes et Dante, *Purg.*, XXIV, 82-87.

[2] Quei che più n' ha colpa (*Purg.*, XXIV, 82). — Dante met ce mot accusateur dans la bouche même de Forese Donati, le frère de Corso. (Cf. Leon. Bruni, IV, 85 ; Machiavel, *Ist. fior.*, II, 26 A.)

offensives et défensives[1]. C'est qu'en effet, au prix d'une courte lutte de quelques heures, on avait fait ce qu'un moderne appelle l'économie d'une révolution[2]. La direction des affaires ne changeait pas de mains; les intérêts du trafic, de l'industrie, étaient sauvegardés; la richesse se sentait rassurée. Florence restait guelfe; elle échappait aux représailles, aux vengeances, aux exactions d'un pouvoir qui se fût appuyé sur les gibelins. Sous l'influence persistante de Rosso della Tosa et de ses trois amis, Pazzino des Pazzi, Geri Spina, Betto Brunelleschi, auxquels vinrent s'adjoindre Gherardo Ventraia et Tegghiaio Frescobaldi, les prieurs qui se renouvelaient tous les deux mois donnaient à Florence le repos, sinon la liberté. L'histoire se tait sur les deux ou trois années qui suivent, et l'on en pourrait presque conclure que, durant cette courte période, les Florentins furent heureux. Les rebelles sont rappelés, sauf les principaux, tels que Dante, les fils de Vieri des Cerchi et ceux de Giano della Bella[3]. Arezzo, pour obtenir la paix, fait aux guelfes une part dans son gouvernement[4]. Les fiers Ubaldini demandent humblement leur pardon, et donnent caution de tenir libre le passage des montagnes, d'agir en sujets soumis, comme tous les habitants du *contado* et du district[5]. Città di Castello, qui jamais n'avait osé secouer le joug des Arétins,

---

[1] Dans le nombre, on trouve Barone Baroni, descendant des fameux patarins de ce nom, et Amideo Peruzzi, gonfaloniers. (26 octobre 1308. *Provvisioni*, XIV, 32.)

[2] M. Victor Cousin. — Celui qui écrit ces lignes a entendu ce mot piquant sortir de cette bouche éloquente, à propos d'événements du dix-neuvième siècle.

[3] Machiavel, *Ist. fior.*, II, 26 A.

[4] Villani, VIII, 99 ; Stefani, IV, 265.

[5] Villani, VIII, 100 ; Stefani, IV, 266.

se révolte contre eux, parce qu'elle se sent soutenue. Volterre et San Gemignano, en guerre pour leurs limites, subissent l'arbitrage de Florence, car Florence menace de ses redoutables armes celle des deux villes qui résisterait. Lucques veut détruire la moitié de Pistoia qu'elle possède, prévoyant qu'avant peu il lui faudra la céder aux Florentins; les Florentins s'opposent à ce barbare abus du droit de propriété; ils autorisent même la malheureuse vaincue à relever ses fortifications. Ils savaient bien qu'elle ne travaillerait que pour eux[1].

Assez forts désormais pour faire tout plier en Toscane, comme pour revenir, à l'intérieur de leurs murailles, sur les condamnations portées jadis contre des Noirs[2], ils pouvaient librement ceindre leurs reins pour la lutte suprême qu'allait engager en Italie un fantôme d'empire, ressuscité et soutenu par les villes gibelines, d'accord avec les Blancs exilés.

---

[1] Villani, VIII, 110, 111, 116. — Stefani, IV, 270. — Cf. Leo, l. VII, c. II, t. II, p. 65.— « I Fiorentini, che sempre furon' pietosi, » dit Stefani.

[2] Au mois de septembre 1310, Giachinotto des Pazzi se présente devant la seigneurie et lui expose que son fils Cherico, accusé d'avoir frappé au visage Ricoverino des Cerchi, avait été condamné, le 1er mai 1300, à 5200 livres d'amende par le potestat, et à 2000 par le capitaine, « qu'effrayaient ceux qui dominaient alors et qui haïssaient les vrais guelfes, la *parte guelfa* et l'Église Romaine; » que ces 7200 livres avaient été aussitôt payées; que le 8 février 1304, la seigneurie avait reconnu l'innocence de Cherico, et ordonné que 3000 livres de l'amende lui fussent restituées; qu'en fait, il n'en avait reçu que 1168. En conséquence, il demandait restitution du restant, et le conseil des cent, ainsi que ceux du capitaine, lui assignaient pour six ans, à ce titre, l'usufruit des biens et possessions qu'avait la commune dans la Cerbaia, à Vinci, à Musignano et à Cerreto. (7 décembre 1310. *Provvisioni*, XIV, 75.)

CHAPITRE III

DERNIÈRE LUTTE DES GUELFES CONTRE L'EMPIRE
HENRI VII

— 1309-1313 —

Les gibelins font appel à l'empire. — Dante, théoricien de la monarchie. — Circonstances favorables. — Henri de Luxembourg, roi des Romains (25 novembre 1308). — Joie des gibelins. — Ambassade de Henri VII aux Florentins (3 juillet 1309). — Henri VII à Lausanne (10 octobre 1310). — A Milan (25 décembre). — Soumission équivoque de la Lombardie. — Faiblesse des guelfes. — Florence fortifiée. — Siége de Brescia. — Préparatifs de Florence, secours envoyés aux Brescians. — Rappel des exilés. — Ambassade de l'évêque de Botronte à Florence. — Florence citée au tribunal du roi (20 novembre 1311). — Henri VII à Gênes (21 octobre). — Confiscation de marchandises florentines (janvier 1312). — Henri à Pise (6 mars - 25 avril). — Mort des chefs noirs à Florence. — Forces guelfes à Rome. — Henri à Rome (7 mai) — Guelfes et impériaux s'en disputent la possession. — Activité des Florentins. — Couronnement de l'empereur (29 juin). — Les impériaux à Tivoli. — Mesures prises contre eux par Florence (juillet-août). — Marche de l'empereur sur Florence. — Il est arrêté à l'Incisa (18 septembre). — Il campe devant Florence (19 septembre). — Préparatifs de défense. — Forces des deux armées. — Dévastation du territoire. — Maladie de l'empereur et négociations. — Départ des impériaux (31 octobre). — Prise d'un château des Bardi. — Combat de Santa Margherita. — L'empereur à San Casciano (3 novembre). — Escarmouche de San Gaggio. — Les cavalieri della banda. — Les Pisans à l'armée impériale. — L'empereur à Poggibonzi (6 janvier 1313). — Vaines négociations. — Condamnation des villes toscanes et de Robert (23 février). — Florence donne pour cinq ans la seigneurie à Robert. — Explications de Robert à Clément V. — L'empereur à Pise (9 mars). — Ses préparatifs. — Son départ (5 août). — Sa mort (24 août). — Douleur des gibelins et joie des guelfes. — Rôle des guelfes et de Florence dans cette lutte.

Fondement et suprême raison des traditions gibelines, l'appel au César d'Allemagne devenait pour les Blancs sans espoir une nécessité. Ni par leurs prières, ni par leurs alliances, ni par leurs armes, ils n'avaient pu s'ouvrir les portes de leur patrie ; ils n'avaient donc plus, s'ils ne voulaient se résigner à l'exil, qu'à tourner vers un bras plus puissant leurs regards et leurs vœux. Dans les idées du temps ils le pouvaient sans honte; ils pouvaient même, sans invraisemblance, croire à l'efficacité du moyen. S'il est clair à nos yeux que l'unité impériale, comme l'unité papale, ou même le dualisme de ces deux pouvoirs se complétant l'un l'autre, était une chimère, la chimère semblait susceptible encore de devenir réalité. Ce n'est pas au fort de la mêlée qu'on distingue le plan d'une bataille, alors même qu'on en prévoit le succès.

Rien n'est d'ailleurs plus naturel que de chercher aux maux du présent un remède dans la résurrection du passé. Le passé n'est pas, comme l'avenir, une énigme, un mystère : on en connaît, on s'en exagère les bienfaits ; car la mémoire des peuples a cette vertu propre et périlleuse de garder le souvenir du bien mieux que celui du mal. Or la domination impériale était déjà trop lointaine pour qu'on s'en rappelât les humiliations, les misères, les impuissances. Dans ces auteurs romains que maniaient jour et nuit les doctes et les légistes, on ne trouvait à son sujet que d'emphatiques et plates louanges. On croyait, sur leur parole, que le règne de Justinien avait été une ère de prospérité. Dans beaucoup d'écrits du moyen âge, dans ceux notamment de saint Thomas d'Aquin[1], s'étalait cette doctrine, remise en faveur par des troubles incessants, par l'anarchie endémique, qu'on ne reviendrait à la paix et à la concorde que par la domination reconnue et respectée d'un seul. Toute la question était de savoir

---

[1]. Passim et *De regimine principum*, l. III, cap. IV, V, VI sq.

si ce maître serait l'empereur ou le pape, et pour les gibelins ce n'était pas une question. Les guelfes eux-mêmes, malgré leur haine persistante, avaient-ils jamais contesté l'origine sainte de l'empire ? Les aigles impériales ornaient encore le palais de bien des villes et de Florence elle-même, souvenir permanent d'une séculaire suzeraineté. Oubliant qu'elle était jadis limitée par les lois féodales et les droits des vassaux, on la transformait, quoique amoindrie par un siècle et demi de guerres malheureuses, en un pouvoir absolu dans le domaine du temporel. On ne voyait pas que, ne pouvant puiser sa force dans une poignée d'Allemands, le César qui passerait en Italie l'emprunterait aux Italiens eux-mêmes, sans leur rien apporter en retour que l'appui d'un droit nominal et d'un prestige presque effacé.

Dante fut le théoricien de cette école qui, par l'effet d'une érudition mal digérée et d'un intérêt mal entendu, en revenait, comme au temps de Roncaglia, à saluer dans l'empereur, toujours auguste, le maître du monde. Guelfe d'origine, blanc de faction, gibelin par réflexion comme par désespoir [1], il ne fit que donner une forme plus saisissante à des arguments rebattus. Au cliquetis des armes comme à l'ombre des cloîtres, dans le monde comme dans les universités, la vieille thèse de l'Église, rajeunie par Boniface VIII, que quiconque résiste à la puissance spirituelle ordonnée de Dieu résiste à l'ordre de Dieu [2], était attaquée et soutenue en invoquant les tradi-

---

[1] Fauriel (I, 211-214) croit que Dante resta guelfe jusqu'en 1310 au moins. L'homme qui, dès 1308, écrivait certaines phrases du *Convito*, ne pouvait être qu'un gibelin.

[2] Quicunque huic potestati a Deo sic ordinata resistit Dei ordination resistit. (Bulle *Unam sanctam*, ap. *Ann. eccl.*, 1302, t. XXIII, p. 329.)

tions, les conciles, les Pères, l'histoire, en luttant de sophismes, d'allégories, de fables, de visions, de révélations, de prophéties. Parmi des combattants furieux, Dante, tout en prenant parti, prétendit être un conciliateur. Il maintint la suprématie spirituelle du pape[1], ne lui opposant le Saint-Empire que pour laisser à chacun son domaine, et faisant de l'empereur l'ouaille du pape, du pape le vassal de l'empereur[2].

« Italie, écrit-il, à quoi sert que Justinien ait accommodé ton frein, si la selle est vide? Ah! race qui devrais être dévouée et laisser César s'asseoir sur la selle, si tu entendais bien ce que Dieu te dit! O Albert le Tudesque, qui l'abandonnes indomptée et sauvage, et qui devrais enfourcher les arçons! Il y a des lois; mais quelle main les applique? Rome, qui fit le monde meilleur, avait deux soleils éclairant les deux routes qui mènent au monde et à Dieu. L'un des deux a éteint l'autre; l'épée est jointe au bâton pastoral; l'un et l'autre, réunis de force, vont nécessairement mal ensemble, parce qu'ils ne se craignent plus[3]. »

Cet argument des deux soleils, Dante l'opposait à celui des théologiens, qui déclaraient le pape, astre du jour, bien au-dessus de l'empereur, astre des nuits. Comme Okkam et Jean de Paris[4], il voyait dans la lune une vertu propre, qu'elle tient non du soleil, mais de Dieu; il établissait par des considérations physiques leur indépendance réciproque dès les temps anciens. Il s'étudiait à montrer la différence de leur fonction[5]. Partout, en ses écrits, se

[1] Non sic... ut Romanus princeps in aliquo Romano pontifici non subjaceat... Illa reverentia Cæsar utatur ad Petrum qua primogenitus filius debet uti ad patrem. (*De Monarchia*, l. III, § 15; *Opere minori di Dante*, t. II, p. 422.)
[2] Voy. Ozanam, *Dante et la philosophie catholique*, Œuvres, t. VI, p. 354.
[3] *Purgat.*, VI, 91; XVI, 97, 106.
[4] Morts le premier en 1347, le second en 1304.
[5] Voy. *De Monarchia*, l. III, § 4 (*Op. min.*, II, 586); et, sur toute cette

retrouve cette discussion scolastique : dans son poëme, qu'il communiquait par fragments à ses amis, dans des lettres virulentes qui couraient la péninsule, dans divers traités sur d'autres sujets[1], et dans l'ouvrage spécial qu'il intitula *De Monarchia*[2]. Il y réclamait, la supériorité du pouvoir spirituel restant hors de cause, un pouvoir unique dans l'ordre temporel, et leur coexistence à Rome, où ils se compléteraient sans se nuire. A Rome, pensait-il, l'héritier des princes qui avaient rétabli l'ordre par tant d'invasions, combattu la simonie, laissé Milan et Venise libres, deviendrait promptement Italien et préserverait l'Italie de perdre ses forces en les disséminant. Les autres puissances temporelles seraient toutes sous sa dépendance[3]; mais il respecterait l'indépendance municipale[4],

polémique, Friedberg, *De finium inter Ecclesiam et civitatem regundorum judicio quid medii œvi doctores et leges statuerint.* Leipzig, 1861. — Selmi, *Documenti cavati dai trecentisti circa al potere temporale della Chiesa* (*Rivista contemporanea,* t. XXX). — Du même, *Del concetto Dantesco.* — Bergmann, *Notice sur la vision de Dante au paradis terrestre*, 1865. — D'Ancona, art. cité, *Nuova Antologia*, t. VI, p. 7 sq., septembre 1867.

[1] Voy. le *Convito*, Trattato IV, cap. iv, ap. *Op. min.*, III, 274. Cet ouvrage est antérieur à 1308; on le voit par une phrase (Tratt. IV, cap. iii, p. 272), où il est question de faits qui forcent à s'en tenir à cette date comme limite extrême.

[2] On n'est pas d'accord sur la date du *De Monarchia*. L'opinion commune le rapporte à l'année 1311; mais le prof. de Witte (*Ueber Dante neu bearbeitet*, Berlin, 1851) le tient pour très-antérieur, et M. Fraticelli (*Dissert. sulla Mon.* — *Op. min.*, II, 283-86) ne voit pas de raison pour qu'il ne soit pas de 1305 ou 1306. Cf. Arndt, *De Dante Alighieri scriptore ghibellino dissertatio.* Bonn, 1846. — Carl Hegel, *Dante über Staat und Kirche*, Rostock, 1842. — Ruth, *Studien über Dante.* Tubingue, 1853. — Schlosser, *Dante Studien*, Heidelberg, 1855. — Ouvré, *De Monarchia Dantis Aligherii.* Paris, 1853.

[3] Monarchia, cioè uno solo principato e uno principe avere, il quale tutto possedendo li retenga contenti nelli termini delli regni: (*Convito*, Tratt. IV, cap. iv. *Op. min.*, III, 274.)

[4] Non sic intelligendum est ut minima judicia cujuscumque municipii

ne se mêlerait point du gouvernement des républiques, se bornerait au rôle d'arbitre pour les mettre d'accord; de potestat général pour leur rendre la justice. Les peuples, en effet, disait-il formellement, ne sont pas créés pour les rois; les rois le sont pour les peuples[1].

Cette théorie d'un grand esprit, qui, sans s'affranchir des idées de son temps, les raffine et les élève, devait séduire plus d'un moderne, en des temps moins défavorables aux tentatives de conciliation[2]. Dante, toutefois, commettait bien des erreurs. Ce qu'il préconisait, en somme, c'était le droit du plus fort. Le juste à ses yeux, c'était le vainqueur[3]. Tout ce qu'on acquiert par l'épée lui paraissait légitimement acquis[4]. La félicité publique dépendait, à l'en croire, de l'absolue puissance du prince, n'ayant plus rien à désirer[5]. Comment ne vit-il pas que ce « Trajan féodal[6] » emprunterait sa force à l'Italie, ou que, s'il en avait une propre, il serait un maître qu'on subit et non un potestat qu'on chasse à volonté? qu'il se heur-

---

ab illo uno immediate prodire possint... Habent namque civitates inter se proprietates quas legibus differentibus regulari oportet. (*De Mon.*, l. I, § 16. *Op. min.*, II, 318.)

[1] Non gens propter regem, sed e converso rex propter gentem. (*De Mon.*, l. I, § 14. — *Op. min.*, II, 314.)

[2] Dans une œuvre signée Cesarino Furstener, Leibniz veut que tous les États reconnaissent la suprématie spirituelle du pape et temporelle de l'empereur « allemand ». Voy. Carmignani, *Dissert. sulla Monarchia di Dante*, Livourne, 1844, ap. Fraticelli, *Op. min.*; II, 271. — Les Anglais ont su concilier l'unité du pouvoir souverain avec les libertés municipales.

[3] Et si Deus adest, nonne nefas est habendo justitiam succumbere posse? Justitia in duello succumbere nequit. (*De Mon.*, l. II, *Op. min.*, II, 362.)

[4] Quod per duellum acquiritur, de jure acquiritur (*Ibid.*, p. 360).

[5] Uno principe avere, il quale tutto possedendo e più desiderare non possendo.... sicchè pace intra i re sia, nella quale si posino le cittadi. (*Convito*, Tratt. IV, cap. IV, *Op. min.*, III, 274.)

[6] Cette heureuse expression est de M. Quinet (*Révolutions d'Italie*, I, 115)

terait à des passions invincibles, à des esprits prévenus par un intérêt de caste, transformé, si l'on peut dire, en article de foi ? que l'Église, après la double expérience de Frédéric II et de Philippe le Bel, n'admettrait plus la souveraineté absolue dans l'ordre temporel, c'est-à-dire un système qui affranchissait l'empereur de tout contrôle, de toute juridiction, de tout tribunal ici-bas, et qui refusait au pape le droit de délier les sujets du serment de fidélité[1] ?

Quoi qu'il en soit, les circonstances étaient alors favorables aux vœux des gibelins. Depuis 1282, le royaume de Sicile, déchiré par la révolte, était sans action au dehors. Depuis 1303, Frédéric d'Aragon, fils de don Pedro, régnait dans l'île, et réduisait son rival à n'être plus qu'un roi de Naples. Depuis 1305, le souverain pontife vivait loin de l'Italie, et nulle autorité supérieure n'imposait plus aux Italiens sa loi. Les États de l'Église passaient de la tyrannie des prélats à celle des citoyens : « Rome ne savait porter ni le poids de son nom, ni le bienfait de la liberté[2]. » En Lombardie, en Toscane, les rivalités de ville à ville, et dans chaque ville les discordes des habitants, avaient fait oublier l'odieux joug de l'Allemagne, la brutalité, l'ivrognerie de ses soudards. Depuis que la maison de Souabe était éteinte, on n'avait vu, en effet, aucun Tudesque, et Dante le leur reproche[3], ceindre à Monza la couronne de fer ou à Rome la couronne d'or. Que cette longue vacance prît fin, et les bannis retrouveraient un chef, un protecteur. Il y avait alors une

---

[1] Voy. Ozanam, *loc. cit.*, p. 355, et Giudici, *Stor. della letter. ital.*, I, 167.
[2] G. Capponi, I, 128.
[3] *Purg.*, VI, 97.

secte de Franciscains émancipés, qu'on appelait *fraticelli* en Italie et *frérots* en France, qui renouvelaient sur bien des points et dépassaient même l'hérésie des Cathares, qui soutenaient que le règne du Saint-Esprit, commencé en l'année 1300, pour durer jusqu'à la fin des siècles, mettait un terme, dès ce moment, à l'autorité du pape, vicaire de Jésus-Christ[1]. Leur chef, Dulcino de Novare[2], disait tenir de Dieu même que le roi Frédéric de Sicile serait empereur, qu'il donnerait neuf rois aux peuples d'Italie, et qu'il enverrait au supplice le pape régnant, avec beaucoup d'ecclésiastiques, de moines, de prélats[3]. Sans le suivre jusqu'en ces emportements, qui le firent brûler vif au cœur de ses montagnes (1307), les gibelins accueillaient avec ardeur sa prophétie de l'empire ressuscitant, accusés parfois, pour ce seul point commun, d'embrasser toutes ses hérésies[4]. A vrai dire, ils développaient la prédiction : ils annonçaient que César, comme le pasteur de l'Écriture, mettrait les brebis à sa droite et les boucs à sa gauche. Allant plus loin encore, Francesco Barberini, jurisconsulte et ami de Dante, demandait qu'au moment favorable on immolât les boucs[5].

[1] Voy. Benvenuto d'Imola, Commentaire au vers de Dante sur Dulcino (*Inf.*, XXVIII, 55 sq.), ap. Muratori, *Antiq. ital.*, t. I, col. 1120-1122.

[2] Voy., sur Dulcino, *Historia Dulcini* (R. I. S., t. IX, 427), et *Additamentum ad historiam fratris Dulcini, auctore coœvo* (*Ibid.*, p. 447). — Richard et Giraud (*Bibliothèque sacrée*, art. *Dulcinistes*, Paris, 1822) indiquent d'autres sources.

[3] Infra dictum tempus interficerent D. Papam qui tunc esset, et multos prælatos et multos ecclesiasticos et monachos. (*Hist. Dulcini*, R. I. S., t. IX, 435-436.) — Dulcino ajoute ces curieuses paroles : « Et eis ac toti Ecclesiæ auferrent divitias et dominium temporale, et reducerent universam terram ad novum Testamentum, et postea eligeretur ut esset unus papa sanctus, et quod ipse Dulcinus esset ille papa sanctus, si tunc viveret. » (*Ibid.*)

[4] Voy. Rossetti, *Dello spirito antipapale che produsse la Riforma*, c. xiii, xvi, xviii, p. 163, 245, 274.

[5] Ouvré, *loc. cit.*, p. 7, 8.

Un moment, Philippe le Bel pensa ruiner ces ardentes espérances. Se flattant de tenir Clément V dans sa main, il rêvait de poser le diadème impérial sur la tête de son frère, Charles de Valois, lequel, étant « sans terres, » ne serait qu'un instrument nouveau de sa puissance[1]. Le 1er mai 1308, mourait le roi des Romains Albert d'Allemagne, assassin de son rival Adolphe de Nassau, et assassiné lui-même par son neveu ; l'heure semblait donc venue de conférer à Charles de Valois cette dignité. Mais très-puissants auprès d'un pape élu par leurs efforts, le cardinal de Prato et le cardinal Orsini faisaient obstacle à ce choix, celui-là parce qu'il accusait le prince français d'avoir fait échouer en Toscane sa mission pacificatrice; celui-ci parce que, mécontent de voir les Italiens « rejetés comme des vases cassés, » le saint-siége « confiné dans un coin de la Gascogne, » l'Église en péril d'être détruite[2], il répugnait à rendre plus fort le redoutable et despote monarque qui la tenait en sujétion. Après tant de luttes et de combats pour ne point livrer le sceptre impérial à un faible roi de Sicile, le livrerait-elle à un puissant roi de France ? Le cardinal de Prato obtint de Clément V que, secouant à la fin ses chaînes, il invitât secrètement les électeurs d'Allemagne à élire roi des Romains Henri de Luxembourg[3].

---

[1] Villani prétend que Philippe avait déjà négocié cette affaire avec Boniface VIII, et même que c'était le sixième engagement qu'il avait fait contracter à Clément V, lors de son exaltation, sans s'expliquer sur la nature de cet engagement (VIII, 62, 101).

[2] Nos Italici.... sicut vasa testacea rejecti fuimus. Nunc volens Ecclesiam reducere ad angulum Vasconiæ.... Ecclesiam destruxisset. (Paroles du card. Napoleone des Orsini, citées par Giudici, *Stor. della lett. ital.*, I, 157, note 1.)

[3] Voy. *Conradi Vecerii regii secretarii de rebus gestis Henrici VII libel-*

C'était un petit seigneur, pauvre d'argent, d'États et de sujets [1]. Avec son duché il ne possédait que neuf villes ; mais il pouvait compter sur l'appui d'un grand nombre de princes allemands. On le connaissait, d'ailleurs, à la cour d'Avignon. Il y était venu solliciter pour son frère Baudouin l'archevêché de Trèves ; et comme il l'avait obtenu, on s'y flattait que, par gratitude, il ferait les volontés du saint-siége. Philippe le Bel protesta [2] ; mais on passa outre : le 25 novembre 1308, Henri fut élu à Francfort, et le 6 janvier 1309 couronné à Aix-la-Chapelle, comme roi des Romains [3]. Quant à la couronne impériale, il reçut du pape rendez-vous à Rome, pour l'y recevoir dans deux ans [4].

Ce long délai justifie Clément V du reproche de versatilité que lui font quelques auteurs [5]. Pour échapper au joug de Philippe le Bel, il ne voulait pas se mettre sous celui d'Henri de Luxembourg. Avant de le consacrer, il attendait prudemment de le voir à l'œuvre. Ce prince resterait-il, selon sa promesse, le ferme champion de l'Église, quand il verrait se lever autour de lui les fantômes du

---

lus, ap. Urstitius, *Germaniæ historicorum, illustrium*, II, 66, 67. Francfort, 1585, in-fol.

[1] Operibus quam opibus memorabilioribus. (*Vita Clementis V, auctore quodam Veneto coetaneo*, ap. Baluze, *Vitæ pap. Aven.*, I, 86. Paris, 1693, in-4°.)

[2] Voy. une lettre du card. Raymond, datée de Poitiers en juillet 1308. (*Vitæ pap. Aven.*, II, 219.) Cf. *Gesta Baldewini de Luczenburch Treverensis archiepiscopi et Henrici imperatoris germani*, ap. *Baluzii Miscellaneorum*, l. I, t. I, p. 113. Paris, 1678, in-8°, et Villani, VIII, 101.

[3] Fraticelli, *Stor. della vita*, etc., p. 178. — Les auteurs varient sur ces dates, comme sur les détails.

[4] Tempus eidem assignando ut a festo Purificationis ad duos annos Romam veniret coronam ibidem imperii percepturus. (*Vita Clem. V, auctore Bernardo Guidonis episcopo Lodovensi*, ap. *Vitæ pap. Aven.*, I, 57.)

[5] Sismondi, III, 197. Hillebrand, p. 173.

passé, quand les gibelins, lui remémorant les traditions et les succès de maint César teuton, le proclameraient leur chef? La pente était glissante, et, de fait, il y devait glisser après quelque résistance. Plus tard, avant même d'avoir rompu avec Avignon, il écrivait dans un acte officiel que les lois divines, comme les lois humaines, soumettent toute âme au roi des Romains[1]. L'erreur du fin Gascon ne fut donc pas de se défier et de revenir au roi de France; elle fut de ne pas se défier assez, et de croire qu'il retiendrait Henri VII par ces liens de la reconnaissance qui le liaient si mal lui-même à Philippe le Bel.

Par ses mérites personnels, le nouveau roi des Romains semblait digne de son haut rang. Agé de quarante ans, mince dans sa taille moyenne, de visage agréable, quoiqu'il fût sans barbe, quoiqu'il eût les cheveux roux, les sourcils épais, et qu'il louchât un peu[2], il passait pour l'homme le plus loyal et le meilleur catholique de l'Allemagne[3]. Tous les auteurs, jusqu'à ses adversaires, n'ont pour lui que des éloges. Bon et sage, juste et gracieux, de cœur magnanime et vaillant aux combats, imperturbable dans l'adversité et modeste dans le triomphe[4], on le disait de mœurs si pures que, veuf comme époux, par souvenir attendri comme par affection et par devoir, il sut rester fidèle à la femme de son choix[5]. Élu des Alle-

---

[1] Nedum humana, verum etiam divina precepta quibus jubetur quod omnis anima Romanorum principi sit subjecta. (Décret rendu à Pise, avril 1313. *Henrici VII Constitutiones*, ap. Pertz, t. IV. *Legum* t. II, p. 554.)

[2] *Albertini Mussati Historia augusta*, l. I, Rub. 13, R. I. S., t. X, 339. — Cet historiographe contemporain était de la famille Mussa de Padoue.

[3] Villani, VIII, 101.

[4] Villani, IX, 48.

[5] Cum domina Margareta sorore Johannis ducis Brabantiæ sua collaterali prædilecta ita continenter a tempore contracti matrimonii creditur vixisse quod nunquam ad aliquam aliam adhuc post ejus obitum dicitur ac-

mands, il n'était guère Allemand. Né sur les frontières de la France, il avait passé une grande partie de sa jeunesse à la cour de Philippe le Bel. L'archevêque de Trèves, son frère, avait commencé à Paris et terminé à Poitiers ses études théologiques[1]. L'un et l'autre parlaient la langue française. Si Henri semblait y éprouver quelque embarras, c'est qu'il n'avait point la parole facile[2]. Ses deux beaux-frères, le duc de Brabant et le comte de Savoie, résidaient aux portes de la France, en perpétuel contact avec elle. Ses cheveux étaient coupés à la mode française, son esprit avait le tour latin, et le contemporain qui l'atteste n'hésite pas à voir en lui un prince français[3]. Tandis que les politiques d'Italie et d'Allemagne ont le sens pratique, il avait, c'est un Allemand qui en a fait la juste remarque, ce génie français qui part d'une idée générale et y veut avec impatience accommoder les événements, sans tenir compte des circonstances accidentelles, des traditions historiques, des difficultés d'exécution[4].

Clément V pouvait donc croire que ce petit Luxembourgeois, élevé en dignité, mais nullement en puissance, vi-

---

cessisse. (*Gesta Baldewini*, etc., ap. *Baluz. Miscell.*, l. I, p. 112.) Un moderne, il est vrai, a prétendu qu'au siége de Brescia il avait contracté une maladie honteuse, aggravée plus tard, à San Salvi, avec les femmes florentines. Voy. Leô, l. VII, c. II, t. II, p. 67. Mais cet auteur ne donne pas ses autorités.

[1] *Gesta Baldewini*, ibid., p. 105.

[2] Loquela tarda succinctaque, idioma gallicum (Alb. Mussati l. I, Rub. 13).

[3] Inter ceteros utriusque Galliæ principes insignis habebatur.... satisque se conferens intelligentiæ Latinorum.... coma gallica. (Alb. Mussati l. I, Rub. 3, 13.)

[4] Hillebrand, p. 174. Cet auteur gourmande d'importance son compatriote Wegele pour avoir vu dans Henri VII « une nature tout allemande, qui n'avait rien du caractère français. » Cette erreur est fort naturelle de la part d'un écrivain qui déclare d'une nature « essentiellement germaine » ce Dante Alighieri dont le caractère et le génie sont les plus romans qui aient jamais été.

vrait en bon accord avec Philippe le Bel comme avec le saint-siége. Les guelfes n'en éprouvèrent pas moins une profonde surprise, et les gibelins furent seuls à se réjouir. L'instinct, le raisonnement, leur faisaient entrevoir le Messie qui mettrait fin à leur exil. Un d'eux, Cino de Pistoia, poëte et jurisconsulte, entonnait le cantique de Siméon : *Nunc dimittis servum tuum, Domine, quia viderunt oculi mei salutare tuum*[1]. Avant l'élection, Dante écrivait aux recteurs de Florence, pour implorer son rappel[2]. Après l'élection, c'est à Robert de Naples qu'il s'adresse[3], c'est à Frédéric de Sicile, au sénateur de Rome, aux ducs, aux marquis, aux comtes, à tous les peuples d'Italie, et d'un ton où paraissent tout ensemble la joie, l'espoir, l'enthousiasme :

« L'aube brille d'un jour nouveau et déjà elle dissipe les ténèbres de notre longue calamité. Nous verrons les joies attendues, nous qui avons passé tant de nuits dans le désert. Réjouis-toi, malheureuse Italie! ton époux, la consolation du monde, la gloire de ton peuple, le très-clément Henri s'avance pour célébrer les noces. A tous ceux qui imploreront sa miséricorde il pardonnera, car il est César ; les méchants n'oseront point boire à la coupe de la présomption, car il est Auguste. Race des Lombards, dépose ta barbarie. S'il te reste quelque chose du sang troyen et latin, soumets-toi à ce prince, de peur que quand l'aigle du haut des cieux descendra comme la foudre, elle ne trouve ses aiglons abattus et leur place occupée par les petits des corbeaux. Considère que qui résiste à la puissance impériale résiste

---

[1] Ouvré, *loc. cit.*, p. 8.

[2] Cette lettre commence par ces mots : « *Popule mee, quid feci tibi?* Elle est mentionnée par Leon. Bruni (*Vita di Dante*, p. 47, éd. de Flor., 1672). Cf. Villani, IX, 134, et Fraticelli, *Op. min. di Dante*, III, 472.

[3] Roi par la volonté de Clément V que sa persuasive éloquence avait gagné. Caribert ou Charles-Hubert, roi de Hongrie, aurait dû être préféré, selon les usages saliques, comme fils de Charles Martel, frère aîné de Robert.

à l'ordre de Dieu. Et vous qui gémissez dans l'oppression, relevez vos courages, car votre salut est proche. Soyez cléments désormais, ô chers amis qui avez souffert avec moi l'injustice, pour que le Pasteur reconnaisse en vous les brebis de son troupeau. Si quelque ancienne faute ne s'y oppose, en se tordant et se retournant sur elle-même, à la manière du serpent, les deux partis peuvent voir que la paix se prépare. Veillez donc et levez-vous devant votre roi, habitants de l'Italie, car il vous destine non-seulement à lui obéir, mais aussi à commander en hommes libres. Et je vous exhorte non-seulement à vous lever, mais à vous prosterner à son approche. Vous qui buvez l'eau de ses fleuves, qui naviguez sur ses mers, qui foulez le sable de ses rivages et les sommets de ses Alpes, tous les biens dont vous jouissez, c'est sous le joug de sa loi que vous les possédez[1]. Ne marchez donc pas comme les nations aveuglées par les ténèbres de leurs vains sentiments, mais ouvrez les yeux de votre esprit et voyez, car le Seigneur du ciel et de la terre nous a donné un roi. C'est celui que Pierre, le vicaire de Dieu, nous invite à honorer, que Clément, successeur de Pierre, illumine de sa bénédiction apostolique, afin qu'où les rayons spirituels ne suffisent pas se répande l'éclat d'une moindre lumière[2]. »

Ainsi, Clément V, flétri par ses adversaires comme simoniaque, cesse de l'être à leurs yeux, parce qu'il leur donne un chef, parce qu'il leur ouvre des horizons inespérés. L'éloquent gibelin ne nomme pas Florence, mais elle est au fond de ses pensées et sous ses métaphores. C'est contre les guelfes florentins que gronde sa terrible colère, quand il parle de corbeaux ; c'est Florence qu'il désigne, dans un autre passage, sous le nom de Thessalie.

---

[1] On peut voir la même idée dans Radevic ou Ragewin, *De gestis Friderici I*, R. I. S., t. VI, 787.

[2] Dante exprime la même idée à la fin du *De Monarchia*. Voy. le texte de cette lettre dans les *Opere minori*, III, 464. M. Ouvré (p. 8) cite une traduction en italien du temps empruntée à l'ouvrage suivant : *Miscellaneorum ex mss. lib. Biblioth. colleg. Rom. soc. Jesu I. Clarorum virorum Theodori Prodromi; Dantis Aligherii, Petrarchæ*, etc. *epistolæ*.

N'est-ce pas à Florence qu'il faut vaincre les guelfes? et n'est-ce pas en Thessalie que César fixa, par la victoire, les destinées de Rome[1]?

Mais Henri VII regimbait sous l'éperon. Sincère jusqu'au fond de l'âme, il croyait à la sincérité d'autrui, à celle même de Robert de Naples, de ce grand donneur de paroles qui, selon Dante, aurait dû être prédicateur plutôt que roi[2]. Très-désireux d'un arrangement avec ce prince, il en faisait brûler les lettres perfides, qu'on lui mettait sous les yeux[3]. Haïssant la discorde, il ne voulait pas être roi d'un parti; il ne pouvait entendre seulement les odieux noms de guelfes et de gibelins[4]. « Je viens pour tous, disait-il, et non pour quelques-uns[5]. » C'était mal comprendre l'Italie : il y fallait dompter les factions et non les ignorer. A cette tâche difficile, Henri VII aurait dû consacrer, dès le premier jour, ce pouvoir dont il était jaloux et qu'il voulait absolu[6]. Inconséquent, au reste, dans ses vues conciliatrices, il promettait aux gibelins de les rétablir dans leur patrie, sans penser qu'il s'aliénait par là les villes guelfes, favorables jusqu'alors à un roi des

---

[1] Et usque in Thessaliam persequetur, Thessaliam, inquam, finalis delectionis. (*Ibid.*) — C'est un souvenir manifeste de l'historien latin : « Fatalem victoriæ suæ Thessaliam petiit. » (Vell. Patercul., II, 51.)

[2] E fate re di tal ch'è da sermone (*Parad.*, VIII, 147).

[3] *Nicolai episcopi Botrontinensis Relatio de itinere italico Henrici VII.* R. I. S., t. IX, 896. Botronte est une petite ville d'Épire ou d'Albanie. Ce dominicain, très-aimé d'Henri, et probablement Allemand, raconte ce qu'il a vu, sous forme de relation adressée à Clément V, en 1313 ou 1314.

[4] Gibolengæ guelfæve partium mentiones abhorrens. (Alb. Mussati l. I, Rub. 13.)

[5] Nostro intendimento era di volere i Fiorentini tutti e non partiti. (Villani, IX, 7.) Nec pro parte venerat, sed pro toto. (Nic. Botront., R. I. S., t. IX, 889.)

[6] Cujusquam cum subjectis pactionis impatiens.... cuncta absoluto amplectens imperio (Alb. Muss. l. I, Rub. 13).

Romains bien vu du saint-siége. Il croyait les gagner par les protestations de dévouement à l'Église qu'il lançait du fond de son Allemagne[1]. Il s'annonçait en redresseur des torts, et il n'amenait qu'une poignée d'Allemands, persuadé qu'il convenait d'agir avec les Italiens, et que l'Italie entière, on le lui avait promis, se lèverait à son approche. Comment ne sentait-il pas que, venu pauvre, on craindrait partout qu'il ne voulût s'enrichir[2]? Voilà, pour commencer, bien des erreurs. « Médiocre en tout, » comme on l'a dit[3], Henri VII l'était peut-être, mais c'était la médiocrité d'une belle âme.

A la diète de Spire, au mois d'août 1309, il annonça qu'avec le consentement du pape il descendrait bientôt dans la péninsule[4]. Déjà, il s'y était fait précéder d'une ambassade, car il prévoyait des difficultés en Toscane. Le 3 juillet, étaient arrivés à Florence Louis de Savoie, sénateur élu de Rome, Simone Filippi de Pistoia et deux évêques allemands, pour demander en son nom que les Florentins se préparassent à lui faire honneur quand il viendrait pour le couronnement, et, en attendant, à lui envoyer leur soumission à Lausanne, où il comptait se rendre, comme à s'abstenir de toute attaque contre Arezzo, « terre d'empire[5]. »

[1] Voy. son serment à cet égard ap. *Annales Mediolanenses*, cap. LXXXII, R. I. S., t. XVI, 691.
[2] Non era ricco signore di moneta (Villani, IX, 7). — Nisi Italicis adjutus agere omnino volebat.... pecunia et auro nimium pauper. (*Joannis de Cermenate Mediolanensis Historia*, R. I. S., t. IX, 1239.) — Cet auteur était syndic de Milan et notaire. Il écrivait en 1310 les événements contemporains.
[3] Fauriel, I, 214.
[4] *Albertini Argentinensis Chronicon integrum a Rodolpho Habspurgensi ad usque Caroli IV imp. obitum* (Urstitius, II, 117).
[5] Conciofossecosache fosse sua terra (Villani, VIII, 120, 121). — Ammirato, l. V, t. I, p. 244.

Contre ce foyer des gibelins, en effet, Florence avait rouvert les hostilités. Depuis le mois d'avril à peine, le cardinal gascon Arnaud de Pellegrue, évêque de Sabine et neveu de Clément V[1], l'avait relevée de l'interdit, châtiment de son humeur belliqueuse, et déjà elle s'y exposait de nouveau. Avec les quatre cents cavaliers catalans à sa solde que conduisait le maréchal de Robert, avec deux mille hommes des *cavallate* et plus de six mille *pedoni*, elle avait dirigé contre Uguccione de la Faggiuola coup sur coup deux expéditions[2]. En outre, sa politique tortueuse envers Pise et la Sardaigne indignait la loyauté d'Henri. En paix avec Pise, elle aurait dû soutenir les droits qu'avait sur les judicatures de l'île Giovanna Visconti, fille unique du juge de Gallura, son ancien allié, et combattre les prétentions de Jayme d'Aragon, investi par Boniface VIII de la Sardaigne (1297), pour prix de son alliance fratricide avec les Angevins de Naples et de la guerre qu'il faisait en Sicile à son frère Frédéric[3]. Or, en vue d'affaiblir les Pisans, Florence appelait Jayme sur les domaines de Giovanna, et lui offrait de l'argent pour l'expédition[4].

[1] *Capitoli*, XLIV, 201, 224. — Stefani, IV, 275.
[2] Villani, VIII, 99, 107, 118, 120. — Simone della Tosa (p. 226) parle, à propos de la seconde expédition, d'une chanson florentine (*I nostri cavalcarono....*) dont il ne donne malheureusement que les premiers mots.
[3] Jayme d'Aragon avait abandonné la Sicile à Charles II, dont il avait épousé la fille Blanche, tout en donnant à Robert pour femme sa sœur Yolande.
[4] Les ambassadeurs du roi demandaient cent mille florins. Florence se récrie, on la joue : « Et videtur nobis quod aut deludamur.... aut sub unius rei velamento trahamur ad alteram indecenter. » (*Saggio di documenti tratti da un epistolario della Rep. fior.*, 1308 ; ms. donné par M. G. Capponi aux archives de Florence. Les documents ont été publiés dans l'*Arch. stor. fior.*, nuova serie, t. VI, part. I, 1857, p. 10-26.) — La tempête, soulevée contre la Sardaigne, n'éclata que plus tard, parce que Jayme, ayant à sou-

Si agressifs, si peu scrupuleux, les marchands florentins allaient-ils donc promettre et faire l'acte de vassalité qu'on leur demandait? Loin de là, leur réponse fut de convoquer dans leur ville, au 1er août, le parlement de la ligue toscane[1], et, après quelques hésitations, de décider contre Arezzo une nouvelle campagne, qu'imposait le sentiment populaire[2]. Le 12 juillet, les ambassadeurs d'Henri, faisant bonne mine à mauvais jeu[3], quittaient Florence, mais pour se rendre au camp florentin devant Arezzo. Là, par une suprême tentative, ils sommèrent les capitaines de le lever incontinent. Sur leur refus, ils passèrent aux Arétins, non sans jurer que la désobéissance trouverait bientôt son châtiment. Elle n'avait d'autre but que de déplaire, que de maintenir contre le roi des Romains l'indépendance communale : deux jours plus tard, en effet, soit corruption, soit lassitude, l'armée rentrait à Florence (15 juillet)[4].

Henri VII, cependant, se préparait à partir. Le 10 octobre, il se trouvait à Lausanne, résolu d'y attendre et d'y recevoir les envoyés de l'Italie[5]. A peine arrivé, il promettait solennellement, ce que n'avait fait aucun de ses prédécesseurs, de ne jamais contracter parenté ni alliance

---

tenir la guerre contre les Mores de Grenade, à l'or des Florentins préféra les navires des Pisans. En 1323, Alfonso, fils de Jayme, entreprit cette expédition, et y réussit à ce point qu'il ne resta à Pise que deux ou trois localités, tenues comme fief de sa couronne.

[1] Cecina, *Notizie di Volterra*, p. 89.

[2] E chi volea e chi non volea che l'oste andasse. Alla fine, il popolo pur vinse che l'andasse (Villani, VIII, 120).

[3] Cortesemente contenti (Villani, VIII, 121).

[4] Villani, VIII, 120, 121.

[5] *Promissio Lausannensis*, 5 idus octobris 1310, ap. Pertz, t. IV, *Legum* II, 501. — Cf. *Ann. eccl.*, 1310, §§ 3-7, t. XXIII, p. 483. — Böhmer, *Regesta Imper. Rom.*, p. 280.

avec un rebelle, avec un ennemi de l'Église. Il renouvela les priviléges plus ou moins authentiques de Constantin, de Charlemagne, des césars allemands. Il rappela nominativement toutes les possessions apostoliques; il en reconnut au pape la pleine et entière propriété; il s'engagea par surcroît à ne jamais offenser contre la justice, à traiter avec bonté les vassaux du saint-siége[1].

Les guelfes, ce semble, auraient dû se rassurer; la défiance, pourtant, continuait de régner parmi eux. Si l'hypocrite Robert envoyait ses ambassadeurs prêter serment pour ses terres d'empire[2], du pays toscan on ne vit à Lausanne que ceux des guelfes blancs et des grands gibelins. Ils promettaient des subsides et apportaient des présents[3]. Celui de Pise montait à soixante mille florins, et devait être doublé quand le roi mettrait le pied dans cette ville[4]. Mais ni Bologne, ni Sienne, ni Lucques, ni Florence, n'étaient représentées à cette cour. Un moment Florence avait voulu envoyer l'ambassade; les ambassadeurs étaient désignés, le drap acheté pour leurs costumes de cérémonie : la crainte des exilés, de leur insolent retour, faisait à la fin pencher la balance du côté de l'abstention. Henri remarqua, regretta l'absence des Florentins. « Ils ont tort, dit-il : notre intention était qu'ils fussent unis, et non divisés, bons et fidèles. De leur

---

[1] *Promissio Lausannensis*, loc. cit.

[2] Ad prestandum sibi sacramentum fidelitatis pro terra quam idem rex tenebat ab eo. (*Arch. de Sienne*, filza 17, n° 1387, doc. publié en partie et analysé par M. Fraticelli, *Stor. della vita*, p. 214.) S'il faut en croire ce que dit Robert deux ans plus tard, Henri n'avait pas voulu recevoir ce serment; mais c'est bien peu vraisemblable. En 1313, Robert avait tout intérêt à accuser, à calomnier son ennemi.

[3] Alb. Muss. l. I, Rub. 6.

[4] Villani, IX, 7; Alb. Muss. l. I, Rub. 10.

ville nous voulions faire la meilleure de notre empire[1]. »

Dans le courant de novembre, il se dirigea de Lausanne vers le Piémont[2]. Pour traverser le mont Cenis, il dut écarter la neige sur son chemin. Il n'était accompagné que de trois cents chevaux et d'autant d'hommes de pied[3]. Guido della Torre, qui appartenait à la ligue guelfe, l'avait perfidement entretenu dans ses illusions dangereuses : il s'était fait fort de le promener sans armes, le faucon au poing, à travers toute la Lombardie[4]. Au début, tout sembla réussir. Henri put commencer son métier de redresseur des torts, ramener à l'obéissance les tyrans des villes piémontaises, les remplacer par des vicaires généraux, rappeler les bannis[5]. A Milan, où il était le 25 décembre, Guido della Torre, qui aurait voulu, après l'avoir trompé, se maintenir indépendant, dut licencier ses troupes, suivre le torrent des Milanais aux pieds du nouveau maître, et les lui baiser humblement, tandis que la soldatesque allemande traînait dans la boue les bannières de ce seigneur, parce qu'elles ne s'inclinaient pas jusqu'à terre devant l'héritier des Césars[6]. La soumission de Milan entraînait celle de la Lombardie. Toutes les villes, Gênes et Venise exceptées, y promettaient par syndics fidélité au roi des Romains.

Mais jusqu'en ce concert de protestations s'entendait

---

[1] Villani, IX, 7 ; Cf. Stefani, IV, 277.

[2] Le 24 novembre, il était à Asti ; le 19 décembre à Verceil (Voy. Böhmer, *Reg. Imp.*, p. 280).

[3] Alb. Muss. l. I, Rub. 9 ; Nic. Botront., R. I. S., t. IX, 887 ; Villani, IX, 7. — Un seul auteur (*Gesta Baldewini*, l. I, c. IX) dit que Henri vint « cum exercitu maximo ; » mais il confond le temps de l'arrivée avec celui où les gibelins se furent rangés sous les bannières impériales.

[4] Nic. Botront., R. I. S., t. IX, 888.

[5] Alb. Muss. l. I, Rub. 10.

[6] Villani, IX, 9 ; Joann. de Cermenate, c. xv, R. I. S., t. IX, 1236 ;

déjà la note discordante. « Ces villes, écrit un témoin oculaire, l'évêque de Botronte, ces villes ne voulaient pas jurer ; elles disaient une foule de choses que je n'ai pas retenues, si ce n'est qu'elles étaient d'une quinte essence, qu'elles ne voulaient appartenir ni à Dieu, ni à l'Église, ni à l'empereur, ni à la mer, ni à la terre, mais à elles-mêmes[1]. » Des incidents de mauvais augure semaient l'inquiétude. Henri avait résolu de poser sur sa tête, le jour de l'Épiphanie ou des Rois (6 janvier 1311), cette couronne d'acier fin, en forme de feuilles de laurier, ornée de perles et autres pierres, brillante et polie comme une lame d'épée, qui était conservée à Monza, et qu'on nommait la couronne de fer[2]. On ne put la retrouver, et il fallut en commander une nouvelle à Lando, artisan siennois[3]. L'insubordination éclatait, même parmi les gibelins. A Vérone, les seigneurs de la Scala refusaient au roi, leur chef, de recevoir les guelfes[4]. A Milan, sous ses yeux, on prodiguait la menace à ses Allemands, on les traitait de barbares, on les comparait à ceux qui avaient jadis anéanti l'empire romain. L'évêque de Botronte ne sortait qu'à regret, et par ordre, du couvent où il logeait, non sans courir, s'il faut l'en croire, de grands dangers[5]. Une sédition éclatait, qui eût triomphé, si les Visconti et les

---

Alb. Muss. l. I, Rub. 11 ; Nic. Botront., R. I. S., t. IX, 893 ; Albert. Argentin., ap. Urstitius, II, 116.

[1] Nic. Botront., R. I. S., t. IX, 895.

[2] *Ibid.*, Alb. Muss. l. I, Rub. 12 ; Villani, IX, 9.

[3] *Heinrici VII Constitutiones. Coronatio Mediolanensis*, ap. Pertz, t. IV, *Legum* II, 503 ; *Ann. Mediol.*, R. I. S., t. XVI, 692 ; Villani, IX, 9 ; Böhmer, *Reg. Imp.*, p. 347.

[4] Sismondi, III, 201.

[5] Præcepit mihi Dominus quod ego irem... Ivi cum maximo periculo. (Nic. Botront., R. I. S., t. IX, 897.)

Torriani avaient su se mettre d'accord[1]. Le naïf souverain était plongé dans une surprise extrême. Ne comprenant point qu'on suspectât sa bonne foi, il ne savait qu'affirmer de nouveau son dévouement à l'Église : « Comme inspirateur de mes actes, disait-il, si je regarde là-haut, je vois Dieu ; si je regarde ici-bas, je vois le pape Clément. Ils sont mes guides. Qui donc peut être contre moi[2] ? »

La réponse ne se fit point attendre. Milan ayant donné le signal avant la fin de février, toutes les villes de Lombardie, Crème, Crémone, Côme, Lodi, Brescia, soulevées, chassaient leurs gibelins maudits, et avec eux les vicaires impériaux qui les avaient ramenés. Fallait-il réduire au devoir ces rebelles, pour assurer les derrières de l'armée, ou, dédaignant leur révolte, marcher sur Rome pour y ceindre la couronne impériale, et soumettre au passage la redoutable Toscane, où personne ne tenait les guelfes en échec ? Henri voulait, paraît-il, prendre à chaque faction vingt-cinq otages, instituer le comte de Savoie vicaire général en Lombardie, et s'avancer sans plus de retard vers le sud[3]. Mais, cédant aux objurgations d'un certain moine Gualramo, il se décidait à écraser d'abord les villes lombardes, et mettait, pour commencer, le siège devant Crémone.

Ce fut aussitôt une immense clameur parmi les gibelins de Toscane. Ils attendaient depuis si longtemps ! Devraient-ils donc attendre encore ? En leur nom, le 31 mars,

---

[1] Nic. Botront. R. I. S., t. IX, 897. Alb. Muss. I, II, Rub. 1. ; Ferreti Vicentini, l. IV, R. I. S., t. IX, 1060; Ann. Mediol., R. I. S., t. XVI, 693.

[2] Si sursum aspiciam, motorem Deum; si infra, Clementem papam intueor. Iis ducibus vehor, et quis contra me ? (An. eccl., 1311, § 4, t. XXIII, p. 505).

[3] Ferreti Vicentini, l. IV, R. I. S., t. IX, 1060.

Dante reprend sa plume passionnée. Il vivait alors au fond du Casentino, près de Pratovecchio et des sources de l'Arno, chez le comte Guido de Romena. Par respect sans doute, ce n'est pas au roi des Romains, c'est « aux très-scélérats Florentins de la ville » que s'adresse « Dante Alighieri, Florentin, injustement exilé; » mais sa lettre, conforme à cette rhétorique du temps qu'éclairait déjà une première lueur de renaissance, contenait d'indirects avertissements. Il y est discrètement dit qu'on ne saurait sans danger, quand on est prêt, ne pas attaquer sans retard ses ennemis[1]. Invectives et menaces pleuvent sur les guelfes, rassurés par le soulèvement de la Lombardie. Florence n'est pas moins impie que Myrrha, moins folle qu'Amata. La fin d'Agag, le sort des Amalécites, voilà ce qui lui est réservé. Il faut que le roi lui écrase la tête sous son pied, qu'il apparaisse au monde sous la figure d'Énée, destructeur de Turnus et de son parti, et Jean de Luxembourg, son premier-né, sous celle d'Ascagne. Puis l'argumentation, moins érudite, devient plus pressante :

« Vous excipez de la prescription pour vous dérober au devoir, pour vous lancer dans la folie de la rébellion. Ignorez-vous donc, insensés, que le droit public ne finira qu'avec le temps, et qu'il n'y a pas de prescription contre lui? Vous abandonnez le Saint-Empire pour chercher un autre royaume, et faire que la civilisation florentine soit une chose, la civilisation romaine une autre? Que ne vous en prenez-vous aussi à la monarchie apostolique? Comment pouvez-vous n'être pas saisis de crainte à l'approche du naufrage inévitable de votre race orgueilleuse, de

---

[1] Ce sont les paroles mêmes que Lucain met dans la bouche de Curion, invitant César à passer le Rubicon : « Tolle moras, semper nocuit differre paratis » (*Phrasale*, I, 280) ; mais ce qui est curieux, c'est que Dante oublie qu'il coupe la langue dans la bouche de celui qui les a dites (Voy. *Infern.*, XXVIII, 99-102).

vos lamentables rapines? Espérez-vous vous défendre avec des fossés ridicules? Hommes de discorde, hommes aveugles! que vous serviront fossés, tours et remparts, quand fondra sur vous l'aigle terrible qui, poussée par le souffle des milices célestes, passe les vastes mers, les Pyrénées, le Caucase, l'Atlas! Votre résistance ne servira en rien votre espoir, mais elle irritera votre roi, et vous verrez s'envoler indignée la miséricorde qui suit toujours ses bataillons. Vous croyez conserver la trabée d'une fausse liberté, et vous tomberez dans les liens d'une vraie servitude. »

Après avoir tracé à grands traits aux Florentins le tableau de leurs édifices livrés aux flammes, des églises dépouillées, de la populace furieuse et passant d'un excès à l'excès contraire, des bons citoyens exilés ou livrés aux larmes, aux prisons, à la mort, de toutes les calamités, en un mot, qui ont fait la gloire de Sagonte et qui feront la honte de Florence, Dante s'élève aux plus hautes considérations de la philosophie politique:

« Ces saintes lois, écrit-il, qui sont l'image de la justice naturelle, si on les observe librement et avec joie, elles ne vous mettent pas dans la servitude ; elles vous mettent, au contraire, dans la souveraine liberté. Qu'est-elle, en effet, autre chose que le libre passage de la volonté à l'acte, passage que les lois facilitent à leurs fidèles? Qu'êtes-vous donc, vous qui prétendez aimer la liberté, et qui conspirez contre le principe de toute loi? Le temps est venu de vous repentir amèrement; mais ce tardif repentir ne vous obtiendra pas le pardon. C'est par là que commencera le châtiment[1]. »

Pour conclure, Dante prédisait donc le triomphe de César, qui ramènerait la paix en Toscane comme dans toute l'Italie, et qui rendrait leur patrie aux exilés. Quoique non suivi de succès, le seul dessein d'un si capital

[1] Voy. le texte dans les *Opere minori*, ep. vIII, t. III, p. 472-482.

service devait bientôt valoir au prince qui l'avait conçu ou se l'était laissé suggérer, son entrée dans le paradis du poëte[1]. La prédiction pouvait alors ne pas sembler trop aventureuse. Les guelfes noirs se sentaient faibles. Florence même n'était pas assez forte pour empêcher ses sujets, presque sous les yeux de l'ennemi, de se traiter en ennemis, de marcher bannière levée contre des voisins, de voler leurs cloches, dévaster leurs champs, briser leurs vases à vin, saccager leurs maisons, blesser et tuer leurs personnes, emmener des prisonniers, des bœufs, des moutons, emporter le blé, le lin, les étoffes de laine. En vain menaçait-on les coupables de les frapper d'amendes et de confiscations, de leur couper le pied ou la tête, ou même de les brûler vifs : rien n'y faisait. Pour obtenir que les habitants de Canneto, dans le val d'Elsa, « rendissent la paix » à ceux de Monterappoli[2], il fallait, faute de les pouvoir intimider, leur permettre de se racheter par l'offrande à San Giovanni, ce qu'en termes modernes on nommerait l'amnistie. Que pouvait contre des dangers si divers une *cavallata* de mille chevaux, levée au mois d'août 1310, quand on commençait à soupçonner les projets impériaux? Il était grand besoin de mercenaires, et le midi seul pouvait en fournir, puisque au nord dominaient les gibelins et l'empereur.

Le roi Robert, par conséquent, était l'objet de mille prévenances. Ce qu'on attendait de lui, il l'avait déjà fait[3];

---

[1] *Parad.*, XXX, 135 sq.

[2] Pacem redderet et faceret. (*Provvisioni*, n° 211, *Frammenti*, n° 47. — 25, 26 novembre et 23 décembre 1310, 2 janvier 1311.) — Canneto était sur la rive gauche de l'Elsa, à trois milles de San Miniato al Tedesco, Monterappoli à quatre milles ouest d'Empoli. (Voy. Repetti, I, 443, III, 493.)

[3] On a des quittances de Robert (16 mai 1305) pour sommes dues à lui et à ses *milites* (*Capitoli*, XLIV, 197, 198).

dans des conjonctures plus graves refuserait-il de le faire encore? Il venait de passer par Florence, en revenant d'Avignon, où Clément V avait posé sur sa tête la couronne de Naples. Accueilli avec des honneurs plus qu'ordinaires (13 septembre 1310), logé chez les Peruzzi qui perçaient les murs de la ville, où leur demeure était adossée, pour y construire temporairement une cuisine à son usage[1], il repartait le 24 octobre, très-refroidi envers cette ardente et orageuse population. N'ayant pu réconcilier les grands et le peuple, ce qu'il croyait très-nécessaire pour résister à Henri, il n'avait garde de consentir à une pure et simple alliance, qu'on lui demandait, mais qui ne lui eût point donné d'autorité[2].

Cet abandon imprévu fut comme un coup de fouet pour les Florentins. Dès le 30 novembre 1310, avant même que le roi des Romains fût à Milan, ils se fortifièrent de la porte San Gallo jusqu'à la porte Sant'Ambrogio, puis jusqu'à l'Arno, travail urgent, car cette partie de la cité était alors sans murailles : on avait détruit les anciennes pour élargir l'enceinte, et les nouvelles n'étaient encore qu'un projet. On en éleva ce qu'on put; on y suppléa, pour le reste, en plantant des palissades, en creusant des fossés. « Ce fut, dit Villani, le salut de notre ville[3]. »

Cela fait, le 20 janvier 1311, Lapo des Bardi et Giovanni de Benedetto se rendaient en ambassade auprès de

---

[1] M. Trollope (I, 322) mentionne deux notes tirées des anciens livres de la famille Peruzzi : l'une est du 15 novembre 1310 ; il y est question d'un paiement de 450 livres pour la construction de cette cuisine. L'autre, du 17 septembre 1313 ; on y voit un paiement de 37 livres pour niveler le sol sur lequel ladite cuisine avait été construite.

[2] Villani, IX, 8; Simone della Tosa, p. 227; Stefani, IV, 278; *Ann. eccl.*, 1310, § 21, t. XXIII, p. 490.

[3] Villani, IX, 10 ; Stefani, IV, 279.

Robert, pour l'informer que « le roi d'Allemagne » était à Milan, que les gibelins grossissaient son armée, que les guelfes étaient partout chassés, les statuts en vigueur partout abolis, et qu'après avoir soumis sur son passage Bologne, Lucques, Florence, Sienne, Pérouse, après avoir ceint à Rome la couronne impériale, il marcherait infailliblement sur Naples[1]. Un mois plus tard, jour pour jour, Robert effrayé, résolu à défendre son trône, promettait d'accourir avec toutes ses forces[2]. Le 1ᵉʳ avril suivant, la République le prévenait que la ligue toscane s'était reconstituée et fortifiée, qu'elle avait élu pour capitaine son quatrième frère Philippe, prince d'Achaïe et de Tarente, enfin qu'elle priait instamment le prince d'accepter ces fonctions, le roi de l'y autoriser[3].

L'imprudence était grande, aux yeux des gibelins, de laisser les guelfes se rendre à loisir inexpugnables. Spontanément ou à la prière de ses amis, Dante reprit la parole et la plume. Cette fois, le 16 avril 1311, c'est à Henri VII qu'il s'adresse, directement et presque sur le ton du reproche :

« Nous avons pleuré sur les fleuves de confusion et appelé notre roi légitime[4] ; à l'approche du successeur de César et d'Auguste, nous avons mis fin à nos soupirs et séché le déluge de nos larmes ; mais comme notre soleil (que ce soit la vérité ou un effet de notre ardent désir) paraît s'arrêter ou même rétrograder, nous nous sentons envahis par l'incertitude et le doute ; nous nous écrions avec le Précurseur : Est-ce toi qui dois venir ou un

---

[1] Document analysé par M. Desjardins, I, 14, 15 (*Arch. delle Riform.*, classe x, Dist. 1, Reg. 2).

[2] *Ibid.*

[3] Desjardins, *Ibid.*

[4] Patrocinia justi regis incessanter implorabamus. (*Op. min.*, ep. vii, III, 488.)

autre que nous attendons[1]? Et pourtant nous espérons en toi, ministre de Dieu, fils de l'Église, promoteur de la gloire de Rome. Moi qui t'écris en mon nom et au nom de bien d'autres, j'ai vu ta bonté, j'ai entendu ta clémence vraiment impériale, quand mes mains ont touché tes pieds, quand mes lèvres ont fait leur devoir[2]. Alors mon âme s'est exaltée en toi et j'ai dit en moi-même : Voici l'Agneau de Dieu qui ôte les péchés du monde. Mais nous sommes surpris de tes lenteurs. Vainqueur de l'Éridan, tu t'attardes dans la plaine, tu négliges la Toscane, comme si les droits de l'Empire expiraient aux frontières de la Ligurie. Ah! rougis de te tenir en un étroit coin du monde quand le monde entier t'attend. Est-ce en passant parmi les Milanais le printemps comme l'hiver, que tu te flattes de couper ses multiples têtes à l'hydre de pestilence? On n'extirpe pas l'arbre en émondant ses branches; loin de là, elles repoussent plus nombreuses, tant que les racines sont en terre pour leur fournir un aliment. Maître unique du monde[3], que te vanteras-tu d'avoir fait, quand tu auras forcé Crémone rebelle à courber la tête? Ne verras-tu pas alors s'enfler la rage de Brescia ou de Pavie? Et quand tu les auras soumises, d'autres s'enfleront à leur tour, tant que tu n'auras pas enlevé le mal jusqu'à la racine, pour que le tronc et les rameaux se dessèchent. Ignores-tu, excellent prince, ne vois-tu pas, à la hauteur où tu es placé, où en est le puant renard qui se croit à l'abri des chasseurs? Ce n'est pas dans les eaux rapides du Pô, ni dans celles du Tibre qui lui appartiennent, c'est au courant de l'Arno qu'il s'abreuve, que ses lèvres empoisonnent l'eau. Cette peste, ne le sais-tu pas? on la nomme Florence. Voilà la vipère qui se tourne contre les entrailles maternelles, voilà la brebis malade qui, par la contagion de son mal, souille tout le troupeau. Ses œuvres sont mauvaises, le supplice sera juste. Allons, plus de retard. Les Philistins s'enfuiront et Israël sera délivré. Alors notre héritage, dont nous pleurons la perte, nous sera rendu en son entier[4]. »

---

[1] Luc, VII, 19.

[2] Ces paroles prouvent que, comme quelques biographes l'avaient affirmé, Dante s'était rendu à Milan pour saluer l'empereur.

[3] Præses unice mundi (*Op. min.*, loc. cit., p. 492).

[4] *Ibid.* — Il est sans doute inutile de dire que nous avons supprimé

Ces conseils véhéments, Henri les écoutait d'une oreille bienveillante : il ne souhaitait que de les suivre, que de marcher vers le sud. Mais ayant commencé de pacifier la Lombardie, pouvait-il s'arrêter à moitié chemin? Or, si Crémone était prise (20 avril 1311), si Vicence et Padoue se rendaient sans résistance, si Crème, Côme, Lodi, résistaient à peine, Brescia devait retenir longtemps les impériaux sous ses murs et leur donner un avant-goût des difficultés d'une entreprise dont leur imagination nuageuse faisait une marche triomphale. La chaleur les décime, la fleur de la chevalerie périt, l'empereur lui-même tombe malade, les hostilités deviennent féroces, comme jadis sous les deux Frédéric, comme naguère devant Pistoia[1]. La trahison est partout : dans Brescia bloquée, Bologne et Florence peuvent introduire encouragements et subsides. Ces longs délais sont le salut des guelfes, car Florence, qui marche à leur tête, se multiplie, fait preuve d'une activité sans égale. Le 21 juin, pour grossir le chiffre de ses *cavallate*, elle exempte de l'impôt tout habitant qui aura consigné son cheval avant le 10 juillet, s'il est taxé à moins de cent cinquante livres, et elle taxe à cette somme tout riche qui paye davantage. Le 14 juillet, elle ordonne au camerlingue de compter à chaque homme des compagnies trente-cinq livres par mois, pour qu'ils puissent suffire au salaire de leurs employés, au loyer de leurs maisons et de leurs boutiques; à Gilbert, comte de Romagne pour Robert, trois

---

ce qui sent le fatras du moyen âge, citations, allusions bibliques et mythologiques.

[1] Villani, IX, 14; *Malvecii Chron. Brixianum*, Distinct. ix, c. iv, R. I. S., t. XIV, 967; Ferreti Vicentini l. IV, R. I. S., t. IX, 1071; Sismondi, III, 204.

cent vingt-cinq florins d'or ; à Diego de la Rata, capitaine de la commune, quinze cents, afin qu'il fasse lever des mercenaires dans la Pouille[1]. Le 6 août, vingt-cinq florins d'or sont alloués à tout homme de la *cavallata* décrétée du 1er juin au 30 novembre, avec une retenue de dix sous par jour de retard pour la consignation du cheval[2]. Le 31, la seigneurie exhorte les Brescians à persister dans la défense, et se déclare prête à tout pour leur venir en aide[3]. Le 3 septembre, elle envoie deux mille florins, et le 9, mille autres. Elle invite Lucques à suivre son exemple, et elle félicite Brescia de ses victoires[4]. Ainsi encouragés, les Brescians repoussent la médiation des légats pontificaux[5], et bravent les foudres de l'Église. « A quoi bon les fulminer? répond à Henri le cardinal Luca des Fieschi, chef de cette légation. Les Italiens n'en ont cure, comme l'ont montré Milan au cardinal de Pellegrue, Bologne au cardinal Orsini, Florence au cardinal de Prato. Si le glaive matériel ne les subjugue pas, le glaive spirituel y est impuissant[6]. »

On ne pouvait mieux juger la situation. Avant même que d'Avignon le légat eût reçu des ordres, Brescia ouvrait ses portes (18 septembre). Les dernières exhortations des Florentins se croisaient avec la nouvelle d'un échec si fâcheux pour la cause guelfe[7]. L'effet en était surtout

---

[1] *Provvisioni*, XIV, 99, 104 v°, 85.

[2] *Ibid.*, p. 102.

[3] Quid nos facturos expedit pro defensione vestra paratos in excelso brachio ad omnia oportuna. (*Capitoli*, XXII, 165 v°.)

[4] *Ibid.*, p. 167 v°, 168 v°.

[5] Fuit iis etiam commissum de concordia tractanda cum Brixiensibus. (*Vita Clem. V, auct. Ptol. Lucensi*, ap. *Vitæ pap. Aven.*, I, 42.)

[6] Nic. Botront., R. I. S., t. IX, 903.

[7] Corda igitur et brachia sint vobis fortissima, fratres Brixiani, ad pretiose custodiam libertatis. (17 septembre 1311. *Capitoli*, XXII, 164.) —

moral, car le vainqueur n'obtenait qu'un médiocre triomphe. Une seule ville l'avait retenu quatre mois ; Pavie, plus forte que Brescia, pouvait le retenir plus longtemps encore. Cédant aux objurgations de Dante et des gibelins toscans, Henri se décidait enfin à passer outre, à se diriger vers Gênes, pour gagner de là Pise et Rome par la voie de mer, la plus courte et tout ensemble la plus sûre.

Mais la subtile Florence avait pénétré ce dessein. Dès la fin d'août elle le signalait à ses alliés, les adjurant de lui prêter main-forte pour s'y opposer[1]. Depuis le 6 septembre, toute la Toscane guelfe, de Lucques à Pérouse, était sur pied. Volterre, San Miniato, avaient reçu de fortes garnisons[2]. Les exilés guelfes s'étaient vu, sur la proposition de Baldo d'Aguglione, rouvrir les portes de leur patrie, sauf neuf cents des plus compromis, dont était l'ardent provocateur de ces hostilités prochaines, Dante Alighieri. Les autres villes de la ligue recevaient l'invitation pressante d'augmenter par le même moyen le nombre de leurs défenseurs[3]. En octobre, Lucquois et Florentins

---

Le 26 et le 27 du même mois, lettres de la seigneurie aux « frères » de Bologne, de Lucques et de Sienne, pour les inviter à empêcher que les Brescians ne se missent d'accord avec le roi d'Allemagne. (*Ibid.*, p. 158 v°, 159 v°.)

[1] 28 août 1311, lettres de la seigneurie à Ghiberto de Corrigia, seigneur de Parme (*Capitoli*, XXII, 175 v°). — En post-scriptum à la lettre adressée aux Brescians le 17 septembre, elle leur communiquait ce projet et la prière qu'elle avait adressée aux Pisans de s'y opposer. (*Ibid.*, p. 161.)

[2] *Vita Clem. V*, auct. Ptol. Luc., ap. *Vitæ pap. Aven.*, I, 40 ; Stefani, V, 282.

[3] Lettres de la seigneurie à Diego de la Rata, aux communes de Prato, Pistoia, etc., 1er septembre 1311 (*Capitoli*, XXII, 166 r°, 170 r° v°). — Villani (IX, 16) met cette mesure au 26 avril ; mais c'est une erreur manifeste, à moins qu'il n'y ait eu, à cette date, une première décision ou un premier commencement d'exécution. (Voy. la liste des exclus et le document

occupaient le pays de Sarzane, la vallée inférieure de l'Arno, Pietrasanta en Lunigiane, le passage de Porto-Beltramo, en un mot, la route du littoral. Le maréchal de Robert, qui était en Romagne avec deux cents cavaliers de Florence, recevait de son maître l'ordre, sollicité par la seigneurie, de s'établir aux défilés de l'Apennin. Nul ne savait, en effet, par où entrerait « le roi d'Allemagne, » ni si le voyage de Gênes n'était pas une feinte pour déjouer ses ennemis[1].

Eût-il forcé ces premières lignes, debout devant lui il rencontrait les Florentins, prêts à se porter de droite ou de gauche, pour lui fermer la route de Rome. Il tâchait donc de les amadouer par des ambassades. Le 27 août, Arnaud de Pellegrue, cardinal-légat, était venu, au nom du pape, préparer les voies à l'empereur[2]. Le 20 octobre[3], arrivaient, chargés par l'empereur lui-même de solliciter des guelfes toscans le serment de fidélité, Pandolfo Savelli, notaire pontifical, et l'évêque de Botronte qui a simplement raconté les péripéties de leur commun voyage. Son récit nous fera pénétrer, plus qu'aucun autre auteur contemporain, dans la vie de ce temps :

« Arrivés à Borgo San Donnino, nous envoyâmes un notaire au potestat et aux recteurs de Bologne, pour leur annoncer que, messagers de paix, porteurs de lettres pontificales et royales,

ap. *Delizie*, XI, 61 sq., et Fraticelli, *Stor. della vita*, p. 212.) — Nous disons plus de 900 exclus, parce que plusieurs le sont avec leurs fils, neveux ou parents.

[1] *Capitoli*, XXII, 179 ; Villani, 17, 20, 26, 30 ; Stefani, V, 284.

[2] Ad componendos italicos motus ac muniendum inungendo imperatori iter. — Suit la lettre pontificale, datée des derniers jours de juin 1311. (*Ann. eccl.*, 1311, § 21, t. XXIII, p. 513 ; Cf. Simone della Tosa, p. 227 ; Muratori, *Ann. d'Ital.*, 1309.)

[3] Stefani, V, 283.

nous nous rendions en Toscane, et que nous désirions passer par leur ville. Ils lurent nos lettres; délibérèrent longuement et mirent notre envoyé en prison. Celui-ci, subtil Romain, donna de l'argent à un de ses gardes, s'échappa et nous rejoignit à trois milles de Bologne. Laissant alors cette cité à notre gauche, nous nous enfonçâmes dans les affreux chemins de la montagne. Nous les trouvâmes occupés par les milices florentines et les mercenaires qui tenaient Bologne tant que notre maître était devant Pavie, mais qui s'étaient repliés sur Florence en apprenant son départ pour Gênes. Dieu sait si nous étions inquiets, le seigneur Pandolfo et moi. Le matin, après une nuit très-agitée, nous décidâmes, avant de poursuivre notre chemin au milieu de ces hommes d'armes, de faire connaître à leur chef qui nous étions, où nous allions, le priant de nous protéger contre leurs attaques. Il le promit, et nous passâmes sans être insultés, ce qui fut comme un miracle. Le second jour, à la nuit, nous arrivâmes à deux milles de Florence, en un lieu qu'on nomme la Lastra-Comme à Bologne, nous envoyâmes notre notaire annoncer notre mission et demander pour nous l'hospitalité. Les magistrats de Florence, après avoir lu nos lettres, convoquèrent le grand conseil, selon l'usage de leur ville, et ouvrirent une délibération qui dura jusqu'au coucher du soleil. Ils firent alors par leurs actes connaître leur réponse. Les hérauts publics, à cette heure avancée, annoncèrent au peuple qu'à deux milles étaient les ambassadeurs de ce tyran, de ce roi d'Allemagne qui, autant qu'il l'avait pu, avait détruit le parti guelfe en Lombardie, et maintenant descendait par mer vers la Toscane, pour achever les guelfes, pour les remplacer par leurs ennemis; qu'il nous envoyait, nous clercs, pour bouleverser leur patrie sous l'ombre de l'Église. En conséquence, ils bannissaient publiquement le seigneur roi et nous ses envoyés, déclarant que quiconque voudrait nous attaquer dans nos personnes ou notre avoir le pourrait faire impunément, et qu'ils étaient certains que nous étions porteurs de beaucoup d'argent pour corrompre les guelfes et solder les gibelins.

« En apprenant ces nouvelles, notre messager, plein de crainte, n'osa ni sortir de son gîte pour nous les apporter, ni nous les transmettre par un intermédiaire. Elles nous parvinrent grâce à un vieillard de la famille des Spini, oncle de Messer Pandolfo et jadis banquier du pape Honorius. Sa lettre nous fut apportée à la Lastra, où nous dormions dans nos lits. Nous nous levâmes aussitôt, ne sachant que faire. Retourner à Bologne ou sur son territoire, c'était nous exposer de nouveau au danger auquel nous venions d'échapper. D'autre chemin, nous n'en connaissions pas, et l'heure n'était pas propice. Nous écrivîmes au potestat et au capitaine, tous deux nés sur les terres de l'Église. En attendant leur réponse, nous fîmes seller nos chevaux, charger nos bêtes de somme, et nous nous mîmes à table.

« Tout à coup nous entendîmes la cloche de la commune qui sonnait le tocsin. Nous vîmes la rue pleine de cavaliers et d'hommes d'armes à pied. Ils entourent notre maison. Au bas de l'escalier, un *popolano*, un bel homme, de la famille des Magalotti, s'apprêtait à le gravir; en criant : A mort ! Mais notre hôte, l'épée nue, ne permet à personne de monter. Pendant ce temps, des soldats[1] emmènent nos montures et nos bagages. D'autres, par diverses issues, parviennent jusqu'à notre chambre, le couteau à la main. Quelques-uns de nos domestiques et mon compagnon le frère prêcheur prennent la fuite et se jettent par les fenêtres dans un jardin. D'autres se cachent sous les lits. Un très-petit nombre reste auprès de nous. Quelque acte de férocité soldatesque ou populaire était à craindre.

« Le salut vint de Florence. Le tumulte y était grand. Beaucoup disaient qu'il était mal de nous chasser ainsi, et surtout M. Pandolfo, qui était issu d'une noble famille florentine. Touchés de cette considération, et à l'instigation du vieux banquier Spini, le potestat avait envoyé vers nous un de ses chevaliers, et le capitaine un citoyen. Spini se joignit à eux. En chemin, ayant rencontré une partie des bêtes volées, qu'on amenait à Florence, ils les arrachèrent de force aux mains des ravisseurs ; ils nous les rendirent, promettant de s'employer à retrouver le reste ; ils nous délivrèrent et nous conseillèrent, si nous tenions à la vie, de rebrousser chemin sur-le-champ. Nous voulûmes leur exposer notre ambassade, ils refusèrent de nous entendre; nous voulûmes montrer nos lettres, ils refusèrent de les voir. Bref, nous les priâmes de nous accorder le passage de nuit à travers

---

[1] Villani veut que ce soient des malandrins ; mais ce qu'il ajoute dément son assertion et confirme celle de l'évêque : « Ilissesi con consentimento secreto de' priori. » (IX, 25.)

Florence, sous bonne garde, pour être sûrs que nous ne parlerions à personne. Ils n'y consentirent point, disant toujours qu'ils avaient ordre de nous faire retourner d'où nous venions. Mais le vieux Spini nous ayant dit à l'oreille de ne retourner à aucun prix par Bologne ou son territoire, parce qu'on avait déjà fait savoir aux magistrats de cette ville que nous étions chassés de celui de Florence, et qu'ils eussent à nous traiter en ennemis publics, nous répondîmes que connaissant la lâcheté, la méchanceté, la sottise des Bolonais, nous ne repasserions jamais par leur ville, quand même on voudrait nous mettre à mort. Alors, après avoir longuement délibéré entre eux, ils décidèrent de nous renvoyer par un chemin qui conduisait aux terres des comtes Guidi, entre Bologne, Romandiola et Arezzo. Nous ne recouvrâmes plus rien de ce que nous avions perdu[1]. »

C'est donc en ennemis que Florence traitait les ambassadeurs d'un prince protégé par le pape, appelé par lui à la dignité impériale. Elle agissait d'instinct, mais aussi par calcul : la seigneurie savait, et le public commençait à apprendre qu'Henri, depuis l'année précédente, négociait secrètement pour marier sa fille au fils de Robert[2]. Que cette alliance s'accomplît, entre deux ennemis il n'y avait plus qu'à poser les armes. Se montrer inébranlable dans la ligue guelfe, c'était y retenir Robert, y conserver comme chef celui de ses frères qu'il avait nommé vicaire général en Toscane, et dont le roi des Romains réclamait le rappel[3]. Même la prudence eût voulu peut-être que les

---

[1] Nic. Botront., R. I. S., t. IX, 908 ; Cf. Villani, IX, 25.

[2] Alb. Muss. l. V, Rub. 6. — Dans des instructions données en 1313 aux ambassadeurs qu'il envoyait au pape, Robert prétendait avoir fait lui-même les ouvertures de mariage évasivement accueillies, d'où il avait conclu qu'Henri avait contre lui « livorosum et oblicum animum. » (Arch. de Sienne, filza 17, n° 1387 ; doc. analysé et publié en partie par Fraticelli, *Stor. della vita*, p. 214-216.)

[3] *Ann. eccl.*, 1310, § 21, t. XXIII, p. 490.

deux ambassadeurs fussent renvoyés vers Modène et Gênes. A tort on les laissa pénétrer plus avant en Toscane. Reçus par les comtes Guidi dans leur château de Civitella, entre Arezzo et Sienne, ils en firent pour les gibelins un centre de réunion ; ils y formèrent, le 20 novembre, un tribunal devant lequel ils citèrent Sienne et Florence. Considérant que la citation ne pouvait être faite par lettres, dont les porteurs eussent péri dans les tourments[1], Pietro de Tuderte et Bartolo de Spolète, juges de la grande cour du roi, parvinrent, grâce à de secrètes intelligences, à la faire afficher sur les portes du palais communal à Florence[2].

Dans cette assignation à quinze jours de date, ils énuméraient tous les griefs de leur maître : l'expédition d'Arezzo ; l'accueil fait à Guido della Torre, rebelle et « presque exilé » de Milan[3] ; l'envoi de Rinieri Marignani des Buondelmonti, à Crémone, en qualité de potestat, pour maintenir cette ville dans sa révolte ; les fortes sommes d'argent expédiées à Brescia ; la ligue et conspiration avec d'autres villes de Toscane ; les obstacles mis au voyage de Louis de Savoie, allant à Rome prendre possession de la dignité sénatoriale ; l'autorisation ouvertement donnée d'attaquer « les gens de celui qui se disait roi d'Allemagne[4] ; » enfin l'acte indécent d'avoir dépouillé et volé les ambassadeurs dudit roi. Un second instrument

---

[1] Metu mortis et corporis cruciatu quem universaliter Florentini inferrent de nuntiis regis. (*Bannitio Florentie*, Citatio, ap. Pertz, t. IV, *Legum* II, 520.)

[2] Et tantum fecimus quod citatio fuit affixa ad eorum palatium. (Nic. Botront., R. I. S., t. IX, 910.)

[3] Et fere bannitum. (*Bannitio*, etc., *Ibid.*)

[4] Gentem illius qui se faciebat regem Alamannie. (*Ibid.*)

fut dressé contre les autres villes de Toscane[1]. Quelques unes comparurent : Arezzo, Cortone, Montepulciano, San-Savino, Lucignano, Città della Pieve, Castiglione-Aretino ; elles prêtèrent serment de fidélité. Quant aux autres, « nous les condamnâmes, écrit l'évêque de Botronte, à plusieurs peines temporelles, selon l'autorité qui nous avait été confiée, en observant toujours les règles du droit, dont je suis, pour ma part, peu expert ; mais Messer Pandolfo, mon compagnon, l'est, au contraire, en l'une et l'autre loi, au dire de ceux qui s'y connaissent et qui l'ont entendu[2]. »

Florence se vit donc condamnée à la confiscation et à la vente de ses biens, à une amende de cinq mille livres d'or, à la perte de ses franchises, de ses priviléges, de ses libertés, de ses statuts et du droit d'en instituer d'autres à l'avenir. Ses prieurs, recteurs, conseillers, officiers quelconques, étaient déclarés infâmes, comme complices ou fauteurs de la rébellion, et bannis à perpétuité, avec tous les citoyens, tous les habitants de la ville et du district[3]. Il était interdit à tous châteaux et barons, à toutes cités, communautés ou personnes spirituelles, de recevoir aucun d'entre eux ou de leur prêter secours. Le 24 décembre, au son de la trompette, cette condamnation fut criée dans les rues de Gênes. Tous les marchands florentins qui se trouvaient dans cette ville furent obligés d'en sortir, en y laissant leur avoir, confisqué par la cour[4].

Ce fut là tout l'effet de cette vaine sentence : on ne la

---

[1] *Bannitio*, etc., *Ibid.*, p. 524.
[2] Nic. Botront., R. I. S., t. IX, 910.
[3] Omnes et singulos cives et incolas et districtuales dicte civitatis Florentie exbannimus. (*Bannitio*, etc., *Ibid.*, p. 523.)
[4] *Ibid.*, p. 521. — Villani, IX, 28. — Stefani, V, 285.

put exécuter que loin de la Toscane. Aussi Florence n'en marqua-t-elle aucune émotion. Ceux de ses marchands qui se trouvaient sur les terres d'empire reçurent prudemment, il est vrai, l'ordre de revenir dans leur patrie[1]; mais ils y trouvèrent l'art de la laine déchiré, au sujet de ses consuls, de grandes divisions qui s'étendaient à toute la ville, et auxquelles on ne se hâtait point de mettre un terme, comme on l'eût fait en un moment de danger[2]. On cherchait de l'argent, mais pour solder des hommes d'armes demandés à Robert[3], et non pour payer l'amende impériale. Ce qui occupe alors la seigneurie, c'est de remonter par le trafic aux sources de la richesse et de retrouver le nerf de la guerre. Si elle est humble, ce n'est pas devant Henri VII qui menace Florence, c'est devant Philippe le Bel qui la ruine en prohibant le florin comme moyen d'échange, en altérant ses propres monnaies, en incarcérant ou expulsant les « Lombards.[4] » Elle se plaint à lui de « multiples nouveautés » contre les Florentins établis en France, lesquels, dit-elle en exagérant pour les besoins de la cause, « forment la plus grande partie de leur ville[5]. » C'est en la majesté française qu'est, après Dieu, le fondement de leurs espérances. Résolue à défendre leur liberté, elle demande au roi qu'il veuille recevoir les marchands, les citoyens, tout le peuple et la commune de Florence dans sa bienveillance paternelle, révoquer les nouveautés et remettre les choses en l'ancien état[6].

[1] Stefani, V, 285.
[2] Villani, IX, 27.
[3] Ils arrivèrent le 15 décembre. (Stefani, VI, 286.)
[4] Voy. *Ordonnances des rois de France*, t. I, p. 489-494 et *passim*.
[5] Cumque civitas nostra ex predictis Florentinis pro majori parte consistat. (Doc. publié par M. Desjardins, I, 12-14. *Arch. delle Rif.*, cl. X, dist. I, reg. 3.)
[6] Cette lettre est de l'année 1311. La date du mois se trouve dans ces

Le cauteleux monarque ne s'y refusa point, car l'alliance des guelfes toscans lui était précieuse. Tout en renouvelant à Henri ses protestations d'amitié[1], il révoqua bientôt les mesures qui frappaient les Italiens[2].

Déjà, depuis le 21 octobre, le roi d'Allemagne était à Gênes. Il y avait reçu des habitants, pour vingt années, la seigneurie de leur ville. Il y était retenu par la maladie et la mort de la reine[3], qui, en l'accablant de douleur, le détournait pour un temps des affaires. Ses créanciers marchands, au surplus, n'auraient point permis son départ, sans qu'il eût payé ses dettes ; or, selon son habitude, il était court d'argent ; il ne pouvait même compter leur solde à ses hommes d'armes[4]. Pour donner patience aux gibelins, il sanctionnait leur ligue, s'engageant ainsi dans les factions plus qu'il n'aurait voulu, et il désignait comme leur capitaine général Werner de Homburg, un de ses fidèles Allemands. Mais il était temps de partir, car la gloutonnerie tudesque, plutôt que de faire maigre chère en attendant la paye du semestre en retard, exerçait des violences qui attiraient sur la petite armée et sur son chef de furieuses vociférations[5].

---

paroles : « Occasione adventus regis Alemannie qui ad civitatem Janue jam pervenit. » C'est donc au plus tôt novembre et même probablement décembre, car en novembre on exerçait encore des rigueurs en France contre les Florentins.

[1] Böhmer, *Regesta Henrici VII*, n°ˢ 404, 429, ap. Hillebrand, p. 192.
[2] Septième article de l'ord. du 30 janvier 1312. Voy. *Ord. des rois de France*, I, 494, et Desjardins, p. 13, note 1.
[3] Villani, IX, 27.
[4] Jam imminutæ erant ad danda stipendia Cæsaris facultates. (*Vita Clem. V, auct. Ven.*, ap. *Vitæ pap. Aven.*, p. 92.) — Cf. Tronci, p. 285.
[5] Illum exhausti æris pecunia multum angebat, quod curiam solitis epularum profusionibus non alebat; quodque stipendia poscentes mercenarii sui, dilato eis per semestre spatium tributo, pro esculentis et poculentis rebus vim Januensibus inferebant. Unde assiduis Cæsaris aures querelis im-

C'est l'opulente et fidèle Pise qui fournit les moyens de fermer la bouche aux Génois et de s'éloigner d'eux. Elle envoyait à Henri de nouveaux présents avec la promesse d'une soumission absolue. Elle acceptait d'avance que le roi déposât les *anziani*, le potestat et le capitaine, pour en nommer d'autres plus dépendants de lui[1]. Elle renouvelait son offre de lui remettre, à peine débarqué sur le territoire de la République, la même somme qu'il en avait reçue à Lausanne, soixante mille florins d'or[2]. Elle s'engageait enfin à détourner sur soi, tandis qu'il poursuivrait son chemin vers Rome, toutes les forces des guelfes toscans[3].

Le roi pouvait donc, dès lors, quitter Gênes. Toutefois, il se fit précéder, à Pise, par Henri de Namur, frère du comte de Flandre. Le 20 janvier 1312, ce seigneur y fit son entrée[4], et quoiqu'il eût avec lui peu de monde, il poussa aussitôt jusqu'à Pontedera, pour y saisir les marchandises florentines qui, à la nouvelle de son approche, avaient été précipitamment enlevées des entrepôts pisans. Il les y ramena, et ce fut pour les Florentins une grande perte, qu'ils eussent évitée en faisant bonne garde à la frontière, vers San Miniato. Enfin, après vingt mois de séjour en Italie et près de quatre à Gênes, Henri VII quittait cette ville avec trente galères, y laissant, comme vicaire royal, Uguccione de la Faggiuola. La tempête de

petebantur, tum etiam quod latrocinia prædasque pati nolentem plebem crebris pecuniarum exactionibus in se furere metuebant. (*Ferreti Vicentini Hist.* R. I. S., t. IX, 1092.)

[1] Malavolti, part. II, l. IV, f° 66 v°.
[2] Alb. Muss., l. I, rub. 10.
[3] *Cronaca di Pisa*, R. I. S., t. XV, 985. — Sismondi, III, 214.
[4] Stefani, V, 288.

mer l'ayant retenu dix-huit jours à Porto-Venere[1], il n'arriva que le 6 mars à Pise. Il y resta jusqu'au 23 avril, pour attendre d'Allemagne quelques renforts[2].

Sa présence sur le littoral de la Toscane y déconcertait la plupart des villes guelfes, prêtes à tourner au premier souffle de la fortune. Deux seulement restaient fermes, Bologne et Florence. Bologne n'y avait pas grand mérite : elle était et se sentait protégée, depuis qu'on connaissait la direction des impériaux, par tout le massif de l'Apennin. Florence, au contraire, pouvait être fort menacée, si, pour marcher sur Rome, ils prenaient la voie de terre. A peine, d'ailleurs, échappait-elle en ce moment-là aux troubles que venait de provoquer le meurtre d'un favori populaire. Un à un disparaissaient tous les chefs noirs de la période précédente. Rosso della Tosa et Geri Spina avaient terminé paisiblement leur orageuse vie[3]; mais Betto Brunelleschi, « gibelin renégat, riche et avare[4], » avait été tué par les Donati (février 1311), tandis qu'il jouait aux échecs[5]. Pazzino des Pazzi succombait, le 11 janvier 1312, à la vengeance de deux puis-

---

[1] Un document l'y montre le 24 février. Voy. Böhmer, *Reg. Imp.*, p. 283.

[2] Villani (IX, 36) dit jusqu'au 22, mais un doc. l'y montre encore le 23, et c'est la dernière journée de son séjour. Voy. Böhmer, *loc. cit.* Le 19 mars, dimanche des Rameaux, le notaire ser Giovanno di Lemmo dit s'être rendu à Pise, « occasione videndi dominum imperatorem Henricum, » et l'avoir vu « in majori ecclesia que dicitur duomus, civitatis ejusdem, dum erat ad audiendam missam, » entouré du comte de Savoie, du Dauphin de Viennois, du comte de Forez, du comte de Lignage, du duc de Bavière, du comte de Bretagne, de l'évêque de Reims et d'autres nombreux barons. (*Diario*, etc., p. 177.)

[3] Rosso en 1310 à l'âge de soixante-quinze ans. On ne fixe pas de date et on n'a pas de détails pour Geri Spina. Voy. Simone della Tosa, ann. 1310.

[4] G. Capponi, I, 136.

[5] Simone della Tosa, ann. 1311, p. 226.

santes familles, qui l'accusaient d'avoir trempé dans la mort de Betto Brunelleschi et de Masino Cavalcanti. Comme il chassait au faucon sur les bords de l'Arno, quelques-uns de ses ennemis le frappèrent à la gorge de leurs lances, puis s'enfuirent dans le val de Sieve. Ceux qui l'accompagnaient, le sachant aimé du peuple[1], apportèrent son cadavre sanglant sur la place des prieurs, et, enhardis par le courroux populaire, prirent les armes ainsi que ses parents et amis, coururent au palais, s'emparèrent du gonfalon de justice, puis, se dirigeant vers le *Mercato vecchio*, y mirent le feu à trois palais des Cavalcanti. Les membres de cette famille qui étaient innocents du meurtre essayèrent de se défendre avec leurs *consorti*, et élevèrent des barricades ; mais ayant succombé sous le nombre, quarante-huit d'entre eux furent condamnés dans leur avoir et leurs personnes, c'est-à-dire spoliés et bannis[2].

La paix publique à peine rétablie, Florence en donnait avis au roi Robert. Elle l'assurait, plus qu'elle n'en était elle-même assurée, que la ligue guelfe remplirait tous ses engagements, et que pour Rome allaient partir les secours réclamés par le huitième frère du roi, Jean de Morée, qui, en son nom, y prenait le commandement[3]. Depuis longtemps déjà, les Florentins pensaient à faire bonne garde dans la ville éternelle. Dès le 25 juillet 1311, la

---

[1] Più amato dal popolo. (Villani, IX, 32.)
[2] *Ibid.*
[3] Il se faisait appeler Jean de Morée pour maintenir les droits qu'il avait sur cette presqu'île du chef de sa première femme. Il n'en fit la conquête qu'en 1324. On l'appelait aussi prince d'Achaïe, et on l'appela plus tard duc de Duras en Albanie. C'est lui qui fut le chef de la maison de Durazzo. A la mort de son frère Pierre, en 1315, il prit encore le titre de comte de Gravina, que portait ce dernier. (Voy. Anselme, *Hist. gén.*, I, 416.)

seigneurie avait écrit à Robert, pour le prier d'y envoyer ce prince avec une armée[1]. Les Orsini ayant fait la même demande, Jean arrivait selon Ptolémée de Lucques en décembre 1311, selon Villani le 16 avril 1312[2], avec six cents cavaliers napolitains et catalans[3]. C'était peu sans doute, mais il attendait les secours promis. Florence en envoyait à plusieurs reprises[4]; et l'on en pouvait espérer de Crémone, de Parme, de Reggio, de Padoue, qui avaient repris sous la bannière guelfe leur ancien gouvernement[5].

Cependant, le 23 avril 1312, Henri VII avait quitté Pise, non sans avoir, le 11 du même mois, renouvelé la condamnation par lui portée à Gênes contre les villes guelfes de Toscane qu'il avait citées à son tribunal, et qui s'étaient dispensées d'y paraître[6]. Accompagné de deux mille hommes, tant à pied qu'à cheval, il suivait la route de Piombino dans la Maremme, puis traversait les campagnes de Sienne et d'Orvieto, évitant ainsi Florence et son territoire[7]. Après s'être arrêté quelques jours à Viterbe, il arriva le 7 mai aux portes de Rome. Il se flattait de les trouver ouvertes; il se heurta au prince Jean, retranché avec les Orsini et un corps de cavaliers florentins[8], à l'en-

---

[1] *Capitoli*, XXII, 144.

[2] *Ptol. Luc. Vita Clem. V*, ap. *Vitæ pap. Aven.*, I, 43. — Villani, IX, 38. Il est probable que, dès décembre, Jean avait envoyé des cavaliers et qu'il les rejoignit en avril.

[3] Villani, IX, 38. — Malavolti (part. II, l. IV, f° 66 v°) dit 1100, et il les fait venir de Florence.

[4] Un document montre en effet Robert demandant, en juin 1312, à la seigneurie l'envoi « d'autres » troupes. (*Capitoli*, XXII, 142.)

[5] Doc. analysé par M. Desjardins, I, 15. (*Arch. delle Rif.*; loc. cit.) Cf. Villani, IX, 31, 33.

[6] *Diario di ser Giovanni di Lemmo*, p. 177.

[7] Ser Giovanni di Lemmo dit que de San Savino il suivit le littoral (ivit per marictimam versus Romam, p. 177). Il est ou peu exact ou mal renseigné sur ce point.

[8] Dès le mois d'avril Florence avait un corps d'armée à Rome, car le 19

trée du *ponte Molle*, avec mission d'empêcher le couronnement. Le pont emporté de vive force, il fut reçu par le sénateur Louis de Savoie, qu'entouraient les Colonna, et se rendit bientôt maître d'une partie de la ville, de Saint-Jean de Latran au Capitole[1]. Mais ce n'était pas pour longtemps.

Le même jour, en effet, partait pour Rome le contingent de la ligue toscane, et le 9 mai, il y faisait son entrée. Florence envoyait, avec deux cents de ses meilleurs citoyens des *cavallate*, le maréchal de Robert, qui était à la solde de la commune, ses trois cents cavaliers catalans, et mille hommes de pied en fort belle ordonnance. De Lucques venaient trois cents cavaliers et mille *pedoni*; de Sienne la moitié moins de *pedoni*, mais le même nombre de cavaliers[2]. Les autres villes avaient aussi leurs représentants dans cette armée, et à la demande de Florence comme de Robert, de gré ou de force, elles durent renouveler leurs envois[3]. Grâce à ces renforts, les guelfes purent, le 21 mai, occuper l'église et le palais de Saint-Pierre, renforcer la garnison du château Saint Ange, re-

---

elle en exhortait les capitaines et les « conseillers » à persévérer dans la guerre commencée, espérant que le roi Robert avec son armée les rejoindrait bientôt. (*Capitoli*, XXII, 150 v°.)

[1] Nic. Botront. R. I. S., t. IX, 913, 920. — Ferreti Vicent., I. V. R. I. S., IX, 1104. — Alb. Muss., l. V, rub. 6. — Villani, IX, 39. — Stefani, V, 291. — *Diario di ser Giovanni di Lemmo*, p. 177.

[2] Villani, IX, 58. Malavolti, part. II, l. IV, f° 67. Ces auteurs ne sont pas tout à fait d'accord. Nous adoptons pour Florence les chiffres de Villani ; pour Sienne ceux de Malavolti.

[3] Vene mandarono molti altri in più volte ancor l'altre città guelfe di Toscana. (Malavolti, *loc. cit.*) Le 22 juin, Florence envoyait aux « frères » Lucquois la lettre de Robert qui demandait du secours et sa réponse ; elle ordonnait à la commune de Gangalandi (aujourd'hui la Lastra a Signa) de faire partir dans les trois jours les retardataires de son contingent, sous peine de 2000 florins d'or. (*Capitoli*, XXII, 142.)

prendre le Capitole, les tours avoisinantes et le Forum, posséder la moitié de Rome la plus peuplée, avec toute la cité léonine. Cinq jours durant, les deux partis restèrent en expectative, fortifiés dans leurs positions. Le 26, l'évêque de Liége, suivi d'un grand nombre de barons allemands, osa enfin forcer les barricades et s'avancer jusqu'au pont Saint-Ange, pour engager le combat. Au lieu d'attendre leur choc, Catalans, Napolitains et Florentins se dissimulèrent dans les traverses pour les prendre de flanc. Ils en tuèrent ainsi ou en firent prisonniers deux cent cinquante. Parmi les captifs était l'évêque lui-même. Comme on le conduisait en croupe à Jean de Morée, un Catalan, dont le frère venait de mourir dans l'action, le tua d'un coup d'épée dans les reins[1].

Deux mois entiers, de semblables escarmouches alternèrent avec les négociations et les intrigues. Du camp impérial se répandait dans Rome et au dehors le bruit que Robert songeait à traiter. Le fait était exact : des lettres d'Apardo des Donati et d'Ugolino des Tornaquinci ne permettaient aucun doute à cet égard. Elles contenaient diverses clauses de l'accord en projet[2]. La seigneurie, néanmoins, écrivait de démentir ces rumeurs comme mensongères, attendu qu'elles pourraient exercer une influence fâcheuse sur les déterminations du pape[3]. Mais, en même temps, elle communiquait à Lucques, sa plus fidèle et plus forte alliée, les lettres accusatrices, lui demandant ce qu'elle entendait faire[4]. Le 20 juin, les prieurs écri-

[1] Villani, IX, 42. — Stefani, V, 290. — Alb. Muss., l. VIII, rub. 5. — *Diario di ser Giovanni di Lemmo*, p. 178.
[2] 17 juin 1312. *Capitoli*, XXII, 162 v°.
[3] Doc. analysé par M. Desjardins, I, 15
[4] *Capitoli*, XXII, 162 v°.

vaient à Gentile « des fils d'Orso, » c'est-à-dire des Orsini, pour le prier de détourner Robert de son dessein, pour l'informer que Florence était prête à agir[1]. Le 21, d'autres lettres, envoyées à Robert lui-même, par l'intermédiaire des Peruzzi et des Bardi, « familiers royaux[2], » lui faisaient d'énergiques représentations, comme de rassurantes promesses : de prochains, de considérables secours lui étaient annoncés[3].

En même temps, l'infatigable seigneurie fatiguait l'air de ses plaintes. Elle représentait à Angiolo, « compagnon du potestat », et aux capitaines de l'armée florentine à Rome, à Gentile des fils d'Orso, au prince Jean, au maréchal du roi, au roi lui-même, que ladite armée succombait à sa tâche, parce que les troupes royales étaient disséminées en divers postes, parce que les renforts promis de Naples se faisaient trop attendre. Elle ordonnait à ses capitaines de lui faire savoir au juste ce qu'il y avait de gens du roi à Rome, et elle exprimait un vif regret de ce que Robert ne s'y fût pas transporté de sa personne. Enfin, « considérant que du succès des armes florentines dépendait le salut du parti de l'Église, elle demandait à être exactement informée de tout ce qui arriverait[4]. »

En somme, il arrivait peu de chose. Des lenteurs inexpliquées lassaient les impériaux. Les rudes chaleurs de juin tuaient, alitaient les Allemands ou les mettaient en

---

[1] *Capitoli*, XXII, f° 162 r°.
[2] Domesticis regiis. (*Ibid.*, f°° 161, 162.)
[3] *Ibid.* Les lettres remises aux Peruzzi et aux Bardi étaient du 17 et du 20 juin.
[4] Considerantes quod universalitas status totius partis Ecclesiæ ab urbis negotiis nostrisque felicibus dependet processibus. (Lettres des 17, 18, 22 juin 1312. *Capitoli*, XXII, 164 r° v°.)

fuite vers le nord[1]. Déjà les Ubertini, les Pazzi et autres gibelins étaient de retour à Arezzo[2]. La position d'Henri n'était plus tenable à Rome. Tandis que ses adversaires, mieux aguerris contre le climat, pouvaient de Naples comme de la Toscane faire incessamment venir des hommes d'armes, il n'était en communication que par la mer avec ses amis de Pise, de Gênes et d'Allemagne; il en recevait de l'argent, mais pas un homme, pour réparer ses pertes et frapper un coup décisif. Il sentait donc le besoin d'en finir. Renonçant à ceindre le diadème impérial dans l'église de Saint-Pierre, avec les cérémonies fastueuses dont il avait le goût et qu'il savait propres à frapper les imaginations, il obtint des légats qui résidaient auprès de lui[3] que, sans en solliciter du pape la permission expresse, ils le couronneraient, le 29 juin, dans la basilique de Saint-Jean de Latran[4].

C'était donner le signal du départ. Il avait promis à Clément V de quitter Rome trois jours après cette cérémonie, et pour rien au monde il n'eût manqué à sa parole[5]. Après avoir fiancé sa fille Béatrix au fils de Frédéric de Sicile, il partit pour Tivoli, où il donna deux mois de repos à ses rares fidèles. La désertion continuait toujours. Même en ce lieu de plaisance et sous ces beaux

---

[1] Alb. Muss., l. VIII, rub. 8.
[2] Doc. du 26 juin 1312. (*Capitoli*, XXII, 164 v°.)
[3] Les cardinaux de Prato, Fieschi et Pellegrue.
[4] *Coronatio Romana*, ap. Pertz, t. IV, *Legum* II, 59. — Cf. *Ann. eccl.*, 1312, § 39, t. XXIII, p. 587. — Villani dit à tort le 1ᵉʳ août.
[5] Lettre de la seigneurie à Robert, 4 juillet 1312. (*Capitoli*, XXII, 148 v°.) — Dans un doc. du 20 juillet, analysé par M. Desjardins, I, 15, 16 (*Arch. delle Rif.*, class. X, dist. I, reg. 4), il est dit deux jours au lieu de trois. Aucun historien n'a signalé ce motif du départ de l'empereur, pas même M. G. Capponi, le plus récent de tous.

ombrages, quatre cents chevaliers d'Allemagne, suffoqués par la chaleur d'Italie, demandaient leur congé et retournaient dans leur froid pays[1].

Ce temps de répit ne fut point perdu pour Florence. D'une part, elle amuse l'empereur de feintes négociations; de l'autre, elle prépare une vigoureuse reprise des hostilités. Un certain Riccardo Ugheti vient à Tivoli s'entendre avec les conseillers impériaux sur les bases d'un traité. Il promet de revenir au mois d'août avec d'autres Florentins pour le conclure définitivement; mais en fait il ne revint que lorsqu'il fut assuré de ne trouver personne au rendez-vous. « Je ne connaissais pas encore les Toscans! » s'écrie non sans amertume l'évêque de Botronte[2]. Que n'eût-il pas dit, s'il avait connu tout ce qu'ils machinaient dans le même temps contre son maître! Quelques Siennois quittent Rome sans permission? La seigneurie de Florence les fait condamner dans leur patrie chacun à cinquante livres d'amende et à l'exil[3]. Dès les premiers jours de juillet, elle invite ses capitaines à lui rapporter les mouvements de l'ennemi; elle leur communique, ainsi qu'au roi Robert, son soupçon d'un prochain retour offensif contre la Toscane, ou même contre Rome, quand les alliés l'auraient évacuée; elle leur enjoint de s'unir à Jean de Morée et à Diego de la Rata, pour s'y opposer, et d'élire, pour punir les délinquants, Guidone de Montecalvoli; elle avertit les communes de la ligue de ne pas

---

[1] Nic. Botront. R. I. S., t. IX, 921. — Alb. Muss., l. VIII, rub. 8. — Ferreti Vicentini l. V. R. I. S., t. IX, 1108.

[2] Non venerunt, nec miserunt ad dictum diem predicti, licet postea miserint.... Adhuc non conoscebam Thuscos iis diebus. (Nic. Botront., R. I. S., IX, 922.)

[3] Malavolti, part. II, l. IV, f° 67 v°.

prêter l'oreille à qui sème la zizanie, et de se disposer à combattre « le roi d'Allemagne, » s'il marche sur la Toscane. Tandis qu'elle annonce le départ d'un corps d'élite pour Rome, elle envoie ses délégués à la diète d'Empoli ; elle leur enjoint d'en hâter les délibérations, car « les circonstances exigent qu'on en vienne promptement au fait[1] ; » elle approuve qu'ils donnent à Robert ou à son fils, avec le consentement de Lucques et de Sienne, le titre de capitaine de la ligue ; mais, toujours soucieuse des intérêts commerciaux, elle s'oppose à la destruction des routes par où l'empereur peut aller à Pise, se réservant d'en délibérer[2].

Les documents des archives florentines permettent de suivre jour par jour dans ses manifestations cette activité prodigieuse. De Tivoli les impériaux, par manière de passe-temps, multiplièrent dans le voisinage incursions, déprédations, brusques attaques de châteaux. Le 2 août, la seigneurie invite le prince Jean et Diego de la Rata à conduire vers Pérouse l'armée florentine. Le 3, elle donne ordre aux compagnies ou *leghe* de Gangalandi, du Chianti, du val de Greve, du val d'Avana, de mettre sur pied tous leurs hommes désignés pour la guerre. Le 4, elle écrit aux capitaines florentins de Rome et d'Orvieto de ne pas prêter foi au bruit répandu que l'ennemi a occupé diverses terres de Toscane. Le 5, elle propose aux communes de Sienne et de Lucques de faire déclarer la guerre au roi d'Allemagne par la diète d'Empoli. Le 6, elle prie Jean de Morée, Gentile et Poncello des fils d'Orso,

---

[1] Qualitas facti exigit breviter veniatur ad factum. (15 juillet 1312. *Capitoli*, XXII, 147 v°.)

[2] Lettres des 4, 7, 13, 15, 16 juillet 1312. (*Capitoli*, XXII, 147, 148.)

d'expulser de la partie de Rome qu'ils occupent les impériaux dont l'appui permet aux Romains de maltraiter les gens de l'armée guelfe. Le 7, elle marque secrètement à Guidone, « officier du potestat d'Orvieto, » et commissaire des troupes florentines en cette ville, son déplaisir de ce que les milices qui étaient à Rome en soient parties; elle lui commande de les diriger sur Florence, et de se mettre à la tête de celles qui sont à Civita-Vecchia. Le 10, elle informe Robert que beaucoup d'hommes d'armes sont dirigés sur Rome et sur Orvieto, et que d'autres les suivront, pourvu que lui-même, sortant enfin de Naples, paraisse sur le théâtre des hostilités. Le 11, elle propose aux villes de la ligue de l'informer que le parlement d'Empoli vient de déclarer la guerre. Le 12, elle intime à Guidone et aux capitaines de reconduire les milices à Rome, et de ne s'en point éloigner sans un ordre exprès. Le 17, elle commande à ses officiers de payer ses mercenaires d'Orvieto, mais non ceux de Rome, qui doivent revenir, et de ne remettre aux chefs que leur solde personnelle, « afin que leur voracité ne dévore pas la paie de leurs hommes[1]. » Le 19, elle avertit Robert que les Florentins ont quitté Rome, fatigués de l'y attendre, mais qu'il les trouvera, avec les gens de Lucques et de Sienne, à Orvieto, pour abattre le « roi des Romains. »

Ces dépêches multipliées, quelquefois contradictoires, montrent bien que les impériaux commençaient à s'ébranler, mais sans avoir encore dessiné leur mouvement. Guidone et ses conseillers sont invités, le 21 août, à suivre l'ennemi, à donner assistance aux Pérugins, et le 23 à ne

---

[1] Ita quod capitaneorum et comestabilium voracitas pagam singularium non corrodat. (*Capitoli*, XXII, 153.)

point permettre qu'aucun cavalier s'éloigne d'Orvieto, jusqu'à nouvel avis. On apprend enfin qu'Henri est à Viterbe avec le cardinal de Prato. La seigneurie en informe, le 26 et le 27, toutes les villes de la ligue : « Avec votre concours, écrit-elle, avec le concours de tous nos autres fidèles amis, opposons-lui une résistance virile, pour l'empêcher de se rendre à Pise, et préparons-nous magnifiquement[1]. » Elle prie Robert d'envoyer son frère Jean, avec l'armée napolitaine, pour coopérer au même dessein. A Guidone, suivant que le roi d'Allemagne se dirigera sur Pise ou sur Arezzo, elle commet le soin de conduire à Sienne ou ailleurs les Florentins qu'il commande, et de suivre secrètement, par des chemins sûrs, les impériaux[2].

C'est seulement le 31 août qu'on en connut bien la direction. Todi, ville gibeline, les avait reçus avec enthousiasme[3], « pour faire, écrivent les prieurs, des nouveautés contre les frères Pérugins, puis pour se diriger vers Arezzo. » Le moment est venu de réunir les forces de la ligue aux forces florentines qui les attendent dans Orvieto, de courir à Pérouse, de se mettre partout en état de défense. De nouvelles, d'incessantes lettres relancent Diego de la Rata, les communes toscanes, les chefs de l'armée, les capitaines et cavaliers des *sesti* de Florence, les

---

[1] Nosque vobiscum et cum aliis fidelibus nostris amicis si resistere viriliter intendamus ne transeat versus Pisas et ad hos magnifice nos paremus. (*Capitoli*, XXII, 156.)

[2] Eo autem recedente redeatis ad nos et ipsum sequamini caute procedendo per tuta loca, sicut videbitis convenire. (28 août 1312. *Capitoli*, XXII, 156.) Pour toutes ces lettres, voy. les *Capitoli*, même registre, p. 151 v°, 156.

[3] Le 27 août, d'après des documents que mentionne M. Bonazzi, *Storia di Perugia*, t. I, p. 388.

Gaetani, comtes palatins de Fondi, les comtes Silvatico et Battifolle, ainsi qu'une foule d'autres seigneurs[1]. Des garnisons sont mises dans toutes les forteresses; Florence prend à sa solde sept cents cavaliers, et en équipe treize cents de ses *cavallate;* toutes les villes de la ligue guelfe prennent, à son exemple, ces soins urgents[2]. L'évêque de Botronte les constate, mais son regard pénétrant découvre le défaut de la cuirasse, le ver rongeur. « Les Toscans, dit-il, ne se fient qu'au bras et à la valeur de leurs mercenaires catalans, et nullement en eux-mêmes, car ils sont misérables sous les armes[3]. »

Les habitants d'Arezzo, comme ceux de Todi, reçurent l'empereur avec une joie toute gibeline. Malgré l'avis des barons allemands, qui voulaient retourner à Pise, ils lui persuadèrent de marcher sur Florence[4]. Au début, tout alla bien. Le château de Caposelvole, sur l'Ambra, se rendit sans résistance. Les défenseurs de Montévarchi ne résistèrent que trois jours : quand ils virent leurs fossés remplis de terre, les échelles appliquées à leurs basses murailles, ils ne différèrent plus leur soumission[5]. On

---

[1] Lettres des 31 août, 2, 3, 4, 5 septembre 1312. (*Capitoli*, XXII, 173 v°, 178.) — Cette activité remarquable est le fait de deux seigneuries, celle du 15 juin et celle du 15 août. La première ne contient que des hommes de nom obscur, sauf un qui est de l'ancienne famille des Anchioni. Dans la seconde, on voit un Rondinelli, un Albizzi, un Medici, gonfalonier. Dans les deux dominent les hommes qu'on désigne par le nom de leur père, Guccio de Rinaldo, Giovanni de Lamberto, Bencino de Sanna Benci, etc.

[2] Villani, IX, 43.

[3] Thusci solum in potentia et virtute Cathalanorum suorum stipendiariorum confidentes, non in semet ipsis qui miseri sunt in armis. (Nic. Botront., R. I. S., t. IX, 925.)— Ailleurs pourtant, l'évêque reconnaît que « homines castri (Montisvarchi) fortissime defenderunt se contra insultus Theutonicorum. » (*Ibid.*, p. 924.)

[4] Fece sua raunata sopra la città di Firenze (Villani, IX, 44); Cf. *Diario di Ser Giovanni di Lemmo*, p. 178.

[5] Villani, *Ibid.* — Nic. Botront., R. I. S., t. IX, 924.

obtint celle de Castro-San-Giovanni en coupant les conduites d'eau[1]. C'est seulement au château de l'Incisa, sur les bords de l'Arno, à douze mille pas de Florence, que les Florentins avaient résolu d'arrêter cette marche triomphale. Dix-huit cents cavaliers, dépourvus d'un bon capitaine, ne pouvaient penser, même avec de nombreux *pedoni*, à livrer bataille[2]; mais il leur était facile de disputer le passage du fleuve, car nulle part, aux environs de l'Incisa, il n'était guéable, même pour les chevaux. Adossés à la colline où la forteresse était perchée, ils défendirent le pont, sans accepter le combat. Louis de Savoie et Henri de Flandre, chefs de ce corps d'armée, de cette avant-garde, durent faire un long détour à gauche, sur les hauteurs, pour rejoindre la route de Florence. Deviné par la garnison, ce mouvement lui inspira le dessein d'attaquer les ennemis sur leurs derrières, au point de jonction de la route avec les chemins de traverse; mais mal lui en prit d'avoir cédé à la tentation; elle laissa sur le terrain une centaine d'hommes, dont vingt-cinq chevaliers, et les survivants n'eurent plus, en toute hâte, qu'à se réfugier dans le château (18 septembre)[3].

Les impériaux, cependant, poursuivaient leur marche. Comme ils étaient sur la rive gauche, ils auraient pu, sans traverser le fleuve, arriver sous les murs de Florence au quartier d'Oltrarno. Ils ne le voulurent point, et avec

---

[1] Nic. Botront., *Ibid.*, p. 925.

[2] Villani, IX, 45. — L'évêque de Botronte dit que les Florentins passaient pour supérieurs deux fois en nombre aux impériaux. (*Ibid.*) C'est sans doute par les *pedoni*, qui manquaient entièrement à l'empereur.

[3] Villani, IX, 43; Stefani, V, 294; Nic. Botront., *Ibid.*; Joannes de Cermenate, R. I. S., t. IX, 1269; *Vita Clem. V*, auct. Ven., ap. *Vitæ paparum Aven.*, I, 94; *Gesta Baldewini*, ap. *Baluz. Miscell.*, 828; *Diario di Ser Giovanni di Lemmo*, p. 178.

raison : même maîtres de ce *sestiere*, ils ne l'eussent pas été de la ville; on n'y pénétrait que par les ponts, dont la défense était aisée à une population compacte et sous les armes. Le lendemain 19, ils passèrent donc l'Arno sur la droite, au lieu où il fait sa jonction avec le petit cours d'eau de la Melsola, non loin de San Salvi, et ils dressèrent leurs tentes entre les portes Sant'Ambrogio et Santa Croce, où les murs, déjà démolis et non encore reconstruits, étaient remplacés par de simples palissades. Ce fut le sentiment général qu'avec un peu d'audace Henri aurait pu s'emparer de la ville; mais il fut timide : il se sentait faible et il attendait des renforts.

A vrai dire, pourtant, Florence n'était point prise au dépourvu. L'incendie de ses campagnes, œuvre traditionnelle de toute armée en marche, lui avait signalé l'approche des impériaux. A peine vit-on se déployer à l'horizon leurs bannières, que les prieurs firent sonner la cloche. Aussitôt les gonfaloniers des compagnies se rendent sur la place publique, où leurs hommes en armes viennent les rejoindre. L'évêque Antonio de l'Orso, le premier *popolano* qui eût été revêtu de cette dignité sacrée, met au service de la défense les chevaux réservés aux cérémonies religieuses ou autres besoins de son église[1]. Il fait vaillamment appel à ses clercs. Il les entraîne avec les laïques vers la porte Sant'Ambrogio, sur le point le plus menacé. Les maisons y sont détruites; on y apporte les lits, les tables, les fenêtres : en moins d'une demi-nuit,

---

[1] Il avait succédé à Lottieri della Tosa. L. Del Migliore (p. 123) prétend qu'aucun grand ne fut plus évêque à Florence; mais il se contredit en nommant lui-même Agnolo des Ricasoli, auquel on en pourrait ajouter d'autres, notamment un Buondelmonti. (Voy. Ughelli, *Italia sacra*, aux évêques de Florence.) — Boccace appelle Antonio d'Orso « valoroso e savio prelato. » (*Giorn.* VI, nov. 3, t. III, p. 31.)

tout est barricadé jusqu'à la *porta a Pinti.* Au jour, on
élève des mantelets et on établit des couloirs. A vue d'œil
se dressent les tentes et les baraques du capitaine, du
potestat, des gonfaloniers. Les portes de la ville sont mu-
rées pour la plupart; les autres, gardées soigneusement
de jour comme de nuit. Du côté des ponts Rubaconte et
de la Carraja, les abords de l'Arno sont clôturés avec du
bois. La seigneurie donne ordre aux habitants de tenir,
tous les soirs, la ville bien éclairée; elle décrète la levée
des *cavallate*, jusqu'à concurrence de huit cents hommes;
elle enrôle en Romagne deux cents cavaliers et cinq cents
pedoni; elle envoie des exprès à tous les alliés. De grandes
peines sont édictées contre quiconque ne suivra pas sa
bannière; on publiera partout leurs noms, ainsi que ceux
des traîtres. On encouragera les *contadini ;* on examinera
quelle partie du *contado* est la plus propre à fournir des
pedoni. Deux officiers, dont un *popolano* et un grand,
sont préposés au service des espions, qu'ils devront envoyer sans relâche; eux-mêmes ils sont tenus par serment
de se réunir au moins deux fois par jour. Enfin, au-dessus
de tous les officiers de la défense était institué un juge du
potestat, avec mission de les stimuler continuellement[1].

Durant deux longs jours, nonobstant, les Florentins
vécurent dans des transes mortelles. C'est qu'ils croyaient
détruite leur armée de l'Incisa, noyau de leurs forces
actives. Elle ne l'était point; elle revenait même à Florence, où la rappelait le devoir, mais par petits corps, ne
marchant que la nuit et par les chemins de traverse,
pour échapper aux impériaux. Plus d'une fois, malgré
ces précautions, les fourrageurs allemands surprirent les

[1] Villani, IX, 46; Stefani, V, 294; *Diario del Monaldi*, ap. Peruzzi, *Storia del commercio di Firenze*, p. 45-47.

lits non défaits, les feux allumés, et sur le feu les marmites où cuisaient les viandes pour le prochain repas[1]. Heureusement, ils ne surprirent pas les hommes, qui rentrèrent à Florence le 21 septembre. Ils n'y précédaient que d'un jour les premiers contingents de la ligue. Le 26, arrivent les mercenaires de Romagne; le 30, les secours de Pérouse. Le 1ᵉʳ octobre, eut lieu la revue générale de toutes ces forces diverses : elles se montaient à quatre mille neuf cents chevaux environ, dont sept cents de Robert, et dix mille *pedoni* étrangers[2]. En y joignant les *cavallate* et les compagnies florentines, Florence comptait, si l'on en croit l'évêque de Botronte, trois fois plus de cavaliers, dix fois plus de *pedoni* que l'armée impériale[3].

L'armée impériale, en effet, même grossie des gens d'armes que le comte Hugo de Bucheck ramenait de Rome à son maître, avec des prisonniers faits en chemin[4], ne

---

[1] Scio quod carnes inveniebantur ad ignem in ollis, et lecti facti, et nihil adhuc erat remotum, et hoc probavi in hospitio in quo fui. (Nic. Botront., R. I. S., t. IX, 926.) — Suivant cet auteur, l'armée de l'Incisa était rentrée avant que l'empereur fût devant Florence ; mais Villani sait mieux que lui ce qui se passait dans la ville. Les dates, d'ailleurs, et les faits qu'il rapporte lui-même, contredisent son assertion. Ferreto de Vicence (R. I. S., t. IX, 1111) va jusqu'à dire que l'armée de l'Incisa arriva huit jours après celle de l'empereur. Pour concilier ces témoignages, M. Hillebrand suppose deux rentrées (p. 205), mais c'est une supposition purement gratuite. Il eût mieux fait de s'en tenir à ce qu'il dit un peu plus bas, qu'il est difficile en campagne de connaître les positions et les forces de l'ennemi.

[2] Ce sont les chiffres de Stefani (V, 294). — Ammirato (l. V, t. I, p. 255) dit seulement 2350 chevaux et 8000 *pedoni*; mais il a pu commettre deux oublis, notamment le contingent assez respectable de Pérouse, que Stefani porte à 400 chevaux et 1000 *pedoni*.

[3] Pro uno, ut dicebatur, fuissent tres in bonis equis, et pro uno pedite armato decem armati vel plures. (Nic. Botr., R. I. S., t. IX, 926.) — Un autre auteur donne aux Florentins plus de cent mille hommes. (*Albertin. Argentin. Chron. integrum*, ap. Urstitius, II, 118.)

[4] Albertinus Argentinensis prétend que Hugo amena « plures quam ipsi

dépassait guère dix-huit cents cavaliers[1], dont huit cents Allemands et mille Italiens de la ville et de la campagne romaine, de la Marche d'Ancône, de Romagne, des comtes Guidi et de Santa Fiore, des exilés de Florence. C'était peu, mais Henri avait plus de *pedoni* que n'en comportaient alors les armées étrangères : un chroniqueur milanais en fixe le nombre à huit mille[2]. C'est que, de bon ou de mauvais gré, sur son passage, il enrôlait les *contadini*[3]. A ces forces devaient se joindre trois cents cavaliers et deux mille *pedoni* de Pise; mais Florence se mit en travers. Ayant reçu, le 8 octobre, avis de leur marche, le 10, elle envoyait contre eux le maréchal du roi avec cinq mille hommes de pied, qui dégageaient Certaldo et contraignaient les Pisans à retourner chez eux[4].

Si donc les Florentins n'attaquèrent pas de front l'empereur, ce n'est pas seulement, comme le dit Stefani, « parce qu'ils n'avaient aucun capitaine étranger, parce qu'ils ne se fiaient à aucun capitaine de la ville, et pour d'autres raisons que le chroniqueur tait pour l'honneur des citoyens de Florence[5]. » Supérieurs en nombre, protégés par leurs murailles comme par leurs travaux de défense, ils agissaient par tactique : ils avaient la certi-

---

fuerant in obsidione Florentiæ. Cæsari præsentarunt captivos. » (*Ibid.*)

[1] Stefani (V, 294) dit 2000. — Joannes de Cermenate (c. LI, R. I. S., t. IV, 1270) 1200.

[2] Joannes de Cermenate, *Ibid*.

[3] Gente a piè assai, perocchè i nostri contadini dalla parte dove egli possedea tutti seguivano il suo campo (Villani, IX, 46).

[4] Stefani, V, 295.

[5] Per altre (ragioni) che taccio per onestà de' cittadini di Firenze. (Stefani, V, 294.) — Villani (IX, 46), qui blâme comme Stefani et qui donne les mêmes explications, jusqu'à celle de lâcheté (*viltà*), semble pourtant avoir des doutes et entrevoir la raison de tactique (*o per senno di guerra*).

tude de fatiguer, d'user l'ennemi, de le contraindre, sans perte d'hommes ni d'argent, à s'éloigner avant peu. Quoiqu'il campât devant Florence, il ne pouvait l'envelopper. Toutes les portes qu'il ne menaçait point furent bientôt rouvertes. Déposant leurs armes, mais ayant soin de les garder à portée, et continuant de faire appel à la Toscane entière, d'envoyer même au secours des places menacées[1], les Florentins reprirent leur vie habituelle, recommencèrent à recevoir, à expédier des marchandises, à bâtir les édifices entrepris. La famille des Cocchi fit travailler de nuit et aux flambeaux à l'érection de son palais[2]. Avec une constance et une résignation dont il y a, d'ailleurs, d'autres exemples dans l'histoire, ces marchands si attentifs à leurs intérêts, si habiles à faire la balance des gains et des pertes, laissaient brûler, dévaster et piller tous leurs biens dans la campagne. Au camp impérial régnait une telle abondance qu'un bœuf n'y trouvait pas acheteur pour un florin, et qu'on le donnait pour une paire de souliers. On y laissait prendre à chacun autant de vin, de blé, d'huile qu'il voulait. Les courtisanes qui y venaient pour la joie des Allemands se paraient de robes de soie volées aux jeunes filles du *contado*. L'orgie ne suffisant pas à ces barbares, il leur plaisait encore d'anéantir stupidement les sources de leur opu-

---

[1] Le 16, le 17 octobre, la seigneurie écrivait à Sienne, Lucques, Bologne, Pérouse, Orvieto, Castello, Gubbio, aux comtes Guidone Silvatico, Battifolle de Romagne, à Dalmazio, capitaine de Ferrare, de tenir prêts leurs hommes d'armes; à Castelfiorentino, Gambassi, Certaldo, Montelignoso, Santa Fiore, Poggibonzi, Linari, de garder les passages, pour que les exilés gibelins ne pussent gagner le territoire de Pise; à San Miniato, que Florence envoyait le chevalier du potestat avec le contingent réglementaire pour défendre ce château. Le 24, elle renouvelait ses exhortations. (*Capitoli*, XXII, 179, 180.)

[2] Villani, IX, 46; Fauriel, I, 220.

lence passagère : ils ne se contentaient pas de couper les arbres, selon l'usage, et d'incendier les maisons; ils mettaient le feu aux grains et à la paille, ils répandaient à terre le vin et l'huile, dont ils croyaient ne voir jamais la fin[1].

Ils la devaient voir, pourtant, et ils l'eussent vue plus tôt encore, si la récolte, cette année-là, n'avait été exceptionnellement belle, si les paysans des vallées de la Sieve et de la Greve n'avaient continué, lorsque le pillage devint improductif, à fournir le camp de denrées qu'on leur payait fort cher, à beaux deniers comptants. Mais l'argent était toujours rare dans les coffres d'Henri VII. En accablant de maux les Florentins[2], en éventrant la poule aux œufs d'or, son armée l'avait ruiné lui-même. Le jour n'était pas loin, où, à bout de ressources, il devrait s'éloigner.

Ce qui le retint, ce fut une grave maladie. « Les guelfes, dit dédaigneusement un chroniqueur milanais, espéraient plus dans sa mort que dans les combats[3]. » Autour de son lit il n'y avait « aucun Hippocrate, aucun Galien qui lui procurât le moindre soulagement[4]. » Les médecins désespéraient de le sauver[5]. C'est le moment que choisit Florence pour lui arracher, s'il était possible, son consentement à la paix. Gagné peut-être à prix d'or, son confes-

---

[1] Nec victualia amplius inveniebantur, quia in principio sicut fatui per gnem granum et paleas, et per effusionem vinum et oleum destruxerant. (Nic. Botront., IX, 927.)

[2] Plura damna in illa parte non poterant fieri Florentinis. (*Ibid.*)

[3] Sperare facit guelphos plus in morte principis quam in pugna. (Joannes de Cermenate, c. LII, R. I. S., t. IX, 1270.)

[4] *Ibid.*

[5] Nic. Botront., R. I. S., t. IX, 926. — Cet auteur répète souvent cette assertion, comme, du reste, beaucoup d'autres.

seur lui représenta que la cité rebelle offrait une soumission complète, pourvu qu'il n'y entrât point, et qu'il se contentât d'y envoyer un vicaire. Mais, faible de corps, il avait encore toute la force de son esprit ou de son entêtement : s'il promettait d'user de toute la clémence désirable, par dignité il ne pouvait admettre que l'entrée de ses villes lui fût interdite[1]. Les pourparlers cessèrent donc, car Florence non vaincue n'entendait point se mettre à la merci des Allemands.

Rétabli à moitié, l'empereur hésitait encore à transporter son camp du côté d'Arezzo, où Louis de Savoie, où Henri de Flandre, lui montraient tout en abondance. Il fallut, pour le décider à cette reculade, une inondation de l'Arno. Les tentes baignaient dans l'eau ; nul fournisseur n'y pouvait plus aborder. La veille de la Toussaint, après quarante-deux jours perdus devant les portes fermées de la ville guelfe, l'ordre fut enfin donné de repasser le fleuve[2]. Il était déjà tard, et le danger semblait grand. Les Florentins, maîtres des ponts, pouvaient attaquer sur l'une ou l'autre rive, profiter du moment où l'ennemi, coupé en deux, serait hors d'état de rejoindre ses tronçons à travers les flots grossis de l'Arno, pour y précipiter ou pour disperser au loin le corps de la rive gauche, et exterminer ensuite celui de la rive droite, privé de tout espoir de secours, de toute chance d'échapper. Ils ne l'essayèrent même pas, ou ils se bornèrent à une démonstration insignifiante. C'est là, bien plus qu'auparavant, que paraît et que choque le manque de courage chez ce peuple ou de talent et de décision chez ses chefs[3].

[1] Nic. Botront., R. I. S., t. IX, p. 926.
[2] *Diario di Ser Giovanni di Lemmo*, p. 179.
[3] Nic. Botront. ; Joan. de Cermen., *Ibid.*; Villani, IX, 47 ; *Instrumen-*

Le son des cloches marqua leur joie, comme il avait marqué leurs alarmes. On eût dit qu'ils avaient remporté une grande victoire, qu'ils étaient délivrés, et pourtant les impériaux campaient dans la plaine qu'arrose l'Ema, à trois milles au sud de Florence[1]. Ils y recommençaient leurs ruineuses dévastations. Ils s'emparaient, sans coup férir, d'un château des Bardi, fort et bien gardé, rempli de nobles femmes, avec leurs enfants et d'infinies richesses. Les gibelins conseillaient de retenir tout ce monde en prison, sûr moyen, disaient-ils, de réduire à la soumission les maris et les pères; mais l'empereur s'y refusa : magnanime contre son intérêt, il fit honorablement conduire ses captives où il leur plut, en toute liberté[2].

Par honte ou par prudence, les Florentins devaient pourtant aller à la recherche, à la rencontre d'un si voisin et si incommode ennemi. Le 1er novembre au matin, quinze cents cavaliers, et, dit-on, dix mille *pedoni* étant sortis de Florence, occupèrent les hauteurs de Santa Margherita, qui dominaient le nouveau camp impérial. De là, se croyant à l'abri de toute atteinte, ils lançaient, par manière de divertissement, une grêle de pierres et de flèches[3]. Pour les déloger, l'empereur donne l'ordre à Federico de Montefeltro de se porter en avant et d'occuper la montagne avec ses Italiens. Mais les Italiens se montraient tièdes. Pourquoi, sinon pour ménager la précieuse vie des Allemands, les chargeait-on seuls de cette attaque meur-

---

tum quod Pisani. veniant ad exercitum Imp., op. Dönniges, Acta Henrici VII, II, 190.

[1] In quodam loco dicto sancta Cristina super quodam podio. (*Diario di Ser Giovanni di Lemmo*, p. 179.)

[2] Nic. Botront., R. I. S., t. IX, 927.

[3] A modo di badalucchi (Villani, IX, 47).

trière, qu'une poignée de femmes pouvait aisément repousser[1]? — Que n'ai-je autour de moi des gens de cœur! répondit tristement Henri; ils ne laisseraient pas ainsi nos adversaires sur nos têtes! — A ces mots, les Allemands, piqués comme d'un aiguillon, s'élancent, entraînent avec eux les Italiens, et non sans peine mettent en fuite les Florentins si nombreux. A peine leur tuèrent-ils deux cents hommes. Ils s'en voyaient délivrés, c'était l'important. Pour Florence, disent les auteurs, la honte fut plus grande que le mal[2].

Il était clair, en tout cas, que, si rapproché de cette ville, le camp impérial ne pouvait être en sûreté. Par crainte d'un nouveau retour offensif, l'empereur se rendit donc à San-Casciano, situé à cinq milles plus au sud[3]. Il s'y trouvait assez loin pour ne rien craindre d'une surprise, et assez près pour menacer encore ce nid de révoltés. Mais il eût fallu agir, et jusqu'au 6 janvier 1313, jour de son départ, il resta dans une inaction impolitique, qu'excusait à peine sa santé toujours chancelante. Son armée était divisée en trois corps. Il commandait le premier à San-Casciano; l'archevêque de Trèves, son frère, le second, au château de Santa Maria Novella, dans le val d'Elsa, non loin de Certaldo[4]; Henri de Flandre,

---

[1] Modica etiam mulierum turba. (Joan. de Cermen., R. I. S., t. IX, 1270.)

[2] Joan. de Cermen., loc. cit. Albertin. Argentinensis, ap. Urstitius, II, 118. — Alb. Muss., l. IX, rub. 3. — Villani, IX, 47.

[3] Il y a plusieurs San-Casciano. Le plus célèbre est San-Casciano les Bains (*ad Balnea Clusina*) dans le val de Paglia, au pays de Chiusi, arrondissement de Sienne. Celui dont il s'agit ici est situé entre le val de Greve et le val de Pesa, sur la route dite Romaine, qui conduit de Florence à Sienne. (Repetti, V, 22, 26.)

[4] Les Gianfigliazzi possédaient ce château, que les gibelins avaient démantelé après Montaperti. (Repetti, III, 78.)

maréchal, le troisième, à Passignano, dans le val de Pesa, non loin de Poggibonzi[1]. Pour occuper leurs loisirs, Allemands et même gibelins d'Italie continuaient contre les arbres et les maisons abandonnées ou prises le cours de leurs ineptes exploits[2]. C'est à peine si, de temps à autre, ils poussaient des pointes en avant. Un jour, à l'instigation de Vanni Barocci et des fils de Soldate des Albizzi, Florentins, ils vinrent, sur la route romaine, jusqu'à la croix de San Gaggio, à deux milles de Florence, planter insolemment les aigles impériales. Ayant rencontré des éclaireurs, sortis de la ville pour reconnaître les positions ennemies, une mêlée confuse s'engagea. Promptement les exilés florentins lâchèrent pied et s'enfuirent vers le camp : ils craignaient d'être emmenés dans leur patrie, et, sans pitié, mis à mort. Comme toujours, les Allemands, au dire de leurs chroniques, rétablirent à eux seuls les affaires. Puis ils relâchèrent leurs prisonniers, — on ne dit pas que ce soit sans rançon, — à la réserve d'un certain Griffo des Lignari, qui, convaincu de conjuration et de fausseté[3], fut attaché à la queue d'un âne, promené dans tout le camp, et enfin pendu au gibet[4].

Même inertie du côté des Florentins. Ils se bornaient à protéger les châteaux menacés du val-d'Elsa[5]. Villani déclare peu dignes d'attention tous les faits d'armes de

---

[1] Sur la pente orientale d'une colline, dont le pied va joindre la rive droite de la Pesa. On y voit une abbaye de Vallombreuse qui a l'air d'un château fort. (Repetti, IV, 64.)

[2] Nec incendiis modus. (Alb. Muss., l. IX, rub. 4.)

[3] Seipsum in Cæsaris obsequium seditionem molitum professus est. (Alb. Muss., l. IX, rub. 4.)

[4] *Ibid.*

[5] *Ibid.*

cette période[1]. Les sorties n'étaient plus qu'un amusement pour la jeunesse. Elle avait formé une compagnie de volontaires d'élite, qu'on nommait *cavalieri della banda*, parce qu'ils portaient tous, comme signe de reconnaissance, une enseigne verte avec bande rouge. Ils ne s'aventuraient au dehors que pour caracoler au pied des murailles, sous les yeux des belles dames qui y venaient applaudir à leurs faciles, à leurs inoffensives prouesses[2].

Ces prouesses, pourtant, suffisaient à inquiéter l'empereur. Il sentait le besoin de nouveaux renforts, pour attaquer ou même pour se maintenir. Il en faisait demander à Pise par Federico de Montefeltro, dont le nom rappelait à cette république ses derniers jours de grandeur et de gloire[3]. Dans les lettres flatteuses dont Federico était porteur, il prétendait ne s'être éloigné de Florence que pour se rapprocher des Pisans et avoir avec eux de plus libres communications[4]. Si tel était vraiment son but, il eut la satisfaction de l'atteindre : le 20 novembre, il recevait de Pise cinq cents cavaliers et trois mille *pedoni*, auxquels s'étaient joints mille archers de Gênes[5]; le 26 décembre, deux cent mille florins[6], et

---

[1] Da non farne gran menzione. (Villani, IX, 47.)

[2] Un peu plus tard ils devinrent exclusivement une compagnie de plaisir qui invitait la ville entière à des fêtes, à des joutes, à des danses. Après soixante années, ils disparurent complétement. (*Diario del Monaldi*, AA. — Villani, IX, 47. — Ricotti, I, 292, et II, 9.)

[3] Joan. de Cermen., c. LIII. R. I. S., t. IX, 1272.

[4] Venimus usque vallum Strate, disponentes vobis abinde taliter cum exercitu nostro appropinquare quod vos ad nos secure poteritis pervenire. (*Instrum. quod Pisani veniant*, etc., ap. Dönniges, *Acta Henr. VII*, t. II, p. 190.)

[5] *Ibid.* Villani, IX, 47. Selon Marangoni (R. I. S., Suppl., I, 616) ces renforts seraient arrivés bien auparavant ; mais la lettre de l'empereur, publiée par Dönniges, donne raison à Villani.

[6] Dönniges, *Acta Henr. VII*, t. II, p. 191.

cela sans que les guelfes s'y pussent opposer, comme ils l'avaient fait naguère à Certaldo.

Mais les hommes, sinon l'argent, arrivaient trop tard. Henri ne pouvait plus rien tenter de sérieux. Tout tournait contre lui, jusqu'à la beauté exceptionnelle de cette saison d'hiver, car l'eau manquait aux sources, aux fontaines et même aux rivières. De là des maladies qui décimaient l'armée, qui la privaient de chevaux, et qu'aggravait encore l'ordinaire négligence à ensevelir les cadavres comme à faire régner la propreté dans le camp[1]. De jour en jour les désertions devenaient plus nombreuses. Par crainte de la mort et tout ensemble par dépit de ne point recevoir leur salaire, eux qui venaient d'apporter des trésors, les Pisans, pour la plupart, retournèrent dans leur patrie. La cavalerie florentine en prit un millier au passage, surtout des campagnards, dont Pise, sans trop de profit pour l'empereur, avait grossi son contingent[2].

Perdant espoir et patience, Henri VII, le 6 janvier 1313, s'éloigna une troisième fois. Brûlant quelques châteaux sur son passage, en prenant et gardant d'autres, comme ceux de Santa Maria Novella et de Lucardo, « où l'on fait de bons fromages[3], » il alla prendre ses quartiers d'hiver à Poggibonzi, dont le rocher nu ne montrait plus que les débris, couverts de broussailles, de l'ancien château. Il ordonna d'en relever les murs. Lui-même il en posa solennellement la première pierre, et à cette

---

[1] Alb. Muss., l. IX, rub. 4. — Stefani, V, 298.
[2] Villani, IX, 47.— Joan. de Cermen., c. LIII. R. I. S., t. IX, 1272.
[3] Ubi fiunt boni casei (Nic. Botront., R. I. S., t. IX, 928). Lucardo, dans le val d'Elsa, au sommet des collines qui séparent la vallée du Virginio, affluent de la Pesa, de celle de l'Agliena, affluent de l'Elsa. (Repetti, II, 817.)

ville qui allait lui devoir une seconde existence il donna le nom de *Monte imperiale*[1]. Mais cette vaine satisfaction d'amour-propre ne lui pouvait faire oublier les dangers qui le menaçaient. Il avait conduit son armée au milieu d'un cercle d'ennemis qui se resserrait autour d'elle. Le comte de la Romandiola, établi à Colle, avec trois cents cavaliers, reliait les Florentins aux Siennois, tandis que le maréchal de Robert se tenait retranché à San Gemignano[2].

Dans son embarras, l'empereur voulut tenter de gagner encore les Florentins par sa générosité. En allant de San-Casciano à Poggibonzi, il avait fait prisonnier un certain Contardo, fils de Giovanni Filache, beau, jeune et riche Florentin. Le père et le fils possédaient en Dauphiné, sur les bords du Rhône, des propriétés évaluées à plus de cent mille florins. Ce n'était donc pas le premier venu que le hasard avait mis entre ses mains. On proposait de le décapiter, pour inspirer la terreur à ses compatriotes. Henri s'y refusa. Se contentant de retenir en otage les deux enfants de Contardo, il le renvoya à Florence, avec mandat d'y prêcher la soumission. Un parti nombreux y inclinait; mais les zélés de la résistance montraient des lettres pontificales, qui conseillaient de persévérer. Ces lettres, il est vrai, l'empereur les déclarait fausses, c'est-à-dire envoyées d'Avignon sans le consentement du pape. Obstiné dans ses illusions, il ne pouvait croire que Clément V eût changé à son égard, quand il avait tant changé lui-même, sinon de senti-

---

[1] Villani, IX, 47. Joan. de Cermen., c. LIV, LIV (R. I. S., t. IX, 1272). Nic. Botront., R. I. S., t. IX, 929. *Gesta Baldewini*, l. I, cap. XVI, ap. *Baluz. Miscell.*, I, 132. *Diario di Giovanni di Lemmo*, p. 183.
[2] Villani, VII, 47. — Stefani, V, 298.

ments, au moins de situation. Il chargeait l'évêque de Botronte de gourmander vertement l'évêque de Florence, qui, quoiqu'il dût bien connaître les intentions du pape, avait, des premiers, pris les armes avec ses clercs, et déshonoré ainsi sa robe épiscopale. Trop prudent pour s'aller mettre dans la fournaise, l'évêque de Botronte envoyait un humble frère mineur, dont la vie moins précieuse serait aussi moins menacée. Au franciscain comme à Contardo Filache, l'évêque Antonio répondit qu'il était trop occupé pour se mêler de ces affaires[1], mais en même temps qu'il était guelfe, né de guelfes, promu à sa dignité par les guelfes, et ne pouvant que les chérir. Ne savait-il pas, d'ailleurs, que si les gibelins revenaient, ils détruiraient sa maison et lui-même? Henri fit publier ces réponses, pour que personne ne crût à de tels mensonges[2].

Par cet appel au sentiment public, il marquait une conviction profonde de son droit comme de ses bonnes intentions; mais alors, plus encore qu'aujourd'hui, il fallait être le plus fort, et les moindres escarmouches, comme les plus considérables, lui étaient contraires. Le 14 février, deux cents impériaux passaient en vue de Colle : on lance contre eux des paysans armés qui, après un simulacre d'attaque, feignent de fuir, les attirent ainsi jusque sous les murs de la forteresse, et là, faisant volte-face, les accablent avec les cavaliers guelfes qui à l'improviste en sont sortis[3]. La revanche était facile,

---

[1] Multa erant alia circa quæ erat occupatus sine istis. (Nic. Botront., R. I. S., t. IX, 928.)

[2] *Ibid.*

[3] Villani, IX, 47. — Joan. de Cermen., c. LVI. R. I. S., t. IX, 1273. — Alb. Muss., l. IX, rub. 4.

mais le fréquent retour de telles aventures accroissait le découragement, provoquait à la désertion. Et la désertion même n'était point sûre. Après tant d'autres, Robert de Flandre part à son tour. Assailli près de Castelfiorentino, il combat comme un lion, mais n'échappe qu'avec une poignée d'hommes à des ennemis quatre fois plus nombreux[1].

Que la honte fût pour les vainqueurs, ainsi que Villani l'avoue[2], c'était pour Henri VII une médiocre consolation. Il n'avait plus auprès de lui que quatre cents chevaliers[3]. Malgré l'or des Pisans et l'alliance de Frédéric de Sicile, il se trouvait, à Poggibonzi, dans le même embarras qu'à San-Casciano et devant Florence. « Les stupides gens d'Allemagne, dit le chroniqueur gibelin de Milan, naturellement avides de butin, incapables de discipline militaire et de clémence, pillaient les localités même paisibles et soumises, livraient au feu le surplus du pillage[4]. » Une troisième fois ils faisaient le vide autour de leur empereur. Nul moyen, grâce à eux, de nourrir ce résidu d'armée[5]. On était en carême, et l'on ne trouvait seulement pas de poisson pour faire maigre, allât-on par deux fois, et à grands risques, jusqu'aux portes de Sienne. « La faim mettant

---

[1] E assai diede a fare a quella gente che lo assalì, ch'erano per uno quattro. (Villani, IX, 47.)

[2] E ebbone vergogna. (Villani, IX, 47.)

[3] Stefani, V, 298.

[4] Stolida gens Germaniæ natura nimium prædæ avida ac disciplinæ militaris ignara, ulli hominum parcere nescia...., villas atque magnos vicos quos superabiles pugnare reperit, etiam pacatos atque deditos spoliat, et, quod prædæ superest, incendio ponit. (Joan. de Cermen., c. LIX. R. I. S., t. IX, 1274.)

[5] Late vacuos undique cultoribus agros fecit. Cujus rei causa victualis penuria adeo in exercitu imperatoris crevit.... (Ibid.)

le loup hors du bois[1], » il fallait partir sans retard, se diriger vers Pise, où l'on aurait, du moins, la mer pour se ravitailler, où débarqueraient bientôt, sans doute, les renforts appelés d'Allemagne et d'autres lieux. Si l'empereur différa encore, c'est, comme à Gênes, qu'il était débiteur insolvable[2]; c'est surtout qu'il se donnait le stérile plaisir d'instruire, selon le droit de Justinien, le procès de ses ennemis, et qu'il voulait, avant de se mettre en route, prononcer leur condamnation. Le 23 février, siégeant en grande pompe, avec tout le cérémonial d'autrefois, il prononçait celle des villes toscanes.

Après avoir énuméré, dans la sentence, tous ses griefs anciens et nouveaux, la spoliation, la violence, le meurtre, l'incendie, qu'il aurait pu tout aussi bien reprocher à son armée, il décrétait que les murs, tours et portes de ces villes, seraient détruits aux frais des habitants, et qu'on y ferait passer la charrue. Aux villes mêmes il ôtait leurs priviléges; il les condamnait à de fortes amendes. Il bannissait de tout l'empire, il dépouillait de leurs biens les auteurs et fauteurs de rébellion, environ six cents personnes, parmi lesquelles plusieurs des plus grands noms de l'histoire florentine, des Corsini, des Machiavelli, des Albizzi, des Guicciardini, des Ferrucci[3]. A Florence, tous les juges et notaires étaient cassés, tous les citoyens qui avaient pris part au gouvernement condamnés. Défense fut faite aux Florentins de battre aucune monnaie d'or ni d'argent; autorisation fut

---

[1] Et quia quadragesima erat et pisces non inveniebantur.... Quod cogit upum aliquando de silva recedere.... iverunt bis ante Senas. (Nic. Botront., R. I. S., t. IX, 931.)

[2] Stefani, V, 299.

[3] La liste en tient trois pages in-f° dans Pertz, *Legum* II, 540-543.

donnée à Ubizino Spinola, de Gênes, et au marquis de Montferrat, de battre sur leurs terres des florins au lis, contrefaçon de ceux de Florence[1].

A l'égard de Robert, « roi d'Apulie, » Henri se donnait la même satisfaction enfantine. Après l'avoir longtemps ménagé, il avait rompu avec lui en sortant de Rome. D'Arezzo, il l'avait cité à comparaître devant son tribunal, sous prétexte de fautes commises dans des districts impériaux[2]. L'unique réponse de Robert, c'étaient d'injurieux manifestes où il déclarait son ennemi « indigne de l'empire, non empereur, mais voleur, non fondateur, mais destructeur du droit, plein d'audace, de témérité, de folie, avide de pouvoir, trompeur dans ses promesses, parjure même, verbeux, dans ses déclarations écrites, à l'égal des vieilles commères[3]. » Par la sentence impériale Robert, atteint et convaincu d'avoir donné aux rebelles encouragements et secours, fut déclaré déchu, avec ses héritiers, de son royaume de Pouille et de son comté de Provence. Ses sujets furent déliés du serment de fidélité[4].

Le bruit public porta seul aux condamnés ces condamnations par contumace; mais en fallait-il davantage pour les acharner à la lutte? Si la guerre n'avait pas encore éclaté entre les deux princes, c'est qu'ils subissaient une

---

[1] *Bannitio civitatum Tusciæ altera.* (Pertz, IV, *Legum* II, 557.)

[2] Rex terras aliquas ab imperatore tenere dicatur in feudum.... punitio criminis intra districtum imperialem commissi. (Extrait d'un édit du pape, ap. *Ann. eccl.*, 1313, §§ 15, 21 sq., t. XXIV, p. 5, 8.)

[3] Loquaci quadam garrulitate, muliercularum senescentium more. (Voy. Dönniges, *Acta Henr. VII*, II, 54-55.)

[4] Rebellibus ipsis, sicut vox publica docet et rei evidentia manifestat, subsidium armatorum misit et eosdem rebelles nostros in rebellionis erroribus foveat. (*Interlocutio contra Regem Robertum*, febr. 1313, ap. Dönniges, II, 193). Cf. Villani, IX, 49; Alb. Muss., l. XIII, rub. 5.

année de trêve imposée par le saint-siége. Tandis que l'empereur, tout en se soumettant, protestait contre Avignon, pour maintenir son droit[1], le roi, sans protester, nouait d'actives pratiques avec les Florentins. A Jacopo des Bardi et à Donato Acciajuoli qu'ils lui envoyaient, s'étaient joints, sur la route de Naples, les ambassadeurs de Lucques, de Sienne et de Pérouse. Robert loua fort leur fidélité ; il promit de venir en Toscane, si les affaires de son royaume le lui permettaient, ou, tout au moins, d'envoyer à la tête d'un corps de cavalerie son neuvième frère, Pierre de Sicile, dont le surnom de Tempête[2] semblait de bon augure pour marcher aux combats. Mais, dans une seconde audience, il réclama la solde de ces cavaliers trois mois avant leur départ, et cette condition refroidit l'enthousiasme. Pérouse, Bologne, fort éloignées de l'ennemi, et d'autres villes encore, refusaient net de payer leur part de cette contribution. Florence, plus menacée, consentait bien à financer, malgré l'épuisement de son trésor, mais elle demandait du moins l'envoi immédiat des cavaliers napolitains. Robert tint bon ; il connaissait les habitudes de ces marchands. Il obtint ainsi pour cinq années le titre de recteur, protecteur et seigneur de la ville et du peuple de Florence, à condition de les gouverner soit en personne, soit par un de ses frères ou de ses fils représenté par un vicaire royal, de ne rouvrir les portes à aucun exilé, de laisser librement les prieurs exercer leur office,

---

[1] Nos fuimus et semper esse volumus defensor et pugil sacrosanctæ Rom. Ecclesiæ in omnibus suis juribus. Sed nos non sumus adstricti alicui ad juramentum fidelitatis. (*Protestationes imperatoris super scriptis per papam de facto treugarum Regis Roberti*, ap. Dönniges, II, 54-55.)

[2] Voy. Anselme, *Hist. généal.*, I, 400.

les citoyens vivre sous leurs lois et statuts. Pour les fonctions de vicaire il désigna Jacques Cantelme, maître panetier de sa cour et justicier des Abruzzes [1], qu'une ambassade d'honneur vint recevoir à la frontière toscane [2], et qui prit possession de sa charge le 1ᵉʳ août 1313.[3]

Robert était au comble de ses vœux. Il possédait désormais en Italie la même puissance que jadis son aïeul. Plus adroit, il savait se rendre populaire à Florence, dans le moment même où ses conditions subies plutôt qu'acceptées auraient dû l'y couvrir d'impopularité : avec un éclat où entrait autant de calcul que de mépris, il repoussait l'indigne demande que lui faisaient les prieurs de priviléges et d'immunités pour eux et leurs familles, en récompense de leurs efforts pour lui faire conférer la seigneurie [4]. En même temps il se justifiait auprès du pape de s'être ouvertement prononcé contre l'empereur. Dans les instructions écrites de ses ambassadeurs, il reprenait les choses d'assez haut. Après avoir établi que l'élection et le couronnement d'un roi des Romains avaient toujours été, pour l'Italie et le saint-siége, la cause d'une foule de maux, « attendu qu'à peine couronné il s'élève en fumées d'orgueil et se croit non-seulement l'égal du seigneur pape, mais encore son supérieur [5], »

[1] Voy. Litta, *Famiglia Cantelmi*.
[2] La lettre de créance de ces ambassadeurs a été publiée par M. Reumont, *Della diplomazia italiana*, p. 333, d'après le doc. des archives, *Lettere missive della signoria*, an. 1313, cl. x, dist. I, n° 5. — Elle ne contient qu'une recommandation banale « magnifico Domino Jacobo Cantelmi, militi regni Siciliæ, magistro panettario. »
[3] M. G. Capponi (I, 141) dit en juin. La liste des *Officiales forenses* est formelle à cet égard. On y voit en outre qu'il resta en charge jusqu'au 1ᵉʳ février 1314, où il fut remplacé par Gentile des Orsini, de Rome, « magister justiciarius. »
[4] Leon. Bruni, l. V, p. 91, 92.
[5] Statim quod est coronatus erigitur in fumum superbiæ et credit se esse

il rappelait ses avances respectueuses de Lausanne et de Gênes, l'envoi de son frère Jean à Rome, pour y soutenir les amis de l'Église, le formel refus opposé par le roi d'Allemagne aux cardinaux légats réclamant de lui la promesse de ne pas envahir le royaume de Naples. Or, ajoutait-il, comme c'était une condition expresse de Sa Béatitude, la cérémonie de Saint-Jean de Latran était nulle, et il priait le seigneur pape de le déclarer en termes exprès [1].

Clément V ne s'y pouvait refuser. Comment eût-il tenu rigueur à un vassal qui déclarait si hautement sa vassalité [2]? De nouveau il se trouvait d'accord avec Philippe le Bel, plein de rancune envers le petit prince qui, sous prétexte qu'il était empereur, se targuait d'une insolente supériorité sur le roi de France [3]. Les nouvelles blessures avaient cicatrisé les anciennes. Stimulé par l'intérêt, Philippe pardonnait enfin à Clément d'avoir préféré Henri de Luxembourg à Charles de Valois.

Aux premiers jours de mars, en plein carême, l'empereur découragé quittait Poggibonzi et se dirigeait vers Pise, par le plus long chemin, pour n'être pas inquiété [4]. Il faisait froid. Les cavaliers brûlaient tout sur leur passage, à la fois pour se réchauffer et pour se conformer à des habitudes invétérées. Témoin, cette fois, de leurs dé-

---

non solum parem domini papæ, sed etiam majorem. (Doc. publié en partie par M. Fraticelli, *Stor. della vita*, etc., p. 214, et tiré des arch. de Sienne, filza 17, n° 1387.)

[1] Petant dicti nuntii a D. papa quod ipse dictam coronationem quatenus de facto processit, declaret et denunciet nullam fuisse. (*Ibid.*)

[2] Voy. *Vita Clem. V*, auct. Ptol. Luc., ap. *Vitæ pap. Aven.*, I, 34.

[3] Turbavit Francum quod ipse rex se in scribendo præposuit (Alb. Argentin., ap. Urstitius, II, 118). Cf. *Ann. eccl.*, 1313, n° 20, t. XXIV, p. 7.

[4] Villani, IX, 48. Nic. Botront., R. I. S., l. IX, 931.

vastations, l'empereur en marquait à son maréchal son chagrin et son courroux. A Pise, où il arriva le 9 mars, on lui fournit encore soixante mille florins, mais sans enthousiasme : cette série de retraites, la ruine semée dans les campagnes, le refus de confirmer les priviléges locaux, pour ne pas irriter le saint-siége[1], disposaient mal en faveur de ce conquérant manqué, de ce pacificateur impuissant, un peuple de marchands et de marins. Ce sont ces dispositions nouvelles qui donnent de l'humeur à l'évêque de Botronte et le rendent sévère pour les Pisans : « Dans ce pays, dit-il, les laïques sont méchants et les clercs ne sont pas bons[2]. »

Chose étrange, cependant, c'est quand tout manque sous les pieds d'Henri VII, quand ses alliés perdent confiance ou l'abandonnent, qu'il prend résolûment son parti de la lutte et de la guerre. A Pise, il renouvelle solennellement la condamnation de Robert et des villes toscanes. Il y enveloppe diverses villes lombardes, Brescia entre autres, et même Pavie, qu'il n'avait pas prise (avril)[3], vaine satisfaction dont l'unique effet, au dire d'un de ses partisans, fut d'exaspérer ses ennemis[4]. Aux protestations de Clément V[5] il répond par une ambassade qui

[1] La Sardaigne et une partie du royaume de Naples avaient été jadis cédées à Pise, or le Saint-Siége y prétendait un droit de suzeraineté. (Voy. Nic. Botront. R. I. S., t. IX, 932.)
[2] In partibus illis meo judicio seculares sunt mali et clerici non sunt boni. (Ibid., p. 931.)
[3] Voy. Dönniges, II, 128, et Pertz, Legum II, 545. Cf. Nic. Botront., R. I. S., t. IX, 932.
[4] Processum istum non magni commodi fuisse arbitror, nam quisque etiam infestus infestior proscriptione est factus. (Joan. de Cermen., c. LIX. R. I. S., t. IX, 1275.)
[5] Ann. eccl., 1313, §§ 21 et 22, t. XXIV, p. 8, 9. — Nic. Botront., R. I. S. IX, 930. Dönniges (II, 87) donne une réponse de juin 1313, où il est parlé de cette protestation.

avait mission d'énumérer ses griefs innombrables[1], et de repartir sur-le-champ, si on lui faisait attendre son audience. Le roi de Bohême, fils de l'empereur, lui amenait deux mille cinq cents chevaliers allemands, et l'archevêque de Trèves, son frère, était parti pour en hâter l'arrivée[2]. Quinze cents Italiens devaient faire avec eux leur jonction. Des lettres impériales allaient relancer à Venise trente-huit Florentins, — des gibelins sans doute, — et leur intimer de rejoindre l'armée sans retard : ils étaient désignés nominativement et on leur fixait jusqu'au nombre de chevaux qu'ils seraient tenus d'amener[3]. Une flotte considérable de Gênes s'allait réunir à celle de Frédéric, nommé amiral[3]. Ce prince devait attaquer Robert par le sud, tandis que l'empereur l'attaquerait par le nord[4].

Tout semblait donc prêt pour la lutte. Le respect même de l'Église n'était plus un obstacle. Comme le timide évêque de Botronte exprimait à cet égard ses scrupules : — « J'ai pris conseil de mes clercs, répondait Henri. En me défendant, en rendant la justice, en punissant les coupables, je n'offense pas Dieu ; je l'offenserais en faisant le contraire. — Mais si vous entrez dans le royaume de Naples, le pape vous excommuniera ; il vous déposera, comme il a fait Frédéric, qui était plus riche, plus noble,

---

[1] *Instructio legatorum imperatoris ad curiam papalem*, avril 1313, ap. Dönniges, II, 81-82. — Ces mêmes griefs et toutes les idées d'Henri sur son droit se trouvent exposés dans une conversation qu'il eut avec l'évêque de Botronte, et que ce prélat rapporte à la fin de sa curieuse relation. (R. I. S., t. IX, 933.)

[2] Alb. Muss., l. XII, rub. 6. Joan. de Cermen., c. LIX. R. I. S., t. IX, 1274.

[3] Dönniges, II, 85-86.

[4] Selon l'auteur vénitien d'une Vie de Clément VI (*Vitæ pap. Aven.*, I, 94), Gênes donnait 22 galères et Pise 12. Villani (IX, 50) en porte le nombre à 70, et à 60 celui des navires siciliens.

plus puissant, qui avait moins d'ennemis et plus d'amis.
— Si Dieu est pour nous, ni le pape ni l'Église ne nous détruiront. Nous ferons notre paix avec le pape, car nous savons son intention. Nous ferions décapiter le roi d'Apulie, comme criminel de lèse-majesté, que cela ne devrait pas déplaire à Sa Béatitude[1]. »

Il n'en fallait pas tant pour déplaire à Clément V. Le 12 juin, à l'instigation de Philippe le Bel[2], il fit expressément défense à l'empereur de franchir les frontières de la Pouille[3]. Bien résolu à désobéir, mais emporté par son goût pour les écritures, Henri fit au pape une longue réponse ; puis, malgré sa santé ruinée et de nouvelles attaques du mal qui avait failli l'emporter une première fois, malgré les ardeurs de la saison d'été, dont il n'aurait pas dû attendre le commencement ou dont il devait attendre la fin, il quitta Pise le 8 août[4]. Remontant l'Arno jusqu'à San Miniato, il se dirigea ensuite par Poggibonzi vers le sud-est. Après avoir attaqué sans succès Castelfiorentino et rejeté dans Sienne des cavaliers florentins qui en étaient sortis par bravade, il voulut camper à Montaperti ; il essaya si les bains de Macerato sur la Mersia[5] n'apporteraient pas quelque remède à ses

---

[1] Nic. Botront., R. I. S., t. IX, 933-934.

[2] Philippi regis Franciæ litteris excitatus. (*Vita Clem. V, auct. Veneto*, ap. *Vitæ pap. Aven.*, I, 94.)

[3] Dönniges, II, 54-55. *Vita Clem. V, auct. Ptol. Luc.*, ap. *Vitæ pap. Aven.*, I, 53. — Nic. Botront., R. I. S., t. IX, 920.

[4] Ser Giovanni di Lemmo (*Diario*, p. 185) dit le mercredi 8. Il est croyable, vivant fort près de Pise. Villani dit le 5 (IX, 50); il est connu en tout cas par un document de Böhmer (p. 284) que le 27 juillet Henri était encore à Pise. — M. Hillebrand (p. 208) le fait arriver à Buonconvento le 8 juillet, et, pour autorité, il cite Böhmer !

[5] *Responsio imp. interdicto a legatis papæ relato.* Pise, juin 1313, ap. Dönniges, *loc. cit.*

souffrances[1]. Dans le trajet il s'était refroidi, soit en trempant ses jambes dans l'eau glacée d'un torrent, soit en y puisant pour boire, alors qu'il avait chaud[2]; en même temps il lui vint au genou un anthrax[3]. Force lui fut de s'arrêter sur la route de Rome, à douze milles au sud de Sienne, dans le malsain couvent de Buonconvento. Les exhalaisons marécageuses du sol aggravèrent la fièvre tierce, et il mourut le 24 août[4]. Les médecins, qui n'avaient pas su le guérir, refusèrent, pour l'honneur de la médecine, d'admettre la mort naturelle; ils mirent en avant, ils propagèrent la fable d'une hostie empoisonnée qu'un dominicain aurait donnée à leur maître recevant la communion, et qu'ils auraient voulu lui faire vomir, ce à quoi il s'était refusé, par pieuse crainte du scandale[5].

[1] Villani, IX, 51. Macerato était à quatre milles au sud-ouest de Sienne, sur la route de Grosseto.
[2] Alb. Muss., l. XVI, rub. 8. Ferreti Vicentini l. V. R. I. S., t. IX, 1116.
[3] Pustula quæ antras vocatur. (*Vita Clem.* V, *auct. Ven.*, ap. *Vitæ pap. Aven.*, I, 94.)
[4] Voy. Böhmer, p. 284. Il n'y a pas lieu, en présence de documents officiels, de s'arrêter aux dates données par divers auteurs : elles varient du 23 août au 13 septembre. On trouve d'ailleurs la date du 24 dans Alb. Argentin., Joan. de Cermen., et *Vita Clem. V, auct. Veneto.*
[5] Peu d'auteurs italiens admettent l'empoisonnement, sauf Ferreti de Vicence, qui est très-crédule, et ser Giovanni de Lemmo, qui recueillait les bruits des premiers jours (tossicavit eum dum comunicabat, cum miserit in calice tossicum, p. 186). Parmi les Allemands eux-mêmes, s'il y en a qui l'ont mis en avant (Alb. Argentin., ap. Urstitius, II, 118), les plus autorisés ou n'en parlent pas ou n'y croient pas. Le secrétaire d'Henri ne parle que d'une maladie naturelle (*Conradi Vecerii regii secretarii de rebus gestis imp. H. VII libellus*, ap. Urstitius, II, 72). Dans les *Gesta Baldewini*, dont l'auteur devait tenir les détails de l'arch. de Trèves, on attribue aux médecins l'idée de l'empoisonnement. (*Baluz. Miscellan.*, l. I, c. XVII, t. I, p. 1325.) — Une lettre du roi de Bohême, fils de l'empereur, disculpe le dominicain maltraité par les Allemands furieux (*Ibid.*, p. 162-164). Martin Diffenbach a rassemblé plusieurs documents sur les circonstances sus-

L'événement n'avait rien d'imprévu ; il surprit néanmoins l'Italie entière. Les gibelins furent frappés de stupeur. « Eux et moi, écrit le poëte Fazio des Uberti, nous demeurâmes comme des bustes sans tête[1]. » En langue latine, en langue italienne ils célébrèrent à l'envi le grand homme, le martyr. Une complainte comparait à Judas ses prétendus assassins [2]. Cino de Pistoia demande à mourir, « puisqu'il est veuf de tout salut, puisque la nature a tranché les jours du prince incomparable, du césar invaincu, seul digne de la couronne, que le ciel a rappelé comme un sage. Ceux-là, dit le poëte, sont morts, quoiqu'ils vivent encore, qui avaient mis en lui leur foi et leur amour. Par lui l'exilé serait rentré dans sa patrie[3]. »

Il faut noter au passage ce motif particulier de la douleur commune. On le retrouve aux lamentations d'un

pectes de cette mort. (*De vero genere ex quo Henricus VII imp. obiit.* Francfort, 1685, in-4°.)

[1]   I ghibellini ed io rimasi come
   Mozza la testa, poi rimane il busto.
      (*Dittamondo*, II, 30.)

[2]   Scariotis geniturœ
   Viperœ periturœ
   Æquipollent, quippe jure
   Qui rectorem
   Mundi, Martyrem
   Florum florem
   Henricum imperatorem
   Ob argentum
   Ministrando sacramentum
   Morti diræ
   Tradiderunt.
      (*Arch. stor.* Append. IV, 160.)

[3] L'esule ben saria reddito (*Rime di Cino ed altri del secolo* xiv°, publ. par G. Carducci, p. 118-121). — Cette *canzone* se trouve aussi parmi es *Opere minori di Dante* (I, 263), parce qu'elle a été attribuée au grand poëte ; mais M. Fraticelli l'a reléguée parmi les *Rime apocrife*. Comme Faustino Tasso et Campi, il se refuse à attribuer à Dante ces formes de rhétorique et ce style verbeux.

autre versificateur, Sennuccio del Bene, chassé de Florence en même temps que Dante et le père de Pétrarque : « Il n'est que trop mort, s'écrie-t-il, et je ne suis pas revenu des lieux où je languis, où je vis désespéré. O âme sainte, montée au plus haut des cieux, tes ennemis, comme tes sujets, devraient sur toi verser des larmes [1] ! »

Si tel était leur devoir, les guelfes y manquaient sans remords. La veille, ils se croyaient assurés de leur ruine : ils n'imaginaient pas que Robert pût résister; ils tenaient pour perdus son titre et son royaume. Beaucoup pensaient que, sans livrer bataille, il se retirerait en Provence. A leurs yeux, la conquête de Naples entraînait celle de toute l'Italie [2]. Aussi leur joie fut-elle profonde, autant que démonstrative. Ils allaient dans les églises remercier Dieu et saint Barthélemy, patron du jour où l'empereur était mort. Le clergé, croix en tête, faisait dans les villes de longues processions, que suivaient les laïques. On illuminait partout avec tant d'enthousiasme qu'il n'y avait plus de nuit, c'est le mot des auteurs. Les tribunaux étaient fermés et les prisons ouvertes. Les peuples s'habillaient de neuf, multipliaient les fêtes, les joutes, les tournois [3].

Il est donc éternellement vrai que les contemporains sont mauvais juges de leur propre cause ! Comment les guelfes ne virent-ils pas tout ce qui, dans cette campagne, militait contre Henri ? Ils s'étaient longtemps soutenus contre lui ; ils l'avaient réduit à de longs mois

---

[1] Ch' egli è pur morto e ch' io non son tornato
Ond' io languendo vivo disperato.

(Voy. l'article de M. d'Ancona, la *Politica nella poesia*, ap. *Nuova Antologia*, IV, janv. 1867.)

[2] Voy. Villani, IX, 52.

[3] Alb. Muss., *De gestis Italicorum post Henricum VII*, l. I. R. I. S. t. X., 373.

d'inaction ou d'impuissance, à ne marcher sur la Toscane qu'en négligeant la Lombardie à moitié rebelle, et sur la Pouille qu'en laissant la Toscane ennemie, prête à le harceler ; ils ne le voyaient respecté qu'aux lieux où il se trouvait avec son armée ; Robert était protégé dans ses provinces méridionales par une chaleur torride et par les défenses pontificales, dont il ne faut pas plus contester qu'exagérer l'effet, surtout quand tout un peuple était intéressé à les exploiter ; l'empereur faisait oublier ce qu'il y avait d'iniquité, de violence dans l'origine des Noirs ; les Blancs et les gibelins se lassaient, à la longue, de payer de leur personne et de leur bourse ; les Allemands attendus auraient déserté, comme leurs devanciers, par nostalgie des froids brouillards de l'Allemagne ; un prince moribond était peu propre à conduire l'entreprise suprême, et enfin dans ce siècle de divisions infinies, de combats incessants, rêver l'empire unique, la paix universelle, n'était-ce pas une chimère dont on ne peut même dire qu'elle fût d'un esprit supérieur à son temps ?

Henri VII, en effet, avait entrepris une œuvre à contre-sens, une œuvre surannée. Quoique étranger, il pouvait se croire des droits sur l'Italie, puisqu'il héritait d'empereurs dont les invasions avaient mis une sorte d'ordre dans le chaos, puisque les gibelins l'appelaient, puisque les guelfes eux-mêmes appelaient Charles de Valois, étranger comme lui ; mais il se flatta follement de ressusciter un passé lointain, une domination que les armes allemandes n'avaient assise que pour bien peu de jours. Les gibelins, de leur côté, n'étaient pas moins chimériques de penser qu'ils réduiraient leur protecteur à la condition d'un de ces potestats qu'on renvoyait à jour fixe ou qu'on cassait aux gages. La cause de l'indépendance, soutenue des villes guelfes, était la cause de l'avenir, déjà même du présent. Dante vécut assez pour en voir le triomphe, si douloureux à son âme passionnée. Les honnêtes gens qui avaient partagé son espoir n'eurent plus qu'à s'enfermer dans le silence, qu'à dévorer leurs larmes, au spectacle de réalités si différentes de leur idéal. Pour eux, comme pour Dante, l'Italie était dans l'enfance, dans la barbarie politique; de là leurs virils efforts. Pour les générations suivantes, dont Pétrarque sera l'organe, elle est dans la vieillesse et la décrépitude; de là leur découragement. C'est par réminiscence, par caprice rétrospectif de lettré que Pétrarque reprendra le système de la monarchie, et sa voix expirera sans écho[1]. Dans l'ombre disparaissent et s'éteignent les gibelins et les Blancs d'une période qui finit. Le plus illustre, durant dix années encore, s'honore d'être tombé parmi les bons[2], monte l'escalier et mange le pain d'autrui, on sait avec quelle amertume de cœur et de parole[3]; « le feu du regret d'ailleurs lui a consumé la chair et les os; la mort lui a mis sa clef dans la poitrine[4]. » Les autres, privés de gloire comme dépourvus de génie, vivent de leur travail dans

---

[1] Voy. les textes dans Emiliani-Giudici, *Storia della letteratura italiana*, I, 245-247.

[2] Cader tra' buoni è pur di lode degno. (*Canzone* XIX, éd. Fraticelli, *Op. min.*, I, 215.)

[3] *Parad.*, XVIII, 59.

[4]
.... Questo foco m' have
Già consumato sì l'ossa e la polpa,
Che morte al petto m' ha posta la chiave.
Onde s' io ebbi colpa,
Più lune ha volto il sol, poichè fu spenta,
Se colpa muore, purche l'uom si penta
(*Canzone* XIX, loc. cit.)

les villes où Florence ne fait pas encore la loi. Dans la seule Pise, de 1302 à 1306, divers membres de la famille des Uberti étaient déjà stipendiés par cette commune[1]. En 1310, Giovanni des Cerchi y fabrique des tentes pour l'empereur[2]. Une ère est définitivement fermée, celle des conquêtes allemandes et de la suprématie des césars. Si Louis de Bavière vient plus tard en Italie, c'est sans autorisation de la diète, uniquement pour amasser de l'or. Si Charles IV va à Rome, c'est malgré lui, à la condition de n'y rester qu'un jour; il est si loin de prétendre à gouverner l'Italie, qu'il trouve trop lourde la tâche de gouverner l'Allemagne, et qu'il se réduit à n'être plus qu'un roi de Bohême[3].

D'instinct et avec une énergie farouche, les guelfes noirs avaient donc soutenu la bonne cause, celle du raisonnable et du possible. Leur prudence, leurs défaillances militaires ressemblent parfois à la lâcheté; mais ils eurent le courage civil, plus rare que le courage des combats; tout le monde croyait leur cause perdue, eux-mêmes la jugeaient fort compromise; pourtant ils ne cédèrent point. Clément V n'eut qu'à consacrer leur triomphe, en renouvelant contre l'empereur mort sa sentence contre l'empereur vivant[4].

D'autant plus remarquable est ce phénomène historique que du côté des Blancs et des gibelins se trouvaient le talent et l'honnêteté. C'est parmi eux qu'on

---

[1] Archives de Pise. *Spedale riuniti. Contratti*, 966, 88 v°. Reg. 50 du même, p. 200. Reg. $\frac{13}{1}$, p. 119, 184.

[2] *Ibid. Provvisioni degli anziani*. Reg. IV, p. 2 v°, 8, 13, 16, 23, 25.

[3] On verra ces choses aux volumes suivants.

[4] *Sententiæ definitivæ Clementis Papæ V in mortuum Henricum VII imp. duæ decretales*, ap. Dönniges, II, 237.

trouve les âmes généreuses et droites : Henri VII et Vieri des Cerchi ; les hommes de guerre : Uguccione de la Faggiuola, les deux Montefeltro, les Spinola, si supérieurs aux Doria ; les poëtes : Dante, Cino de Pistoia, Fazio des Uberti, Jacopone de Todi, Sennuccio del Bene ; les philosophes : Guido Cavalcanti, Pietro d'Albano, qui échappe avec peine aux cachots de l'Église, et Cecco d'Ascoli, qui n'y peut échapper ; les femmes d'élite, celles qui ont laissé un nom : la belle Vergolese, fille du chef des Blancs à Pistoia, Nina, dont on entend la voix dans le fracas des Vêpres siciliennes, Francesca de Rimini, indignée d'être la femme d'un guelfe [1].

Pour lutter contre tant de vertus, de talents, de génie individuel, il ne fallait pas moins que le génie collectif qui s'incarne dans un peuple. En avoir reçu le dépôt, en faire un intelligent usage, ce fut la gloire et l'honneur des Florentins. Plus prudente et plus modérée que les autres villes, plus tranquille et plus heureuse [2], Florence acquiert, grâce à ses chefs noirs, cette force qui est dans l'unité comme dans le caractère. Elle prend la direction de la politique guelfe qu'abandonne la papauté d'Avignon, et loin de rapetisser ce grand rôle à sa taille, cette ville de marchands le grandit et s'y grandit au contraire. Malgré une constitution trop mobile [3], malgré les haines implacables qui réduisent les exilés à soutenir une lutte sans trêve ni merci, à reconquérir tout pour ravoir quelque chose ; malgré cette transformation peu héroïque de la

---

[1] Voyez M. G. Ferrari, III, 85.

[2] C'est le jugement de Balbo, fort hostile pourtant à la démocratie. Voy. *Vita di Dante*, I, 51, 210.

[3] Un Florentin du dix-septième siècle, curieux d'en noter les changements, en comptait dix-sept depuis la création des consuls jusqu'à la seigneurie donnée à Robert. (Bibl. nat. mss. italiens, n° 743, p. 21.)

guerre en une opération de banque, où l'on combat à coups d'impôts, d'emprunts, d'enchères, de subsides, Florence n'est plus seulement à la tête de la Toscane, elle embrasse l'Italie entière dans ses combinaisons. Elle a une politique italienne, ce qu'on n'avait vu encore que chez quelques papes de génie, et uniquement dans l'intérêt de l'Église. Elle envoie des potestats aux villes de Lombardie, des exhortations et de l'argent à Brescia assiégée, des hommes d'armes à Guido della Torre pour reconquérir sa tyrannie perdue, et aux Romains pour s'opposer au couronnement de l'empereur élu ; elle soulève Padoue en excitant sa jalousie contre Cane della Scala, et Parme en comptant douze mille florins à Ghiberto de Corregio, potestat de cette cité; elle négocie avec les cours d'Avignon et de France, pour les faire entrer dans le mouvement de la politique italienne ; elle ne consent jamais, quoiqu'elle compte mieux que personne, à négocier sérieusement avec Henri VII ; elle se résigne plutôt à la ruine de ses campagnes, à la gêne de son trafic, et il se trouve qu'elle a bien calculé : de ce moment surtout date le prodigieux essor de son industrie et de ses affaires commerciales, comme l'épanouissement de ses heureuses facultés dans les lettres, les arts, la diplomatie. Rien n'est plus surprenant que ces vues larges chez un peuple de cent mille âmes[1], que cette suite dans les idées chez des magistrats élus pour deux mois. Instruments de la volonté générale, ils ne se décourageaient pas de concevoir ce que d'autres exécuteraient, et ils exécutaient avec une docilité patriotique ce que d'autres avaient conçu.

---

[1] Selon Ammirato, 120 000 âmes en 1299, 20 000 de moins qu'à Milan.

Une seule fois jusqu'alors, au long cours des siècles, le monde avait pu contempler ce prestigieux spectacle. Dans Athènes, simple ville aussi, se concentrait jadis tout le génie de la Grèce. Sans aucun droit à commander hors d'un étroit rayon de quelques lieues, la patrie de Périclès dirigeait la politique des peuples hellènes, et leur ouvrait en même temps les voies fécondes, les horizons séducteurs du commerce, des lettres, des arts. L'humanité n'a plus revu ces jours glorieux d'Athènes et de Florence, où la grandeur éclate dans la petitesse, où l'arbre de la civilisation, ne pouvant étendre au loin ses racines, les enfonce profondément dans un sol généreux, pour porter tous ses fruits. C'est dans d'autres conditions que Paris devait, à son tour, projeter une vive lumière. La faiblesse et les malheurs que produit l'isolement municipal furent pour les peuples une sévère, mais profitable leçon. Quand, pour la troisième fois, l'esprit recommença de souffler sur l'Occident, ce fut l'âme d'une nation, bien plus que l'âme d'une ville, qui se communiqua aux hommes par la grande voix de Paris.

— Selon Ughelli, 145 000 en 1338, 90 000 en 1644. (Voy. *Arch. stor.*, 1865, 3ᵉ série, t. II, part. I, p. 85.)

LIVRE VII

CHAPITRE PREMIER

LES ARTS ET MÉTIERS. — LES CONDITIONS SOCIALES

— 1280-1320 —

Les marchands. — La richesse. — Calimala. — Son statut. — Ses consuls. — Le notaire et la justice de l'art. — Les conseils des consuls. — Attributions des consuls. — Règlements de l'art. — Révision du statut. — Les compagnies et travaux de l'art. — Les teinturiers. — Contrôle exercé sur les marchands et les marchandises. — L'art de Calimala en France. — Ses consuls. — Ses courriers. — Voyages et inspections du maître. — Les hôtelleries de l'art. — Route suivie par les marchandises. — Régime protecteur. — Priviléges acquis au dehors. — L'art de la laine. — Les *Umiliati*. — L'art de la soie. — Les compagnies de l'art. — Les velours. — L'art du change. — Les associations. — Le *Mercato nuovo*. — La table et les livres des changeurs. — Leurs agents et la lettre de change. — Leurs prêts aux princes. — Leurs comptoirs au dehors. — La commune de Florence maison de banque. — L'usure. — Protection accordée à la propriété, aux créances. — Les représailles. — Voyages dans le Levant. — L'art des médecins, des apothicaires et des merciers. — Discorde avec les merciers. — Les médecins et la médecine. — Les apothicaires. — L'art des juges et des notaires. — Le *proconsolo*. — Discorde entre juges et notaires. — Prévarications des légistes. — Mépris dont ils sont l'objet. — Vacations fréquentes des tribunaux. — Formalités et pénalités de la justice. — Coutume de les éluder. — Esprit de parti dans la justice criminelle. — Justice civile. — Les créances. — Les faillites. — L'offrande des prisonniers. — Les autres arts. — Les bouchers. — Les aubergistes et marchands de vin. — La fraude. — Les boulangers. — La législation des grains. — Les paysans. — Les chevaliers. — Les nobles. — Le clergé. — Attaques des conteurs contre les ecclésiastiques. — Réception d'un nouvel évêque. — Les déclassés : les aveugles, les voleurs.

Les armes et la politique n'étaient pour Florence qu'un moyen d'assurer, de rendre prospères en Italie et hors de l'Italie son industrie et son trafic. Devenir et rester riche, c'était chez les Florentins l'alpha et l'oméga de la sagesse comme de la science sociale. « Qui ne possède pas, dit un vieux conteur[1], est tenu pour une bête. Celui-là est réputé le plus digne qui possède le plus, parce qu'à tout homme il convient non-seulement de conserver ce qu'il a, mais encore de l'augmenter le plus qu'il peut[2]. » En pays étranger affluaient ces actifs marchands : ils y formaient des colonies, ils y vivaient, jouaient et souvent mangeaient ensemble, chacun payant son dîner ou apportant son écot[3]. Ils étaient assez riches pour engager mille, cinq mille florins sur un pari[4], et assez fins pour qu'un proverbe avertît quiconque aurait affaire à eux de se bien garder d'être myope[5]. Dans leur propre pays ils se montraient hospitaliers comme ils souhaitaient qu'on le fût à leur égard, sachant bien d'ailleurs que la prospérité dépend en partie d'une population accrue, d'un plus grand nombre de bras consacrés au travail. Facilement ils accordaient le droit de cité à Florence : on l'y pouvait acquérir après y avoir payé les impôts pendant dix ans, après y avoir vécu, pendant cinq ans, deux mois au moins chaque année, pourvu

[1] Boccace, *Decameron*, Giorn. II, nov. 9, t. I, p. 253. — On ne trouvera pas surprenant que nous citions les *Novellieri*. « Les nouvelles, dit M. Max Müller, ont pris une des premières places dans les études qui font connaître le passé du genre humain. » (Voy. *Revue des Deux Mondes*, 15 août 1875, p. 827.)

[2] Chi non ha oggi del suo è tenuto una bestia. Colui è reputato piu degno che più possiede, perchè ad ogni huomo sta bene non solo di conservare quel ch' egli ha, ma di aumentarlo quanto più può. (*Cento Novelle*, Giorn. VIII, nov. 10, f° 195 r°.)

[3] Sacchetti, nov. 98, t. II, p. 94.

[4] Boccace, *Ibid.*, p. 258.

[5] Chi ha a far con Tosco non vuole esser losco. (Boccace, *Giorn.* VIII, nov. 10, t. III, p. 310.)

que dans les bourgs ou faubourgs on ne travaillât pas la terre d'autrui[1].

Aussi dans cette ville d'esprit si large voyait-on affluer les proscrits des autres villes, chacun apportant son activité, son industrie, ses capitaux. Une sorte de rivalité s'établissait entre eux et les citoyens. L'obligation pour tous de se soumettre à l'égalité démocratique et de s'inscrire à quelqu'un des arts ne laissait guère d'autre moyen de se distinguer et de s'élever que de s'enrichir. A tout prix il fallait accroître ses gains, ou, au besoin, réparer ses pertes, car la base du commerce, c'étaient alors d'énormes risques comme d'énormes profits. La richesse privée était le fondement de la richesse publique, et par conséquent de la puissance, dans un petit État où il fallait incessamment solder cavaliers et milices, augmenter le chiffre des armées. Florence passait pour la source même de l'or. — Je t'y ai envoyé, écrivait Boniface VIII à Charles de Valois ; c'est ta faute si tu n'as pas su apaiser ta soif[2]. — Étudier de près cette source, suivre un à un les divers canaux qui distribuaient partout son onde bienfaisante, est une tâche qui s'impose à l'historien. Nous devons donc reprendre ici l'histoire de « la marchandise, » comme on disait alors en France, de ces arts et de ces métiers dont nous avons exposé plus haut les humbles commencements[3].

La publication récente des statuts de Calimala nous permet de pénétrer plus avant qu'on ne l'avait fait jus-

---

[1] 20 mai 1286. *Frammenti di provvisioni e riforme.*
[2] Io ti ho mandato alla fonte dell' oro, e se tu non ti sei cavata la sete, tuo danno (Voy. Pagnini, II, 72).
[3] Voy. t. I, l. I, c. iv.

qu'ici dans la constitution de cet art, le plus considérable de tous par la richesse, sinon le premier dans la hiérarchie, et très-semblable aux autres par son organisation, si même il ne leur avait pas servi de modèle[1]. L'ordre manque dans ce document, comme dans tous ceux du moyen âge ; mais on y peut démêler deux sortes de mesures, les unes pour régler l'exercice de cette industrie, les autres pour la protéger.

Il débute par une pieuse profession de foi. Les marchands de Calimala s'engagent à ne blasphémer ni Dieu ni les saints, à observer les jours de fête, lesquels sont au nombre de quarante, sans compter les dimanches[2]. Tous les matins, des moines chanteront pour l'art une messe solennelle sous la voûte de San Giovanni. L'autel devra être fourni par les magistrats de l'art d'étoffes de soie et d'autres beaux ornements. La veille du jour où l'on célèbre la fête du saint patron de Florence, chaque membre de Calimala se rendra dans ladite église, avec un cierge d'une demi-livre, qu'il offrira au bienheureux saint Jean[3].

En règle avec le ciel, le législateur marchand redescend sur la terre. Il institue les magistratures qui présideront aux destinées de la corporation. Tous les six mois, en décembre, doivent s'assembler les chefs des magasins et boutiques, pour élire des consuls parmi les maîtres

---

[1] Cette publication a été faite par M. Giudici à l'appendice de son histoire des municipes italiens. Elle ne remplit pas moins de 214 pages in-8° assez compactes. Plusieurs manuscrits des archives de Florence contiennent ce statut. Le plus ancien remontant à 1302, ces règlements sont sensiblement antérieurs, car on ne pensait à les mettre sur parchemin que lorsqu'ils étaient adoptés et approuvés depuis longtemps.

[2] *Ibid.*, l. I, § 1, 2, 3, p. 18-20.

[3] *Ibid.*, l. III, § 3, 5, p. 149-150.

d'une des compagnies de l'art[1], et qui l'exercent sans interruption depuis quatre années au moins[2]. Tout magasin a deux voix, toute boutique une seule[3]. La séance ouverte, on condamne les absents à quarante sous d'amende, puis on désigne au scrutin secret, avec appel nominal[4], trois électeurs de trois compagnies différentes, qui procèdent immédiatement, sous les yeux de l'assemblée, à l'élection des quatre consuls et du camerlingue, lesquels ne doivent être compagnons ni des électeurs, ni des consuls en exercice[5]. Ceux-ci obligent les élus à accepter, en leur infligeant sur leur refus une amende de vingt-cinq livres, qu'ils peuvent renouveler à leur gré, tant que dure la résistance[6]. Un des élus l'est-il en même temps dans un autre art, il est tenu d'opter pour Calimala. Nulle compagnie ne peut deux fois de suite fournir un de ces magistrats. Nul membre ne peut être de nouveau électeur ou consul avant un an, camerlingue avant trois. C'est la crainte des dilapidations qui faisait tripler ainsi le *divieto* pour le camerlingue, et interdire à ses fils, à ses frères, à toute personne de sa compagnie, de prétendre à

---

[1] Les compagnies de l'art, c'étaient ses différentes branches, teinturiers, pressiers, plieurs ou tailleurs, ravaudeurs, etc. (*Stat.*, l. I, § 25, p. 44.)

[2] Con residente fondaco o vero bottega e libro per quattro anni passati.... (*Stat.*, l. I, § 6, p. 24.)

[3] E che alla elezione e alla chiamata de' consoli possano dare boce due per fondaco e uno per bottega (*Stat.*, l. I, § 6, p. 21, 24). — Ce texte suffirait à prouver que les deux mots *fondaco* et *bottega* ne sont pas synonymes, comme le croit M. Simonin.

[4] Ciascuno solo come chiamato sarà (*Stat.*, Ibid., p. 23).

[5] Primitivement l'élection se faisait d'une autre manière. Le conseil général de l'art désignait au scrutin secret les consuls qu'il souhaitait, dont les noms étaient transmis aux prieurs. Ceux-ci votaient ensuite sur les noms qui leur étaient soumis tous les quatre mois. Cet usage dura jusqu'à la rédaction des statuts, c'est-à-dire jusqu'aux dernières années du treizième siècle (*Stat.*, Ibid., p. 24).

[6] A quante volte vorranno e parrà loro che convenga. (*Ibid.*)

la même charge avant deux ans[1]. Ce financier suspect fournissait une caution de cinq cents livres; il ne pouvait dépenser cent sous qu'avec la permission du conseil général et des consuls[2].

Les consuls, au reste, sont soumis eux-mêmes à une étroite surveillance. Il ne leur est permis de s'éloigner de la ville que « pour cause d'oraison divine, d'affaire de l'art ou de la commune[3]. » Ils sont flanqués d'un notaire étranger, non rééligible durant cinq années, sorte de potestat et de greffier tout ensemble, qui ne peut manger avec aucune personne de l'art, qui fait les ambassades et parle au nom des consuls dans les conseils, qui conserve et fait observer le statut, qui rappelle, chaque mois, aux consuls ce qu'ils ont à faire et ouvre une enquête sur ce qu'ils n'ont pas fait, comme sur les infractions de tous les membres de l'art. L'enquête ouverte, il la poursuit sans retard et en soumet les résultats à un conseil de sept marchands. Ceux-ci décident-ils au scrutin secret qu'elle est suffisante, il la porte aussitôt devant un second conseil de douze personnes. L'accusé s'avoue-t-il coupable, il est condamné par les consuls sur la réquisition du notaire. Soutient-il son innocence, la condamnation est prononcée par les douze et exécutée par les consuls sous peine de dix livres d'amende. L'incommode surveillant était surveillé à son tour; il payait cinquante livres à la moindre faute, au moindre oubli dans ses nombreuses attributions, et le 8 septembre,

---

[1] *Stat.*, L. I, §. 6, p. 22, 23.
[2] *Ibid.*, § 8, p. 26, 27.
[3] Sa non fosse per cagion d'orazione divina o per fatti di questa arte o del comune (*Ibid.*, p. 26).

quand expirait sa charge annuelle, il était soumis au sévère examen de trois syndics[1].

Les quatre consuls se donnaient pour chef, chaque mois et à l'élection, un d'entre eux qui prenait le titre de prieur[2]. Ils étaient assistés de deux conseils, l'un général, l'autre spécial, dont les délibérations étaient valables quand ils réunissaient celui-là dix-huit membres, celui-ci douze pour le moins. Toute pétition d'intérêt commun était soumise par les consuls, dans les trois jours, au conseil général. Quant aux pétitions d'intérêt particulier, l'un des deux conseils votait au scrutin secret, à la majorité des deux tiers, sur la suite qu'il convenait d'y donner[3]. Aucune compagnie de l'art ne pouvait avoir plus de deux membres dans chacun de ces conseils. C'était eux qui, par fèves noires et blanches, mais toujours aux deux tiers des voix, révoquaient au besoin les consuls[4]. Devant les mêmes consuls ne pouvait revenir une proposition que leurs conseils auraient déjà rejetée. Toute personne intéressée dans la question débattue avait droit de se faire entendre dans leur sein, mais à condition de s'éloigner aussitôt après, sous peine de nullité dans la procédure[5].

Les principales attributions des consuls étaient de veiller en tous lieux aux intérêts spéciaux de l'art; de protéger toute boutique de draps étrangers, en quelque lieu qu'elle se trouvât, car un article du statut les couvrait au loin comme dans la ville du nom respecté de Calimala[6]; de

---

[1] *Stat.*, l. I, §§ 7, 9, 10, p. 26-30.
[2] *Ibid.*, § 19, p. 39.
[3] *Ibid.*, § 4, p. 20, 21.
[4] *Ibid.*, § 6, p. 21, 24.
[5] *Ibid.*, § 5, p. 22.
[6] Calimala s' intenda essere e sia la ruga di calimala e ogni altro luogo

donner aide aux marchands pour recouvrer leurs créances[1]; de recouvrer eux-mêmes celles de l'art sur la commune[2]; d'exiger que tout citoyen étranger à l'art agît selon ses lois dans ses rapports avec lui, sous peine non-seulement de n'y pouvoir entrer, mais encore de s'y voir interdire tout trafic[3]; de percevoir enfin le montant des condamnations encourues[4]. Ils exerçaient un droit de surveillance, d'enquête, de dénonciation sur tous les membres et agents de l'art[5]. Ils nommaient ces agents à l'étranger et surtout en France[6]. Ils s'unissaient à leur conseil général, pour désigner, le cas échéant, un syndic de l'art, qui en devînt comme le dictateur[7]. Chaque mois, et même plus souvent, s'il était nécessaire, ils se réunissaient aux consuls de tous les autres arts pour délibérer sur les questions d'intérêt commun[8].

Pour être membre de Calimala, il suffisait d'en avoir pendant un an exercé l'industrie soit de sa personne, soit par associés qui y fussent déjà immatriculés[9]. On payait, en y entrant, une livre de cent sous. On en sortait à volonté; mais dès lors on n'y pouvait rentrer qu'après délibération du conseil général, et en versant une somme d'au moins cent livres de florins. Les frères, les descen-

---

ovè tè alcuna bottega o fondaco d'alcunc mercatante dell' arte di calimala. (*Stat.*, l. II, § 9, p. 124.)

[1] *Ibid.*, l. I, §§ 22, 23, p. 42.
[2] *Ibid.*, § 24, p. 44.
[3] *Ibid.*, l. II, § 23, p. 133.
[4] *Ibid.*, l. I, § 21, p. 40.
[5] *Ibid.*, § 25, p. 44.
[6] *Ibid.*, § 11, p. 31.
[7] A fare tutti i fatti dell' arte (*Stat.*, l. I, § 4, p. 21).
[8] *Ibid.*, § 37, p. 52.
[9] Per se o compagno o compagni (*Stat.*, l. II. § 26, p. 135).

dants en ligne masculine d'un membre de l'art, en faisaient partie comme lui. Ses héritiers, y fussent-ils étrangers, étaient tenus de répondre aux consuls[1]. L'usure est interdite, « parce que ce péché déplaît beaucoup à Dieu[2] », et des limites semblent assignées aux fortunes individuelles. Sans doute on laisse chacun jouir de ses gains licites[3], mais on détermine ceux qui ne le sont point. En conséquence, si un membre est jugé deux, trois ou quatre fois plus riche qu'il ne doit être[4], il est tenu de déposer tout ce surplus aux mains de bons et suffisants marchands de Calimala. S'il ne le fait pas spontanément, il s'y voit condamné. S'il le fait incomplétement, les consuls chargent d'une enquête sur ses biens meubles et immeubles des hommes de l'art, des courtiers du change, des scribes, et même des serruriers. « Si le coupable, c'est-à-dire le débiteur[5], » n'obéit pas, les consuls veillent à ce qu'il y soit contraint par le potestat ou le capitaine du peuple. Au besoin, ils demandent assistance aux consuls des autres arts[6]. Mais sur ce point comme sur l'usure, l'esprit d'inquisition dut rester impuissant.

D'autres règlements, dont quelques-uns ont passé du statut de Calimala dans les statuts mêmes de la République, prévoient les moindres détails et ne laissent pas que d'être fort curieux. Défense est faite aux marchands

[1] *Stat.*, l. II, § 26, p. 135.
[2] Perciò che il peccato dell' usura dispiace molto a Dio. (*Stat.*, l. I, § 95, p. 109).
[3] Non istendendosi lo richiamo al guadagno che licitamente avesse fatto e acquistato, poichè fue compagno, fattore o discepolo. (*Stat.*, l. I, § 71, p. 84.)
[4] Ricco due cotanto, o tre cotanto, o quatro cotanto. (*Ibid.*)
[5] E se il reo cioè il debitore.... (*Ibid.*)
[6] *Ibid.*

de cet art de vendre d'autres draps que ceux d'outremonts, de battre la laine depuis la cloche du soir jusqu'à celle du matin, de s'établir et d'exercer hors de la ville, d'exporter les laines fines et les ingrédients nécessaires au travail[1], de vendre hors de leur boutique, excepté aux principaux officiers de la commune[2]. L'acheteur n'a le droit de se faire apporter la marchandise que jusqu'aux fenêtres, mais le vendeur a celui de s'avancer, pour la montrer, jusqu'au milieu de la rue[3]. D'une boutique à l'autre on ne doit tendre ni tentes ni toiles. Dans aucune on ne doit jouer ni aux dés ni aux autres jeux de hasard. Les échecs et les dames (*tavole*) y sont seuls permis. Nul n'y doit passer la nuit, sauf les apprentis ou des personnes qui ont prêté serment entre les mains des consuls. Pour tout lit ces jeunes gens ont une simple paillasse. Ils ne doivent plus sortir après le troisième coup de cloche, fût-ce pour aller d'une boutique à l'autre. Aucune femme ne doit être introduite, aucun feu allumé, sauf celui des chandelles ou des lanternes[4].

Est punie de l'amende toute infraction à ces règlements, toute querelle engagée ou provoquée, toute parole grossière, injurieuse, blasphématoire, proférée dans la cour des consuls ou dans la rue de Calimala. La peine est double, si l'outrage atteint un des consuls[5]. Sur ce point comme sur tous les autres la plus active surveillance était exercée par les courtiers de l'art (*sensali*), érigés en agents de police. Ils juraient d'aller dans tous

---

[1] *Stat.*, l. II, § 20, p. 131 ; *Statuti fiorentini*, l. IV, Rub. 45, 54.
[2] *Ibid.*, l. II, § 33, p. 140.
[3] *Ibid.*, § 10, p. 124.
[4] *Ibid.*, § 25, p. 134.
[5] *Ibid.*, § 31, p. 139.

les magasins, dans toutes les boutiques, et de dénoncer secrètement aux consuls tous les membres de la corporation qui en violaient le statut. Le contre-poids de cette inquisition si facilement abusive, c'est que tout courtier dénoncé par les marchands pouvait être chassé de leur compagnie et privé de toutes relations avec eux[1].

Non moins rigoureuse était la surveillance envers les apprentis et les artisans. Il leur était interdit de rôder autour des boutiques pour chercher de l'ouvrage[2], et enjoint, s'ils travaillaient hors de Florence, d'y revenir pour rendre des comptes à leurs maîtres. Ils ne pouvaient, sans permission, prendre femme ailleurs que dans la ville, sous peine d'être déclarés fugitifs et de voir leurs biens mis en vente[3]. Entraient-ils dans un ordre religieux avec de l'argent ou des objets mobiliers appartenant à leurs maîtres, la restitution en était exigée de l'ordre, du couvent qui avait profité du vol. S'il s'y refusait, il se voyait privé des aumônes qu'il venait chercher dans les boutiques de Calimala, comme des œuvres pies entretenues par l'art[4]. Et ce n'était point là un médiocre châtiment : ces œuvres pies avaient tant d'importance que les règlements qui s'y rapportent occupent plus de vingt articles, presque tout le troisième livre du statut[5]. Le moyen était donc efficace pour prévenir la captation.

Ce code minutieux présidait à la mort comme à la

---

[1] Li divietino dell' arte e dell' usanza de' mercanti di calimala. (*Stat.*, l. II, § 1, p. 112.)
[2] Pagnini, II, 101.
[3] *Stat.*, l. I, §§ 74, 75, p. 88, 89.
[4] *Ibid.*, § 77, p. 90.
[5] De la p. 446 à la p. 476.

vie. Mourait-il un maître, un compagnon ou un de leurs fils, âgé d'au moins dix-huit ans, les consuls ne siégeaient pas, et les boutiques se fermaient, à la réserve d'une petite porte (*sportello*), qu'on laissait entr'ouverte, comme aux jours de chômage ou de fête[1]. Chaque année, en janvier, se faisait un recensement, pour bien établir les pertes de l'art par la mort, comme ses accroissements par la naissance ou les enrôlements volontaires[2].

Restait à le protéger contre les innovations mauvaises, et à y introduire les bonnes, dont on aurait reconnu l'opportunité. Pour les mesures de conservation, les consuls avaient pleine *balia*, et pouvaient, à leur gré, se faire assister de procureurs et d'avocats. On invitait à leur prêter main-forte, pour exécuter leurs décisions, les chefs des autres arts, les prieurs, le potestat, le capitaine, tous les officiers communaux. Tout refus de concours, tout mauvais vouloir à ce sujet était signalé par les consuls aux meilleurs et plus puissants hommes des différents arts, réunis par eux en aussi grand nombre que possible, et, avec leur assentiment, à tous les magistrats, en requérant leur assistance. Si le refus, si la négligence émanait d'un membre de Calimala, il en était exclu à jamais, ainsi que son père, ses fils, ses frères et tous ceux de sa race en ligne masculine, qui ne se séparaient pas spontanément de lui[3].

Quant aux mesures réformatrices, tous les deux ans, le 2 décembre, ou même tous les ans, si le conseil général le jugeait à propos, les consuls sortants appelaient six

---

[1] *Stat.*, l. II, § 29, p. 138.
[2] *Ibid.*, § 34, p. 141.
[3] *Ibid.*, l. III, § 28, p. 176.

des plus anciens marchands[1] de six boutiques différentes, et leur donnaient *balia* de corriger ou changer le statut. Ces *arbitri*, — c'est le nom qu'on leur donnait, — restaient enfermés pendant cinq jours, avec un seul repas quotidien de deux plats. Ils prenaient leurs décisions à la majorité ordinaire des deux tiers des voix. Le statut réformé, on l'enfermait sous scellés jusqu'à la réunion du conseil qui devait nommer les nouveaux consuls. On ouvrait alors la boîte, on lisait les nouveaux *capitoli*, que l'assemblée modifiait ou confirmait à son gré, au scrutin secret[2]. Même à un autre moment de l'année, le conseil avait toujours ce droit de révision et de réforme, mais à condition que quinze des dix-huit membres dont la présence rendait les délibérations valides tombassent d'accord sur la nécessité d'en délibérer. Si les membres présents étaient plus nombreux, la majorité légale augmentait en proportion[3].

Il faut l'avouer, cette discipline si précise et si sévère ne laissait point à la liberté individuelle une part suffisante; mais dans un temps d'incurables discordes et d'incessantes guerres civiles, elle était un besoin impérieux et devait paraître un bienfait. Ne sentant pas la main d'un gouvernement fort, on se gouvernait soi-même avec force, on s'organisait de manière à se suffire, on constituait comme un État dans l'État, en prévision des éclipses de l'État. Il en résulta pour l'art de Calimala, comme pour tous les autres arts formés à son image, une prospérité, une bonne renommée dont on ne peut se faire une idée

---

[1] Degli assidui mercatanti (*Stat.*, l. I, § 16, p. 36).
[2] *Ibid.*
[3] *Ibid.*, § 4, p. 21.

exacte qu'en étudiant de près la pratique de cette industrie, comme nous en avons étudié la constitution.

On a vu, dans un précédent chapitre, que les draps étrangers étaient amenés à Florence pour les y remettre sur le métier[1]. Nous devons montrer maintenant à quelle sorte de travail ils étaient soumis. Dans les vingt-quatre heures de leur arrivée, des experts (*periti dell'arte di calimala*) en vérifiaient les mesures, en constataient les conditions, puis les livraient aux diverses compagnies de l'art, teinturiers, tondeurs, étireurs, apprêteurs, qui devaient les fouler, les carder, les teindre, les lisser, les tailler, les plier, leur donner les dimensions, la couleur, le lustre, la finesse que réclamaient la mode et l'usage. Ces diverses compagnies habitaient des rues portant leurs noms[2]. Elles recevaient défense de s'unir en société (*far postura o dogana*) pour se rendre maîtresses des prix[3].

Il semble que parmi elles les teinturiers aient tenu le premier rang. C'est que de la qualité des teintures dépendait le succès de toutes les autres opérations, dans les diverses industries de la laine comme dans l'industrie de Calimala. Aussi donnaient-ils un cautionnement de trois cents florins qu'ils perdaient, si leur travail était mal fait, si les couleurs employées étaient mauvaises, si seulement ils avaient fait teindre les draps dans des boutiques et par des personnes étrangères à l'art. Sur ces fautes prononçaient des officiers spéciaux, dits *delle macchie e magagne*, que l'art avait délégués[4]. Le teinturier était alors déclaré *falsario;* ses draps étaient livrés aux

---

[1] Voy. l. I, c. IV, t. I, p. 193.
[2] Via de' Cimatori, via delle Caldaie, corso de' Tintori, etc.
[3] Pagnini, II, 100 ; Peruzzi, 66.
[4] *Stat.*, l. II, §§ 5, 6, p. 119-122.

flammes ; on lui interdisait l'exercice de sa profession.
Comme l'habitude de jeter les eaux puantes dans les
rues et fossés de la ville, où elles couraient librement,
empestait les quartiers de l'ouest, au point que personne,
dit un document, ne pouvait plus rester dans sa boutique,
ni même dans sa chambre, il fut enjoint à la compagnie
de creuser sous terre, par les mains de ses membres, des
égouts pour l'écoulement[1].

Chaque année, en juillet, deux marchands délégués
fixaient un prix maximum pour la teinture. Le privilége
exclusif de vendre les matières colorantes était accordé à
quelques-uns. Les autres recevaient défense d'en faire le
commerce, comme de trafiquer des draps ou même d'aller
au-devant de l'ouvrage[2]. C'est au moyen de couleurs végé-
tales qu'ils passaient les draps à la teinture. Le pastel
(*guado*, en vieux français *guède*) servait à teindre en
bleu, car l'indigo était alors inconnu en Europe ; le kermès, la garance (*robbia*), en rouge ; l'orseille (lichen,
rocella de Linné), en pourpre. C'est à un marchand florentin, nommé Nardo ou Bernardo, qu'était due l'introduction de cette dernière substance pour la coloration des
draps et des laines. Ayant découvert que l'orseille, bai-
gnée dans l'urine, donnait une belle couleur violacée, il
s'en servit avec grand succès. De là, sa fortune, les dignités

---

[1] Quod aquas putridas et fetidas ejiciunt, quod persone in apotecis, domibus vel etiam cameris propter fetorem stare non possunt, ut tintores teneantur sub terram per clavicas ipsam aquam derivare et derivari facere.
(7 juin 1296. *Provvisioni*, VI, 44 v°, texte publié par Gaye, I, 430.)

[2] *Stat.*, l. II, § 5, p. 119 ; Pagnini, II, 100 ; Cantini, III, 109. — Le
28 mars 1298, tout vendeur, tout acheteur illicite était frappé d'une amende
de 100 livres et de la peine infamante des voleurs. (*Provvisioni*, VII,
203 v°.)

de sa famille, et même, dès 1505, le nom d'Oricellari ou Rucellai, qu'elle prit ou qu'elle reçut[1].

Ces plantes venaient de l'Orient, sauf la garance qui poussait au pays d'Avignon, et même, dès les temps anciens, sur les bords du Tibre, aux environs de Rome, quoique en moindre quantité[2]. On les acclimata facilement en Italie. L'alun, que les Génois extrayaient des célèbres mines de Phocée, servait de mordant pour fixer les couleurs; on ne tarda pas à le trouver plus à portée, dans les mines de la Maremme toscane[3]. Le trafic de ces couleurs prenait une extrême importance : en 1347, une société de marchands florentins vendait quarante-cinq mille livres de *guado* à deux marchands de Valence, pour huit cents florins d'or[4]. Chaque couleur ayant sa valeur vénale et en quelque sorte sa cote officielle, il était interdit de substituer l'une à l'autre, la garance, par exemple, à l'écarlate, qui passait pour supérieure en qualité. Quiconque faisait des *scarlatte di colpo*, c'est-à-dire avec mélange, voyait brûler ses draps et était exclu de l'art. Toutefois, on permettait le mélange, mais à la condition de donner aux draps teints par ce procédé un nom spécial, et de constater le fait par une étiquette sur la bande ou bordure[5]. Il fallait surveiller, prévenir ou réprimer d'autres fraudes encore, l'aunage souvent déloyal, la coutume

---

[1] Manni, *De Florentinorum inventis commentarius*, cap. xx; Pagnini, II, 100; Peruzzi, 96; Pardessus, III, Introd., 60-62; Simonin, *Revue des Deux Mondes*, 1ᵉʳ février 1873, p. 647, 648.

[2] Laudatissima italica (rubia), et maxime suburbana. (Plin. Nat. XIX, 17.) — Cantini, III, 108.

[3] Pegolotti, p. 40; Simonin, *loc. cit.*

[4] Peruzzi, p. 95.

[5] Ainsi les draps d'écarlate, dans la teinture desquels entrait la garance, étaient appelés *scarlattini con mezza grana* ou *affiammati*. (Stat., l. II, § 6, p. 119, 122.)

de tremper le drap dans l'eau et de l'étirer ensuite, pour en faire payer plus qu'on n'en avait vendu[1]. Des experts, les officiers des *magagne*, les consuls de l'art, prononçaient sur tous ces points, et quand ils évaluaient à plus de trois florins les défauts du drap, l'acheteur n'était pas tenu de le recevoir[2]. Grâce à ces précautions, la supériorité des Florentins pour la teinture était si bien établie que les Vénitiens reconnaissaient l'avoir apprise d'eux[3].

La vigilance n'était pas moins active pour assurer dans les autres branches de l'art la probité, un des fondements de sa prospérité. Sur tous les draps d'outre-monts devait se trouver cousu un papier visible à tous les yeux, portant le prix fixe, le nom de la maison (*villa*) et celui de l'industriel (*maestro*) qui l'avaient fabriqué. Chacun jurait d'observer les règlements, mais on ne croyait pas aveuglément à la foi jurée : un officier parcourait sans relâche toutes les rues de l'art, vérifiant toutes choses dans les boutiques, écritures, livres, mesures dont il y avait des modèles exposés dans la ville[4]. Les consuls ne se bornaient pas à punir la moindre infraction ; ils punissaient jusqu'à la prétention de recourir, dans les procès commerciaux, aux juges du droit commun. Le marchand qui s'y obstinait voyait sa peine doublée ; au besoin il perdait le *bollo*, c'est-à-dire la garantie de l'art, et il était exclu[5]. C'était

---

[1] Sacchetti, nov. 92, t. II, p. 90.
[2] *Stat.*, l. II, § 8, p. 123 ; Pagnini, II, 101.
[3] Rosetti, *Trattato dell' arte del tingere*, Venise, 1548, ap. Zanon, *Dell' agricoltura*, t. III, l. VI, p. 271 ; Pagnini, II, 101.
[4] *Stat.*, l. II, § 17, p. 129 ; Pagnini, II, 102 ; Villari, *Politecnico*, décembre 1866, p. 697.
[5] A la demande des consuls des arts, le 21 octobre 1292, les conseils leur avaient donné le droit de punir d'amende et de rayer des livres matri-

la perte de toute protection à l'étranger comme dans Florence, et par conséquent la ruine. Aussi n'était-il personne qui ne préférât à l'exclusion le plus rude châtiment[1]. On verra plus loin la législation relative aux dettes et aux banqueroutes, nécessaire complément pour assurer des pratiques honnêtes, même de ceux qui avaient le moins souci de l'honnêteté.

A ce premier élément de succès s'ajoutait le goût, privilége alors exclusif de l'Italie. Il régnait surtout à Florence ; mais on le trouvait aussi à Venise, à Milan, renommée pour ses modes, comme en témoigne le mot *milliner*, qui, aujourd'hui encore, signifie modiste en anglais. Ce goût, de nombreux exilés l'avaient porté tout d'abord dans les pays étrangers, et une prospérité rapide attirait chaque jour sur leurs traces des émigrants volontaires. A la fin du treizième siècle, il n'était pas une contrée de l'Europe où des Italiens ne fussent les principaux agents du trafic[2]. Les marchands de Florence sollicitaient de leurs magistrats l'autorisation de s'établir partout où l'on pouvait s'y livrer[3]. Jusqu'en Angleterre s'installaient des vanneurs et même des *contadini*, des paysans florentins[4]. La France était pour ce peuple comme une seconde patrie : des citoyens y venaient en foule pour s'y alimenter des draps nécessaires à leur travail, pour y recevoir la commande de ces draps perfectionnés dont ils avaient

---

cules les artisans qui commettaient des falsifications ou des vols, leurs complices et recéleurs (*Provvisioni*, I, 3, p. 112 v°). Le statut ne fait donc que coordonner cette mesure à tant d'autres.

[1] Villari, *Ibid*.

[2] Pardessus, II, Introd., p. 55.

[3] Le 17 février 1290, ils l'obtenaient pour Venise, qui restait presque toujours en dehors du mouvement italien (*Provvisioni*, I, 2, p. 52).

[4] Sacchetti, nov. 3, t. I, p. 12.

seuls le secret[1]. La colonie italienne formait dans ce pays une corporation dirigée par un capitaine général, leur élu[2], qui traitait avec le roi de puissance à puissance, et avait un grand sceau représentant un personnage assis sur un trône entre deux bourses[3]. Les plus célèbres Florentins de ce temps, Brunetto Latini, Cino de Pistoia, Dante, Pétrarque, vinrent tous en France une ou plusieurs fois. Boccace et Villani furent employés à Paris dans les succursales florentines. Un Peruzzi y était établi; un autre vivait à Avignon, étape importante, centre considérable d'activité, surtout quand Clément V y eut transféré le siège pontifical. Les Alberti, dont descendent nos Luynes, trafiquaient en Provence et en Languedoc[4].

Ce n'étaient point des enfants perdus de la civilisation florentine, mais des membres de Calimala très-étroitement reliés à leur art et à ses chefs. A peine nommés, les consuls élisaient sous le même nom qu'eux deux magistrats pour les marchands florentins de France, choisis, l'un parmi ceux qui y résidaient, l'autre parmi ceux qui s'y trouvaient de passage, et tenus, deux jours après avoir reçu leur nomination, de prêter serment entre les mains de leurs prédécesseurs, de notifier par courriers leur entrée en charge à tous ceux qui, dans le royaume, devenaient ainsi leurs subordonnés. Ils dénonçaient aux consuls de

---

[1] Pagnini, II, 98.
[2] *Ordonnances des rois de France*, XI, 377, 12 mai 1295.
[3] Collection des sceaux et archives nationales (Pardessus, III, Introd., p. 67).
[4] Rosa, *Dell' origine di Firenze*. Arch. stor., 3ᵉ série, 1863, t. II, part. I, p. 86. — Voy. à l'appendice de ce volume quelques fragments résumés des *Ricordanze* de Guido dell' Antella, où l'on voit ses pérégrinations de marchand, et les diverses compagnies par lesquelles il est employé durant la seconde moitié du treizième siècle.

l'art, à Florence, quiconque jouait ou désobéissait à leurs ordres. Assistés de quatre des meilleurs marchands, ils examinaient ou faisaient examiner en tous lieux les marchandises florentines qui se vendaient au poids. En cas de fraude, ils interdisaient la vente, et ils infligeaient un premier châtiment, précurseur du châtiment plus grand que prononçaient bientôt, dans la mère patrie, les consuls de Calimala[1]. Ils entretenaient des courriers pour fixer les arrhes (*cursores de ara*), d'autres pour surveiller les payements (*cursores de pagamento*). Ces officiers disposaient exactement leurs voyages d'après les dates fixées pour ces deux sortes de règlement. On y procédait, d'ordinaire, à l'issue des diverses foires de France, plus fréquentes de jour en jour, surtout dans la Champagne, principal marché de ce pays[2].

Les consuls de l'art à l'étranger n'y échappaient point eux-mêmes au contrôle qu'ils exerçaient sur les autres marchands. Des syndics spéciaux étaient quelquefois envoyés de Florence, avec de pleins pouvoirs pour redresser les torts, protéger les intérêts lésés, intervenir dans les affaires contentieuses[3]. A défaut de syndics, les chefs de maison en faisaient l'office. Il était rare que quelques-uns d'entre eux ne se trouvassent pas en France pour por-

---

[1] *Stat.*, l. I, § 11, p. 31.

[2] *Ibid.*, l. IV, § De consulibus in regno Franciæ, et quo cursores Franciæ debeant esse duo. Pardessus, II, Introd., p. 61 ; Peruzzi, p. 69, 180 ; Muratori, *Antiq. med. ævi*, II, Diss. 30 ; Voy. aux *Mémoires de l'Académie des Inscriptions* les deux volumes sur les foires de Champagne ; Follini, t. VI, c. xxi, p. 206-216.

[3] Docum. de l'*Arch. delle Riform.*, classe II, dist. II, *Duplicati e frammenti di provvisioni*, n° 504, publié par Desjardins, Introd., p. 23. — Ce doc. porte nomination de syndics chargés de sauvegarder les intérêts des marchands florentins en France sous Philippe le Bel, 1309.

ter sur leurs comptoirs l'œil du maître et visiter leurs correspondants. Au moment de partir, ils faisaient leur testament et se recommandaient à un saint quelconque; puis ils montaient à cheval, seul moyen de locomotion que connussent alors même les femmes en habit de gala, et en route, pour tuer le temps, ils débitaient des patenôtres[1]. La route, en effet, était longue. De Florence on gagnait Avignon en quatorze jours, Montpellier en seize, Paris en vingt-deux, Bruges en vingt-cinq, Londres en trente jours[2]. Encore des retards imprévus prolongeaient-ils souvent ces voyages. Bonaccorso Pitti (1395) mettait une fois quarante-cinq jours d'Avignon à Florence par Asti, Gênes, Porto Venere et la mer. Une autre fois, traversant le Frioul pour se rendre à Paris, il restait trente-cinq jours dans les neiges des Alpes, avant de pouvoir passer avec des bœufs. Au retour, de Padoue à Ferrare, il lui fallait vingt heures, sans boire ni manger, avec deux bons chevaux[3]. Ce n'était pas, chez des hommes souvent âgés, une médiocre preuve d'énergie que d'entreprendre à diverses reprises des voyages si longs et si fatigants.

A vrai dire, ils trouvaient sur leur chemin de nombreuses hôtelleries, entretenues par l'art, et où ils étaient reçus comme chez eux. Il y en avait partout où l'on fabriquait des draps, où Calimala entretenait des succursales : dans l'Ile de France, à Paris et à Saint-Denis ; en Normandie, à Rouen, Caen, Montivilliers ; en Champa-

---

[1] Boccace, *Giorn*. II, nov. 2, t. I, p. 119 ; Cf. *Oss. fior.*, VIII, 72-74, 3ᵉ éd.

[2] Pour Milan ou Brescia de 10 à 12 ; pour Gênes et Rome, de 5 à 6 ; pour Naples, de 11 à 12 ; pour la Sicile, de 29 à 32. (Peruzzi, p. 218, d'après Pegolotti, dont il sera question plus bas.)

[3] Chron. de Bonaccorso Pitti, ap. Peruzzi, p. 214.

gne, à Provins, Lagny, Troyes; dans le Berri, à Bourges; en Provence, à Marseille, Toulon, Arles, Saint-Gilles, Avignon ; en Languedoc, à Nîmes, Montpellier, Narbonne, Béziers, Perpignan, Carcassonne, Toulouse. Là, les marchands et leurs employés se reposaient, recevaient leurs correspondances, mettaient leurs marchandises en dépôt. Les hôteliers (*ostellieri, albergatori*) vivaient sous la surveillance des consuls. Toute immixtion dans le trafic des draps leur était interdite, sous peine de perdre leur privilége. Aucun membre de l'art ne devait plus, en pareil cas, fréquenter leurs auberges[1].

Ce double trafic de l'achat des draps bruts et du renvoi des draps perfectionnés par le travail florentin ne s'opérait pas seulement en France. Toutes les places importantes d'Italie, d'Espagne, de Portugal, de Flandre, d'Angleterre, lui étaient ouvertes. Les marchands y entretenaient des comptoirs, y envoyaient des facteurs. Les marchandises y pouvaient arriver ou en pouvaient partir par des voies diverses, dont d'incessants traités avaient assuré à Florence le libre parcours. On passait par Pistoia, Modène, Bologne, Gênes, Ravenne, Faenza, la plupart des villes de Lombardie et les Alpes[2], ou bien on se dirigeait par les ports d'Ancône, de Rimini, de Venise, vers l'Orient; par ceux de Telamone ou de Gênes vers l'Occident, vers Aigues-Mortes, qui était alors, en France,

---

[1] *Stat.*, II, 23, p. 133; Pagnini, II, 102; Pegolotti, ap. Pagnini, III, 282 ; Giov. de Uzzano, *Pratica mercantile*, ap. Pagnini, IV, 48 ; *Arch. stor.*, nuova serie, t. VI, part. II, p. 11 ; Pardessus, II, Introd., p. 61, 73, III, Introd., p. 119 ; Peruzzi, p. 70.

[2] Pegolotti, p. 70, 193 ; Pagnini, II, 20, 50, 54, 73, 144 ; Muratori, *Antiq. med. ævi*, II, 865 sq., III, 453 ; Fioravanti, *Stor. di Pistoia*, c. XIII, p. 281 ; Ammirato, I, 65, 158, 189, 195 ; Pardessus, III, Introd., 90.

le grand port d'embarquement sur la Méditerranée[1]. Aux voies de terre on préférait la voie de mer : les pirates et les tempêtes y semblaient moins redoutables, comme plus rares, que n'étaient sur le continent les neiges, les boues, les malandrins. D'Écosse, d'Angleterre et de Flandre même, on s'acheminait souvent par l'Atlantique et le détroit de Gibraltar, ou bien on remontait la Gironde et la Dordogne jusqu'à Libourne, d'où l'on reprenait la voie de terre jusqu'à Aigues-Mortes[2]. D'Aigues-Mortes ou de Gibraltar, c'était toujours à Pise qu'abordaient les navires, ce qui explique l'intérêt extrême qu'avait Florence à subordonner cette ville, leurs guerres continuelles, leurs conventions sans cesse violées et renouvelées, et enfin, en 1406, la conquête de la plus faible par la plus forte, sans que les vainqueurs, en devenant puissance maritime, pussent tenir sur mer le rang que les vaincus avaient si longtemps occupé.

Ces draps étrangers qu'on expédiait à Florence pour les y transformer par le travail, on les mesurait avec soin, avant de les expédier. Chaque pièce portait en deux endroits le sceau de la corporation, et de plus une étiquette qui indiquait la longueur, la largeur, le prix en florins d'or, le nom du fabricant, celui de sa ville. Dix à douze pièces formaient un ballot qu'on recouvrait de feutre et de toile en double. De là venaient les armoiries de Calimala, un aigle d'or sur une balle blanche en champ de gueule[3]. Les ballots étaient dirigés ensuite vers Narbonne ou Montpellier, qui servaient de magasins, jusqu'au jour où on leur préféra Marseille. Six officiers, dits de la dra-

[1] Pagnini, I, 28, II, 99 ; Pegolotti, ap. Pagnini, III, 31, 51, 60.
[2] Les mêmes et Simonin, *loc. cit.*, p. 659, 663.
[3] Pagnini, II, 99.

perie, élus parmi les marchands les plus estimés, et dont quatre au moins devaient exercer le trafic en France, recevaient livraison des ballots et les acheminaient par les voies les plus promptes ou les plus sûres[1]. Remis sur le métier à Florence, puis emmagasinés dans ces sombres boutiques où l'on en voit encore aujourd'hui, les draps ne tardaient pas à reprendre la route de leur pays d'origine. Beaucoup s'arrêtaient en chemin, dans les diverses villes d'Italie, ou prenaient d'autres directions, vers l'Orient, vers les États de Tunis. On les avait achetés à bas prix, on les revendait très-cher[2]. En 1338, vingt boutiques faisaient venir, écoulaient dans Florence même plus de dix mille pièces de drap, évaluées à plus de trois cent mille florins d'or[3].

Cette industrie, ce trafic, formaient donc un monopole, concentré dans un petit nombre de mains. Un régime protecteur à outrance paraissait le plus propre à en assurer la prospérité. Aussi, même au quinzième siècle, quand les relations étaient mieux établies, les expéditions plus multipliées, la concurrence plus grande, le prix des marchandises restait-il très-élevé[4]. On interdisait l'émigration des artisans, l'exportation des matières et objets propres à l'art de Calimala[5]. On frappait de droits énormes les draps des pays qui n'étaient pas en rapports suivis d'affaires avec Florence : pour trente-quatre brasses on ne percevait pas moins de cinq florins d'or[6]. C'était provo-

---

[1] Voy. les doc. ap. *Arch. stor.*, ann. 1, disp. -iv, p. 247 ; Pagnini, II, 99 ; Follini, VI, c. xxi, p. 206, 216.
[2] Pardessus, II, Introd., p. 54.
[3] Villani, XI, 93.
[4] D. Vaissète, II, 503, III, 24, IV, 519 ; Papon, *Histoire de Provence*, II, 355, ap. Pardessus, II, Introd., p. 38.
[5] Follini, t. VI, c. xxi, p. 207.
[6] *Stat.*, l. IV, p. 3, Rub. 32, 39, 41, 43 ; Boninsegni, *Stor.*, p. 778.

quer la réciprocité, supprimer l'émulation, nuire aux progrès du travail et, par suite, à ceux de la navigation[1]. Sienne avait beau réclamer, Florence refusait, sur son territoire, de l'affranchir des péages, quoiqu'on ne lui demandât, en un temps de paix et d'amitié, que d'accorder à autrui le privilége qu'autrui lui avait spontanément concédé, et les Siennois devaient relever les barrières qu'ils auraient voulu supprimer à jamais[2]. On a peine à comprendre qu'un tel échange de bons offices parût à ces avides marchands un sacrifice trop onéreux[3]. Pour maintenir les prix exagérés, il n'était fables que les voyageurs, à leur retour, ne débitassent sur les lieux de production, sur les sommes énormes qu'ils y avaient dépensées, sur la peine qu'ils avaient eue à se procurer ce qu'ils en rapportaient[4].

En revanche, s'agissait-il d'assurer à Florence, en divers pays, les mêmes franchises dont jouissaient d'autres villes, l'activité de ses trafiquants était aussi ingénieuse qu'infatigable. Pegolotti, agent de la maison des Bardi, n'avait de cesse qu'il n'eût obtenu pour ses compatriotes, à Anvers, le même traitement qu'on accordait aux Allemands et aux Anglais plus favorisés (1315). En Orient, dans l'île de Chypre, où les Peruzzi et les Bardi payent, comme les Pisans, deux pour cent à l'entrée et à la sortie, il voit avec indignation que les autres Florentins payent quatre pour cent. Négligeant aussitôt les intérêts particuliers de la maison qu'il représente, pour ne penser qu'à

---

[1] Pagnini, II, 88.
[2] 10 mars 1305. *Consulte della Campana*, LXVI, 95.
[3] On peut voir un autre exemple de cette erreur économique à la date du 11 octobre 1290 (*Provvisioni*, I, 2, p. 143).
[4] Joinville et notes de Ducange, ap. Pardessus, II, Introd., p. 38.

l'intérêt général de sa patrie, il obtient, à force de démarches, pour tous les marchands de Florence, le tarif le moins élevé (1324)[1].

C'est ainsi qu'habitués à conduire de grandes affaires, à négocier avec les républiques et avec les princes, à poursuivre ou à juger des procès commerciaux, ces subtils Florentins étaient, au dehors comme chez eux, où ils se reposaient en discutant des lois et des statuts, à la meilleure école de politique. Ils ne se perdaient pas en vagues théories, mais ils mettaient la main à l'œuvre : ils savaient réfléchir avec promptitude, se décider avec résolution, gouverner avec adresse, diriger leur barque fragile, sans jamais la briser, à travers mille écueils.

Calimala eut une part prépondérante dans l'éducation politique de ces marchands, car aucun art, à Florence, n'était plus ancien, ou, tout au moins, plus anciennement considérable. Mais les autres arts n'y restèrent point étrangers. Leurs règlements et leurs usages sont semblables, sur bien des points, à ceux qu'on vient de voir ; il suffira donc d'indiquer ici ce qui les distingue. Qu'il y ait une distinction à faire entre Calimala et la laine, on en est presque surpris ; elle est pourtant essentielle, puisque les lainiers ne pouvaient tenir et vendre dans leurs magasins, ni même à côté, les draps d'outre-monts[2]. C'est qu'en effet, au lieu de se borner à un travail de perfectionnement, ils faisaient le travail tout entier, prenant la laine brute sur le dos de l'animal et la transformant en draps renommés[3]. Pour eux plus encore que pour

---

[1] Voy. Villari, *Politecnico*, juin 1867, p. 590.
[2] *Stat.*, l. II, § 8, p. 123 ; Pagnini, II, 98.
[3] Pagnini, II, 92.

Calimala, qui ne connaissait pas la concurrence, livrer au commerce de beaux et solides produits était une question de vie ou de mort, car à Pise, à Gênes, à Venise, au pays de Bologne et de Ferrare, en Lombardie, en France et en Flandre, on se livrait avec plus ou moins de succès à la fabrication des draps[1]. L'introduction, la consommation de ceux du dehors, était même prohibée par plus d'un gouvernement italien[2]. Si les Florentins imposèrent les leurs, c'est qu'ils fabriquaient mieux, c'est surtout qu'ils étaient seuls assez riches, assez entreprenants pour faire venir d'Angleterre, d'Espagne, de Portugal, les laines fines que ne produisait pas l'Italie. Des Algarves on importait les meilleures. Le nom de cette contrée, qui devenait *Garbo* à Florence[3], était cause qu'on y appelait *panni di Garbo* les plus beaux draps que fabriquât l'art de la laine[4].

Ces achats à l'étranger avaient pris de bonne heure une réelle importance. On a du 6 janvier 1284 un traité sous forme de lettre, qu'adresse de Londres à ses correspondants Simone Gherardi, de la compagnie Tommaso Gherardi et Lapo Ughi Spini : il y est parlé d'une quantité considérable de laine, achetée dans les monastères an-

---

[1] *Nuovo giornale ligustico*, p. 394, 451. Tarifs de transit ap. Muratori, *Antiq. med. ævi*, II, diss. xxx ; Pegolotti, p. 20, 21, ap. Pagnini, II, 57, 64, 98.

[2] Gioja, *Bibl. ital.*, t. XLIV, p. 209, ap. Pagnini, II, 92, 98.

[3] Boccace, *Giorn.* II, nov. 7, t. I, p. 194 ; Pagnini, II, 92.

[4] D'autres disent que ce nom venait de la *via del Garbo*, où se vendaient ces draps, de deux médecins, Dino et Tommaso del Garbo, originaires de ce royaume d'Algarve (Pagnini, II, 92), ou même de ce que c'étaient les gens de bien (*uomini di Garbo*) qui les portaient (*Osserv. fior.*, VI, 84). Mais qui ne voit que les trois hypothèses nous ramènent aux Algarves donnant leur nom à la rue où on vend les draps, et finissant par devenir synonymes de *bon* ou de *bien* ?

glais[1]. Quelques années plus tard, les Bardi, les Peruzzi, les Mozzi, les Spini, les Pulci, avaient résidence à Londres. Ils y étaient maltraités comme en France, mais ils y achetaient annuellement deux mille trois cent quatre-vingts sacs de laine, au prix de vingt marcs pour la qualité supérieure et de dix pour l'inférieure, soit en bloc vingt-cinq ou trente mille livres sterling[2]. Vingt boutiques de Calimala étaient ouvertes, qui faisaient venir par an plus de dix mille draps, valant ensemble plus de trois cent mille florins d'or, et vendus tous à l'intérieur de la ville; il y avait en outre ceux qu'on expédiait au dehors[3]. Villani assure qu'en 1338 on comptait à Florence plus de deux cents boutiques de l'art de la laine, qui fabriquaient chaque année quatre-vingt mille pièces de drap valant douze cent mille florins, et qui donnaient du travail à trente mille personnes. C'est cent boutiques et vingt mille pièces de drap de moins que trente ans auparavant, mais la supériorité du travail et l'abondance plus grande des laines d'Angleterre faisaient compensation. Le tiers du gain de l'industrie florentine provenait de ce genre d'industrie[4]. On peut se faire une idée des richesses de l'art de la laine par ce fait, dont on a douté longtemps, mais que constatent ses statuts spéciaux, que Santa Reparata fut reconstruite, en partie, de ses deniers[5].

[1] Cette lettre a été publiée par Pagnini, t. II, Append., n° XVI, p. 324. — On y voit nommées trois autres compagnies de marchands florentins qui dès lors trafiquaient en Angleterre. Villani a donc tort de rapporter à l'année 1308 les achats faits en ce pays.
[2] Peruzzi, p. 176.
[3] Villani, XI, 93.
[4] Ibid.
[5] Follini, t. VI, c. xxi, p. 212. — Cet auteur dit que l'art, ne pouvant suffire aux dépenses, conserva cependant la direction des travaux, confiée à une députation qui reçut le nom d'*Operari di S. M. del Fiore*. (*Ibid.*)

Ces richesses, ces progrès, il les dut principalement à l'ordre religieux des *Umiliati*[1]. Institués dans Alexandrie au temps de Frédéric Barberousse, les *Umiliati* dès l'année 1239 étaient venus à Florence. On leur avait abandonné l'église de San Donato *a torri*, hors de la porte *al Prato*, et ils s'y consacraient à travailler la laine. Mais l'éloignement où ils se trouvaient de la ville semblait incommode aux apprentis, aux chalands et à eux-mêmes, ne fût-ce que pour les approvisionnements. C'est pourquoi, en 1251, Giovanni des Mangiadori, évêque de Florence, considérant « qu'ils vivaient du travail de leurs mains, ne demandant pas l'aumône, mais donnant beaucoup aux indigents, » remettait à leur préposé, Fra Amico d'Alexandrie, l'église de Santa Lucia *sul Prato*[2], avec l'exemption de tous impôts. Cette exemption était un privilége très-rare, même pour les ecclésiastiques ; seules les industries nouvelles l'obtenaient facilement[3]. On ne la refusait à aucun étranger, fût-il laïque, qui venait à Florence s'employer dans quelqu'une des compagnies de l'art de la laine[4]. Ne se

---

[1] Il ne faut pas les confondre avec les *Umili*, société commerciale de Pise, et fort peu digne de son nom, car elle faisait des conquêtes, avait une armée, donnait des secours aux princes d'Orient ; leur arrachait des priviléges. (Voy. Muratori, *Antiq. med. ævi*, II, 910 sq.)

[2] Cumque de labore suarum manuum vivant, non petentes eleemosynas, sed dantes eas indigentibus affluenter.... exercere non possint commode artem suam, videlicet lanificium, texere pannos et vendere ac alia operari ex quibus possint percipere alimenta.... pro eo quod locus iste distat a civitate non modicum, unde minorem habent frequentiam civium mercatorum. (Doc. ap. Richa, *Chiese fior.*, IV, 207.) — Giovanni ne faisait que confirmer la concession faite l'année précédente par son prédécesseur Filippo Fortuno, transféré à l'archevêché de Ravenne. (Voy. Cantini, II, 78, qui publie aussi le doc. p. 80, de même que l'*Osserv. fior.*, III, 167.)

[3] *Stat.*, l. IV, § 38, ap. Pagnini, II, 87 ; *Oss. fior.*, III, 171 ; *Novelle letterarie del* 1756, col. xxx.

[4] *Stat.*, l. IV, § 38, ap. Cantini, III, 87.

trouvant pas encore assez près du centre des affaires, les *Umiliati* faisaient bientôt construire l'église et le couvent de Santa Caterina d'Ognissanti, dont ils prirent possession cinq ans plus tard, en 1256. Borgo Ognissanti n'était alors qu'une grève déserte ; ils en firent la prospérité. Ils en achetèrent les terrains vagues, et l'on s'empressa d'y bâtir autour d'eux. On dut bientôt enfermer ce riche faubourg dans la troisième enceinte[1]. Des religieux avaient sur les artisans laïques l'avantage de n'être détournés du travail ni par les distractions du monde, puisqu'elles leur étaient interdites, ni même par les discordes civiles, puisque, pour la plupart, ils n'étaient pas Florentins. Aussi jouissaient-ils de l'estime publique. La seigneurie, pour les protéger, défendait de souiller d'immondices leurs eaux courantes. Bien plus, elle employa quelques-uns d'entre eux comme fournisseurs des armées ou camerlingues de la commune, au lieu et place des moines de Settimo[2]. Une grande faveur s'attachait partout aux draps fabriqués par les *Umiliati*. On reconnaissait leurs produits aux armes de l'ordre, qui étaient un ballot de marchandises lié de cordes en forme de croix, avec ces quatre lettres aux angles : O. S. S. C. (*Omnium Sanctorum conventus*[3]).

Stimulée par l'exemple, l'industrie laïque prospérait pareillement. La protection des pouvoirs publics ne lui faisait point défaut. Nul propriétaire n'avait le droit d'expulser un artisan de sa demeure, ni même d'en aug-

---

[1] Pagnini, II, 84; *Osserv. fior.*; Cantini, *loc. cit.*; Voy. les doc. ap. Richa, t. IV, p. 206, 252 sq.

[2] *Oss. fior.*, p. 171. — Cet ordre fut supprimé plus tard par Pie V, parce qu'un de ses membres avait commis un attentat contre saint Charles Borromée (*Ibid.*, p. 168; Pagnini, II, 85).

[3] *Oss. fior.*, III, 169.

menter le loyer, à moins que des experts ne l'eussent jugé insuffisant[1]. Les patrons devaient fournir aux hommes qu'ils employaient les instruments de leur travail[2]. Au cœur de la ville, dans la *canonica* d'Or San Michele, résidaient les consuls de la laine, faisant rayonner autour d'eux leur vigilance à la fois sévère et protectrice. Sur une face de la vieille tour massive et crénelée qu'on appelle l'*Archivio de' contratti*, parce qu'on y enregistrait les contrats, on voit encore sculpté un écusson qui date de 1308, et qui porte avec le mouton couronné, avec la bannière à croix de gueules, enseigne de l'art, cette inscription : *Domus curie artis lane et civitatis Florentie.* Tout autour, et même plus loin, les boutiques, les fenêtres des maisons portaient des fers soutenant de longues barres de bois, où l'on pendait laines et draps, moins pour les étirer et les sécher, car les *tiratoi* se trouvaient dans les quartiers excentriques, que pour en faire montre et attirer l'attention[3]. Les deux arts de la laine et de Calimala semblaient vraiment avoir pris possession de Florence. Ils y avaient tout au moins tant de pouvoir que la seigneurie n'osait guère contredire à ce qu'ils avaient décidé[4].

Presque aussi ancien que l'art de la laine[5], et satellite

[1] Pagnini, II, 88.
[2] Follini, VI, c. xxi, p. 207.
[3] Les principaux *tiratoi* se trouvaient sur le Prato, via degli Alfani, dei Servi, Ginori, Borgo l'inti, Pergola, piazza delle Travi ; les boutiques et magasins via de' Pelliciaj, San Procolo, S. Martino, borgo S. Jacopo, puis Oltrarno, via Maggio, S. Felice in piazza, fondaccio di S. Spirito. (Cantini, III, 87 ; Follini, VI, c. xxi, p. 207 ; Peruzzi, p. 68.) — On peut voir encore au palais Alessandri (borgo degli Albizzi), et même dans d'autres, les fers qui soutenaient ces barres.
[4] Voy. Pagnini, Pignotti, etc.
[5] On a vu (l. I, c. iv) les consuls de la soie mentionnés au traité de 1204. Pagnini (II, 108) cite des documents de 1308 où il est question d'un re-

comme lui de Calimala, quoique d'importance sensiblement moindre, l'art de la soie prospérait cependant dès la fin du treizième siècle. Ce Simone Gherardi dont nous avons parlé achetait à lui seul aux Anglais plus de soie grége en une fois qu'on n'en trouve dans tous les contrats cités par les auteurs qui rapportent aux Lucquois les développements de cette industrie. Florence l'emportait par la perfection du travail pour les étoffes de brocart d'or et d'argent imitées de Bagdad, de Damas, de la Perse, sur Lucques et sur Pise, sur Venise et sur Gênes, sur Bologne et sur Ferrare, ainsi que sur les villes lombardes de Bergame, de Bassano, de Vicence, de Vérone, de Padoue[1].

Les consuls de la soie habitaient et tenaient leur tribunal au palais Lamberti, offert à l'art par la République, mais dont les capitaines de la *parte guelfa* occupaient une partie. Ce palais était situé à côté de Santa Maria *sopra porta*, d'où vient que, dans les documents, l'art de la soie est toujours appelé *arte di Por Santa Maria*. Aujourd'hui encore, sur la porte d'entrée, dans la *via Capaccio*, on voit les armoiries de ces consuls, une porte entourée de six anges, et une guirlande de fleurs. Le nom de *vicolo della seta* désigne toujours la ruelle

---

gistre matricule commencé en 1247 et où on lit ces mots : *Artis et universitatis de la seta civitatis Florentie*. Villani donne aux *setajoli*, en 1265, pour armes *campo bianco con porta rossa*. On est donc mal venu à prétendre que les Lucquois importèrent cet art à Florence en 1315 ; on ne prouve seulement pas qu'il remontât chez eux à la même ancienneté. (Voy. Muratori, *Ant. med. œvi*, II, diss. xxv, p. 399 sq.; Zanon, *Dell' agricoltura*, t. II, lett. iv, et Sandi, *Storia di Venezia*, 1. VIII, p. 894, ap. Pagnini, II, 106 ; Salvatore Bongi, *Della mercatura dei Lucchesi nei secoli XIII e XIV*; *Rivista dell' opera di Bini*, *Dei Lucchesi a Venezia*, Lucques, 1856, ap. Arch. stor., nuova serie, VII, part. II, p. 141.)

[1] Pagnini, II, 115 ; Peruzzi, p. 87 ; Pardessus, III, Introd., p. 60.

voisine[1]. Dans ce quartier vivaient groupés les orfévres, les peintres, les brodeurs, les filateurs, les batteurs d'or, en un mot, toutes les branches ou, comme on disait alors, tous les membres de l'art, sans en excepter le membre Lucquois, qui vint, après l'émigration lucquoise de 1315, en accroître les progrès[2]. Un lien fragile, semble-t-il, rattachait à la soie certaines de ces industries ; mais celles qui n'avaient pas assez d'importance pour former elles-mêmes un art gravitaient dans l'orbite d'un des arts constitués, d'après des attractions et des convenances qui nous échappent quelquefois. Celles qui rapprochaient le velours de la soie sont sensibles ; ces deux industries ne tardèrent cependant pas à se séparer. Introduite par la famille des Velluti et déjà prospère à la fin du treizième siècle, la fabrication des velours, se trouvant à la gêne dans le quartier de Por Santa Maria, passa résolùment l'Arno, malgré les railleries, construisit sur la rive gauche de vastes édifices, et eut bientôt des imitateurs. Ainsi furent ouvertes la *via de' Velluti*, la *via de' Vellutini*. On appela même *via Maggiore*, ou, par abréviation, *via Maggio*, la principale de celles que peuplaient les fabricants de velours. Plus tard on y devait transporter la foire même des draps, qui se tenait le 11 novembre, jour de la Saint-Martin, sur la place de la Seigneurie[3].

L'industrie et le trafic de cet art accroissait sensiblement les relations de Florence en pays étranger. Mal-

---

[1] Peruzzi, p. 93.
[2] *Statuto dell' arte della seta*, cap. CII : *De modo quo Lucenses haben sua propria ordinamenta* ; Pagnini, II, 106 ; *Arch. stor.*, nuova serie, t. VI part. II, p. 8.
[3] Peruzzi, p. 97.

gré la plantation croissante des mûriers et l'introduction des vers à soie en Italie, il fallait s'approvisionner des matières premières au dehors, à Nîmes, à Montpellier et jusque dans le Levant. D'avantageux débouchés étaient assurés aux velours, aux damas, aux soieries de Florence, sur les marchés de Montpellier, d'Avignon et de Lyon. Nous n'insisterons pas sur les règlements sévères qui assuraient la bonne conduite et la prospérité de l'art : ils sont semblables à ceux de Calimala et de la laine[1]. Il faut noter pourtant une rubrique particulière, révélatrice d'une jalousie fondée, la défense de traiter des affaires de la soie avec Lucques et d'envoyer dans cette ville aucun objet dépendant de cette industrie ou qui y fût de quelque utilité[2].

Si grande était la richesse des marchands, dans ces trois arts d'une même famille, qu'obligés de chercher un emploi pour leurs capitaux, ils en venaient à les traiter comme une marchandise. C'est ainsi qu'ils cumulèrent leur industrie et leur trafic avec le métier de changeurs et de banquiers[3]. Cette nouvelle source de luxe, où ils défiaient toute concurrence, leur parut d'autant plus précieuse que la concurrence s'établissait dans la fabrication. N'en ayant pu longtemps conserver secrets les

---

[1] Voy. *Statuto dell' arte della seta*, notamment Rub. 18, 25, 34, 43, 62 ; Pagnini, II, 114, 115 ; Peruzzi, p. 87; Pardessus, III, Introd., p. 60.

[2] On voit à la bibl. Laurenziana un ms. intitulé *Manuale o istruzione teorica e pratica ad uso dei manifattori di seta*, avec une miniature représentant les artisans à leur travail et dans leur costume. M. Peruzzi a ajouté à son ouvrage quelques planches d'après cette miniature.

[3] C'est le même, comme on le voit dans ce vers :

Tal fatto è fiorentino e cambia e merca.
(*Parad.* XVI, 61.)

Le nom de *banchiere* est moderne.

procédés, ils voyaient leurs compatriotes bannis les porter au loin, et les peuples étrangers encourager chez eux l'emploi des matières premières, n'en permettre plus que difficilement l'exportation[1]. En créant des comptoirs de change, les associations formées pour l'industrie des divers tissus se transformaient, dès le milieu du treizième siècle, en cette espèce de société que nous appelons de commandite, où le bailleur de fonds ne court pas de risques au delà de son capital[2]. Elles parvenaient ainsi à relever le taux de l'intérêt, qu'auraient pu abaisser le grand nombre et l'ardente rivalité des prêteurs. La durée du contrat était de six, cinq ou deux ans, quelquefois moins[3]. Les maisons associées continuaient le plus souvent d'avoir leur existence propre et indépendante;

---

[1] Pagnini, II, 105, 114, 115; Fanucci, III, 228; Pignotti, IV, 154 sq., Pardessus, III, Introd., p. 201, 202.

[2] Il va être question, quelques lignes plus bas, d'une société remontant à l'année 1244. En voici une un peu postérieure : « Anno 1278 a Fulcone Cecio cive Placentino, capitaneo universitatis mercatorum Lombardorum et Tuscanorum, habente etiam potestatem et speciale mandatum a consulibus mercatorum Romanorum, Januæ, Venetiarum, Placentiæ, Lucæ, Bononiæ, Pistorii, Astensium, Albæ, Florentiæ, Senarum et Mediolanensium tractandi cum domino rege Franciæ super translatione facienda ad civitatem Nemausensem, etc. » (Doc. ap. Muratori, Antiq. med. ævi, diss. xvi, t. I, col. 889.) — Une ordonnance de 1315 autorise ces sociétés en France, où elles ne pourront être considérées comme se livrant à des opérations usuraires (Ord. des rois de France, I, 585, n° 5).

[3] Exemple : Manovello de Tedice et Buondelmonte de Ruffi, dit Botti, s'associent pour un an, afin de fabriquer les draps florentins. Manovello apporte un capital de 300 livres et Botti de 200. Néanmoins, les bénéfices devront être partagés par moitié. Manovello faisant un nouvel apport de 330 livres, il est stipulé dans l'acte qu'il le retirera au bout de l'année, mais sans aucun intérêt. Un acte secret corrigeait, à vrai dire, cette clause étrange : Botti reconnaissait à son associé le droit de recevoir 105 livres en sus de ce qui était stipulé dans l'acte public. (Acte passé le 7 novembre 1244 devant Rogerio Boninsegna, juge; *Cartap. Strozz.-Ugucc.*)

toutefois, le désastre d'une d'elles entraînait aisément la ruine des autres[1].

Par le progrès des années le change conquit lui-même son indépendance, et, à lui tout seul, devint un art, un des plus importants. Les affaires s'en faisaient au moyen de courtiers immatriculés aux registres de la corporation et qui recevaient un salaire fixé par le statut[2]. Elles étaient centralisées aux deux marchés, mais surtout au *Mercato nuovo*, qu'on désignait primitivement par ces mots : *Juxta portam Sancte Marie prope florum*[3]. Brûlé en partie (1304), on le reconstruisit mieux aménagé, « chose très-nécessaire et honorable à la cité, dit la provision prise à cet égard, surtout à cause de la multitude des marchands tant citoyens qu'étrangers qui y séjournent[4]. » Là, sous une galerie couverte, formée d'un certain nombre de *loggie*[5] et qui régnait le long des maisons, les uns et les autres se livraient au jeu déjà ancien de la hausse et de la baisse[6], à toutes les opérations

---

[1] En 1305, banqueroute de la compagnie des Lamberteschi, formée de Lambertesco et Leucio des Lamberti, Caruccio et Giovanni de Ranieri. — On nomme syndics de la faillite Chiaro de Davanzato, Vanni de Coño, marchands, et Ser Nello Viviani, homme de loi. (29 février 1305. *Provvisioni*, XII, 104.)

[2] Pagnini, II, 135 ; Cantini, III, 165.

[3] Contrat du chapitre de Florence, 1307, ap. L. Del Migliore, p. 554.

[4] Multum necessarium et honorabile civitati maxime propter multitudinem mercatorum tam civilium quam forensium qui inibi moram trahunt. (*Ibid.*)

[5] Ce nom de *loggia* désigne encore aujourd'hui la bourse à Gênes, et la désignait à Marseille même, tant qu'elle y a été au même lieu que durant le moyen âge.

[6] Une décrétale de 1213 constate déjà ce jeu à Gênes. La réponse qu'Alexandre III donne à l'archevêque qui le consultait distingue avec sagacité ce qu'il pouvait y avoir de licite et ce qui était évidemment usuraire dans ces opérations. (*Decret. Greg. IX*, lib. V, tit. XIX, *De usuris*, cap. vi, ap. Pardessus, II, Introd., p. 113.) — Voy. Stefani, VIII, R. 559.

compliquées de nos banquiers modernes, prêtant aux particuliers et à la commune, négociant plus tard les *luoghi di monte*, ou actions de la dette publique, quand on eut constitué le *monte comune* qui payait la rente et consolidait le capital[1]. C'est là que se rendaient en arrivant de Londres, des Flandres, d'Arménie, de Chine, les courriers, les facteurs ou agents des compagnies. En attendant leur tour d'être entendus, ils se promenaient sous les *loggie*, devisant ou jouant aux dés avec leurs concitoyens qui y venaient apprendre les nouvelles, débattre les affaires pendantes, discourir des choses de la politique.

Il était défendu aux changeurs de recevoir dans leur compagnie aucun étranger, aucun ecclésiastique, séculier ou régulier[2], comme de traiter les affaires hors de leurs boutiques ou *banchi*, ainsi nommées du *banco*, c'est-à-dire de la table qu'ils plaçaient devant leur porte. Sur cette table, qu'ils recouvraient d'un tapis vert, s'étalaient la bourse et le livre de comptes[3]. Sur ce grand-livre en parchemin devaient être soigneusement inscrites en belle écriture cursive, assez semblable à notre ronde, et en chiffres romains, car les statuts de l'art interdisaient les chiffres arabes, toutes les affaires de la

---

[1] Villari, *Politecn.*, juin 1867, p. 584.

[2] Pagnini, II, 135.

[3] Il y avait aussi des changeurs ou prêteurs en dehors de l'art ou de la corporation. Les changeurs ou prêteurs de l'art, reconnus par l'État, avaient seuls le droit de mettre sur leur table un voile ou tapis. Les autres faisaient leurs opérations sur la table nue, mais leur industrie était en quelque sorte consacrée par la tolérance des pouvoirs publics. *Cum vela, vel tapeto, vel sine*, disent les documents, pour désigner d'une part les prêteurs autorisés, de l'autre ceux qu'on pourrait appeler d'un mot moderne prêteurs « marrons. » (Voy. une note de M. Cesare Paoli, ap. *Giornale storico degli archivi toscani*, t. VI, p. 110, note 3.)

journée. On n'y voyait ni points, ni virgules, ni lettres majuscules. Par la seule force de l'habitude on se débrouillait dans ce chaos[1]. Jusqu'au temps des Médicis, les Florentins se bornèrent à la tenue des livres en partie simple, quoiqu'ils eussent pu reconnaître à Venise les avantages de la tenue en partie double. Comme contrôle et garantie, ils se contentaient de renvoyer de leur *libro maestro* à de nombreux livres auxiliaires, qu'ils appelaient *libro dell'asse, libro rosso, nero, bianco,* etc., renvois qui faisaient perdre beaucoup de temps. Ces livres auxiliaires ne se sont pas conservés, parce qu'ils étaient en papier de coton ; mais nous avons encore[2] quelques-uns des *libri maestri* ou grands-livres des Peruzzi et des Alberti del Giudice[3]. Sur chacun se lit une formule religieuse, une invocation à la divinité : « Au nom de Notre Seigneur Jésus-Christ et de sa bienheureuse mère, madone sainte Marie, et de toute la cour divine, qu'il me soit accordé à moi Arnoldo et à qui je parle et me parle, de faire en ce siècle ce qui est de son honneur et de son respect, en sorte qu'après ma fin et la fin de ceux qui viendront après moi, nous puissions être paisibles dans son saint royaume, et en ce siècle me donne la grâce de pouvoir et de faire avec son honneur ce que nous pouvons en avoir, en personne et en honneur. Dieu le fasse. Amen[4]. »

Comme de nos jours, ces livres faisaient foi. En 1297, à la demande des consuls des sept arts majeurs, les con-

---

[1] Pagnini, II, 135 ; Peruzzi, p. 238.
[2] A la bibl. Riccardiana.
[3] Peruzzi, p. 223 ; Simonin, p. 662.
[4] 1ᵉʳ novembre 1308, t. II des mss. Peruzzi (de 1308 à 1312), n° 2415, ap. Peruzzi, p. 230.

seils publics décidaient même que dans les causes contentieuses de doit et avoir on en tiendrait les déclarations pour véritables, quand même il y manquerait quelques-unes des formalités prescrites par les statuts, à cette seule condition qu'un consul de l'art auquel appartenait la personne incriminée eût approuvé les comptes avec l'assistance de six sages[1].

Les maisons de change et de banque étaient alors au nombre de quatre-vingts environ[2]. Aucune n'avait plus de crédit et de puissance que celles des Bardi et des Peruzzi. Venaient ensuite les Frescobaldi, les Acciajuoli. Le premier rang ne leur fut disputé que plus tard par les Strozzi, les Médici, les Capponi, les Da Uzzano[3]. Ces gens de finance provoquaient un incroyable mouvement de fonds. A Florence on battait chaque année pour quatre cent mille florins d'or[4]. Au commencement du xve siècle, on évaluait à deux millions de florins le capital circulant dans cette ville, sans compter la valeur des marchandises[5], et il est douteux que ce chiffre fût alors plus considérable qu'auparavant. Ces changeurs avaient un tel renom d'habileté financière qu'en plus d'un État on les appelait à diriger les *zecche* ou hôtels des monnaies. Dès la fin du xiiie siècle, c'est un Florentin qui dirige la *zecca* de Halle, en Allemagne[6]. Celle d'Aquilée est

---

[1] 7 juin 1297. *Provvisioni*, VIII, 70 v°.

[2] Villani, XI, 94, ann. 1338. — En 1422, ces maisons n'étaient plus qu'au nombre de 72. — En 1472, 32 banques prospères ; mais c'est le commencement de la décadence.

[3] Fraticelli, *Stor. della vita di Dante*, p. 114.

[4] Villani, XI, 94.

[5] Ammirato, l. XVIII, t. II, p. 997 ; Villari, *Politecn.*, juin 1867, p. 588.

[6] Doc. du 5 décembre 1308 publiés dans l'*Arch. stor.*, nuova serie, t. VI,

tenue en 1338 par Angelo Vernaccia, et en 1356 par Francesco Bonaccorsi, encore deux Florentins. A Naples, Gherardino Gianni fait frapper une monnaie d'argent à laquelle le roi donne le nom de ce marchand. A Londres, Édouard Ier appelle un Frescobaldi pour corriger les erreurs qui se commettaient à la banque, et il l'en fait directeur[1]. Dès 1304, les Frescobaldi sont banquiers de la couronne d'Angleterre : ils fournissent au roi, à la reine, à leur fils, de fortes sommes à diverses reprises, et reçoivent en garantie les gabelles de la laine, du cuir et des peaux, sans compter beaucoup de faveurs[2]. Les Salimbeni, les Peruzzi ouvrent aussi leur bourse à ce monarque, comme les Salviati la leur au duc de Bourgogne. Plus que jamais le saint-siége employait ces banquiers à recueillir dans toute la chrétienté le montant des annates, des décimes, des bénéfices. La captivité de Babylone, l'exil d'Avignon ne les désarçonna point, car ils avaient l'habitude du négoce hors de leur patrie. C'est même alors qu'ils eurent entre les mains toutes les grandes affaires du monde. Quatre-vingts *banchi* de changeurs étaient ouverts dans Florence[3]. On n'aurait plus trouvé en Italie, en France, en Espagne, en Portugal, en Angleterre, une place importante où ils n'eussent des comptoirs et des correspondants. La compagnie de Jacopo des Alberti (1348) en avait à Bruxelles, à Bruges, à Paris, à Venise, à Sienne, à Pérouse, à Rome, à Barletta, à

---

part. I, p. 20-22, d'après le manuscrit donné aux archives d'État par M. Gino Capponi.

[1] Carli, *Delle zecche d'Italia*, t. I, p. 259 ; Pagnini, II, 74.
[2] Voy. Rymer, passim, t. I, part. IV, p. 35, 36, 72, 181, éd. de La Haye ; Pagnini, II, 70 ; Cantini, III, 154.
[3] Villani, XI, 93.

Constantinople[1]. Celle des Peruzzi ne comptait pas moins de seize succursales à Londres, Bruges, Paris, Avignon, Pise, Gênes, Venise, Cagliari, Palerme, Naples, Majorque, Barletta, Chiarenza (Morée), Rhodes, Chypre, Tunis. Sur les livres des Peruzzi on relève les noms de cent trente-quatre de leurs agents, et parmi eux les plus grands noms de Florence, Velluti, Ristori, Strozzi, Spini, Soderini, Pazzi, Portinari, Orlandini, Neri, Manetti, Gianori, Franzesi, Ferrucci, Donati, Gherardini, et, naturellement, plus d'un Peruzzi. De ces agents vingt-sept furent prieurs, sept gonfaloniers, deux au moins notaires. Chacun d'eux, partant en voyage, était muni d'argent, de lettres de recommandation ou de créance, et d'une médaille aux armes de la famille qui l'envoyait[2]. Leurs frais étaient considérables. S'il est vrai, comme le dit une ancienne nouvelle, qu'on pût largement se rendre d'Avignon à Florence pour huit florins, c'était en prenant passage sur un navire de Beaucaire à Porto Pisano, et en allant à pied de Porto Pisano jusqu'à destination[3].

D'incessants rapports avec ces agents et ces succursales rendirent facile, en même temps que nécessaire, l'usage de la lettre de change. La lettre de change dispensait d'emporter soit de lourds et encombrants lingots, soit des monnaies dépréciées hors des pays où elles avaient légalement cours. Les voleurs, dès lors, devenaient moins redoutables. Leur âge d'or était fini : ils avaient beau s'aposter dans les massifs montagneux, ils n'y pouvaient

---

[1] Villari, *Politecn.*, juin 1867, p. 588 ; Fraticelli, *Storia della vita*, etc., p. 114 ; Pagnini, II, 118 ; Pignotti, VI, 30 ; Pardessus, III, Introd., p. 90.

[2] Peruzzi, p. 261, 266.

[3] *Osserv. fior.*, VIII, 70 sq.

plus dépouiller les voyageurs que de leur garde-robe et de leur argent de route ; ils n'y rencontraient plus ces voituriers porteurs de sommes qui se montaient parfois à deux mille florins[1]. Pour s'approprier le bien d'autrui, il fallut imaginer des expédients plus difficiles et moins sûrs. On voit tel effronté se présenter à la caisse d'une maison de banque, prétendre qu'il avait oublié sa lettre de change et faire tant de bruit que force était ou de lui compter la somme pour ne pas ameuter le quartier, ou, si elle était trop forte, de le jeter à la porte, en le rossant d'importance[2]. D'autres fripons plus habiles profitaient de ce que le titre, c'est-à-dire le degré de finesse de la plupart des monnaies, différait de leur valeur nominale, pour tromper les inexpérimentés et les ignorants, comme pour couvrir des usures non moins criantes que celles des Juifs[3]. Mais qu'étaient ces inconvénients, antérieurs autant que postérieurs à la lettre de change, au prix des dangers qu'on évitait, des commodités qu'on s'assurait ! Un Florentin, se trouvant à Paris ou à Bruges, s'estimait heureux d'y recevoir l'argent de sa maison, en quarante jours par la voie de Venise, sous forme d'un morceau de papier aussi léger à porter que facile à cacher. Le terme de l'échéance n'excédait guère la durée du voyage : on donnait, en Toscane, des lettres de change à trente jours pour Avignon, à quarante-quatre pour Montpellier[4].

Cet admirable instrument de crédit imprima un vif et rapide essor aux opérations de la banque. Inaugurées à

---

[1] *Il Novellino*, nouvelles ajoutées à la fin, nov. 1, p. 113.
[2] Sacchetti, nov. 174, t. III, p. 62-66.
[3] Voy. Ducange, *Gloss.*, art. *Caorsini, Longobardi*.
[4] Uzzano, ap. Pagnini, IV, 154 sq.

Florence dès l'année 1260, pratiquées à Venise, dit-on, dès le XIIe siècle[1], mais jusqu'alors languissantes ou restreintes, elles étaient comme le privilége d'un petit nombre de maisons, au lieu même de leur résidence. Les compagnies multiplièrent bientôt les établissements où l'on déposait une quantité convenue de monnaies au titre reconnu le meilleur, où une simple inscription sur des registres constatait le droit de chacun sur la part de ce capital qu'il avait versée, où l'on pouvait faire mettre au compte de ses créanciers les sommes qu'on aurait dû leur payer annuellement. Le créancier pénétrait ainsi dans la compagnie, il y devenait comme un de ses associés, et il y jouissait des mêmes droits qu'eux. Par ce temps de monnaies sans cesse altérées, l'invariable capital des banques acquérait plus de valeur et par conséquent plus de faveur que l'argent courant. Grâce à la concentration, les frais se trouvaient moindres, et ainsi tout le monde gagnait à cette utile institution[2].

Par là devinrent faciles ces prêts et ces emprunts fréquents, quelquefois considérables, qui jouent un si grand rôle dans l'histoire de Florence. Tandis que les Bardi et les Peruzzi devenaient créanciers d'Édouard III pour un million et demi de florins, Florence empruntait à ses banquiers, à Calimala, à la *parte guelfa*, à ses prieurs eux-mêmes, qui se cotisaient en 1307 et fournissaient à eux sept, pour la guerre d'Arezzo, huit mille quatre-vingt cinq florins[3]. Elle donnait en gage de vastes

---

[1] Voy. plus haut, l. I, c. IV, t. I, p. 202.

[2] Hallam, *View of the state of Europe*, etc., c. IX, part. II, t. III, p. 448 sq.; Pardessus, II, Introd., p. 114.

[3] Le 31 juillet et le 2 août 1307, ordre était donné par les conseils de leur restituer cette somme. (*Provvisioni*, XIII, 102 v°).

gabellés, les produits de la vente du sel et du vin, de la location des boutiques du *Ponte vecchio*, des deux places qui en formaient les abords et des rues avoisinantes[1]. Elle retirait de ce chef quelquefois jusqu'à trois cent mille florins d'or, au taux alors modéré de quinze pour cent, et défalcation faite des sommes comptées aux compagnies qui se portaient garantes, à raison de huit pour cent[2]. Elle ne payait ses dettes un jour que pour en contracter de nouvelles le lendemain[3], que pour prêter elle-

---

[1] 10 octobre 1303. *Provvisioni*, XII, 45 v°.

[2] Villani, XI, 49. — Cantini, III, 163. — On voit dans Matteo Villani (l. III, c. cvi) qu'en 1345 les créanciers du *monte* de Florence gagnaient 5 pour 100. Avec le temps, les intérêts que payait le *monte* varièrent de 20 à 15 et 12 p. 100. En 1359 et 1380, il fut offert à qui prêterait audit *monte* le gain exorbitant de 3 pour 1. (Voy. Cantini, *loc. cit.*) — Cf. Ammirato, l. XVIII et XX ; Pagnini, II, 130.

[3] 17 juillet 1287, Calimala prête 2000, puis 500 florins d'or à la commune (*Capitoli*, XXX, 214, XLIV, 51 v°). — 10 avril 1290, la commune rembourse à la *parte guelfa* 13,000 florins d'or et en outre 1300 florins pour intérêts, dommages et frais (*Provvisioni*, II, 82 v°). — 22 août 1390, la *parte* prête 10 000 florins d'or remboursables dans les six mois, avec intérêt de 10 pour cent (*Provvisioni*, II, 136). — 10 octobre 1303, il est avisé aux moyens de payer les emprunts suivants de la commune : 1° 15 050 florins d'or empruntés à divers marchands, comme l'établit le contrat (*carta*) de ser Bonacosa di Compagno, en date du 14 décembre précédent ; 2° 6225 florins d'or à divers en mai 1303 pour l'armée contre Pistoia ; 3° 5000 florins d'or pour envoyer en France au prince Charles, fils du roi ; 4° 3000 per istrumento rogato da ser Jacopo Ghiberti ; 5° 18 000 à diverses compagnies de marchands et à divers particuliers (*Provvisioni*, XII, 44). —11 octobre 1303, 25 juin 1304, 2000, puis 3000 à la *parte guelfa* (*Provvisioni*, XI, 67 v°, XXI, 45 v°). — Ainsi l'on bouchait un trou pour en ouvrir un autre. — Le 25 avril 1285, on demande 3000 livres aux Frescobaldi et aux Mozzi (*Consulte*, I, 124). — Les formalités d'un emprunt sont vraiment curieuses. En voici un exemple : le 22 janvier 1287, pour payer les mercenaires, on décide d'emprunter pour deux mois 5200 livres à la *parte*, *ad quos spectat ipsius comunis negotia utiliter procurare*. La commune engage ses biens, accepte *penam, preceptum guarentigie*, engage notamment ses recettes sur le sel, celles du vin qui se vendra au détail dans la ville ou dans un rayon de trois milles, et jusqu'à la monnaie d'or qui sera battue. Les officiers et fermiers de cette gabelle paieront au syndic de la *parte* par mois,

même, par politique, à ses amis, afin de les soutenir, à ses ennemis en vue de se les concilier. Elle leur avançait des sommes, parfois assez fortes, d'autres fois insignifiantes, et dont on est surpris qu'une ville eût besoin : aux Arétins douze mille livres en 1278, à Faenza mille en 1257, à Città di Castello cent en 1290[1]. Chose plus étrange encore, elle prêtait même à ses prêteurs : la riche *parte guelfa* lui empruntait un jour neuf mille six cents florins d'or[2]. Des particuliers s'adressaient à elle, comme à une maison de banque, pour en obtenir des avances, mille livres, par exemple[3].

C'est qu'en effet, formé de marchands, le gouvernement de cette grande commune avait les mœurs et les pratiques d'une maison de banque. Il n'en différait guère que par plus de réserve dans l'usure. Il montrait, à cet égard, la voie à suivre ; l'Église y poussait les citoyens par la voix de ses prédicateurs ; les laïques mêmes qui tenaient une plume flétrissaient les prêts usuraires : Boccace parle d'un Palermitain qui prêtait à trente pour cent, et il appelle ce taux une « grosse usure[4]. » Il y en

---

sine more, dispendio, et libelli oblatione, litis contestatione et ordinario strepitu et omni solempnitate et ordine judiciario remotis, etc., mais toujours en présence du camerlingue de la commune, des prieurs, des *Capitudini* des sept arts majeurs et des officiers de la monnaie, afin que la commune ne soit pas trompée. On ne fera nul statut, nulle provision contraire à ces engagements. Tous les magistrats *vinculo juramenti precise teneantur non facere nec fieri facere nec permictere quod fiat aliquid quod sit contra pacta et conventiones super quantitate trium mil. florenorum parvorum comuni Florentie mutuata pro solutione militum stipendiariorum pro duobus mensibus et super redditibus et proventibus salis et monete auri et vini deputatis et concessis* (Consulte, PP., I, 38).

[1] *Capitoli*, XXIX, 289 v°, 290 r°, XLI, 21.
[2] Remboursés le 6 septembre 1291 (*Capitoli*, XLI, 17).
[3] 13 mars 1276. *Capitoli*, XXIX, 292.
[4] Grossa usura. (Boccace, *Giorn.* VIII, nov. 10, t. III, p. 308.)

avait pourtant de bien plus grosses[1]. Nul n'écoutait des leçons que discréditait le clergé lui-même en les exagérant jusqu'à l'absurde, en prescrivant, selon la doctrine des Pères, la gratuité du prêt. L'évêque refusait la sépulture en terre sainte à tout usurier dont on ne présentait pas les livres en règle à l'heure de sa mort[2]. Mais il était si facile de n'y point consigner les conventions irrégulières ! On leur donnait, pour les colorer, maints noms honnêtes, *dono di tempo, merito, interesse, cambio, civanza, baroccolo, ritrangolo*, etc[3]. Aussi ne se faisait-on pas scrupule de voler ces voleurs[4]. Pour reconquérir l'estime, quand on avait fait sa fortune, ou pour s'assurer du moins une place dans un cimetière bénit, on avait beau restituer quelquefois, même publiquement, les intérêts par trop excessifs[5], ces restitutions n'attendrissaient personne, et détestable était sur ce point la réputation de Florence : « A Belfagor, c'est-à-dire au démon, écrit un vieux *novelliere*, cette cité plut par-dessus toutes

---

[1] Trois citoyens de Fermo empruntent 50 livres 5 sous à condition d'en rendre 59 dans les trois mois. (3 juillet 1245. *Cartapec. Strozz.-Ugucc.*) — Bonaguida emprunte à Uguccione 7 livres en s'obligeant, lui et ses héritiers, à les rendre dans les six mois et à payer, s'ils y manquent, 14 livres, plus les dommages et frais. (10 juillet 1221. *Cartapec. Strozz.-Ugucc.*) — Il y a des cas dignes de Molière : Cino d'Aliotto, usurier fameux, prêtant 200 livres, exige en gage une maison et feint par contrat de l'avoir achetée 250 livres sous condition de la revendre dans six ans. Les six ans écoulés, il ne veut pas la rendre, parce qu'elle vaut plus de 600 livres et qu'il en retire 24 livres de location. Au bout de vingt-quatre ans, les filles de l'emprunteur obtiennent de la seigneurie qu'elle exige la restitution. (7 décembre 1310. *Provvisioni*, XIV, 77.)

[2] Sacchetti, nov. 128, t. II, p. 206.

[3] *Id.*, nov. 32, t. I, p. 136.

[4] Boccace, *Giorn.* I, nov. I, t. I, p. 42.

[5] Segna di Maffeo confesse avoir reçu de Guccio di Gagliardo 80 livres pour restitution de ses usures. Acte fait en présence de M. Simone, prieur de Sant' Andrea. (8 avril 1317. Arch. dipl., *Perg. delle Rif.*)

les autres, comme celle où plus librement et sans respect aucun il pouvait donner son argent au change ou à l'usure[1]. »

Ce travers, qui n'était point d'ailleurs particulier à Florence, Florence le rachetait par l'énergique protection qu'elle ne marchandait pas à la propriété. Toute université ou commune était tenue de poursuivre, d'appréhender au corps quiconque y attentait, faute de quoi elle supportait les conséquences. Les créanciers d'une commune pouvaient procéder contre elle comme contre un particulier[2], agir contre chacun des habitants et le faire arrêter[3]. Dans une seule semaine, du 23 au 27 novembre 1308, on voit la seigneurie adresser des réclamations aux communes de Reggio et de Pise en faveur de divers Florentins. A Reggio elle dénonce les habitants de cette ville qui ont dérobé au passage à Salomon de Luca, messager d'une compagnie de marchands, cinq ballots de draps d'or et un sixième contenant des perles, des anneaux, des draps, *des livres*, et autres choses précieuses[4], et elle demande réparation du dommage. A Pise, elle intervient en faveur du prêtre Lorenzo, qui a exposé « d'une voix pleine de larmes qu'en plein jour, sur la route de Pise à Florence, sans crainte de Dieu ni

---

[1] *Cento Novelle*, Giorn. III, nov. 7, f° 67.

[2] Sicut procedi potest contra alias singulares personas debitrices in persona. (*Statuta*, II, 51, ap. Villari, *Polit*. juillet-août 1868, p. 219.)

[3] Liceat ipsi creditori capi et detineri omnes et singulares personas dicti comunis vel universitatis, quousque fuerit integre satisfactum. (*Statuta*, II, 52, *ibid*.)

[4] Et una balla perlium, anulorum, pannorum, librorum et aliarum pretiosarum rerum. (27 novembre 1308. Instruction à l'ambassadeur. Doc. ap. Arch. stor. Nuova serie, t. VI, part. I, p. 24.) Reggio accorde « pro satisfactione rubarie predictè, assignando eis certa pedagia et collectas ad certum tempus. » (17 janvier 1309. *Ibid*., p. 25.)

respect du sacerdoce, on a commis l'énormité de lui dérober son argent, ses habits, *ses livres*[1]. » Quelques mois plus tard c'est à Pistoia qu'on demande l'extradition d'une servante qui s'y était réfugiée après avoir dérobé à ses maîtres, au moyen de fausses clefs, colliers, chaînes, bourses, anneaux, « toutes choses que les maîtres et maîtresses n'ont pas coutume de confier à de telles gens[2]. » En 1310, la seigneurie vient en aide aux quatre compagnies des Pazzi, des Spini, des Bardi et des Peruzzi, qui ne pouvaient recouvrer leurs créances sur Niccola des Franzesi, frère et héritier du fameux Musciatto. Ce marchand enrichi, qui tranchait du hobereau féodal, loin de laisser ses créanciers prendre possession de ses châteaux, de ceux-là mêmes, comme le château de Staggia, que ses ancêtres avaient usurpés sur la commune, faisait donner la chasse au procureur de ces compagnies et au messager des prieurs, résolu à les tuer, s'ils tombaient entre ses mains. Les conseils ordonnèrent de lever une armée, de s'emparer desdits châteaux, d'emmener prisonniers à Florence Niccola, sa femme et ses fils, d'infliger enfin de sévères châtiments à quiconque leur portera secours ou faveur[3].

Les traités de commerce conclus avec les villes voisines

---

[1] Presbiter Laurentius Florentinus... Voce lacrimabili... in strata publica, clari diei tempore,... enormiter derobatus, nec propter Dei timorem vel sacerdotium dimiserunt (25 novembre 1308. *Ibid.*, p. 26).

[2] Quamdam cameram eorum et certos cofanos in ipsa camera existentes falsis clavibus defirmavit, et ex eis unam retem perlium, unam cinturam argenteam deauratam cum una bursa, duas catenellas de argento, duos anulos de auro cum lapidibus pretiosis, unam bursam cum tribus libris et aliquas affibiaturas de argento... considerato quod hujusmodi famulabus a dominis et dominabus rarum tam pecunia quam res magni pretii commendantur (17 février 1309. *Ibid.*, p. 25, 26).

[3] 26 mai, 5 août 1310. *Provvisioni*, XIV, 57.

ne sont pas moins attentifs à protéger la propriété commerciale. Florence entretenait un arbitre à Pérouse et Pérouse un à Florence, pour décider et résoudre, avec l'assistance d'un juge et du potestat, tout litige entre marchands des deux pays. Quand le débiteur n'avait pas de biens meubles ou immeubles pour acquitter sa dette, ses marchandises étaient assujetties, en faveur du créancier, à un péage proportionnel. Ainsi le débiteur se libérait peu à peu, s'il était jaloux d'éviter une faillite, qui entraînait alors l'interdiction de continuer ou de reprendre les affaires. Tandis que Gênes et Pise entretenaient l'une chez l'autre un notaire de la guerre, Florence et Pérouse recevaient donc l'une de l'autre un arbitre de la paix et du trafic [1].

Mais il y avait alors une manière fort étrange de protéger la propriété sous toutes ses formes, ces fameuses représailles dont nous avons plus d'une fois prononcé le nom. C'était chose fort ancienne, et peut-être d'invention impériale. Gebhard d'Arnstein, vicaire de Frédéric II en Toscane, n'ayant pu obtenir du comte palatin Tegrimo, potestat de Pise, qu'il fît payer par cette ville quatre mille huit cents livres dues au comte Ridolfo de Capraja, dévoué à l'empire, avait concédé audit Ridolfo faculté et licence de représailles pour cette somme sur les biens et les personnes des Pisans [2]. Suivi par les communes, ce pernicieux exemple était devenu comme une institution. Avant de déclarer des représailles on demandait par lettres et ambassadeurs aux villes réparation du dom-

---

[1] Bonazzi, *Storia di Perugia*, p. 285, d'après un doc. des arch. de Pérouse. (*Lib. submiss.* Lett. A, p. 7 ter sq.)
[2] 13 juin 1239. *Arch. dipl. delle Rif.*

mage[1]. On ne les exerçait que sur leur refus [2]. Voulait-on y mettre fin? on avertissait la partie adverse, on lui laissait dix jours pour accéder à la proposition. Sur son refus, ce genre d'hostilités reprenait de plus belle.

L'état normal, au demeurant, c'était l'exercice de ce droit singulier. Dans la seule année 1298, Florence avait des représailles contre Pérouse pour six cents livres, contre Fano pour deux mille, contre Spolète pour deux cent cinquante, contre Pise pour cinquante-cinq, contre Forli pour mille quatre cents, à l'occasion de prêts non rendus ou de marchandises volées [3]. Viterbe [4], Venise [5], Padoue [6], quoique plus éloignées, n'échappaient pas non plus aux représailles de Florence ; quelquefois elles prenaient l'initiative. Le plus souvent, les communes, évitant de s'engager elles-mêmes, se bornaient à investir tel ou tel de leurs citoyens du droit de représailles, mais, loin de le limiter à ceux dont ils avaient à se plaindre, elle l'étendait aux innocents et à leur patrie.

On poursuivait ainsi le redressement des griefs les plus divers. Pour le vol d'une bête de somme chargée de draps, le potestat, sur l'avis des consuls des arts [7], ac-

[1] 21 février 1297. *Provv.*, VII, 105.
[2] Par exemple contre Arezzo pour 838 fl. d'or dus par divers Arétins à la famille des Ruffoli (14 mars 1296. *Provv.*, V, 48). Bibbiena et Valbona réunies ont volé à Federigo dello Scotto, Florentin, 30 charges de grain et autant de bêtes de somme. Les représailles ne sont prononcées que lorsque ces deux communes ont répondu par un refus à la sommation de réparer le dommage (26 janvier 1286. *Provv.*, I, 46).
[3] *Provvisioni*, IX, 174, 176, 185, 208, 238.
[4] 7 février 1290. *Consulte*, II, 13 v°.
[5] 1307. Arch. de Venise, *Commemorale* I, p. 119 v°.
[6] 21 mars 1287. *Framm. di provv. e rif.* PP. I, 43.
[7] Super hiis visa et cognita voluntate consulum septem majorum artium, visis et examinatis testibus productis, necnon viso capitulo constitutionis

cordait contre Imola deux cent quarante florins de représailles, deux cents en réparation du dommage, quarante à cause des frais [1]. Pour un galion chargé de grains, qu'avaient pillé quelques Pisans, huit cents livres contre Pise [2]. Diverses sommes pour une créance non recouvrée [3], pour un reliquat de salaire non payé [4], pour des honoraires de médecin, alors même qu'ils ne se montaient qu'à cinquante livres [5]. Avant d'accéder à la demande des particuliers, la commune prenait d'eux des garanties : elle exigeait des cautions, elle faisait déposer des sommes considérables, afin d'être sûre que les plaignants ne reprendraient point par la force au delà de ce qui leur était dû [6].

Les inconvénients et les dangers de ces violences légales n'en sautaient pas moins à tous les yeux. « Étant d'évidente utilité, lit-on dans un document, et même de nécessité pour la commune et les particuliers florentins, que la susdite commune par tous les moyens pourvoie à la sécurité générale des routes, et que les autres marchands ou personnes étrangères qui veulent venir à Florence ou sur son territoire avec des vivres ou autres marchandises

---

comunis Flor. loquente de represaliis... (26 janvier 1286. *Provvisioni*, I, 46).

[1] 6 septembre 1297. *Provvisioni*, VIII, 119. Autre contre la commune de Rondine, pour vol d'objets valant 80 l. (7 mars 1296. *Provv.*, V, 44).

[2] 6 septembre 1297. *Provv.*, VIII, 119.

[3] 7 avril 1290 contre Colle pour 300 l.(*Provv.*, VIII, 19). 23 août 1296, à la compagnie des Bardi contre Azzo d'Este, marquis de la Marche d'Ancône, et contre ses sujets de Reggio, jusqu'à concurrence de 1755 l. pour le capital et 800 pour dommages-intérêts (*Provv.*, VI, 87 v°).

[4] Simone del Salto, jurisconsulte, qui avait été potestat à Ravenne et à qui il était encore dû 80 l. (20 janv. 1290. *Provv.*, II, 43).

[5] 21 février 1297. *Provv.*, VII, 105 v°.

[6] Dépôt de 800 fl., autre de 1500 pour représailles contre les comtes de Mangona et de Romena (1293. *Provv.*, III, 127 v°, 128 v°).

ne soient retenus par la crainte des représailles...¹, » on suspendait le *capitulum constituti* qui les autorisait². Souvent cette suspension avait lieu sur la demande d'une ou plusieurs communes. L'affaire allait d'abord devant un juge du potestat et un du capitaine, puis devant les prieurs et leurs sages, puis devant les conseils, qui entendaient des notaires rapporteurs, et se faisaient lire le statut relatif aux représailles, les conventions de la ligue toscane à ce sujet. La conclusion ordinaire était que, si les villes demanderesses remettaient à Florence la décision sur le différend, on pourrait s'entendre; dans le cas contraire, les représailles seraient maintenues³. Quand on consentait à les suspendre, c'était quelquefois pour longtemps, pour cinq ans, pour dix ans même⁴, naturellement à titre de réciprocité⁵ ; on cherchait d'ailleurs tous les moyens de ne pas recourir à ce périlleux expédient : tantôt Florence indemnisait le volé sur les biens déjà confisqués du voleur⁶; tantôt elle décidait que nul habitant de la ville ou du territoire ne pourrait accepter les fonctions de potestat, de capitaine du peuple, de recteur et d'autres encore, dans une commune qui aurait accordé des représailles contre un Florentin, jusqu'à ce qu'elle eût réparé le dommage⁷. C'était une véritable pri-

---

¹ *Framm. di Provv. e rif.* PP. I, 56 v°.

² Voy. entre autres 11 décembre 1282, *Consulte*, I. D. p. 11 v°, et 22 août 1296, *Provv.*, VI, 97 v°. Dans ce dernier doc. les représailles sont suspendues contre quiconque apportera des grains à Florence. (*Provv.* VI, 97 v°.)

³ 6 et 22 février 1285. *Consulte*, t. I, quad. II, p. 95, 96.

⁴ Février 1298. *Provvisioni*, VII, 154, 186.

⁵ 4 janvier 1297. *Provvisioni*, VII, 28.

⁶ Sur les biens déjà confisqués des comtes de Gangalandi 1645 fl. d'or sont pris pour les remettre à Carlotto des Cacciafuori, marchand. (24 avril 1303. *Provv.* XII, 18 v°.)

⁷ 11 mai 1297. *Provv.*, VIII, 46 v°.

vation pour tant de cités, jalouses d'être gouvernées par quelque enfant de la cité sans pareille dont on vantait partout le gouvernement. Contre les plus puissantes, contre Gênes, par exemple, on y regardait à deux fois avant d'armer le bras des particuliers et de s'engager dans une route qui pouvait si aisément conduire à la guerre : on invitait quiconque revendiquerait le droit de représailles à se rendre auprès de ses débiteurs et à faire durant deux mois tous ses efforts pour être payé; s'il n'y parvenait pas, on laissait encore six mois aux marchands florentins qui se trouvaient dans la ville menacée, pour l'évacuer avec leurs biens et leurs marchandises. Durant ce long délai la porte restait ouverte aux arrangements[1].

Ainsi les Italiens n'ignoraient pas qu'ils troublaient le trafic en vue de le protéger, qu'ils rendaient les routes peu sûres, pour en procurer la sécurité, qu'ils soutenaient mal, par la guerre privée ou publique, les arts de la paix; mais faute d'imaginer mieux, ils s'en tenaient à cet expédient. Ils y voyaient un droit, et à nul d'entre eux il ne fût venu à l'esprit de blâmer ceux qui en usaient. Jamais, on l'a justement remarqué, les chroniqueurs ne donnent aux représailles le nom de déprédation[2].

Hors de l'Italie, néanmoins, il fallait abjurer les mœurs belliqueuses, si l'on voulait asseoir le trafic florentin. Ces hommes batailleurs chez eux savaient chez les autres se faire pacifiques : ils portaient au delà des mers, sur tous les points du monde connu, la renommée des quatre arts principaux de la « marchandise. » L'invention de la boussole favorisait l'essor de leur trafic : elle abrégeait les

---

[1] 1ᵉʳ avril 1300. *Provv.*, X, 235.
[2] Quinet, *Révolutions d'Italie*, I, 33.

voyages, en permettant de perdre les côtes de vue. Dépourvus de ports et de marine, les Florentins nolisaient ces lourds navires de Gênes, de Pise, de Venise, presque aussi larges que longs[1], dont les vastes flancs pouvaient contenir les plus considérables et les plus encombrantes cargaisons, vrais transports où l'on entassait jadis des armées de quatre mille croisés à cheval, de neuf mille écuyers, de vingt mille fantassins avec des vivres pour neuf mois[2]. Du temps des croisades dataient les premières relations commerciales de Florence avec le Levant. A la longue elles s'étaient étendues, multipliées. On en connaissait les risques de toute sorte, mais on les bravait, non sans de sages précautions. Tout ballot envoyé par delà les mers était l'objet d'une assurance : l'expéditeur qui eût négligé ce soin aurait passé pour fort imprudent[3]. Les riches cargaisons partaient ensuite pour les côtes de Barbarie, pour l'Égypte, la Syrie, Constantinople. On les débarquait en Égypte pour la mer Rouge et la mer des Indes, au port d'Alexandrette ou d'Alep pour la Bactriane et le golfe Persique, à Constantinople ou aux environs pour le nord du Caucase, la mer Caspienne, l'Inde septentrionale, le lointain Cathay (c'est le nom qu'on donnait alors à la Chine) et sa mystérieuse capitale, le Cambalù des Italiens, le Khanbalich des Arabes, notre moderne Pékin[4]. Avec des navires mauvais marcheurs et de lentes caravanes, ce voyage, aller et retour, durait près de trois ans. Le plus court vers le Levant n'exigeait pas, par mer, moins de six

---

[1] Ils avaient de 70 à 100 pieds de long, et jusqu'à 70 de large. (Pagnini, II, 7.)

[2] *Ibid.*

[3] Una nave carica di sue mercatantie senza altrimenti haversi fatto assicurare. (*Cento Novelle*, Giorn. III, nov. 7, f° 68.)

[4] Pegolotti, p. 45. Pagnini, II, 24. Pardessus, III, Introd., p. 91.

mois. Sur terre, la campagne était coûteuse autant que pénible. On la faisait en charrette ou à dos de mulet, sauf à profiter, dans l'occasion, des lacs et des cours d'eau de la route[1]. Un de ces hardis marchands nous a laissé une intéressante relation de son voyage. Il se nommait Pegolotti, fils de Balducci, d'une ancienne famille d'Oltrarno, qu'avait ruinée, en mai 1290, l'incendie de ses maisons[2]. Agent et associé des Bardi en 1315, il était à Londres en 1317, et il partait pour l'Orient en 1335. Il a marqué dans une sorte de guide des trafiquants les étapes de ce lointain trafic, les caravansérails où l'on doit s'arrêter, et ses indications ont été confirmées par les documents postérieurs[3].

« L'Itinéraire de Pegolotti part du port de Tana, dans la mer d'Azof. De là on gagnait Astrakan, le désert de Kamo et le Hoang-Ho. Le voyageur indique les précautions qu'il faut prendre, les choses dont il faut se munir, un truchement, deux domestiques, une femme qui parle la langue du pays, de la farine et du poisson salé. Le reste, viandes et provisions, se trouve en abondance sur la route. Le coût

---

[1] Voy. Wadding, *Ann. minor.*, VI, 70, ap. Pardessus, II, Introd., p. 19 et p. 14; *Memorie intorno ai viaggiatori italiani nelle Indie orientali dal secolo XIII° a tutto il secolo XVI°, compilate dal Dott. A. de Gubernatis*, Flor., 1867; *Cathay and the way thither, being a collection of medieval notices of China*, London, 1866, par le col. H. Yule; Simonin, *Revue des Deux Mondes*, 1er févr. 1873, p. 647, 658.

[2] Villani, VII, 138.

[3] Voy. Ebn Batouta, trad. anglaise de Lee, cap. XIII ; Pétrarque, *Opera senilia*, l. II, ep. III, p. 360. Boccace, *Giorn.* X, nov. 3 ; Itinéraire d'Usudiomare, ap. Graberg, *Ann. de géogr.*, II, 289 ; Pardessus, III, Introd., p. 6. La relation de Pegolotti est intitulée *Manuale di mercante fiorentino*. Pagnini l'a publiée au t. III de son ouvrage. Celui de Giovanni da Uzzano, fils d'un riche marchand de Pise, et qui fit banqueroute vers 1442, *Pratica mercantile*, se trouve au t. IV du même Pagnini. On y voit l'indication des usages pour le paiement des marchandises, la circulation des lettres de change, les foires, l'arrivée des courriers, le départ des galères, etc. (Voy. Pagnini, II, 77).

du voyage, aller et retour, était estimé de six cents à huit cents florins d'or, et Pegolotti suppose que le traitant emporte pour vingt-cinq mille florins, y compris des lingots d'argent. En arrivant au Cathay, il échangeait ces lingots et tout l'or qu'il avait contre des billets de banque au sceau de l'empereur régnant. Le voyage était sûr; on n'était guère pillé ni mis à contribution le long du chemin. Le cas était prévu où le voyageur mourait en route de mort naturelle. Des règlements déterminaient alors comme les biens qu'il avait emportés avec lui devaient faire retour à ses héritiers[1]. »

C'est ainsi que longtemps avant de posséder une seule galère les Florentins avaient su partout, en Orient, introduire leurs marchandises et même établir des comptoirs. Ils exportaient les vins, les fruits, l'huile, le poisson, la résine, le goudron et autres produits de la Toscane. Ils importaient les matières propres à la teinture, le coton, la soie grége, les perles, les pierres précieuses, l'ambre, l'or en lingots, le sucre, les poils de chèvre, les bois pour ouvrer. Ils apprirent bientôt à imiter et même à surpasser les Orientaux dans la fabrication des étoffes de brocart d'or et d'argent. Renouvelant à leur égard les procédés qui faisaient en Occident la fortune de Calimala, ils remettaient chez eux sur le métier ces draps et ces soieries, puis ils les expédiaient de nouveau dans leur pays d'origine, où la supériorité de la main-d'œuvre florentine les faisait rechercher comme productions étrangères, et permettait de réaliser des bénéfices assez grands pour stimuler l'industrie et l'esprit d'aventure[2].

[1] Pour ce résumé pris *passim* au t. III de Pagnini, nous empruntons la rédaction de M. Simonin, *loc. cit.*, p. 659.
[2] Muratori, *Antiq. med. ævi*, diss. 30, t. II, 865 sq.; Huet, *Del commercio degli antichi*, c. cccrx, p. 184. Pagnini, II, 5, 6.

Une seule branche des importations d'Orient, les drogues et les épices, contribuait puissamment à la prospérité d'un cinquième art, celui des médecins, des apothicaires et des merciers. Le médecin, sans doute, y tenait le haut du pavé ; on l'appelait *maestro*, quelquefois même *algébriste*, comme aujourd'hui encore en Espagne et en Portugal, parce que remettre un membre revenait, disait-on, à faire une équation [1] ; mais c'était l'apothicaire (*speziale*) qui, par la vente des épices (*spezierie*) bien plus que par la vente des drogues médicinales, assurait la fortune de l'art. Plus trafiquant qu'homme de science, il aurait dû, ce semble, traiter le mercier de pair à compagnon ; et pourtant, d'accord à ce sujet avec les médecins, il le traitait de haut en bas. L'esprit aristocratique s'insinuait partout dans cette démocratie. Les médecins, physiciens et chirurgiens, n'étaient qu'au nombre de soixante pour une ville de près de cent mille âmes, et leur importance s'en trouvait augmentée. Il n'y avait pas moins de cent boutiques d'apothicaires. Quant aux merciers, comme ils allaient trafiquer hors de Florence, on ne pouvait fixer l'effectif de cette branche de l'art, mais il était fort considérable [2]. En 1296, le syndic des merciers se plaignait de ce que sa compagnie, quoique obligée de concourir à la dépense du gonfalon commun de l'art, ne l'avait jamais vu remis à quelqu'un de ses membres. Les prieurs, considérant qu'elle contenait beaucoup d'hommes riches et honorables, faisaient droit à cette réclamation pour l'année suivante, et décrétaient même qu'à l'avenir le gonfalon

---

[1] Cibrario, p. 302 ; D. Stern, *Dante et Gœthe*, p. 22. Paris, 1866.

[2] Mercatanti e merciai, grande numero da non potere bene stimare per quelli ch'andavano fuori di Firenze a mercantare (Villani, XI, 93). (Voy., sur la corporation des épiciers et apothicaires de Paris, *Armoiries de la ville de Paris*, in-4°, 1876 ; t. I, p. 296, 299, 316, etc.)

serait remis, à tour de rôle, à chacune des trois compagnies[1]. Se jugeant offensés dans leur dignité, médecins et apothicaires, loin d'accepter cette décision, la déféraient au juge des appels[2]. Plutôt que de mêler des professions si dissemblables, mieux eût valu multiplier le nombre des arts, comme faisait Pérouse, qui en comptait quarante-quatre[3]. Mais la mobile Florence tenait à ses traditions.

Ce qui relevait à leurs propres yeux, comme aux yeux du public, le médecin et l'apothicaire, c'est qu'ils ne pouvaient être tout à fait ignorants. Les opérations de chirurgie qui n'exigeaient aucun savoir, comme de saigner ou d'arracher les dents, le médecin les abandonnait au barbier ; il se réservait pour les plus délicates. Aussi ne serait-il venu dans l'esprit à personne, en Italie, d'appeler un chirurgien « très-sordide », comme faisaient en France les sires des fleurs de lis[4]. On se plaisait bien à représenter les savants avec des yeux farouches, des joues pâles, une barbe inculte, allant seuls, voulant paraître plus que les autres[5], mais on ne pouvait se défendre de faire plus d'état de leur science présumée que de l'ignorance reconnue des marchands. Quiconque revenait de Bologne médecin, juge ou notaire, ne paraissait plus dans les rues qu'avec des vêtements longs et larges, ornés d'écarlate et de vair[6], comme les chevaliers. La fourrure de vair sur des

---

[1] 12 novembre 1296. *Provvisioni*, VI, 139.

[2] Asserunt factas esse (reformationes novembris) et redundare in favorem et indebitum augmentum dicte artis mezzariorum. (8 février 1297. *Provvisioni*, VII, 76.)

[3] Bonazzi, *Stor. di Perugia*, p. 338. Cet auteur indique ses sources.

[4] Cyrurgicum sordidissimum. (Religieux de Saint-Denis, l. XXXIV, ch. xxx. Ed. Bellaguet, t. V, p. 130-132.)

[5] *Favole e novellette graziosissime tratte da Firenzuola, dal Pulci, dall'Ariosto...* Vicence, 1801, p. 8.

[6] Boccace, *Giorn.* VIII, nov. 9, t. III, p. 269.

habits neufs, le chaperon de vair retombant sur les épaules[1], la barrette de velours, des gants aux mains, un serviteur et un bidet, voilà l'appareil où l'on reconnaissait le médecin[2]. D'ailleurs, pour exercer à Florence, il ne suffisait pas d'avoir subi ses examens à Bologne, devant les doctes maîtres de l'Université : il en fallait subir un nouveau devant les consuls de l'art[3]. Avec le temps, à vrai dire, cette dernière épreuve ne fut plus qu'une vaine formalité, qui n'empêchait pas un revendeur, un marchand de volaille de se faire médecin[4]. La médecine en fut avilie : déjà elle souffrait dans sa considération par les erreurs des praticiens sérieux et par le dépit des malades dont ils vidaient la bourse sans les guérir. Sacchetti, pourtant, assure que leur savoir était réel[5]. Suivons-les donc, pour les juger, dans l'exercice de leur métier.

Souvent ils prenaient résidence dans la boutique d'un apothicaire, dont les drogues trouvaient, dès ce moment, un débit assuré[6]. Quelquefois, ils tenaient boutique eux-mêmes. Il y en avait un nommé Simone, au *Mercato vecchio*, à l'enseigne expressive du melon[7]. S'ils possédaient, comme les Juifs, quelques secrets, d'ordinaire ils n'avaient recours, pour guérir ou soulager les malades, qu'à des remèdes fort simples ou qu'indiquait la superstition.

---

[1] Batolo ou batalo, falda del cappuccio che cadde sulle spalle. — Voy. le vocabulaire placé à la fin de l'édition de Boccace, éd. de Milan, 1816.

[2] Boccace, *loc. cit.* Sacchetti, nov. 155, t. II, p. 336; *Cento novelle*, giorn. III, nov. 2, f° 50 v°.

[3] Quod medicus non admittetur ad collegium vel recipetur in apotheca, nisi fuerit examinatus per consules dicte urbis. (*Statuto*, Rub. 53, tit. II, liv. IV, ap. Peruzzi, p. 414).

[4] Sacchetti, nov. 112, t. II, p. 151.

[5] Voy. nov. 127, 155, 167, 182, 218.

[6] Sacchetti, nov. 155, t. II, p. 339.

[7] Boccace, *Giorn.* IX, nov. 3, t. IV, p. 31, 52.

Pour reconnaître l'état du patient, ils lui tâtaient le pouls[1], ils consultaient surtout ses urines. C'était le fond de leur science. Un certain Macheruffo des Macheruffi étant venu de Padoue à Florence exercer les fonctions de potestat, avec un manteau et un chaperon qui étaient d'un médecin plutôt que d'un cavalier, il trouva le lendemain matin à sa porte bon nombre de vases de nuit, en verre selon l'usage du temps, et pleins des pièces du procès qu'on faisait mine de soumettre à son tribunal. Comme il s'en vengea en pendant, en décapitant beaucoup de monde, il rendit par ce remède le repos à Florence, et prouva qu'il méritait bien le titre de *maestro*[2]. Pour une fève entrée dans l'oreille, la plupart des médecins mettaient des emplâtres pendant un mois[3]. Ils rappelaient les gens de la léthargie, ils arrêtaient une hémorrhagie en les brûlant avec une chandelle, après les avoir attachés avec de grosses cordes[4]. Ils appliquaient des linges chauds pour guérir les douleurs aux flancs[5]. Ils plongeaient dans un bain d'eau froide pour couper la fièvre[6]. Ils recommandaient

---

[1] Boccace, *Giorn.* IX, nov. 3, t. IV, p. 31, 32.

[2] Ei in breve tanti ne impiccò e tanti ne decapitò e justiziò per ogni forma, che nella fine del suo oficio lasciò si sanicata e si guerita la nostra città, che si riposò molto bene per assai tempo. (Sacchetti, nov. 42, t. II, p. 181.)

[3] Sacchetti raconte plaisamment qu'un médecin, voulant réagir contre cette méthode, fit sortir la fièvre par l'autre oreille en donnant au patient sur la première un rude coup qui le renversa. Ce procédé, ajoute-t-il, se fondait sur cette théorie que, quand il était entré quelque chose dans la gaîne de la dague, on la retournait et on frappait jusqu'à ce que le corps étranger sortît. De cette expérience nouvelle le médecin retira une grande réputation, sans compter deux chapons pour salaire; nul depuis n'osa pourtant la renouveler (nov. 168, t. III, p. 41).

[4] Boccace, *Giorn.* IV, nov. 10, t. II, p. 260. — *Oss. fior.*, IV, 148, 3ᵉ éd. — Voy. à la p. 149 une curieuse lettre de Michele Vieri, célèbre lettré, qui mourut jeune d'une opération chirurgicale.

[5] Brocchi, I, 216.

[6] Sacchetti, nov. 37, t. I, p. 159.

volontiers pour les maux d'estomac les bains de Sienne, de San Casciano ; ils y préparaient leurs clients en leur faisant prendre sirops et purgations[1]. Les riches y allaient par mode comme aujourd'hui, et ils en éprouvaient peu de bien, car, disait-on, une fois ne pouvait suffire, il fallait y retourner[2]. On envoyait aussi à la mer, qui avait là réputation de laver tous les maux humains[3]. L'eau même de l'Arno passait pour un spécifique, ayant plus de vertu qu'aucune autre eau courante, et peut-être faisait-elle vraiment des cures dans un temps où la malpropreté produisait tant de maladies de peau. Aussi avait-on construit des bains sur la *loggia* du *Ponte vecchio*[4].

Quant aux remèdes proprement dits, c'étaient des drogues stimulantes, que supportaient ces hommes vigoureux, habitués à se couvrir de fer, à chevaucher du matin au soir, mais qui seraient autant de poisons pour nos débiles estomacs[5]. Des pilules composées de dix substances différentes qu'on avait délayées dans du vin blanc tuèrent net un jour Piero Guicciardini[6]. Aussi en revenait-on à l'inoffensif, c'est-à-dire à la médecine expectante. Le chou passait pour une panacée universelle. Toutes les plantes, comme toutes les drogues, furent tour à tour recommandées et eurent le renom d'être le meilleur médicament[7]. Il fallait se hâter de les prendre tandis qu'elles guérissaient.

---

[1] *Il Novellino*, nouv. ajoutées à la fin, nov. I, p. 108. Flor., 1572 ; Sacchetti, nov. 131, t. II, p. 215.

[2] Sacchetti, *ibid.*, p. 217.

[3] *Lava il mar tutti quanti i mali umani*, dicton rapporté par l'*Oss. fior.*, VI, 35, et Peruzzi, p. 415.

[4] *Ibid.*

[5] Cibrario, *loc. cit.*, p. 301 ; 302.

[6] Peruzzi, p. 411.

[7] Curtius Sprengel, *Hist. de la médecine*, I, 138, ap. Peruzzi, p. 414.

Leur vertu n'étant pas de durée, ceux qui les prescrivaient sur l'heure du tard étaient tenus pour des ânes ridicules, ne sachant rien de rien. On leur préférait l'obscur médecin qui ne suivait, au lieu d'une vaine science, que les inspirations de son bon sens[1]. C'était ce qu'on pouvait faire de mieux dans un siècle où manquaient les connaissances chimiques et anatomiques, où l'on ne suivait pas l'exemple donné par Frédéric II à Naples de fonder une chaire d'anatomie, où l'on eût regardé comme une profanation de disséquer des cadavres[2], où l'on confiait à l'art de la laine, de la soie, du change, des peaussiers, comme à celui des médecins, et à tour de rôle, le soin des hôpitaux[3], asile protecteur de l'enfance et de la pauvreté[4].

Quelquefois même, négligeant d'appeler les ignorants héritiers d'Hippocrate, on recourait économiquement aux pratiques de la superstition. Quand une personne avait perdu la raison, pour la lui rendre on lui mettait sur la tête la mitre de saint Zanobi et sur les épaules le manteau de saint Jean Gualbert, ou d'autres ornements de quelque bienheureux[5]. Les Florentins croyaient que l'image qui représentait la Vierge de l'Annonciation guérissait les infirmes, délivrait les possédés[6]. Frères prêcheurs et frères mineurs combattaient de leur mieux ces folles

---

[1] *Cento Novelle*, giorn. VIII, nov. 9, f° 193.
[2] Cibrario, p. 301.
[3] 20 mai 1298. *Provvisioni*, IX, 3.
[4] Ad evictandum multa que de infantibus commictebantur ac etiam pro pauperum substentatione. (19 mai 1294 ; *Provvisioni*, filza 5, ap. Gaye, I, 424.)
[5] *Cento Novelle*, Giorn. 3, nov. 7, f° 68 v°.
[6] Villani, VII, 154. S. Antonin, *Chronicorum liber*, part. III, p. 233, éd. de 1586.

croyances, moins par leurs conseils que par l'exercice
gratuit de la médecine. On allait à eux par goût de
l'épargne, comme aux Juifs par curiosité du mystérieux.

Mais ni cette double concurrence, ni d'intarissables
plaisanteries n'empêchaient les médecins de prospérer.
Plusieurs vivaient entourés de l'estime publique. L'usage
était même de s'en tenir à celui qu'on avait une fois
adopté[1]. Les malades sentaient bien qu'à changer ils deviendraient matière à expériences. Quoique Bologne formât et que Ravenne appelât les plus renommés praticiens[2],
Florence avait une école médicale qui pouvait soutenir la
comparaison. Des médecins obscurs ou débutants se
contentaient seuls de deux chapons pour salaire[3]; les
autres recevaient, pour une consultation, deux, quatre,
cinq florins[4]. Le chef fameux de cette école, Taddeo, fils
d'Alderotto, né à Florence en 1223, élève, puis professeur
à Bologne, et surnommé par Dante l'*Ippocratista*[5], recevait des seigneurs, ses clients ordinaires, cinquante
ducats d'or par jour. Il en exigeait cent d'Honorius IV,
si malmené par la goutte qu'il ne pouvait ni se tenir sur
ses pieds, ni rapprocher ses doigts les uns des autres, ni
célébrer la messe sans le secours de machines. L'ayant
guéri ou soulagé, il recevait dix mille ducats, somme
équivalente à deux cent quarante mille de nos francs[6].
Seule, la commune pouvait mal rétribuer les médecins

---

[1] Sacchetti, nov. 155, t. II, p. 336.
[2] *Cento Novelle*, Giorn. VIII, nov. 9, f° 193.
[3] Voy. plus haut, p. 278, note 3.
[4] Sacchetti, nov. 168, III, 41-43.
[5] Dans le *Convito*.
[6] Filippo Villani, *Vita di Taddeo*, ap. *Oss. fior.*, I, 134, 3ᵉ éd. Cibrario, p. 301. On prétend que Taddeo dépensa cette somme, une fois de retour à Bologne, en fondation d'églises et d'hôpitaux.

qu'elle employait, allouer cinquante sous à ser Guido de Jacopo et à ser Orlando de Giovanni, pour avoir donné leurs soins à cinq condamnés qui avaient eu les pieds coupés[1].

Ces oracles de la médecine, ces étoiles de Florence, comme dit Filippo Villani, n'étaient pourtant pas de grands docteurs. Ils ne pouvaient paraître tels qu'en comparant leur savoir à l'empirisme des Arabes, qui avait régné jusqu'alors. Au sujet de Taddeo lui-même, on lit dans un vieux recueil de nouvelles une anecdote significative. Dans une de ses leçons il démontrait, d'après les lois de la physique, que qui mangerait neuf jours durant des aubergines (*petronciana*) perdrait l'esprit. Neuf jours après, devant le professeur en chaire se lève un de ses écoliers. — Maître, dit-il, tel chapitre que vous avez lu n'est pas vrai; j'en ai fait l'expérience et je ne suis pas fou. — Ce disant, il tourne le dos, et trousse irrévérencieusement ses habits. — Écrivez, dit Taddeo sans se troubler ni s'émouvoir, que tout ce chapitre est prouvé, et qu'on en fasse une nouvelle glose[2]. — Ce qu'il prouvait, c'était sa présence d'esprit, plus que sa science. Mais son école ne se dépeuplait point. Il enseigna son art à Dino del Garbo, dont le fils Tommaso écrivit des commentaires sur Galien, sur Avicenne, sur Aristote. Il eut l'adresse de mourir à l'heure que lui-même avait prédite[3]. Taddeo disparu, pour arracher quelques lambeaux de sa

---

[1] Quod coacti per Dom. Potestatem fecerunt de quinque personis quibus pedes et membra amputata fuerunt pro comuni. (24 mai 1292. *Provvisioni*, III, 60.)

[2] *Il Novellino*, nov. 34, p. 36.

[3] Sacchetti, nov. 155, t. II, p. 336; *Oss. fior.*, VI, 149, 3ᵉ éd.; Peruzzi, p. 411.

succession, pour se partager sa clientèle, s'abattit sur Florence une nuée de médecins, lesquels, dit spirituellement Sacchetti, n'auraient pas su trouver le pouls à un moulin[1].

Moins doctes encore, les apothicaires ne jouissaient pas d'une moindre faveur. Il le faut bien, puisque c'est dans leur art, de préférence à tout autre, que Dante s'était fait immatriculer. Mais chez eux dominait le marchand. Avec les épices d'Orient, ils vendaient les herbes et les simples, des torches, des chandelles, des cercueils, des sucreries pour les funérailles, de la parfumerie, des sorbets, des conserves, des juleps et même des médecines, qu'il leur était enjoint de fournir bonnes dans leurs boutiques toujours ouvertes, les jours fériés comme les jours ouvrables[2]. Quel était alors le nombre de ces officines, c'est ce qu'on ne voit nulle part; mais en 1479 on en comptait soixante-six, soumises à quatre consuls[3], qui avaient, comme les consuls des autres arts, l'exorbitant privilége de rendre des sentences sans appel[4].

L'art des juges et des notaires, quoiqu'il ne se mêlât ni de trafic ni d'industrie, tenait, nous l'avons vu, le premier rang dans la hiérarchie et dans l'estime publique. On comptait près de cent juges et environ six cents notaires[5]. Comme les chevaliers et les médecins, les juges avaient le pas dans les cérémonies et les mariages[6]. Comme

---

[1] Sacchetti, nov. 155, t. II, p. 356.

[2] Quod spetiarii dent medicinas bonas et teneant apothecas apertas diebus festivis. (*Stat. apot.* Rub. 55, tit. II, l. iv, ap. Peruzzi, p. 414.)

[3] Cantini, III, 174.

[4] 8 août 1296 pour Calimala; 12 novembre 1296 pour le change. (*Provvisioni*, VI, 90 v°, 140.)

[5] Villani, XI, 93.

[6] Sacchetti, nov. 127, t. II, p. 203.

eux, ils portaient des vêtements fourrés de vair. La longue simarre, l'écritoire à la ceinture étaient les signes distinctifs de leur dignité, avec de légères différences dans la robe, selon leur titre et leurs fonctions[1]. Assis au tribunal de chacun des arts, avec les consuls, ils y jugeaient les procès commerciaux, réglaient les différends, proposaient les peines, tandis que les notaires préparaient de nouveaux statuts ou réformaient les anciens, veillaient à leur exécution, dressaient les contrats, portaient dans les conseils la parole au nom des consuls. Sous le nom de *jurisperiti* ou de *sapientes*, ce sont les juges et les notaires qui formaient ce conseil mobile dont les prieurs étaient tenus de se faire assister en toute occasion, et qui figurent, aux documents officiels, dans chacune de leurs délibérations. Grassement payés, ils fournissaient une caution de deux cents livres. Ils ne pouvaient faire partie de l'art, s'ils avaient résidé dix ans hors de Florence, si leur père, leurs oncles, leurs frères, ne payaient pas exactement les redevances dues à la commune.

A leur tête se trouvaient neuf consuls, dont le chef, appelé *proconsolo*, devait avoir exercé l'art vingt ans, s'entourait d'un conseil de douze notaires, et marchait, dans les cérémonies publiques, après la seigneurie, suprême magistrature de la République[2]. Ayant une autorité juridique sur tous les arts, le *proconsolo* aurait dû, ce semble, prendre une grande autorité à Florence ; on ne voit pas, cependant, que sa suprématie honorifique lui ait jamais donné un pouvoir effectif[3].

---

[1] Boccace, *Giorn.* VIII, nov. 5, t. III, p. 211 ; Sacchetti, nov. 127, t. II, p. 203; *Oss. fior.*, VIII, 109-125.

[2] Cantini, III, 169.

[3] Villari, *Polit.*, juin 1867, p. 575.

Des membres de cet art on exigeait une grande dignité dans la vie; on voulait qu'ils servissent d'exemple aux autres citoyens. Légistes, avocats, procureurs, s'ils étaient en retard de plus de dix jours pour payer leurs impôts, ne pouvaient d'un an exercer leur profession [1]. Prenaient-ils part aux joûtes et aux carrousels, malgré l'usage et les convenances, ils devenaient ridicules, et, l'estime publique se retirant d'eux, on ne se gênait pas pour les rendre plus ridicules encore : au cheval du juge qui singeait le chevalier on attachait un chardon sous la queue. Quelle joie c'était alors de voir l'animal furieux partir au galop vers Florence et y ramener de force le malencontreux magistrat qui avait quitté l'écritoire pour les éperons [2] !

Non moins rare était l'accord entre juges et notaires qu'entre médecins et merciers. La différence d'origine, comme leur inégale importance, contribuait à leur rivalité. C'est à Bologne que se formaient les docteurs ès lois parmi lesquels on prenait les juges, tandis que Florence était la pépinière des notaires [3]. En 1287, ils avaient élu séparément leurs consuls respectifs, et traitaient de même les affaires, « chose aussi funeste pour eux que pour la commune, » est-il dit dans une pièce relative à ce différend. On dut réformer les statuts de l'art, contraindre «réellement et personnellement, de droit et de fait, les consuls, l'université et les personnes dudit art, à être unis, »

---

[1] 1er avril 1297. *Provvisioni*, VII, 92 v°.
[2] Sacchetti, nov. 64, t. I, p. 249.
[3] Goro Dati, *Storia di Firenze*, p. 133. Florence, 1735. Villari, *loc. cit.* — Le *contado* florentin avait d'ailleurs fourni à l'école de Bologne deux de ses plus grands jurisconsultes, Accorso de Bagnolo, à cinq milles de Florence (1182-1260), et Dino du Mugello (1279). Voy. Fil. Villani, *Vite degli illustri Fiorentini*, avec les notes de Mazzuchelli, Tiraboschi, *Stor. della lett. ital.*, l. II, c. IV, et Vannucci, p. 219, 220.

ce qui fut voté en l'église de San Pier Scheraggio, par les deux conseils du capitaine, aux deux tiers des voix[1].

Contre les notaires et contre les juges, on avait, d'ailleurs, bien d'autres griefs. Leurs lenteurs d'abord : ils mettaient un an à se prononcer sur un simple envoi en possession[2]. Puis, leurs dénis de justice[3], leur facilité coupable à prêter l'oreille aux recommandations[4], et même à recevoir des présents. On recevait avec plaisir un bœuf, mais on ne dédaignait pas un lièvre. Au lieu d'un bœuf, qu'avait donné son adversaire, un plaideur avisé donnait-il une vache pleine, il gagnait son procès, parce qu'il avait ingénieusement offert deux bêtes au lieu d'une[5]. Sacchetti peint le potestat et le capitaine, qui étaient les premiers des juges, manquant de courage, se cachant à l'heure du péril, pratiquant le précepte de Caton, *Rumores fuge*, ne se montrant qu'une fois remis de leurs alarmes, et si prompts à s'alarmer qu'ils prenaient pour une émeute le trouble produit dans les rues par un cheval échappé[6]. — « J'aimerais mieux, dit cet écrivain, voir mon fils chasseur que légiste. » Lui-même, étant potestat quelque part, rend une sentence juste : — « Tu y as perdu un lièvre, lui dit-on. — Soit, répond-il, mais la honte[7]? »

---

[1] 27 mars 1287. PP. I, 42, *Frammenti di provvisioni e riforme*.

[2] Le 5 mars 1277, Donnesca ou Danessa, veuve d'Uguccione des Sacchetti, est mise en possession d'une maison sur sa demande de rentrer dans sa dot, mais l'acte n'est passé que le 30 mars 1278. (*Cartapec. Strozz. Ugucc.*)

[3] On poursuit Macone de Montereggio, juge et notaire, pour n'avoir pas dressé l'instrument de la vente d'une maison. Il est condamné à le dresser dans les trois jours, sous peine de dix livres. (3 avril 1294. Arch. dipl. *Pergam. delle Rif.*)

[4] Sacchetti, nov. 114, t. II, p. 157.

[5] *Id.*, nov. 77, t. II, p. 17.

[6] *Id.*, nov. 159, t. II, p. 368.

[7] *Id.*, nov. 77, t. II, p. 21.

Ce n'était partout qu'un concert de plaintes. « A quoi bon apprendre le droit à Bologne, puisque la force prévaut? Contre les pauvres et les impuissants on a vite rendu un jugement pécuniaire et corporel ; contre les riches et les puissants rien de plus rare, car le méchant est celui qui n'a pas de pouvoir[1]. » — Venise, avec son admirable constitution, n'a jamais eu de juges, non plus que la petite ville de Norcia ; voit-on qu'elles s'en soient plus mal trouvées? Dans le jardin des Gaddi, on lut longtemps cette inscription : *Dolus malus abesto et jurisconsultus*[2]. — « A force de cruautés, dit énergiquement Boccace, qui se borne le plus souvent à la légère raillerie, ils font prouver le faux ; ils se prétendent les ministres de la justice et de Dieu : ils sont les exécuteurs de l'injustice et du diable[3]. » — Le mépris que méritaient les prévaricateurs s'étendait à leurs plus honnêtes confrères. Était-ce donc un crime de venir en habit de médecin juger en potestat, pour qu'on insultât l'homme, sans savoir encore ce qu'il valait? On peut lire dans le même Boccace la plaisante histoire du juge à qui des polissons enlevèrent son haut-de-chausses mal attaché, tandis qu'il était sur son siége[4]. Partout on traitait fort mal les potestats. San Miniato tuait les siens ou les renvoyait en chemise. Personne n'y voulait plus aller[5]. Ces exécutions

---

[1] Sacchetti, nov. 40, t. I, p. 170.
[2] *Id.*, nov. 127, t. II, p. 204.
[3] Boccace, *Giorn.* III, nov. 7, t. II, p. 89.
[4] *Id.*, *Giorn.* VIII, nov. 5, t. III, p. 210.
[5] Soldo des Strozzi, Florentin comme ses prédécesseurs, tente pourtant l'aventure. Il n'évite leur malheureux sort que par un adroit stratagème : il décide de ne rien faire sans avoir invité les citoyens à se mettre d'accord sur toute question pendante. Comme ils y parvenaient rarement, Soldo pouvait ensuite faire sans danger ce qu'il jugeait à propos. (Sacchetti, nov. 158, t. II, p. 356-361.)

brutales avaient une excuse : la redoutable enquête du *sindacato* contre les magistrats sortant de charge tendait partout à n'être plus qu'une formalité. Usait-on envers eux de l'ancienne rigueur, ils trouvaient dans les prieurs des amis, quelquefois des complices, prêts à les protéger[1]. Jadis, dans des cas très-rares, on accordait aux meilleurs potestats une récompense honorifique : le célèbre Rubaconte avait reçu un pennon et un bouclier. Cette distinction ne tarda pas à être prodiguée, non plus pour rendre hommage au mérite, mais par complaisance ou par amitié[2].

Pénétrons maintenant dans la pratique même de l'art. Toutes les lenteurs de la justice n'étaient pas imputables aux magistrats qui la rendaient, ou, pour mieux dire, qui ne pouvaient la rendre, tant étaient nombreux les jours de l'année où ils ne siégeaient pas. La justice criminelle vaquait le dimanche et aux grandes fêtes religieuses qu'on célèbre encore dans les temps modernes; mais on y ajoutait toutes celles de la Vierge et des Apôtres, celles de l'Épiphanie, de saint Denis, de saint Luc, de saint Martin, de saint Antoine, de saint Nicolas, de saint François, de saint Zanobi, de saint Barnabé, de saint Onofrio, de saint Victor, de saint Laurent, de sainte Reparata, de sainte Anne, de sainte Catherine, de sainte Marie-Madeleine, de sainte Lucie, de sainte Félicité, plus les derniers jeudi, lundi et mardi du carnaval, les jeudi, vendredi et samedi saints, les lundis et mardis de Pâques et de Pentecôte, la fête du *Corpus Domini*, enfin cinq ours, du 22 au 26 juin, pour la fête patronale de la

---

[1] 12 avril 1295. *Provvisioni*, V, 27 v°.
[2] Sacchetti, nov. 196, t. III, p. 179-184.

Saint-Jean. A ces nombreux chômages la justice civile en ajoutait beaucoup d'autres encore : le 13 janvier, jour du baptême de Jésus-Christ, le 3 mai, jour de l'Invention de la sainte Croix, la fête de la conversion de saint Paul, celles de saint Salvatore, saint Bernard, saint Michel, saint Yves, sainte Cécile, celles des quatre Évangélistes et des quatre grands docteurs de l'Église, huit jours à Noël, toute la semaine sainte, tout l'octave de Pâques et les dix derniers jours de juin[1]. Siéger, c'était donc pour les juges comme se reposer de tant d'oisiveté.

Sur leur siége, ils étaient astreints à des formalités qu'on croyait protectrices des justiciables, mais qui ralentissaient encore le cours de la justice. Ils faisaient jurer à l'accusateur que l'accusation était fondée et qu'il la soutiendrait, sous peine, en cas contraire, de cent sous d'amende. Puis, à ses frais et par deux fois, ils citaient l'accusé, lui fixant un délai à comparaître. Ils lui donnaient lecture de l'acte en entier, faute de quoi ils payaient cinq cents livres. Dix jours étaient accordés à la poursuite et autant à la défense, qui devait être présentée, sous peine de nullité, devant trois citoyens dignes de foi, non dépendants du tribunal. Vingt-quatre heures de réflexion étaient laissées à l'infortuné que menaçait la torture. Les notaires écrivaient lentement, minutieusement, ses aveux comme les déclarations des témoins. Toutes ces choses faites, la sentence intervenait enfin, dans le plus bref délai, disent les statuts.[2].

Le plus souvent elle était rigoureuse ; l'humanité ne

---

[1] Cantini, III, 35.
[2] *Id.*, ibid., 32-35.

semblait pas alors compatible avec la justice. Couper la tête, le pied, la main, détacher les ongles des doigts, brûler la plante des pieds, briser les os, verser peu à peu, mais en abondance, de l'eau dans la bouche et dans l'estomac, suspendre le patient à une corde, et le laisser de très-haut retomber, de tout son poids, toutefois sans permettre qu'il touchât terre[1], tels étaient d'ordinaire les châtiments corporels. Mais l'excès même de ces horreurs était cause qu'on imaginait mille moyens de ne pas appliquer la loi ou d'y échapper. Pour l'homicide simple, comme pour des blessures et autres délits, on pouvait n'être condamné qu'à un bannissement temporaire et à une amende[2]. Pour les coups à main non armée, il était d'usage de ne pas exercer de poursuites, si, dans les quinze jours, l'offenseur et l'offensé avaient fait entre eux la paix et payé quarante sous à la commune[3]. Le plus intéressé à étouffer l'affaire payait sans doute pour tous les deux. La République besogneuse substituait volontiers les peines pécuniaires aux peines corporelles, surtout envers les condamnés par contumace, qu'elle ne pouvait atteindre autrement. Elle diminuait même les amendes, pensant avec raison que, si on les pouvait acquitter sans s'exposer à la ruine, on ne s'exposerait pas pour quelques florins à être appréhendé au dehors, et à avoir la main coupée[4]. Même les condam-

---

[1] M. Passerini nous a montré, à la Bibl. nat. de Florence, un curieux dessin représentant le supplice de la corde. On l'infligeait dans le palais du Bargello pour la question, au dehors et du haut en bas de ses murailles pour une condamnation.

[2] Exbannitus in l. quatuor millia flor. parv. (2 août 1310. *Provvisioni*, X, 271.)

[3] 2 août 1297. *Provvisioni*, VIII, 107.

[4] 10 février 1309. *Provvisioni*, XIV, 35.

nés détenus évitaient souvent la mort ; on les gardait en prison jusqu'au jour où quelque fête solennelle fournirait l'occasion de les offrir à l'autel de San Giovanni, c'est-à-dire de les libérer entièrement [1].

Les conseils réduisaient les peines prononcées par les juges, sans craindre de nuire au respect de la justice [2]. Une loi trop sévère se trouvait, un beau jour, comme annulée par quelque décision nouvelle. Boccace rapporte qu'à Prato on condamnait au feu toute femme trouvée par son mari en adultère ; mais l'usage avait singulièrement modifié ce statut « non moins blâmable que rigoureux » ; une condamnation n'était jamais prononcée que sur l'aveu de la coupable. On n'en trouva bientôt plus une seule qui avouât même le flagrant délit, et l'on finit par abroger la loi illusoire [3]. Pour revenir sur les sentences prononcées, la justice ne craignait pas d'avouer ses erreurs [4], parfois même de les réparer [5], surtout si la seigneurie en était priée de quelque com-

---

[1] Lapo, dit Ampolla, avait été condamné en 1285 à la peine de mort et à une amende de 300 l. pour homicide ; en 1288, il est de nouveau condamné à 1000 l. pour avoir excité son frère à tuer Donato de Bencivenni. Donc il n'avait pas été exécuté. En 1302, le 26 mars, il était englobé dans une amnistie de 233 prisonniers, offerts, à l'occasion des fêtes de Pâques, devant l'autel de San Giovanni (*Provvisioni*, XI, 109).

[2] Des paysans avaient été condamnés par le potestat et le juge des méfaits, pour faux témoignage, à payer une amende ou à perdre la main. Le conseil des cent et les conseils du capitaine décident qu'ils seront simplement détenus aux *Stinche*, jusqu'au paiement de l'amende, encore leur font-ils remise d'une partie des sommes dues. (26 octobre 1308. *Provvisioni*, XIV, 30.)

[3] Boccace, *Giorn.* VI, nov. 7, t. II, p. 44, 46, 48.

[4] 28 octobre 1301. *Provvisioni*, XI, 61. — Quod predicta condempnatio facta fuit per errorem. (26 juillet 1306. *Provvisioni*, XIII, 9 v°.)

[5] Barone de Ristoro et Datuccio de Maffeo, condamnés à 200 l. f. p. *occasione quorumdam manganellorum inventorum*, obtiennent restitution. (4 juillet 1280. *Cartapec. Strozz. Ugucc.*)

mune amie[1]. Juger d'après la simple équité, comme le juif Salomon, ou d'après des superstitions répandues, c'était aussi le moyen d'éviter l'application de la loi, quand elle semblait trop sévère. Pour éluder ce texte formel, *que celui qui a tué meure*, le potestat Rubaconte, dit-on, ayant reçu plainte contre un homme qui, en tombant du haut d'un pont, avait causé la mort d'un de ses concitoyens, ordonnait que le meurtrier innocent prît la place de la victime, et qu'un des plaignants se laissât choir sur lui[2]. Tel magistrat mettait la faute commise sur le compte du diable, ennemi du genre humain, et il y avait chance que cette assertion hasardée fût admise par les parties, surtout si on l'accompagnait d'explications plausibles, en disant, par exemple, que, le désordre objet de la plainte ayant eu pour origine un corbeau, on ne pouvait nier que cet animal à robe noire, à voix infernale, ne fût le diable en personne[3].

Par malheur, les juges ne savaient pas rester impartiaux et neutres au milieu des passions déchaînées. Étrangers comme indigènes, ils les partageaient : de quelque pays qu'ils vinssent, n'étaient-ils pas guelfes ou gibelins, ennemis par conséquent de quiconque ne coupait pas les pommes, ne portait pas les plumes comme eux? Leur justice, trop souvent, n'était donc qu'injustice.

---

[1] Sienne intervient pour cinq hommes du peuple condamnés à la potence le 7 juillet 1306, pour avoir sur la grande route attaqué, volé, maltraité un habitant de San Jacopo à Pietrafitta (26 juillet 1306. *Provvisioni*, XIII, 9 v°). Pistoia pour un de ses citoyens nommé Ferrurio *captus in fortiam comunis pro omicidio*. — L'ambassade, ayant établi que la paix a été faite entre le fils de la victime et le meurtrier, obtient l'élargissement de ce dernier (*Consulte*, I, 101).

[2] Sacchetti, nov. 196, t. III, p. 180.

[3] *Id.*, nov. 160, t. II, p. 380.

Ils condamnaient à cinquante-deux livres d'amende un grand, de la famille des Agli, rencontré la nuit avec une épée rouillée dont il voulait effrayer un mauvais plaisant qui l'avait troublé dans son sommeil[1], et à mille livres un jeune chevalier des Adimari, pour avoir traversé les rues étroites à cheval et les jambes écartées, essuyant ainsi le bout de ses chaussures à l'habit des piétons, qui se rangeaient en vain sur son passage[2]. En revanche, Treccio de Gianni Rausci, du peuple de Santa-Trinita, n'était condamné qu'à cent livres pour avoir attaqué, frappé et voulu connaître charnellement en pleine rue Massaria, femme de Scarabullo[3]. Cet impétueux effronté était un *popolano* : avoir deux poids et deux mesures, c'est le propre des législations de parti.

La justice civile, plus encore que la criminelle, mettait le juge en rapport avec les justiciables. Son intervention était constante dans les questions de mur mitoyen[4], dans les différends de créancier à débiteur, dans le règlement des faillites. C'est devant lui, en présence de témoins et d'un notaire, que les créanciers faisaient leur déclaration officielle, quand ils voulaient poursuivre le recouvrement d'une créance[5]. C'est lui qui écoutait les débiteurs refusant de payer ou niant leur dette et pro-

---

[1] Sacchetti, nov. 78, t. II, p. 25.
[2] *Id.*, nov. 114, t. II, p. 158.
[3] 28 Septembre 1280. *Cartap. Strozz. Ugucc.*
[4] En 1293 Lapo, recteur de l'église de san Remigio, a un procès avec Rustico de Rinieri et Berto son frère au sujet d'un égout entre l'église et leur maison. On nomme experts trois maestri ou maîtres maçons, qui entendent l'avis de Guidotto Canigiani, juge, et décident selon la rubrique du statut *De opere facto propter quod aqua posset nocere vicinis*, lequel commençait par ces mots : *Si quis fecerit actenus vel faciet.* (5 juin 1293. Arch. dipl. *Pergam. delle Rif.*)
[5] 25 janvier 1267. *Cartapec. Strozz. Ugucc.*

posant de faire par le duel la preuve de leur dire[1]; c'est lui qui évaluait leurs biens, qui en ordonnait la vente, qui en assignait une partie au demandeur[2], qui s'opposait à l'emprisonnement des femmes pour dettes, qui les faisait relâcher, quand on les avait indûment emprisonnées[3], qui, à la requête des créanciers, faisait espionner et poursuivre au besoin les débiteurs fugitifs[4], qui protégeait leur liberté les jours fériés, alors même qu'ils avaient expressément renoncé à ce privilége, sauf pourtant lorsqu'il s'agissait du loyer non payé ou d'une somme déjà versée pour un répondant[5].

C'était le juge enfin qui présidait au règlement des faillites, si nombreuses dans une ville que possédait le démon du trafic et du gain. On essayait bien de prévenir les banqueroutes frauduleuses, par la crainte du ridicule : au milieu du *Mercato nuovo*, « sur le sol, on montre un espace circulaire formé de tranches de marbre alternativement blanches et noires, et régulièrement taillées suivant six rayons, en souvenir du *carroccio* qu'on remisait là avant l'édification du marché. Quand le *carroccio* eut disparu, l'usage s'établit que les faillis vinssent, en vertu d'une ancienne coutume, frapper trois fois de leur derrière nu cet emplacement, avant d'obtenir leur con-

---

[1] 6 mars 1248. Arch. dipl. *Pergam. delle Rif.*

[2] 4 juin 1221. *Ibid.*, 22 octobre 1236. *Carlapec. Strozz. Ugucc.* — 20 mars 1279. *Ibid.*

[3] 26 février 1285. *Consulte*, I. E, p. 72.

[4] *Cento Novelle*, Giorn. III, nov. 7, f° 68 v°.

[5] 7 juillet 1301. *Provvisioni*, XI, 18. Chose singulière et qui montre bien la mobilité de la législation florentine, ce statut était en vigueur avant 1286. Le 12 juillet de cette année, il fut abrogé à la demande de nombreux créanciers (*Consulte*, PP. I, 26 r° v°, 27 r°). On dut le rétablir plus tard, puisque nous le voyons appliqué en 1301.

cordat[1]. » Mais, plutôt que de s'humilier et de se ruiner en payant, les marchands au-dessous de leurs affaires « s'en allaient avec Dieu », emportant les deniers d'autrui. Les juges étaient sur les dents, tant ils avaient de procès de ce genre, et tout ensemble sur les épines, tant ils rencontraient de statuts contradictoires sur ce sujet délicat[2]. Les créanciers obtenaient le droit exorbitant d'attaquer le failli dans ses biens et sa personne même, quelques-uns d'entre eux eussent-ils acquiescé à un concordat[3]. Être fugitif et *cessante*, c'est-à-dire exécutable, était une situation légale, dont on trouve dans les documents de nombreux exemples[4]; mais on la rendait peu onéreuse, grâce à la fraude. Des parents se substituaient au *cessante*, et étaient mis en possession de ses biens. Ils promettaient de payer tout dans un délai de trois ou quatre années, avec

---

[1] Simonin, *loc. cit.*, p. 653. Le poëte toscan Lippi fait allusion à ce fait :

> Donne che feron già, per ambizione
> D'apparir giojellate e lucicanti,
> Dare il cul al marito in sul lastrone.

Le jurisconsulte Guido Pepe, qui vivait sous Louis XI, dit de son côté : « I mercanti di questa piazza purgavano i loro falli ostendendo pudenda et percutiendo lapidem culo. » (*Ibid.*)

[2] Une rubrique disait que, quand les quatre cinquièmes des créanciers, tant pour le nombre des personnes que pour la quotité des créances, avaient consenti à un concordat, le dernier cinquième y devait aussi consentir ; mais on lisait dans une autre rubrique que nul créancier ne pourrait être tenu à donner quittance à son débiteur, tant qu'il ne serait pas entièrement payé. On consultait à ce sujet les juges, on commettait aux prieurs le soin de corriger ces contradictions. (1er avril 1297. *Provvisioni*, VII, 92 v°.)

[3] 1er avril 1297. *Provvisioni*, VII, 93 v°.

[4] En 1303, le 26 mars, quatre sociétés de Calimala sont déclarées en faillite (*Provvisioni*, XII, 1 v°). 27 mars, une société de l'art de Por S. Maria (*Ibid.*, p. 3). 25 avril, une autre du même (*Ibid.*, p. 4 v°). 11 juillet, quatre autres du même (*Ibid.*, p. 9). 10 septembre, trois sociétés de Calimala, une de changeurs et un cordonnier (*Ibid.*, p. 12 v°). Les règlements sur les fugitifs et les *cessanti* sont aux *Provvisioni*, V, 1 sq. 7 janvier 1296.

intérêts échelonnés de six pour cent. L'onéreux quart d'heure venu, ils ne payaient que peu de chose, quelquefois un huitième, sauf aux membres de la famille, qui recouvraient les sommes à eux dues, dans leur totalité[1]. La justice connaissait bien de ce genre de friponnerie, mais il était plus facile de poursuivre que de prouver, de demander une condamnation que de l'obtenir : les fripons de haut étage savaient ruser avec la loi.

Le plus dur pour les faillis fugitifs, c'est qu'ils ne pouvaient, non plus que leurs fils, rentrer en ville sans une permission spéciale. Aussi s'ingéniaient-ils à l'arracher, fût-ce temporairement. Ils s'engageaient à ne rien recevoir de leurs propres débiteurs ; ils concluaient avec leurs créanciers un concordat, et souvent c'était ceux-ci qui, se flattant de rentrer mieux ou plus vite dans leurs déboursés, rouvraient par leur intercession les portes de Florence à l'homme qu'ils avaient maudit et menacé du couteau. Certains de ces sauf-conduits étaient de courte durée, du 12 juillet au 1er septembre, du 28 août au 1er janvier[2]. On laissait parfois aux créanciers le droit de les prolonger[3]. On en accordait, à l'occasion, pour dix années, sauf à les retirer, quand le failli en abusait, c'est-à-dire quand il confondait ses dettes de commerce avec celles qu'il avait contractées envers ses répondants[4].

Malgré ces expédients, les prisons étaient trop étroites

---

[1] 1er avril 1297. *Provvisioni*, VII, 97 v°. Ce genre de règlement était peu ancien. On en avait vu le premier exemple en 1295 : « que pacta et conventiones nunquam experiuntur in simili causa facta. » (28 octobre 1295. *Provvisioni*, V, 162 v°.)

[2] 12 juillet et 28 août 1288. *Provvisioni*, I, 81, 97. Cf. une permission de trois mois, *ibid.*, II, 105 v°.

[3] 14 octobre 1288. *Provvisioni*, I, 106 v°.

[4] 9 décembre 1299. *Provvisioni*, X, 181.

pour contenir les débiteurs insolvables ou de mauvaise volonté, ainsi que les coupables de délits ou de crimes. On suppléait à cette insuffisance en prenant à location une multitude de maisons privées qu'on transformait en cachots[1]. Le régime des prisons était donc très-peu sûr, quoique très-rigoureux. On était cruel envers les captifs, surtout envers les captifs faits à la guerre : on leur mettait les fers aux pieds, on les exposait en plein soleil[2], ce qui était les pousser par le désespoir à braver les risques d'une évasion. Les magistrats se montraient inexorables envers tout gardien suspect d'humanité[3], et beaucoup de ceux-ci abandonnaient leur poste, quittaient même la ville, seul moyen de n'être pas punis pour une si dangereuse grève[4]. Ceux qui ne désertaient point étaient obstinés et négligents; ils ne savaient ou ne voulaient s'opposer aux évasions, de jour en jour plus fréquentes, quoique la loi les en rendît responsables ainsi que leurs cautions[5]. C'est en vain qu'on donnait les prisons à ferme, pour que le directeur eût tout ensemble plus d'action et de responsabilité[6], et qu'on décidait de construire des prisons nouvelles, où il y aurait des cellules séparées, un lieu

---

[1] Très-nombreuses sont aux archives de Florence les pièces où les conseils allouent les sommes nécessaires pour ces locations.

[2] Sacchetti, nov. 135, t. II, p. 253.

[3] Un *soprastante* ayant cru pouvoir permettre à un prisonnier malade et non encore jugé d'aller se soigner chez lui moyennant caution de 500 liv., quoique ce prisonnier fût plus tard reconnu innocent dans son procès, le *soprastante* était condamné à 1000 livres et aimait mieux s'enfuir que de les payer. (5 juin 1296. *Provvisioni*, VI, 35.)

[4] 7 novembre 1299. *Provvisioni*, X, 166 v°.

[5] 4 avril 1300. *Provvisioni*, X, 217.

[6] En donnant aux prieurs le droit d'affermer cette direction et d'en fixer les conditions, les conseils stipulaient qu'ils ne la donneraient à aucun clerc. (4 avril 1286. *Framm. di prov. e rif.*, PP., I, 16.)

spécial pour les débiteurs, un autre pour les jeunes gens dont les familles demandaient correctionnellement la réclusion[1].

De bonne heure, il avait fallu en venir au seul remède efficace, celui de vider périodiquement les prisons. Dans ce dessein, l'on profitait des fêtes publiques, et singulièrement de la fête patronale de saint Jean, pour offrir au ciel des prisonniers sur l'autel du vieux temple de San Giovanni : on ne connaissait pas, d'ailleurs, au moyen âge, d'hommage plus agréable à la Vierge et à Dieu, plus propre à marquer l'allégresse publique[2]. On y trouvait en outre l'avantage de battre monnaie : pour redevenir libres, beaucoup de prisonniers payaient leurs amendes et même jusqu'à des sommes qu'ils ne devaient pas. Le statut fixait à vingt-cinq le nombre de ceux qui pouvaient être offerts en une fois; mais il ne fixait pas le nombre des fêtes auxquelles on les pourrait offrir, et l'on a vu si les fêtes étaient nombreuses. Au surplus, on voit ce chiffre s'élever à trente-cinq, à cinquante[3], et même descendre à zéro, quand il n'y avait plus pléthore[4]. Ceux qu'on délivrait ainsi, c'étaient parfois des prisonniers de guerre[5], quoique la coutume fût de les libérer par échange ou rançon[6];

---

[1] 12 mars 1297.-*Provvisioni*, VIII, 51.

[2] Voy. une démarche de religieux et autres gens de bien auprès de la seigneurie pour obtenir qu'on revienne à cet usage auquel s'opposaient les statuts. Par assis et levé, presque à l'unanimité, les conseils faisaient droit à cette requête. (*Consulte*, PP., I, 44 v°.)

[3] 13 avril 1296 ; 10 décembre 1290. *Provvisioni*, V, 66 ; IV, 135 v°.

[4] Cum jam est diu nulla carceratorum oblatio tempore in statuto contento vel juxta morem solitum facta fuerit. (27 janvier 1305. *Provvisioni*, XII, 123 v°.)

[5] Le 21 mars 1290, on délivre 100 Arétins et 50 autres pour Pâques. (*Consulte*, II, 28.)

[6] Cibrario, p. 126.

plus souvent des débiteurs[1], des pauvres, des coupables de blessures ou de meurtres, quand ils s'étaient remis en paix avec ceux qu'ils avaient offensés ; des bannis et autres condamnés politiques[2], qui pouvaient ainsi purger leur contumace, en se faisant incarcérer au préalable[3] ; des femmes surtout, que les Florentins n'aimaient pas à priver de leur liberté[4]. C'est à l'offrande qu'on recourait pour élargir un prisonnier innocent. La justice évitait ainsi de confesser son erreur[5]. Mais on refusait le bénéfice de cette institution à beaucoup de coupables, quand les prisons n'étaient pas pleines : une décision des conseils, qui ordonnait de délivrer tous les prisonniers, hommes et femmes, exceptait formellement « ceux qui sont rebelles pour avoir été dans quelque château faire la guerre à la commune ; qui ont rassemblé des soldats ou se sont montrés en armes contre elle sur quelque point de son territoire ; qui ont fait révolter terres ou châteaux ; qui sont venus avec les ennemis aux portes de la ville ; qui leur ont envoyé lettres, chevaux, armes, argent, et, en outre, les faussaires, les faux-monnayeurs, les traîtres, les sodomites, les exacteurs violents de péages et de mal-

---

[1] 31 décembre 1290. *Provvisioni*, II, 157 v°.

[2] 22 mars 1290 ; 17 avril 1291 ; 27 juin 1292. *Provvisioni*, II, 76 v°; III, 1, 81.

[3] Eis liceat intrare in aliquo seu aliquibus ex carceribus dicti comunis, et postquam fuerint in claustro seu intra muros circondantes ipsos carceres intelligantur esse et habeantur ac si essent in ipsis carceribus. (2 mars 1306. *Provvisioni*, XII, 191.)

[4] 22 juin 1290. *Provvisioni*, II, 94.

[5] 12 avril 1295. *Provvisioni*, V, 95 v°. — Il n'y avait guère qu'un cas où un prisonnier fût libéré sans formalités ni retard ; c'est quand il était *infetto*, atteint d'une maladie contagieuse. Pour l'empêcher de contaminer ses codétenus, on l'envoyait contaminer les autres hommes. On le chassait bien de la ville et du *contado*, mais seulement jusqu'à ce qu'il eût payé sa condamnation. Qu'il payât, et il était libre de revenir communiquer sa lèpre à tous. (30 avril 1285. *Consulte*, t. I, quad. II, p. 98.)

totes, voleurs de grand chemin, assassins, instigateurs de sicaires, pillards de grains, violateurs de la paix publique, magnats ayant offensé un *popolano* dans sa personne ou dans ses biens[1], ou la commune même[2], par tumultes, injures aux magistrats, roberies ou incendies au palais public[3]. » A quoi il faudrait ajouter encore qu'en général on évitait d'offrir les prisonniers dont la condamnation était trop récente : trois mois, par exemple, ne paraissaient pas une suffisante punition[4].

N'ayant de général que le nom, ces amnisties périodiques étaient sans danger. A force d'y multiplier les exceptions, l'on ne trouvait pas toujours le nombre réglementaire de vingt-cinq prisonniers à offrir. Alors on accordait des facilités, telles que la faveur de payer douze deniers par livre des amendes encourues, jusqu'à concurrence de cent livres, en faisant grâce du surplus[5]. C'était la liberté au rabais.

Douze *buonuomini* avaient mission de désigner les détenus qu'on enverrait à l'offrande. La voix publique en signalait parfois quelque autre, et ils s'empressaient, en ce cas, de l'ajouter à leur liste[6]. Sur la tête des heureux objets de ce choix on mettait une mitre portant leur nom

---

[1] 30 octobre 1307. *Provvisioni*, XIII, 139-141 v°; Cf. *Consulte*, PP., I, 44 v°, 47.

[2] Juillet 1294. *Consulte*, I, 12 v°. — Le 21 juillet 1294, on excluait tous les magnats condamnés depuis le 18 janvier 1292. (*Provvisioni*, IV, 45.)

[3] 13 avril 1300. *Provvisioni*, X, 223 v°.

[4] *Consulte*, I, 14. — En revanche, on offrait quelquefois isolément un prisonnier pour des considérations personnelles. Ainsi Vanni de Montevarchi, faussaire, condamné à payer 500 livres et à avoir le pied coupé. (15-18 novembre 1294. *Provvisioni*, IV, 98, 107.)

[5] 20 mars 1308. *Provvisioni*, XIII, 189.

[6] 9 février 1296. *Provvisioni*, V, 29 v°.

propre et celui de leur *casato*[1], et ils étaient conduits devant le conseil des cent, qui votait sur leur absolution, après avoir entendu rappeler leurs crimes ou délits[2]. Puis, toujours mitrés, on les conduisait processionnellement à l'autel de San Giovanni, où on les offrait au Seigneur Dieu et à la bienheureuse Vierge[3]. Pour aller sans mitre à l'offrande, il fallait une faveur spéciale, qu'on n'obtenait qu'à la demande d'un haut dignitaire, surtout d'un ecclésiastique[4]. La cérémonie terminée, les condamnés offerts formaient instance, en invoquant le statut, pour qu'on effaçât leurs noms sur les registres des actes criminels, requête qu'admettaient ou rejetaient le conseil des cent et les conseils du capitaine[5].

Les détails qui précèdent, se rapportant à l'administration de la justice, ne pouvaient être mieux placés qu'en parlant de cet art des juges qui se mêlait à tout et que la considération publique distinguait des autres arts, quoique le génie mercantile et l'esprit égalitaire le leur eussent assimilé. De ceux dont nous n'avons point parlé encore, il suffira de dire peu de mots, car ils tenaient dans la République bien moins de place que les précédents. Villani nous apprend qu'il y avait de son temps, à Florence, 146 maîtres de la pierre et du bois, 500 boutiques de cordonniers ou échoppes de savetiers[6]. En bas comme en haut de l'échelle, la hiérarchie était

---

[1] Cum mitria in capite in qua scriptum sit nomen et pronomen. (*Consulte*, I, 20.) — Cf. 21 juillet 1294. *Provvisioni*, IV, 45.

[2] 24 juillet 1298. *Provvisioni*, IX, 199.

[3] Juxta formam capituli constituti mitrias in capite habentes. (6 janvier 1291. *Provvisioni*, II, 165 v°.)

[4] 6 avril 1299. *Provvisioni*, X, 7 v°.

[5] 3 août 1290. *Provvisioni*, II, 115 v°.

[6] Villani, XI, 93.

rigoureuse. Le dédain propre aux métiers aristocratiques se rencontrait jusqu'aux plus démocratiques. Il n'est personne qui ne trouve plus bas et plus petit que soi. La laine méprisait les bouchers et les appelait *ladroncelli*, petits voleurs. Les bouchers se redressaient fièrement : « Nous vendons, disaient-ils, la viande qui nourrit le peuple[1], par an quatre mille bœufs et vaches, soixante mille moutons et brebis, vingt mille chèvres et boucs[2]. » Ceux pourtant qui se bornaient à la vendre et qui, comme eux, n'égorgeaient pas, ne dépeçaient pas les animaux, ils les dédaignaient comme vils marchands de viande, non sans les redouter comme concurrents : par l'intermédiaire de leurs recteurs et officiers, ils sollicitaient qu'on exigeât d'eux certaines redevances. Il fallut des résolutions publiques pour opposer à ces prétentions une fin de non-recevoir. En même temps, on interdit aux bouchers l'exportation du bétail hors du *contado*[3]. Leur industrie, ainsi que les autres, était soumise à d'étroits règlements. Tout boucher payait une taxe pour toutes ses viandes, même pour l'ours et le sanglier. Le lieu et l'heure étaient fixés où l'on pouvait tenir marché de viande. C'était principalement au *Mercato vecchio*, sur des étaux à découvert, car les bouchers ne commencèrent à avoir des boutiques fermées que dans le courant du quatorzième siècle[4]. Il n'était point permis de livrer de la viande aux revendeurs avant que les bourgeois fussent pourvus. Ce qu'on vendait, c'était surtout la chair de brebis, aujourd'hui si peu appréciée. La chair de veau était plus que toute autre

---

[1] Sacchetti, nov. 160, t. II, p. 377.
[2] Villani, XI, 93.
[3] 20 juillet 1285. *Consulte*, I, 118.
[4] Sacchetti, nov. 160, t. II, p. 372.

en faveur. Pour qu'il n'y eût pas de fraude, le statut exigeait que la tête de l'animal à vendre restât attachée à la peau sur l'étal, et qu'on ne tuât pas de brebis dans l'intérieur du marché[1]. Qui vendait de la venaison ou de gros poissons en devait faire plusieurs morceaux, afin que les moins riches pussent en acheter. Personne n'en pouvait prendre au delà d'une certaine quantité, afin que les autres n'en manquassent point[2].

Les bouchers n'avaient pas une grande réputation d'honnêteté, mais, à cet égard, les aubergistes et les marchands de vin étaient encore plus mal famés qu'eux. Ils pratiquaient, les uns et les autres, toute sorte de rouéries pour frustrer l'État et tromper les particuliers. La commune, disait-on, vole si bien les gens qu'il est permis de la voler elle-même[3]. Beaucoup s'ingéniaient à frauder les gabelous chargés de percevoir, aux portes de la ville, les taxes d'octroi. Ces employés devaient être assez négligents, car on pouvait mettre deux porcs morts sur un âne, et, en les recouvrant de laurier, les faire passer pour un seul. Par plus d'attention découvrait-on la fraude, la marchandise était confisquée avec l'âne qui la portait. Le porc se mangeait entre gabelous. La loi permettait de pendre le fraudeur, mais il obtenait grâce moyennant finance[4]. Dans l'espèce, il lui en coûtait plus de dix florins. En leurs auberges, qui portaient des enseignes[5],

---

[1] De non vendendo pecoram intra grillandam mercati. (*Stat.*, l. IV, Tract. 4, Rub. 113, ap. *Oss. fior.*, IV, 9-11.)

[2] Cibrario, p. 389.

[3] Il comune roba tanto altrui che io posso ben rubar lui. (Sacchetti, nov. 146, t. II, p. 286.)

[4] Questo cattivo uomo non capitò alle forche come era degno. (*Ibid.*, p. 288.)

[5] A Florence, dès le temps de Sacchetti, il y avait un *albergo della corona*. (Sacch., nov. 224, t. III, p. 317.)

comme toutes les boutiques, comme les tribunaux mêmes, les aubergistes, avec aussi peu de soin que les gabelous, montraient de plus l'effronterie. A qui leur reprochait de ne pas mettre aux lits des draps blancs : Seraient-ils, par hasard, noirs, rouges ou bleus ? répondaient-ils. Et les Florentins de rire, de reconnaître que pas un juge au monde n'aurait pu donner raison aux plaignants, puisque pas un plaignant au monde n'aurait pu prouver que les draps incriminés fussent d'autre couleur que blancs[1].

Les petites gens, à vrai dire, suivaient tout naturellement l'exemple des plus riches citoyens. Ceux-ci se faisaient taxer dans la campagne, parce qu'ils y possédaient peu de chose, parce qu'ils y pouvaient composer avec les recteurs des *popoli*, tandis que les campagnards se faisaient taxer dans la ville, parce qu'on y connaissait mal leur condition, parce qu'ils pouvaient s'y faire passer pour pauvres[2], « au grand dommage et préjudice de la commune et du peuple de Florence[3]. » D'autres, plus malins encore, devenaient contribuables à la fois dans la ville et dans le *contado*, afin de pouvoir dire dans le *contado* qu'ils avaient payé en ville, et réciproquement[4]. Pour que ce fût un bon moyen de ne payer nulle part, bien vicieux devait être le mode de perception.

Le capitaine recevait pourtant *balia* de procéder contre les délinquants[5]. Avec l'aide de Dieu, dit une pièce offi-

[1] Sacchetti, nov. 19, t. I, p. 88.
[2] Per allibratores florentinos reducentur et allibrantur in minimis quantitatibus. (*Consulte*, I, 20, P. IV, 106.)
[3] In grave damnum et prejudicium comunis et populi Florentie. (*Ibid.*)
[4] 1ᵉʳ avril 1297. *Provvisioni*, VII, 92 v°.
[5] Cura vigili et cum instancia et solicitudine intendere, cognoscere et inquirere ac etiam procedere et delinquentes punire et condempnare realiter et personaliter. (6 mai 1286. *Frammenti di provvisioni é riforme*, PP., I, 5-6.)

cielle, il y avait bien des manières de remédier à ce mal[1]. Ceux qui s'étaient dérobés à l'impôt l'acquittaient en ville et à la campagne, pendant une année, si l'on parvenait à les découvrir; leurs marchandises devaient une taxe ou gabelle, alors même qu'elles étaient de celles que, d'ordinaire, on exemptait[2]. On nommait des officiers pour imposer quiconque ne payait pas suffisamment, pour contraindre les récalcitrants, par toutes voies de droit et de fait[3]; contre ces officiers point d'appel, point de recours au *sindacato*[4]. La seigneurie recevait licence de donner en location les maisons, boutiques, terres, cabanes de tout citoyen *moroso*, c'est-à-dire rétif au payement des impôts[5]. Les localités du *contado* où l'on avait constaté une fraude répondaient pour les fraudeurs. Le 27 mai 1286, il était enjoint à tous les juges, à tous les magistrats constitués pour rendre la justice[6], de contraindre sans bruit, sans forme de jugement, sans aucune solennité du droit[7], les aubergistes et marchands de vin du territoire à rembourser leurs *peuples*[8] de tout ce que ces peuples avaient versé comme répondants d'hommes si mal famés.

Les pouvoirs publics n'étaient pas tendres aux aubergistes et aux marchands de vin. Comme sous l'influence de la boisson leurs boutiques étaient le théâtre d'incessantes querelles, on alla jusqu'à leur défendre d'y donner

---

[1] 6 mai 1286, *Frammenti di provvisioni e riforme*, PP., I, 5-6.
[2] 1ᵉʳ et 10 avril 1297. *Provvisioni*, VII, 92 v°, VIII, 37.
[3] Impositas pecuniarum.... particulariter et in rebus, jure et juris solempnitate servata et non servata. (*Consulte*, P. IV, p. 106, I, p. 20.)
[4] *Ibid.*
[5] 21 décembre 1304. *Provvisioni*, XII, 120.
[6] Ad justitiam constituti. (27 mai 1286. *Framm. di prov. e rif.*, PP., I, 3.)
[7] De facto et sine strepitu et figura judicii et qualibet juris solemnitate omissa. (*Ibid.*)
[8] Plebatibus et comunibus. (*Ibid.*)

à manger et à boire[1], quoique la vente du vin au détail, frappée d'une gabelle du tiers, rapportât par an au trésor 59 300 florins[2]. C'était leur ruine, s'ils se voyaient réduits à coucher les voyageurs ou à leur vendre ce qu'ils devraient consommer autre part : aussi réclamaient-ils dans un parlement tenu à Santa Reparata, par l'organe d'un d'entre eux nommé Lando, et ils obtenaient sans doute que cette interdiction peu raisonnable fût levée, car on voit, trois semaines plus tard, un *popolano* riche et important, Oddo Altoviti, proposer dans les conseils qu'elle fût renouvelée[3].

Était-ce aussi l'habitude du vol qui privait de toute considération, qui mettait plus bas que tous les autres dans l'estime publique l'art des boulangers[4]? Nous ne saurions le dire ; mais il est probable qu'on ne s'y faisait faute de frauder sur la qualité et la quantité du pain, car le 15 mai 1296, pleine *balia* était donnée aux prieurs de faire contre eux une provision et de déterminer les prix de vente[5]. En tout cas, les métiers qui relèvent de la boulangerie étaient fameux pour leur mauvaise foi. Reconnaissables à leur pourpoint et à leur tablier blanc[6],

[1] Quod nemo possit commedere in taberna. (1285. *Consulte*, I, 114 v°.)

[2] Villani, XI, 91. — Cet auteur dit qu'il entrait à Florence 55,000 pièces de vin (*cogna*) dans les années ordinaires, et 65,000 dans les années d'abondance. (Villani, XI, 93.)

[3] 29 juin, 20 juillet 1285 (*Consulte*, I, 114 v°).

[4] Voy. l. V, c. iv, t. II, p. 383 texte et note 3. — A Pise, les boulangers, loin d'être méprisés, étaient un des sept arts qui pouvaient aspirer à la dignité d'*anziani*, tandis que les bouchers n'en étaient pas. — On devait jurer d'être bon gibelin, comme à Florence bon guelfe. A part cette différence qui est encore une imitation, tout se passait comme à Florence, même envers les nobles qui, dans cette ville gibeline, devaient s'immatriculer à un art pour prétendre aux emplois. (Voy. Tronci, *Ann. di Pisa*, p. 302.)

[5] *Provvisioni*, VI, 23 v°.

[6] Boccace, *Giorn.* VI, nov. 2, t. III, p. 26.

les meuniers passaient pour les plus voleurs de tous les hommes. Ils recevaient le grain pour le moudre et ne rendaient jamais qu'une part de la farine : devant leurs ruses obstinées venaient échouer tous les décrets[1]. Les boulangers, voleurs aussi, se plaignaient d'être volés ou lésés : leurs réclamations étaient incessantes. Les statuts fixaient à quatre deniers le *staio* de pain[2]; mais les copeaux, le bois combustible, coûtaient plus en hiver qu'en été : on ne pouvait donc, dans les deux saisons, cuire au même prix. Or, la moindre élévation de prix provoquait des querelles et des rixes au seuil des boutiques. Pour y mettre un terme, les conseils décidaient qu'on percevrait pour le pain quatre deniers dans les six mois d'été, à partir du 1er avril, et cinq en hiver, à partir du 1er octobre, à condition que les boulangers donneraient caution de se conformer à la taxe. En outre, le capitaine et le potestat devaient exiger des membres de leur conseil général respectif qu'ils s'engageassent, sous la foi du serment, à leur déclarer quand ils auraient payé davantage[3].

---

[1] Sacchetti, nov. 199, t. III, p. 201-206. — On peut voir une de ces provisions à la date du 26 janvier 1299, dans les *Provvisioni*, IX, 138.

[2] Le *staio* est la mesure des grains ; 3 *staia* font un sac et 24 un *moggio* (muid) ou 8 sacs. Le grain est réputé bon quand le sac pèse 170 livres toscanes, 57 kil. environ. Mais cette mesure a varié (Peruzzi, *Append.*, p. 66). — En fait, la question des poids et mesures est obscure. La *panora* est une mesure fictive représentant la quantité de grain nécessaire pour faire un pain ; 4 ou 5 deniers, c'étaient les prix des temps ordinaires. Dans ces temps-là, le grain ne coûtait pas plus de 3 livres le sac. Mais en 1224 le staio de grain valait 15 sous, « e fu tenuto gran caro, » dit Simone della Tosa (p. 192). En 1328 et 1329, il valut 1 florin d'or, soit 120 fr. le sac. Le gouvernement fit venir du grain de Sicile et y perdit plus de 60,000 florins d'or (Peruzzi, p. 360).

[3] 19 juillet 1286. *Framm. di provv. e rif.*, PP., I, 26. — Taxer le pain, c'est chose commune à bien des pays ; mais à Florence on taxait tout : la pierre, la tuile, la chaux, le mortier, etc. (Voy. 3 et 16 mai 1286. *Framm. di provv. e rif.*, PP., I, 56.)

Limités dans leurs gains et méprisés dans leurs personnes[2], les boulangers savaient pourtant se relever en faisant fortune, grâce aux cent cinquante muids de grain dont ils faisaient des pains chaque jour[1]. Certains d'entre eux tenaient un luxueux état de maison, sans abandonner, toutefois, leur industrie décriée, et sans perdre tout à fait le sentiment de leur infériorité sociale. On en rapporte un curieux exemple. Cisti, riche boulanger, n'osait inviter chez lui Geri Spina, homme de grande famille et changeur de Boniface VIII; mais il était bien aise d'être remarqué de cet illustre concitoyen, et de ne pas passer à ses yeux pour le premier venu. Un jour donc, les cheveux frisés et tombant sur les épaules, quoique enfermés dans un bonnet, selon la coutume des gens de petit état[2], avec le pourpoint et le tablier blancs, qui le rendaient semblable à un meunier, il imagine d'exhiber devant sa porte d'excellent vin qu'il avait, ainsi que des verres en argent. Geri passe, cède à la tentation de ce linge blanc, de cette liqueur vermeille, de ce métal brillant, goûte au vin, le trouve digne des plus grands seigneurs, et aussitôt, sans morgue aristocratique, invite l'humble boulanger à dîner chez lui avec les ambassadeurs du pape. C'est Cisti qui, par modestie sans doute, s'y refuse absolument[3].

On s'explique mal cette humilité persistante dans une ville où les biens acquis relevaient les plus abaissés, où le service des grains était l'objet d'une continuelle attention. Six officiers y étaient préposés, qui faisaient réparer les

---

[1] Villani, XI, 93. — Ce chiffre est fourni par Villani, d'après les gabelles du grain. Il a même l'air de dire que c'est celui des quatre mois que les gens riches ou aisés passaient à la campagne. Il faudrait donc l'élever pour les huit autres mois. En 1280, dit-il, il fallait 800 muids par semaine.
[2] Sacchetti, nov. 2 et 6, t. I, p. 7 et 30.
[3] *Cento Novelle*, Giorn. IV, nov. 7, f° 91.

routes, pour que les convois arrivassent sans encombre et sans retard. Sur la place d'Or San Michele ils payaient une gabelle à quiconque apportait des blés provenant de pays non soumis à Florence. Logés gratuitement, ils avaient des ambassadeurs, des messagers, des espions, des surveillants qu'ils envoyaient aux portes de la ville et dans le *contado*, soit pour acheter, soit pour empêcher la contrebande[1]. A ceux qui apportaient du grain en ville on donnait souvent un sauf-conduit, quand ils étaient fugitifs pour dettes ; on supprimait contre eux le droit de représailles[2]. Au couvent de Santa Croce, la commune entretenait, sous la garde de deux laïques, une réserve pécuniaire, pour acheter des grains en cas de disette[3]. Cette réserve était-elle épuisée ou insuffisante, un impôt extraordinaire y suppléait[4]. Toute exportation de la précieuse denrée était interdite sous de graves peines. Quiconque en possédait au delà de son usage se voyait tenu de l'apporter au marché, de l'y vendre au taux fixé, de n'en garder chez soi que la quantité nécessaire pour se nourrir un ou deux mois et pour semer. Quiconque était suspect d'en accaparer et d'en cacher devait subir les plus rigoureuses perquisitions[5].

Cette absence de liberté ne choquait personne, et la seigneurie se montrait même parfois moins tyrannique que beaucoup ne l'eussent voulu. On voit dans les documents que Toro de Berlinghieri, tonnelier, ayant inventé la

---

[1] 3 avril et 26 février 1286 ; 19 février 1287. *Frammenti di prov. e rif.*, PP., I, p. 13, 24, 59 ; Cf. *Consulte*, PP., I, p. 31.

[2] 20 octobre 1296. *Provvisioni*, VI, 126. — Les exemples de pareilles mesures sont fréquents.

[3] 10 juin 1299. *Provvisioni*, X, 59.

[4] 2 juillet 1297. *Provvisioni*, VIII, 98 v°.

[5] Cibrario, p. 389.

méthode de courber les douves en les plongeant dans l'eau, avait vu aussitôt ses fûts faire fureur dans le public. Ses rivaux étaient courroucés. Les recteurs de l'art, lésés comme eux, venaient, à plusieurs reprises, de condamner Toro à payer vingt livres. Ils le menaçaient de nouvelles amendes et défendaient aux artisans de travailler pour lui. Les conseils durent délibérer sur cet abus de pouvoir, décréter que chacun était libre d'exercer sa profession comme il l'entendait, annuler les condamnations prononcées, ordonner au potestat et au capitaine d'en prononcer de sévères contre les recteurs et l'art des tonneliers[1].

L'État savait donc, tout en s'inspirant des mœurs publiques, y résister dans l'occasion. Que n'y résistait-il aussi en honorant, en favorisant davantage l'agriculture! Il aurait prévenu les disettes, rendu moins oppressive la législation annonaire, créé une source nouvelle de prospérité que négligèrent ou méconnurent toujours les Florentins[2]. L'agriculteur, le *contadino* était regardé comme un être inférieur. On le reconnaissait bien à sa jupe grise sans manteau et quelquefois sans haut-de-chausses, à sa large ceinture, à sa capuche dont les fanons pendaient sur les côtés, à la négligence, à la malpropreté dégoûtante de son accoutrement et de sa personne. On ne remarquait seulement pas que cet homme d'extérieur abject se montrait malgré tout de race fine et subtile, et qu'il jouait fort bien, sur sa porte ou dans sa masure, au noble jeu des échecs[3]. Les marchands dédaignaient de regarder au-dessous d'eux. C'est en vain qu'un d'entre eux, plus sage que

---

[1] 15 mai 1296. *Provvisioni*, VI, 24.
[2] Voy. Pagnini, II, 13 ; Cibrario, 366-369.
[3] Sacchetti, nov. 165, t. III, p. 26.

les autres, leur avait tracé une ligne de conduite terre à terre : la droiture et la prévoyance, acheter bon marché et vendre cher, fréquenter les églises et faire l'aumône pour l'amour de Dieu, éviter le jeu et l'usure, écrire bien et ne pas se tromper dans leurs comptes[1]; ils ne pensaient qu'à s'élever au-dessus de leur condition. Ils portaient en haut des regards d'envie, vers ces nobles qu'ils avaient proscrits, mais dont ils enviaient toujours l'inimitable élégance. Les fils d'un enrichi ne voulaient plus se distinguer que par l'oisiveté[2]. Ils s'habillaient en seigneurs d'une double robe, l'une de drap, l'autre de fourrure[3]. Ils recherchaient la parure et se parfumaient de musc[4]. Les plus mauvais garnements, « dont les pères, peut-être, avaient été trouvés dans les hôpitaux », ne voulaient plus que faire des armes et contracter de grandes alliances[5]. Anoblis par leurs femmes[6], ils n'en étaient pas plus heureux au logis : la richesse même n'y inspirait

---

[1]
   Dirittura sempre usando gli conviene,
   Lunga prevedenza gli sta bene....
   E scarso comperare largo venda
   Fuori di rampogna, con bella accoglienza.
   La chiesa usare e per Dio donare....
   Usura e gioco di zara vietare....
   Scrivere bene, la ragione non errare.

(Préceptes qu'on lit en tête du manuscrit original de Pegolotti. Voy. Peruzzi, p. 155.)

[2] Un vieil acte parle d'un certain Guicciardino, fils de Genovese, et l'appelle *Guicciardinus quondam mercatantis*. Donc le père ou le fils s'était retiré des affaires. (9 mars 1253. *Cartapec. Strozz.-Ugucc.*)

[3] Due paja di robe, l'un foderato di drappo e l'altro di vaio, non miga cittadine, nè da mercanti, ma da signore. (Boccace, *Giorn*. X, nov. 9, t. IV, p. 189.)

[4] Sacchetti, nov. 144, t. II, p. 267.

[5] Ogni tristo vuol far armi e far casati, e chi tali che li loro padri seranno stati trovati agli ospedali. (Sacchetti, nov. 63, t. I, p. 244.)

[6] Ingentilire per moglie. (*Cento Novelle*, Giorn. IV, nov. 3, p. 81, et Boccace, *Giorn*. VII, nov. 8, t. III, p. 137.)

pas à de nobles dames l'estime d'un mari qui ne savait qu'auner du drap, faire tisser une toile, discourir de tissu avec les fileuses[1].

Pour se relever aux yeux de la dédaigneuse matrone, il fallait conquérir la dignité de chevalier, qui ne permettait pas de tirer profit de son savoir, de s'asseoir derrière un bureau pour donner des conseils, de se rendre devant les divers tribunaux en qualité d'avocat. Le juge voulait être chevalier pour devenir recteur ; le notaire lui-même souhaitait de substituer à l'humble écritoire suspendue à sa ceinture la dague enfermée dans sa gaîne d'or[2]. Dans cette ville si démocratique il y avait même diverses sortes de chevaliers : les *bagnati*, ainsi nommés parce qu'ils se rendaient en grande pompe à l'église, où un bain leur était préparé pour les laver de tout péché ; après quoi leurs parrains les revêtaient de robes vermeilles et de ceintures blanches, les chaussaient de brodequins noirs avec éperons dorés, leur mettaient sur la tête une coiffure blanche et leur ceignaient l'épée ; puis, les chevaliers de *corredo*, reçus avec les mêmes cérémonies, sauf qu'on leur donnait un habit vert foncé et une couronne d'or. Tous les chevaliers, avec leurs parents, leurs amis, leurs pages (*donzelli*), se rendaient sur la place des prieurs, où le récipiendaire prêtait un serment solennel. Le gonfalonier l'embrassait et lui donnait, au nom de la commune, un étendard, une lance et un bouclier peint aux armes du peuple[3].

---

[1] Boccace, *Giorn.* III, nov. 3, t. II, p. 40.
[2] Sacchetti, nov. 153, t. II, p. 324.
[3] *Ibid.*, p. 325 ; *Oss. fior.*, VIII, 109-125 ; Peruzzi, p. 108. — Il y avait encore les *Cavalieri di scudo*, nommés par les peuples ou les seigneurs, mais qui se rendaient en armes, le casque en tête, pour être con-

Cette dignité imposait beaucoup d'obligations d'honneur, mais on savait s'en affranchir. On croyait trancher du chevalier en ne s'occupant que de chiens et de chevaux, en laissant de côté les affaires sérieuses[1]. Peu à peu, d'ailleurs, s'avilissait ce ceinturon si prisé : on le donnait à des vieillards goutteux qui s'étaient enrichis par l'usure, à des cardeurs de laine, à des boulangers, à des revendeurs fripons. En le traînant dans les écuries et les porcheries, écrit Sacchetti, on a donné à la chevalerie le coup de mort[2]. Des chevaliers siennois, envoyés en ambassade auprès de Grégoire X, étaient gens si incapables qu'un simple écuyer devait, à leur prière, porter pour eux la parole[3]. C'est que les vrais gentilshommes, qui auraient pu relever l'ordre équestre, se voyant humiliés, opprimés, ruinés dans leur patrie, s'en allaient au loin[4] refaire leur fortune par le travail, et cacher ce travail dont ils rougissaient. Leur fortune refaite, ils mettaient leurs fils au service des princes, surtout du puissant roi de France[5]. S'ils les voulaient voir étudier à Paris, « ce n'était pas pour vendre ensuite leur science au détail, comme beaucoup faisaient, mais pour savoir la cause et la raison des choses, ce qui est le propre du gentilhomme[6]. » Mais la

---

sacrés, et les *cavalieri d'arme*, qui recevaient la chevalerie sur les champs de bataille. (Sacchetti, *ibid.*)

[1] Boccace, *Giorn.* VI, nov. 4, t. III, p. 33.

[2] Sacchetti, *ibid.*, p. 324, 326.

[3] *Id.*, nov. 30, t. I, p. 122.

[4] Veggendo che considerata la qualità del vivere e de' costumi di Toscana, egli in quella dimorando poco o niente potrebbe del suo valor dimostrare. (Boccace, *Giorn.* X, nov. 1, t. IV, p. 89.)

[5] *Cento Novelle*, Giorn. IV, nov. 1, f° 77 v°; Boccace, *Giorn.* VII, nov. 7, t. III, p. 127.

[6] Non per vender poi la sua scienza a minuto, come molti fanno, ma per saper la ragione delle cose e la cagione d'esse, il che ottimamente sta in gentile huomo. (Boccace, *Giorn.* VIII, nov. 7, t. III, p. 225.)

nostalgie les ramenait en nombre à Florence, enrichis ou couverts de gloire. Là, sans rien perdre de leur morgue avec les marchands, sans renoncer aux chevauchées, à la chasse au faucon, aux plaisirs élégants, on les voyait jouer familièrement aux échecs avec leurs domestiques[1], prêter même à usure et couvrir les plus blâmables pratiques de leurs relations avec l'évêque, dont ils recherchaient et faisaient sonner haut l'amitié[2].

Dans cette ville si portée aux pratiques religieuses, mais si indépendante en sa foi comme en sa conduite, le clergé discréditait déjà la religion par l'usage profane des indulgences vendues[3], et par ses progrès de jour en jour plus envahissants. En 1339, on comptait à Florence cent-dix églises, dont cinquante-sept paroisses, cinq abbayes, deux prieurés avec quatre-vingts moines, vingt-quatre monastères de femmes contenant cinq cents nonnes, dix règles de *frati* comprenant plus de sept cents hommes, trois cents prêtres chapelains pour desservir trente hôpitaux contenant un millier de lits[4]. Ceux de ces ecclésiastiques qui étaient honnêtes vivaient entourés d'un grand respect. On ne parlait pas plus d'eux que des honnêtes femmes. Mais qu'ils fussent en nombre, c'est ce qui semble peu probable, car les conteurs, à chacune de leurs pages, s'attaquent au clergé. Des mœurs ou des coutumes mauvaises choquaient en lui plus que dans les autres classes. Il lui nuisait d'être confondu avec des gens du

---

[1] Boccace, *Giorn.* X, nov. 1 ; *Giorn.* VII, nov. 7, t. IV, p. 93, et III, 127.

[2] Sacchetti, nov. 128, t. II, p. 206.

[3] Guglielmo, évêque d'Arezzo, voulant faire des réparations ou constructions à un monastère, accordait 40 jours d'indulgence à qui apporterait de l'argent à cet effet. (24 mars 1286. *Perg. delle Rif.*)

[4] Villani, XI, 93.

tiers ordre de Saint-François, qui, mariés et faisant le commerce, mettaient devant leur nom le titre de *Fra* ou frère, propre à augmenter leurs gains en leur donnant un renom de sainteté, comme à masquer leurs déportements, quand il ne les rendait pas plus scandaleux[1].

Sur un tel sujet, les conteurs méritent créance, car ils sont loin d'être des « épicuriens », des impies. Selon Boccace, il est certain que les aumônes et les prières purgent les péchés[2]. Sacchetti se plaint que ses contemporains ne pensent qu'au corps et non à l'âme. Ce qu'il reproche aux prêtres, c'est de manquer de ferveur, de savoir et d'esprit. Il les appelle ignorants et bêtes[3]. En Italie comme en France, c'était l'usage de leur passer, dans la pratique, les plus graves fautes, mais de leur reprocher, en principe, jusqu'aux plus légères. Dans la pratique même on regimbait quelquefois contre l'usage : l'évêque condamnait tel de ses clercs à quarante jours de pénitence pour un délit amoureux[4]. Remarquait-on qu'en un jour chaud, ayant à marcher, des clercs se fussent abstenus de mettre leur haut-de-chausses sous leur robe, vite on les dénonçait à l'inquisiteur, pour qu'il prononçât les peines canoniques[5]. Mais c'étaient là des exceptions, et les sévérités de l'esprit laïque se heurtaient d'ailleurs à la tolérance inté-

---

[1] Sacchetti, nov. 86, t. II, p. 60.

[2] E certo egli è vero che le elemosine e le orazion purgano i peccati. (Boccace, *Giorn.* III, nov. 7, t. II, p. 95.) — A vrai dire, il y a des contradictions dans Boccace. Selon lui, les religions chrétienne, juive, musulmane, se valaient. (*Giorn.* I, nov. 3, t. I, p. 66-69.) — On connaît sa fameuse plaisanterie du juif converti par les déportements de la cour de Rome. (*Giorn.* I, nov. 2, t. I, p. 62.)

[3] Pretignuolo, bestia. (Sacchetti, nov. 103, t. II, p. 120-122.)

[4] Boccace, *Giorn.* VIII, nov. 4, t. III, p. 209.

[5] Sacchetti, nov. 116, t. II, p. 163.

ressée de l'esprit ecclésiastique. L'inquisiteur saisi de la cause fermait les yeux. Il ne les ouvrait que pour voir et signaler l'hérésie chez les riches les plus orthodoxes, afin de les dépouiller et d'emplir sa propre bourse ou celle de son couvent[1]. On reprochait aux prêtres séculiers de vivre comme les autres hommes, de s'attabler avec eux pour d'opulents festins[2]. L'évêque buvait volontiers, et, pour ne pas boire seul, fréquentait les jeunes gens[3].

Les moines surtout prêtaient à la critique. « Ceux qu'on appelle *frati* aujourd'hui, écrit Boccace, n'ont d'un *frate* que la cape; encore ces capes, selon les intentions des fondateurs, devraient-elles être étroites et de drap grossier : elles sont larges, doubles, fines, brillantes, de forme élégante et pontificale. On s'en pavane dans les églises et sur les places publiques, sans honte, comme les séculiers. De la cape il n'y a plus que la couleur[4]. » Quelle différence avec ces anciens, avec ces véritables moines à la tête rasée, au capuchon serré sur le visage[5], à la robe de bure noire, aux pieds nus dans des sandales! Le moine nouveau, bien paré, bien frisé, efféminé dans ses manières comme dans ses vêtements, gras et fleuri, souvent goutteux, gourmand, buveur, ivrogne, fait l'amour, compose des ballades, des sonnets, est arrogant comme un coq. Sa cellule est pleine de fioles, de flacons, d'élixirs, de pommades, d'eaux de senteur, d'huiles par-

---

[1] Boccace, *Giorn.* I, nov. 6, t. I, p. 80.
[2] *Id., Giorn.* VIII, nov. 6, t. III, p. 217.
[3] *Id., Giorn.* VIII, nov. 4, t. III, p. 208.
[4] *Id., Giorn.* III, nov. 7, t. II, p. 94.
[5] *Storia di Giov. Cambi*, ap. *Delizie*, XXII, 213 ; Boccace, *Giorn.* V, nov. 5, t. III, p. 14. — Ce capuchon à joues cachait si bien le visage que le jaloux de Boccace peut, en s'en couvrant, confesser sa femme. (Voy. *Giorn.* VIII, nov. 9.)

fumées, de bouteilles de Malvoisie et autres vins fins : on dirait une boutique de droguiste ou d'apothicaire[1]. Charitables, ces gens ne le sont point : s'ils donnent du bouillon et des vivres aux pauvres, c'est en trop petite quantité et seulement ce qu'ils auraient dû en jeter aux porcs[2]. Ce qu'ils aiment, c'est de recevoir, non de donner. Par leurs peintures de l'enfer, ils épouvantent les sots; ils leur persuadent de racheter leurs péchés à force de messes et d'aumônes. « Si ceux qui font des aumônes connaissaient ceux à qui ils les font, ils jetteraient plutôt aux porcs leur argent[3]. » Le porc, on le voit, semble être le terme obligé de comparaison ; c'est comme une litanie. Et ces mauvais moines sont légion. « Quels sont ceux, dit Boccace, qui ne font pas ainsi[4]? » Les moins dépravés retournaient quelquefois au siècle, faute de vocation ; mais ils y étaient mal vus, persécutés avec acharnement. Bientôt ils n'avaient d'autre ressource que de rentrer au bercail, et la porte ne s'en rouvrait pas facilement à la brebis égarée, à l'enfant prodigue : il fallait apaiser la rancune cléricale en donnant tous ses biens au couvent. C'était une source intarissable de procès, qu'un frère convers avait mission de poursuivre, à moins que l'ordre, par prudence, n'aimât mieux transiger[5].

---

[1] Boccace, *Giorn.* VIII, nov. 3, t. III, p. 95 ; Cf. *Giorn.* I, nov. 2, t. I, p. 62, 64.

[2] Boccace, *Giorn.* I, nov. 6 et 7, t. I, p. 83, 84.

[3] Se coloro che le fanno vedessero a cui le fanno, piu tosto ad altrettanti porci il getterieno. (Boccace, *Giorn.* III, nov. 7, t. II, p. 95.) — Forse se fosse stato uno ricco uomo, lo inquisitore gli avrebbe dato tanto ad intendere, che si sarebbe ricomperato de' suoi denari per non essere arso o crucciato. (Sacchetti, nov. 14, t. I, p. 52.)

[4] Quali sono quegli che così non facciano ? (Boccace, *Giorn.* VIII, nov. 3, t. III, p. 96.)

[5] C'est ce que fait Dom Valentino, abbé de Vallombreuse, dans l'affaire

Dans l'église florentine régnaient à tous les rangs l'ignorance, l'incurie, une tenue sans dignité. Sacchetti écrit une nouvelle pour prouver « qu'un grand nombre de prêtres obtiennent les bénéfices sans science ni discrétion[1]. » Ailleurs, il montre Ubaldino della Pila forçant la main à son évêque pour faire prêtre un de ses plus grossiers paysans, qui, une fois curé, estropiait le *Pater*, et, au lieu de *sicut in cœlo*, disait *seculi in cielo*. « Le monde est plein, ajoute le *novelliere*, de prêtres de cette sorte, et il ne leur suffit pas d'avoir une église, ils en obtiennent deux ou trois[2]. » Si les prêtres riches vivaient dans les plaisirs, les prêtres pauvres que ne soutenait pas leur église cherchaient leur subsistance dans les marchés et les foires où ils portaient des marchandises, où ils achetaient pour revendre plus loin[3]. Ils recevaient des chiens en pension, et, s'ils les soignaient mal, on les châtiait comme des valets[4]. De leur négligence, souvent, provenait leur pauvreté : plutôt que de faire la moindre dépense, ils ne réparaient point la toiture de l'église, et ils en éloignaient ainsi les fidèles qu'une pluie glacée arrosait au milieu de leurs prières. Les fidèles se plaignaient-ils? « Dieu, leur répondait le curé, a dit que le monde se fasse, et il a été fait; eh bien! qu'il dise que l'église soit couverte, et elle le sera[5] ». On ne plaisante ainsi que par manque de ferveur, et c'était là un mal très-commun. Tel

---

de Boccatondo, en religion Fra Placido. Le convers se nommait Bandino. (28 février 1279 ; 8 juin 1281. *Arch. dipl. delle Rif.*)

[1] Sacchetti, nov. 35, t. I, p. 152.
[2] *Id.*, nov. 205, t. III, p. 230.
[3] Boccace, *Giorn.* X, nov. 10, t. IV, p. 80
[4] Sacchetti, nov. 4, t. I, p. 18-25.
[5] *Id.*, nov. 79, t. II, p. 78.

prêtre portant le viatique à un mourant s'arrêtait en chemin pour quereller un polisson qui lui volait ses figues[1]. Chez tel autre, la tiédeur semble friser l'impiété. Il s'en allait, pour le même office, à travers la campagne, accompagné d'un clerc qui faisait sonner sa sonnette. La Sieve, qu'il devait passer à gué, était grossie d'une soudaine crue. Il passe à grand'peine, au risque de se noyer, ayant de l'eau jusqu'à la ceinture, tenant le viatique élevé au-dessus de sa tête, au bout d'un bâton. Les *contadini* qui le reçoivent sur l'autre rive lui disent qu'il doit rendre grâce au Seigneur Jésus-Christ, qui lui a sauvé la vie. — « De bonne foi, réplique-t-il, si je ne l'avais aidé autrement qu'il ne m'a aidé, nous serions sous l'eau tous les deux ». — Cette réponse arrive à Florence et y devient le bruit du jour : on ne s'aborde plus sans se demander, le sourire aux lèvres, lequel des deux a sauvé l'autre[2].

Sans respect pour la religion qu'ils prêchaient, comment de tels prêtres auraient-ils eu le respect d'eux-mêmes? Le relâchement de leurs mœurs était un scandale. Ils ne savaient rien refuser aux courtisanes et aux garçons[3]. Ils gardaient des filles dans leurs demeures[4]; ils remplissaient les lieux sacrés de leurs concubines et de leurs bâtards, que, par un transparent euphémisme, ils appelaient leurs neveux[5]. Les honnêtes femmes n'osaient plus s'approcher de ces monstres de luxure. Aussi Sacchetti loue-t-il les Vénitiens d'avoir édicté qu'il serait permis à chacun de frapper, de blesser un clerc, pourvu

---

[1] Sacchetti, nov. 79, t. II, p. 78.
[2] Per più diletto che per altro (Sacchetti, nov. 103, t. II, p. 120-122).
[3] Boccace, *Giorn.* I, nov. 2, t. I, p. 62.
[4] Sacchetti, nov. 28, t. I, p. 112-118.
[5] *Id.*, nov. 25 et 28, t. I, p. 106, 112.

que la blessure ne fût pas mortelle. Et il ajoute : « Quiconque est allé à Venise y a vu peu de prêtres qui n'eussent le visage tout balafré[1] ». Dans les autres villes, on était moins énergique : quand un prêtre avait abusé d'une fille, on se bornait à le chasser avec des reproches. C'est qu'en général, pour ce genre de faute, on inclinait à l'indulgence. Sous un climat de feu, où les passions étaient ardentes et la chair faible, on pratiquait presque à la lettre le précepte évangélique qui ne permet qu'aux gens sans péché de jeter la première pierre. Beaucoup de citoyens étant pieux, quoique débauchés, ne pouvaient s'étonner de voir sous le froc le même défaut uni à la même vertu. Boccace, qui met si vivement en relief les déportements des ecclésiastiques, n'en dit pas moins de tel d'entre eux qu'il était très-saint et très-juste en toutes choses, sauf dans les affaires de femmes[2]. Ce n'était point par pure plaisanterie qu'il voyait dans les mauvaises mœurs du clergé une preuve que le Saint-Esprit plane sur la religion[3]. L'accueil que les Florentins faisaient à leur nouvel évêque, quand le pape avait pourvu à la vacance du siége, montre assez quelle place tenaient chez eux, malgré leur esprit railleur, sinon porté au doute, les pratiques de la vie religieuse.

Toute la ville, alors, clercs et laïques, se rendait au-devant du pasteur des âmes jusqu'à la porte San Pier Gattolini. Là, les Visdomini, gardiens de l'évêché, la

---

[1] Chi è stato là l'ha potuto vedere che pochi preti sono che non abbiano di gran catenacci per lo volto (Sacchetti, nov. 111, t. II, p. 148).

[2] Monaco in ogni cosa santissimo, fuorchè nelle opere delle femine.... santissimo e giusto era tenuto in ogni cosa. (Boccace, *Giorn.* III, nov. 8, t. II, p. 112.)

[3] Voy. Boccace, *Giorn.* I, nov. 2, t. I, p. 62, 64.

couronné d'olivier sur la tête et les gants aux mains, le recevaient à sa descente de cheval sous un riche baldaquin, puis ils le conduisaient solennellement, revêtu de la chape et de la mitre, à San Pier Maggiore. On passait devant le palais communal, où attendait la seigneurie, pour y recevoir du prélat le baiser de paix. Arrivé sur la place de San Pier Maggiore, l'évêque mettait pied à terre et se retirait, pour prendre quelque repos, dans le couvent de nonnes contigu à cette église. L'abbesse, qui lui avait envoyé son cheval à l'entrée de la ville, le recevait, entourée de ses religieuses vêtues de noir et le bandeau blanc au front[1]. Elle le conduisait dans un antique appartement, orné d'un lit de damas rouge dont elle lui faisait présent. De lui elle recevait, en échange, un anneau qui valait quelquefois deux cents écus. C'étaient des fiançailles mystiques : l'abbesse appelait le prélat son époux. Celui-ci, après avoir reçu à dîner les principaux membres du clergé et de la famille des Visdomini, s'acheminait, le lendemain, vers l'évêché, pieds nus en signe d'humilité, mais sur des draps de laine dont on avait couvert les dalles des rues[2]. Entouré de cierges et de lumières, il s'agenouillait, au sortir du couvent et de l'église attenante, sur une pierre de marbre où l'on disait que saint Zanobi avait jadis ressuscité un enfant, et sur laquelle aucune voiture ou charrette ne pouvait passer sans y briser ses roues. Après avoir prié le ciel de le rendre digne de ses prédécesseurs, l'évêque poursuivait son chemin, s'arrêtait, pour se prosterner au pied des autels, à Santa Reparata,

---

[1] Boccace, *Giorn.* III, nov. 1, t. II, p. 20.

[2] Par zèle, saint Antonin se déchaussa dès son entrée dans la ville. Cet usage fut aboli, ainsi que l'usage de s'agenouiller, par un évêque orgueilleux des Pazzi (Del Migliore, p. 133), ou, selon M. Passerini, des Altoviti.

puis à San Giovanni, et parvenait enfin au palais épiscopal, tout voisin de cette dernière église. Les Visdomini lui remettaient les clefs de sa demeure, avec l'engagement écrit, que contractait son clergé, de lui payer un tribut de deux mille florins d'or[1].

Nous voudrions pouvoir, comme nous l'avons fait pour la vie des arts et du clergé, déterminer la condition des classes infimes qui ne comptaient point dans la société florentine, sauf aux jours où grondait l'émeute dont elles étaient l'invariable armée. Mais les documents et les auteurs parlent à peine de cette foule humaine vouée au mépris, quelquefois à la persécution. Beaucoup de ces gens vivaient du vol. Pourchassés dans la ville, ils faisaient du *contado* le principal théâtre de leurs exploits. Ils continuaient, sur une moins vaste échelle, ceux des nobles de l'ancien temps. Les nobles mêmes, au reste, n'avaient jamais cessé de donner l'exemple, et, sur plus d'un point, ils vivaient de rapines[2]. Des débauchés, des bannis, se réfugiaient à Prato et pourvoyaient à leur existence sur le territoire de la République par les plus détestables moyens[3]. Aux environs de Florence, de riches *contadini* s'associaient à des gentilshommes pour voler le porc du voisin[4]. Le volé, quoiqu'il sût bien à qui s'en prendre, ne s'en prenait qu'aux voleurs de sa condition : il menaçait de les faire pendre, car telle était la peine que portaient les statuts. Mais il ne tardait pas à se désister de sa plainte : l'instrument de l'indigne larcin payait une indemnité,

---

[1] Del Migliore, p. 132-134.
[2] Li gentili d'oggi tengono essere gentilezze vivere di ratto su l'altrui ricchezze (Sacchetti, nov. 214, t. III, p. 286).
[3] Sacchetti, nov. 17, t. I, p. 76, 78.
[4] *Id.*, nov. 146, t. II, p. 284.

souvent avancée en secret par le gentilhomme instigateur ou « capitaine du délit, » comme on disait alors[1]. Il y avait bien, pour les bourgs et faubourgs, ainsi que pour la ville, des gardes de nuit aux gages de quatre livres dix sous par semestre[2]; mais ils étaient trop peu nombreux pour réprimer d'innombrables vols et méfaits. Rien ne fut jamais plus difficile à Florence que d'amener les Florentins au respect des droits individuels.

Les aveugles formaient comme une classe à part, qui se livrait à la mendicité. Ils parcouraient en chantant les rues de la ville et les faubourgs, où ils s'installaient en divers lieux, sous le portique des palais et des églises, à la Nunziata, à Or San Michele. Le soir, ils se réunissaient dans une auberge, au pied du campanile de San Lorenzo, et ils y faisaient joyeusement leur repas. Bon nombre d'entre eux avaient alors les yeux grands ouverts et ne mangeaient point à tâtons[3]. A la fête de Notre-Dame de Pise, ils faisaient, conduits par leur chien, un pieux pèlerinage vers cette ville opulente. Ils tenaient à la main l'écuelle et le bâton ; ils chantaient *Intemerata*, partout où ils rencontraient des maisons habitées. Le métier était lucratif : en trois ans on y pouvait gagner deux cents livres ; en douze, mille livres. Un aveugle de naissance, âgé de quarante-sept ans, disait que, s'il n'eût pas dépensé l'argent reçu par lui, il vivrait dans l'opulence. Artisans de friponneries quand ils simulaient leur infirmité, incommodes quand elle était véritable, on les chassait quelquefois de Florence ; on leur défendait d'en approcher à

---

[1] Sacchetti, nov. 114, t. III, p. 283-285.
[2] 10 décembre 1296. *Provvisioni*, VI, 155.
[3] Era quello che era stato men cieco (Sacchetti, nov. 140, t. II, p. 249-252).

la distance d'un demi-mille[1]. On ne rouvrait les portes qu'à ceux d'entre les aveugles auxquels les gibelins avaient crevé les yeux ; encore fallait-il qu'ils affirmassent leur dessein de ne point mendier, et, mieux encore, qu'ils en fournissent la preuve, en établissant soit qu'ils payaient des impôts à Florence, soit qu'ils y vivaient de leur travail, et qu'ils tournaient, par exemple, la roue dans une boutique[2]. Mais, à la longue, les magistrats se relâchèrent de leur rigueur ; ils laissèrent plus d'une fois tomber en désuétude le statut relatif à cette classe d'infortunés, et les aveugles bannis profitaient, pour rentrer dans leur patrie, de la tolérance dont on usait envers les enfants qui naissaient privés de la vue, comme envers les hommes faits qui la perdaient par accident.

Aveugles ou non, les mendiants étaient nombreux à Florence. En l'année 1330, au mois de septembre, un riche citoyen qui n'avait pas d'enfants laissa un testament par lequel il ordonnait que tous les mendiants de la ville reçussent sur son avoir chacun six deniers. Les exécuteurs testamentaires décident que tous les mendiants de chaque *sestiere* seront réunis dans une des principales églises de ce *sestiere*, et qu'ils y seront renfermés pour qu'ils ne puissent aller d'une église à l'autre. Puis on leur fait largesse au nom du défunt. La somme dépensée de ce chef s'éleva à quatre cent trente livres de petits florins. Les personnes ainsi assistées se trouvèrent au nombre de dix-huit mille, hommes et femmes, grands et petits, plus les pauvres honteux[3], ceux des hôpitaux et ceux des pri-

---

[1] Per medium miliarium. — Voy: plus haut, l. V, chap. 4, t. II, p. 408, note 4.
[2] Eo quod ducit ruotam (*Consulte*, I, 20). — Voy. *Provvisioni*, I, 4, p. 103, 104 ; IV, 96, 97, 104, 105.
[3] I poveri vergognosi (Villani, X, 164). — C'est le mot français.

sons, les religieux mendiants, qui n'étaient pas moins de quatre mille et qui eurent aussi chacun six deniers. Le sentiment public fut que c'était beaucoup de misérables; mais on réfléchit que la charité bien connue des Florentins en attirait à Florence de tous les points de la Toscane[1]. L'amour-propre était sauf; seulement, la police n'avait qu'à bien ouvrir les yeux.

Telle était, dans ses diverses classes, cette société florentine où dominaient si complétement le trafic et l'industrie, mais qui faisait au savoir et à la vraie piété une large place dans ses rangs. Pénétrons maintenant au sein de la famille : les mœurs, les usages de la vie privée achèveront de nous faire connaître les Florentins, et nous les montreront sous un jour qui n'est pas le moins curieux.

[1] Villani, X, 164.

CHAPITRE II.

LA VIE PRIVÉE

— 1280-1320 —

La famille. — Coexistence du droit romain et du droit langobard. — La propriété. — L'héritage, les testaments. — Les tuteurs. — Les bâtards. — La femme. — Sa dot. — Sa vie au logis. — Ses mœurs. — La veuve. — Les courtisanes. — La prison pour femmes. — Le mariage. — Cérémonies nuptiales.— La toilette, le luxe. — Les modes. — La maison à la ville et aux champs.— Les animaux domestiques. — Les lions de la commune. — Les repas. — Le luxe de table dans les festins. — La cuisine. — Les divertissements après le repas. — La boisson et la taverne. — La galanterie. — L'incrédulité et les pratiques religieuses. — Les madones. — Les saints du cru. — Les dévots. — Les superstitions. — La vie au dehors. — Les *loggie*. — Le *Mercato vecchio*. — La rue. — Jeux des hommes et des enfants. — Jeux de hasard. — La chasse. — Les facéties. — Les fêtes publiques. — Fêtes de banlieue. — Fêtes de ville : La Befana. — Les Pâques. — La Saint-Jean. — La mort et les funérailles. — Règlements relatifs aux funérailles. — Le luxe de la mort. — La police.

A la famille, comme aux arts et métiers, la société florentine entendait assurer une efficace protection[1]. Mais

---

[1] Ce chapitre, comme le précédent, et plus encore, entre dans des détails que l'histoire tenait jadis pour indignes d'elle. Elle en juge autrement aujourd'hui. Rien de ce qui est humain ne lui semble plus étranger. Macaulay a donné un exemple qui mérite d'être suivi. Si le long chapitre qu'il consacre à la vie anglaise lui a valu bien des attaques, c'est qu'il a eu le double tort de dire que ses sources étaient trop nombreuses pour être citées et de se fier à sa mémoire pour n'y pas remonter. Quelque prodigieuse que fût cette mémoire, elle ne pouvait que l'induire à de nombreuses inexactitudes. N'ayant, ne pouvant avoir ni la même tentation, ni la même excuse, nous ne commettrons pas du moins la même faute.

c'était un épineux problème : dans son dessein de forger à cet égard un arsenal de lois et de les emprunter à ses traditions séculaires, Florence y rencontrait deux législations, très-différentes l'une de l'autre et dans une perpétuelle rivalité. Le droit romain tendait à prendre le dessus, et pourtant le droit langobard, si méprisé qu'il fût des légistes de Bologne, refusait de céder la place. En 1160, on le voit mentionné au statut de Pise[1]; en 1313, un habitant de Pistoia déclare qu'il veut se marier et vivre selon la loi langobarde[2]. Cette lutte intestine et prolongée explique le manque d'unité, la mobilité extrême, les textes contradictoires qui paraissent aux statuts des villes, dans le midi où domine le droit romain, comme dans le nord où domine le droit lombard. Seuls, les jurisconsultes savaient se retrouver dans ce dédale ; ils y vivaient comme dans leur élément. La rédaction des statuts leur était confiée. Ils devaient les conformer à une législation coutumière et pourtant muable, qu'on voulait améliorer, mais dont on ne voulait pas s'affranchir. C'est ainsi que tout juge faisait dans Florence un si grand personnage. Leurs interprétations étaient reçues comme des oracles sibyllins par des peuples affamés de justice, sans échapper toutefois aux protestations intéressées, aux contestations juridiques de ceux qu'elles condamnaient.

A Florence, la lutte entre les deux droits était loin

---

[1] Pisana itaque civitas a multis retro temporibus, vivendo lege romana, retentis quibusdam de lege longobarda sub judicio legis propter conversationes diversarum gentium per diversas mundi partes, suas consuetudines non scriptas habere meruit. (*Statuta pisana*, publiés par Bonaïni, ap. Villari, *Polit.*, juillet-août 1868, p. 201.)

[2] 13 août 1313, Ind. xi. — Puccio de feu Mese di Ventura e donna Matalena di Braccio di Bartolommeo di Pistoia se donnent réciproquement leur consentement pour contracter mariage. Ledit Puccio *voulant vivre selon la*

d'être égale : c'est suivant le droit romain qu'on y avait constitué la famille. Mais le droit lombard y mitigeait le despotisme paternel, fondement de la famille romaine, par l'association, principe germanique, qui avait déjà prévalu dans les arts. On a vu plus haut comment l'étroite alliance des parents et des *consorti* avait permis aux nobles de résister longtemps à l'agression constante, à l'audace croissante des *popolani*, et comment la solidarité de tous les membres d'une famille permettait sans iniquité de faire payer à chacun les dettes ou amendes d'un d'entre eux[1]. Ce n'était point là un expédient passager et comme de combat; c'était une institution instinctive à la fois et réfléchie. Les pouvoirs publics la protégeaient. Si un citoyen ne pouvait, sans permission expresse des conseils, changer de demeure, passer d'un quartier dans un autre, si l'on émancipait le fils d'un père incapable, c'était afin de ne pas permettre aux associés les échappatoires, de ne pas laisser s'affaiblir la garantie sociale par la diminution du nombre des répondants. Il était dans le génie florentin de considérer la famille comme une de ces nombreuses associations qui avaient dans l'État leur autonomie, et de soutenir les forces constituées, pour n'en pas voir l'équilibre rompu. Ce but manifeste, Florence l'atteignit pleinement, et c'est sa gloire : il n'y a pas de pays où les anciennes familles aient mieux perpétué leur existence, leurs traditions, leurs richesses. N'en voit-on pas aujourd'hui encore, et même en assez grand nombre, qui possèdent toujours les biens de leurs ancêtres, si laborieuse-

---

loi langobarde, fait don à sa fiancée de 10 livres pour cause de noces. (*Arch. dipl. di Fir. carte di Pistoia*, ap. *Arch. stor.*, App., IV, 139.)

[1] Voy. l. V, c. III, t. II, p. 338 sq.

ment acquis au treizième et au quatorzième siècle[1] ?

Le père tenait d'une main ferme tous les éléments du faisceau. D'une sévérité rigide, il était craint, et pourtant vénéré. Son autorité inspirait le respect, même exercée par des délégués, par des tuteurs. Néanmoins, il n'était point ce tyran que nous voyons à Rome. Dans toute question grave, c'est le conseil de famille, c'est la réunion des parents qui délibère et prend les décisions. Les litiges domestiques se vident par arbitres que nomme le juge, et dont la sentence, même pour une arrestation, a toute la valeur d'un jugement légal[2]. Ainsi, la majesté du père reste intacte, sa puissance est limitée. Quand il n'est pas occupé de ses affaires ou des affaires publiques, on le voit ouvrant au logis le repas par la prière, ou conduisant à l'église sa femme et ses enfants. Ceux-ci vivent en commun sous sa direction. Même après sa mort, il semble présider encore à leurs destinées : les liens noués par lui, loin de se rompre, se resserrent, par respect pour sa mémoire ou par désir de suppléer à la force de cohésion qui disparaît avec sa vie. Souvent même les frères, craignant que la bonne volonté n'y suffît pas, se liaient entre eux par des contrats légaux[3].

---

[1] Sur toute cette organisation de la famille, nous avons un excellent guide, le travail de M. P. Villari, indiqué plus haut.

[2] Ces arbitres étaient en nombre égal pour les deux parties, mais on leur en adjoignait un, choisi d'un commun accord, pour les départager. Si ensemble ils ne parvenaient pas à libeller la sentence, le juge leur adjoignait un homme du métier. Un *popolano* ne pouvait être arbitre parmi des nobles. La sentence rendue à la pluralité des voix était valable quand même le plus grand nombre des arbitres aurait été absent. (*Statuta*, II, 66; Villari, *loc. cit.*, p. 219.)

[3] On en voit de nombreux exemples aux archives, et il suffit de parcourir les *Novellieri* pour s'apercevoir que la vie en commun n'était pas un vain mot.

Le moyen, pour former cette unité puissante de la famille, âme d'une association qui ne l'était pas moins, ce fut la constitution de la propriété. Il fallait la fixer, si l'on voulait fixer la famille ; il fallait empêcher qu'elle n'en sortît par des ventes, par des donations, par des mariages, qu'elle n'émigrât hors de la *consorteria*, hors de la ville. Dans ce dessein, une grande partie de la fortune patrimoniale demeurait immobile, inaliénable, même à la mort du père. Ainsi, quand on naissait d'une famille aisée, on pouvait vivre tranquille sur l'avenir. Seuls, les gains du trafic, de l'industrie, de la banque, constituaient la fortune personnelle, légalement mobile et bien autrement considérable. L'une rendait stable la société florentine, l'autre en accroissait la grandeur et l'éclat[1]. L'État ne distinguait pas entre elles pour leur assurer son énergique protection. On a vu, au chapitre précédent, comment il protégeait la propriété. Ajoutons ici qu'il admettait l'action de la personne lésée contre les *consorti* du coupable, s'ils étaient nobles ; contre leurs parents jusqu'au quatrième degré, s'ils étaient *popolani*. Il lui reconnaissait le droit de procéder contre l'université, contre la commune où avait eu lieu le dommage, de prendre l'une ou l'autre voie, et après un échec dans l'une, de recourir à l'autre. Le droit, à cet égard, restait absolu[2].

Dans les limites de la loi régnait une grande liberté pour la transmission des biens personnels. Le chef de famille qui avait des fils pouvait, nonobstant, appeler ses neveux au partage[3], faire à son gré des substitutions,

---

[1] Voy. M. Villari, *loc. cit.*, p. 208.

[2] *Statuta*, II, 76 ; Villari, *loc. cit.*, p. 219.

[3] Bencivenni de Mancini institue héritiers universels Filippo son fils et Gallo son neveu, pour égales portions. (26 juin 1258. *Cartapec. Strozz. Ugucc.*)

désigner pour héritier, en cas de mort de ses fils, son frère ou son père, le prieur d'un couvent ou quelque établissement de charité (*luogo pio*)[1]. On voit dans de nombreux documents les testateurs entrer dans les moindres détails, avoir des prévisions diverses, des dispositions multipliées qui engendraient comme à plaisir les procès. Lapo del Pazzo laisse à sa mère, pour sa dot, trois cents livres, plus, toute sa vie, deux muids de grain par an, à prélever d'un moulin sur l'Ombrone, passé Signa[2]. Donato Peruzzi, de Santa Cecilia, nomme héritiers son fils Ridolfo et ses autres enfants mâles à naître, leur substitue ses quatre frères, pourvoit aux besoins de sa femme et de ses deux filles, laisse deux mille livres à son fils naturel, deux cents aux frères mineurs de la commune, pour que, dans le cas de restauration ou d'agran-

---

[1] Gamba de Granajo laisse tous ses biens à son fils Rinuccino, mais si ce dernier meurt mineur, il lui substitue le prieur de Santa Croce. (27 sept. 1246. *Arch. dipl. Pergam. delle Rif.*) — Ranieri de Rinovardi institue son fils légataire universel, sa femme usufruitière de tous ses biens, et constitue la dot de sa fille déjà mariée. Au cas de la mort d'un de ces légataires, il veut que sa part aille aux pauvres, aux *luoghi pii*, mais serve surtout à édifier un hospice de retraite. (7 décembre 1242. *Cartapec. Strozz.-Ugucc.*) — Siminetto laisse quatre fils et ceux qui pourraient naître après sa mort, héritiers universels, en substituant l'un à l'autre. (*Arch. dipl. Pergam. delle Rif.*) — Rustico de Rinieri fait de même, mais en cas de mort de ses héritiers directs, il ajoute son frère Berto et les fils de celui-ci. (*Ibid.*, 14 avril 1301.) — Boninsegna Machiavelli, dit Segna, de Santa Felicita, institue son héritier universel le ventre de sa femme Tessa, et lui substitue pour une moitié Angiolino son père à lui, et pour l'autre moitié ses quatre frères par égales portions. (Acte fait chez les mineurs de Santa Croce.) — Sur le côté du parchemin, on lit : « Questo è uno testamento di Sengnia Angiolino Beninsegna, il quale io dipongho in guardia de' frati minori da Firenze, il quale e non debia disugielare, nè mostrare, nè dare a veruna persona tanto che mio fosse vivo altrui che a me seguia e ciò fallase voglio che sia dato al detto Angiolino mio padre e aglaltri suo f. L. mie fratelli, e s'avenisse che il detto Angiolino non fosse allora vivo, si sia dato ai detti suoi figli e mia fratelli. » (5 mai 1278. *Cartap. Strozz.-Ugucc.*)

[2] 11 août 1285. *Cartapec. Strozz.-Ugucc.*

dissement de leur église, on y érige une chapelle; il multiplie les legs aux hôpitaux et nomme ses quatre frères exécuteurs de ses dernières volontés [1]. Rien de plus commun alors que ces donations aux hospices et aux monastères, surtout au monastère de Santa Croce, car c'est aux Franciscains qui l'habitaient que chacun s'adressait le plus volontiers pour les prier d'écrire son testament. Rustico Rinieri léguait diverses sommes à neuf hôpitaux et à treize couvents de femmes [2]. Don Andrea, juge, outre les clauses ordinaires et les legs pieux, veut que sa femme Imelda habille, chaque année, douze pauvres, en nourrisse deux par semaine, et fasse dire des messes, le jour anniversaire de sa mort, à Santa Maria Maggiore [3]. Lapo des Spini consacre deux mille livres à l'érection d'une chapelle, mais en laissant à sa femme Giannina et à son fils Doffo le droit de n'y affecter qu'une moindre somme. Ils y entretiendront un prêtre tenu à dire tous les jours une messe, ainsi que l'office des morts, pour l'âme du testateur et des siens. Ils emploieront une partie des deux mille livres à faire achat d'une terre dont les produits et revenus seront le salaire de ce desservant [4]. Spontanément ou poursuivi d'obsessions intéressées,

---

[1] 21 novembre 1292. *Cartap. Strozz.-Ugucc.*
[2] 14 avril 1301. *Arch. dipl. Pergam. delle Rif.*
[3] 4 janvier 1302. *Cartap. Strozz.-Ugucc.*
[4] 28 septembre 1302. *Cartap. Strozz.-Ugucc.* — Le 11 sept. 1323, Giovanni Coqui, marchand, qui habite Narbonne, institue héritiers universels ses fils de tous ses mariages légitimes. Il veut être enseveli dans l'église des frères mineurs de Florence. Il laisse 500 florins d'or aux pauvres honteux de cette ville (ce qui prouve que l'*Istituto de' poveri vergognosi* est antérieur de plus d'un siècle à saint Antonin, qui l'a simplement réformé, quoiqu'il passe pour l'avoir fondé), plus 600 florins pour bâtir un hôpital et le pourvoir du nécessaire, ainsi que d'un chapelain choisi par ses héritiers et qui recevra 20 florins par an. (*Arch. dipl. Perg. delle Riform.*)

plus d'un citoyen laissait tous ses biens à l'Église, faisait un couvent légataire universel, ou partageait entre plusieurs maisons religieuses, sans oublier les établissements pieux, et en désignant par leur nom les moines qui devaient profiter du legs ou qui avaient la charge du fidéicommis[1].

Pareil cas ne se présentait guère que lorsqu'on mourait sans héritiers directs. Les droits des enfants légitimes n'étaient point méconnus. Orphelins de père, ils recevaient, leur mère vivant encore, un et quelquefois jusqu'à quatre tuteurs[2]. Investi de cette mission, l'on ne s'en pouvait décharger qu'en alléguant des raisons sérieuses, par exemple, qu'on avait soi-même une famille à élever. Sur ce point, qu'il y eût quatre tuteurs ou un seul, les prescriptions de la loi restaient les mêmes[3]. Quant aux bâtards, ils n'avaient aucun droit. Ce n'est pas d'eux que la seigneurie s'occupait quand elle emprisonnait ou ordonnait aux localités voisines d'emprisonner les voleurs de garçons et de filles, ou, s'ils échappaient, leurs pères, leurs frères, leurs fils, jusqu'à restitution[4]. Elle ne craignait pas de se substituer à ces enfants de l'amour, pour hériter d'un Florentin sans enfants issus de son mariage[5]. Elle ne s'occupait d'eux qu'au moment de leur mort, et pour régler leur succession[6]. C'était au

---

[1] Voy. le testament de la comtesse Beatrice, fille de Rodolfo, comte de Capraja, veuve du comté Markwald. (18 février 1278. *Cartap. Strozz.-Uguçc.*)

[2] Boccace, *Giorn.* IV, nov. 8, t. II, p. 242.

[3] 15 janvier 1304. *Arch. dipl. delle Rif.*

[4] 10 septembre 1309. *Cartap. Strozz.-Uguçc.*

[5] *Riform.*, cl. XI, Dist. II, n° 20. 1er octobre 1394.

[6] La Rubrique 126 du statut portait ce titre : *De successione comunis Florentie ab intestato et de heredibus naturalium et bastardorum.*

père, s'il avait des entrailles, à pourvoir, entre vifs, au sort de ses bâtards. Quand on ne les avait pas abandonnés aux hospices ouverts pour eux[1], quand on ne voulait pas demander à la cour de Rome la permission de les légitimer, ou quand cette permission était refusée, il fallait leur donner de la main à la main. On les mariait, on leur constituait une dot, et l'acte de mariage était rédigé comme pour un fils légitime[2]. Ils n'étaient pas exclus des testaments, mais ils n'y pouvaient figurer qu'en sous-ordre : comme héritiers légaux, ils ne venaient qu'après les neveux[3]. On pouvait leur laisser, à titre de légataires, de l'argent, une terre, une maison, mais d'ordinaire on déclarait sans vergogne leur condition. On les recommandait aux héritiers légitimes. On ne craignait pas de déshonorer la mère en la nommant. Très-nombreux, il faut bien le dire, sont aux archives de Florence les actes qui attestent ainsi les mœurs trop libres de ses citoyens.

Les femmes n'étaient guère mieux traitées que les bâtards. Comme dans l'antiquité latine, alors même que leur naissance était régulière et leur vie irréprochable, elles encouraient la peine du dédain qu'on portait à leur sexe. Elles comptaient pour si peu de chose qu'une loi était nécessaire pour empêcher que le fisc ne leur prît les biens du mari décédé[4]. Elles ne succèdent *ab intestat*

---

[1] On avait le Bigallo pour exposer les enfants qu'on ne voulait garder. En 1316, on fonda pour eux l'hospice de San Martino della Scala. On faisait à ces hospices, comme aux pauvres, de grandes aumônes. De 1300 à 1312, sur un capital de 276,552 florins d'or, la banque Peruzzi donne en aumônes 3,448 florins (Peruzzi, p. 400).

[2] M. Peruzzi (p. 393-395) en donne plusieurs exemples tirés de sa famille.

[3] Pietro Accattapani n'ayant pas d'enfants légitimes, institue ses neveux légataires universels, mais pourvoit au sort d'Ugolino « filio non legiptimo uxore nato. » (271. *Cartap. Strozz.-Ugucc.*)

[4] Uxor mariti defuncti præferatur fisco (*Statuti* II, 126).

ni à leurs enfants, quand il y a des ascendants ou descendants directs jusqu'au troisième degré, ni à leur mère ou autres ascendants féminins, si elles ont des frères. Frères, sœurs, oncles, neveux de frère leur sont préférés, et les frères utérins, comme issus de ligne féminine, ne se succèdent pas entre eux, s'il y a des parents mâles du défunt jusqu'au quatrième degré[1]. Lorsque, en l'absence de tous droits qui priment le leur, elles succèdent *ab intestat*, elles n'obtiennent que le quart des biens de leurs propres fils, encore faut-il qu'ils ne montent pas à plus de cinq cents livres, et qu'ils consistent en argent, non en immeubles. A défaut d'argent, elles ne peuvent recevoir que le prix des immeubles qui leur reviendraient. Mêmes dispositions pour la bisaïeule, l'aïeule, les descendantes en ligne maternelle. La femme n'était assurée que d'une chose, de recevoir des aliments. La quotité, à vrai dire, s'en augmentait à proportion de la préférence accordée aux agnats.

L'intention était manifeste de préserver l'intégrité du patrimoine, d'empêcher que, passant en quenouille, il n'émigrât hors de la famille et de la commune. Mais le vif sentiment de l'infériorité féminine, qui n'était pas étranger à ces mesures, en dictait d'autres encore, où il paraît dominer: la femme n'était pas appelée, ainsi que le serait un homme, à répondre des dettes ou des crimes de son père. Dans les causes civiles, elle ne pouvait agir que par procureur ou curateur[2]. Le juge qui permettait qu'elle comparût en personne était condamné à cinquante livres d'amende[3].

---

[1] *Statuti IV*, l. II, Rub. 130.
[2] *Ibid.*, *IX*, l. II, Rub. 6.
[3] 26 juin 1294. *Provvisioni*, IV, 22.

C'est parce qu'elle était tenue pour un être d'ordre inférieur dans la création qu'elle ne pouvait entrer sans dot ni en religion[1], ni en ménage. La dot matrimoniale était variable : au milieu du treizième siècle, elle ne dépassait jamais trois cents livres[2], somme à peine suffisante, dès le seizième, pour établir la plus humble fille de service[3]. Au commencement du quatorzième, dix-huit cents livres passaient pour une dot considérable et même extraordinaire[4] : on ne vit donner deux mille cinq cents et trois mille livres que vers la fin du quinzième siècle. Les pères, volontiers, se faisaient prodigues en promesses ; mais l'acte officiel les montrait économes, chiches même, dès qu'il s'agissait de financer. Sur dix mille livres qui lui sont promises, Lapa Gherardi, épousant Cipriano Bonaccorsi (1295), n'en reçoit que cinquante en argent : le reste est représenté par une terre évaluée trois cents soixante-trois livres et une masure en ville au Borgo San Lorenzo ; cinquante livres sont allouées en sus pour dépenses nuptiales et don gracieux ou *morgincap*[5]. On sti-

---

[1] Orlando de Monteluccio, dont la fille veut se consacrer à l'hôpital de Santa Maria a porta d'Arezzo, promet de lui accorder 14 livres, qui serviront à l'acquisition d'un lopin de terre dont elle aura l'usufruit, et dont la propriété passera à l'hôpital après sa mort. (10 novembre 1298. *Arch. dipl. Perg. delle Rif.*)

[2] Villani, VI, 70.

[3] Ammirato, 1253, l. II, t. I, p. 98 ; Cf. Dante, *Parad.*, XV.

[4] Dot donnée à Filippo Peruzzi pour rétablir par un mariage la paix avec les Adimari. (Voy. le doc. tiré des mss. Peruzzi, I, 199, ap. Peruzzi, p. 388.) — Une dot de mille livres était regardée comme belle. (Sacchetti, nov. 154, t. II, p. 351.) — Cf. Dante, *Parad.*, XV, 104.

[5] *Ann. della Colombaria*, t. XXVI, ap. Peruzzi, p. 380. — Le morgincap (*Morgengabe*, don du matin), vieille tradition langobarde, mais qu'on a trouvée aussi en Grèce, était le prix de la virginité, que le mari payait à sa femme le lendemain matin, après la nuit de noces. Le droit lombard ne permettait pas qu'il excédât le quart de ses biens (*Edicta regum Langob.*, éd. Baudi de Vesme, et particulièrement l'édit de Liutprand, art. 7), mais par entraî-

pulait par écrit des dots de quatre livres¹. Un aubergiste qui avait reçu cette somme insignifiante en promettait solennellement la restitution, y engageait ses biens et la restituait en effet, car on voit sa femme ou sa veuve la céder à un tiers². Qui ne voulait pas compter gros à sa fille la mariait dans le *contado*, où les dépenses étaient moins fortes et les prétentions moins grandes³. Quelquefois, mais le cas était rare, un bon père, d'accord avec sa femme, donnait la moitié de ses biens. L'un et l'autre renonçaient sur cette moitié à tous leurs droits, s'engageant, s'ils les revendiquaient, à payer le double, et en outre cent livres tant à titre d'amende que pour réparation du dommage. Tout leur avoir présent et futur répondait pour l'observation de ces engagements⁴.

Quand l'union, consacrée par l'Église, était devenue irrévocable, le mari, s'il manquait de délicatesse, se plaignait de la dot, et, avec toutes les formalités légales, y faisait ajouter un supplément⁵. Il se servait des sommes

---

nement il l'excédait quelquefois. (Muratori, *Ant. med. ævi*, Diss. xx, *De actibus mulierum*, II, 113 sq.) Presque tous les statuts communaux y pourvurent. Un vieux doc., récemment publié, montre que les Langobards eux-mêmes avaient abaissé ce droit du quart au huitième. (Voy. A. de Gubernatis, *Storia comparata degli usi nuziali*, p. 210, Milan, 1869.) Avec le temps, ce ne fut plus qu'une formalité, réduite à 50 livres, quelque chose comme le trézain de certaines contrées de la France. Nous ne l'avons vu dans les documents porté qu'une fois à la somme supérieure de 58 livres (23 janvier 1310. *Arch. dipl. delle Rif.*), mais les statuts stipulaient que cet appoint de la dot figurerait au contrat : « Secundum usum et constitutum civitatis Flor. ppt. nuptias vice morgincapt, » et il y figurait, que l'épousée fût vierge ou non. (12 juillet 1292. *Arch. dipl. Perg. delle Rif.*) Cet usage, au reste, avait complétement disparu dès 1359.

¹ 17 juillet 1265. *Cartap. Strozz.-Ugucc.*
² *Ibid.*
³ *Il Novellino*, nouvelles ajoutées à la fin, nov. 1, p. 107.
⁴ 16 juillet 1235. *Cartap. Strozz.-Ugucc.*
⁵ 11 juin 1275. *Ibid.*

reçues pour son industrie ou son trafic[1]; elles n'étaient aucunement garanties[2], et l'on ne voit pas que l'emploi présumé utile qu'il en faisait soulevât jamais de difficultés. Ce qui en soulevait, c'était la dissipation des biens de la femme par le mari. La femme alors réclamait en justice, et le juge lui pouvait accorder une somme triple de sa dot[3]. Rendre la dot était, en cas de veuvage ou dans d'autres circonstances exceptionnelles, une extrémité où regimbait le maître du logis. Il essayait de retenir au moins une partie, et, pour ravoir le tout, on devait s'adresser aux tribunaux[4].

C'est au logis que les femmes prenaient implacablement leur revanche. Elles s'y emparaient de l'autorité, si chère à leur sexe, et faisaient passer à leurs tyrans, devenus leurs esclaves, de bien mauvais quarts d'heure. Quelques-unes pourtant justifiaient leurs prétentions et leurs

---

[1] *Cento Novelle*, giorn. VIII, nov. 10, f° 194 v°.

[2] *Favole e novellette tratte dal Firenzuola*, etc., part. II, p. 57.

[3] Ghisla, femme de Pace, réclame 21 livres à titre de dot et 10 à titre de donation. Son mari, sommé de comparaître devant Ildebrando, curateur de Ghisla, ayant fait défaut, la curie des juges de San Michele et le consul décident que Ghisla doit avoir le triple des 21 livres, prises sur des biens du mari consistant en neuf pièces de terre, et si cela ne suffit pas, sur ses autres biens. (16 septembre 1213. *Cartap. Strozz.-Ugucc.*)

[4] Voy. divers actes des 15 janvier 1304, 20 avril 1307, 23 novembre 1310. *Perg. delle Rif.* — On peut consulter sur ce sujet Gide, *Étude sur la condition privée de la femme*, Paris, 1868. — Gans, *Histoire du droit de succession*. — Savigny, *Hist. du droit rom.*, etc. — Fr. Forti, *Istituzioni civili*. — Schupfer, *Institutions politiques des Lombards*, et un travail *sulla famiglia longobarda* dans l'*Arch. giuridico di Bologna*, n°ˢ 1 et 2. — Hartwig, *Codex juris municipalis Siciliæ*. — Heft, *Das Stadtrecht von Messina*, Cassel, 1867. — Les *Statuta Romæ*, Rome, 1519. — *Statuta Pisauri*, 1521. — *Statuta Urbini*, 1519. — *Statuta civ. Lucensis*. — *Liber juris civilis urbis Veronæ*, 1588. — *Consuetudini della città d'Amalfi*. — Id. *della città di Napoli*, et M. P. Villari, p. 217 sq., qui a rapproché ces divers statuts de ceux de Florence et y a constaté le même esprit.

exigences en administrant mieux qu'eux les biens domestiques. On en vit dont le veuvage fut le salut de la maison[1]. Veut-on savoir ce qu'était, au quatorzième siècle, une femme réputée très-supérieure aux autres ? Elle consacrait le samedi à de grandes ablutions sur sa personne, sur ses enfants, sur sa demeure[2]. Elle travaillait la soie ou autres matières semblables ; elle servait à table mieux qu'un domestique ou un écuyer ; elle savait monter à cheval, tenir un oiseau au poing, lire, écrire, faire un compte comme un marchand[3]. Mais c'étaient là de rares exceptions. D'ordinaire, « le plus noble animal de la création après l'homme » était réputé manquer de sens autant que d'instruction, ne savoir pas, six fois sur sept, ce qu'il voulait[4]. En toutes choses, selon un proverbe répandu, les femmes prenaient le pire : mangeaient-elles des lupins et des porreaux, elles laissaient la tête, qui est comestible, pour les feuilles, qui ne le sont point et qui sentent mauvais[5].

Le portrait que tracent d'elles les auteurs est loin d'être flatté. Elles manquaient également de dignité et de décence. En l'absence de leurs maris, elles couchaient avec leurs servantes, soit par peur de la solitude, soit pour mieux protéger une vertu toujours fort exposée en ce pays de maisons mal closes et d'entreprises hardies[6]. L'été, elles se levaient, elles s'habillaient à fenêtres ouvertes : dans des rues si étroites, les voisins d'en face ne perdaient

---

[1] *Favole e novellette tratte dal Firenzuola*, part. II, p. 37.
[2] Boccace, *Giorn.* II, nov. 10, t. I, p. 284.
[3] *Id.*, *Giorn.* II, nov. 9, t. I, p. 254.
[4] *Id.*, ibid. II, nov. 9 ; *Giorn.* III, nov. 1, t. I, p. 225, t. II, p. 22.
[5] *Id.*, *Giorn.* I, nov. 10, t. I, p. 99.
[6] *Id.*, *Giorn.* II, nov. 9, t. I, p. 259.

aucun détail de leur toilette[1]. Un étranger recevant l'hospitalité, surtout à la campagne, pénétrait dans la chambre non fermée de ses hôtes, et les surprenait en déshabillé, dans toute l'intimité de leurs relations, sans que personne songeât à mal ou parût embarrassé[2]. C'est que les gens du moyen âge n'avaient pas, sur la pudeur, les mêmes idées que nous. Il ne faudrait donc pas les juger d'après nos scrupules. Boccace se justifie d'avoir fait dire et ouïr à d'honnêtes femmes des choses déshonnêtes, en disant que la décence dans les mots, que l'esprit dans les périphrases, sauvent tout[3]. Dans sa pensée, des clercs et des philosophes étaient tenus à plus de réserve que des jeunes femmes et des jeunes hommes sans autre souci que de se divertir[4].

Il semble que la vertu féminine fût alors inséparable de l'ineptie et n'eût rien d'engageant. Elle consistait à rester muette, immobile, insensible devant les hommes à l'égal d'une statue de marbre : la vivacité, le bavardage, ne pouvaient que conduire sur un terrain glissant. Les femmes répandaient elles-mêmes cette opinion que les seules qui fussent honnêtes étaient celles qui ne parlaient qu'avec leur servante, leur blanchisseuse, leur boulangère[5]. C'était, non sans finesse pratique, donner un beau vernis à la pauvreté d'esprit. Les jours de fête, pour occuper leur temps, elles ne savaient que s'asseoir sur le devant de leur porte, caqueter, crier très-fort, boire et

---

[1] *Il Pecorone*, giorn. II, nov. 2, f° 10 v°.
[2] Boccace, *Giorn.* IX, nov. 10, t. IV, p. 82.
[3] Che niuna (cosa) si disonesta n'è che con onesti vocaboli dicendola si disdica ad alcuno, il che qui mi pare assai convenevolmente bene aver fatto. (Boccace, conclusion, t. IV, p. 231.)
[4] *Ibid.*, p. 233.
[5] Boccace, *Giorn.* I, nov. 10, t. I, p. 98.

manger[1]. Un artisan, voyant la sienne incapable d'autre chose, disait avec dépit que lui donner de l'argent équivalait à le jeter[2]. Sacchetti montre en elles les grands peintres et correcteurs de la nature, habiles à faire blanc ce qui est noir, à se rendre, en se frottant et se plâtrant, plus blanches que cire. Pâles, elles devenaient couleur de rose; on ne voyait pas une brune à Florence. Maigres et sèches, elles se faisaient grasses et dodues. Petites, elles se faisaient grandes au moyen d'épaisses semelles et de talons élevés. Se trouvaient-elles laides devant ce miroir où elles passaient la journée, en quelques coups de pinceau il n'y paraissait plus. « Elles ne laissaient ni leur visage ni aucun de leurs membres tel que Dieu l'avait créé[3]. » Le grave Dante représente la femme de Bellincione Berti comme une exception rare, parce qu'elle ne se fardait point[4].

C'est un miracle que des créatures si nulles et si frivoles fussent quelquefois de mœurs pures. Il y en avait pourtant, surtout parmi les jeunes filles, car celles dont on parlait mal ne trouvaient pas à se marier[5]. Même les femmes mariées, lorsqu'elles avaient péché, n'osaient plus aller le front haut avec les autres[6]. En insistant sur le vice, comme c'est leur rôle, en groupant comme en un faisceau les faits exceptionnels, les conteurs nous pous-

---

[1] Boccace, *loc. cit.*, et Sacchetti, nov. 140, t. II, p. 154.
[2] *Il Novellino*, nov. 6, p. 10, Flor., 1572.
[3] Sacchetti, nov. 99, 136, 150, t. II, p. 105, 237, 305. — Le poëte Lodovico Adimari peint les femmes de son temps (xvii° siècle) les cheveux partagés sur le front et retombant en boucles ou en tresses, s'épilant avec soin, se fardant de minium et de cinabre, particulièrement sur les lèvres.
[4] *Parad.*, XV, 112-114.
[5] Sacchetti, nov. 16, t. I, p. 70.
[6] Boccace, *Giorn.* VIII, nov. 7, t. III, p. 227.

sent presque invinciblement à y voir la règle, l'ordinaire.

y a donc lieu de se tenir en défiance; mais on doit avouer que leurs indignations sont bien véhémentes et qu'elles supposent un mal bien étendu. « Les Italiens, dit Sacchetti, ne comprendraient plus Scipion renvoyant une jeune fille sans y toucher. Ils touchent même aux garçons, qu'ils décorent du nom de pages[1]. Il y a tant de vices, que je ne sais comment l'abîme n'engloutit pas l'univers, et spécialement toute l'Italie[2]. » Dante, suspect d'avoir forcé les couleurs, ne dit rien de plus fort. Le laconisme terrible du titre qu'il donnait à son poëme est plus expressif que bien des paroles : *Incipit comœdia Dantis Alagherii, Florentini natione, non moribus*[3]. Dans le corps de l'ouvrage, il reproche aux femmes, ses compatriotes, d'étaler leur gorge et leur poitrine. Il les assimile à celles qui habitent, en Sardaigne, la montagne de la Barbagia, où il fait si chaud qu'elles se couvrent à peine d'un voile transparent[4]. « Le temps viendra bientôt, ajoute-t-il, où l'on sera obligé de le leur défendre en chaire. Quelles barbares, quelles sarrasines fut-on jamais réduit à menacer de peines spirituelles ou autres pour les faire aller couvertes[5]? » Ainsi ces exhibitions immodestes n'étaient pas excusées, aux yeux des contemporains, par les ardeurs du climat. Non moins que ces ar-

---

[1] Voy. *Inf.*, c. xv et xvi, ce que Dante dit de l'*infame peccato* à Florence.
[2] Sacchetti, nov. 224, t. III, p. 332.
[3] Ep. à Can grande, ep. xi, ap. *Opere min.*, Fraticelli, III, 540. Cf. Pétrarque, *Famil.* IX, 4, qui montre à quel point les préceptes des cours d'amour étaient insuffisants à maintenir la chasteté du mariage.
[4] *Purg.*, XXIII, 94-102. — C'est le commentateur qui explique ce qu'était la Barbagia, où l'on vivait *indutæ subtili pirgolato* (velo molto raro e trasparente), *ita quod omnia membra ostendunt inhoneste*. (Voy. l'éd. Costa et Bianchi, p. 438, note au vers 94.)
[5] *Purg.*, XXIII, 103.

deurs, elles allumaient les sens ; elles provoquaient les hommes à poursuivre des femmes qui ne demandaient trop souvent qu'à se laisser atteindre, comme à se laisser voir. Celles-là surtout cherchaient des consolations coupables, qui, nées en haut lieu, mais épousées par des marchands, ne trouvaient pas dans la richesse une compensation à la roture, ne se pouvaient pardonner leur mésalliance, et en punissaient des maris qui, pourtant, ne les avaient point prises sans leur aveu. Les affaires de son négoce entraînant l'homme hors de sa maison et même de la ville, le forçant à partir pour de lointains voyages, la femme jouissait, pour ses déportements, d'une fâcheuse liberté [1].

Son excuse, s'il en faut chercher une, est dans la grossièreté, dans l'immoralité du mari [2]. « Il eût fallu, dit encore Sacchetti, marier ensemble des enfants, pour qu'ils ne pussent l'un à l'autre s'enseigner le mal [3]. » Entre eux, les Florentins parlaient de leurs femmes sans délicatesse, malgré l'atticisme de leur esprit ; puis, ils leur rapportaient tous les mauvais propos tenus sur leur compte, et ils n'admettaient pas la réciprocité [4]. A tout instant, ils maudissaient le jour de leur mariage, et pour reconquérir l'hégémonie perdue, ils recouraient à l'argument démonstratif des coups [5]. Un proverbe disait : Bonne femme et mauvaise femme veulent du bâton [6]. La faible victime essayait bien, parfois, de fuir son bour-

[1] *Cento Novelle,* giorn. IV, nov. 3, p. 81.
[2] Più sono cattive per difetto de' mariti che per lo loro. (Sacchetti, nov. 85, t. II, 59.)
[3] *Ibid.*
[4] Sacchetti, nov. 54, t. I, p. 227.
[5] *Id.*, nov. 85, 86 et autres.
[6] Buona femmina e mala femmina vuol bastone. (Sacchetti, nov. 86, t. II, p. 66.)

reau, mais, impuissante à vivre de ses propres ressources, retombant à la charge de son père qui en maugréait, il ne lui restait, après quelques jours de misère, qu'à retourner au logis, qu'à implorer humblement son pardon. Aussi ces désertions du foyer conjugal étaient-elles rares: mieux valait s'y résigner aux mauvais traitements, sauf à s'en venger de son mieux.

Que le brutal mari fût surpris de ces vengeances, quand elles l'atteignaient dans ses droits et son honneur, c'est ce qu'on a peine à comprendre. Le fait est, cependant, qu'il avait en sa femme une pleine confiance, après l'avoir provoquée à n'en plus être digne[1]. Les lunettes qu'il portait pour voir clair ne lui servaient, selon les plaisants, qu'à voir double[2]. Le mal venu et ses yeux dessillés, il s'armait de philosophie: on ne voit nulle part qu'un mari trompé ait tué ou menacé de tuer la femme adultère, quoique la loi romaine, si fort en honneur, lui en donnât le droit. C'est même par exception qu'il la renvoyait à ses parents. Au châtiment suffisait l'éternel bâton.

Quand elle n'avait plus à le craindre, quand elle avait reconquis la liberté par le veuvage, l'épouse, tenue de se vêtir de noir et de vivre honnêtement[3], s'affranchissait de cette double obligation, et nul ne songeait à le trouver mauvais[4]: les bons maris méritaient seuls d'être pleurés et respectés après leur mort. Il y avait bien pour les femmes veuves, comme pour les vieilles filles, une *casa*

---

[1] Dava troppa fede alla moglie, come in molte città d'Italia fanno ordinariamente tutti i mariti. (*Cento Novelle*, giorn. VIII, nov. 3, f° 175 v°.)

[2] Sacchetti, nov. 145, t. II, p. 278.

[3] Son vedova, che sapete quanta onestà nelle vedove si richiede. (Boccace, *Giorn.* VIII, nov. 4, t. III, p. 204.)

[4] Boccace, *Giorn.* VIII, nov. 7, t. III, p. 225.

della tornata, ou maison de refuge [1], mais elles préféraient le monde et ses divertissements. Une fois sur la pente, beaucoup glissaient jusqu'au fond de l'abîme, jusqu'à cette condition abjecte où le plaisir devient un métier.

Primitivement, les courtisanes florentines habitaient au bord du *Scheraggio*, de l'égout qui servait à désigner une des églises consacrées à saint Pierre, et qui s'allait dégorger dans l'Arno [2]. Mais peu à peu elles s'étaient répandues partout, notamment aux environs des monastères d'hommes, où les boutiques des marchands de vin servaient aux rencontres et aux rendez-vous. De là mille scandales. Sur des plaintes réitérées, il fallut, en 1318 et 1319, prendre d'énergiques mesures. On interdit à toute courtisane d'habiter à moins de mille brasses d'un couvent, à tout marchand de vin de s'établir à moins de cent brasses, à tout propriétaire de louer aux unes comme aux autres des logements ou des boutiques qui ne fussent pas dans ces conditions. C'était peu : bientôt on relégua ces créatures hors de la ville même ; on ne leur permit d'y mettre le pied que le lundi après none, pour faire leurs achats et provisions ; on leur défendit, dans le *contado*, de rôder autour des églises ou sur les routes publiques ; on édicta des peines pécuniaires et corporelles contre elles, contre leurs complices, contre ceux qui les tiendraient dans leurs maisons pour en user ou pour les vendre. Au premier délit, on fustigeait les coupables ; à la

---

[1] Cette maison se trouvait sur la place des Peruzzi, à l'endroit où sont aujourd'hui des latrines publiques.

[2] Cet endroit s'appelait le *sito Baldracca*. (*Arch. stor.*, 3ᵉ série, 1865, t. II, part. I, p. 71.)

récidive, on les marquait d'un fer rouge au visage et au flanc droit[1].

Ammirato croit que ces rigueurs envers les *povere donne di partito*, — ce sont ses propres paroles de clerc compatissant, — avaient pour but de forcer les jeunes gens à prendre femme; mais de si graves désordres résultèrent de l'expulsion des courtisanes, qu'il fallut leur rouvrir les portes, promettre même des récompenses à qui en ramènerait dans la ville[2]. On les inscrivit alors sur les registres d'un magistrat dit de l'honnêteté, et ces registres furent bientôt si remplis qu'on dut de nouveau aviser aux moyens de ramener à la vertu le sexe fragile qui si facilement s'en écartait. On s'y prit non plus par la sévérité, mais par la douceur et la persuasion. Les pouvoirs publics protégèrent toute femme de mauvaise vie qui voulait sortir du lupanar. D'elles, comme des autres qui y restaient dans l'impénitence, ils exigèrent qu'elles allassent à la cathédrale, le jeudi après le cinquième dimanche de carême, pour s'entendre, dans un sermon à leur adresse, faire honte de leur infamie. Plus d'une, à l'imagination vive, fondait en larmes aux véhéments reproches du prédicateur, et souvent changeait de vie; mais elles retombaient bientôt dans le mal, faute de conseils, de direction. C'est seulement en 1579 qu'on songea à créer pour elles une maison de refuge[3].

Chose étrange, cependant, malgré son mépris non dissimulé pour les femmes, le Florentin avait pour leur faiblesse une compassion qui ne se dément point. Les incarcérer lui répugna toujours. Le jugeait-il nécessaire,

---

[1] 9 janvier 1318. *Provvisioni*, XVI, 9.
[2] Ammirato, l. V, t. I, p. 277-279.
[3] Follini, VII, 95.

ceux qui les remettaient aux mains de la justice n'avaient aucun droit aux récompenses assurées par les statuts à quiconque livrait un homme [1]. Très-fréquemment revient dans les conseils la proposition d'élargir les femmes en prison, de ne plus les y mettre pour dettes, d'abolir les *capitoli* qui s'opposaient à cette indulgence [2], de détruire la *pagliazza* ou maison de détention qui leur était consacrée, ou, du moins, si l'on voulait la conserver, de la faire garder par des femmes [3]. Rien, nous l'avons dit, n'est plus rare que l'unanimité aux délibérations des assemblées florentines; il est curieux qu'un des cas où elle se rencontre, ce soit pour remettre en liberté toutes les femmes détenues, sauf pourtant celles qui l'étaient pour dettes: sans doute on les considérait alors comme des marchands, pour qui ne point payer ce qu'il doit est une faute plus grave que de mal conduire sa vie [4].

Revenons maintenant à la femme honnête, ou, du moins, prenons-la avant sa chute, à l'heure décisive pour elle de son mariage. L'agent, le courtier, l'intermédiaire (*sensale, mezzano*), qui l'avait fait conclure, devait, le jour ou la veille de la cérémonie, porter à un officier préposé à cet effet les noms et surnoms des contractants, comme celui du *peuple*, ou section de quartier, auquel ils appartenaient. Les parties s'étaient-elles passées d'intermédiaire, c'est à elles qu'il appartenait de faire cette

---

[1] 12 octobre 1285. *Provvisioni*, V, 151.
[2] 26 février 1285. *Consulte*, 1, quad. E, p. 72.
[3] Parlement à Santa Reparata (*Ibid.*, p. 114).
[4] 21 et 22 mars 1290, sur la proposition de Brunetto Latini. C'est dans le conseil des cent qu'est obtenue l'unanimité des 76 membres présents. Dans les conseils du capitaine, la majorité est de 49 contre 12 ; dans ceux du potestat, les chiffres ne sont pas donnés, mais on dit à la presque unanimité (*Consulte*, II, 28).

déclaration : une amende de vingt-cinq livres les punissait de l'avoir négligée[1]. Le même officier recevait avis du nombre des personnes qu'on se proposait d'inviter[2].

L'invitation était faite soit directement, soit par serviteurs. Le jour où le fiancé mettait l'anneau au doigt de la fiancée, on faisait un déjeuner ou collation de confitures blanches, puis un dîner ou festin suivi d'un bal, si l'on avait une salle assez grande. Le futur époux ne pouvait venir accompagné de plus de quatre parents. Puis on procédait à l'échange des cadeaux. Ceux que faisait l'épousée ou qu'on faisait pour elle ne devaient pas monter à plus de cent livres : ils consistaient en draps, lin, laine, corbeilles et autres objets dont l'usage n'était pas interdit aux femmes[3]. Le jour de la cérémonie nuptiale, on convoquait les membres de la famille, jusqu'au troisième degré. L'exiguité des maisons était cause qu'on se réunissait devant la porte où se trouvaient disposés des bancs couverts de tapisseries, pas en assez grand nombre, toutefois, pour que beaucoup d'invités, en habits de gala fourrés de vair et resplendissants d'or, ne dussent se tenir sur leurs pieds. Par derrière affluaient les curieux, le cou tendu, l'œil en mouvement, la raillerie ou la médisance aux lèvres.

Au sortir de la maison, l'on rencontrait une troupe de jeunes gens qui faisaient dans la rue un *serraglio* ou barricade, soit avec un ruban, soit avec une guirlande de fleurs. Le plus beau, le plus jeune ou le plus considéra-

---

[1] *Ordinamenta circa sposalitias*, Append. de Giudici, p. 429.
[2] *Ibid.*
[3] *Ibid.*, Ferrario, *Il costume antico e moderno*, t. V, p. 308, in-4°; Peruzzi, p. 378.

ble adressait un compliment à la mariée et lui offrait un frais bouquet. En retour, à titre de tribut, ils recevaient un anneau ou un bracelet, après quoi le marié rompait l'obstacle ; mais c'était l'orateur qui offrait son bras à la mariée jusqu'à l'église, si l'on y allait à pied, comme on le faisait d'ordinaire[1].

Pour la cérémonie religieuse, les lois somptuaires, si dures partout ailleurs, toléraient les plus riches ornements, l'or, les perles, les broderies. Que le mariage eût lieu à San Giovanni, qu'il unît deux familles de marque, sur les degrés de la *loggia del Bigallo* se tenaient les trompettes de la seigneurie, sonnant de joyeuses fanfares dans leurs trombes d'où pendait le pennon blanc et carré avec lis rouge[2] ; sous la loge même on voyait des domestiques avec des bassins. De là, jusqu'à la rue des *Spadai*[3], toute la place était couverte de voiles rouges et blancs, attachés aux murailles des deux églises et soutenus par d'élégantes colonnettes[4]. Au pied de l'autel, en présence du prêtre, on étendait un voile bénit sur la tête des époux, sauf pour les secondes noces. Cet usage, emprunté des Grecs et des Romains, était le symbole de la chasteté dans le mariage. Comme aujourd'hui, les deux

[1] On voit dans un écrit de Rinuccini, rapporté par M. de Gubernatis (*Storia degli usi nuziali*, p. 165), que cet usage subsistait en 1665. On assure même qu'il se retrouve encore aujourd'hui dans quelques parties de la Toscane, de l'Italie et de la Corse. (*Ibid.*, p. 168.) — Le chanoine Pecori (*Storia di S. Gemignano*, p. 340) dit qu'à San Gemignano on le prohiba en 1314 par une loi. (Voy. sur cette gracieuse formalité Firenzuola, Pecori, Peruzzi, p. 378.)

[2] De même à San Gemignano (Voy. Pecori, p. 340).

[3] Aujourd'hui première section de la *via Cavour* en partant de la place, elle a porté successivement le nom de *via de' Martelli*, et quand on l'eut élargie, celui de *via Larga*.

[4] D'après une peinture décrite dans l'*Oss. fior.* au *Corso degli Adimari* (t. I). — Peruzzi, 378-380.

époux se donnaient la main, en signe de la possession qu'ils prenaient l'un de l'autre.

La messe dite, le cortége rentrait au logis, et l'on congédiait alors les gens du *serraglio*. Restaient seuls les parents et invités. Le nombre en était fixé par la loi : vingt-cinq femmes au plus du côté de l'épousée et quatorze du côté de l'époux, sans compter celles qui vivaient dans la maison, plus dix hommes, huit serviteurs, deux trompettes, un timbalier et deux jongleurs[1]. On entrait ensuite dans la salle du banquet. Tout au fond, un maître des cérémonies ou maître d'hôtel, quelquefois un membre de la famille, tenant une liste à la main, appelait chacun à sa place, par ordre de parenté, les hommes d'un côté, les femmes de l'autre. Pendant le repas, arrivait un envoyé de l'orateur du *serraglio*, rapportant le présent reçu dans un bassin plein de fleurs. A la place de l'anneau ou du bracelet, le marié y mettait une somme d'argent, plus ou moins forte, suivant ses facultés, qui servait aux gens du *serraglio* pour faire une mascarade ou quelque autre fête.

A ce banquet on ne devait servir que trois plats de viande, dont un pouvait être un rôti avec tourte. Les chevaliers avaient seuls le privilége d'avoir à leurs repas de noces quatre plats, des femmes et des jongleurs en aussi grand nombre et pour tout le temps qu'il leur plairait. C'était pour le cuisinier une obligation légale de déclarer au moins un jour d'avance à un officier spécial tous les plats qu'il comptait servir, ainsi que le nom du marié et de son *peuple* ou quartier. Nul n'avait les coudées franches pour la composition du menu ; le statut y pourvoyait

---

[1] *Ordin. circa sposalit.* Giudici, Append., p. 432 ; Cf. Pecori, p. 340.

avec une minutieuse précision. Qui donnait du veau, viande réputée de choix, n'en devait pas donner d'autre. Pour rôti, un chapon avec tourte, une paire de poulets, un ou deux pigeons, avec un poulet ou caneton, et pas davantage. Au repas du soir, deux plats de viande seulement, encore tenait-on pour tels une compote, une gélatine, une tarte[1].

Les fêtes nuptiales finies[2], on conduisait, non sans quelque solennité, l'épousée à son nouveau logis. Quelquefois elle y allait à cheval, suivie de six femmes. Veuve, elle devait s'y rendre à pied, accompagnée de deux hommes ou de deux femmes au plus; cependant, si la demeure conjugale était hors de Florence, il lui était permis de monter à cheval[3]. L'usage voulait qu'on s'abstînt, la première nuit, de tout commerce charnel, par respect pour le sacrement[4]. Après avoir mis au lit les mariés, la joyeuse troupe des invités se retirait, échauffée par la boisson, des torches de cire à la main, et troublant le repos de la nuit par leurs bruyants éclats de rire, qui accueillaient les plus malins propos. Sacchetti met en scène une de ces compagnies arrêtée au passage par « le cavalier » du potestat. — Qui êtes-vous? — Des amis. — Combien êtes-vous? — Comptez. — Le cavalier compte les hommes et les torches. — Voilà, dit-il, une torche qui n'a pas le poids, *secundum formam statuti*. — Si, elle l'a. — Non; elle doit peser trois livres, et elle ne pèse pas

---

[1] *Ordin. circa sposalit.* Giudici, Append., p. 432-433.

[2] Elles duraient quelquefois plusieurs jours, quatre à Gênes, qu'on employait à chanter, à danser, mais sans offrir ni vin, ni gâteaux, sous prétexte que c'eût été donner congé aux invités. (Sacchetti, nov. 154, t. II, p. 329.)

[3] *Ordin. circa sposalit.* Giudici, App., p. 431.

[4] Ferrario, V, 308.

trois onces[1]. — Ici une réponse trop grossière pour être rapportée. Le cavalier fait appréhender par sa suite et conduire au palais les délinquants. Là, ils s'excusent sur les fumées du vin, sur ce qu'ils reviennent de la noce. Le potestat admet l'excuse, mais le cavalier déclare la curie déshonorée, veut quitter Florence, ne se décide qu'avec peine à y rester, et y est couvert de ridicule[2]. Si l'on avait, dans l'intérieur des maisons, le même respect que dans la rue pour les prescriptions de la loi, il serait vrai de dire qu'elles n'étaient édictées que pour rester à l'état de lettre morte, correctif ordinaire de tout excès dans les lois et règlements.

S'en jouer, les éluder avec une ruse infatigable, était, comme au temps de Caton, un art où les femmes excellaient. Un notaire remarquait-il à leur capuche un ruban découpé, malgré la formelle défense du statut, il demandait aussitôt leur nom : — Mais c'est une guirlande, répondaient-elles. — Les réprimandait-il d'avoir trop de boutons à leurs vêtements : — Mais ce ne sont que de faux boutons, des moitiés de boutons[3]. Voyez plutôt, ils n'ont ni queue ni boutonnière. — Et ainsi des autres objets de leur toilette. Un prieur disait : Nous avons à lutter contre des murailles. Un autre découragé : Nous ferions mieux de porter notre attention sur des choses de plus d'importance[4]. Ce dernier parlait d'or ; mais il prêchait au désert : les princes rendaient à l'envi

---

[1] Ainsi on rusait avec la loi. On devait avoir une torche de trois livres et l'on avait une chandelle de quatre onces au bout d'un bâton. Je tourne la loi, donc je la respecte, dit maître Guérin, dans la comédie de M. Émile Augier. — Le plus souvent, la police ne voyait pas ou ne voulait pas voir.
[2] Sacchetti, nov. 49, t. I, p. 196-201.
[3] Coppelle, espèce de boutons demi-ronds.
[4] Sacchetti, nov. 137, t. II, p. 239.

des lois somptuaires[1]; les Florentins restaient sourds au langage de la raison.

Leur excuse, c'est que le luxe faisait vraiment de dangereux progrès. Qu'ils étaient loin, les temps du treizième siècle, où ces marchands, moins semblables à des citadins qu'à des pasteurs, portaient aux pieds de grosses bottes de cuir, sur les épaules une tunique de peau, sur la tête un étroit bonnet et un large capuchon; où leurs femmes se paraient d'une rustique jupe de poil de chèvre serrée au corps par une ceinture de cuir et une boucle en os, d'un manteau fourré qui recouvrait jusqu'à leur chevelure et ne protégeait leur beauté contre les intempéries de l'air qu'en la dérobant presque aux regards[2]! Si l'on dormait nu encore, si l'on portait rarement une chemise, — la toile de Constance, de Cambrai, du Hainaut, de la Hollande, toujours chère, ne servant qu'aux serviettes et aux collerettes qui se voyaient[3], — tout ce qui se voyait devait briller aux yeux. Les mœurs, sinon la loi, voulaient que la condition sociale parût aux différences du costume; mais les femmes pauvres portaient, en guise de couronnes d'or ou de perles, des couronnes de verre, au lieu d'ornements en soie des ornements en papier peint. Diverses ordonnances furent rendues pour remédier à l'abus du faux comme à l'abus du vrai, et pour limiter à une brasse la longueur de la traîne. Mais on ne pouvait tout prévoir. A telle parure interdite succédait bientôt une parure plus

---

[1] Voy. pour celles de Philippe le Bel, en 1294, d'Amédée VIII, en 1430, des communes de Piémont et des rois d'Angleterre, Delamare, *Traité général de la police*, I, 361 ; *Libri consiliorum civitatis Taurini*, Cibrario, p. 375.

[2] Villani, VI, 70 ; Dante, *Parad.*, XV, 112-118 ; *Oss. fior.*, VIII, 109-112.

[3] Cibrario, p. 222.

chère. Les officiers inquisiteurs se lassèrent plus vite d'imposer le respect des statuts que les femmes de les éluder. Ils s'en consolèrent en faisant du luxe un objet d'impôt. Pour porter des ornements d'or ou d'argent, des pierres précieuses ou même de l'imitation, il fallait payer cinquante livres par an[1].

Comme l'argent ne manquait point, les femmes faisaient assaut de somptuosité, avec cette frénésie qu'elles ont portée, presque de tout temps, aux soins de leur toilette. Les paysannes moins aisées s'y ruinaient[2]. Soie, velours, fourrures, broderies, boutons et ceintures d'or ou d'argent pesant plusieurs livres, anneaux, colliers de perles, de nacre, de pierres précieuses, ornaient les plus laides comme les plus jolies. La ceinture, dit Dante, atti-

---

[1] Si qua mulier voluerit portare in capite aliquod ornamentum auri vel argenti, vel lapidum preciosorum vel etiam contrafactorum vel perlarum, teneatur solvere comuni Flor. pro quolibet anno 50 l. f. p., salvo quod possit quelibet domina, si sibi placuerit, portare aurum filatum vel argentum filatum usque in valorem l. 3 ad plus. Et si qua mulier voluerit defferre ad mantellum fregiaturam auri vel argenti vel sirici texti cum auro vel argento, vel scannellos aureos vel argenteos, vel perlas, teneatur solvere com. Flor. l. 50 pro quolibet anno.... Si qua mulier voluerit portare aliquod ornamentum perlarum in aliqua alia parte vestimentorum sui corporis. (24 mars 1299. *Provvisioni*, filza 8, ap. Gaye, I, 442.) — Autre provision sur le même sujet presque dans les mêmes termes, plus ce qui suit : Quod nulla audeat portare vestes trannantes ultro quod unum brachium per terram de retro. (21 mars 1307, filza 14, ap. Gaye, t. I, p. 447 ; Cf. Villani, X, 152 ; Stefani, VII, 466 ; Statut de Pise, 1313, l. III, Rub. 77 ; *Statuti inediti di Pisa*, t. II, p. 366 ; pour Sienne, *Consulte della Campana*, 12 décembre 1291, t. XLII, p. 52-53, et Cibrario, p. 218.) — Des femmes puissantes intervenaient quelquefois pour faire rapporter des interdictions somptuaires. La femme de ce duc de Calabre qu'on avait chargé du gouvernement de Florence intervient pour faire autoriser certaines tresses prohibées (Voy. Peruzzi, p. 375). — Sacchetti rapporte (nov. 137, t. II, p. 239) qu'étant prieur, il vit porter une loi contre le luxe des femmes, mais qu'elles trouvèrent le moyen de tourner la loi.

[2] *Nov. fior.*, 195 et 198 ; *Oss. fior.*, VIII, 120.

rait les regards plus que la personne[1]. — Comme les escargots, écrit énergiquement Lodovico Adimari, les femmes portent leur maison sur leur habit[2]. Un cheval qui avait coûté deux cent soixante-six florins d'or marchait recouvert d'un harnais de cinq mille florins, garni de perles jusqu'à trente livres pesant[3].

Les changements continuels de la mode achevaient la ruine des maris[4]. Toutes les formes raisonnables épuisées, on en venait, pour faire du nouveau, aux formes les plus bizarres. On vit les femmes s'habiller comme les hommes, avec la *cioppa* ou manteau court et les sandales à talons[5], porter des mouchoirs de soie ouvragée et de couleur noire[6], des fichus de cou si ouverts qu'on voyait leurs aisselles et même plus bas[7], puis, par un brusque soubresaut, sans transition, des collerettes si hautes qu'elles montaient jusqu'aux oreilles et enfermaient le cou à la manière des capucins. Cet incommode carcan empêchait les gens de regarder à leurs pieds. Cause d'incessants faux pas, si on le conservait, et de rhumes inévitables dès qu'on le quittait, à la moindre maladresse il

---

[1] Non avea catenella, non corona,
Non donne contigiate, non cintura
Che fosse a veder più che la persona.
(*Parad.* XV, 100.)

[2] A guisa di lumaca
Portar la casa addosso in una veste.
(Ap. Peruzzi, p. 377.)

[3] Peruzzi, p. 377. — Ce luxe-là n'était pas particulier à Florence. On voit le *Chronicon placentinum* de Mussi adresser aux Placentins les mêmes reproches (R. I. S., t. XVI, 580).

[4] Le infinite spese che egli faceva sì nel vestirla ogni giorno di nuove foggie, sì come in Firenze si costumava. (*Cento Novelle*, giorn. III, nov. 7 f° 67 v°.)

[5] *Storia di Giov. Cambi*, ap. *Delizie*, XXII, 213.

[6] *Cento Novelle*, giorn. I, nov. 2, p. 7.

[7] Più giù che le ditelle. (Sacchetti, nov. 178, t. III, p. 90.)

servait de récipient aux cuillerées de soupe ou de pois chiches qu'on portait à la bouche. Aussi l'appelait-on grossièrement tuyau de latrines[1]. A cet ajustement se reconnaissaient partout les Florentins. On en riait d'abord dans les autres villes, mais on finissait toujours par imiter Florence, même à Gênes et à Venise, malgré leur vie indépendante et leurs mœurs peu semblables aux mœurs italiennes[2]. Les manches de la robe étaient si longues qu'on y trouvait plus d'étoffe qu'au capuchon, et si larges qu'elles ressemblaient à des sacs. Sur les tables, elles trempaient dans les plats ou les assiettes, elles renversaient les verres et les flacons, elles promenaient sur les habits la sauce ou le vin dont elles s'étaient imbibées. Tout, pourtant, n'était pas ample : la plupart des jeunes femmes avaient fini par supprimer le manteau et le capuchon ; elles allaient en taille et nu-tête. Aux jambes, le vêtement était très-court, et remplacé par tant de lacets qu'à peine pouvaient-elles s'asseoir. Si elles ôtaient leurs chausses, dit Sacchetti, elles ne seraient plus habillées du tout. Occupées incessamment à se découvrir, comme à se blanchir et à se friser, pour provoquer l'admiration, elles prennent des catarrhes et elles en meurent. Elles tuaient aussi leurs enfants, en les soumettant, encore à la mamelle, à ces modes que pouvaient seuls braver les tempéraments vigoureux[3].

Les hommes, les jeunes gens surtout, tombaient à l'envi dans ces travers féminins. Après avoir porté le haut-de-chausses large dont on défaisait les courroies au genou

---

[1] Doccioni da cesso.
[2] Sacchetti, nov. 178, t. III, p. 86-90.
[3] *Ibid.*, p. 90-93.

par les temps chauds[1], ils adoptèrent la collerette volumineuse, et, en même temps, des brassards si durs que Dante, dit-on, en pouvait donner un coup violent à quelqu'un dans un moment de colère[2]. C'est ce qui faisait dire, à l'étranger, que les Florentins avaient le cou dans un tuyau et les bras dans des tuiles[3]. Toutes les bizarreries avaient leur jour : « Jadis, écrit Sacchetti, quand on avait sur son habit une pièce de couleur différente du reste, c'était preuve de pauvreté; maintenant c'est de la recherche, de l'élégance. Les habits sont de pièces et de morceaux. Pour le haut-de-chausses, ce n'est pas seulement une jambe qui diffère de l'autre par la couleur ; c'est la même qui est de trois ou quatre couleurs à la fois[4]. » Naturellement, le prix de pareils draps, comme celui de la main d'œuvre, s'en trouvait de beaucoup augmenté. L'extrême élégance, surtout dans les grandes chaleurs, consistait à se vêtir de blanc, des pieds à la tête : pourpoint de satin blanc, chausses de drap blanc, souliers et barrette de velours blanc, houppe blanche à la barrette. On se flattait d'attirer ainsi sur soi tous les regards ; on ne s'attirait que le ridicule, et quelquefois de grosses taches, car les malins ou les envieux, du haut de leurs fenêtres, lançaient de l'encre sur ce beau blanc immaculé[5].

Les jeunes gens étaient-ils riches, ou le devenaient-ils par héritage, ils s'entouraient de chiens, de chevaux, d'oiseaux, de nombreux serviteurs. Ils tenaient des socié-

---

[1] Sacchetti, nov. 76, t. II, p. 15.
[2] *Id.*, nov. 115, t. II, p. 61.
[3] *Id.*, nov. 178, t. III, p. 88-89.
[4] *Id.*, nov. 50, t. I, p. 205.
[5] *Cento Novelle*, giorn. X, nov. 8, f° 234-235.

tés de plaisir, abandonnaient l'église pour la taverne, se ruinaient en joutes, en orgies, en cadeaux galants. Bientôt ils en étaient réduits à engager ou à vendre leurs biens ; ils n'évitaient la prison que s'ils avaient le courage de partir pour l'exil et d'aller au loin refaire leur fortune, à Londres, par exemple, ou à Paris[1].

Le gouvernement florentin avait-il donc tort de condamner tant de prodigalités ineptes, de vouloir que les bénéfices du trafic s'employassent de préférence à augmenter les affaires, à fonder des œuvres pies et d'utilité publique? Il ne goûtait le luxe, il ne le pratiquait lui-même que s'il en devait résulter quelque honneur pour la commune de Florence. Il habillait les crieurs du capitaine de beau drap de calimala, vert ou blanc, rouge ou écarlate[2]. Il prolongeait d'un an dans leurs fonctions, par manière de récompense, deux trompettes qui, devant se fournir à leurs frais de leur instrument, avaient voulu l'avoir en argent massif[3]. Il faisait, nous l'avons vu maintes fois, le plus somptueux accueil aux légats pontificaux, aux princes et même aux ambassadeurs. Rien ne coûtait alors. L'argent prodigué était de l'argent bien placé. Nonobstant, les lois somptuaires de Florence étaient louées et même imitées par toute l'Italie, malgré le grand dommage qu'en souffraient les orfévres et les marchands de soie[4].

[1] Boccace, *Giorn.* I, nov. 1, t. I, p. 48; *Giorn.* II, nov. 3, t. I, p. 129-131.
[2] 10 décembre 1296. *Provvisioni*, VI, 153. — Cf. un autre document où l'on voit qu'un de ces crieurs était Leone Poggi, parent de Dante. (10 avril 1298. *Provvisioni*, VII, 209 v°.)
[3] Et quod ipsi cum tubis argenteis quas eorum propriis expensis fieri fecerunt pro ipsius comunis honore..., diligenter examinata petitione per eos exhibita et porrecta.... offerunt et volunt servire comuni predicto. (12 novembre 1296. *Provvisioni*, VI, 140.)
[4] A gran danno de' setajuoli e orafi (Villani, X, 152).

Pénétrons maintenant dans ces maisons où le sexe fort, malgré ses dédains, devait compter avec le sexe faible, et n'échappait point à sa tyrannie par l'intermittent emploi du bâton. Les palais que nous voyons encore se dresser majestueux et sombres dans des rues étroites ne remontent pas au delà du quinzième siècle ; mais ils avaient été reconstruits alors sur des modèles plus anciens, dont ils nous reproduisent les caractères principaux. Palais au dedans, citadelles au dehors, carrés à l'extérieur avec une vaste cour à l'intérieur, ces vieux édifices en belle et bonne pierre [1], élevés d'un ou deux étages [2], n'avaient pour fenêtres, au rez-de-chaussée, que de simples lucarnes ou meurtrières, plus propres à laisser passer les arbalètes que le jour. Les fenêtres des étages supérieurs étaient séparées l'une de l'autre par de larges intervalles, sans colonnades ou autres ornements. Aux murailles, étrusques ou cyclopéennes tout au moins par imitation, se voient de larges anneaux en fer ou en bronze, qui recevaient les cierges comme les bannières, pour les fêtes publiques, tant religieuses que profanes. Nulle saillie, d'ailleurs, à laquelle un homme pût s'attacher : nulle ouverture par laquelle il pût pénétrer, sauf une porte étroite et basse où l'on ne parvenait qu'en gravissant plusieurs degrés, et, si l'on était soupçonné d'être hostile, sous une grêle de traits [3].

---

[1] Florentia tota plena palatiis de optimo lapide ac communibus et inferioribus domibus. (*Florentinæ urbis descriptio*, ap. Cibrario, p. 209.)

[2] « Cum solario. » Voy. Cibrario, p. 209.

[3] Hope, *Histoire de l'architecture*, traduite de l'anglais par Baron, p. 255, 453, Paris, 1859; Sismondi, II, 107. — Tout autres, d'après la description de Hope, étaient les maisons à Venise : au centre une grande pièce qui occupait toute la profondeur du bâtiment. Tous les escaliers, corridors et appartements destinés aux personnes de la maison communiquaient de droite et de gauche avec cette salle unique, et comme elle était très-pro-

Mais il s'en faut que toutes les maisons ressemblassent à ces forteresses. Elles étaient pour la plupart, celles même de particuliers qui vivaient fort aisés sinon dans l'opulence, petites et basses, recouvertes de paille ou de bois, ne comptant guère que trois chambres au rez-de-chaussée. A l'étage supérieur, quand il y en avait un, l'on montait par un escalier quelquefois assez large, mais grossièrement construit. Une immense cheminée dans une seule chambre servait à préparer le frugal repas. C'est là, autour du feu, que se réunissait la famille aux longues soirées d'hiver. Pour tout mobilier, une table grossière, quelques escabeaux, une grande armoire que l'épouse apportait le jour de son mariage[1]. Aux fenêtres en toile huilée le toit en saillie ôtait beaucoup de lumière ; il fallait s'en priver tout à fait et fermer les gros volets pleins, quand on voulait se garantir de l'air extérieur ou du soleil[2]. La porte s'ouvrait sur la rue tortueuse, couverte, malgré ses dalles irrégulières, d'une boue épaisse dans l'arrière-saison, d'une poussière ténue dans les beaux jours. On ne savait ni enlever la boue ni abattre la poussière ; on s'en remettait au soleil qui séchait lentement l'une, à la pluie qui enlevait promptement l'autre, et transformait en torrent le ruisseau du milieu[3]. La porte restant ouverte, ou étant si mal close qu'il suffisait d'un couteau

---

fonde relativement à sa largeur, on était obligé, pour l'éclairer convenablement, de remplir toute la façade par un rang de fenêtres aussi rapprochées que possible, ou plutôt par une fenêtre continue que divisaient seulement des piliers intermédiaires (p. 452).

[1] Passerini, notes au roman de *Marietta de' Ricci*, par Agostino Adimollo. — S. and I. Horner, *Walks in Florence*, Topographie.

[2] Cet usage se maintint jusqu'au seizième siècle. Montaigne s'en plaint en 1580.

[3] Sacchetti, nov. 17, t. I, p. 76 ; *Oss. fior.*, III, 161.

pour l'ouvrir[1], le moindre vent y engouffrait des flots de poussière, et la moindre averse ceux du ruisseau grossi. Les cochons du voisin, qui circulaient librement dans les rues, entraient comme chez eux. Pour les chasser, c'était quelquefois une bataille[2]. Qu'on juge de la propreté qui régnait dans ces taudis !

C'est à peine si l'on peut tenir pour vrais, à cet égard, les détails qui abondent dans les conteurs. On jetait sous le lit les immondices, les pelures de fruits, les débris d'oie, les trognons de légumes, les peaux de bêtes écorchées. Quand un homme, au cours de ses aventures amoureuses ou tragiques, avait à se cacher sous le lit, il en sortait couvert de paille, de toiles d'araignées, de mille ordures. La famille croupissait dans cette infection sordide toute la semaine, jusqu'aux grands nettoyages du samedi[3]. On aurait pu moins attendre, car les maisons ne manquaient pas d'eau : dans la cour de derrière se trouvait un puits sur lequel une des pièces du rez-de-chaussée, ordinairement la salle à manger, avait une ouverture[4]. Mais il ne venait pas à l'esprit qu'on pût nettoyer plus d'une fois tous les huit jours.

Nul faste hors de propos ne rendait, du moins, cette

---

[1] *Il Novellino*, nouvelles ajoutées à la fin, nov. 3, p. 135. — Les églises mêmes étaient mal fermées. On en blâmait l'évêque et les prêtres ; on disait qu'ils auraient bien pu mettre un verrou. (Sacchetti, nov. 200, t. III, p. 212.)

[2] Sacchetti, nov. 110, t. II, p. 142. — Il en était de même à Paris au temps d'Étienne Marcel, qui y remédia par une sage ordonnance. (Voy. notre *Étienne Marcel*, 2ᵉ éd. in-4°, p. 150, publiée dans la collection municipale de l'*Histoire de Paris*.)

[3] *Cento Novelle*, giorn. VIII, nov. 9, f°ˢ 193-194, et Sacchetti, nov. 104, t. II, p. 125 ; nov. 159, t. II, p. 367, 369.

[4] Sacchetti, nov. 70, t. I, p. 270. — Dans notre enfance, nous avons pu voir encore des puits de ce genre aux vieilles maisons de notre pays.

malpropreté plus choquante. Lorsqu'on voulait orner l'intérieur, on appliquait aux murs de la serge ou des tapisseries[1]; mais le plus souvent ils restaient nus. Tout au plus y appendait-on, comme dans les boutiques, dans les salles de délibération et tous les lieux publics, quelque objet de dévotion, rappelant aux esprits affairés l'idée de la divinité[2]. On se plaisait en ces sordides demeures, ou l'habitude, du moins, était cause que plusieurs générations y restaient fidèles, que les diverses branches de la famille se la partageaient et y vivaient à l'étroit, plutôt que de la quitter. Ne pouvaient-elles plus contenir leurs habitants, l'on tâchait d'acheter les maisons contiguës, pour ne pas rompre le faisceau domestique où était la force de la famille contre des agressions toujours redoutées[3]. De là cette expression, si fréquente dans les auteurs: les maisons des Uberti, des Cerchi, des Anchioni, et de tant d'autres familles d'un rang plus modeste, d'un nom plus obscur.

Aux quartiers les moins peuplés, près des portes de la ville, où l'on mesurait moins parcimonieusement l'espace, il n'était pas rare de trouver attenant aux maisons de petits jardins, avec du jasmin et des fruits, surtout des figues. Dans un coin, quelques baliveaux à l'ombre desquels une table de pierre, où l'on soupait par les beaux jours; quelquefois même, tout au fond, un réduit pour dormir au frais et en repos[4].

C'était le luxe des petites bourses. Ceux qui puisaient

---

[1] *Cento Novelle*, giorn. III, nov. 2, p. 51.
[2] Passerini, *Curiosità storiche artistiche fiorentine*, prima serie; *la loggia d'Orsanmichele*, p. 41.
[3] Passerini, notes, etc.; Horner, etc., *loc. cit.*
[4] Sacchetti, nov. 175, t. III, p. 68-71.

dans la leur sans en trouver le fond avaient palais à la ville et maison à la campagne. On voit dans Boccace la description de la demeure champêtre d'un de ces marchands enrichis. Établie sur une petite hauteur, les chambres y étaient grandes, propres, ornées de fleurs partout; les portes s'y ouvraient sur un jardin clos de murs, sillonné de longues allées droites que recouvrait un berceau de vignes en treilles, avec des haies de jasmin, de roses rouges et de roses blanches sur les côtés. Tout autour, des orangers et des citronniers. Au milieu, un pré de fin gazon, d'herbe sombre émaillée de fleurs éblouissantes, une fontaine de marbre blanc sculpté, un jet d'eau assez fort pour mettre en mouvement un moulin. L'eau, de son cours limpide, entourait comme d'un fossé ce beau jardin, semblable à un parc, où l'on voyait s'ébattre des oiseaux, des lapins, des lièvres, des faons, des chevreuils[1]. Mais jardin et palais étaient hors de Florence : ils peuvent être regardés comme une exception rare, s'ils ne sont pas une pure conception, une création idéale du conteur. La réalité n'avait pas, tant s'en faut, les mêmes séductions. Au mois de décembre, encore beau dans ce pays, les Florentins allaient aux champs tuer le porc, faire les salaisons[2] et la lessive[3]. La maison mal construite, mal entretenue, ouverte à tous les vents, n'était ni agréable ni commode. Pour unique chambre, une sorte d'excavation où il pleuvait, et qu'on aurait pu appeler un vivier. Sous une masure à peine couverte de paille, les chevaux ne trouvaient qu'un insuffisant abri. Pour tout bois à brûler, des tiges de blé ou

---

[1] Boccace, giorn. III, préf., t. II, p. 17-19.
[2] *Cento Novelle*, giorn. V, nov. 9, f° 115.
[3] *Il Novellino*, nouv. à la fin, nov. 3, p. 135.

de millet. Pour manger, un pain massif et dur sur une mauvaise table branlante. Pour boire, le jus mal exprimé des grappes de raisin. Pour dormir, une couverture déchirée, un simple lit de plumes détestables, comme celles du porc-épic, garni de chenilles et de toiles d'araignées. C'était là, il est vrai, la maison exceptionnellement mal tenue d'un de ces gentilshommes qui vivaient « dans une grande abstinence, » parce qu'ils n'étaient pas débauchés [1]. Les maisons de plaisance des riches marchands devaient être mieux installées, puisqu'ils y recevaient leurs amis à dîner [2], puisque certains d'entre eux y résidaient une partie de l'année, envoyant leurs domestiques vendre sur la place du *Ponte vecchio* leurs fruits et leurs légumes [3]. Le goût d'un semblant de campagne était dès lors assez répandu : on ne voyait aux environs de Florence que vignes et plantations [4]. Qui ne pouvait acquérir une masure aux champs louait un lit à de pauvres *contadini* dans l'unique chambre où ils grouillaient, où ils couchaient pêle-mêle avec leurs femmes, avec leurs enfants grands et petits. Pour égayer le paysage, s'élevait devant la porte un affreux tas de fumier [5]. Nulle part on ne trouvait facilement les aises de la vie. Aux bains d'eaux minérales ou autres, que prescrivaient les médecins, on ne trouvait pas de logements disposés. Quand les Peruzzi voulaient se rendre aux *terme Rosellane*, près de Grosseto, ils dépensaient quarante-cinq florins pour

---

[1] Sacchetti, nov. 210, t. III, p. 262-266.
[2] Boccace, *Giorn*. VI, nov. 1, t. III, p. 23.
[3] *Il Novellino*, nov. 94, p. 86. — Andata, come nostro costume è di state, a stare ad una sua bellissima possessione in contado. (Boccace, *Giorn*. VII, nov. 6, t. III, p. 122.)
[4] *Cento Novelle*, giorn. III, nov. 7, f° 68.
[5] Boccace, *Giorn*. IX, nov. 6. t. IV, p. 57.

meubler des chambres qu'ils devaient occuper bien peu de temps[1].

Dans tous ces lieux écartés, il fallait s'attendre à la fréquente visite des voleurs et des loups[2]. Mais on savait s'en défendre, et, d'ailleurs, on n'en était pas autrement effrayé. Les Florentins avaient un goût marqué pour les animaux, même pour les fauves. Jusqu'en ville, ils nourrissaient chez eux des oiseaux, linottes, chardonnerets, perroquets. C'était devenu une fureur, ou pis encore, une mode banale[3]. Quoiqu'on eût des chevaux dans le pays, pas un Allemand n'y passait qu'on ne lui achetât le sien à tout prix. On y mettait cinquante florins, par esprit de spéculation autant que par goût, car on était sûr d'en trouver bientôt quatre-vingt-dix ou cent[4]. Les femmes n'aimaient pas seulement les chiens de chambre, qu'elles ornaient de colliers d'argent : elles raffolaient aussi des daims et des chamois. Les hommes préféraient les sangliers, les loups et les ours. La commune donnait ou suivait l'exemple : elle avait, comme les rois, des animaux de luxe. Les marchands qui revenaient de lointains voyages lui apportaient, lui donnaient en présent, ou plus ordinairement lui vendaient, mais au plus juste prix, par patriotisme, des léopards[5], et surtout des

---

[1] Peruzzi, p. 365. — Cet auteur dit la somme de 45 florins équivalente à 1,800 francs. — On peut voir dans Boccace (*Giorn.* VIII, nov. 10, t. III, p. 297) la description du luxe incroyable d'une station balnéaire ; mais c'était un rendez-vous de débauche.

[2] Sacchetti, nov. 17, t. I, p. 77 ; nov. 258, t. III, p. 363.

[3] *Id.*, nov. 6, t. I, p. 31.

[4] *Id.*, nov. 16, t. I, p. 69, 74.

[5] Le 5 novembre 1291, on nomme un *magister leopardorum*. Le 27 avril précédent, on avait assigné aux léopards une maison particulière (*Provvisioni*, filza 4, Gaye, I, 422) qui avait coûté 25 livres (11 avril 1291, *Provvisioni*, V, 99). Cette même année, on donnait à Bindo de Lucques 50 livres pour un léopard, *pro pretio.* (6 avril 1291. *Provvisioni*, III, 8.)

lions qu'on gardait dans une grande maison avec une grande cour[1].

Le lion était devenu l'emblème de l'indépendance florentine : il figurait, comme le lis, aux armes de la ville ; partout on le voyait représenté en effigie. Dans un vieux poëte de Lucques, Mugnone Fatinelli, on voit le lion pris pour Florence même[2]. Aussi, toucher au lion était-il regardé comme un crime. Qu'il en mourût un, ou qu'il n'y en eût point, c'était de sinistre augure. La commune en achetait alors à tout prix[3]. Qu'il en naquît dans la ménagerie, c'était pour tous un grand sujet de joie[4]. La seigneurie se chargeait de leur entretien, mettait en adjudication la fourniture des viandes pour les nourrir, nommait les officiers chargés de les garder. Pour qu'on le reconnût à première vue, le gardien des lions, homme d'ailleurs estimé, apte aux emplois publics, devait, dans un temps où la mode exigeait qu'on fût entièrement rasé, porter moustaches et barbe longue. Il en recevait le nom d'*uomo brutto*, homme laid, d'*orco*, bête imaginaire, sorte de loup-garou ou de croque-mitaine, dont les femmes faisaient peur aux enfants, et qu'elles incar-

---

[1] Au coin de la Monnaie, près du *Palazzo vecchio*. La rue qui débouche de San Firenze reçut le nom de *via de' Leoni*. Plus tard, on mit les lions au jardin des *Simplici* ou plantes, entre les *vie* Cavour et San Sebastiano. — Quand on prenait un coquin, la formule de l'envoi en prison était : « Habeatur cura et custodia, et caute retineatur sicut leo in stabulo. » (Voy. L. Del Migliore, p. 243, 247.)

[2] Mugghiando va il Leone per la foresta (Voy. Follini, V, 217).

[3] En 1295, il n'y avait qu'un lion. En 1297, il était mort. Le 7 octobre, Castellino de Giovanni, qui était au loin, fait acquisition d'un lionceau et l'offre à la seigneurie à un prix raisonnable, qui sera fixé par les prieurs, chargés de ce soin par le conseil des cent. (*Provvisioni*, V, 99, VIII, 140.) En 1347, la seigneurie achète deux lions pour 105 florins ; en 1378, d'autres pour 150 florins (Del Migliore, p. 243).

[4] Il en naissait 6 en 1337, 4 en 1355 (L. Del Migliore, p. 243).

nèrent dans ce personnage barbu[1]. S'il était l'épouvantail du jeune âge, ses bêtes le devenaient parfois de l'âge mûr. On prétend que, pour apaiser une émeute, le duc d'Athènes, dont il sera question plus loin, voulait un jour les lâcher sur les citoyens soulevés. Les lions passaient, cependant, pour susceptibles de générosité. On connaît la célèbre aventure du lion de Florence rendant un enfant à sa mère, anecdote reproduite, d'après Villani, dans une foule de recueils[2]. Leopoldo del Migliore rapporte celle d'un jeune garçon qui, donnant à manger au lion, tomba dans la fosse, et, loin d'en éprouver du mal, se vit caresser de la queue et des pattes par le roi des forêts. Au lieu de voir dans ces caresses cette sorte de reconnaissance bestiale qui fait la force des dompteurs, on cria au miracle, et l'on en fit honneur à la « santissima Annunziata[3]. » Ces sceptiques Florentins étaient crédules à l'occasion, nourris de superstitions et de préjugés.

Tout en eux était contraste. Athéniens par l'esprit, ils parlaient gras, on ne le voit que trop dans leurs conteurs. Lucullus au dehors, Catons au dedans, comme dit Borghini[4], ils mesuraient exactement à la servante la quantité de légumes nécessaire pour qu'elle n'en détour-

---

[1] L. Del Migliore, p. 243, 245. — Voy. aux *Provvisioni*, III, 9, la mention d'un frère convers gardien des lions.

[2] Villani, VI, 70. — On tient cette histoire pour invraisemblable ; notre cher et malheureux voyageur, Francis Garnier, tué par les insurgés chinois à Hanoï, nous a pourtant assuré qu'un jour, au Cambodge, il avait fait lâcher prise à un tigre dans les mêmes conditions. Ce qui est de trop ici, c'est la générosité ; mais on sait qu'en de certaines occasions les plus puissants animaux sont accessibles à la peur, devant le bruit et les cris comme devant le feu.

[3] L. Del Migliore, p. 245.

[4] Borghini, *Discorso della moneta*, p. 163, ap. Peruzzi, p. 357.

nât rien [1], et ils se ruinaient en somptuosités culinaires, pour peu que leur patrie ou leur maison en dût retirer quelque honneur. En famille, ils se contentaient de deux maigres repas, le premier entre neuf et dix heures du matin, le second avant la nuit. Le mari et la femme mangeaient dans la même assiette, buvaient au même verre, quelque domestique tenant devant eux, s'il ne faisait pas clair, une torche de résine, car l'usage des flambeaux et des chandelles de cire n'était autorisé que pour reconduire les invités [2]. De viande, on n'en consommait guère que le dimanche : les boucheries n'étaient bien approvisionnées que le samedi [3]. La consommation ordinaire se bornait à la chair de brebis et autres de qualité inférieure. Manger du ventre de veau, une grue rôtie, c'était un régal : ces mets réputés succulents consolaient de leur volontaire exil les riches marchands établis à l'étranger et friands de bonne chère [4]. Le menu peuple de la ville et de la campagne, comme les Romains au temps de Plaute, avait un goût très-vif pour le porc et les boudins [5]. Quand on tuait le porc, pour en faire sa provision, et au besoin, pour vendre le surplus, c'était une gracieuseté que d'offrir des boudins aux gens du voisinage. Négligeait-on de le faire, ils ne négligeaient pas de réclamer [6].

Sous le délicieux climat de l'Italie, qui n'exige pas une

[1] *Il Novellino*, nov. 94, p. 86.
[2] Villani. — Ricobaldo de Ferrare. — Cibrario, p. 210. — Ferrario, V. 307. — Peruzzi, p. 358. — Ozanam, *Des poëtes franciscains en Italie*. (*OEuvres*, V, 9, 11).
[3] Sacchetti, nov. 160, t. II, p. 372.
[4] *Id.*, nov. 98, t. II, p. 95, 99. — Boccace, *Giorn.* VI, nov. 4, t. III, p. 33.
[5] Sacchetti, nov. 102, t. II, p. 119.
[6] *Id.*, nov. 146, t. II, p. 285.

nourriture très-substantielle, on vivait surtout de pain, de confitures, d'herbes, de fruits, d'autant plus volontiers que le sol de la Toscane produisait les fruits comme les herbes, en abondance et à bas prix[1]. Dans le mois de juillet, il entrait à Florence, chaque jour, quatre cents bêtes de somme chargées de légumes et de fruits[2]. En carême, on faisait pénitence avec des choux, du thon salé, un peu de vin; mais les raffinés savaient bien trouver au marché esturgeons et lamproies[3]. Un gourmet ayant imaginé de mettre des lamproies autour du chapon, rappeler, dans une expression proverbiale, cette association inusitée, devint une manière de désigner ceux qui dépensaient tout pour leur bouche[4]. Le matin, quand on voulait se donner du cœur à boire, on se coupait une tranche de viande salée, et, la posant sur du pain, on l'approchait de la braise pour en faire une grillade. Les prieurs l'allaient préparer de leurs propres mains à la cuisine[5].

Cette sobriété n'était pas sans mérite, car le luxe de table avait des précédents. Le marquis Boniface, père de la grande comtesse Mathilde, faisait, dans un temps déjà bien reculé, des dépenses folles en ce genre[6]. Pierre Damien tonne contre la gourmandise et le faste des prélats ses contemporains, contre les plats qui s'élevaient en tours, les épices du Levant qui coûtaient si cher, les mille vins qu'on servait dans des vases de cristal[7]. Un

[1] Peruzzi, p. 356; *Oss. fior.*, IV, 9, 11.
[2] Villani, XI, 93.
[3] Sacchetti, nov. 145, t. II, p. 278 ; nov. 185, t. III, p. 103.
[4] *Id.*, nov. 209, t. III, p. 259.
[5] *Id.*, nov. 108, t. II, p. 135.
[6] Voy. plus haut, l. I, c. II, t. I, p. 72.
[7] Ditari cupiunt ut turritæ dapibus lances Indica pigmenta redoleant, ut

vieil auteur atteste que ces goûts régnaient dès le dixième siècle[1]. Pour le douzième, nous avons un menu milanais, c'est-à-dire, de la ville d'Italie qui passait pour faire la meilleur cuisine : on y voit des poulets froids, des poulets farcis, des poulets rôtis, du porc et du cochon de lait farci, des jambons au vin, des tourterelles, de la vache assaisonnée au poivre[2]. Les chanoines de Sant'Ambrogio prétendaient que l'abbé, quand ils allaient dîner chez lui, leur devait donner neuf plats en trois services, où le porc et surtout les poulets gras, tant froids et bouillis que chauds et rôtis, jouaient le principal rôle[3].

On aurait donc quelque peine à comprendre que les prédicateurs reprochassent aux Florentins les raffinements de leur cuisine[4], si l'on ne voyait qu'ils s'attaquent aux repas de cérémonie où l'on recevait des invités. Encore dans ces repas mêmes trouverait-on la lésine plus aisément que la prodigalité. Le gonfalonier de justice servait à un médecin célèbre, qu'il voulait honorer, un ventre de veau, des perdrix bouillies, des sardines en ragoût[5]. Deux conteurs nous font connaître le menu d'un repas auquel Corso Donati avait prié plusieurs personnes : il est

in chrystallinis vasculis adulterata mille vina flavescant. (*Petri Damiani Opusc.*, 31, cap. VI.)

[1]   Potius vobis sacra pocula cordi
    Sæpius et stomachum nitidis laxare saginis,
    Elatasque domos rutilo fulcire metallo.
    (Auteur anonyme de Bérenger Ier, ap. Ferrario, V, 306.)

[2] Quella ove più s'attenda a far che la tavola sia grassa e ben fornita. (*Cento Novelle*, giorn. IX, nov. 10, f° 220 v°.)

[3] 1° Pullos frigidos, gambas de vino et carnem porcinam ; 2° pullos plenos, carnem vaccinam cum piperata et turtellam de lavezolo ; 3° pullos rostidos, lombolos cum panitio et porcellos plenos. (*Puricelli monum. Basil. Ambros.*, p. 702, ap. Ferrario, V, 307.)

[4] Voy. Sacchetti, nov. 72, t. II, p. 3.

[5] Sacchetti, nov. 87, t. II, p. 68. Cf. *Oss. fior.*, IV, 9, 11.

fort médiocre. On sert des pois chiches, du thon mariné, du poisson d'Arno frit, « et pas davantage ¹. » Après tout, peut-être était-ce jour de maigre, temps de carême, et nullement un festin d'apparat.

Dans les festins d'apparat, en effet, on peut constater de fastueuses coutumes. C'était une marque suprême de distinction et d'opulence, quand on recevait un hôte, que d'attacher à sa personne un serviteur et même un cuisinier². Comme on voulait dépasser le nombre de plats que la loi déterminait, on en demandait aux seigneurs la permission, et l'on déclarait, sous la foi du serment, que c'était dans le seul dessein de faire honneur à la ville. Cette permission coûtait, chaque fois, dix florins d'or ; il en coûtait vingt-cinq pour s'en passer³.

Les invités se mettaient en appétit en mangeant des concombres, et, l'été, en prenant un bain dans l'Arno⁴. Ils n'entraient pas dans la maison au fur et à mesure de leur arrivée. Ils attendaient dans la rue, devant la porte. Quand ils étaient tous réunis, on les priait d'entrer. Chacun ôtait alors son manteau, se chauffait, s'il faisait froid, se lavait les mains, se mettait à table. Si des faméliques, qui vivaient de porreaux et de racines⁵, s'étaient faufilés parmi eux, le plus souvent on les jetait à la porte, mais quelquefois on les tolérait, comme par un lointain souvenir des mœurs antiques et de ces parasites éhontés dont la bonne humeur payait l'écot⁶.

---

¹ Senza più (*Cento Novelle*, giorn. II, nov. 7, p. 35). — Cf. Boccace, *Giorn*. IX, nov. 8, t. IV, p. 67

² *Il Novellino*, nouv. à la fin, nov. 1, p. 101.

³ Peruzzi, p. 357.

⁴ Ant. Pulci, *Le proprietà di Mercato vecchio, capitolo* indiquant les choses qui se vendaient au marché en 1300, et publié ap. *Delizie*, VI, 267.

⁵ Ant. Pulci, *loc. cit.*

⁶ Sacchetti, nov. 51, t. I, p. 207-210. — Ant. Pulci, *loc. cit.*

La table était recouverte d'une nappe qui pendait sur les côtés jusqu'à terre, afin que chacun s'y pût essuyer les mains et la bouche, car on n'usait de serviettes que pour couvrir les drageoirs et autres plats. Tous ces plats étaient en cuivre ou en laiton, sauf trois ou quatre en argent, aux armes du propriétaire, s'il était fort riche. Ces derniers, on les laissait le plus souvent, pour la montre, sur un dressoir à étagère, garni de quelque beau drap, où l'on posait aussi les vases, les cruches qui contenaient le vin et l'eau. Dans des familles moins opulentes, cette argenterie de parade passait de mains en mains, se prêtait entre parents et même entre amis[1].

Devant chaque convive était un pain, avec un petit couteau qui tenait lieu de la fourchette, dont l'usage ne commença à se répandre que dans le courant du quatorzième siècle. Jusque chez les grands, on accouplait volontiers les convives : un homme et une femme mangeaient ensemble au même plat, et buvaient au même verre. Les viandes paraissaient sur la table dans leur entier, amoncelées en piles d'autant plus grosses que plus relevée était la dignité des convives ou de l'amphitryon[2]. On commençait le repas en mangeant du foie, dont on assaisonnait la sauce avec de la marjolaine. Puis venaient le chevreau bouilli[3], le paon bouilli, orné de ses plumes, des plats de gélatine, qu'on colorait et dont on formait des figures, mets d'invention florentine où l'on employait le safran, le lait d'amandes, et autres ingrédients recherchés. Un Siennois, qui avait à

---

[1] Borghini (*Disc. della moneta*, p. 161) prétend que les Florentins du treizième siècle auraient rougi qu'on pût dire d'eux qu'ils possédaient de l'argenterie, tandis que leurs descendants rougissaient de n'en pas avoir. (Voy. *Oss. fior.*, IV, 78.)

[2] Cibrario, p. 213, 214 ; *Oss. fior.*, IV, 78.

[3] Firenzuola, nov. 8.

dîner un certain courtisan de Pie II, devint un jour la risée de ses concitoyens, pour n'avoir pas su faire préparer ces deux derniers plats, fondement obligé de tout repas d'étiquette, et surtout parce que, faute d'avoir trouvé un paon au marché, ou de l'avoir voulu payer son prix, il y avait substitué une oie sauvage, en lui coupant les pattes et le bec[1].

Cette oie malencontreuse que le délicat Pulci tourne en ridicule passait néanmoins, au quatorzième siècle, pour un mets exquis, quand elle était cuite au four, farcie d'ail et de coings[2]. C'est que les goûts étaient alors très-différents des nôtres. Nous aimons les aliments légers, on les aimait lourds. On recherchait, comme ingrédients, le musc, l'ambre, le benjoin, qui irriteraient fort aujourd'hui le plus robuste estomac. On flanquait le rôti, pour former un seul plat, d'autres fortes viandes, de substances diverses, battues, mêlées ensemble, cuites à la casserole, jaunies par le safran qu'on mettait partout. Pour tous gâteaux, on n'avait que de lourdes masses de farine pétrie, biscuits, galettes, pain d'épices, où n'entraient ni œufs,

[1] Le récit de ce repas ridicule est amusant. Boileau le connaissait-il? Le principal invité est placé au haut bout de la table, et ses compagnons après lui. On servit d'abord beaucoup de gâteaux, de massepains aux amandes et à l'eau de rose. Puis l'oie. L'écuyer tranchant sue sang et eau à la peler; des plumes il couvre la table, il remplit les yeux, la bouche, les oreilles, le nez de tous les convives. Tandis qu'elles volent et se posent partout, on garde le silence pour ne pas humilier le maladroit, et l'on mange quelques bouchées d'autres plats. Viennent ensuite des viandes avec force cumin, un plat de gélatine à la mode de Florence, représentant avec des devises les armes du pape et de son courtisan, fabriqué à grand renfort d'orpiment, de céruse, de cinabre, de vert-de-gris et « altre pazzie, » autres folies qui produisirent des maux de tête et d'estomac. Le repas se termina par des gâteaux et sucreries en abondance, puis il fallut aller vomir les plumes d'oie. (Luigi Pulci, *Novelle d'autori fiorentini*, Londres, 1795, p. 59).

[2] Sacchetti, nov. 185.

ni beurre, ni lait, ni sucre, ni miel: La pâtisserie proprement dite ne vint de France à Florence qu'au seizième siècle, importée par des Lombards [1].

Quelquefois, pendant les repas, on faisait de la musique. C'était la règle pour les repas des prieurs; c'était une élégance quand on avait des invités [2]. Mais le plus souvent on ajournait le plaisir jusqu'à ce que chacun se fût lavé les mains et qu'on eût desservi [3]. Alors, si l'on ne préférait se livrer aux jeux de hasard [4] ou raconter des histoires [5], on jouait des *nacchere* bruyantes [6], de la guimbarde aux maigres sons [7], on dansait, on chantait, en s'accom-

---

[1] Les *Canti carnascialeschi*, où figurent tous les métiers ordinaires, ne mentionnent pas celui du pâtissier. Dans le *Morgante maggiore* de Luigi Pulci, Margutte, maître en gourmandise, parle beaucoup de plats de sa façon, mais ne souffle mot de la pâtisserie (c. xviii, st. 115 sq., Venise, 1545). Le premier qui en parle est Berni (*Orlando innamorato*, c. lxvii, st. 51, t. IV, p. 270, Milan, 1806), et il en parle comme d'une chose rare, venue de France (Tutte dal cuoco franzese ordinate). La variété dans les mets n'apparaît qu'à la fin du seizième siècle. (Voyez-en l'énumération dans *Cicalata in lode de' polli*, lue en 1595 par Lorenzo Franceschi, *Prose florentine*, part. III, t. II, p. 38.) — Margutte, dans Pulci, voit 72 points capitaux en cuisine; en manquer un, c'est tout gâter :

> Perchè la gola ha settanta duo punti
> Senza molt' altri poi che ve n'ho aggiunti
> Un che ne manchi è guasta la cucina.
> (c. xviii, st. 127.)

[2] Cantini, IV, 23.
[3] Boccace, *Giorn.* I, nov. 10, t. I, p. 106.
[4] Sacchetti, nov. 160, t. II, p. 372.
[5] *Il Novellino*, nov. 87, p. 81.
[6] Instrument assez analogue à la caisse de nos tambours. On en jouait sur deux peaux tendues ou parchemins, avec une baguette ou deux. La rue où habitaient les fabricants de *nacchere* s'appelait *via de' Naccajoli*. Elle était au bout de la place des Brunelleschi. (Peruzzi, p. 428. — Note à G. Villani, t. VII, p. 84, éd. de Milan, 1803.)
[7] *Ribeba*. Bande de fer pliée en deux avec une languette d'acier faisant ressort. On la tenait entre les dents et l'on faisait vibrer la languette en la poussant du doigt. Le son était maigre et ne donnait que les notes de l'accord parfait. (Alberti, *Dict.*, art. *Ribeba*; Littré, *Dict.*, art. *Guimbarde*.)

pagnant de la lyre, des sonnets, des *canzone*, des stances, des *capitoli*[1]. Des femmes de nobles, d'ambassadeurs, ne dédaignaient point ces exercices[2], que Chesterfield, en plein dix-huitième siècle, regardait encore comme indignes d'une personne bien née. Elles rivalisaient avec les chanteurs de profession, car il y en avait alors de célèbres, ne fût-ce que Minuccio d'Arezzo, contemporain de Charles Ier d'Anjou. Elles ne se bornaient pas à répéter des paroles et des airs connus : elles en inventaient de nouveaux, pour plaire davantage[3]. Des jongleurs venaient, à l'occasion, faire des jeux de magie blanche ou d'équilibre, avaler des épées, montrer des oiseaux dressés, des chiens et autres animaux dansants, des fauves ou des monstres de mer, improviser des légendes et d'autres récits, représenter l'enfer et le paradis[4].

Ces plaisirs élégants n'en empêchaient pas de plus grossiers. On avait fini de manger qu'on buvait encore. La sobriété que nous remarquons aux races du midi n'existait alors que chez les paysans qui cultivaient la vigne. Il y avait des buveurs en grand nombre, fanatiques de leur vice. Un d'eux, le nez dans son verre, formait le vœu qu'on cessât de frapper d'impôts ses pareils[5]. On absorbait tour à tour Malvoisie et *Vernaccia*, *Verdea* et *Pis-*

---

[1] *Cento Novelle*, giorn. VIII, nov. 1, f° 169 v°. — Boccace, *Giorn.* I, nov. 10, t. 1, p. 106.

[2] *Cento Novelle*, giorn. VIII, nov. 3, f° 175.

[3] Boccace, *Giorn.* X, nov. 7, t. IV, p. 144, 146. — Voy. sur les fêtes Vannucci, p. 245 sq., et à la p. 249, des vers de Francesco de Barberino dans le val d'Elsa, né en 1264, mort en 1348, montrant ce qu'était à ses yeux un luxe royal.

[4] Cibrario, p. 232-234. — Ce goût était si prononcé que Giov. Corsini, avant 1348, appelait des jongleurs dans sa chambre, où il était retenu par la gangrène à la jambe (Brocchi, I, 143).

[5] Sacchetti, nov. 176, t. III, p. 75.

cianciò, *Léatico* et *Vino santo*, *Tribbiano* de couleur d'or, vins cuits et aromatisés, surtout les vins du cru, que les *novellieri* prétendent avoir figuré sur la table des patriarches de l'Ancien Testament[1]. Il fallait que le débit des vins fût bien considérable, puisqu'on trouve à Florence un art des *vinattieri*. On affluait, en effet, dans les tavernes, où l'on était sûr de trouver joyeuse compagnie, jeunes gens, lettrés, étrangers, auxquels se joignait, nous l'avons vu, l'évêque lui-même, quand il s'ennuyait de boire dans sa sainte solitude[2]. L'ivresse produisait de violentes querelles ou un sommeil qui durait une partie de la nuit, et à la longue la goutte, l'hydropisie, la paralysie, son cortége obligé, qui hâtaient la vieillesse. On aurait pu, dit Sacchetti, appeler mal de la bouteille toutes les maladies que donnait le vin[3]. Le mari buvait et, ensuite, battait sa femme[4]. « Tous les jeunes gens » goûtaient dès le matin, et plusieurs fois avant dîner, au malvoisie et aux autres vins, ce qui les échauffait et les poussait à la débauche[5].

Honnête ou déshonnête, l'amour tenait dans cette existence si occupée d'affaires et de plaisirs une place considérable. La beauté des femmes, en Italie, pesa toujours d'un grand poids sur les décisions des pouvoirs publics[6]. Pour se faire aimer, il était de précepte d'aller à l'église, de suivre les femmes jusqu'à leur porte[7], d'y repasser

---

[1] Sacchetti, nov. 185. — Peruzzi, p. 558. — Pecori, p. 354. — Cibrario, p. 212.

[2] Boccace, *Giorn.* VIII, nov. 4, t. III, p. 208. Voy. au chapitre précédent, même vol., p. 280.

[3] Sacchetti, nov. 167, t. III, p. 39, 40.

[4] Boccace, *Giorn.* VII, nov. 4, t. III, p. 75 ; *Giorn.* I, nov. 1, t. I, p. 49.

[5] Sacchetti, *loc. cit.*

[6] Leo, L. I, ch. 1, t. I, p. 17.

[7] *Il Pecorone*, nov. 2, f° 8.

plusieurs fois dans le jour, de regarder et d'attirer l'attention sur ses regards, de chanter au besoin, sous les fenêtres de la belle, des chansons amoureuses aux sons de la guimbarde [1], puis d'employer comme intermédiaire un marchand de voiles, de bourses ou quelque autre [2]. Telle était la théorie, et la pratique de chaque jour s'y conformait. A ces moyens vulgaires de séduction, les jeunes gens riches en ajoutaient de plus distingués et d'un effet presque irrésistible : ils caracolaient dans de brillantes joutes, donnaient des fêtes, habillaient leurs valets et leurs chevaux aux couleurs de la dame, dépensaient leur bien sans compter. Ils s'y ruinaient souvent et devaient vendre leurs propriétés [3]. Si déjà ils n'avaient atteint leur but, ils y pouvaient alors renoncer.

Il était plus économique, et, dans la pensée du temps, aussi sûr de recourir, pour se faire aimer, aux incantations. Les plus dévots ne reculaient pas devant celles d'une sorcière condamnée au feu par le grand inquisiteur [4]. Le cœur gagné, ils trouvaient mille expédients pour pénétrer dans la maison. Pas de fenêtre assez distante du sol, ou de mur assez haut qu'on n'escaladât en y lançant, en y accrochant une échelle de cordes. Pas de porte si bien fermée qu'on ne parvînt à la décrocher ou à l'enfoncer [5].

Tout n'était pas amours brutales; il y avait aussi des amours romanesques. Le roman s'est de tout temps rencontré dans la vie réelle. L'histoire qui suit n'est pas une

---

[1] Boccace, *Giorn.* IX, nov. 5, t. IV, p. 47.
[2] *Il Pecorone*, loc. cit.
[3] *Cento Novelle*, giorn. V, nov. 3, f° 103 v° ; *Il Pecorone*, giorn. III, nov. 2, f° 28 v°.
[4] *Cento Novelle*, giorn. VIII, nov. 4, f° 179 v°.
[5] *Ibid.*, giorn. II, nov. 6, f° 32 v°.

invention des conteurs. Un certain Ippolito des Buondelmonti, allant chez Dinora des Bardi, cachait dans son bonnet une échelle qu'il devait rattacher à la corde que sa maîtresse lui lancerait du haut de son balcon. Sur sa route, il rencontre le Bargello et sa troupe; il s'enfuit et dans sa fuite laisse tomber son bonnet. On y trouve son échelle, on se lance à sa poursuite, on le rejoint, on lui demande quel était son dessein. Lui, jaloux de sauver l'honneur d'une femme, répond qu'il se proposait de voler. Grande surprise des gens de la police; mais ils font leur rapport. Le potestat arbore à sa fenêtre le sinistre étendard de la justice et condamne à mort le prétendu voleur. Il lui accorde seulement, sur sa demande, d'aller au supplice par la rue des Bardi : l'infortuné voulait entrevoir une dernière fois Dinora ou, du moins, jeter sur la maison de la jeune fille un suprême regard. En voyant se dérouler sous ses yeux le lugubre cortége, Dinora comprend tout, elle se précipite aux pieds des gens de justice, et, pour sauver son amant, avoue sa faute. Tous les deux, accompagnés d'une foule immense, sont ramenés devant le potestat, qui révoque la condamnation. Les deux familles se réconcilient; un mariage, comme au théâtre, dénoue ce roman[1]. Il ne lui a manqué qu'un Shakespeare pour prendre rang, dans la littérature dramatique, à côté du drame de Vérone, plus sombre, mais non plus touchant.

Avec l'amour, rien ne tenait plus de place, dans la vie privée des Florentins, que les pratiques religieuses. Il ne faudrait pas prendre le change en voyant les scandales

---

[1] Ms. de la maison des Peruzzi, et qu'on croit de Paolo Cortese : *Istoria in ottava rima stampata in 4° al principio del secolo XVI°, ma senza data.* (Voy. *Oss. fior.*, VIII. 31.)

des indifférents ou des esprits forts. Le bruit qu'on en fait prouve bien qu'ils étaient l'exception; mais il faut avouer pourtant que Florence en usait bien librement avec son culte et sa foi. C'était lui marquer un médiocre respect que de faire des églises un lieu de réunion pour les bruyantes assemblées de la politique, et, pis encore, pour les orgies d'un festin[1]. Il y avait des artisans qui ne chômaient ni le dimanche, ni même le saint jour de Pâques[2]. Les Florentins n'allaient guère au sermon. Pour les attirer en plein carême, un prédicateur, qui prêchait au désert, annonçait publiquement qu'il dirait des choses nouvelles, entre autres que l'usure est permise. Piqués de curiosité, les marchands accourent, et il traîne en longueur. Enfin, à sa dernière homélie, il établit que le prêt n'est honnête qu'à la condition de ne pas recevoir plus qu'on n'a prêté[3]. Les usuriers d'intention qu'avait alléchés sa promesse sortirent de l'église en maugréant, en jurant qu'on ne les y prendrait plus. Un autre débitant le soir à des artisans pauvres et à des domestiques un sermon sur l'usure et les contrats illicites, appris en vue d'un auditoire de trafiquants et de changeurs, quelque assistant se levait pour l'avertir de sa bévue, pour lui représenter qu'il parlait à des misérables qui pratiquaient bien l'emprunt, mais non le prêt[4]. Nous avons vu cette population railleuse se demander qui, du Christ ou du prêtre, avait été le sauveur au passage de la Sieve[5].

[1] Certi Fiorentini erano a cena in una chiesa di Firenze. (Sacchetti, nov. 200, t. III, p. 207.)
[2] *Il Novellino*, nov. 6, p. 9.
[3] Sacchetti, nov. 32, t. I, p. 131-136.
[4] Sacchetti ajoute que le prédicateur, n'y mettant pas d'amour-propre, changeait aussitôt de sujet et prêchait sur ce texte: *Beati pauperes spiritu* (nov. 100, t. II, p. 105-107).
[5] Voy. ch. précédent, p. 283.

Les ouailles n'attendaient pas du pasteur l'exemple d'une raisonneuse impiété. Elles se posaient la question suivante : Si tu étais en pleine mer, qu'aimerais-tu mieux avoir sur toi : l'évangile de saint Jean ou la ceinture de gourdes qui aide à nager? Sacchetti affirme que, d'un accord unanime, on préférait les gourdes[1]. Parmi les pénitents qui, le vendredi saint, se rendaient à l'offrande croix et bannière en tête, plus d'un, au lieu de déposer de l'argent, en prenait avec la bouche ou les mains et l'allait aussitôt convertir en chapons[2]. Enfin, jusque parmi les juges, on trouvait des incrédules qui blasphémaient Dieu, sa mère, toute la cour du Paradis[3].

Mais si quelques-uns riaient de ces « péchés très-véniels[4], » le plus grand nombre en ressentait une indignation profonde. Ces juges blasphémateurs, Boccace les accuse d'être des piliers de tavernes et de mauvais lieux[5]. Ces artisans qui travaillaient le dimanche étaient obligés de se cacher; ils couraient grand risque d'être dénoncés et punis[6]. Les dévots formaient légion. Ils ne se contentaient pas de jeûner tout le carême; ils jeûnaient encore un ou plusieurs jours par semaine[7]. Ils allaient à la confession fréquente, et, chaque fois, y restaient des heures, affublés souvent, hommes et femmes, de l'habit monastique. Les femmes, au moment d'accoucher, ne manquaient jamais de se mettre en règle avec

---

[1] Tutti concorsono che vorrebbono innanzi avere la zucca. (Sacchetti, nov. 103, t. III, p. 122.)
[2] Sacchetti, nov. 113, t. II, p. 154, 156.
[3] Boccace, *Giorn.* I, nov. 1, t. I, p. 56.
[4] *Ibid.*, p. 52.
[5] *Ibid.*, p. 40.
[6] *Il Novellino*, nov. 6, p. 9.
[7] Boccace, *Ibid.*, p. 46, 47.

le ciel[1]. Marchands et marins, au moment de partir, faisaient dévotement leurs oraisons[2]. On entreprenait des pèlerinages quelquefois lointains, à Saint-Jacques-de-Galice, par exemple, et, dans ce cas, l'on faisait à tout hasard son testament[3]; d'ordinaire aux environs, pour gagner le salut à moins de frais. On s'acheminait, soit vers Santa Maria de Cigoli, près de San Miniato al Tedesco, qui eut longtemps le privilége d'attirer la foule[4], soit vers Castelfiorentino, où il y avait une église consacrée au grand saint Antoine. On y trouvait le tombeau d'une sainte Verdiana, morte à l'âge de soixante-quatre ans, et qui avait, de son plein gré, vécu dans un ermitage avec deux serpents. On laissait une somme d'argent pour fournir d'huile et tenir allumée une lampe devant le tombeau[5].

Il y avait toujours quelque madone à la mode; mais ce ne fut jamais longtemps la même. « Tel était à Florence, écrit Sacchetti, le goût des nouveautés, que si les Florentins le pouvaient, ils changeraient aussi souvent la seigneurie du ciel qu'ils changent celle de la terre[6]. » A Santa Maria de Cigoli succédait Santa Maria della Selva, puis Santa Maria in Pruneta, puis Santa Maria Primerana de Fiesole, puis cette fameuse madone d'Or San Michele,

---

[1] *Cento Novelle*, giorn. IX, nov. 2, f° 199. — Sacchetti, nov. 28, t. I, p. 113.

[2] Ms. de la Magliab. ap. *Oss. fior.*, VIII, 64.

[3] Dès 1178. (3 avril 1178. *Cartap. delle Rif.*)

[4] Sacchetti, Lettre à Jacomo di Conte, à la suite de ses nouvelles, t. III.

[5] Cette sainte passait pour appartenir à la noble famille des Attavanti. Elle avait une image à Orsanmichele (Brocchi, I, 170, 173, 193). Le fait qu'on lui attribuait avait donné lieu à ce proverbe : « Pare una santa Verdiana che dà beccare alle serpi. » (Boccace, *Giorn.* V, nov. 10, t. II, p. 376.)

[6] Sacchetti, nov. 157, t. II, p. 354.

qui faisait d'une halle aux grains[1] un lieu de pèlerinage, un sanctuaire vénéré. De tous les coins de la Toscane on y apportait des cierges, des images votives en cire. L'édifice n'était pas entièrement construit encore, quand il se forma une sorte de confrérie des meilleures gens de Florence, qui, sous le nom de *Laudesi di Santa Maria*, venaient, le soir, s'agenouiller devant l'icone sainte, et chanter des laudes à tue-tête (10 août 1291). Le 3 juillet 1292, la bienheureuse Vierge commençait à faire des miracles, et bientôt la loge fut remplie d'*ex-voto*. Legs, aumônes, offrandes affluaient : les pauvres en retiraient plus de six mille livres par an. Pour éviter la poussière des grains et autres marchandises, la madone, peinte sur un pilastre, restait couverte toute la semaine; on ne la découvrait que le samedi soir et les veilles de fêtes. Toute la journée du lendemain, elle restait exposée à la vénération des fidèles, les cierges constamment allumés[2].

Mais cette grande vogue n'eut elle-même qu'un temps. La *Nunziata* des *Servi* détourna vers soi les fidèles : on lui offrit tant d'images que les murs de l'église en étaient couverts. A son tour pourtant elle fut aussi détrônée : la madone d'une petite chapelle, dite de *Santa Maria alle grazie*, sur le pont Rubaconte, lui ravit ses adorateurs. Ce dernier sanctuaire étant très-exigu, il fallait enlever

---

[1] Ad custodiendum granum et bladum quod reponitur sub logia comunis Orti S. Michaelis. (Doc. ap. Gaye, I, 421.) — Cette loge, commencée en 1284, fut finie en 1290.

[2] Rub. 13 et 14 du *Statuto dei Laudesi*, publié à Lucques, en 1859, par l'avocat Leone del Prete. — Voy. Villani, VII, 154 ; Milanesi, *Sulla storia dell' arte toscana*, p. 326 ; Passerini, *Curiosità stor.* — *art. flor.*, 1ᵉ serie; *La Loggia d'Orsanmichele*, p. 3. — Gaye, I, 478 ; Vasari, éd. Lemonnier, II, 22.

les cierges de la veille pour faire place à ceux du jour. Ainsi, la mode imposait ses lois capricieuses à la religion même. « Notre-Dame, s'écrie le pieux mais raisonnable Sacchetti, a-t-elle donc plus de force pour faire des grâces dans un lieu que dans un autre[1] ? »

Ce qui semblerait plus surprenant, si ce travers n'était de tous les siècles, c'est que plus d'une fois des saints obscurs, peu authentiques, éclipsèrent la reine même du ciel. Les Florentins n'attendaient pas le bon plaisir du saint-siége pour canoniser les gens de leur goût. D'un bienheureux ils faisaient un saint, en remplaçant sur sa tête, dans les images qui le représentaient, les rayons par le diadème[2]. C'était quelquefois chez eux affaire de patriotisme, comme quand ils béatifiaient leur vertueuse compatriote, Umiliana des Cerchi[3]. Le plus souvent, c'est que les frères-mineurs trouvaient profit à glorifier des hommes morts en odeur de sainteté après avoir été de grands pécheurs. Ces repentis de la dernière heure, reposant sous les dalles de Santa-Croce, ne manquaient pas d'y faire des miracles productifs de beaucoup de cierges et d'argent[4]. Tels étaient san Gherardo de Villamagna, un illustre inconnu, et san Barduccio, un saint apocryphe, pour qui on négligeait cependant les madones, saint Augustin et saint Benoît. Des paysans de Marignolle, voisins de Sacchetti, érigent en sainte une jeune fille qui venait de mourir, et en tout semblable aux autres, dit ce conteur. Une religieuse du même lieu passe de ce monde dans l'autre : les miracles qu'on lui

[1] Sacchetti, *Lettera a Jacomo di Conte*, t. III, p. 376.
[2] *Id.*, p. 371.
[3] Brocchi, I, 201.
[4] Sacchetti, *ibid.*, et nov. 157, t. II, p. 354.

prête attirent une foule immense. Pour tout miracle, un poëte aveugle (*dicitore in rima*) a le nez cassé ; un *contadino* est dépouillé de sa bourse ; le pape ne veut pas reconnaître la nouvelle sainte ; mais les bonnes femmes persistent obstinément à brûler des cierges autour de son tombeau[1]. Ces dévotes recevaient le nom de *spigolistra*, ou piqueuse de chandelles, de *picchiapetto* ou frappe-poitrine[2]. Quelques-unes, dès qu'elles étaient veuves, ou avant même de le devenir, entraient en religion[3]. Des hommes mariés, de leur côté, se faisaient dévots de saint François, n'en quittaient plus l'église, disaient tout le jour des patenôtres, ne manquaient ni la messe, ni le sermon, ni les laudes, s'habillaient de brun comme les frères-mineurs, marchaient dans les rues les yeux baissés, n'avaient à la bouche que des paroles de piété, disaient avant de se coucher mille prières, faisaient sur leur lit le signe de la croix, pour n'avoir rien à craindre dans les ténèbres, pratiques qui n'empêchaient point certains d'entre eux de persévérer dans la débauche ou le libertinage. On prétendait qu'ils avaient pris dans l'église le nom de balayeurs ; on leur donnait celui de *frate* et même d'apôtre, peut-être dans le sens où nous disons « bons apôtres » aujourd'hui[4].

Loin d'être toujours hypocrites, les superstitions flo-

---

[1] Non ci attende e ha a fare maggiori fatti. (Sacchetti, *Lettera*, etc., t. III, p. 375-376.)

[2] Le *spigolo*, c'était la pointe de fer où l'on piquait les cierges devant les images des saints. (Boccace, *Giorn.* V, nov. 10, t. II, p. 376, 384.)

[3] Dans un doc. il est question d'un certain Giuntarino de Borgo San Sepolcro, fils de Monna Orabelis, « religiose in ordine S. Francisci. » (10 juillet 1290. *Provvisioni*, II, 110 v°.)

[4] Boccace, *Giorn.* III, nov. 4, t. II, p. 54, et *Giorn.* VII, nov. 1, t. III, p. 81, 84. — Sacchetti, nov. 101, t. II, p. 108, 111.

rentines étaient souvent très-sincères. Il y en avait de fort ridicules. On évitait de se vêtir en vert : cette couleur passait pour funeste, étant celle des Musulmans comme des courtisans de Frédéric II pour leurs habits de chasse[1]. On n'aurait rien commencé un vendredi, malgré les esprits forts qui représentaient que le monde, après tout, avait été sauvé ce jour-là[2]. On croyait à la nécromancie[3]. On méprisait les Juifs comme voleurs, mais on les consultait comme sorciers : le pire d'entre eux inspirait plus de confiance, pour ses vains remèdes, que cent bons chrétiens[4]. Entendait-on du bruit, on croyait à des démons, on invoquait Jesu-Maria, on appelait prêtres ou moines pour exorciser par l'eau bénite et les psaumes l'ennemi cornu[5]. Buffalmacco, le peintre, effrayait son confrère et ami Tafo, en faisant promener dans sa chambre, quand il était au lit, des escargots portant sur leur dos un lumignon allumé, et que le dormeur perfidement éveillé prenait aussitôt pour une légion diabolique[6]. La femme dédiait des cierges à la Madone en faveur pour qu'elle lui fît retrouver une chatte perdue, ou pour que le mari ne se souvînt plus d'une chose qu'il avait dite[7]. On admettait très-sérieusement que saint Antoine protégeait les cochons[8] : par quelle capitulation de conscience

[1] *Il Novellino*, nov. 22, p. 26.
[2] Sacchetti, nov. 48, t. I, p. 194.
[3] Boccacc, *Giorn.* VIII, nov. 7 et 9, t. III, p. 224 sq. et 272.
[4] Voy. Sacchetti, nov. 218, 219, t. III, p. 302-313.
[5] *Cento Novelle*, giorn. VIII, nov. 3, f° 176, 177.
[6] Sacchetti, nov. 191, t. III, p. 146-153.
[7] *Id.*, nov. 109, t. II, p. 140.
[8] *Id.*, nov. 110, t. II, p. 142. — Voy. un curieux décret de Filippo Visconti : — Quod nulla persona.... audeat.... aliquem ex porcis S. Antonii et sub ipsius vocabulo nutritos et nutriendos in civitate, suburbiis et ducatus.... Mediolani accipere, rapere, permutare nec interficere, sub pœna flor. 25 auri pro quolibet porcho, cujus pœnæ tertia pars sit accusa-

se croyait-on permis de les tuer en si grand nombre, pour s'en nourrir? On tenait pour vrai comme l'Évangile que, si un meurtrier, dans les neuf jours qui suivaient le meurtre, parvenait à manger une soupe sur le cadavre de sa victime, il ne pouvait plus être atteint par la vengeance des hommes[1]. C'était, enfin, un redoutable présage, que de se trouver couché à côté d'un mort[2].

Sacchetti blâme ces superstitions, comme preuve les unes de lâcheté, les autres d'idolâtrie ou de dérision. Il y a beaucoup de chemins, dit-il, par où l'on croit arriver au paradis et qui mènent en enfer[3]. Des faits qu'il rapporte on peut même inférer que ce n'était pas leur salut dans l'autre monde, mais bien leur prospérité dans celui-ci qui préoccupait les auteurs des plus audacieuses inventions. En beaucoup d'endroits, on montrait du lait de la Sainte Vierge[4]. A Florence, on faisait venir de Pouille un bras de santa Reparata, dont le corps était enseveli dans cette province ; on le recevait avec de grandes cérémonies ; on l'exposait, durant plusieurs années, à la vénération des fidèles, le jour où se célébrait la fête de cette patronne présumée, et, à la fin, les clairvoyants s'apercevaient, informaient les crédules que ce bras était de bois[5]. La découverte provoquait le rire, non la colère,

toris, alia tertia pars sit executoris, et reliqua tertia pars sit prædicti supplicantis (præceptoris domus S. Antonii). (*Arch. stor.*, Append., IV, n° 16, p. 148.) — Dante fait allusion à cet usage :

Di questo ingrassa il porco S. Antonio, etc.
(*Parad.*, XXIX, 124.)

[1] Benvenuto d'Imola, *Comment. ad Purg.*, XXXIII, 36, ap. Mur., *Antiq. med. ævi*, I, 1234. Cet auteur ajoute : « Et hoc fecerunt multi famosi Florentini, sicut dominus Cursius Donatus. »
[2] Sacchetti, nov. 48, t. I, p. 194.
[3] *Id.*, nov. 109, t. II, p. 140 ; nov. 49, t. I, p. 196.
[4] *Id*, nov. 59, t. I, p. 234.
[5] *Ibid.*, p. 232. — Au même endroit, Sacchetti rapporte qu'au couvent

car les Florentins étaient gens de belle humeur : quoique descendants des sombres Étrusques, ils savaient prendre les choses en plaisanterie. Marchands, d'ailleurs, ils trouvaient bien vite les motifs de la supercherie, en supputant ce qu'elle avait pu rapporter.

La vie tout extérieure qu'ils menaient ne se comprendrait pas sans ces dispositions sociales. Or, ils vivaient à l'église, dans les rues, sur les places publiques, infiniment plus que dans leurs étroites maisons. Nous les avons vus sous les *loggie* du *Mercato nuovo*, pendant le jour, pour leurs affaires. Ils y revenaient encore le soir, les affaires finies, pour prendre le frais sur les bancs de la place et deviser de nouveau[1]. Chaque palais, chaque maison de quelque importance avait sa *loggia*, où s'accomplissaient au grand air, quoique à l'abri du soleil comme de la pluie, et sous les regards de tous, les principaux actes de la vie publique ou privée. C'est sous la *loggia* du palais communal que la seigneurie se plaçait, pour convoquer le peuple à parlement, procéder tous les deux mois à l'élection de la seigneurie future, ainsi qu'à celle des autres magistrats, donner le bâton de commandement aux capitaines qui devaient se mettre à la tête de l'armée, conférer la chevalerie à ceux qui avaient bien mérité de la patrie, ou qu'on voulait honorer. De même, sous les *loggie* des particuliers se concluaient les contrats de vente et

---

de Santa Caterina, de Bologne, les nonnes voulaient que le dominicain Taddeo Dini montrât le bras de la sainte. Comme il s'y refusait, disant qu'il avait vu au Sinaï le corps entier, elles insistent, il cède, mais en avertissant l'auditoire que ce ne peut être qu'un troisième bras, puisqu'il a vu les deux autres adhérents au corps. Quelques-uns rient, mais le plus grand nombre se signe dévotement et croit à un miracle. (Saccheiti, nov. 59, t. I, p. 232.)

[1] *Il Novellino*, nouv. à la fin, nov. 2, p. 117.

d'achat, les donations, les festins, les fêtes pour l'obtention de la chevalerie par un membre de la famille[1]. Voir et être vu paraissait un double avantage à une population curieuse autant que possédée du démon de la vanité[2].

Avec le *Mercato nuovo,* il n'y avait pas de lieu plus fréquenté que cet antique *Mercato vecchio*[3], où l'on vendait les œufs, le fromage, les légumes, les herbes, les fleurs, en septembre et octobre le gibier, en toute saison la viande de boucherie sur des étaux à découvert. Pêle-mêle avec les bouchers, se trouvaient les marchands d'herbes aux boutiques volantes, les taverniers, les fripiers, des hommes qui conduisaient leurs chevaux ou leurs mulets chargés de marchandises. Aux vendeurs s'ajoutaient les acheteurs, les oisifs, les curieux, battant du pied les murailles par les temps froids[4], étrange fouillis d'hommes et de choses auquel servait de cadre cette petite place carrée dont quatre églises ornaient les quatre

---

[1] Passerini, *Curiosità,* etc. ; *La loggia della signoria,* p. 3. — Cet usage était ancien. Des documents de 1286 parlent déjà de *loggie* existant dans les palais publics : « Cognita voluntate consulum septem majorum artium civ. Florentine convocatorum supra logia seu verone existente apud pallatium comunis florentini juxta introitum sale ipsius pallatii. (*Provvisioni,* filza 1 ; Gaye, I, 417. Cf. G. Capponi, *Della vera e dell' apparente distruzione dei capitali, Atti dell' Accademia dei Georgofili,* t. XIV, p. 164, cité par Vannucci, qui donne le passage, p. 245-246.)

[2] Come spesso si corre a vedere. (Sacchetti, nov. 152, t. II, p. 317.)

[3] S'il est vrai, comme le dit Follini (IV, 188), que le marché primitif ait été sur la place de San Giovanni, il était au *Mercato vecchio* dès 1100. Il existe un contrat de 1097 où on lit : « Actum in civitate florentina, in foro qui dicitur veteri. » Auparavant, au temps des Langobards et des Carolingiens, il faisait partie du *foro del Re,* ou camp du roi, qui y commençait et s'étendait jusqu'à la porte de San Gallo. (Brocchi, *Storia del Mugello,* p. 115 ; *Oss. fior.,* IV, 7, 8 ; Del Migliore, p. 511.)

[4] Ant. Pulci, *loc. cit.,* ap. *Delizie,* VI, 267.

coins[1], et où s'élevaient les demeures des Nerli, des Amieri, des Arrigucci, des Agli, des Altieri, des Caponsacchi, des Tornaquinci, des Medici, des Agolanti, des Alfieri, des Pegolotti, des Cacciaguida, des Strinati. Parmi ces maisons d'importance diverse, on remarquait les palais à tours et à colonnes des Tosinghi et des Soldanieri, merveilles renommées de Florence[2]. On voyait en outre, faisant face à la rue de Calimala, un tabernacle de la Vierge, en souvenir des prédications de saint Pierre martyr et du miracle qu'il avait accompli en chassant deux fois le démon, qui l'était venu troubler sous la forme d'un cheval noir. Les apothicaires avaient fait les fonds pour y célébrer une messe quotidienne, et l'usage s'établit que tous les condamnés qui allaient à la mort vinssent s'agenouiller devant ce tabernacle[3]. Il ne manquait vraiment plus que ces lugubres cortéges pour porter à son comble la pittoresque confusion d'un lieu si fréquenté. Bêtes et gens se heurtaient, s'effrayaient les uns les autres. Les bêtes s'entremordaient, s'emportaient, se ruaient sur les boutiques et y causaient de grands dégâts. Il fallait recourir au couteau[4], ou aller devant le potestat, qui blâmait une telle affluence d'animaux, incarcérait l'inculpé, puis instruisait l'affaire à loisir[5]. Les

---

[1]   Le dignità di mercato son queste
   Ch' ha quattro chiese ne' suoi quattro canti,
   Ed ogni canto ha due vie manifeste.
   Artefici d'intorno e mercatanti
   Di più e più ragion.

(Ant. Pulci, *loc. cit.*, ap. *Delizie*, VI, 267.)

[2] Sacchetti, nov. 160, t. II, p. 372 ; Del Migliore, p. 489-511 ; Peruzzi, p. 352.

[3] Follini, IV, 188 ; Del Migliore, p. 517.

[4] Ant. Pulci, *loc. cit.*, tercets 31, 32 (*Delizie*, VI, 267).

[5] Sacchetti, nov. 160, t. II, p. 372 ; Cf. nov. 158 et 159.

rixes du *Mercato vecchio* ne laissaient pas chômer son tribunal.

On avait mieux ses aises dans les rues, quoiqu'elles fussent étroites et tortueuses; car, souvent sans issue, elles ne permettaient pas aux passants d'incommoder les habitants qui s'y installaient, et toujours sans soleil, elles permettaient de respirer un air non embrasé. Elles servaient aux maisons comme de pièce extérieure. C'est là qu'on jouait aux échecs ou aux dames. Autour des joueurs, une foule de gens qui jugeaient les coups, et, dans les cas douteux, dans les différends, imposaient leur décision[1]. Un peu plus loin, les enfants jouaient à la balle ou à la toupie. Leurs balles tombaient sur l'échiquier et dérangeaient les pièces; leurs toupies allaient dans les jambes des joueurs et les mettaient en colère. C'était un vif plaisir pour le jeune âge d'amener un rat dans une souricière, de le lâcher, de le poursuivre, de le tuer à coups de balai. Le désordre qui en résultait troublant plus encore les parties, joueurs, spectateurs, passants, perdaient patience, apostrophaient les perturbateurs, leur administraient au besoin des corrections manuelles, dont ces petits espiègles ne tardaient pas à se venger. Ils clouaient un jour en tapinois le vêtement de Guido Cavalcanti sur le banc où il était assis, en sorte que le philosophe, aussi distrait que grave, ne pouvait plus se lever sans qu'on lui apportât des tenailles ou sans mettre sa robe en lambeaux[2]. Un autre de leurs jeux était aussi fort encombrant: c'était la *coda*, la queue. Plusieurs enfants se tenant l'un l'autre par derrière et par la ceinture passaient

---

[1] Sacchetti, nov. 165, t. III, p. 28.
[2] *Id.*, nov. 76, t. II, p. 15; nov. 68, t. I, p. 261-263.

au milieu de deux d'entre eux qui, debout, entrelaçaient leurs mains, et tâchaient d'arrêter les autres au passage, en leur demandant s'ils étaient guelfes ou gibelins. Celui des deux qui faisait le plus de prisonniers était réputé le plus vaillant[1].

Les gens avides de gain jouaient de préférence aux dés, aux jeux de hasard, et ils aidaient le hasard par la tricherie. Par exemple, on mettait devant soi une pièce d'argent : la règle était que le joueur sur la pièce de qui une mouche venait se poser gagnait les enjeux. Que faisait le fripon? Il avait dans la main quelque substance grasse et sucrée, de celles qui attirent les mouches, et il en frottait légèrement sa pièce de monnaie. S'il était habile, il la passait, une fois sur quatre, à son voisin, pour ne pas gagner à tout coup[2]. Le législateur connaissait ces fraudes et il y faisait obstacle de son mieux, en n'autorisant ou ne tolérant aucun jeu qui ne laissât une part au calcul, à l'intelligence[3]. Mais, impuissant contre les passions et les mœurs, il se vit plus d'une fois obligé de rapporter ses décrets prohibitifs[4]. Les avait-il mainte-

---

[1] Note de l'éditeur de G. Villani, *Società tipografica de' classici italiani*, Milan, 1303, au l. X, c. xcvi.

[2] Sacchetti, nov. 18, t. I, p. 84.

[3] Quod nulla persona teneat tabularium pollitum seu discum pollitum, aptum ad ludendum ad azardi sive ad aliquam aliam bescozariam sub domo, orto, curia, vel aliqua parte habitationis ipsius ; et contrafaciens habeatur et puniatur tanquam tenens ludum. Salvo quod quilibet possit ludere ad tabulas sive scachos in via publica. (15 janvier 1285. *Provvisioni*, filza 1, ap. Gaye, I, 417. — Cf. Salvatore Bongi, *Bandi lucchesi del secolo XIV, tratti dai registri del R. arch. di stato in Lucca*, p. 287, Lucques, 1868, dans la *Collezione di opere inedite o rare dei primi tre secoli della lingua*, publiée par la commission des textes de langue dans la province de l'Émilie.)

[4] Sienne avait prohibé divers jeux de hasard ; à la demande du peuple et des grands, elle les rétablit. (15 octobre 1291. *Consiglio della Campana*, XLII, 33.)

nus, on les enfreignait impunément. Même entre joueurs honnêtes les querelles étaient fréquentes; combien ne l'étaient-elles pas davantage, quand un d'eux se permettait de tricher! C'était d'abord un torrent d'injures; puis on en venait aux coups et le sang coulait. Quand, à force de s'obstiner dans la perte, on avait ruiné soi-même et sa famille, on s'en allait, de dépit, jeter des pierres, des immondices aux images des saints et de la madone qui se voyaient partout sur les portes ou au coin des rues. Parfois, dans un moment de raison et de remords, on faisait serment de ne plus jouer, on se condamnait par-devant notaire à de grosses peines, en cas de parjure; mais le naturel revenait au galop[1].

A ce dangereux plaisir les gens sages préféraient la chasse, qui, sans exclure le hasard, le tempère par l'adresse, et est également saine pour le corps et pour l'esprit. Les Florentins y étaient fort adonnés. Septembre venu, ceux qui avaient des éperviers se réunissaient pour chasser la caille en plaine, notamment entre Prato et Pistoia. La loi protégeait ce précieux gibier, en fixant, nous l'avons vu, les mois où il était permis de le vendre, et par conséquent de le tuer. Elle protégeait aussi les oiseaux chasseurs. Tout marchand de volaille ou autre, à qui l'on vendait un autour, un épervier, un tiercelet, un faucon, était tenu d'en donner avis au public, par l'intermédiaire du crieur, afin que le propriétaire pût le réclamer[2].

De tels exercices entretenaient en belle humeur une population naturellement gaie, malgré la gravité de son

---

[1] Salvatore Bongi, *loc. cit.*
[2] Sacchetti, nov. 210, t. III, p. 261.— L. Del Migliore, p. 513.

masque étrusque. Dans les rues, elle chantait en musique sonnets et *canzone;* dans les plus humbles boutiques, elle récitait les plus belles poésies, au risque parfois de les estropier et de mettre en courroux l'irascible Dante[1]. L'esprit courait les rues, preste, vif et mordant[2], le plus souvent fin, quelquefois poussé par la mauvaise éducation ou le tempérament méridional aux grosses facéties. Les prieurs eux-mêmes, condamnés à vivre deux mois ensemble, s'en consolaient en mystifiant de mille manières le plus naïf d'entre eux[3]. Ce n'est pas seulement au seizième siècle qu'il y eut à Florence des réunions d'hommes à grand nez : on en vit dès le quatorzième, auxquelles manquait seulement le nom d'académies[4].

Les conteurs sont pleins des facéties florentines. Ils rapportent que, trouvant un ours apprivoisé qui entrait comme chez lui dans une église ouverte, des plaisants lui attachèrent les pattes aux cloches, pour se donner le divertissement de ce qui en allait résulter. L'ours, pressé de se dégager, met les cloches en branle; les voisins, à ce bruit, sortent de chez eux par crainte d'un de ces terribles incendies, dont la menace, comme une épée de Damoclès, était toujours suspendue sur leurs têtes. On était au milieu de la nuit; ils paraissent dans la rue en déshabillé fort indiscret, aux éclats de rire et aux applau-

---

[1] On peut voir dans Sacchetti (nov. 114 et 115, t. II, p. 157, 161) les querelles que Dante faisait au forgeron, à l'ânier, qui estropiaient ses vers en les chantant.

[2] Voy. Boccace, *Giorn.* VI, nov. 3 et 9, t. III, p. 32, 53. — Brunetto Latini est cité par Filippo Villani comme fécond en mots plaisants et qui provoquaient le rire (Vannucci, p. 247).

[3] Sacchetti, nov. 83, t. II, p. 39, 45.

[4] *Id.*, nov. 93, t. II, p. 92. — A New-York, en 1875, on a vu un bal exclusivement composé d'hommes et de femmes gras. Les excentricités sont de tous les temps.

dissements des facétieux qui les regardaient de leurs fenêtres[1]. Les Florentins aimaient à se déguiser en diables, avec des feux d'artifice dans les cornes, avec des masques d'où l'on faisait à volonté jaillir des flammes, grâce à des noix contenant des fusées qu'on crachait sur les gens, sans danger pour soi-même en les faisant éclater. Par une nuit noire, ils se plaisaient à jouer les fantômes dans les cimetières, au risque de faire mourir d'effroi ceux qu'ils voulaient effrayer[2].

Tout spectacle était une fête, et toute chose devenait un spectacle : un tableau à voir dans l'échoppe du peintre[3]; les fiançailles, les mariages, les prises d'habit de moines et de nonnes, la première messe d'un prêtre, le « mystère de quelque mort[4], » l'assemblée à parlement, l'élection des magistrats, la prise de possession des magistratures, le départ ou le retour de l'armée, l'arrivée ou le départ de personnages étrangers. Les cloches sonnaient alors *a gloria*, et la multitude accourait à leur bruyant appel. Le Carnaval, la Saint-Jean, la Toussaint, donnaient le signal de réjouissances gastronomiques. Les plus nobles et les plus riches citoyens s'invitaient réciproquement à des festins splendides[5]. De moins for-

---

[1] Sacchetti, nov. 200, t. III, p. 207.
[2] *Cento Novelle*, giorn. VIII, nov. 3 et 4, f°⁸ 176-180.
[3] Un des plaisirs donnés à Charles d'Anjou passant par Florence fut de le mener voir la madone que Cimabue peignait alors dans un jardin près de la porte San Piero et qu'on voit encore aujourd'hui à Santa Maria Novella, dans la chapelle des Rucellai (Vasari, *Vie de Cimabue*). La foule, la joie publique, firent donner à ce lieu le nom de Borgo Allegri (Voy. Vannucci, p. 243, note 1).
[4] Misterio alicujus mortui (*Provvisioni*, VII, 38). — Le mot de mystère n'a pas ici d'autre sens que celui de funérailles, mais il ne manque pas de profondeur.
[5] *Cento Novelle*, giorn. III, nov. 7, f° 67 v°.

tunés se faisaient présent d'une paire d'oies[1]. Tenir une cour était un usage qui avait passé des princes aux seigneurs, et des seigneurs aux *popolani*. Des sociétés se formaient dont les membres se commandaient, chaque année, un costume semblable pour tous, chevauchaient par la ville, donnaient des joutes, des banquets, soit aux fêtes chômées, soit à l'occasion d'un événement heureux[2]. La compagnie des *frati gaudenti* avait fini par n'être plus qu'une association pour le plaisir[3].

Chaque année, le 1er mai ramenait la fête du printemps, prétexte attendu pour dresser les tables à manger et à boire, pour jouer des instruments et danser, pour chanter les *maggiolate*, pour arborer à sa fenêtre ou à la porte d'une maîtresse le *maio*, branche d'arbre ornée de banderoles dorées et de rubans, pour faire des promenades où les jeunes gens couronnés de fleurs marchaient à la suite du plus beau d'entre eux, qui prenait le nom de l'Amour[4]. Aux fêtes de village, les divertissements étaient plus grossiers. On y voyait un homme conduisant un âne qui portait des cymbales sur le dos, des chardons sous la queue, en sorte qu'il se trémoussait sans cesse et faisait une discordante musique, au son de laquelle l'homme exécutait des danses autour de son bau-

---

[1] Sacchetti, nov. 231, t. III, p. 256.

[2] *Cento Novelle*, giorn. V, nov. 5, f° 106 v°; L. Passerini, *Gli Alberti di Firenze*, t. I, p. 18, Flor., 1870, 2 vol. in 4°; Ferrario, V, 318. — Il y avait aussi de ces compagnies à Sienne, dès le treizième siècle, notamment une appelée *Spendereccia* ou *Godereccia*, dont parle Dante. C'étaient douze étourdis qui dépensaient tout leur bien dans l'année. Un jour, ne sachant qu'inventer, ils faisaient frire leurs florins, et les jetaient ensuite au peuple par la fenêtre. (P. Fanfani, *La poesia giocosa in Italia*. — *Nuova Antologia*, 1867, t. V, p. 285.)

[3] *Ibid.*

[4] Francesco de Barberino, *Del reggim. et cost. delle donne*, part. V. — Villani, VII, 89. — *Oss. fior.*, I, 134, VI, 125.

det[1]. Les citadins eux-mêmes allaient hors ville chercher ces rustiques plaisirs. Tous les premiers dimanches du mois, ils se rendaient en pèlerinage à San Gallo, église située un peu en dehors de la porte de ce nom[2], sous prétexte d'obtenir le pardon de leurs péchés, en réalité pour se divertir[3].

Le 6 janvier, se célébrait la fête singulière de la Befana[4]. Avec des chiffons on fabriquait des poupées qu'on portait la veille au soir dans les rues, à la lueur des torches de cire ou des chandelles, au bruit des clairons et des tambours. On les exposait ensuite aux fenêtres, et, de la rue, on les visait avec des flèches[5]. La représentation du mystère des Mages prenait quelquefois une certaine splendeur. On promenait trois rois couronnés, sur de grands chevaux qu'entouraient des valets et des bêtes de somme. Une étoile d'or courait dans l'air et les précédait. On les amenait ainsi à un endroit où ils trouvaient Hérode avec les scribes et les sages[6].

Les trois grandes solennités qu'on appelait les Pâques, c'est-à-dire Pâques proprement dites, Pentecôte et Noël, donnaient lieu dans les églises à de somptueuses cérémonies, sur les places publiques à des joutes, dans les mai-

[1] Sacchetti, nov. 225, t. III, p. 333.
[2] A main droite. Elle fut détruite en 1527, pendant le siége de Florence.
[3] Sacchetti, nov. 75, t. II, p. 12.
[4] Ou *Befania*, corruption du mot *Épiphanie*.
[5] Plus tard, Francesco Berni, ayant une servante horrible, voulait l'exposer ainsi à sa fenêtre en guise de *befana*, pour qu'un passant l'en débarrassât en la frappant d'une flèche. (*Opere burlesche*, t. I, p. 105, ap. *Oss. fior.*, VI, 132-134.)
[6] Cette fête fut ainsi célébrée à Milan en 1336. (Voy. Gualv. de la Flamma, *De rebus Azonis vice comitis*, R. I. S., t. XII, 1017.) — Manni (*Istorica notizia delle Befane*, Lucques, 1766, p. 18) dit que cette fête était très-semblable à celle de Florence.

sons à des banquets où l'on se départait un peu de la parcimonie ordinaire. Sur les tables apparaissaient alors les meilleures viandes, dont on se privait d'ordinaire : c'est pourquoi tout bœuf de belle apparence était dit bœuf pascal[1]. C'est le jour de Pentecôte, nous l'avons vu, qu'on donnait les enseignes aux compagnies et qu'on nommait les nouveaux chefs de la milice.

Mais de toutes ces fêtes, celle qu'on célébrait avec le plus d'apparât et d'entrain, c'était la Saint-Jean. Florence s'y préparait, pour honorer son patron, quinze jours à l'avance. Toute la ville était en mouvement, pour se fournir de riches draps et autres ornements, comme pour imaginer des machines et des triomphes. On formait des compagnies d'artisans, de citoyens des conditions les plus diverses, pour organiser les divertissements. Les Conseils publics votaient de l'argent pour les cierges à offrir sur l'autel, pour les habits des jongleurs et bouffons de la commune[2], pour couvrir d'un *velum*, qui était quelquefois d'azur à lis d'or, la place de San Giovanni[3]. La veille, les marchands étalaient en dehors de leurs boutiques tout ce qu'ils possédaient de plus riche, tentures, joyaux, objets précieux[4]. L'évêque lui-même

---

[1] Cibrario, p. 241.

[2] 10 livres pour les cierges, 15 pour les habits, soit trois tuniques et capuchons. Pour 1290, les trois bouffons sont désignés par leur nom : Piacente, Cavallaro et Boccio, « decoratis nomine Piacentorum. » (*Provvisioni*, II, 69, 94.) — Il semble que Piacente fût le chef de file, et que son nom servît à désigner un genre, comme on a dit de nos jours les Martin, les Dugazon.

[3] De summa l. 100 expendere et solvere possunt in copertura et occasione coperture presentialiter facte in platea et super plateam ecclesie B. Johannis Baptiste in honore et reverentia ipsius festivitatis ac etiam in aliis et pro aliis factis pro ipsa festivitate solempnius et honorabilius celebranda usque in quantitatem l. 25 f. p. (26 juin 1290. *Provvisioni*, II, 68 v°.)

[4] Voy. Cibrario, p. 243.

chevauchait par la rue où l'on courait le *palio*, échangeant de badins propos avec les belles dames[1]. Villani a décrit les fêtes de la Saint-Jean pour l'année 1283 : on y vit réunies toutes les réjouissances accoutumées, danses, festins, joutes, jongleurs, musique d'instruments, compagnie de l'amour en robes blanches, affluence extraordinaire d'étrangers, reçus avec autant de magnificence que de courtoisie. Ces fêtes, les plus belles qu'on eût encore vues à Florence, durèrent près de deux mois[2].

Il n'était pas jusqu'à la mort et aux funérailles qui ne fussent un spectacle très-recherché d'un peuple avide d'émotions. Seuls, les grands pécheurs à qui le prêtre refusait l'absolution, ou les mécréants qui s'obstinaient à ne pas la demander, s'en allaient en terre sans pompe religieuse. Pour mieux dire, on leur déniait même la terre : aucune église ne recevait leurs corps ; on les jetait dans les fossés, comme ceux des chiens[3]. Quant aux autres, si leur mort était mystérieuse, s'ils avaient disparu, on courait les chercher à la Miséricorde[4], comme on va aujourd'hui à la Morgue. Si c'est en pays étranger qu'ils avaient cessé de vivre, on ramenait à Florence leur triste dépouille, car chacun tenait à reposer auprès de ses ancêtres. S'ils trouvaient dans leur maison ou dans leur lit cette fin douce et calme que souhaitent les sages, on se rendait aussitôt à la boutique de quelque apothicaire, car là se tenaient, durant la nuit, les *beccamorti*. La boutique était fermée, mais une sonnette avertissait ceux qui

---

[1] Vannucci, p. 247.
[2] Villani, VII, 88.
[3] Boccace, *Giorn.* I, nov. 1, t. I, p. 43.
[4] Ancienne nouvelle tirée d'un ms. de la Magliabechiana, ap. *Oss. fior.*, VIII, 60, 3ᵉ éd.

s'y trouvaient de garde. On les emmenait à la maison mortuaire, afin de tout nettoyer et de placer, pour les connaissances, des bancs devant la porte. Ces gens ne savaient pas embaumer; mais, quand la famille le désirait, ils entreprenaient une opération réputée propre à conserver les cadavres : ils les faisaient brûler, après avoir séparé les os de la chair[1]. Ils devaient remettre un rapport au palais de la seigneurie, où l'on tenait un registre des décès.

Le défunt était porté ensuite à la tour du *guardamorto*, au coin de la place de San Giovanni, où est aujourd'hui le petit oratoire du Bigallo. Après dix-huit heures de séjour en cet endroit, les parents enlevaient le cadavre et le faisaient conduire, avec certains honneurs, soit à l'église, qui servait de cimetière, soit au lieu accoutumé de leur sépulture[2]. C'est au treizième siècle qu'on avait commencé de préférer, pour les ensevelissements, l'église aux terrains à l'entour. Dans l'église, en effet, on pouvait faire dire maintes messes en présence du mort, qui n'y restait pas insensible, et mettre sur sa poitrine un plat d'argent avec quelques pièces de monnaie pour l'offrande[3]. Qui donc aurait refusé une aumône propre à abréger les éventuelles épreuves du purgatoire, et à garnir la bourse des religieux dont le couvent la sollicitait?

Dans ces honneurs funèbres, comme dans les actes de la vie, s'était introduit le luxe avec ses vanités et ses dépenses « désordonnées[4]. » La loi était donc intervenue,

[1] Voy. les autorités citées par Cherrier, I, 222.
[2] Del Migliore, p. 73, 74.
[3] Cibrario, p. 262.
[4] Torre spese le quali sono disordinate. (*Ordinamenta mortuorum*, publiés par Giudici, *Stor. dei munic.* Append., p. 434.)

prévoyante et minutieuse comme de coutume. Elle défendait de revêtir un cadavre de toute autre étoffe que d'étamine blanche avec capuchon fourré de blanc, sans aucun ornement sur le corps ou sur la tête. Seuls, les cavaliers, les juges et les médecins conservaient le droit d'être revêtus de serge d'Irlande de toute couleur, d'avoir une bière en bois recouverte d'un drap d'or ou de soie, portant leurs armes ou celles de la commune, au lieu du grossier drap noir dont on recouvrait les humbles mortels. Aux femmes, aux enfants, on ne devait mettre ni perles, ni pierres précieuses, ni bagues, sauf un anneau au doigt et un voile de trente sous. Un simple matelas sous le corps, et par-dessus un couverture assez grande pour le cacher entièrement[1]. Ni torches de cire, ni flambeaux au bout d'une pique; deux cierges seulement, pesant ensemble au plus trente livres. Pourtant les chevaliers en pouvaient avoir huit et les juges six. La nature même en était déterminée[2], ainsi que leur destination. S'ils n'étaient pas laissés à l'église, on devait les rapporter à la boutique de l'apothicaire, mais en aucun cas dans la maison du défunt[3].

Ses voisins, ses amis, ses parents des deux sexes se réunissaient devant la porte, s'asseyaient sur les bancs pour attendre l'heure, puis suivaient le cadavre à la tour du *guardamorto* ou, quand la famille obtenait dispense de cette exposition, à l'église qu'on avait choisie pour la sépulture, et qui pouvait n'être pas la plus voisine. Les

---

[1] *Ordin. mortuorum*, ap. Giudici, append., p. 457-440.
[2] Di cera colata sopra il lucignolo. (*Ibid.*)
[3] *Ibid.* — Le 17 mai 1297, les conseils accordent le privilége d'être portés en terre avec cierges et torches aux membres de la *società maggiore della Vergine Maria* et de celle de saint Jean-Baptiste (*Provvisioni*, VIII, 67).

cortéges funèbres devenant nombreux outre mesure, la loi intervint encore et décida que nul invité ne pourrait amener avec lui plus de trois personnes pour un mort ordinaire, plus de quatre pour un juge ou un médecin, plus de six pour un chevalier [1]. On se mettait en marche parents en tête, vêtus de brun [2], au milieu des pleurs, des cris, des démonstrations les plus expressives de la douleur, au glas des cloches d'un plus ou moins grand nombre d'églises. Plus le bruit était assourdissant, plus le mort passait pour avoir d'importance. Le vacarme devait être bien intolérable, car on voit le statut de Pise interdire de sonner d'autres cloches que celles de la paroisse du défunt et de l'église où on le portait [3], et le statut de San Gemignano proscrire les pleurs, les gémissements, sauf à l'église, quand le cadavre s'y trouvait [4]. Divers invités étaient revêtus d'une chemise blanche de pénitent. Derrière eux les hommes et les femmes pleuraient. Ceux qui pleurent, dit Sachetti, donnent de l'argent à ceux qui chantent [5].

La cérémonie terminée, on retournait à la maison mortuaire, où l'on servait à tous ceux qui avaient droit d'y prendre part un repas de deux plats de viande. Toute

[1] *Ordin. mort.*, ibid., p. 439.
[2] La couleur du deuil était presque partout le noir; mais à Florence « vestivan di sanguigno. » (Cibrario, p. 262.) — Verdi panni, sanguigni, oscuri o persi. (Redi, Annotations au *Ditirambo*, Flor., 1691.)
[3] Statut de 1313, l. III, Rub. 58; *Statuti inediti di Pisa*, II, 350.
[4] Pecori, p. 340. — A San Gemignano, on va jusqu'à exiger que le corps soit recouvert de la couverture communale et qu'il n'y ait de lumières ni devant ni derrière. Il est vrai qu'on finit par accorder quatre torches moyennant une gabelle de 5 sous pour chacune, et même plus de quatre, moyennant 20 sous pour chaque torche en sus. (*Ibid.*) Il fallait absolument pactiser avec le luxe et la vanité. A Pise, on défendait de produire pour plus de 9 livres de cire. (Statut de 1313, *loc. cit.*)
[5] Sacchetti, nov. 104, t. II, p. 123-124.

femme non parente devait s'éloigner à ce moment[1]. La veuve elle-même était emmenée en plein jour, nu-tête, avec de grandes lamentations. « Les lamentations coûtent peu aux femmes, dit encore Sacchetti ; bientôt elles essuient leurs larmes[2]. » Il paraît qu'elles abrégeaient aussi leur deuil, car il fallut leur en fixer la durée : quatre mois pour la mort des plus proches parents, deux pour des neveux, frères de père ou beau-père, quinze jours pour tout autre. L'amende, en cas d'infraction, était de vingt-cinq livres[3]. Quant aux hommes, en signe de douleur, ils laissaient pousser leur barbe ; mais le spectacle en paraissait si horrible, que, dans certaines localités, on le leur interdit[4].

Restait à payer les frais de toute sorte, draps et couvertures, bière, bancs, cierges, torches, chandelles, gratification aux *beccamorti*, à ceux qui portaient les invitations à domicile, aux sacristains, aux prêtres, aux moines, legs pour fonder des églises ou des chapelles, pour mettre des ornements sur un ou plusieurs autels[5]. En 1336, la maladie et la mort d'Arnaldo Peruzzi coûtaient à sa famille cinq cent dix-sept livres[6]. C'était une somme importante pour le temps.

---

[1] *Ordin. mort.*, ibid., p. 439.

[2] Perchè costa loro poco.... sotterratto il marito e rasciutte le lagrime.... (Sacchetti, nov. 47, t. I, p. 185.) — A Pise, on retirait la veuve le soir, la tête couverte et sans cris. Elle avait le droit de porter des peaux ou un manteau sur la tête durant six mois. (Statut de 1313, Rub. 58, *loc. cit.*, II, 350.)

[3] *Ordin. mort.*, ibid., p. 439.

[4] Notamment à San Gemignano. (Voy. Pecori, p. 431.)

[5] Peruzzi, p. 417.

[6] Le détail de ces dépenses n'est pas sans intérêt. Les legs montent à 268 livres. Pour drap gris, couleur alors des Franciscains, pour une tunique mettre sur la bière, pour un matelas et un coussin, pour les *frati* et prêtres chargés de la veillée et de l'ensevelissement à Santa Croce, 87 livres.

Les mœurs étaient donc plus fortes que les lois. Les accommodements qu'on savait trouver avec les conseils et les prieurs faisaient tomber en désuétude les statuts. Comment y tenir rigoureusement la main, pour telle catégorie de morts, quand, pour telle autre, on fermait les yeux ? Et comment ne pas fermer les yeux, quand le clergé favorisait ces dépenses funéraires dont la plus forte part allait grossir le trésor des églises et des couvents ? De mille manières on battait monnaie sur la mort. Qu'un homme mourût en odeur de sainteté, prêtres et moines, fût-il pauvre, avaient intérêt à lui faire de pompeuses obsèques. A plus forte raison, s'il était riche, allaient-ils le chercher, parés de leurs surplis et de leurs chapes, livres en mains, croix en avant, au chant des psaumes, jaloux d'obtenir leur part de l'argent répandu par la famille pour faire honneur à celui qu'elle pleurait. Cet appareil et le renom du mort attiraient la foule : elle suivait comme les parents et les invités ; elle leur disputait la place dans l'église, au pied de la chaire, pour ouïr les louanges du défunt ; elle se précipitait ensuite, à l'occasion, sur le cadavre pour lui baiser les mains et les pieds, pour lui arracher ses habits et s'en partager les lambeaux. L'exposition finie et le corps enseveli, on continuait de venir à l'église, de se prosterner devant la tombe, d'y allumer des cierges. Souvent c'est à un hypocrite qu'on accordait tous ces honneurs ; mais, dit le malin Boccace, il n'en faisait pas moins de mi-

---

Pour une robe fourrée de vair, pour voiles à la veuve, 64 livres. Pour drap brun, vêtements de deux filles et d'une bru, 70 livres. Pour pain, vin et autres objets nécessaires à la célébration des messes, 12 livres. (Peruzzi, p. 417.) Cet auteur donne d'autres exemples analogues pour diverses familles.

racles, quand on se recommandait dévotement à lui[1].

S'agissait-il d'un personnage de conséquence? on avait mille raisons de violer à son égard tous les règlements. Nous en citerons deux exemples. C'est anticiper d'une cinquantaine d'années; mais comme plus tard nous ne reviendrons pas sur ce sujet, il convient de montrer ici ce qu'étaient, à la fin du quatorzième siècle, les honneurs funèbres, en dépit des statuts qui les régissaient. Le 15 juillet 1377 on ensevelit Giovanni Magalotti, un des huit de la guerre. Il passait pour excommunié; on ne lui refuse néanmoins aucun sacrement. Vingt-huit torches et trois chevaux suivent son corps, un à ses armes avec la liberté dessus, un à celles du peuple, un recouvert d'une housse de drap fauve, rouge et violet, qui rappelait sa qualité de marchand. L'église de Santa Croce resplendissait de lumières[2]. Le 8 août 1381, on enterre dans cette même église Niccolaio, fils de Jacopo des Alberti, « avec de grands honneurs de cire et de monde. » Sur un lit de soie et de velours reposait le cadavre, vêtu de drap d'or, dans un cercueil entouré de soixante-douze torches, dont soixante de la maison et douze de la *parte guelfa*. Derrière, huit chevaux, un aux armes du peuple, parce que le défunt était chevalier; un de la *parte*, parce qu'il en était capitaine; deux couverts de grandes bannières aux armes des Alberti, un portant son panache, son cimier, son épée et ses éperons d'or, un recouvert d'écarlate et conduit par un serviteur en habit violet fourré de vair brun. Puis venaient les parents et alliés vêtus aussi de brun, les serviteurs en grand nombre vêtus.

[1] Boccace, *Giorn.* I, nov. 1, t. I, p. 55. Stefani, VIII, 654.
[2] *Diario del Monaldi*, à la suite des *Istorie Pistolesi*, éd. de Flor., 1733, in-8°, p. 335.

de noir. Dans la chapelle comme dans la nef principale brûlaient partout des cierges d'une livre ou d'une demi-livre. Ces funérailles coûtèrent trois mille florins. Jamais encore on n'en avait vu d'aussi splendides[1].

A tous ces actes de la mort et de la vie présidaient, non-seulement la loi, être abstrait, mais encore une police vivante et vigilante, très-nécessaire dans une ville déjà si peuplée. Florence n'avait guère moins de quatre-vingt-dix mille habitants[2], et dans ce chiffre ne sont compris ni les mercenaires, ni les étrangers, ni les communautés religieuses. On le connaissait exactement, grâce au *pievano* ou desservant de San Giovanni, qui tenait par fèves blanches et noires le compte des enfants baptisés de l'un et l'autre sexe[3], et en supputant le nombre des décès d'après le registre mortuaire déposé au palais communal. La population augmentait sans doute incessamment, mais avec lenteur : des guerres nombreuses, des exils multipliés opposaient un regrettable obstacle à de plus rapides progrès. Aussi se montrait-on facile à rappeler les condamnés, qui achetaient à prix d'or cette faveur enviée et revenaient contribuer à la prospérité de leur patrie en alimentant son trésor et en lui apportant le travail de leurs bras[4]. Mais, incorrigibles dans leur turbulence et leurs passions de parti, ils étaient surveillés par la police d'une manière toute spéciale. La police tenait la main à l'exécution du décret de la seigneurie que proclamaient

---

[1] *Diario del Monaldi*, p. 336.

[2] Elle les eut en 1336.

[3] On peut voir dans Cibrario, p. 408, la discussion critique à laquelle il se livre sur cette question obscure de la population florentine, évaluée d'après le nombre des naissances, des personnes par feux, des muids de farine consommés.

[4] Voy. une *Provvisione* du 2 juin 1298, IX, 42.

les crieurs publics sur la place de San Giovanni, le visage tourné vers la rue des *Spadai*[1]. Elle avisait à ce qu'aucun citoyen ne portât sur soi des armes, ne sortît du logis sans lumière après le troisième coup de cloche[2], ne fît du bruit entre la cloche du soir et celle du matin. Elle prévenait ou punissait les rixes, aux lieux surtout où elles étaient fréquentes, dans les marchés, dans les cavalcades, dans les camps[3]. Elle empêchait que les artisans employés dans un art n'y fussent plus nombreux qu'il n'était nécessaire[4]. Elle interdisait l'entrée de la ville aux bannis. Elle avait l'œil sur ceux qu'on y rappelait définitivement, comme sur ceux qui obtenaient momentanément d'y revenir pour se défendre de quelque accusation nouvelle ou pour déposer dans quelque procès[5]. Elle procurait enfin le bon état des routes, des rues, des ponts, des fossés, des égouts, et sollicitait des conseils l'autorisation de les réparer[6]. Du moins tels étaient ses devoirs ; mais peut-être les remplissait-elle parfois avec négligence, car on voit divers Florentins adresser des suppliques à la seigneurie pour faire dégorger, par exemple, les égouts et les conduites d'eau[7].

---

[1] In capite vie nove Spadariorum. (11 octobre 1294. *Consulte,* I, 18 ; *Provvisioni,* IV, 83.)

[2] *Capitoli,* XXX, 15, ap. Gaye, I, 417.

[3] Cibrario, p. 391. — Peruzzi, p. 66.

[4] Pagnini, II, 92.

[5] En pareil cas, le banni devait recevoir un sauf-conduit de l'officier qui le citait. Il devait être accompagné de deux *berrovieri.* Si son séjour se prolongeait, on l'enfermait dans une prison, puis, la cause entendue, les deux *berrovieri* le reconduisaient jusqu'au delà des faubourgs. (2 août 1297. *Provvisioni,* VIII, 107.)

[6] Provisum fuit quod DD. Priores et Vexillifer justitie nunc in offitio residentes habeant plenam licentiam, auctoritatem et baliam super reparationem stratarum, viarum, pontium et ponticellorum. (24 janvier 1298. *Provvisioni,* filza 9, ap. Gaye, I, 45.)

[7] *Provvisioni,* filze 5 et 8, ap. Gaye, I, 426, 439.

C'est surtout pour prévenir les incendies qu'une stricte vigilance était nécessaire. On avait fini par s'apercevoir qu'il ne suffisait pas, pour les éteindre, de jeter dans le feu une hostie consacrée : de prudents évêques avaient même interdit ce moyen propre à susciter des doutes impies, quand les populations n'y avaient pas spontanément renoncé. Dans une ville où tant de maisons étaient construites en bois et couvertes en paille, on avait interdit non sans motifs les amas de paille et de bois. On défendait même d'allumer du feu dans les demeures dont la toiture pouvait s'embraser à la moindre étincelle. Quand le vent soufflait, on envoyait, de nuit comme de jour, des surveillants avertir par leurs cris les chefs de famille de bien couvrir le feu. D'autres surveillants, établis au sommet de diverses tours, promenaient sur Florence leurs regards vigilants, pour donner, à la première lueur, le sinistre signal[1]. Tout le monde alors était bientôt debout, et faisait bonne garde, les armes aux mains[2].

Mais que pouvaient ces sages précautions contre les incendies volontaires, si communs dans un temps de passions vives et de scrupules rares? Il était si facile de rendre responsable du mal le hasard, le vent, l'imprudence! La seigneurie, d'ailleurs, pour détruire plus vite et à moins de frais les maisons des condamnés, les livrait elle-même aux flammes, qui se propageaient presque in-

---

[1] On ne voit pas, dit Cibrario (p. 384), qu'à Florence comme dans certains pays du nord les bourgeois fussent tenus d'avoir à leurs portes un réservoir d'eau et des échelles, quelquefois même un cheval tout sellé.

[2] Villani, rapportant un incendie, ajoute ces paroles : E non vi maravigliate perchè in questo nostro trattato facciamo ricordo d'ogni fuoco acceso nella città di Firenze, che all' altre novitadi paiono piccolo fatto ; ma niuna volta non vi si apprende fuoco, che tutta la città non vi si commuova e tutta gente sia sotto l'arme e in grande guardia. (Villani, X, 208.)

failliblement alentour et englobaient des innocents dans la ruine des coupables, funeste exemple, indirect encouragement donné aux malfaiteurs et aux violents. Qu'arrivait-il cependant? Les personnes lésées par ces procédés trop expéditifs demandaient une indemnité, et, après des atermoiements qui duraient parfois deux années, il fallait finir par l'accorder[1]. On l'accordait toujours inférieure à la demande, et sur le rapport d'officiers chargés par le conseil des cent d'évaluer le dommage[2] ; mais c'étaient là, néanmoins, des opérations fort mal calculées pour d'aussi bons calculateurs.

Malgré tant de contradictions et d'erreurs, malgré le singulier mélange d'un despotisme minutieux dans la loi et d'une liberté licencieuse dans la pratique, malgré des conditions qui renversent toutes nos idées et semblent la négation de toute société, à Florence prospérait une société alors sans pareille. C'est que les passions, qui s'y allumaient comme un feu de paille, s'éteignaient avec la même facilité, ou se portaient, au moindre souffle nouveau, sur d'autres objets. C'est que ces mains qui versaient sans scrupule le sang d'un proche épargnaient avec soin celui des gens contre qui la haine ne les avait point armées, et bâtissaient les hospices où la commisération publique abritait les malheureux que la fureur publique avait faits[3] : on appelait l'hôpital de Santa Maria Novella, fondé en 1285 par Folco Portinari, une des colonnes de l'État[4]. C'est que les discordes du dedans

[1] Le 23 septembre 1295, on accordait une indemnité pour incendie de décembre 1293. (*Provvisioni*, V, 138.)
[2] 24 juillet 1290. (*Provvisioni*, IV, 54.)
[3] Voy. Passerini, *Storia degli stabilimenti di beneficenza della città di Firenze*, et Vannucci, p. 250-253.
[4] Vannucci, p. 255.

et les guerres du dehors n'assombrissaient pas la vie des Florentins, comme le prouvent leurs fêtes incessantes et prolongées, et même ne les amoindrissaient ni aux yeux des autres peuples ni à leurs propres yeux. C'est que, au milieu de travaux sans relâche, comme d'agitations de toute sorte, ils jouissaient, presque seuls dans le vieux monde, de cette liberté d'esprit qui permet de trouver des loisirs et de les consacrer aux occupations libérales. Or, « la destinée des littératures, a dit un des maîtres de l'histoire au dix-neuvième siècle, est liée invariablement à la vie morale des empires ; les idées et les sentiments publics sont le fond sur lequel l'art s'appuie, la matière qu'il travaille et façonne[1]. » Nous connaissons assez maintenant la vie morale de Florence pour en montrer les effets dans le domaine des lettres et des beaux-arts.

[1] Am. Thierry, *La littérature en Gaule*. (*Revue des Deux Mondes*, 15 juin 1873, p. 814.)

CHAPITRE III

LES BELLES LETTRES

Les études en Italie. — Goût précoce pour les anciens. — Premières manifestations littéraires à Florence. — Formation de la langue vulgaire. — Ses premiers monuments, les cahiers et lettres d'affaires. — La poésie. — Les Provençaux en Italie. — La poésie sicilienne. — Elle passe en Toscane. — Brunetto Latini. — Son *Tesoretto*. — Les poëtes toscans disciples des Provençaux. — Les poëtes florentins. — Guido Cavalcanti. — Cino de Pistoia. — Dante : ses poésies amoureuses. — Sa Divine Comédie. — Ses sources et ses emprunts. — La part de Florence dans le poëme. — L'allégorie. — But que se proposait Dante. — Unité du poëme. — Services qu'il a rendus. — Publicité qu'il a reçue. — Enthousiasme des contemporains et des générations suivantes. — La prose. — Traductions du latin. — Mérite littéraire des lettres commerciales. — Les *Ricordi*. — Les chroniqueurs. — Giovanni Villani. — Les prédicateurs. — Écrits de Dante en prose : la *Vita nuova*. — Le *Convito*. — Campagne en faveur de la langue vulgaire. — Le *De vulgari eloquio*. — Effets de cette campagne.

Quoique étroitement liée à l'histoire de la politique, l'histoire des lettres et des arts ne marche point du même pas. A la mort d'Henri VII une période politique est terminée ; la période intellectuelle de Dante et de Giotto continue. Les hommes qui en sont l'honneur n'ont pas encore achevé leur carrière, publié toutes leurs œuvres, produit tout leur effet. C'est peut-être un peu tôt pour en parler ici ; plus loin, ce serait certainement trop tard. En somme, Dante appartient au passé, au temps qui finit, par toute sa vie active, par presque tous ses écrits, et Giotto tient de trop près à Cimabue pour en pouvoir être séparé.

Parce que Florence avait plus de grandeur et jetait plus d'éclat qu'aucune autre ville d'Italie, on fait naître dans son sein la langue, la littérature, les beaux-arts. C'est une erreur qu'explique, sans la justifier, le privilége qu'a eu cette ville merveilleuse de voir ceux de ses enfants qui ont, les premiers, marqué leurs pas dans une si brillante carrière, s'y faire un nom qui n'a point péri et que connaissent les moins érudits. Mais, en réalité, aucun de ces grands esprits ne provint d'une génération spontanée. Jamais, en Italie, fût-ce aux temps barbares, il n'y a eu solution de continuité, interruption absolue des études et de la civilisation. Jamais les écoles n'avaient manqué d'écoliers [1]. Depuis le temps de Grégoire VII, elles se multipliaient ainsi que les universités. L'invention ou la propagation du papier contribuait à la propagation du savoir [2]. Au temps de Bérenger, nul ne donnait attention aux vers de ce prince, parce que tout le monde en faisait [3]. En 1078, un canon du concile de Latran renouvelait les décrets instituant auprès de toutes les églises cathédrales des chaires pour l'enseignement des arts libéraux [4]. La Lombardie s'était distinguée de bonne heure à cet égard [5]. Le chapelain Wippo

---

[1] Voy. les textes probants dans Haulleville, I, 229-230.
[2] Giudici, *Stor. della lett. ital.*, I, 50.
[3]   Desine, nunc etenim nullus tua carmina curat;
        Hæc faciunt urbi, hæc quoque rure viri.
    (*Panegyricus Berengarii imp.*, Pertz, Script. IV, 191.)
[4] Ut omnes episcopi artes litterarum in suis ecclesiis doceri facerent. (*Concilium Romanum* V, ap. Mansi, XX, 509. Cf. Ozanam, *Des écoles en Italie aux temps barbares*, p. 43, Paris, 1850.)
[5] In Francia est sapientia, sed parum; nam in Longobardia, ubi ego plus

disait à Henri III que les Italiens s'adonnaient à l'étude après les premiers hochets [1].

Or sur cette terre que Rome antique avait faite à son image, on n'étudie pas longtemps sans rencontrer les anciens. Le goût qu'on ressentait pour eux était même un scandale aux yeux des âmes ferventes. Pierre Damien reproche aux moines d'être moins curieux de la règle de Saint-Benoît que des règles de Donat, et d'envahir le gymnase théâtral des grammairiens [2]. Gumpold, évêque de Mantoue, blâme sévèrement ceux qui, « poussés par le démon des vers, appliquent à des jeux poétiques, à des chansons de nourrice, une intelligence née pour de plus hauts destins, car l'amour des fables les gagne à ce point qu'ils ne craignent pas de laisser périr la mémoire des saints pour s'attacher aux écrits des gentils [3]. » Même aux plus mauvais jours, les réminiscences des anciens n'avaient pas entièrement disparu. Niebuhr a publié un petit poëme, composé en Lombardie au dixième siècle, où se trahit l'imitation d'Anacréon et d'Horace : Neptune y apparaît comme le protecteur des rochers sur les eaux rapides de l'Adige [4]. Vers 924, les Modenais,

didici, est fons sapientiæ. (*Ademari Cabanensis epistola,* ap. Mabillon, *Ann. ord. S. Bened.*, IV, 727, Paris, 1707.) — Cet Adémar, évêque de Cluse, fait parler Benoît son neveu.

   Hoc servant Itali post prima crepundia cuncti
   Et sudare scholis mandatur tota juventus.
   (*Wipponis Tetralogus,* ap. Pertz, *Script.* XI, 251.)

[2] Parvi pendentes siquidem regulam Benedicti, regulis gaudent vacare Donati.... quomodo liceat theatralia grammaticorum gymnasia insolenter irrumpere. (*B. Petri Damiani card. opera omnia,* t. III, p. 130, opusc. XIII, *De perfectione monachorum,* cap. XI.)

[3] *Gumpoldus in vita Vincislavi ducis,* prolog., ap. Pertz, *Script.* IV, 213. — Cf. Muratori, *Antiq. med. ævi,* Diss. XLIII, *De litter. statu in Italia,* III, 871.

[4] *Rheinisches Museum,* t. III, p. 7, ap. Haulleville, p. 232.

en armes devant les bandes magyares, chantaient des hymnes renouvelés d'Homère, et à l'écho personnifié suivant l'usage antique mêlaient le Christ et la Vierge Theotocos[1]. Un peu plus tard, Ratherius, évêque de Vérone, cite Perse, Sénèque, Varron, Cicéron, Horace, Térence[2]. Au douzième, au treizième siècle, Padoue montre le tombeau d'Anténor; Milan ne permet pas qu'on renverse la statue d'Hercule; Florence berce ses enfants en devisant de Troie, de Fiesole et de Rome; les pêcheurs de Messine renouvellent chaque année la procession de Saturne et de Rhéa[3].

Toutefois, il faut le reconnaître, quand ce mouvement commence à devenir général, ce n'est pas à Florence, retardataire pour cette forme de la civilisation comme pour les autres. Que Florence ait eu dès lors quelques lettrés et produit quelques ouvrages d'histoire, qu'elle ait même obtenu un certain renom d'éloquence, on ne saurait le révoquer en doute; en 1221, un de ses citoyens, nommé Buoncompagno, grammairien et professeur de grammaire à Bologne[4], est appelé par son disciple Rolandino *natione et eloquentia Florentinus*[5]. Un de ses ouvrages était couronné à Bologne, en 1225, et c'est la première mention de ce genre depuis la renaissance des études[6]. Il y avait à Florence des écrits origi-

---

[1] Voy. cet hymne dans Muratori, *Antiq. med. œvi*, Diss. XL, *De rhythmica veterum poesi*, III, 709.

[2] *Ratherii Veronensis episcopi præloquium*, l. IV, ap. Martène, *Ampliss. collect.*, IX, 887.

[3] Ozanam, *loc. cit.*, p. 68.

[4] R. I. S., t. VI, 925. — *De prof. Bononiæ*, t. I, part. II, p. 310, ap. Tiraboschi, *Stor. della lett. ital.*, IV, 396, éd. de Rome, 1783, in 4°.

[5] R. I. S., t. VIII, 314.

[6] Tiraboschi, *ibid.*, IV, p. 400. — Cet auteur, qui lui est peu favorable, l'appelle pourtant « uomo di molto studio e in varie scienze istruito »

naux qui en relataient les primitives annales et où a puisé Villani [1]. Comment donc tout ce qui est antérieur en ce genre aux dernières années du treizième siècle ou aux premières du quatorzième disparaît-il dans d'impénétrables ténèbres? Les incendies journaliers où l'on en veut voir la cause n'expliquent rien : ni Villani ni les autres auteurs qui nous ont été conservés ne soufflent mot de leurs devanciers, que nous devrions connaître par eux. Serait-ce donc que la délicatesse précoce de leur goût empêchait ces fils de marchands, ces marchands devenus écrivains, d'accorder leur estime à d'informes ébauches, ou que leur enthousiasme pour les premiers génies qui illustrèrent Florence leur fit reléguer dans l'ombre les médiocres précurseurs qui ne pouvaient soutenir la comparaison?

C'est le silence instinctif ou calculé d'un goût exclusif qui fait croire que les Florentins pour leurs coups d'essai frappèrent des coups de maître. En fait, avant de prendre dans la culture profane le rôle que Rome tenait dans la religion et Paris dans la scolastique [2], ils avaient eu, comme tous les peuples qui ont une littérature, leur période de bégaiement et de tâtonnements. Leur esprit pratique ne s'était pas attardé aux spéculations abstraites de la théologie. Après avoir écrit en latin leurs plus anciennes chroniques [3], ils avaient promptement abandonné

(p. 398). Il finit misérablement dans un hospice de Florence. (*Ibid.*, p. 396-397.)

[1] Voy. *Gesta Florentinorum*, par P. Scheffer Boichorst, ap. *Archiv der Gesellschaft für ältere deutsche Kunde*, t. XII, ann. 1872, p. 427 sq.

[2] Voy. Giosuè Carducci, dans la *Nuova Antologia*, 1872, et Capponi, I, 306.

[3] Il est impossible de dire quelles furent ces premières chroniques. On a en vain recherché ces *Gesta Florentinorum* sur lesquels paraissent avoir travaillé Paolino, G. Villani, Ptolémée de Lucques, etc., mais on a du

cette langue consacrée de la dialectique religieuse et de l'histoire, pour employer dans les correspondances de leur négoce l'idiome vulgaire, à la portée de tous, qu'ils parlaient dans leurs boutiques et leurs comptoirs. Mais cet idiome ne leur était point venu tout fait de la Sicile, au temps de Frédéric II, comme Minerve sortit jadis du cerveau de Jupiter ; il se formait lentement depuis le neuvième siècle[1]. Au dixième, l'écart était peu sensible encore entre le latin des doctes et l'italien des ignorants[2] ; c'est dans les noms propres qu'il le devint tout d'abord davantage[3]. Les progrès de la langue vulgaire pourraient se mesurer à la décadence, plus marquée chaque jour, de la langue savante[4]. A la fin du

douzième siècle une *Chronica de origine civitatis*, et du treizième les *Gesta Florentinorum* du juge Sanzanome, publiés dans le t. VI des *Documenti di storia italiana*, et par M. O. Hartwig, *Quellen und Forschungen zur ältesten Geschichte der Stadt Florenz*, I, Th. Marbourg, Elwert, 1875.

[1] Ces. Cantù, *Hist. des Italiens*, trad. fr., t. I, à la fin, publie avec des vers et de la prose des temps primitifs une curieuse étude où il montre comment le latin en s'altérant finit par devenir de l'italien. Voy. aussi Bruce Cohythe, *Hist. des langues romanes et de leur littérature depuis leur origine jusqu'au quatorzième siècle*, Paris, 1841, 5 vol.

[2] Un certain Gon on appelé d'Italie en Allemagne par Otton Ier, écrit ce qui suit : « Falso putavit S. Galli monachus me remotum a scientia grammaticæ artis, licet aliquando retarder usu nostræ vulgaris linguæ, quæ latinitati vicina est. » (Cité par Fauriel, II, 399.)

[3] Au huitième et au neuvième siècle, les formes sont encore latines : Fratellus, Fuscarus, Mazuco, Bonella. — Au dixième, on voit Dominico, Bertalisciado, Tornafolio, Leozappa, Lambertus « qui cognominatus Cavinsacco (capo in sacco) ». — Au onzième, Musca in Cervello, Scannabesco, Mangiatroia, Rubacastello, Boccabadata, Malagonella (Fauriel, II, 404-408).

[4] Erant in guerra. Remanserunt in gardam. In nihilo se defenderunt. Illi de Mediolano. Erat castellum plus de 70 brachiis altum (douzième siècle, Fauriel, II, 411). — Dès le onzième, Muratori montre des textes où le vulgaire se mêle au latin (*Antiq. ital. med. ævi*, Diss. xxxii, p. 1035, ann. 994; 1048, ann. 1253; 1052, ann. 1170; 1053, ann. 1153 et 1070; 1059, ann. 1182 ; 1065, ann. 900 ; 1071, ann. 719 ; 1075, ann. 981 et 1039).

douzième siècle, le divorce était manifeste : un évêque de Padoue se voyait alors réduit à expliquer en dialecte une homélie que le patriarche d'Aquilée venait de prononcer en latin.

Le propre de Florence, c'est qu'on n'y voit point, comme à Paris, deux courants s'établir sans se mêler, les théologiens et les doctes parler une langue, tandis que les poëtes en parlaient une autre de récente création. Les mêmes hommes y maniaient les deux instruments pour toute sorte de sujets. Ils ne s'interdisaient pas les matières abstraites; seulement ils les tournaient à la politique, aux choses d'intérêt général[1]. C'est la caractéristique d'un peuple qui conduit ses affaires, qui en a pris le goût comme il en a le talent. Il eût fait beau voir, en France, saint Anselme, Guillaume de Champeaux, Roscelin, Abélard, écrivant des sirventes ou le Roman de la Rose, Guillaume de Lorris, Jean de Meung, consacrant leurs loisirs à des traités de métaphysique ou d'ontologie, comme fit Dante, comme bien d'autres firent après lui !

Ce fut, au quatorzième et au seizième siècle, une question de savoir si cette langue nouvelle, que parlaient Dante et ses contemporains, était commune à toute l'Italie ou particulière à Florence[2]. Pour Dante, toutefois, cette question n'en était pas une : il voyait dans l'idiome de sa ville natale un dialecte, et un dialecte inférieur au bolonais[3]; il prétendait avoir écrit dans une langue

[1] Voy. Fauriel, I, 508 sq., et Foscolo, *Prose letterarie*, IV, 109 sq., éd. Lemonnier, 1851.

[2] Voy. un exposé très-net des diverses opinions émises sur ce sujet dans l'*Histoire de la Littérature italienne*, par L. Étienne, c. I, p. 6-23, Paris, 1875, 1 vol. in 12.

[3] *De Vulg. eloq.*, I, 15 ; *Op. min.*, II, 188-192.

« illustre, cardinale, aulique, curiale[1], » c'est-à-dire de cour, idéale, modèle, formée de ce qu'il y avait de plus élégant et de meilleur dans les dialectes locaux. Mais son avis n'a point prévalu. Boccace, qui fait usage du même instrument, déclare qu'il a écrit son *Décaméron* en florentin vulgaire[2]. Selon Machiavel, sauf un plus ou moins grand nombre de mots tirés du latin, des autres contrées de l'Italie, ou inventés par Dante, la langue de la *Divine Comédie* était florentine[3]. C'est la vérité même, si l'on ne veut pas tenir compte des faibles différences qui distinguaient le dialecte florentin du dialecte siennois et de celui des autres villes voisines. Mais précisément parce que ces différences sont faibles, le nom de langue toscane serait-il peut-être plus exact[4].

Quoi qu'il en soit, c'est chez les Toscans que la langue prit pour la première fois une forme, une grammaire différentes de l'antique. C'est chez eux que se manifeste d'abord cette tendance, étrangère au latin comme aux langues d'oc et d'oïl, à terminer les mots sur des voyelles, au lieu de les tronquer sur les consonnes, en sup-

---

[1] *De vulg. eloquio*, I, 16, 17, 18 ; *Op. min.*, II, 196-200.
[2] *Giorn.* IV, Disc. prélim. à la nouvelle I, t. II, p. 154.
[3] *Discorso ovvero dialogo in cui si esamina se la lingua in cui scrissero Dante, il Boccaccio e il Petrarca, si debba chiamare italiana, toscana o fiorentina.* (*Opere complete*, p. 122, éd. de Flor., 1835.)
[4] C'est l'avis de M. Gargani, qui soutient qu'il y avait peu de différence entre le parler de Florence et celui de Sienne ou de Pise. (*Della lingua volgare nel secolo XIII° in Siena*, Sienne, 1868, in 8°.) — Fauriel (I, 370) dit de son côté que « le dialecte des poëtes italiens du treizième siècle n'est autre que le dialecte même de Florence *ou des localités circonvoisines*. C'est une question, ajoute-t-il, qui a été misérablement embrouillée et par de misérables motifs dans le pays auquel il appartient de la résoudre. » Fauriel parle ici des vanités municipales modernes, mais il semble oublier les témoignages contemporains. — Il est de peu d'intérêt de savoir si, comme le prétend M. Gargani (*loc. cit.*, p. 10), la langue de Sienne est antérieure à celle de Florence.

primant la finale [1]. Le mérite propre à Florence fut de donner à l'idiome vulgaire un caractère tout nouveau d'homogénéité, et de le fixer définitivement, parce qu'on s'en servit pour écrire autant que pour parler, tandis qu'ailleurs on le parlait sans l'écrire [2].

Ce ne fut point, ce ne pouvait être l'œuvre de peu de jours. Des difficultés toutes particulières s'opposaient au succès. En France, au dix-septième siècle, la tâche de Malherbe était moins ardue, quand, après avoir épuré la langue des termes grossiers, il l'enrichissait sur la place Maubert ou sur le port aux foins. Malherbe n'avait pas à compter avec les rivalités de villes voisines et ennemies, qui tenaient aux formes propres de leur idiome. Florence au contraire, aux prises avec ces difficultés, n'avait en outre ni cour, ni sénat, ni forum : ses conseils délibéraient à portes closes. Les docteurs venus du dehors ne voulaient s'exprimer qu'en latin. Les gibelins, haïssant tout ce qui tenait au populaire, affectaient, dans le début, de mépriser la langue florentine, comme empreinte de bassesse et de trivialité [3].

Personne ne soutiendrait plus aujourd'hui, comme on l'a fait longtemps, que Dante en fut le créateur [4]. On surprend en effet l'œuvre laborieuse de sa formation dans un

[1] Giudici, *Stor. della lett. ital.*, I, 73.
[2] Fauriel, I, 368-370 ; Giudici, I, 79.
[3] Capponi, I, 314. — M. A. Vannucci (p. 233) dit que les orateurs étaien « efficaci e potenti ». Que les Florentins sussent parler, ce n'est pas douteux, puisque les princes et les républiques les prenaient volontiers pour ambassadeurs auprès des cours ; mais ils avaient l'éloquence brève des hommes d'affaires ; nous l'avons montré en parlant de leurs conseils.
[4] Sismondi a écrit cette phrase qu'on est surpris de trouver sous la plume d'un homme qui connaissait bien l'Italie et entendait l'italien : « Tout se fit presque en même temps. La langue était à peine formée ; le chef-d'œuvre de Dante donnait seulement à connaître ce qu'elle pouvait devenir » (III, 478).

cahier de dépenses tenu à Sienne dès 1231, moitié en latin, moitié en italien, et plus nourri d'italien que ne le sont des textes pisans de 1265[1] ; dans un autre cahier du Florentin Riccomano, où déjà, en 1272, l'italien règne sans partage[2] ; dans des lettres écrites par des Siennois en 1253 et 1260[3], et par la compagnie florentine de Consiglio des Cerchi en 1292[4] ; dans une chronique pisane rédigée vers 1337[5] ; enfin dans quelques documents fort intelligibles et dépourvus de gallicismes, quoiqu'il fût de mode d'emprunter à la France sa poésie et ses romans[6]. On en peut inférer que dans l'industrieuse Toscane la langue de la prose est antérieure à la langue des vers. Rien n'est plus naturel ; en vers on n'écrivait pas pour agir, et l'on avait sous les yeux les modèles provençaux et latins ; il semblait plus facile d'en reproduire l'idiome que de s'en affranchir. Mais s'agit-il d'écrits littéraires, non d'écrits commerciaux, alors la Toscane rentre dans la loi com-

---

[1] Ms. publié dans l'*Arch. stor.*, Append., n° 20, t. V, 2° part., p. 5. — Dans une notice placée en tête, Tommaseo prétend montrer plus de rapports entre le siennois et le sicilien qu'entre le siennois et le florentin (p. 8). — M. Cantù (*Hist. des Italiens*, trad. fr., t. I, Append., p. 531) et M. Gargani (*Della lingua volgare*, etc., p. 22) donnent un texte pisan où il y a beaucoup plus de latin. C'est un traité conclu entre l'ambassadeur de Pise et le roi de Tunis.

[2] Publié par Carlo Vesme dans l'*Arch. stor.*, 3° série, 1873, 4° disp., p. 7 sq.

[3] Publiées celles de 1260 par P. Fanfani (*Appendice alle letture di famiglia*, 1857) et par G. Gargani (*loc. cit.*, p. 34 sq.), avec une traduction en langage moderne et des notes philologiques ; celle de 1253, par Cesare Paoli et Enea Piccolomini (*Lettere volgari del secolo XIII° scritte da Sanesi*, Bologne, 1871).

[4] Voy. plus haut, l. V, c. III, t. II, p. 356 et 357, note 1.

[5] *Fragmenta historiæ pisanæ, pisana dialecto conscripta auctore anonymo* (R. I. S., t. XXIV, 643).

[6] Tommaseo, *loc. cit.*, p. 16. — Voy. Fauriel, I, 308 sq., et Foscolo, *Prose letterarie*, IV, 109 sq., éd. Lemonier, 1851.

mune : c'est la poésie en langue vulgaire, non la prose, qui y prend la première un notable développement.

Déjà la France avait sa chanson de Roland et ses troubadours, que l'Italie en était encore à versifier en latin : sans revenir sur ce chant contre les Hongrois dont nous avons parlé, on ne célébrait qu'en latin la guerre portée en 1088 par les Pisans sur les côtes d'Afrique [1]. C'est par l'intermédiaire des Provençaux que la poésie, chez les Italiens, s'enhardit à l'idiome vulgaire. Comme les troubadours n'étaient séparés de la Lombardie que par le massif des Alpes, qui leur laissait, le long de la mer, le facile et riant chemin de la Corniche, on les vit affluer aux cours des marquis de Montferrat, d'Este, de Vérone, où l'on se montrait fort sensible à l'harmonie de leurs vers, à la richesse de leurs images. Adélaïde, marquise de Montferrat, dut la première les introduire en Sicile, où elle donna le jour à Roger II [2]. Pleines de traditions fabu-

---

[1] Voy. Ozanam, *Les poëtes franciscains en Italie*, c. I, Œuvres, V, 24, et Ces. Cantù, *Du caractère de la littérature italienne au treizième et au quatorzième siècle*, mémoire couronné par l'Institut historique et publié dans l'*Investigateur*, ann. 1847, p. 292.

[2] Voy. Friedrich Diez, *Die poesie der Troubadours*, p. 70, ap. Leo, l. IV, c. v, t. I, p. 303. — Cf. Görres, *Der heilige Franciscus von Assisi, ein Troubadour*, Strasbourg, 1826. — Baret, *Les Troubadours*, Paris, 1867. — Gidel, *Pétrarque et les Troubadours*, Paris, 1857, et Fauriel, *Histoire de la poésie provençale*. — Ce dernier a marqué les étapes de cette marche de la poésie provençale en Italie. Dès 1162 au plus tard, les troubadours commencent à fréquenter les cours d'Italie, et jusqu'en 1185 ils y sont les seuls poëtes. Alors les Italiens s'essaient, mais dans la langue provençale. C'est seulement à partir de 1215 qu'ils usent de leur langue vulgaire ; encore est-ce à un troubadour, Raimbaut de Vagueiras, qu'il faut attribuer les deux plus anciens morceaux de poésie italienne auxquels on puisse assigner une date. Ils sont antérieurs à 1204, puisqu'alors Raimbaut partit pour l'expédition de Constantinople (Fauriel, *Dante*, etc., I, 247, 261). — On ne peut admettre avec Fraticelli (*Diss. sulle opere liriche di Dante*, ap. *Opere minori*, I, 2) que les Italiens n'imitèrent pas les Provençaux, mais qu'ils furent seulement stimulés par eux.

leuses, monnaie de l'épopée chez des peuples qui n'en pouvaient avoir une, faute de langue propre, comparables, on l'a dit justement, à l'œuvre de ces logographes ioniens qui, jusqu'à Hérodote, rattachaient aux exploits des héros de la fable l'histoire des contemporains[1], les poésies populaires de la Sicile passèrent du latin au provençal, avant de tenter l'aventure d'un dialecte grossier[2]. Elles se policèrent au contact de la littérature arabe, au spectacle des améliorations introduites par le trafic dans la vie commune d'où disparaissait peu à peu l'ancienne rudesse de la chevalerie. A ces misérables jongleurs qui plaisantaient sur toutes choses, sur leurs femmes, sur leurs enfants et sur eux-mêmes, les nobles préfèrent alors de meilleurs et plus dignes modèles : ils prennent à leur tour la parole ou la plume pour chanter les chevaliers et les dames[3]. La poésie hanta même bientôt les lieux de bas étage : Guilhem Figueiras, quoique admis à la cour de Frédéric II, aimait à débiter ses vers chez les aubergistes et les taverniers, devant les petites gens[4].

C'est dans cette cour polie, dans cette trilingue Palerme, où se mêlaient, comme en une tour de Babel, à la langue des Normands, orateurs dès le berceau selon une vieille chronique, celles des Arabes portés d'instinct aux choses de l'esprit, et des Siciliens ignorants, mais bien doués[5], que se produisirent, comme dit Dante, les premières compositions poétiques en langue italienne qui obtinrent de la renommée[6]. C'est là que, à l'abri des agi-

[1] Hillebrand, p. 222.
[2] Fauriel, II, 521-594.
[3] Diez, *loc. cit.*, p. 20, ap. Leo, l. IV, c. v, t. I, p. 304.
[4] Fauriel, I, 273.
[5] Henri Martin, III, 374-376.
[6] *De vulgari eloquio*, l. I, c. II (*Op. min.*, II, 180).

tations du continent, l'arbre étranger, si heureusement transplanté de Provence, devint bientôt indigène. On en émonda le superflu, les excroissances, fêtes et tribunaux d'amour, mais il en resta l'essentiel, la séve, l'esprit poétique. Tandis que disparaît à sa source la poésie provençale, frappée à mort par la guerre des Albigeois, la poésie sicilienne, sa fille, se développe et grandit grâce à Frédéric II, à ses deux fils Enzio et Manfred, à son chancelier Pierre de la Vigne, aux Ranieri de Palerme, aux Tommaso de Messine, qui, cent ans avant Dante, donnent l'exemple de composer des poésies amoureuses dans le dialecte sicilien aux désinences sonores, alors que Nicoletto de Turin, Giorgi de Venise, Sordello de Mantoue, qui eut l'honneur d'inspirer Dante[1], et vingt autres encore, continuent d'écrire en vers provençaux des poésies galantes, bourrées de descriptions, de comparaisons, d'images à la fois monotones et variées, sensuelles et dévotes, passionnées et subtiles, que n'eussent jamais imaginées les classiques anciens[2]. Malgré un climat qui poussait à l'amour plus qu'à la guerre, cette école sut se borner à l'amour platonique, tel que le présentait saint Augustin, par lequel on connaissait Platon[3]. Se retenant sur la pente de la sensualité, ce qu'on affecta d'aimer et

---

[1] Voy. *Purg.*, c. vi. — Sordello, du reste, écrivit dans les deux langues (*De Vulg. eloq.*, l. I, c. xv; *Op. min.*, II, 190); mais le temps n'a conservé que ses poésies provençales (Voy. Fauriel, I, 526).

[2] Vinc. Nannucci, *Manuale della letteratura del primo secolo della lingua italiana*, t. I, p. 307, Flor., 1856, 2 vol. in 12. — L'auteur, mort en 1857, n'a pu surveiller l'impression que du premier volume de cette édition nouvelle d'un excellent ouvrage; son ami M. Tortoli l'a remplacé pour le second.

[3] Disce amare in creatura creatorem et in factura factorem. — Opus naturæ esse intelligentiæ non errantis. (S. Augustin, cité par Fraticelli, *Diss. sulla Vita nuova, Op. min.*, II, 15.)

de louer dans une maîtresse, ce furent les beautés intérieures de l'âme, l'esprit d'origine céleste qui ne se mêlait point aux impuretés de la matière. L'extase des poëtes devant la beauté physique n'était, à les entendre, qu'un acte d'admiration envers le Créateur, qui a voulu charmer les yeux du corps pour ouvrir ceux de l'esprit. Ces raffinements scolastiques ne renouvelaient ni Tibulle ni Properce, mais ils préservaient la poésie de la trivialité, et ils plaisaient[1].

En même temps que la pensée, s'élevait et s'épurait le langage. Il ne lui nuisit point d'être parlé dans les cours. C'est la langue des cours que Dante déclare digne d'éloges, la langue surtout des seigneurs de Sicile, dans laquelle, dit-il, s'écrivent toutes les poésies que font les Italiens[2]. En vain les Français victorieux acclimatent dans la péninsule leur idiome ; en vain Brunetto Latini l'emploie pour écrire son *Trésor*, et le déclare plus délectable à ouïr qu'aucun autre : l'idiome sicilien survit à la mort de Manfred. C'est la revanche ordinaire des vaincus.

Qu'il fût parlé sur le continent, on n'en saurait être surpris, puisque les rois de Sicile, comme on les appelait, dominaient aussi dans la Calabre et la Pouille. On ne s'étonnera pas non plus qu'il se soit de là répandu dans toute l'Italie[3]. Ce qui semble étrange, c'est qu'il

---

[1] On peut voir sur ce sujet Mézières, *Pétrarque*, p. 30-33, Paris, 1868.
[2] Quod ab ore primorum Siculorum emanat laudabilissimum.... quidquid poetantur Itali sicilianum vocatur. (*De vulg. eloq.*, I, 12 ; *Op. min.*, II, 182, 180.)
[3] Pars mulcendis vulgi auribus intenta suis et ipsa legibus utebatur. Quod genus apud Siculos, ut fama est, non multis ante seculis renatum, brevi per omnem Italiam ac longius manavit. (Pétrarque, *Præfatio in libros de rebus familiaribus*, t. I, p. 14, éd. Fracassetti, Flor., 1859 ; Cf. Tiraboschi, *Stor. della lett. ital.*, III, 520.)

s'acclimate en Toscane, à Florence, plus promptement qu'aux contrées plus méridionales, en contact quotidien avec les populations du « Royaume. » Le fait est certain, pourtant, et la raison n'en est pas où on la cherche d'ordinaire. Il importe peu que la Toscane ait été, moins qu'aucune autre province, désolée par les invasions, et il n'est pas vrai qu'elle soit parvenue à la maturité juste au moment où la langue voulait se former et la littérature s'épanouir[1] : une invasion de plus ou de moins ne pèse rien dans la balance, au prix de ces relations continuelles qui forcent les hommes, pour se communiquer leurs pensées, à employer les mêmes mots, et loin d'être en avance sur leurs voisins, les fils des Étrusques étaient en retard. Le hasard même de quelques génies supérieurs n'aurait pas suffi pour leur donner le premier rang : parmi des populations mal préparées, le génie passe comme un météore.

La vérité, c'est que la Toscane était comme ces terres riches où se transforment promptement en végétation puissante les maigres semences qu'y poussent les vents capricieux; c'est aussi que Charles d'Anjou protégeait la science, l'étude, jusque dans les écoliers des villes ennemies[2], et qu'avec lui, avec ses sujets, les Toscans étaient en rapports de tous les jours. Florence connaissait donc le « gai savoir des troubadours et leur mythologie ingénieuse

---

[1] Balbo, *Vita di Dante*, I, 85.
[2] Le 23 décembre 1275, il écrit à tous ses « vicariis, capitaneis, vice-magistris, justitiariis, secretis, magistris, portulanis, etc. », qu'à la requête des écoliers napolitains il prend sous sa protection les écoliers pisans, qui ont leur vie et leurs biens fort exposés par les guerres continuelles ; il ne les rendra pas responsables de ce que leurs compatriotes feraient de mal ; s'il juge à propos de les renvoyer, il leur accordera quarante jours pour se rapatrier avec tout ce qu'ils possèdent. (*Cod. dipl. del regno*, I, 263, note, ap. *Nuova Antologia*, V, 611, ann. 1867.)

qui rappelait l'antiquité. Elle avait l'esprit trop naturellement subtil pour ne pas prendre goût à ces subtilités voulues, l'humeur trop portée aux fêtes pour ne pas suivre avec empressement l'exemple de la civilisation provençale. » Déjà elle avait, sinon ses cours et ses seigneurs d'amour[1], du moins ses cortéges de dames et de damoiselles, accompagnées de chevaliers et de musiciens, ce qui l'a fait accuser d'avoir plus d'impressions que de pensées et d'être gouvernée par les sens plus que par l'esprit[2], quoique, en fait, l'esprit et les sens fussent en elle dans un harmonieux équilibre. Ce qui prouve que c'est bien la supériorité de la race et non l'accident d'une importation ou d'une naissance fortuite qui fit de Florence le siége principal des belles-lettres et des beaux-arts, c'est que le goût n'en resta point limité à la classe aristocratique : il s'étendit aux marchands, même aux petits marchands. Targioni-Tozzetti a vu des manuscrits où des bouchers, où des boulangers consignaient leurs notes et leurs réflexions les jours de fête et de carnaval, faute de temps les autres jours[3].

Le premier Florentin qui, par ses enseignements et ses exemples, exerça une action efficace sur le génie littéraire de ses concitoyens, c'est ce Brunetto Latini qui fut notaire, ambassadeur, exilé après Montaperti, et, pendant quarante années, un des chefs du parti guelfe[4].

---

[1] Comme le prétend Ozanam, *Comment. du Purg.*, *OEuvres*, IX, 566.
[2] Ruth, *Geschichte der italienischen Poesie, Studien über Dante Alighieri*, Berlin, 1837, ap. Ozanam, *ibid.*, p. 565. — Ce jugement hautain et superficiel n'est vrai que des Italiens avilis depuis le seizième siècle par la servitude.
[3] *Di un' opera manoscritta del dottor Gio. Targioni-Tozzetti sulla storia delle scienze fisiche in Toscana*, par F. Palermo, *Arch. stor.*, Append., III, 737 sq.
[4] Né vers 1220, mort en 1294.

On exagère, peut-être, en disant qu'il fut le maître de Dante[1]; mais Dante le tenait en grande estime, quoiqu'il l'ait mis aux enfers pour ses vices, et il fut son disciple, tout au moins comme nos poëtes le sont de Malherbe, de Boileau, de Corneille. Homme d'autorité et d'humeur irritable, philosophe, moraliste, grammairien, jurisconsulte, professeur du *Trivium* et du *Quadrivium*, traducteur de Cicéron et de Salluste, nullement pédant malgré tout, et plutôt homme du monde[2], Brunetto Latini fut, en rhétorique, comme dit Villani, le maître des Florentins. Il les dégrossit, leur enseigna le beau langage[3], leur donna des règles de conduite, classa les vices et les passions, en fit toucher du doigt les conséquences funestes[4], soit par la parole, soit dans ses écrits, dans son *Trésor* notamment, qui montre en lui l'homme le plus docte de Florence et peut-être d'Italie. Quoiqu'il l'eût composé en langue française, « cette ruche d'un miel tiré des fleurs les plus diverses, ce composé des plus précieux objets de la sagesse antique », comme il l'appelle, n'en fut pas moins l'encyclopédie du moyen âge la plus répandue parmi les Italiens comme parmi les autres peuples.

Peut-être Brunetto Latini se souvient-il trop de cette langue de ses prédilections, quand il écrit dans celle de

---

[1] Cette assertion est fondée sur un passage de Dante (*Inf.*, XV, 82-87), d'interprétation douteuse. Fauriel (*Hist. litt. de la France*, XX, 284) doute que Brunetto ait été maître de Dante au sens strict, et Fraticelli (*Stor. della vita*, etc., p. 58) montre bien qu'il put être le premier, mais qu'il ne fut pas le seul.

[2] Voy. les textes plus haut, l. III, c. I, t. I, p. 425, note 4.

[3] Villani, VIII, 10.

[4] Ortolan, *Étude sur B. Latini*, à la suite de ses *Pénalités sur l'Enfer de Dante*, p. 164.

sa patrie son *Tesoretto*, poëme de trois mille vers émaillés de gallicismes[1], mais où la poésie, sans nuire à la morale et à la philosophie naturelle, tient plus de place que la didactique. C'est de lui qu'il y parle et de ses voyages. Il y retrace diverses scènes qu'animent des personnages historiques, Ovide, Ptolémée, et des personnages allégoriques dans le goût du temps, l'Amour, la Nature, les Vertus. Il y accoutume la langue vulgaire à traiter simultanément les sujets agréables et les sujets sérieux. Dans ce poëme, dit Fauriel, se trouve quelque chose de plus général et de plus relevé que dans ce qu'on écrivait auparavant. Grâce à l'auteur, le tour philosophique commence à dominer dans la poésie. Sous son influence « on se piqua moins d'exprimer l'amour que de le définir subtilement dans le sens des opinions d'Aristote. On demanda sérieusement si c'était un accident ou une substance; on personnifia tous les mouvements de la passion, toutes les nuances du sentiment; on les regarda comme des effets, comme des produits d'autant d'esprits divers, d'autant d'âmes spéciales dans lesquelles on divisa et subdivisa l'âme rationnelle, sensitive ou appétitive d'Aristote[2]. » Qu'on trouve dans le *Tesoretto*, et aussi dans le *Favolello*, autre poëme du même maître[3], plus de simplicité que de poésie et de grâce; que la marche en soit pesante et monotone; que l'élément religieux y paraisse sans la

---

[1] Sur les gallicismes reprochés par la critique italienne à B. Latini et même à Dante, voy. Littré, *Études sur le moyen âge* (*Revue des Deux Mondes*, 15 septembre 1864, p. 399). M. Littré en cite de nombreux exemples. Il en montre aussi dans Villani et dans le *Dittamondo* de Fazio des Uberti.

[2] Fauriel, I, 353.

[3] Et non *Favoletto*, comme on écrit ordinairement. Ce mot vient du provençal *flabels* (*fabella*). Voy. Nannucci, I, 484.

majesté, sans la terreur des vieux poëtes ; que les vers, généralement clairs et coulants, soient quelquefois durs et pénibles, manquant le plus souvent d'images, de couleur, d'harmonie[1], rien n'est plus véritable ; mais cette clarté toute française qui paraît dans ce poëme était bien propre à en faire un enseignement en action[2].

C'est à peine si, avant Brunetto Latini, on pouvait citer en Toscane quelque obscur « diseur de rimes » : le seul connu est Folcacchiero des Folcacchieri, chevalier siennois, né, dit-on, vers le milieu du douzième siècle (1150), et dont on loue les sentiments philosophiques, exprimés avec une dignité simple et rude[3]. L'auteur du *Tesoretto* fit lever tout un essaim de poëtes. Il n'en fut point imité, car nul d'entre eux n'aurait pu composer un poëme si vaste, ni même en trouver le sujet ; mais il les vit marcher à l'envi sur les traces moins ardues des

---

[1] Nannucci, I, 463 ; Giudici, I, 100-103.

[2] Il y a une bonne édition de ce poëme : *Il Tesoretto e il Favolello ridotti a miglior lezione col soccorso dei codici dall' abate Zannoni*, Flor., 1824, in-8°. Voy. sur B. Latini, outre les ouvrages cités, *Osserv. fior.*, IV, 37 (3ᵉ éd.), un article de M. Mazzucchelli, dans *Gli scrittori d'Italia*, Brescia, 1853, in f°, 6 vol., A et B ; Thor Sundby, *Brunetto Latinos Tevnet og Skifter* (La vie et les écrits de B. Latini), Copenhague, 1869, in-8°, travail biographique et bibliographique qu'Ortolan déclare très-exact (p. 127). — On peut voir le portrait de B. Latini, attribué à Giotto, dans la chapelle du potestat, à Florence, et sous la voûte de la coupole de Dante, à Ravenne.

[3] Ses poésies sont conservées inédites au Vatican. Une seule *canzone* a été imprimée. Tommaseo déclare ces vers antérieurs au treizième siècle et supérieurs à ceux des Florentins les plus anciennement connus (*Arch. stor.*, App., n° 20, t. V, part. II, p. 7). — Cf. Nannucci, I, 16. — Ciullo d'Alcamo lui-même, le plus vieux poëte sicilien, serait postérieur à Folcacchiero, car on le fait naître vers 1193. Mais la preuve est faible : on attribue à Folcacchiero une *canzone* qui commence par ces mots : « Le monde entier vit sans guerre, » et comme on ne trouve que l'année 1177 où la paix ait régné (encore y avait-il des discordes civiles à Florence), on en conclut que Folcacchiero est de ce temps, et que la poésie toscane est antérieure à la sicilienne (Voy. L. Étienne, *Hist. de la litt. ital.*, p. 43).

troubadours et des Siciliens. On leur fait à peu de frais une renommée : leur ancienneté, qui aurait pu les noyer dans l'oubli, est justement ce qui les fait surnager; il y en a qui ne sont connus que pour une faible *canzone* ou un médiocre sonnet[1]. Pistoia avait Abbracciavacca ; Sienne, Mico Mocato ; Pise, Baccierone, Pannuccio, Lotto, Gallo, ce dernier loué par Dante, quoiqu'il n'ait jamais écrit que dans le dialecte de sa ville natale[2]; San Gemignano, Folgore, à qui Dante fait quelques emprunts ; Lucques, Bonagiunta Urbiciani[3]; Arezzo, Guittone, le *frate gaudente* mort à Florence en 1294, auteur de grossières *canzone* qui ont rendu sévères les bons juges contemporains pour les productions primitives de la poésie en Toscane[4]; Bologne, enfin, Guido Guinicelli, le plus original de tous dans l'imitation des Provençaux, noble et quelquefois éloquent dans sa langue dialectique, obscure, surchargée de comparaisons, objet d'admiration pour Bonagiunta, qui lui adresse un sonnet, et pour

---

[1] Par exemple, Jacopo Cavalcanti (Voy. Nannucci, I, 296). — *Canzone* vient du provençal *cansò*, qui s'entend d'un morceau divisé en strophes, traitant de sujets d'amour, et récité au son des instruments. Les Italiens prirent le mot, mais ne tardèrent pas à en modifier le sens : la *canzone*, chez eux, n'est plus seulement amoureuse : elle aborde les sujets les plus relevés. On ne saurait donc, pour traduire ce mot, dire *chanson*.

[2] *De vulg. eloq.*, I, 13, *Op. min.*, II, 184. — Nannucci, I, 186.

[3] Voy. sur tous ces poëtes, outre Nannucci (*loc. cit.*), Tiraboschi, l. III, c. III, t. IV, p. 336 sq.; Pelli, p. 82 et 363 sq.; Balbo, *Vita di Dante*, I, 87; Fauriel, I, 344; Ginguené, c. VI.

[4] *De vulg. eloq.*, l. II, c. VI, *Op. min.*, II, 224; l. I, c. XIII, t. II, p. 185; *Purg.*, XXIV, 56-60; XXVI, 124-126. — On a longtemps admiré Fra Guittone, parce qu'on lui attribuait des sonnets invention d'un bel esprit du siècle de Léon X (Foscolo, *Prose letterarie*, IV, 169, éd. Lemonnier) et dignes de Trissino (Giudici, I, 107). Toutefois, Pétrarque, qui n'avait pas vu ces sonnets, place Guittone, sans hésiter, entre Dante et Cino de Pistoia. (Voy. *Sonetti in morte di Laura*, XIX, p. 247, éd. Lemonnier, et *Trionfo d'Amore*, cap. IV, p. 343.)

Dante même, qui salue en lui « son père et le père des meilleurs Toscans[1]. »

Plus grand encore, sous l'impulsion de Brunetto Latini, était l'élan poétique à Florence. Par le nombre, sinon par la qualité de ses poëtes, Florence marchait déjà au premier rang. Elle compte, en plein treizième siècle, Chiaro Davanzati, qui n'a pas traité sans agrément les sujets de galanterie; maître Migliore et le notaire Pacino Angiolieri (1250); Pulciarello et le cardinal matérialiste Ottaviano des Ubaldini (1260); Bindo Donati, Lapo Gianni, notaire, ami de Dante, qui le tint pour bon connaisseur de la langue vulgaire[2]; Lapo des Uberti, fils du grand Farinata et père de ce Fazio qui écrivit plus tard le *Dittamondo*[3] (1270); Noffo Bonaguidi, dont le nom revient souvent dans les conseils (1280); Jacopo Cavalcanti, frère du philosophe, esprit fort, et de qui l'on n'a qu'un sonnet (1280); Guido Orlandi, que des Italiens, pris d'admiration, ont cru d'un temps postérieur[4]; Gianni Alfani, qui contribua beaucoup, selon Nannucci,

---

[1]   Voi che avete mutata la manera
    Delli plagenti detti dell' amore,
    Della forma e dell' esser la dov' era,
    Per avanzare ogni altro trovatore (Bonagiunta).
        Il padre
    Mio e degli altri miei miglior. (*Purg.* XXVI, 97.)

Fiorentini traduit : « père de tous ceux qui valent mieux que moi : » mais c'est un contre-sens où ne sont point tombés les annotateurs italiens. *Miei* signifie mes compatriotes. — Ailleurs Dante appelle Guinicelli « nobile » (*Convito*, IV, 20, *Op. min.*, III, 350), et « maximus » (*De vulg. eloq.*, I, 15, *Op. min.*, II, 190; Cf. Pétrarque, *Trionfo d'amore*, c. IV; Nannucci, I, 31-45; Fauriel, I, 339).

[2] *De vulg. eloq.* I, 13, *Op. min.*, II, 186.

[3] Dante le cite honorablement sous le nom de Lapo fiorentino. (*Ibid.*)

[4] Bembo et Redi l'ont loué; Poccianti le croit du quinzième siècle et l'appelle « poeta venustissimus. » (*Catalogus scriptorum florentinorum*, ap. Nannucci, I, 297.)

aux progrès de l'art d'écrire en vers[1]; Graziola, Ricuccio, Federigo dell'Ambra, Ser Pace, notaire, Rustico de Filippo, ami de Brunetto Latini et un des plus habiles; Dino Frescobaldi, loué par Boccace[2] et par Bembo, pour quelques éclairs d'élocution poétique; Amorozzo, Monte Andrea[3] (1290), et Francesco de Barberino (1264-1348), dont les poésies, philosophiques, morales, subtiles, éclairent vivement les mœurs et le tour d'esprit de son temps[4].

Par le nombre des disciples comme par la supériorité du maître, Florence était donc en Toscane le principal foyer de la vie intellectuelle et poétique, dans cette période antérieure à Dante, le prétendu créateur de la poésie et du langage. Il n'y avait guère alors un seul Florentin ayant reçu quelque éducation, qui ne sût, quoique manquant d'art et de méthode pour manier la prose, écrire en vers, composer une *canzone*, tourner un sonnet. Deux d'entre eux, d'ailleurs, se détachent de la foule, paraissent des étoiles, sinon de première, au moins de deuxième grandeur. Estimés de la postérité, ils étaient admirés de leurs contemporains.

L'un des deux, c'était ce Guido Cavalcanti en qui on a déjà vu un des chefs du parti blanc et bientôt un gibelin, grâce à son mariage contracté avec la fille de Fari-

---

[1] Nannucci, I, 303. — Il ne faut pas le confondre avec un autre Florentin du même nom qui fut condamné en 1327 pour avoir combattu la proposition de donner des secours au roi Robert.

[2] Famoso dicitore in rima. (*Commento alla Div. Com.*)

[3] Sur tous ces poëtes, voy. Nannucci, I, 215-470; Tiraboschi; Pelli; Balbo; Fauriel; Ginguené, *loc. cit.*

[4] Capponi, I, 153. — Francesco de Barberino (val d'Elsa) commença ses *Documenti d'amore* vers 1290. Il fit ensuite *Del Reggimento e dei costumi delle donne*, dont on peut voir quelques vers dans A. Vannucci, p. 249.

nata des Uberti, sous les auspices des doctrines « épicuriennes » communes au gendre et au beau-père. Ses alliances, ses amitiés, ses avantages extérieurs, ses talents oratoires et philosophiques, son caractère énergique et mâle, qui lui donnait de l'action sur Dante même[1], son exil, sa fin prématurée, par laquelle il obtint ce je ne sais quoi d'achevé que donne le malheur, ne purent que rehausser singulièrement ses poésies ; mais elles avaient une valeur intrinsèque, puisqu'elles ont défié les efforts corrosifs du temps. S'il est vrai, comme on l'assure, que Dino Frescobaldi, Lapo Gianni et d'autres encore « aient fait davantage pour rajeunir le moule provençal par l'élégance de la diction et aient fait mieux pressentir les facultés poétiques de l'Italie[2] », il était bien plus qu'eux doué d'invention, original, abondant, grave, sincère, subtil dans la dialectique, profond dans l'analyse de l'amour platonique, dominé par la passion de bien dire, art difficile dont il donne les exemples comme les règles[3]. Il ennoblit la langue vulgaire ; il triomphe, en créant des formes nouvelles, de l'obstination des doctes à préférer le latin ; il continue et développe la tradition de Guido Guinicelli, aux yeux de qui la beauté était nécessaire pour éclairer, pour conduire à la vertu[4]. Sa fameuse *canzone* sur la nature de l'amour, où il semble avoir voulu condenser toute sa science de cette passion, est, à vrai dire, un traité de métaphysique. L'abstraction

---

[1] Boccace, *Giorn.* VI, nov. 9, t. III, p. 52, et comment. au ch. X de *l'Enfer*. Villani, VIII, 41.

[2] Fauriel, I, 356.

[3] Mario Equicola, *Della natura d'amore*; le p. Giulio Negri, *Storia degli scrittori fiorentini*, ap. Nannucci, I, 265.

[4] Nannucci, I, 266 ; Giudici, I, 93.

y domine plus que le sentiment et la poésie; l'amour y semble étranger à l'humanité et y devient comme une des formes de la philosophie transcendante[1]; mais le goût du temps en était si charmé, qu'au lendemain de son apparition, un cardinal, grand théologien, Egidius Colonna, qui avait été précepteur de Philippe le Bel, écrivait sur cette *canzone* un commentaire en latin[2]. C'est elle surtout qui fit que Dante plaçait Guido Cavalcanti à son niveau[3] et saluait en lui le créateur d'un nouveau style; c'est elle qui le fit appeler par les contemporains « le second œil de Florence[4], » qui lui valut les éloges de Marsilio Ficino et de Lorenzo des Medici, admirant dans cet écrit un excellent commentaire du *Banquet de Platon*[5].. Certains vers en sont si heureux, qu'on a pu croire que ceux de Pétrarque et de Redi en étaient imités[6]. Étrange destinée d'un homme supérieur, que Dante a relevé par ses éloges, mais qu'il a rabaissé par ses exemples, au point de le faire disparaître, selon l'expression du commentateur Landino, comme la lune auprès du soleil[7]!

L'autre poëte qui, quoique plus jeune, lui vint disputer la faveur publique, c'est un jurisconsulte, maître du fameux Bartolo, Cino de Pistoia. Né aux portes de Flo-

---

[1] Fraticelli, *Dissert. sulle poesie liriche di Dante*, ap. *Op. min.*, I, 5.
[2] Giudici, I, 95.
[3] E questo mio primo amico ed io ne sapemo bene. (*Vita nuova*, § 25. *Op. min.*, II, 101.) — Pel primo amico intende al solito il Cavalcanti (note de Fraticelli à cet endroit). Voy. *Inf.* X.
[4] Alter oculus Florentiæ tempore Dantis. (Benvenuto d'Imola, *Comment. ad Inf.* X, 52. *Murat. Antiq. med. œvi*, I, 1045.)
[5] *Epistola* (de Lorenzo des Medici) *all' illustrissimo signor Federigo*, ap. Nannucci, I, 265, 285. — Mézières, *Pétrarque*, p. 55; Giudici, I, 93.
[6] Nannucci, I, 269.
[7] *Id., ibid.*, p. 265.

rence (1270-1337), sa vie est étroitement mêlée à celle des Florentins, soit qu'il vécût avec eux dans leur ville, soit qu'il les suivît dans l'exil, si obstiné en ses idées politiques, que, même après la mort d'Henri VII, il soutenait encore la cause perdue de la monarchie. Dans l'ordre poétique, il représente une tendance opposée à celle de Cavalcanti. Malgré ses habitudes d'école, qui devaient le porter aux déductions et aux syllogismes, il s'en éloigne; il évite même les pensées philosophiques pour exprimer, sans imiter personne, ses sentiments personnels. « Il est connu, dit-il, que je ne fus jamais artiste. Je suis un homme d'humble esprit, qui pleure parce que j'ai l'âme triste[1]. » Vrai et naturel, il n'en a pas moins cure « du bien dire, qui adoucit tout animal sauvage[2]. » Il ose reprocher à Cavalcanti de manquer de grâce[3], et lui-même il n'en manque point, parce qu'il évite l'abstraction. Dante reconnaît que Cino l'avait aidé à purger la langue des mots grossiers, des tournures vicieuses, des graves fautes de prononciation[4]. Lorenzo des Médici,

> Ciò è palese ch'io non fu' mai artista....
> Ma son un cotàl uom di basso ingegno,
> Che vo piangendo sol con l'alma trista.

(Sonnet 107 de l'éd. de Pise, *Rime*, 1815. — Il a été publié en note par Giudici, I, 95).

[2] Il bel dir ch' umil rende ogni empia fera.
(*Rime di Cino da Pistoia*, ordinate da Carducci, son. I.)

[3] Certi bei motti volentieri accolgo,
Ma funne mai de' vostri alcun leggiadro.
(Son. 107 de l'éd. de Pise et 6 de l'éd. Carducci).

[4] Magistratu quidem sublimatum videtur, cum de tot rudibus Latinorum vocabulis, de tot perplexis constructionibus, de tot defectivis prolationibus, de tot rusticanis accentibus tam egregium, tam extricatum, tam perfectum et tam urbanum videamus electum, ut Cinus Pistoriensis et amicus ejus (Dante) ostendunt in cantionibus suis. (*De vulg. eloq.*, I, 17. — *Op. min.*, II, 196.)

qui le déclare délicat et vraiment amoureux, constate qu'il adoucit le premier cette rudesse de la vieille langue, dont Dante garde encore plus d'une trace[1]. S'il n'atteint pas toujours à l'élégance et à l'harmonie qu'il recherche, s'il est verbeux et négligé dans le style, il n'en a pas moins, sur son fond monotone de mélancolie, trois ou quatre pages qui annoncent Pétrarque et qui ne le dépareraient pas. Gloire réelle d'avoir suscité Pétrarque, mais gloire qui a bien son ombre, puisque après Pétrarque sont venus les Pétrarquistes. Cino n'est pas un chef d'école, il est un précurseur[2].

Dante est le disciple de Cavalcanti et de Cino, loin d'être, comme on l'a dit trop souvent, un astre solitaire dans la nuit sombre, une plante superbe dans le désert[3]. Seulement, il a fait oublier son ami le plus cher, en lui prenant tout ce qu'il avait de bon, en faisant mieux que lui, tandis qu'à côté du plus grand des poëtes on peut encore, s'il ne s'agit que de poésies lyriques, mentionner Cino de Pistoia. La supériorité de Dante à cet égard,

---

[1] *Epistola all'ill. sign. Federigo*, ap. Nannucci, *loc. cit.*

[2] Fraticelli, *Diss. sulle poesie liriche di Dante*, Op. min., I, 6. — Mézières, p. 36. — Giudici, I, 96. — On peut voir, sur ces matières, Giesebrecht, *De litterarum studiis apud Italos primis medii œvi seculis.* — Bouterweck, *Geschichte der Poesie und Beredsamkeit seit dem Ende des XIII Jahrhunderts.* Gottingue, 1800. — Ranke, *Zur Geschichte der italienischen Poësie.* Berlin, 1837. — Witte, *Uber der Minnegesang das Volkslied in Italien* (Annuaire de Reumont, intitulé *Italia.* Berlin, 1838). — Ruth, *Geschichte der italienischen Poesie.* — Wagner, *Parnasse italien.* Leipzig, 1826. — Ozanam (*Les Ecoles en Italie*, p. 158 sq) parle assez longuement d'un poëme toscan du XIII° siècle, intitulé l'*Intelligenzia* (Magliab. cl. 7. cod. 1035); mais l'authenticité en est contestée.

[3] On peut voir, dans les Œuvres complètes d'Ozanam, son écrit : *Des poëtes franciscains en Italie*, p. 65-73, qui contient un tableau de la culture italienne au commencement du XIV° siècle, tableau appuyé de faits précis et de citations qui montrent qu'il ne doit rien rester de cette vieille fable de Dante portant le jour dans les ténèbres.

c'est que ce qui est chez eux l'œuvre de la maturité est chez lui une œuvre de jeunesse. Il s'affranchit d'ailleurs, mieux qu'ils n'ont su faire, de la grossièreté du langage parlé ; il s'interdit les constructions barbares, les termes prosaïques et bas ; il trouve des formes originales, de nouveaux tours, de nouveaux rhythmes, de nouvelles pensées ; il cherche la propriété, la clarté, la majesté, relevant ainsi le genre littéraire de la *canzone*, qu'il avait en haute estime, mais que beaucoup dédaignaient[1].

Les plus sûrs esprits, en Italie, Villani, Boccace, Leonardo Bruni, Muratori, n'ont pas marchandé leur admiration à cette partie des écrits de Dante. Dante lui-même en est bon juge, quoique dans sa propre cause. Comme Horace, comme Ovide, il marque sa place sans fausse modestie. A plusieurs reprises, il cite ses propres *canzone* comme plus élégantes et plus accomplies que toutes les autres[2]. Dans la *Divine Comédie*, qui aurait pu les lui faire oublier, il s'en fait rappeler le souvenir par Bonagiunta de Lucques et par le musicien Casella[3]. Il ose dire qu'il est peut-être né un poëte qui chassera de leur nid les deux Guido, Guinicelli et Cavalcanti[4]. Il se tient pour un de ces poëtes qui parlent seulement quand l'amour les inspire. Alors, dit-il, je note et reproduis ce qu'il me

---

[1] Fraticelli, *Diss.*, etc., I, 1. — Modorum cantionum modum excellentissimum esse pensamus.... cantiones nobilissimæ sunt. (*De vulg. eloq.*, II, 3. *Op. min.*, II, 212, 214.) — Dicimus vulgarium poematum unum esse supremum quod per superexcellentiam cantionem vocamus. (*Ibid.*, II, 8. *Op. min.*, II, 236.)

[2] Voy. le *De vulg. eloquio*, passim.

[3] *Purg.*, XXIV, 49 ; II, 91, 106-114.

[4] *Purg.*, XI, 97-99. Des commentateurs modernes (Costa et Bianchi) disent bien que Dante a pu parler d'un autre que de lui, mais le passage du *De vulg. eloquio* où il parle de la supériorité de ses *canzone* ne permet guère de doute.

dicte au dedans de moi-même[1]. Par là, Dante se rattache à l'école de Cino, mais il la relève parce que l'amour ne lui inspire que de nobles et philosophiques pensées, comme à Cavalcanti. Réunissant ainsi les mérites de ses deux maîtres, il se déclare fondateur d'une école du « doux style, » qu'il oppose fièrement à celle de Fra Guittone, de Bonagiunta et d'autres encore[2].

Qu'il ait éprouvé réellement, et peut-être trop éprouvé les sentiments amoureux dont il parle avec tant d'âme, on n'en saurait douter. Il ne s'agit pas seulement de l'idéal et précoce amour dont il brûlait à neuf ans pour Beatrice des Portinari, âgée de huit. Seize ans plus tard, à peine la mort a-t-elle flétri cette fraîche et poétique fleur (9 juin 1290), qu'il s'énamoure d'une jeune fille qui, de sa fenêtre, le regardait avec compassion, et qu'il lui adresse des sonnets[3]. Marié en 1293, père de sept enfants, il part seul pour l'exil, et là, aigri par le malheur, impatient de la contradiction, jetant à ses bienfaiteurs des paroles amères ou piquantes, aux femmes et aux enfants qui calomnient son parti des pierres, en attendant qu'on puisse répondre par le couteau aux arguments des guelfes, il est tributaire de ses sens, il a de trop nombreuses, de trop grossières amours[4], dont l'unique excuse est d'avoir

---

[1] *Purg.*, XXIV, 52-54.
[2] Voy. *Purg.*, XXIV, 54 sq.
[3] Voy. *Vita nuova*, §§ 36, 37, *Op. min.*, 115, 116.
[4] La Gentucca, de Lucques (*Purg.*, XXIV, 35); la Pargoletta (Ballata 8, *Op. min.*, I, 156. — Fraticelli veut voir dans celle-ci Beatrice, mais il avoue que l'épithète de *nuova* peut s'entendre dans le sens de *pellegrina*); la Montanina du Casentino (canzone 8, *Op. min.*, I, 139. Voy. ce que dit Fraticelli, p. 44, sur la lettre à Maorello Malaspina, découverte au Vatican par M. de Witte, et qui prouve cet amour) ; enfin peut-être deux autres, Pietra des Scrovigni de Padoue et une Bolonaise (Fraticelli, *Diss.*, etc., *Op. min.*, I, 39, sq). Il est absurde de soutenir que les amours chantées par

introduit plus de variété dans ses lyriques inspirations. Au cours de ses visions poétiques, il se fait reprocher par Béatrice d'être tombé si bas[1], et il en convient avec tant de honte que pour comprendre le *oui* qui sortait de ses lèvres il fallut, dit-il, le secours des yeux[2]. Mais, invité à rester plus ferme contre la voix des sirènes[3], il n'en continue pas moins de leur prêter une oreille complaisante; il emploie, pour les célébrer, les mêmes images, les mêmes fleurs, les mêmes étoiles que pour célébrer Béatrice. Heureusement que, si la moralité en souffre, la poésie en profite. C'est par la sincérité émue des accents que Dante, poëte lyrique, peut être comparé non-seulement à Cino de Pistoia, mais encore à Pétrarque, sur lequel il l'emporte quelquefois, dans un genre où Pétrarque est le premier[4]. Plus réellement sensible que lui, s'il a plus de rudesse et d'obscurité, il a aussi plus de force et de hardiesse, plus de profondeur et de sérieux. S'il ne se plongea pas sans profit, à la mort de Béatrice, dans la lecture de Cicéron[5] et de Boèce, il ne faut pas le croire sur parole quand il dit que l'amour de la philosophie chassa dès lors de son esprit toute autre pensée[6]. Loin de

Dante furent fictives et allégoriques. Fraticelli le prouve au moyen de textes de Dante même. Voy. *Diss. sulla vita nuova. Op. min.*, II, 19 sq.

[1] Tanto giù cadde (*Purg.*, XXX, 135).
[2] *Purg.*, XXXI, 13-15.
[3] *Ibid.*, v. 44-45.
[4] Nous abritons ce jugement, téméraire de la part d'un Français, derrière l'autorité de deux bons critiques, MM. Fraticelli (*Diss. sulle poesie liriche, Op. min.*, t. I), et Giudici (*Stor. della litt. ital.*, I, 151, 153). — Ozanam, pour montrer Dante plus grand par le repentir, prétend à tort qu'il n'est qu'au rang de ses contemporains (*OEuvres*, t. IX). Fraticelli, par d'heureux rapprochements, a restitué au grand poëte cette partie de sa gloire.
[5] Les consolations que Cicéron donne à Lelius dans le *De amicitia*.
[6] Sicchè in picciol tempo, forse di 30 mesi, cominciai tanto a sentire

là, c'est la plus pure de ses passions de cœur qui paraît lui avoir suggéré le dessein du monument de sa vie, de l'œuvre incomparable qui devait éclipser toutes les autres du moyen âge, et prendre place, dans l'histoire des lettres, à côté des plus grandes dont s'enorgueillit l'humanité.

Cette chaste idole de ses jeunes années, qui figure si souvent dans ses *canzone*, dans ses ballades, dans ses sonnets, il avait résolu de la célébrer dignement, de dire d'elle « ce qui n'a jamais été dit d'aucune femme ; » et nous savons par lui-même qu'il s'y étudiait avec une docte assiduité[1]. Dans la poésie épique pas plus que dans la poésie lyrique, il n'est créateur et novateur. Son mérite est au contraire d'avoir connu tout ce qu'il trouvait de mode avant lui et de s'en être servi habilement. « Il n'y a que la rhétorique, dit un brillant esprit de notre siècle, qui puisse jamais supposer que le plan d'un grand ouvrage appartient à celui qui l'exécute[2]. » Dante était instruit de tout ce qu'on pouvait savoir de son temps, curieux de toutes choses et propre à les bien faire, dès qu'il y mettait la main. Il avait une belle écriture[3] ; il savait dessiner[4] et il critiquait les dessins de Giotto[5]. Il

---

della sua dolcezza (de la philosophie) che il suo amore cacciava e distruggeva ogni altro pensiero. (*Convito*, II, 13. *Op. min.*, III, 162.)

[1] Apparve a me una mirabil visione nella quale vidi cose che mi fecero proporre di non dir più di questa benedetta, infintantoche io non potessi più degnamente trattare di lei. E di venire a ciò io studio quanto posso, si com' ella sa veracemente. Sicchè se piacere sarà di colui per cui tutte le cose vivono, che la mia vita per alquanti anni perseveri, spero di dire di lei quello che non mai fu detto d'alcuna. (*Vita nuova*, § 43. *Op. min.* II, 125.)

[2] Victor Cousin, *Cours de l'histoire de la philosophie*, XIe leçon, p. 16. Paris, 1828.

[3] Leon. Bruni, Pelli, ap. Fraticelli, *Op. min.*, I, 97.

[4] Io disegnava un angelo sopra certe tavolette. (*Vita nuova*, § 35. *Op. min.*, II, 113.)

[5] Benvenuto da Imola, *Comment. ad Purg.*, XI, 94, ap. Muratori, *Antiq. med. ævi*, I, 1185. Baldinucci, *Vita di Giotto*, p. 49.

aimait la musique[1], il recherchait la société de quiconque chantait bien, jouait d'un instrument, ou même en fabriquait[2]. Il s'occupait de musique avec les musiciens Casella et Belacqua, comme de peinture avec Cimabue et Giotto, comme de sculpture avec Arnolfo. Il avait appris la rhétorique dans le *Trésor* de Brunetto Latini, la scolastique à Paris[3], le droit à Bologne, l'antiquité par de nombreuses lectures. Son esprit se formait, en outre, au spectacle et à l'école des grands événements : il pouvait méditer sur les triomphes populaires en Flandre et en Suisse, sur les guerres de l'Allemagne, de l'Angleterre, de la France, comme sur les guerres de la Toscane, sur la tragédie des Templiers comme sur le drame d'Anagni.

Aussi retrouverait-on sans trop de peine tous les éléments dont se compose la *Divine Comédie*. Le fond est encyclopédique, parce que tel était le goût du temps ; la forme est un voyage aux enfers, au purgatoire, au paradis, parce que ce cadre, adopté depuis les temps antiques, était en faveur plus que jamais[4]. Comment Dante, qui

---

[1] *Purg.*, II, 107.

[2] Notamment un certain Belacqua, fabricant d'instruments de musique, dont il est parlé au *Purg.*, c. IV, v. 122.

[3] Pour son séjour à Paris, voy. *Hist. litt. de la France*, XXI, 107 sq., art. sur Sigier, par J. V. Le Clerc.— Pour son retour sans se faire recevoir docteur, faute d'argent, Boccace, *Vita di Dante* (en tête de l'éd. de Naples, in-f°).

[4] Voy. Iliade, I, 3 ; *Odyssée*, XI ; le *Phédon* et la *République* de Platon, le traité de Plutarque περὶ τῶν ὑπὸ τοῦ Θεοῦ βραδέως τιμωρουμένων (*Moralia*, Didot, I, 663); l'*Alceste* d'Euripide ; les *Grenouilles* d'Aristophane ; Virgile, *Æn.* l. VI, et *Culex* ; Lucain, Stace, Silius Italicus, Valerius Flaccus, le début des *Argonautes*, Claudien, *De raptu Proserpinæ;* Sénèque, *Œdipe, Hercule furieux.* Dans les temps chrétiens, Grégoire le Grand (*Gregorii de vita et miraculis patrum Italicorum et de æternitate animorum*); Grégoire de Tours (L. IV, § 33. Trad. Guizot, t. I, p. 209, Paris, 1862) ; la fresque du jugement dernier, tracée par le peintre Methodius sur les murailles du palais d'un roi des Bulgares au IX° siècle, et qui causa la conver-

avait vécu sur la montagne Sainte-Geneviève, sur la paille de la rue du Fouarre, aurait-il ignoré ces écrits français que connaissait déjà le vieux chapelain Donizo[1] et où se retrouve sans cesse le voyage dans l'autre monde, aux lieux surtout des éternels châtiments? Le *Tesoretto* du vieux Latini, d'ailleurs, ne lui donnait-il pas le modèle d'une vision dont la très-proche parenté avec la sienne ne saurait être contestée[2]? Ce qu'il n'avait pas lu, il le connais-

sion du roi et de ses sujets (*Gio. Cedreni compendium historiarum*, ap. *Byzantinæ historiæ scriptores varii*, Paris, 1647); les livres du même temps relatant des visions allemandes, *Vita S. Anscharii, auctore Remberto* (Bolland. 3 févr., t. I de févr., p. 391 sq.); Vision du moine Wettin, de l'abbaye de Reichenau (*Acta SS. ord. Bened.*, sæc. IV, pars II, p. 263); *Othlonis monachi Ratisbonensis liber visionum tum suarum tum aliarum* (Bern. Pez, *Thesaurus anecdotorum novissimorum*, t. III); *Vita S. Mascarii Romani servi Dei qui inventus est juxta Paradisum* (Rosweid, *Vitæ Patrum*); une évocation de l'enfer par Grégoire VII, (reproduite dans *Petri Damiani opera*, l. I, ép. 9, p. 13, dans les *Mém. de l'Acad. de Metz*, 1860-61, 2ᵉ série, 9ᵉ année, p. 220, et dans le *Grégoire VII* de Villemain, I, 341); deux descriptions des supplices infernaux, par des auteurs grecs (publiées dans l'*Annuaire de l'association des études grecques*, ann. 1871, p. 92 et 114); en France, *le Jongleur qui va en paradis, le Salut d'enfer, la Cour du paradis, le Vilain qui gagne le paradis par plaid; la Voie de paradis*, par Rutebeuf; *le Voyage de paradis, le Songe d'enfer*, par Raoul de Houdan (voy. *Hist. litt. de la Fr.*, XVIII, 787, 790, 792); la fameuse légende du trou de S. Patrice, racontée en prose par Mathieu Paris et Vincent de Beauvais, en vers par Marie de France (*Œuvres*, t. II), et par divers jongleurs, en attendant qu'elle devint plus tard, en Italie, le roman de *Guerino il meschino*. Voy. le développement de cette légende dans Ferd. Denis, *le Monde enchanté*, p. 157. Paris, 1853. On peut voir diverses légendes et l'indication des sources dans Legrand d'Aussy, *Fabliaux*, II; Labitte, *la Div. Com. avant Dante*, nᵒˢ 5, 6; Ozanam, *des Sources de la Div. Com.*, *Œuvres*, V, 422 sq.; Ferrario, *Antichi romanzi di cavalleria*, t. III; Gervinus, *Geschichte der deutschen Poesie*; Rosenkranz, *Geschichte der deutschen Poesie in dem Mittelalter*.

[1] Francorum prosa sunt edita bella sonora. (Donizo, Prologue, v. 1. R. I. S., t. V, 344.)

[2] La vénérable matrone nature engage avec B. Latini, égaré de son chemin, un long colloque scientifique; elle se met avec lui à la recherche de la philosophie, et dans la forêt voisine le met face à face de rois, de barons, de sages, de vertus personnifiées, du Dieu d'amour, d'Ovide, serviteur de ce

sait par ouï-dire, et il prenait de toutes mains. Il emprunte son rhythme aux cantilènes des Provençaux, sa langue aux patois italiens, ses ornements de détail, qui font l'étonnante variété de son poëme, aux événements contemporains ou passés, surtout à ce qui vivait autour de lui, sur le même sol que lui. Cette fête donnée sur l'Arno en 1304, et qui eut une fin si tragique, n'était-ce pas un voyage dans l'autre monde? « Vous retrouvez dans l'*Enfer* les châteaux-forts, les villes, les murailles crénelées, les ponts-levis des guelfes et des gibelins. La Jérusalem mystique est construite des débris de Florence[1]. » Une bonne histoire de Florence serait donc peut-être le meilleur commentaire de la *Divine Comédie*. Il n'est pas jusqu'à cette rose céleste dont la symbolique description termine le *Paradis*, que Dante n'eût vue, au cours de ses voyages, flamboyant au milieu des nefs dans les cathédrales, et représentant les neuf chœurs des anges autour de la majesté de Dieu[2].

Ainsi l'épopée du moyen âge est vraiment dans cette *Comédie*, comme le poëte l'appelle, parce qu'elle commence mal et finit bien[3]. Elle en reproduit avec autant de naïveté poétique que de docte profondeur les idées, les croyances, les passions et les actes. Dans le cadre traditionnel et commode de la vision se meut tout un monde, ou, pour mieux dire, trois mondes représentés d'un

---

Dieu, et qui aide le poëte à trouver sa route, non sans dissertations théologiques et morales, non sans rencontres avec divers personnages, notamment l'astronome Ptolémée.

[1] Quinet, *Rév. d'Italie*, I, 124.
[2] *Parad.*, XXXI, 1.
[3] Comœdia inchoat asperitatem alicujus rei, sed ejus materia prospere terminatur (Lettre à Can grande. Ep. XI. *Op. min.*, III, 540). *L'alta mia tragedia*, dit Virgile, ap. *Inf.* XX, 113.

sombre et terrible pinceau. Semblable aux poëtes primitifs, Dante ne dit rien qu'il ne pense[1], et il est comme eux un homme complet. L'épée dans une main, la plume dans l'autre, il a laissé aux générations à venir un des plus vastes monuments de l'esprit humain[2].

Aux vues générales dont il abonde s'ajoutent les vues particulières qui sont, chez ce poëte unique, le fond même de son âme. Comme dans ses églogues et ses *canzone*[3], Florence est toujours présente à son esprit. Y voyant diminuer la foi, il lui veut faire honte de ses tendances et de ses mœurs épicuriennes. Proscrit, il y vit par la pensée, et il se flatte longtemps d'y rentrer avec honneur. Quand il en a perdu l'espoir, elle ne cesse pas d'être à ses yeux l'ombilic du monde. Ce sont ses compatriotes qu'il rencontre surtout dans le triple voyage entrepris par sa puissante imagination. Dans ses anathèmes contre sa ville natale il ne faut voir que les explosions découragées de l'amour malheureux. La haine en lui n'est que l'enveloppe transparente de la tendresse. Plus d'une fois il s'oublie, en effet, à proclamer Florence digne d'une renommée triomphale, créatrice de la gloire, hôtellerie de salut, sœur de Rome moderne, fille renommée de Rome antique[4]. Il la plaint, parce que les méchants s'acharnent à lui montrer le faux pour le vrai, à

---

[1] Io scrittore udii dire a Dante che mai rima nol trasse a dire altro che aveva in suo proponimento. (Anonimo famigliare di Dante, ap. Giudici, I, 207.)

[2] Voy. Labitte, p. 91, 137.

[3]
Nonne triumphales melius pexare capillos,
Et patrio (redeam si quando) abscondere canos
Fronde sub inserta solitum flavescere Sarno.
(Eclog., I, 42-44. *Op. min.*, I, 428.)

[4] *Convito*, I, 3, *Op. min.*, III, 71.

se liguer pour sa ruine. Il veut la ramener à cet âge d'or où elle régnait heureuse, où ses fils cherchaient leur support dans la vertu[1]. Si ces accents plus doux ne dominent point, s'ils font trop souvent place à l'imprécation amère, c'est que, conçue et même commencée avant l'heure cruelle de l'exil, la *Divine Comédie* ne parvint que durant l'exil à sa forme définitive, et ne parut qu'alors au poëte digne d'être soumise à ses protecteurs et à ses amis[2].

Ce qui enveloppe d'une profonde obscurité le chef-d'œuvre, c'est cette forme symbolique si chère au moyen âge, et qui tient par les images à la poésie, par l'association des idées à la philosophie[3]. Selon Dante lui-même, il y a quatre manières de comprendre et d'expliquer tout écrit : le sens littéral, l'allégorique, le moral et l'anagogique, ce dernier étant celui qui s'élève du sens littéral au sens spirituel[4]. Son sujet, c'est, au sens litté-

---

[1] *Canzone* XX, *Op. min.*, I, 218.

[2] Le dessein de la *Divine Comédie* est ancien. Elle devait primitivement être écrite en langue latine, et on en a même conservé le premier vers :

Ultima regna canam fluido contermina mundo.

Converti plus tard à la langue vulgaire (*Convito*, I, 12, *Op. min.*, III, 106; *De vulg. eloq.*, I, 16-19, *Op. min.*, II, 193; Cf. Ozanam, *Les poëtes franciscains*, Œuvres, V, 33), pour être mieux compris (voy. à cet égard une lettre du moine Ilario à Uguccione de la Faggiuola, dans Mehus, *Vita Ambrosii camald.* en tête de *Amb. Traversari Epistolæ*; Flor. 1759, in f°, p. 321), Dante ne commença qu'en 1306 d'apporter tous ses soins à son poëme (Fraticelli, *Diss. sul Convito*, *Op. min.*, III, 11). L'*Enfer* ne peut avoir été publié avant 1309 (Fraticelli, *Diss. sul volg. eloq.*, *Op. min.*, II, 144, et *Storia della vita*, p. 274). Les premiers chants du *Purgatoire* étaient écrits en 1310 (Voy. *Purg.*, VI, où Dante parle de la mort d'Albert, roi des Romains, tué en 1308). Avant 1317, l'*Enfer* et le *Purgatoire* étaient publiés. En 1320, le *Paradis* n'était pas encore terminé. Il le fut en 1321. (Fraticelli, *Storia della vita*, p. 279, 280.)

[3] Voy. Ozanam, *Dante et la philosophie catholique*, Œuvres, VI, 122-137, et *Comment. du Purg.*, Œuvres, IX, 566.

[4] Istius operis non est simplex sensus.... nam alius est sensus qui habe-

ral, l'état des âmes après la mort; au sens allégorique, l'homme méritant ou déméritant par le libre arbitre, destiné à la récompense ou au châtiment. De là tant d'interprétations diverses[1]. Qui dira, par exemple, avec sûreté, quelle vertu Dante attribuait aux nombres trois et neuf, comme à leur rapprochement? Son œuvre contient trois parties : le châtiment, l'expiation, la récompense; trois personnages : l'homme (Dante), la raison (Virgile), la révélation (Beatrice). Beatrice est un 9, c'est-à-dire un miracle dont la racine est l'admirable Trinité. Le poëte la connut à neuf ans, et la revit à deux fois neuf ans. Il la prie à l'heure de none, il rêve d'elle dans la première des neuf dernières heures de la nuit. Il la chante à dix-huit ans, la perd à vingt-sept, le neuvième mois de l'année judaïque. On compte neuf sphères dans le paradis. Des cent chants dont se compose le poëme, ôtez l'introduction, il en reste quatre-vingt-dix-neuf, dont trente-trois pour chacune des trois parties, et chaque chant a un nombre presque égal de tercets ou strophes

---

tur per literam, alius est qui habetur per significata per literam.... Et primus dicitur literalis, secundus vero allegoricus, sive mysticus... Est ergo subjectum totius operis, literaliter tantum accepti status animarum per mortem simpliciter sumptus. Nam de illo et circa illum totius operis versatur processus. Si vero accipiatur opus allegorice, subjectum est homo prout merendo et demerendo per arbitrii libertatem justitiæ præmianti aut punienti obnoxius est. (Lettre à Can grande, ep. XI, *Op. min.*, III, 538-540.)

[1] On peut voir l'indication de quelques-unes des plus hasardées dans notre *Histoire de la littérature italienne*, p. 57. Niccola Nicolini de Naples, Domenico Mauro, Rossetti, Aroux, ont dit des choses bien peu sensées à cet égard. M. Giudici (I, 209) est plus vraisemblable; Boccace est vrai, mais sans beaucoup se compromettre, quand il dit que l'œuvre de Dante est la pensée catholique tout entière sous l'écorce vulgaire de la parole. (Cf. sur ce sujet Grieben, *De variis quibus Dantis Al. Div. Com. explicatur rationibus*, Breslau, 1845.)

de trois vers[1]. Ainsi partout les chiffres cabalistiques trois et neuf ou un de leurs multiples.

Plus compréhensible lorsqu'elle s'applique aux peines de l'enfer, l'allégorie les rend poétiques en les laissant réelles et raisonnables, c'est-à-dire analogues au crime. Dante pratiquait par avance cette maxime du dix-huitième siècle que les meilleures peines sont les plus analogues au délit[2]. La réalité rend l'allégorie moins obscure. Dante avait le dessein de les mêler l'une à l'autre, et la conscience d'y être parvenu[3]. Pour décrire ces peines qu'il invente d'une imagination si féconde, il s'aide de la vérité scientifique, telle que son génie et son temps pouvaient la concevoir et la connaître. Pour soutenir le sens théologique de quelques vers du *Paradis*, il invoque dans une de ses lettres les autorités inégalement respectables des prophètes, de Daniel, de Nabuchodonosor, des Évangélistes, de saint Paul, de saint Augustin, de saint Bernard, de Richard de saint Victor[4]. L'appareil scientifique nous choque aux vers de l'immortel poëme; mais les contemporains en étaient charmés, et ils y puisaient une confiance absolue dans la véracité du poëte, point capital, car l'intérêt, qui est pour nous dans les impressions qu'il éprouve, était pour eux dans les choses qu'il disait avoir vues. Leur crédulité en vint à croire réel ce voyage qui n'était pourtant qu'un lieu commun, qu'un cadre tout fait pour la poésie chrétienne. Les commentateurs

---

[1] Voy. Ces. Cantù, Mém. ap. l'*Investigateur*, 1847, p. 284, et notre *Hist. de la litt. ital.*, p. 43.
[2] Ortolan, *Les pénalités de l'Enfer de Dante*, p. 39-41.
[3] Voy. *Purg.*, XXIV, 46-63.
[4] Lettre à Can grande, ep. XI, *Op. min.*, III, 532 sq. et notamment 558.
— Ce texte a été rapporté en partie par M. Giudici, I, 224.

font du poëte un prophète, le disent saint, le comparent à saint-Paul, finissent par citer ses vers dans les chaires des universités, comme un texte de loi, et dans les chaires des églises, comme un texte sacré. Jamais aucun autre poëme n'a eu pareille destinée[1].

S'il l'avait pu voir ou soupçonner, Dante en eût été très-heureux, car il se proposait moins de se faire admirer que d'agir sur les hommes. « Le genre de philosophie employé ici dans l'ensemble et dans les parties, écrit-il, est une opération morale ou éthique, entreprise non pour spéculer, mais pour agir. Les hommes pratiques, dit Aristote, spéculent, eux aussi, quelquefois[2]. » Multiple était le but de cet homme d'action. Il voulait montrer son génie poétique, sa connaissance de l'antiquité, sa science philosophique, flétrir l'ingrate Florence qui l'avait banni de son sein, cueillir, en châtiant ses ennemis, le fruit délicieux de la vengeance[3], peindre les misères de l'exil, faire un piédestal à Béatrice, rayon lumineux de sa jeunesse, et par la sombre peinture des plus terribles châtiments, comme par le récit de sa propre conversion, convertir plus encore qu'avertir[4]; « aborder enfin le problème pressenti par Eschyle dans Prométhée, exposé par Shakespeare dans Hamlet, que

[1] Voy. Giudici, I, 225.
[2] Genus philosophiæ sub quo hic in toto et parte proceditur, est morale negotium, seu Ethica, quia non ad speculandum, sed ad opus inventum est totum. Nam si et in aliquo loco vel passu pertractatur ad modum speculativi negotii, hoc non est gratia speculativi negotii, sed gratia operis, quia, ut ait Philosophus in secundo Metaphisicorum, ad aliquid et nunc speculantur practici aliquando. (Lettre à Can grande, ep. XI, *Op. min.*, III, 544.)
[3] C'est lui qui a écrit ce vers :

Che bell' onor s'acquista in far vendetta.

(*Canzone* IX, *Op. min.*, I, 146.)
[4] Daniel Stern, *Dante et Gœthe, Dialogues*, p. 84.

Faust cherche à résoudre par la science, Don Juan par le péché, Werther par l'amour : la lutte entre le néant et l'immortalité[1]. »

Chose surprenante! la diversité des desseins ne nuit pas à l'unité de l'exécution. Fauriel a bien tort de dire que l'unité du sentiment religieux et chrétien est la seule qu'on puisse trouver dans la *Divine Comédie*[2]. Du premier vers au dernier, nous écoutons le récit d'une vision, d'un pèlerinage où Dante se maintient toujours au premier plan, loin d'imiter les auteurs de l'Iliade et de l'Énéide, qui disparaissent de leurs poëmes. Il sert de lien entre ces personnages si nombreux qu'il évoque tour à tour. L'enfer, le purgatoire, le paradis, ont beau être trois mondes distincts, il sait les rattacher l'un à l'autre : « Les souvenirs politiques, écrit Quinet, dominent dans l'*Enfer*, la politique s'unit à la philosophie dans le *Purgatoire*, la philosophie à la théologie dans le *Paradis*. Les bruits du monde s'évanouissent peu à peu et achèvent de se perdre dans l'extase de ses derniers chants. Il y a dans l'*Enfer* des éclairs d'une joie perdue qui rappellent et entr'ouvrent le paradis. Il y a dans le *Paradis* des plaintes lamentables, des prophéties de malheur : l'extrême douleur ressaisit l'homme au sein de l'extrême joie. Diviser par fragments le poëme de Dante, c'est le méconnaître[3]. » Dans cette unité puissante, la variété n'est qu'un charme de plus. Qui se plaindrait de voir l'enfer sauvage, bizarre et sombre, le purgatoire paisible et gracieux, le paradis abstrait et sublime, l'auteur lui-même, suivant qu'il passe d'un

---

[1] Ces. Cantù, Mém. ap. l'*Investigateur*, loc. cit., p. 284.
[2] *Dante*, etc., I, 420.
[3] *Révolutions d'Italie*, I, 122.

lieu à l'autre, tour à tour étrange et terrible, tendre et naïf, mystique et savant?

Nous n'avons point à faire ici une analyse qu'on trouve partout[1]; mais nous devons indiquer les signalés services que Dante rendit par ses vers à son temps et à son pays.

S'il n'eut pas la gloire qu'on lui accorde, mais que ne mérita jamais aucun homme, d'avoir créé la langue, il la corrigea du moins en rendant aux mots leur sens propre, dont les versificateurs les détournaient[2]; il l'en-

---

[1] On peut la voir dans Maffei, Ginguené, Giudici, et dans notre *Hist. de la litt. ital.*, p. 43. — Voir l'édition de la D. C. de Naples, 1477, in-f° ; elle contient, avec la vie de Dante par Boccace, le commentaire de Benvenuto d'Imola ; celle de Christophe Landino, Flor., 1481, et Venise, 1484, in-f°, avec un commentaire souvent réimprimé. — Parmi les modernes, celle de Berlin (1862, in 4° et in 8°), et celle de Fraticelli, avec notes et index. — Cf. E. Daniel, *Essais sur la D. C. de Dante*, Paris, 1873, in-8°. — Ed. Magnier, *Dante et le moyen âge*, Boulogne-sur-Mer, 1859. — Deloncle, *Études de poésie et de morale catholique*, Dante, ap. *Revue Indép.*, 1er et 15 janvier 1863. — Gualberto de Mazzo, *Commento sulla D. C.*, Flor., 1864. — Fr. Selmi, *L'intento della C. di D.*, ap. *Rivista Contemporanea*, février-juin 1864. — Villari, *Dante e la letter. in Italia* (53 pages in 4°). — Capponi, I, 146 sq. — Abeken, *Beiträge für das Studium der Göttlichen Comödie*, Berlin, 1826. — Schlosser, *Ueber Dante*, Heidelberg. 1824. — Göschel, *Aus Dante's Comödie*, Naumbourg, 1834, et *Vorträge und Studien über D. A.*, Berlin, 1863. — Witte, *Dante, und die italienischen Fragen*, Halle, 1861, et *Ueber Dante neu bearbeitet*, Breslau, 1831. — Nordmann, *Dante literar-historische Studien*, Dresde, 1852. — Wegele, *Dante's Leben und Werke, culturgeschichtlich dargestellt*, Iéna, 1852, bon livre. — Floto, *Dante Al., sein Leben und seine Werke*, Stuttgard, 1858. — Scartazzini, *Dante Al., seine Zeit, seine Leben, und seine Werke*, Biel, 1869. — Notter, *Dante Al.*, Stuttgard, 1861. — Ajoutons à cette bibliographie quelques ouvrages sur Dante même : Pelli, *Memorie storiche per la vita di Dante, corrette, riordinate ed accresciute da P. Fraticelli*, Flor., 1861. — Cellini e Ghivizzani, *Dante e il suo secolo*, Flor., 1865. — Paur, *Ueber die Quellen zur Lebensgeschichte Dante's*, 1862. — Orelli, *Cronichette d'Italia*, Coire, 1822. — L.-G. Blanc, *Enciclopedia universale delle scienze ed arti*, sez. I, vol. XXIII, 1832, p. 34-79, avec d'abondantes indications littéraires.

[2] Spesse volte facea li vocaboli dire nelle sue rime altro che quello ch'

richit, la fixa, la consacra, l'étendit à presque toute l'Italie, la rendit immortelle par son immortel monument. Cette *Comédie* d'un exilé qu'on voulait livrer aux flammes, et dont on finit par placer le portrait dans la cathédrale où il est encore, fut sanctifiée au lendemain de sa mort par cette épithète de *Divine*, qui en est devenue inséparable, et à laquelle Dante n'avait certes jamais pensé.

S'il est trop de son temps pour n'avoir pas le culte de la scolastique, de la philosophie, de la théologie, s'il est péripatéticien et thomiste, s'il fait asseoir Aristote au-dessus de tous les autres génies sur le siége de l'intelligence, s'il l'appelle « maître de ceux qui savent[1], » il vivifie ces sciences abstruses, car son large esprit les domine, loin de s'en laisser dominer. Il ne leur donne dans son poëme la place qu'elles occupaient dans les esprits qu'en s'affranchissant des formes barbares et sèches dont les revêtait tout savant. En devenant concret sous sa plume, l'abstrait devient plus compréhensible, descend à la portée des intelligences qui n'ont pas fréquenté l'école, les habitue à sonder ces problèmes théologiques d'un intérêt vivant alors, comme le sont aujourd'hui ceux de la métaphysique, ceux de l'âme et de la matière, de la vie future et du néant, de la création et de l'éternité du monde : « union bien rare d'une philosophie poétique et d'une poésie philosophique; événe-

---

erano appo gli altri dicitori usati di esprimere (Anonimo famigliare di Dante, ap. Giudici, I, 207).

[1] Il ne le cite pas moins de 70 fois dans le *Convito*. — Boccace prétendait que la philosophie et la théologie, différentes par le sujet et l'objet, se ressemblent à ce point par les formes et les procédés, qu'on ne peut distinguer l'une de l'autre, quand par hasard elles traitent des mêmes matières et poursuivent le même but.

ment mémorable qui indique un des plus hauts degrés de puissance où l'esprit humain soit jamais parvenu [1]. »

S'il reste profondément attaché aux doctrines fondamentales du christianisme, et même d'un catholicisme qui cherche le salut non dans le mérite propre; mais dans la confession et l'expiation volontaire, dans l'intervention de la Vierge et des Saints, Dante élève, épure le sentiment religieux, l'affranchit du joug de l'Église. C'est au purgatoire qu'il place des excommuniés tels que Manfred, dont un archevêque avait jeté les os au vent [2]; il peuple son enfer de cardinaux [3], de papes, tels que Nicolas III, Boniface VIII, Célestin V lui-même, que l'Église a canonisé [4], de gibelins tels que Guido de Montefeltro, mort repentant sous la bure du franciscain, de protecteurs et d'amis tels que Guido de Polenta, Brunetto Latini, Guido Cavalcanti [5]. Dans ces cercles effroyables, ce n'est point le supplice matériel, ce ne sont pas les blessures de leur corps, les assauts de la tempête éternelle, les tortures du bitume brûlant ou du lac glacé dont se plaignent Farinata, Ugolino, Francesca de Rimini, Bertrand de Born, toutes les grandes victimes : elles n'accusent que la blessure intérieure, la torture de l'esprit [6]. Ce prodigieux génie ennoblit, agrandit tout ce qu'il touche.

---

[1] Ozanam, *Dante et la phil. cath.*, Œuvres, VI, 55.
[2] *Purg.*, III, 105.
[3] *Inf.*, X, 120.
[4] *Inf.*, XIX, 52-85, III, 59. — Il est vrai de dire que quelques modernes refusent de voir plus longtemps, avec les anciens commentateurs, Célestin V dans le personnage qui « fece il gran rifiuto ; » mais ils n'ont rien proposé qui puisse remplacer cette interprétation traditionnelle.
[5] *Inf.*, XXVII, 36 sq. ; X, 110 ; XV, 30 sq. — Pour d'autres compatriotes, Jacopo Rusticucci, Guido Guerra, Tegghiaio Aldobrandini, voy. *Inf.*, c. XVI.
[6] E. Quinet, *Rév. d'Ital.*, I, 127.

Si l'esprit religieux le possède, malgré son humeur indépendante, il n'étouffe point en lui l'esprit de la renaissance, dont il est peut-être, hors du domaine des idées, le premier, le véritable précurseur. Il ne connaît pas toute l'antiquité, mais il use avec art de ce qu'il en connaît. Ses allégories, sa conception de l'enfer, rappellent Virgile, servilement suivi par le moyen âge[1]; mais quelle n'est pas sa liberté dans ses pièces d'emprunt! C'est à peine si l'on reconnaît l'Achéron dans ce fleuve qui prend sa source aux cavités inconnues de l'Ida, et découle de la colossale figure d'un vieillard, symbole du temps et des divers âges du monde; Charon dans ce diable, satellite de Lucifer; Cerbère dans ce grand ver, dans ce grand dragon apocalyptique; Minos dans ce démon d'humeur chagrine, d'aspect terrible, qui grince éternellement des dents, dont la queue fait neuf fois le tour de son corps, et lui sert à marquer, par le nombre de fois qu'il s'en entoure, le cercle où chaque pécheur doit être plongé[2]. Quitte-t-il la légende pour l'histoire, Dante fait un commentaire vivant des chroniqueurs, se garde des grossiers anachronismes, ne transforme pas Calchas en un évêque de Troie, ne transporte pas les institutions chrétiennes chez les païens. Les noms sont antiques, mais les choses modernes; l'antiquité l'inspire, elle ne l'asservit pas. Sa poésie en tient par ce qu'elle a de général, et elle se rajeunit par ce qu'elle a de particulier[3]. Elle est personnelle et neuve, malgré sa double base de la science profane et de la science religieuse. Si

---

[1] Voy. G. Boissier, *Virgile théologien*, ap. **Revue des Deux Mondes**, 1872 et 1873.

[2] Fauriel, I, 420-446. — Ortolan, p. 22.

[3] Voy. Ampère, *La Grèce, Rome et Dante : Voyage dantesque*, p. 233, Paris, 1859.

quelque chose l'écrase; c'est sa propre pensée. « L'homme écrasé par sa propre pensée, voilà une situation que le génie antique ne connaissait pas. Dante a peur de ses visions. Ses cheveux, dit-il, en sont hérissés[1]. » Toutefois, ce n'est pas à son insu qu'il crée, au lieu d'imiter. Il a le dessein de créer ; mais il sent bien qu'il doit, pour le faire, s'appuyer aux créations antérieures, loin de les négliger. Chez lui plus que chez aucun autre poëte se trouve vérifié le mot d'Aristote, que la poésie est plus vraie que l'histoire.[2]

S'il donne aux hommes une leçon de morale par son grand esprit de justice, et une leçon d'humanité par la juste gradation des peines, par les larmes de compassion que lui arrachent des malheurs mérités, par l'espoir qui se dégage des chants du purgatoire, par les vues qu'il entr'ouvre sur la vie bienheureuse, il ne rend pas aux Italiens de moindres services pour le progrès de leur littérature : cette unité qu'il n'a pu leur assurer dans l'ordre des faits par la restauration de l'empire, il la leur assure dans l'ordre de la pensée, par ce chef-d'œuvre grâce auquel il y aura désormais une langue et une doctrine communes, un point de ralliement, ce que Quinet a appelé l'unité intellectuelle[3]. Monument sans pareil où se mêlent avec audace les abstractions et les réalités, les choses les plus abstruses de la science et les passions les plus vivantes de la vie réelle[4], où tous les tons « se rencontrent sans se heurter et se succèdent sans se nuire,

[1] Quinet, *Rév. d'Ital.*, I, 125.
[2] Labitte, p. 92.
[3] *Rév. d'Ital.*, I, 116.
[4] Caterina Ferrucci, *I primi quattro secoli della letteratura italiana*, t. I, p. 54, Flor., 1856. — Cf. Fauriel, I, 391-403.

depuis le style de la poésie lyrique la plus élevée et la plus idéale jusqu'au style de la satire la plus violente et la plus triviale[1], » la *Divine Comédie* est moins propre à être imitée qu'à rester comme un modèle éternel qui attire tous les regards et instruit tous les esprits[2]. Elle présente avec des couleurs dignes de Rembrandt et un sobre relief digne de Tacite un ensemble de faits et d'idées qui saisissent alors même qu'on ne comprend pas. Elle n'est pas seulement l'œuvre d'un précurseur, puisque Dante reste de beaucoup supérieur à tous ses compatriotes, et l'on dirait volontiers à presque tous les poëtes, puisqu'il crée « une grande littérature qui devance Cervantès et Shakespeare de trois siècles, Corneille de quatre, Gœthe de six[3], » puisqu'il est pour le sujet, les idées, l'inspiration, l'homme du passé, qui résume, condense et consacre, en les rendant poétiques, toute une série de siècles, leur histoire et leurs croyances, leurs regrets et leurs désirs, presque à la veille du jour où leur esprit va s'éclipser devant l'esprit nouveau.

Dante eut la gloire peu commune, et qui aurait dû le consoler de ses peines, d'assister vivant à son triomphe. Longtemps avant sa mort, il avait publié l'*Enfer* et même le *Purgatoire*. On l'a nié, mais ses vers, ses lettres et ce qu'on sait des dernières années de sa vie, l'établissent

---

[1] Montégut, *Revue des Deux Mondes*, juin 1863, p. 723.

[2] Les imitateurs de Dante qu'on pourrait citer se bornent à Fazio des Uberti, dont le *Dittamondo*, long traité d'histoire et de géographie, est placé dans un cadre fantastique calqué sur Dante ; l'auteur inconnu du roman de *Guerino il meschino*, dont les descriptions infernales sont parfois copiées trait pour trait sur celles de Dante ; Federigo Frezzi, évêque de Foligno, à qui l'on doit un grand poëme allégorique intitulé *Quadriregio*, sur les phases de la destinée morale de l'homme (Voy. Fauriel, I, 6).

[3] Labitte, p. 135.

suffisamment[1]. L'*Enfer* surtout fut bientôt populaire : les tableaux poétiques y frappaient vivement les imaginations ; chacun y trouvait en proie aux supplices éternels quelques-uns de ses ennemis, et y pouvait voir, grâce au symbolisme, tout ce qu'il voulait. Les seigneurs et les doctes consacraient par leur admiration, les hommes du peuple vulgarisaient, en les chantant, ces tercets burinés pour l'immortalité. Qu'ils sortissent estropiés de leur bouche, rien n'est plus vrai : Dante irrité rudoyait à ce propos ses ignorants admirateurs et les gourmandait avec véhémence[2]; mais qu'importe? Descendre jusqu'au bas de l'échelle sociale, sans cesser de planer sur les hauteurs, c'était pour une œuvre si élevée et si noble la marque indubitable de sa puissante action. L'Église la rendit plus grande encore, par l'intempérance de son zèle, en citant le poëte devant l'inquisiteur, pour répondre

[1]   Quum mundi circumflua corpora cantu
   Astricolæque meo, *velut infera regna*, patebunt,
   Devincire caput hedera lauroque juvabit.
      (*Eclog.* I, *Op. min.* I, 428.)
Dante écrivant à Can grande lui dédie, lui recommande le *Paradis*, sans lui parler de l'*Enfer* et du *Purgatoire*. On en peut donc inférer que ces deux premières parties étaient connues (Comœdiæ sublimem canticam quæ decoratur titulo Paradisi, sub præsenti epistola tanquam sub epigrammate proprio dedicatam vobis adscribo.... Ep. xi, *Op. min.*, III, 534). Plus bas, dans la même lettre (p. 542), il parle de l'*Enfer* et du *Purgatoire* comme étant connus, et ils l'étaient tout au moins de la société des cours. Peut-être mettait-il les chants en circulation l'un après l'autre, au fur et à mesure qu'ils étaient finis. En 1318, à Trévise, Dante s'occupait encore du *Purgatoire*. En 1319, à Udine, il écrivait un chant du *Paradis* (Voy. Fraticelli, *Diss. sul Convito*, III, 6). Cette publication successive prouve en outre que Dante n'a jamais eu le dessein qu'on lui a prêté de faire de son poëme un manifeste politique à l'adresse du peuple, comme le *De Monarchia* en fut un à l'adresse des doctes. — On peut lire, à la suite de la nouvelle édition du livre de Troya, *Del veltro allegorico dei ghibellini* (Naples, 1856), un travail sous ce titre : *Cronologia della Div. Comm. e sull' anno in cui fu divulgata la cantica dell' Inferno*.

[2] Sacchetti, nov. 114 et 115, t. II, p. 157, 161.

de ses hardiesses envers des personnes ou des mémoires sacrées, et, après sa mort, en ne laissant pas de paix à ses os.

Mais contre ces vaines tracasseries s'élevait la grande voix du public. Les temps féconds en génies, comme le remarque Tacite, le sont aussi en hommes capables de leur rendre justice[1]. Plus que personne, Boccace et Pétrarque devaient avoir ce mérite et cet honneur. Sans attendre leur arrêt, Florence, qui avait proscrit le gibelin, honorait le poëte : elle en portait triomphalement l'image à l'église de San Giovanni, au son des cloches et d'une musique funèbre, avec le concours des magistrats. Bientôt, des médailles furent frappées en l'honneur de Dante ; sa statue fut placée au palais de la seigneurie, son portrait peint sur les murs de Santa Reparata[2], son poëme expliqué, commenté dans des chaires publiques où l'on vit monter à Florence Boccace (1373), à Pise Francesco de Buti, à Bologne Benvenuto Rambaldi d'Imola. Les cloîtres, les couvents, consacrèrent leurs veilles à ce texte obscur, comme à un texte sacré. Allégories, allusions historiques ou mythologiques, vers à interprétation mystique ou philosophique, fournissaient à chaque page des préceptes, des exemples pour toutes les causes, comme plus tard la Bible pour les puritains et autres protestants[3].

---

[1] Virtutes iisdem temporibus optime æstimantur quibus facillime gignuntur (*Agricolæ vita*, cap. I).

[2] Par le peintre Michelino. — Dante, en habit de docteur, montre les trois royaumes invisibles qui s'ouvrent devant lui : « Par un de ces défauts de perspective si communs dans l'ancienne peinture et qui avaient quelquefois leur sens et leur intention, on a représenté sa ville natale toute petite à ses pieds ; il en domine les clochers et les tours. » (Ozanam, *Les poëtes franciscains*, c. I, *OEuvres*, V, 34.)

[3] Depuis, la rage de commenter Dante ne s'est jamais arrêtée. (Voir à ce

Enfin, comme pour s'emparer plus encore des esprits en parlant aux yeux, les murs des édifices sacrés allaient se couvrir des scènes gracieuses ou terribles qu'on avait admirées dans la divine trilogie. Le séjour des damnés, la gloire du paradis, tels qu'elle les dépeint, furent reproduits par Orgagna à Santa Maria Novella avec autant d'exactitude que pour un article de foi [1]. Taddeo Gaddi et Simone Memmi représentèrent la société civile et ecclésiastique selon le système de Dante, avec le pape et l'empereur au centre, entourés de divers personnages, les uns historiques et contemporains, les autres allégoriques et de tous les temps [2]. Quand les sens furent plus rassis, quand la marche des siècles eut permis à des hommes très-inférieurs au poëte de le dépasser par le mouvement des idées, c'est encore lui qui inspire les grands peintres, Michel-Ange et Raphaël, les philosophes, Machiavel et Vico. Il est unique, en effet, et universel ; il écrase ceux qui le précèdent par l'ampleur de son génie plus encore que par la supériorité de son art, et les plus glorieux de ceux qui le suivent par la profondeur de sa pensée, par la noblesse de son âme, par l'étendue de ses horizons.

Si grand que nous l'ayons voulu montrer dans la poé-

---

sujet Fraticelli, *Cenni storici*, p. 27-32 ; Giudici, I, 184-250, et notre *Hist. de la litt. ital.*, p. 57.) — On a prétendu que Francesco Stabili, dit Cecco d'Ascoli, auteur d'un poëme intitulé l'*Acerba*, avait été brûlé pour avoir médit de Dante ; mais les auteurs, contemporains ou non, qui ont parlé de sa mort, et qui en donnent divers motifs, ne disent pas un mot de celui-là. (Voy. Villani, X, 39 ; Stefani, VI, 435 ; Ammirato, l. VII, t. I, p. 342.)

[1] Voy. au transsept la chapelle dite des Strozzi. C'est la quatorzième en commençant par la droite. Malheureusement, l'*Enfer* d'Orgagna a été entièrement repeint.

[2] Chapelle des Espagnols, dans le cloître. (Voy. Ampère, *Voyage dantesque*, p. 258, 260.)

sie, ce serait l'amoindrir que de taire son action décisive sur la prose. Ce sont ses enseignements et ses exemples qui ont fait d'une langue commerciale une langue littéraire, et décidé à l'employer le plus grand nombre de ceux qui, jusqu'alors, s'obstinaient à écrire en latin. On a vu plus haut [1] à quelle date remontent les premiers monuments connus de la langue toscane et par conséquent italienne ; mais s'agit-il de pages écrites dans le dessein d'y faire preuve de talent et d'art, et non plus de notes domestiques ou de correspondances des marchands, il faut descendre jusqu'à Dante ou tout au moins jusqu'à ses devanciers immédiats.

On doit, en effet, rejeter comme aprocryphes, comme faits ou refaits en des temps postérieurs, les écrits qu'on réputait les plus anciens [2]. C'est dans des traductions du latin que s'accomplit pour la première fois un notable progrès de la prose. Le traducteur, en son inexpérience, était soutenu par son modèle. Il en apprenait l'art d'introduire l'ordre et la liaison dans les idées, de mettre en lumière les principales et dans l'ombre les accessoires, pour composer des phrases dignes de ce nom. Il s'essayait à reproduire les périodes savantes du texte, et faute d'y réussir avec un idiome sans déclinaisons ni flexions,

---

[1] Page 419, même chapitre.
[2] Par exemple, Matteo Spinelli (R. I. S., t. VII, 1095) et Ricordano Malespini (R. I. S., t. VIII), que A. Vannucci (p. 229) et G. Capponi (I, 154) ont le tort de persister à croire authentique. — M. G. Capponi a pourtant connu es discussions engagées à cet égard ; mais son siège était fait. — Nannucci (II, 64) parle d'un ms. de la famille des Martelli, *Canti di antichi cavalieri*, publié à Florence en 1851, traduit du provençal et qui paraît remonter au treizième siècle. On parle aussi de l'hymne attribuée à saint François d'Assise (1182-1226) ; mais c'est un monument si peu déchiffrable que pour Ozanam (*Les poëtes franciscains*, c. i, Œuvres, V, 73) il est en vers, et pour Mme Ferrucci (*I primi quattro secoli*, etc., I, 363) en prose.

il y substituait ces phrases courtes qui sont comme la monnaie de la période, et qui conviennent mieux au génie analytique des temps modernes. Ici encore Brunetto Latini est au premier rang. Vers 1260, il traduisait les discours prêtés par Salluste à Caton, à César, à Catilina, à Petreius, et, sous le titre de *Rettorica di Tullio*, trois discours de Cicéron, avec le *De Inventione* de l'orateur romain. La langue dans l'enfance réclamait un double travail pour le choix des mots et la construction des phrases : Brunetto Latini ne pouvait faire utilement que le second. Pour réussir dans le premier, il aurait dû s'affranchir d'habitudes invétérées, rejeter les termes qu'il empruntait au provençal et surtout au français, langue de ses prédilections [1].

Divers de ses contemporains se vouèrent à un labeur analogue. Du même temps sont les traductions des *Histoires* de Paul Orose, de l'*Art de la guerre*, de Végèce, du *Viridarium consolationis*, œuvre anonyme de la décadence. On traduisit jusqu'à trois fois un prétendu livre de Caton, qui appartient à la basse latinité [2]. Fra Guidotto de Bologne mit en langue italienne la *Rhétorique à Hérennius*, et Boni Giamboni, Florentin, le *Trésor* de Brunetto Latini, passé classique de son vivant. Bono Giamboni eût été un bon écrivain, s'il n'eût professé cette

---

[1] On a prétendu que ces traductions n'étaient pas de lui. Elles peuvent sans doute avoir été retouchées ; mais le témoignage de Villani et surtout celui de B. Latini lui-même dans son introduction au commentaire qu'il a écrit sur le *De Inventione* ne permettent pas le doute. (Voy. ce passage dans Nannucci, II, 250.)

[2] Ces trois traductions, dont la plus ancienne date du treizième siècle, ont été publiées la première par Manni en 1734, les deux autres par A. Vannucci en 1829 (*Libro di Cato, o volgarizzamento del libro de' costumi di Dionisio Catone*). — L'original est en distiques et forme quatre livres (Voy. Nannucci, II, 94).

doctrine dangereuse qu'il faut écrire comme on parle, et s'il n'eût pensé enrichir le parler vulgaire en y multipliant les gallicismes dont abondait son auteur[1]. A son exemple on traduisit les plus récents comme les plus anciens : en 1278, Goffredi del Grazia, notaire de Pistoia, donnait une traduction des traités moraux d'Albertani de Brescia [2].

C'est ainsi, c'est en serrant de plus ou moins près des modèles plus ou moins bien choisis, qu'une langue de marchands s'exerçait à devenir une langue littéraire. C'étaient des hommes formés par ces nobles études ou guidés par ces fructueux efforts de leurs amis qui rédigeaient ensuite ces traités publics, ces lettres commerciales où nous avons surpris les premiers bégaiements d'un idiome national, et où l'on peut suivre les progrès de la prose. Ces lettres des Cerchi, dont nous avons parlé plus d'une fois, feraient honneur par la clarté, par la propriété, par l'élégance même, au plus élégant des écrivains qui ferment le treizième siècle et qui ouvrent le quatorzième. Combien ne sont-elles pas préférables à celles de Fra Guittone d'Arezzo, que déparent des mots

---

[1] Issu, dit-on, de la famille des Vecchi ou Vecchietti, Bono Giamboni, après avoir été juge du peuple dans les quartiers de San Procolo et de San Pietro, vécut ensuite vingt-cinq années dans sa maison, ne sortant que pour se confesser et communier, donnant son temps à la prière, épuisant son corps par le jeûne, vivant des aumônes de ses amis, après avoir donné tou son bien aux pauvres, prédisant l'avenir pendant sa vie et faisant des miracles après sa mort. (Voy. Villani, XII, 55, Stefani, VIII, 1 ;
L. X, t. I, p. 492. Nannucci, II, 352. — M. Hillebrand (p. 232) reproche au traducteur de si médiocres originaux de ne pas s'élever jusqu'à l'éloquence ! — L'ouvrage intitulé *Fiore di Rettorica*, dédié à Manfred, est attribué par les uns à Fra Guidotto, par les autres à Bono Giamboni. Ce dernier était mort avant que Dante écrivît (Voy. G. Capponi, I, 155).

[2] Publiés par Ciampi, Flor., 1832 (Voy. Hillebrand, p. 223).

qui sentent le jargon, des constructions qui attestent l'inexpérience, des obscurités qui rebutent, défauts qu'on a dû attribuer à des copistes maladroits autant qu'infidèles, pour continuer d'admirer un auteur si rude et dont la vigueur seule peut paraître digne d'admiration[1]!

L'habitude de noter leurs dépenses sur leurs livres de comptes poussait les marchands florentins, retirés chez eux, à y consigner aussi leurs souvenirs de la vie publique, ce qu'on a appelé leurs *ricordi* ou *ricordanze*, et même bientôt à faire de ces *ricordi* des registres spéciaux. Les plus anciens, par malheur, ne nous sont point parvenus sous leur forme primitive : ceux qui les trouvaient dans leur héritage les remaniaient pour les mettre au goût de leur temps, au lieu de les publier avec cette fidélité historique, avec ce scrupule en quelque sorte religieux que nous apporterions aujourd'hui à ce genre de travail. Ces chroniques de *Ricordano* Malespini, de Dino Compagni, de Pace de Certaldo, et d'autres encore, dont l'authenticité a été victorieusement combattue, ne sont, selon toute apparence, que des remaniements très-postérieurs de *ricordi*, dont on a, par une supercherie commune au quinzième et au seizième siècle, dissimulé, puis supprimé l'existence, mais conservé par endroits, pour aider à la fraude, ou faute de savoir mieux faire, la simplicité primitive, qui a trompé longtemps les meilleurs juges[2]. Les originaux ont disparu,

---

[1] Ces lettres en prose de Fra Guittone sont au nombre de 32. Voy. Nannucci, II, 155-157 ; Giudici, *Storia dei municipi*, II, 231, note aux lettres des Cerchi, et *Stor. della lett. ital.*, I, 78 ; Perticari, *Scrittori del Trecento : Proposta di alcune correzioni al vocabulario della Crusca*, Milan, 1817.

[2] Il y a donc peut-être quelques parties authentiques dans les prétendues

soit dans les incendies, soit par la négligence ou le dédain. Combien de gens pour qui les sources n'avaient plus aucun prix, dès qu'ils pouvaient s'abreuver des mixtures qui les remplaçaient avantageusement à leur gré! Les plus anciens *ricordi* qui nous soient restés ne remontent pas plus haut que le treizième siècle. Tels sont, par exemple, ceux des Cavalcanti et des Guicciardini, dont on n'a conservé que quelques pages[1], et ceux de Guido dell'Antella, né en mai 1254, qui ne parle guère que des maisons de commerce où il entre et d'où il sort. Cinquante ans plus tard, un de ses petits-fils, qui continue le livre de famille, y consigne surtout les servantes qu'il prend et qu'il renvoie, les nourrices qu'il donne à ses enfants, les gages qu'il assigne à ces nourrices, et les cadeaux dont il les comble, les conditions qu'il fait à ses locataires[2] (1375). D'autres du même temps, c'est-à-dire du quatorzième siècle, commencent, il est vrai, à s'ouvrir un plus large horizon : ainsi Alfieri des Raminghi,

chroniques de Ricordano Malespini et de Dino Compagni. — Le nom de Ricordano, qu'on donne à Malespini, n'existait pas à Florence; on ne le trouve dans aucun document. N'est-il pas permis d'y voir un dérivé en quelque sorte allégorique de *ricordo?* La France a eu aussi ses *ricordi*, sous le titre de *Livres de raison* (*ratio*, compte), mais presque tous au xviie et au xviiie siècle. Voy. à ce sujet un article de M. Geffroy, dans la *Revue des Deux Mondes*, 1er septembre 1873.

[1] A la Bibl. nationale (ancienne Magliabechiana) et à la Laurenziana. Voy. Hillebrand, p. 246, note 1. On ne voit donc pas bien sur quoi se fonde Gervinus, pour dire « que les *ricordi* renfermaient autant de vérité naïve et candide que les mémoires de nos jours contiennent d'adulation, de calomnies et de vanité (*Historische Schriften*, p. 7, ap. Hillebrand, p. 245). » Les vieux *ricordi* n'étaient pas toujours désintéressés. Le but en était souvent de créer des traditions honorables pour les familles, ce qui induisait à altérer les faits. C'est ainsi que le prétendu Malespini introduisait à tout instant les Buonaguisi, dans un temps où cette maison n'existait pas.

[2] Voy. *Arch. stor.*, 1re série, t. IV, p. 5. A l'appendice du présent volume, on trouvera un résumé de ces *ricordi*.

qui entreprend ses *ricordi* en 1312[1], Cristofano Guidini, Siennois[2], Neri des Strinati, dont nous avons cité quelques curieux fragments[3].

Ces matériaux domestiques n'en sont pas moins la trame inavouée et bientôt déloyalement détruite sur laquelle brodent non-seulement les faussaires des temps qui suivirent, mais encore les premiers chroniqueurs. Ces derniers y trouvaient le fond des choses et parfois la naïveté charmante qui est presque l'art de les dire; mais ils prenaient pour modèles de vieilles chroniques latines des temps barbares, où un langage détestable rendait plus sensible encore le défaut de talent. N'y rencontrant rien sur les origines, ils n'imaginaient, pour les faire connaître et pour assouvir une curiosité de tous les temps, que de fixer sur le papier les traditions fabuleuses, insensées, qui passaient de bouche en bouche et s'altéraient par la force des choses ou par la volonté des narrateurs : « chaque ville voulait ses origines plus obscures pour les rendre plus sacrées; romaines, pour les avoir plus splendides[4]. » La fable, la légende, s'introduisaient même dans le récit de temps moins éloignés : il fallait bien suppléer à la sécheresse de ces brèves annales qui indiquaient d'un mot, à sa date, la mort d'un évêque ou d'un saint personnage, l'irruption d'un peuple barbare ou l'issue d'une bataille, la construction d'une église ou l'incendie d'un quartier. La mémoire, l'imagination, se donnaient

---

[1] Voy. Hillebrand, p. 264.

[2] *Arch. stor.*, 1re série, t. IV.

[3] Voy. plus haut, t. II, p. 432, et t. III, p. 32, 53. — Les *ricordi* d'Oderigo de Credi, orfévre florentin, sont du xve siècle (1405-1425). Voy. *Arch. stor.*, 1re série, t. IV.

[4] *Arch. Stor.*, 1865, 3e série, t. II, p. 195-197.

alors libre carrière pour trouver les détails, pour fabriquer des discours et des lettres, purs exercices de style, jusqu'au moment où l'on rencontre enfin des chants populaires, et mieux encore, des *ricordi* contemporains.

Ainsi font en mauvais latin le juge Sanzanome [1], en italien primitif Paolino de Pieri, et avec plus de finesse, comme avec plus de force, Giovanni Villani, inestimable chroniqueur, qui a de l'historien les visées et l'esprit curieux. Il recherche et raconte les événements qui s'accomplissent loin de lui, en pays étranger, comme ceux dont il est témoin à Florence, là narrateur sans critique, mais écho fidèle du bruit public, ici rapporteur exact et intéressant, juge sagace, malgré ses passions de parti, mais écrivain faible et verbeux dont on n'apprécie sainement le style simple et sans fard comme la correction, incomplète encore, mais en progrès, qu'en le comparant à Paolino, son étroit et bref devancier.

Ce qui manque à Villani pour être un véritable historien, c'est l'art et la critique. S'il cherche les causes, il ne les trouve que par hasard. Il apprécie d'un point de vue trop particulier les faits généraux. S'il juge le génie ou la puissance, Dante ou Henri VII, son jugement est terre à terre, indigne de si grands objets. Il parle trop souvent par ouï-dire et de ce qu'il sait le moins bien. Il passe sans méthode, et même sans respect de l'ordre chrono-

---

[1] Il faut avouer pourtant qu'une chronique antérieure à celle de Sanzanome paraît plus exacte que la plupart de celles qui sont venues après. Ainsi la *Chronica de origine civitatis* qui est du XII° siècle, met la destruction de Fiesole à sa véritable date (1125) au lieu de la date controuvée (1010), ou même au lieu de contester cet événement, comme l'ont fait certains critiques. Voy., sur la publication de ces deux chroniques, même chapitre, p. 414, note 5, et pour l'appréciation qui en a été faite, la *Revue historique*, juillet-septembre 1876, p. 264-267.

logique, d'une contrée-à l'autre, d'un événement grave à la mort de tel ou tel insignifiant personnage. Au nombre des événements historiques dignes de mention, il met l'apparition d'un loup, les éclats d'une tempête. Il interrompt le récit d'une guerre ou d'une grave négociation, pour introduire une anecdote plus ou moins piquante ou vraisemblable, le lion de Florence, l'enfant tartare qu'embellit le baptême, l'hostie saignante qui arrive à Paris.

Avec tous ses défauts, il n'en est pas moins la source principale pour l'histoire primitive de Florence. Il nous expose dans un utile détail la vie des marchands, les progrès de leur trafic, et jusqu'aux chiffres qui le montrent bien informé. A cet égard, il est le plus précieux des chroniqueurs. Il grandit même à mesure qu'une saine critique élimine la plupart des écrits apocryphes qu'on lui opposait, pour le diminuer, quand on les croyait de son temps. Aujourd'hui qu'ils sont reconnus très-postérieurs, Villani, presque seul, reste debout dans cette hécatombe de faussaires, avec son témoignage important pour l'histoire de la langue comme pour celle des faits.

Plus efficaces propagateurs de l'idiome nouveau, les prédicateurs n'ont pourtant pas obtenu, dans la postérité, le même retentissement. C'est que, dans le principe, on ne consignait point par écrit leurs discours. Quand on entreprit de le faire, les auditeurs qui les recueillaient y mettaient du leur, en les rédigeant, plus qu'il n'aurait fallu; mais ils reproduisaient nécessairement les tours de phrase imprévus, les expressions heureuses qui les avaient frappés, et ils en augmentaient le trésor maigre encore, mais chaque jour accru, de la langue. Trois dominicains de la province pisane sont au premier rang, sur le seuil commun des deux siècles, pour l'éloquence de la chaire : Fra Giordano de Rivalta[1], Fra Domenico Cavalca[2], Bartolommeo de San Concordio[3]. C'est en écrivant qu'ils s'exerçaient à la parole. Bartolommeo traduisait Salluste et un petit livre de sentences antiques; Domenico livrait au public des traités nombreux de morale ascétique et surtout des vies ou légendes d'anachorètes[4], qui paraissent, aux meilleurs juges en ces matières, d'un narrateur incomparable, à qui ne manquent ni le naturel, ni l'aisance, ni la propriété, ni l'harmonie[5].

Mais quel que soit le mérite de ces divers auteurs, c'est encore à Dante qu'il faut revenir pour montrer celui qui fut en Italie le premier maître et comme le tyran de la prose[6]. Antérieur et supérieur à Villani, qui aurait pu profiter mieux de ses grandes leçons, Dante les eût rendues plus profitables, si, après avoir plu à la démocratique Florence par son goût pour la langue vulgaire, il ne lui avait déplu par son mépris pour le parler florentin. C'est aux pages consolatrices de Boèce et de Cicéron, alors que, tout jeune encore, il essayait de se résigner à la mort de Béatrice[7], qu'il trouva les modèles

---

[1] Mort en 1311.
[2] Mort en 1342.
[3] Mort en 1347.
[4] *Vite dei santi Padri.*
[5] Voy., pour les prédicateurs, G. Capponi, I, 155, Salviati, *In lòde della fiorentina favella*, 1564; Perticari, *Degli scrittori del trecento*, 1. II, ch. 6, t. I, p. 138 sq., éd. de la *Biblioteca scelta*, Milan, 1831; Giudici, I, 299; nous aurons l'occasion de reparler dans un des volumes suivants de ces prédicateurs considérés comme écrivains.
[6] L'Alighieri tiranneggia col fiero ingegno la lingua, alzandola come una bella prigioniera fino agli amplessi del sire (Capponi, I, 155).
[7] Il n'avait pas 29 ans. Fauriel lui en donne 21 ou 22; mais Fraticelli

d'une belle prose, en même temps que ceux d'une fortifiante philosophie[1]. Ces modèles, d'autres avant lui les avaient vus; nul n'avait su s'en inspirer. Il s'en inspira dans son premier ouvrage de quelque étendue, dans cette *Vita nuova* où il prétend retracer l'histoire de sa jeunesse[2]. La prose n'y est peut-être qu'un cadre pour enchâsser des poésies dont il était fier, pour les accompagner d'un commentaire qui les fît valoir; mais au lieu de les rehausser, elle leur fait tort. Ce qu'on recherche avec avidité dans cet écrit qui n'est pas un chef-d'œuvre, c'est la biographie intellectuelle du poëte, expliquant en prose les circonstances, les impressions qui lui ont dicté telle ou telle pièce de vers. Les vers, la vision, l'appareil scientifique, voilà au contraire ce que goûtaient surtout les contemporains: ils ne sentaient pas les services que Dante rendait à la prose et que la prose allait leur rendre à eux-mêmes; mais leur ingratitude ou leur ignorance ne diminuait ni le bienfait, ni son action. Pour la première fois, la langue italienne s'essayait aux matières abstraites, aux dogmes de la religion, aux doctrines de la scolastique, et elle le faisait sinon sans quelque embarras et lourdeur, du moins avec plus d'abondance et de hardiesse, de noblesse et de pureté qu'auparavant. Victoire signalée

---

rétablit la vérité à cet égard. Voy. *Op. min.*, t. I, p. 56, note 3. Cf. Giudici, I, 125.

[1] Trovai non solamente alle mie lagrime rimedio, ma vocaboli d'autori e di scienze e di libri; li quali considerando, giudicava bene che la filosofia, che era la donna di questi autori.... fosse somma cosa.... Cominciai ad andare là ove ella si dimostrava veracemente, cioè nelle scuole de' religiosi alle disputazioni de' filosofanti. (*Convito*, Tratt. II, c. xiii. *Op. min.*, III, 161.)

[2] Que tel soit le sens de *nuova*, c'est ce que Fraticelli a prouvé par de nombreux exemples. Voy. *Op. min.*, II, 4. Il n'y a donc pas lieu de dire, avec E. J. Delécluze, que le sujet, c'est l'amour. (Voy. *Observations sur la* Vie nouvelle, en tête de la trad. de la D. C., par Brizeux, p. 17 sq.)

d'une langue si jeune, et dont il faut rapporter tout l'honneur à qui de droit[1].

Ce même sujet, si cher à son esprit, et, disons-le, à sa vanité, Dante ne tardait pas à le reprendre dans un autre ouvrage plus mûr, et qui confirme la *Vita nuova*, loin de la désavouer, comme le prétend Boccace[2]. C'est le *Convito*, dont le titre indique assez que l'auteur invitait le peuple à un banquet, qui était celui de la science. Les quatre traités dont il se compose, et qui parurent à des dates différentes[3], devaient, si le temps n'avait manqué, être suivis de onze autres, toujours dans le dessein de commenter certaines *canzone*, et de mettre au jour une sorte d'encyclopédie appliquée. L'importance de l'ouvrage ne s'en fût point accrue à nos yeux. Ce qui en fait l'intérêt, c'est qu'il est un nouvel essai d'exposer en prose vulgaire des questions sérieuses. Les rendre accessibles au plus grand nombre, avec un désintéressement « que n'ont ni les légistes, ni les médecins, ni les religieux[4], »

---

[1] Voy. Fraticelli, *Diss. sulla vita nuova*, *Op. min.*, II, 2 sq. Giudici, I, 125. Fauriel, I, 375-386, 400-405. Hillebrand, p. 221.

[2] E se nella presente opera, la quale è Convito nominata, et vo' che sia, più virilmente si trattasse che nella *Vita nuova*, non intendo però a quella in parte alcuna derogare, ma maggiormente giovare per questa quella, veggendo siccome ragionevolmente quella fervida e passionata, questa temperata e virile essere conviene. (*Convito*, Tratt. I, c. i. *Op. min.* III, 65.)

[3] Le 2ᵉ et le 4ᵉ traité durent paraître en 1297, ou tout au moins avant 1300, cinq ans environ avant l'exil. C'est eux qui continuent la *Vita nuova*, car ils ne sont que le commentaire de deux *canzone*. Balbo met cette publication en 1305; d'autres en 1313, ce qui est inadmissible, puisque dans le 4ᵉ il est question de la mort de Frédéric de Souabe. Ainsi se trouve fixée une date antérieure à 1308. Fraticelli a bien établi la date véritable. C'est seulement en 1314 que Dante ajouta à ces deux traités le 1ᵉʳ, qui est une introduction, et le 3ᵉ, qui est une transition entre le 2ᵉ et le 4ᵉ. Voy. *Diss. sul convito. Op. min.*, III, 6-16 sq., 127 sq.

[4] Non si dee chiamar vero filosofo colui ch' è amico di sapienzia per utilità, come sono li legisti, medici e quasi tutti li religiosi, che non per sapere

tel est, au jugement de Dante, le service que rend cet écrit. « Il sera, dit-il, le pain d'orge dont se rassasieront des milliers d'hommes, et il m'en restera les corbeilles pleines. Il sera la lumière nouvelle, le soleil nouveau qui s'élèvera quand baissera l'ancien, qui éclairera ceux qui sont dans les ténèbres, parce que l'ancien ne les éclaire pas[1]. » Or, avec la langue latine, il le sent bien, toute cette lumière serait restée sous le boisseau; l'idiome vulgaire est seul vulgarisateur.[2] Il condamne donc ceux qui méprisent leur langue et ne prisent que celle d'autrui[3], et il déclare brûler pour la sienne d'un amour parfait[4]. En un mot, comme plus tard Galilée, il marche pour prouver le mouvement.

Si la lourdeur et l'obscurité déparent quelquefois la prose du *Convito*, la faute en est aux subtilités scolastiques, au mysticisme allégorique, non à l'instrument, dont il faut louer la précision simple et mâle, la rapidité vivante et vibrante, la convenance, la gravité, l'harmonie. Le progrès est sensible sur la *Vita nuova*, où la langue, encore poétique, est toute de convention. Même dans les deux plus anciens traités dont se compose l'œuvre nouvelle, les expressions, les tours, les périodes, attestent à chaque page d'heureuses trouvailles. Qu'elle soit malgré

---

studiano, ma per acquistare moneta e dignità. (*Convito*, Tratt. III, c. 11. *Op. min.*, III, 235.)

[1] *Convito*, Tratt. I, c. 1. *Op. min.*, III, 112.

[2] Non avrebbe il latino servito a molti.... lo latino avrebbe a pochi dato lo suo beneficio, ma il volgare servirà veramente a molti. (*Convito*, Tratt. I, c. ix. *Op. min.*, III, 94.)

[3] Onde molti per questa viltà dispregiano lo proprio volgare e l'altrui pregiano. (*Convito*, Tratt. I, c. xi. *Op. min.*, III, 106.)

[4] Non solamente amore, ma perfettissimo amore, di quella è in me. (*Convito*, Tratt. I, c. xii. *Op. min.*, III, 107.)

tout, comme le dit Balbo[1], la plus faible d'un si puissant génie, parce qu'elle manque d'unité dans la composition et qu'à propos de poésie amoureuse elle abuse des subtilités scolastiques, qu'importe, si, par le précepte et l'exemple, elle propage une innovation nécessaire, et si, en détrônant le latin, elle consacre une langue qui, pour devenir en quelque sorte classique, n'a plus à faire que quelques progrès[2]?

Un dernier coup fut frappé, pour vaincre, dans le *De vulgari eloquio*[3]. Écrire en langue latine pour prouver la nécessité d'écrire en langue italienne, c'est, semble-t-il, chose bizarre; mais Dante s'y voyait obligé : après avoir gagné le grand nombre, il lui restait à convaincre les doctes, de beaucoup plus résistants[4]. Qui donc, si ce n'est les doctes, pouvait composer une langue avec les meilleures formes de ces dialectes dont aucun, pas même le toscan, pas même le florentin, n'était alors assez parfait pour s'imposer définitivement à tout un peuple? Mais dans cet idiome des anciens, plus familier à son esprit que le dialecte même de sa ville natale, Dante ne secoue pas sans danger pour la cause qu'il soutient son riche écrin d'images et de métaphores; il s'abandonne trop à son imagination poétique, il ne consulte pas assez sa rai-

---

[1] *Vita di Dante*, II, 107.

[2] On peut voir, sur le *Convito*, un article de M. Giuliano dans la *Nuova Antologia*, avril 1874.

[3] Composé de deux traités écrits, le premier vers 1305, le deuxième vers 1307 (Fraticelli, *Diss. sul Volg. eloq.*, *Op. min.* II, 143). — Selon Giudici (I, 182), cet ouvrage daterait de Ravenne, dernière demeure de Dante. Il ne fut jamais terminé, quoique l'auteur ait vécu longtemps encore après l'avoir commencé.

[4] G. Capponi (I, 310) se donne inutilement beaucoup de mal pour chercher loin les motifs évidents qu'avait Dante d'écrire le *De vulgari eloquio* en latin.

son. Trop volontiers il confond la langue avec le style; il ne s'aperçoit pas qu'à force de vouloir choisir et peser les expressions il en diminue l'abondance, en un temps où rien n'était plus urgent que de l'étendre[1]; il a le tort de chercher pour unique fondement « ces locutions communes qui paraissent dans chaque cité et qui ne reposent dans aucune[2]; » il ne comprend pas que les locutions particulières deviennent communes quand elles sont heureuses, quand elles répondent à quelque besoin non satisfait de l'esprit; il méconnaît la supériorité du dialecte que parle l'élégante Florence, la seule ville d'Italie où il y eût déjà des prosateurs. Qu'il se trompât sur ce point, comment le contester, puisque, aujourd'hui encore, c'est dans les campagnes florentines que les raffinés vont se retremper aux sources vives de l'idiome national[3]? S'il est vrai, comme le dit Dante et comme le répète après lui Balbo, qu'il manquât à l'Italie une cour où pût se former une langue commune[4], il ne l'est pas moins que Florence, sans être capitale, attirait les regards comme une capitale et bien plus que Rome même[5], en sorte que les Floren-

[1] G. Capponi, I, 308. Fauriel, I, 387-381.
[2] Vulgare quod in qualibet redolet civitate, nec cubat in ulla. (*De vulg. eloq.* L. I, c. xvi. *Op. min.*, II, 194.)
[3] Ainsi faisait Massimo d'Azeglio, quand il voulait composer quelque ouvrage.
[4] Si aulam nos Itali haberemus.... nam si aula totius regni communis est domus, quidquid tale est ut omnibus sit commune, nec proprium ulli, conveniens est ut in ea conversetur. (*De vulg. eloq.*, I, 18. *Op. min.*, II, 198.) Cf. Balbo, t. II, c. v.
[5] Licet curia (secundum quod unica accipitur ut curia Regis Alamaniæ) in Italia non sit, membra tamen ejus non desunt.... gratioso lumine rationis unita sunt, quare falsum esset dicere curia carere Italos, quanquam principe careamus; quoniam curiam habemus, licet corporaliter sit dispersa. (*De vulg. eloq.*, I, 18. *Op. min.*, II, 200.)

tins, peuple comme savants, avaient le sentiment de leur supériorité à cet égard[1].

Celle de leurs écrivains durant cette première période ne pouvait que les confirmer dans cette croyance, si flatteuse pour leur orgueil. Que sont les préceptes de Dante au prix de ses exemples? Et ses exemples mêmes, combien ils sont éloignés, en prose, d'être décisifs comme en poésie! S'il s'inspire des anciens, c'est par une inspiration personnelle et partielle : il ne sentit jamais tout le parti qu'on pouvait tirer de ces éternels modèles pour le progrès de la langue italienne comme pour ceux du peuple italien. Boccace et Pétrarque devaient, les premiers, étudier les anciens avec cette intelligence éclairée et mûrie qui sait les mettre à profit. Après avoir tant fait pour une cause qui lui était chère, Dante la desservit sans le vouloir et en retarda le triomphe. Poëte jusque dans la prose, jusqu'en ses plus abstruses spéculations de scolastique, loin de se plier à l'usage, il plia la langue à son génie et à sa tendance. En attaquant les dialectes, sans parvenir à les remplacer par une langue commune, il contribua, comme l'a justement remarqué M. Gino Capponi, à rendre plus durable l'usage du latin.

Les doctes, en effet, l'Église, les princes, les gouvernements s'y tinrent longtemps encore. La seigneurie de Florence ne l'abandonna pas avant la seconde moitié du quatorzième siècle. Ceux qui écrivaient en langue vulgaire, comme Villani, Cavalca, les conteurs de nouvelles, en souffraient dans leur renommée, qui ne dépassait pas les fron-

---

[1] Post hos veniamus ad Tuscos qui, propter amentiam suam infruniti, titulum sibi vulgaris illustris arrogare videntur, et in hoc non solum plebeorum dementat intentio, sed famosos quamplures viros hoc tenuisse comperimus. (*De vulg. eloq.* L. I, c. xiii. *Op. min.*, II, 184.)

tières étroites de la République. Villani, si connu aujourd'hui, l'était peu alors. Dante, malgré ses théories, ne lisait pas ou prisait peu ces auteurs populaires. Peut-être même ne soupçonnait-il pas leur existence. De là une impossibilité réelle de s'entendre, un divorce prolongé. Chaque écrivain puise dans son propre fonds, fait sa langue, n'est tributaire de personne; est riche d'images, parce que l'image est individuelle, et pauvre de termes généraux, parce que pour généraliser les expressions heureusement trouvées il faudrait se connaître et s'apprécier.

C'est pour ce motif que les termes abstraits créés par la réflexion et le travail descendent si difficilement dans les couches populaires. Les prédicateurs et le théâtre, intermédiaires naturels pour les y acclimater, échouent dans cette tâche ou n'y réussissent que lentement. La comédie, confinée dans le dialecte local, reste impuissante à faire goûter ses finesses hors de la province, comme dépourvue de cette largeur qui, dans les travaux particuliers des hommes, sait découvrir ce qui est commun à l'humanité. Tout l'avantage, en pareil cas, reste aux plus répandus, aux plus connus, aux plus hardis, aux plus fiers de soi. A ces traits, qui ne reconnaît les Florentins? Leur esprit singulièrement délié fit des trouvailles en matière de langue ; leurs écrivains n'eurent qu'à puiser aux sources populaires pour enrichir le dialecte toscan ; leur commerce propagea au loin ces créations de leur génie ; leur supériorité involontairement reconnue fut cause qu'on leur emprunta partout à pleines mains, et que, pour devenir universelle en Italie, leur langue n'eut plus qu'à être émondée comme un arbre trop touffu. On l'émonda, et peut-être en eut-on plus tard quelque regret, car elle parut alors bien pauvre, au prix de ce qu'était jadis le parler florentin[1]. Sans le savoir et sans le vouloir, ce peuple de marchands devint donc l'actif collaborateur de ses premiers écrivains. Avec eux il accomplit une œuvre d'intérêt général, dont le profit leur était commun avec les autres Italiens, mais dont Florence doit recueillir toute la gloire.

[1] Cette dernière page ne fait que résumer et présenter sous une forme à peine différente les excellentes observations de G. Capponi sur ce sujet. Voy. *Stor. di Fir.*, I, 312-315.

CHAPITRE IV

LES BEAUX-ARTS

Ruines de l'art antique. — Initiation aux arts par les lettres. — L'architecture aux temps barbares et aux premiers siècles du moyen âge. — San Miniato al monte. — La cathédrale de Pise. — Les constructions civiles. — Renaissance de l'architecture par l'étude des anciens. — Premiers architectes florentins. — Arnolfo. — Ses travaux. — Le *campanile* de Santa Maria del Fiore. — La sculpture. — Causes de sa disparition. — Sa renaissance par l'étude des bas-reliefs antiques. — Niccola Pisano. — Son fils Giovanni et son école. — La peinture jusqu'au treizième siècle. — Influence de l'Église et des iconoclastes. — L'école byzantine. — Les miniatures. — Les mosaïques. — Renaissance de la peinture par les progrès de la sculpture. — Les premiers peintres à Florence et à Sienne. — Cimabue. — Disciple des Byzantins, il regarde la nature. — Son école. — Giotto. — Ses innovations dans l'art. — Ses travaux. — Son génie vulgarisateur. — Ses disciples. — Caractère de l'art florentin. — Les artistes à Florence. — Supériorité de la peinture sur l'architecture et la sculpture. — Rôle de la Toscane dans l'histoire de l'art.

Tout se tient dans les choses humaines. Les traditions étrusques avaient fait des Toscans un peuple industrieux ; l'industrie et le travail leur avaient donné la richesse ; la richesse, des loisirs ; les loisirs, le goût de l'étude. Quand ils voulurent étudier, la matière ne leur manqua point. Le rayonnement de leur trafic les conduisant en Grèce, ils y nouèrent de fréquents rapports avec ces Byzantins placés aux sources mêmes de la civilisation, et qui, dans leur décadence profonde, pensaient se relever en glorifiant leur passé, en montrant avec orgueil ce que le temps en avait respecté. Ces antiques monuments des lettres ou des arts, après les avoir admirés sur les rives du Bosphore ou de la mer Égée, on commença de les regarder en Italie. Les couvents y regorgeaient de vieux manuscrits; la terre ne s'entr'ouvrait pas sous le soc de la charrue sans mettre au jour de précieux débris; il n'était pas même besoin de fouiller les entrailles de la terre : sur le sol gisaient ou se dressaient encore d'imposantes ruines, témoins attardés d'une antiquité qui pouvait être du second ordre, mais qui était toujours l'antiquité[1]. On voyait même debout des monuments entiers qu'avait respectés ou contre lesquels s'était brisé le glaive d'Alaric, de Genséric, de Ricimer, de Totila[2].

L'étude directe des lettres contribuait pareillement au réveil du sentiment esthétique. En lisant les anciens, en voyant les éloges qu'ils accordaient aux œuvres de leurs architectes et de leurs statuaires, l'idée vint de regarder avec attention ces imposants édifices, ces débris considérables qui étaient à fleur de sol, et que l'habitude empêchait de regarder ou l'ignorance de comprendre. Avertie du jugement à porter, la curiosité produisit l'admiration, et de l'admiration au désir d'imiter, le pas devait être franchi. Il le fut, mais tardivement. C'est une preuve singulière de la décadence ou de la sauvagerie des hommes durant les siècles de barbarie, que cet enseignement des yeux ait été si lent à porter ses fruits. Les tentatives que divers auteurs signalent dans ces temps-

---

[1] Voy. E. Renan, *L'Art du moyen âge. Revue des Deux Mondes*, 1ᵉʳ juillet 1862, p. 204.

[2] On peut voir, dans Grævius, une dissertation prouvant que les monuments ne furent détruits à Rome par aucun de ces chefs barbares. (Petr. Ang. Bargæus, *De ædificiis urbis Romæ eversis*, ap. Grævius, *Thesaurus antiquitatum Romanarum*, t. IV, p. 1870 sq.)

là[1] témoignent d'une impuissance absolue. Qui songerait à s'en étonner? Est-ce que, dans l'ordre des lettres, l'étude des grands modèles produisit de sitôt des imitateurs, des écrivains? Et pourtant, les écrivains n'ont pas besoin, comme les artistes, d'être entourés d'appréciateurs plus ou moins éclairés de leurs travaux, et, dès qu'il s'agit d'autre chose que d'un grossier dessin sur la pierre ou la planche, d'avoir d'importantes ressources à leur disposition.

L'architecture plus qu'aucun art est soumise à cette servitude. Mais l'éternelle nécessité de bâtir la soutenait contre une décadence croissante, et, dans une certaine mesure, la relevait. Barbares ou civilisés, vaincus comme vainqueurs, tous les hommes construisent des maisons pour s'abriter, des remparts pour se défendre, des ponts pour passer les rivières, des temples pour prier. Les rois langobards voulurent des palais, des forteresses, des bains, des couvents, des hôpitaux. Pour leur plaire, les Florentins avaient construit une de leurs églises sur les dessins de Saint-Pierre au ciel d'or de Pavie, et sous la même dénomination[2]. Mais dès le temps de Dioclétien l'architecture avait marqué sa décadence en alliant les différents ordres, et déjà sous Constantin la ruine de ce

---

[1] Il n'y a qu'à parcourir Cassiodore. Chez les modernes, voy. Giesebrecht, Pizzetti, *Antichità toscane*, t. II, c. IX; Tiraboschi, t. III; Bruce Whyte, *Histoire des langues romanes et de leur littérature*; Ozanam, *Des écoles publiques en Italie*; Emeric-David, *Recherches sur l'art statuaire*, p. 400. Paris, 1805.

[2] Lami, *Ecclesiæ florentinæ monumenta*, III, 403. — On peut se faire une idée de ce qu'était cette église, car Capsoni a fait graver la façade de celle de Pavie qui avait servi de modèle. Voy. *Memorie istoriche di Pavia*, t. I, tav. 2, p. 231, cité par Emeric-David, *Histoire de la peinture au moyen âge*, p. 58. Paris, 1852.

grand art était complète [1]. Le riche y remplaçait le beau. Avec autant d'impéritie que d'ignorance on y employait les ornements les plus disparates. On se servait des débris les moins faits pour être assemblés, et l'assemblage en était monstrueux. La vieille église de San Giovanni, à Florence, avait des chapiteaux composites mêlés à des corinthiens, des corinthiens au-dessous des ioniques, des colonnes de grosseur et de hauteur diverse sur le même rang, des bases mal appropriées à ces colonnes, flagrante violation des règles antiques, preuve manifeste qu'on employait sans choix et sans art les débris de provenance diverse qu'on trouvait sous la main [2]. Même plus tard, à Milan, des architectes vraiment barbares brisaient, pour construire une tombe au fils de Hugues, de grandes ta-

---

[1] Agincourt, *Histoire de l'art*, t. I, c. x, p. 34, in-f°. — Gibbon, c. xxv, éd. du Panth. litt., II, 225. — Batissier, *Hist. de l'art monumental dans l'antiquité et au moyen âge*, p. 366. Paris, 1845-1860, in-8°. — Les faits particuliers dans Em. David, *Hist. de la peint.*, p. 57 sq. — Voy. encore sur ce sujet : Wheler, *Relation of the temples of the primitive christians*: Londres, 1689, in-12. — Muratori, *De templorum apud veteres christianos ornatu*. Milan, 1697, 2 v. in-4°. — May, *Temples anciens et modernes*, 1774, in-8°. — Augusti, *Die christlichen Altherthümer*. Leipzig, 1819, in-8°. — Gieseler, *Lehrbuch der Kirchengeschichte*. Bonn, 1824-1840. 3 v. in-8°. — Trenta, *Dissertazione sullo stato dell' architettura, pittura e arti figurative in rilievo in Lucca nei bassi tempi*, ap. *Memorie e documenti per servire alla storia del ducato di Lucca*, t. VIII. — Petit, *Church architecture*. Londres, 1841, 2 v. in-f°. — Gally-Knight, *The ecclesiastical architecture of Italy from the time of Constantine to the fifteenth century*. Londres, 1842, 2 v. in-f°. — Gailhabaud, *L'architecture du v° au xvi° siècle*. Paris, 1851, 4 v. in-4. — Leibniz, h., *Die Organisation der Gewölbe in christlichen Kirchenbau. Eine kunstgeschichtliche Studie*. Leipzig, 1855, in-8°. — Crowe and Cavalcaselle, *A new history of painting in Italy, from the second to the sixteenth century*, t. I. Londres, 1864.

[2] Voy. *Oss. fior*, I, 43-45, 3° éd. L'éditeur Gius. del Rosso, qui est architecte, cite *Ricerche storico-architettoniche sopra il singolarissimo tempio di San Giovanni*. Fir., 1820, c. III. — Inghirami (V, 454) renvoie à Cicognara, *Storia della scultura dal suo risorgimento in Italia sino al secolo di Canova*. Prato, 1823.

bles où étaient gravées les dispositions testamentaires de Pline léguant des fonds à cette ville pour l'entretien perpétuel d'un bain, d'une bibliothèque, d'un collége. C'est à peine s'ils prirent soin de tourner vers l'intérieur les faces de ces marbres précieux qui portaient l'inscription [1]. La Lombardie, cependant, était renommée pour ses architectes. Les « maîtres de Côme » étaient ceux que, de préférence, employaient les Langobards [2].

Ce qu'étaient les édifices de ces barbares on ne saurait le dire, puisqu'ils furent refaits au treizième siècle et aux siècles suivants [3]. Du huitième au neuvième, les églises n'étaient que de chétives imitations des anciennes basiliques, avec une charpente qui se voyait de l'intérieur [4]. Des éléments byzantins s'y ajoutaient parfois aux romains, et ceux de l'art septentrional vinrent même, après l'an mille, compliquer ce mélange hybride que les Anglais comme les Italiens appellent architecture lombarde et les Français romane-byzantine, mais où domine toujours, avec les toits peu inclinés et les arcs en plein cintre, le génie méridional [5].

C'est dans cet âge héroïque des cathédrales, œuvre de populations entières, qu'on entrevoit un premier retour à l'art. Tandis que le Piémontais Guglielmo va construire à Dijon l'église de Saint-Bénigne (1001), Lucques

---

[1] Tristani Calchi, *Hist.*, l. I, p. 18; Alciati, l. II, p. 125; Giulini, t. II, p. 231 sq. Verri, t. I, p. 132, cités par Partouneaux, II, 332.

[2] Magister Comacinus cum collegis suis domum ad restaurandum vel fabricandum. (*Leges Rotharis*, § 144. R. I. S., t. I. part. II, p. 25.)

[3] Rumohr, éd. de Vasari, traduit en allemand par Schön et Forster. Stuttgard et Tubingue, 1832-1845, ap. Vasari, éd. Lemonnier, I, 206.

[4] Renan, *L'Art au moyen âge*, loc. cit., p. 210.

[5] P. Salvatico, *Storia estetico-critica delle arti del disegno*, t. II, p. 75. Venise, 1856, in-8°.

refait celles de San Frediano, de San Michele, de Santa Maria Alba, de San Martino, les unes avec des colonnes et des chapiteaux antiques en grand nombre, cette dernière en y conservant le clocher, le porche, une partie de la façade d'un vieux temple qui existait dès l'année 735[1]. En 1013 s'élevait, sur une des gracieuses collines qui entourent Florence, San Miniato *al monte*, avec sa façade de style romain plus que lombard, avec son intérieur austère, aux proportions exactes non moins qu'élégantes, avec cette innovation heureuse de séparer le chœur du reste de l'église, en plaçant l'autel au milieu. Sauf en ce point, les traditions de la décadence s'imposent comme jadis : la crypte est soutenue d'un grand nombre de petites colonnes qui semblent antiques, de chapiteaux trop divers pour ne pas provenir d'édifices antérieurs. Qui sait même, et ce serait pis encore, si, faute d'invention ou de science, on n'imitait pas servilement, avec des matériaux neufs, les édifices construits dans les siècles précédents avec d'anciens matériaux? Ici donc n'apparaît point la renaissance, qui s'inspire de l'antique plus qu'elle ne l'imite, et qui, lorsqu'elle l'imite, le fait en toute liberté ; mais on constate dans ce curieux édifice plus d'intelligence dans les choix, plus de régularité dans les constructions, un sentiment plus juste, et, si petit qu'il soit, un progrès[2].

---

[1] Cette reconstruction fut commencée par Anselme Badagio, le précepteur de la comtesse Mathilde. La façade est d'un certain Guidotto; elle date de 1204. Les auteurs ne sont pas d'accord sur les dates. Selon Hope, *Histoire de l'architecture*, trad. de l'anglais par Baron, Paris, 1839, p. 284, San Martino est du xie siècle; selon Rumohr (trad. Schön de Vasari, t. I, p. 32-45) du xiiie. — Vasari, éd. Lemonnier, *Proemio delle vite*, I, 211. Cf. Mazzarosa, I, 57. Inghirami, V, 468. D. Ramée, *Histoire de l'architecture*, II, 768, 772.

[2] Voy. Agincourt et Salvatico, II, 95.

Santa Reparata, les façades de San Giovanni et de San
Salvatore à Florence, la vieille abbaye sur la route de
Fiesole, les plus anciennes parties de la cathédrale à
Fiesole même (1028), étaient encore des monuments de
cet art primitif et à peine digne de ce nom, qui distri-
buait une parcimonieuse lumière par d'étroites fenêtres
ouvertes dans de larges pierres carrées, qui empruntait
au paganisme le système de ses basiliques, à la Grèce ses
différents ordres d'architecture, aux pays du nord leurs
clochers, qui utilisait obstinément les marbres des ruines, et retardait ainsi la renaissance d'un art véritable, malgré quelques inspirations originales dont surent
profiter les architectes subséquents[1].

C'est à Pise, dans cette ville opulente où l'on ne comptait pas moins de trente-quatre mille feux[2], que parut
enfin, construit d'après les mêmes principes ou avec la
même absence de principes, le monument capital de cet
art primitif des Italiens. En 1063, un certain Rainaldo,
aidé sans doute de maîtres grecs et d'élèves pisans, avait
commencé cette cathédrale étrange, éternel objet d'étude
pour l'artiste sérieux, comme de curiosité instructive
pour le plus frivole voyageur[3]. On n'y voit encore qu'un

---

[1] Fr. Inghirami, *Memorie storiche per servire di guida al forestiere in Fiesole*, p. 46, ap. Inghirami, V, 469. — Ramée, II, 767, 772. — Salvatico, II, 89. — G. Capponi, I, 158.

[2] Vasari, éd. Lemonnier, *Proemio delle vite*, I, 210.

[3] Ici, la date et le nom de l'architecte sont donnés par l'inscription placée sur la frise de la première rangée d'arcades qui ornent, au rez-de-
chaussée, la façade principale :

> Hoc opus eximium, tam mirum, tam pretiosum,
> Rainaldus, prudens operator et ipse magister,
> Constituit mire, sollerter et ingeniose.

C'est donc à tort qu'on a longtemps attribué cet édifice à Buschetto, par
une interprétation erronée de l'inscription qu'on lit sur son tombeau. (Voy.
Vasari-Lem., I, 208-210.)

amalgame de ruines, inégales de forme, de grandeur, de couleur; mais ces ruines venaient par mer de pays plus rapprochés des sources de l'art, où la décadence avait été moins profonde, moins générale; mais l'habileté du metteur en œuvre édifiait avec tant de morceaux disparates un temple où régnait comme un ordre régulier. Ses cinq rangs et ses quatre étages de colonnes et de pilastres superposés, ses cinq nefs, sa coupole byzantine, lui donnaient un grand air de nouveauté et satisfaisaient l'œil, avant que le goût songeât à faire ses réserves [1].

Un tel exemple stimulait aussitôt l'imitation. L'on voyait s'élever l'église d'Empoli (1093)[2], les dômes ou cathédrales de Modène (1099), de Plaisance (1122), de Ferrare (1136), de Parme et de Crémone, commencés vers le même temps, et, plus ou moins, dans le même goût. En 1136, Pistoia entreprenait de reconstruire sa vieille église de San Paolo, qui remontait au huitième siècle. En 1153, Pise jetait, en face de son dôme, les fondements de son baptistère [3].

On ne saurait dire pourquoi l'architecture civile résistait à l'impulsion donnée. Mais il est certain qu'elle s'en tenait aux usages les plus grossiers, sans nulle recherche du beau ni de l'élégance. De vastes couvents étaient construits sur le modèle des anciennes maisons, si basses

---

[1] Vasari-Lem., *loc. cit.* Agincourt, II, 49. Ramée, II, 766 sq. Grassi, part. II, sez. I, p. 81. Audot, *L'Italia*, etc., art. Toscane, p. 28, ap. Inghirami, V, 464-467.

[2] Ici encore, la date est fixée par l'inscription de la frise, gravée, comme à Pise, au-dessus des premières arcades du rez-de-chaussée :

> Hoc opus eximii prepollens arte magistri
> Bis novies lustris annis jam mille peractis
> Et tribus captum post natum Virgine verbum.
> (Voy. Ramée, II, 767.

[3] Vasari-Lem., I, 210. Salvatico, II, 89.

autour de leur cour intérieure et de leur galerie quadrilatérale. Les nouveaux couvents, n'étant guère que des colonies d'ordres existants, en reproduisaient, avec une fidélité servile autant que respectueuse, les procédés de construction. Ainsi se perpétuaient les plus médiocres traditions, dont les monastères restés debout à travers les âges peuvent encore aujourd'hui nous donner une idée. Quant aux demeures des laïques, c'étaient ou d'affreuses masures, un je ne sais quoi qui n'a pas de nom dans la langue de l'art, ou ces forteresses dont nous avons parlé, isolées et carrées, formées de pierres épaisses, grossièrement équarries, mal polies, qu'on rapprochait sans crépi les unes des autres, et entre lesquelles, pour boucher les interstices, on introduisait du sable de rivière. Avec leur porte aussi étroite que haute, leur unique fenêtre par étage, leurs échelles de bois en guise d'escaliers, leurs terrasses et leurs mâchicoulis qui donnaient de l'air et permettaient la défense, ces forteresses n'étaient que des tours, et ces tours étaient les palais des anciens temps. On lit dans de vieilles chartes ces mots significatifs : *Turris sive palatium*[1].

Un progrès véritable n'apparaît dans l'architecture qu'à la fin du douzième siècle. Agencer avec habileté des morceaux disparates, comme on l'avait fait à Pise, ce n'était guère qu'un travail de mosaïque. Ce qu'il fallait apprendre, c'était à regarder les modèles avec intelligence et à les reproduire[2]. On commença de s'y former alors, non par les leçons des maîtres grecs, dont les pratiques étaient barbares, mais à la lumière des auteurs

---

[1] Voy. Inghirami, V, 474.
[2] Crowe, I, 82.

anciens remis en honneur. Tel était le premier pas à faire. La nature restait lettre close, et le temps n'était pas venu encore de l'esprit d'indépendance. Avant même d'imiter l'ensemble, on devait imiter les détails superficiels, de même que dans l'art d'écrire on copie les formes du langage avant de copier le plan des compositions[1]. La jalousie des communes et, dans chacune d'elles, des corporations, contribua beaucoup à ce premier progrès : on cherchait partout à rivaliser dans les arts pour le beau, comme dans la guerre pour la puissance. Les riches métiers firent assaut de largesses, pour décorer les édifices publics. Nous avons vu qu'à Florence la laine prit à elle seule, pour un temps, toutes les charges qu'entraînaient les constructions de la nouvelle cathédrale. La matière ne manquait point au travail : ces tours, ces maisons grossières que détruisaient chaque jour soit la rage des luttes civiles, soit une loi qui châtiait le crime par la ruine de la propriété, soit des incendies sans cesse renouvelés, on se hâtait de les remplacer par d'autres, infiniment plus belles, où intervenaient désormais un goût moins barbare, un sentiment vague encore, mais déjà vrai, de l'art.

Dans cette phase nouvelle où s'imposent l'étude et l'imitation de l'antique, les constructions religieuses conservent toujours l'avance et l'avantage. Deux ordres de création récente, les Dominicains et les Franciscains, avaient répandu partout le mysticisme de leurs pensées ; ils enflammaient les peuples au culte poétique de la Vierge. Pour élever des temples dignes de ce culte, on regardait avec intelligence le Panthéon païen de Rome, de même que le

[1] Cette dernière remarque et cette juste comparaison sont de Hope, p. 473.

chef-d'œuvre chrétien de Constantinople et du Bas-Empire, cette Sainte-Sophie dont la coupole de Saint-Vital à Ravenne et celles de Saint-Marc à Venise nous rendent quelques aspects. Les palais arabes de Sicile, la Ziza et la Cuba, fournirent aussi aux plus pieux architectes leurs profanes mais séduisantes inspirations[1]. L'ogive et le style français pénétrèrent en Toscane à la fois par Naples, où la dynastie d'Anjou les avait introduits, et par la Lombardie, quand les querelles des Milanais avec l'empereur Frédéric en chassèrent les artistes allemands qui y étaient venus[2]. Mieux que Pise, que Sienne, qu'Orvieto, Florence défendit son goût nouveau, formé des réminiscences de l'antique[3], contre cette invasion d'un style qu'on appela gothique dans le sens de barbare[4]. Mais la Toscane en reçut une vive impulsion. C'est alors que l'architecture y prend partout son essor. A Pise, vers 1174, un certain Wilhelm, qu'on dit d'Innsbruck, construit avec le sculpteur pisan Bonanno, sur un terrain mal connu, ce curieux campanile dont la forte inclinaison semble éternellement présager la chute prochaine. En 1216, l'Arétin Marchionne termine l'église d'Arezzo[5]. En 1245, des architectes obscurs commencent le dôme de Sienne[6], auquel on tra-

---

[1] Salvatico, II, 238.
[2] Rio, *De l'art chrétien*, éd. in-12 de 1874, t. I, p. 226.
[3] *Id. ibid.*, p. 227.
[4] On a été jusqu'à prétendre que c'étaient les Goths qui l'avaient inventé, par exemple, Vasari, et Troya, *Dell' architettura gotica*, Naples, 1857.— Cf. Renan, *loc. cit.*, p. 210.
[5] Tiraboschi, IV, 503. Vasari–Lem., I, 237-243.
[6] Salvatico, II, 244. M. Gaetano Milanesi a publié des documents de 1259, reçus d'artistes qui faisaient des siéges pour le chœur, délibérations du grand conseil, provisions des neuf sur ce chœur même et sur d'autres parties de l'église, avis des artistes sur la solidité des constructions faites. Dès 1266, on a des conventions entre Fra Melano, ouvrier, et maître Niccola Pisano, pour le travail de la chaire (*Documenti per la storia dell' arte sanese*, t. I,

vaillait encore cent ans plus tard[1]. En 1290, Maitani de Sienne entreprend le dôme d'Orvieto, dans le même système, mais avec plus d'enchaînement et de légèreté[2].

Le retentissement qu'eut partout l'érection de la fameuse église d'Assise, avec ses trois étages, fit appeler à Florence un des deux architectes qui en avaient illustré leur nom[3]. Il se nommait Jacopo. Vasari a fait de lui un Allemand; mais des documents positifs le montrent Italien[4]. Il prit alors ou reçut le nom de Lapo, ordinaire abréviation du sien, dans une ville qui aimait à les raccourcir tous. Il y éleva des édifices dont on a perdu la trace[5], et y fonda une école que n'a pas oubliée la postérité. Les premiers architectes dont on peut indiquer quelques travaux à Florence sont Fra Ristoro de Campi et Fra Sisto Florentin. C'est eux qui furent chargés, en 1265, de continuer le palais du Potestat ou Bargello; en 1269, de relever les piles emportées du pont de la Carraja; en 1279, de mettre la main à ces constructions de Santa Maria Novella, dont le cardinal Latino posa la première pierre, que continuèrent (1319-1333) Fra Giovanni de Campi et Fra Jacopo Talenti, et que Michel-Ange, épris de proportions si harmonieuses avec des dimensions si peu communes, appelait plus tard sa belle fiancée. Ce chef-d'œuvre d'un art qui bégayait encore

---

p. 139-149). Hope (p. 447) prétend donc à tort que cette église fut commencée au xie siècle, et consacrée vers 1180 par Alexandre III.

[1] Vers 1336 on agrandit l'édifice. En 1359 on commence le pavé de marbre, et en 1372 celui de la nef du milieu. (G. Milanesi, *loc. cit.*, I, 177.

[2] Salvatico, II, 245.

[3] L'autre se nommait Fra Filippo de Campello.

[4] Voy. Moreni, Gaye, Vasari-Lem., I, 249.

[5] Vasari a entrepris de la retrouver; mais il brouille les choses et les temps. Voy. la critique de son texte dans l'éd. Lemonnier, I, 248.

n'avait pas besoin d'être terminé pour provoquer l'admiration : Nicolas III appelait à Rome Fra Ristoro et Fra Sisto pour travailler au Vatican[1].

C'est à peine, cependant, si l'érudition a préservé leur nom de périr. Nouveau-venu dans la carrière, Arnolfo les a fait oublier. Fils de Cambio et natif de Colle dans le Val d'Elsa (1232-1310)[2], cet enfant de la plus fidèle alliée de Florence est presque un Florentin, et il le devint tout à fait par l'obtention du droit de cité, récompense des services qu'il avait rendus. Ami, condisciple et compagnon de Lapo, sous les ordres de Niccola de Pise, il allait avec eux à Sienne construire la célèbre chaire en marbre de la cathédrale, sur la demande des neuf qui les réclamaient tous les trois[3]. Mais il avait hâte de revenir dans sa seconde patrie, et il en fut comme l'architecte attitré. Il dirige à son tour les travaux au palais du Bargello[4], ainsi que ceux de la troisième enceinte, commencée en 1284. Il fait, l'année suivante, la *loggia* et la place des prieurs. Bientôt après, c'est sur ses dessins qu'on érige la *loggia* et les pilastres d'Or San Michele.

[1] Sisto mourut à Rome en 1289; Ristori était déjà mort en 1283 à Florence où il était revenu. Voy. Vasari-Lem., *Comment. alla vita di Gaddo Gaddi*, I, 299, et *Memorie dei più insigni pittori, scultori e architetti domenicani del P. Marchese*, t. I, l. I, c. 2 et 9. Flor., 1845.

[2] *L'Oss. fior.* (I, 6) le fait mourir en 1300 ; mais la vraie date est établie dans l'*Archivio dell' opera del Duomo, antico necrologio di S. Reparata*, p. 12, ap. Vasari-Lem., I, 255. — On a longtemps cru Arnolfo fils de Lapo et l'on a dit Arnolfo di Lapo; mais un document porte : « Magister Arnolfus de Colle, filius olim Cambii, caput magister laborerii et operis S. Reparate. » — Ce document, daté de 1300, a été publié par L. del Migliore, *Firenze illustrata*, p. 9, et par Gaye, *Carteggio*, etc., I, 445.

[3] Secum ducat Senas Arnolfum et Lapum suos discipulos. (*Lettere sanesi*, I, 180, ap. Vasari-Lem., I, 249.)

[4] Terminé vers 1326. Les créneaux n'y furent mis qu'en 1345. L'escalier qu'on y voit encore aujourd'hui ne fut achevé qu'en 1367. (Passerini, *Curiosità storico-artistiche fiorentine*, 1ª serie. *Del pretorio di Firenze*.)

Après avoir couvert de marbre blanc et noir ceux des angles à San Giovanni[1], et construit trois chapelles dans la vieille *Badia*[2], en 1294 il conçoit l'idée et donne le plan de la nouvelle cathédrale, qu'il voulut tout entière en pierres de taille et revêtue de marbres de diverses couleurs, œuvre colossale qui ne dura pas moins de cent soixante ans[3]. C'est encore sur ses dessins qu'en 1295 on fonde Santa Croce, l'église des Frères-Mineurs[4]. Son infatigable activité ne trouvant pas un champ assez vaste à Florence, s'emploie à Sienne et dans la campagne, où il entoure de murs les châteaux de San Giovanni et de Castelfranco, dans le Val d'Arno supérieur.

Le nombre de ces travaux ne nuisait point à leur mérite, et c'est le plus grand éloge qu'on puisse faire d'Arnolfo. Inférieur dans la sculpture à Niccola, son maître, il lui est supérieur dans l'architecture. On a voulu voir en lui le Cimabue de ce grand art; mais il est plus et mieux : son œuvre, importante au point de vue historique, l'est aussi au point de vue esthétique, car plus d'une fois il s'est élevé au beau absolu. A la magnificence, caractère principal de ses constructions, son école n'eut plus qu'à ajouter la grâce. Si Santa Croce, inspirée par lui,

---

[1] Villani, VIII, 3. — Vasari-Lem., I, 251. — *Antologia di Firenze*, I, 467.

[2] La Badia, telle que nous la voyons aujourd'hui, est une reconstruction de 1625. C'est alors qu'on la fit en croix grecque. (Voy. Pulcinelli, *Storia della Badia fiorentina*.)

[3] *Oss. fior.*, I, 2, 3. Le successeur d'Arnolfo, dans les travaux du Dôme, fut Giotto, puis successivement Taddeo Gaddi, Andrea Orgagna, Lorenzo Filippi, tous célèbres architectes. En 1417, la coupole, œuvre de Brunelleschi, n'était pas commencée. Voy. les descriptions de *S. M. del Fiore*, publiées à Florence par Bernardino Sgrilli, en 1755 par G. B. Nelli, et par Follini, *Firenze antica e moderna*, t. II.

[4] Villani (VIII, 7) dit en 1294; mais l'inscription fait foi. Voy. Fil. Moisè, *Santa Croce illustrata*, et Vasari-Lem., I, 250.

est inférieure à Santa Maria Novella, où il n'est pour rien, du moins Santa Maria del Fiore, malgré quelques défauts, malgré la nudité des nefs latérales et la lourdeur des arceaux qui les séparent de la nef du milieu, provoque-t-elle, par ses dimensions puissantes et colossales, un juste sentiment d'admiration et comme d'écrasement. Le fort mais pesant génie des Étrusques y paraît, on l'a dit, mais modifié par l'art byzantin, allégé par l'art du nord[1]. Arnolfo ne peut être comparé à Cimabue qu'en ce sens qu'il fonda comme lui une école ; encore y a-t-il entre eux cette essentielle différence que l'architecte améliore seulement les procédés en usage, tandis que le peintre les dédaigne, et, sans pouvoir s'en affranchir, tente une révolution.

Ce fut leur honneur à tous deux d'être continués par le même génie, qui devait consacrer leurs exemples en les dépassant. Comme architecte, Giotto succède à Arnolfo dans les constructions de Santa Reparata, des murailles et des fortifications de Florence. Mais il n'avait plus alors que trois ans à vivre[2] ; il ne put donc que donner les

---

[1] Rio, *De l'art chrétien*, I, 234. Cet auteur se montre sévère jusqu'à l'injustice envers Arnolfo ; mais c'est afin de relever d'autant les deux dominicains Sisto et Ristoro, et par suite de cette idée préconçue de tenir pour supérieures les œuvres et les écoles qui ont le caractère chrétien le plus prononcé. Il est malheureusement fort difficile de dire dans quelle mesure S. M. Novella, qu'ils avaient commencée, appartient à ces deux architectes ou à Frà Giovanni de Campi et Fra Jacopo Talenti, leurs successeurs, qui avaient pu profiter des leçons d'Arnolfo. La façade, qui est, avec celle de S. Miniato a Monte, la seule belle qu'il y ait à Florence, est, de l'aveu même de M. Rio, due à Leon Battista Alberti, c'est-à-dire très-postérieure (p. 233).

[2] Le 1er et le 2 octobre 1331, les conseils adoptent de nouveaux arrangements pour S. Reparata, laquelle « cepta fuit tam formosa et pulcra, » mais « remansit jam est longum tempus et est absque hedificatione aliqua. » Le 12 avril 1334, Giotto est nommé « in magistrum et gubernatorem laborerii et operis ecclesie S. Reparate, et constructionis et perfectionis muro-

dessins, que jeter les fondements du fameux campanile pour la nouvelle cathédrale, et y sculpter, à la partie inférieure, quelques bas-reliefs, travaux non inutiles à sa gloire, quoique incomplets et secondaires dans son œuvre. Il voulait faire de ce clocher ce qu'en ont fait ses continuateurs, un heureux mélange des formes hardies autant que variées qu'inventa le moyen âge, et des lignes simples, de la beauté régulière, qui n'appartiennent qu'au style classique, un modèle gracieux, léger et grave tout ensemble, du style ogival approprié au goût toscan. Tout y concourt à l'ornement, les fenêtres, les parois garnies de niches et de statues, les piliers mêmes des flancs qui, dans les édifices gothiques, ne sont qu'un provisoire appareil de construction, oublié, semble-t-il, par les constructeurs, et définitivement devenu partie intégrante du monument. Il se peut que la ligne horizontale domine trop dans ce beau campanile, et même qu'on y puisse regretter le couronnement pyramidal du dessin primitif, quoique en comparant cette tour carrée au clocher pointu de Saint-Marc à Venise, on ne soit pas embarrassé pour fixer ses préférences ; mais telle que nous la voyons, dominant de sa hauteur, dépassant par la richesse des matériaux et l'habileté de l'exécution tant de tours féodales, elle semble une reine au milieu de ses sujettes, et vue des collines avoisinantes comme de tous les quartiers de la ville, elle en marque le point central, elle appelle ou

---

rum civitatis Florentie et fortificationum ipsius civitatis et aliorum operum dicti comunis. » En juillet 1334, selon Villani, Giotto pose les fondements du *campanile*, et il meurt le 8 janvier 1337. (Guasti, *Belle arti. Opuscoli descrittivi e biografici*, p. 49. Flor., 1874.) Baldinucci (*Apologia*, à la suite de la vie de Cimabue) et Gaye (*Carteggio*, I, 483) ont publié ce décret.

rappelle à la prière un peuple de marchands affairés[1].

L'architecture ainsi en progrès n'avait pu entraîner dans sa marche la sculpture, qui en est l'ornement naturel, mais dont elle peut se passer. Longtemps on avait cru pouvoir, devoir même construire des édifices nus. Peut-être, au surplus, eût-on tenté en vain de les embellir, en y plaçant les œuvres du statuaire, car il faut au statuaire des encouragements et des modèles qui lui manquaient à la fois. Dans les emportements de son zèle, le christianisme en lutte avec des païens attardés avait fait jeter dans la fournaise, écraser sous les roues des chars les dieux antiques, autant de chefs-d'œuvre, ou du moins d'œuvres dignes d'imitation, capables d'en inspirer de plus belles aux esprits bien doués. On en avait tant détruit, qu'en renouvelant pour la quatrième fois la loi qui les condamnait au marteau, Honorius ajoutait : « S'il en existe encore dans les temples[2]. ». Même plus tard, les

---

[1] Voy. Targioni-Tozzetti, *Viaggi*, etc., IV, 221 et passim. — Salvatico, II, 242. — Ramée. — Leo, I, 134, et en général sur l'architecture, outre les ouvrages déjà cités, les suivants : Rumohr, *Italienische Forschungen*, 1826. — Kinkel, *Geschichte der bildenden Künste bei den christlichen Völken von Anfang unserer Zeit Rechnung bis zur Gegenwart*, Bonn, 1845. — Osten, *Die Bauwerke in der Lombardie von VII bis zum XIV Jahrhundert*, Darmstadt, 1846. — Schnaase, *Geschichte der bildenden Künste*, Dusseldorf, 1842-1861, ouvrage très-vaste et très-érudit. — Stieglitz, *Geschichte der Baukunst vom frühesten Alterthum bis in die neueren Zeiten*, Nuremberg, 1836, et *Beiträge zur Geschichte der Ansbildung der Baukunst*, Leipzig, 1834. — Mertens, *Die Baukunst des Mittelalten*, Berlin, 1850. — Ranalli, *Storia delle belle arti in Italia*, Flor., 1846. — Milizia, *Essai sur l'hist. de l'architecture*, trad. par Pommereul, La Haye, 1819. — Legrand, *Essai sur l'hist. gén. de l'archit.*, Paris, 1809. — Du Sommerard, *Les arts au moyen âge*, Paris, 1837. — Caumont, *Cours d'antiquités monumentales*, Caen, 1830, avec atlas. — Aymard-Verdier et Cattois, *Architecture civile et domestique au moyen âge et à la renaissance*, Paris, 1852, etc.

[2] « Si qua etiamnunc in templis et fanis consistunt. » (*Cod. Theod.*,

croisés, par cupidité ou par ignorance, fondaient les bas-reliefs et les statues de bronze, ou les brisaient pour retirer des tombeaux, pour s'approprier l'or, les pierreries, les anneaux, les vases riches. « Ils n'aiment rien de ce qui est beau, » écrit le contemporain Nicetas Choniates[1].

Quelques sculptures romaines ou grecques avaient-elles échappé à ce double vandalisme, il en était d'elles comme des monuments en ruines : l'habitude empêchait de les regarder, d'en sentir la supériorité. Aux temps barbares, d'ailleurs, la religion s'était montrée dure à la statuaire. Quand elle lui eut pardonné d'être païenne, c'est-à-dire de nourrir le culte de la beauté physique, elle la relégua sur les tombeaux ; elle ne l'admit qu'à grand'peine sous le porche des églises ; elle lui imposa, comme jadis en Égypte, un type qui étouffait l'inspiration, ces corps raides, maigres, anguleux, démesurément allongés sous une sèche et pesante draperie, si familiers à nos yeux.

Jusqu'au onzième siècle, la sculpture fut ainsi ou nulle ou désastreuse. A peine constaterait-on un léger progrès au douzième ; et c'est cependant au treizième qu'elle prit son étonnant essor[2]. Elle le dut non aux œuvres de l'art romain, que les Toscans avaient à leurs

---

t. X, l. xix ; *De Pag. sacr. et templ.*, ap. Em. David, *Rech. sur l'art statuaire*, p. 10).

[1] *Nicetæ narratio de statuis antiquis quas Franci post captam anno 1204 Constantinopolin destruxerunt*, Leipzig, 1830, in 8°. *Mém. de l'acad. de Gottingue*, t. XI, p. 11, 26 ; t. XII, p. 282, 289. Avant les incendies de la Commune, on pouvait voir dans la coll. byzantine du Louvre, Paris, 1647, in-f°, l'histoire de Nicetas sous ce titre : *Nicetæ Acominati Choniatæ historia*. Agincourt, t. I, c. xxii, p. 75.

[2] Voy. Agincourt, II, 47, 48. — Salvatico, II, 105, 110, 157. — Lanzi, *Storia pittorica d'Italia*, I, 2. — On peut voir au dôme de Modène

portes, mais aux œuvres de l'art grec, que Pise, sur ses navires, rapportait de Grèce, de Syrie, d'Asie Mineure, marquant par là qu'avant toute autre ville elle était sensible au beau. Ces importations dataient de loin. Béatrice, veuve du marquis Boniface et mère de la grande comtesse Mathilde, est ensevelie dans un sépulcre formé de bas-reliefs grecs, travail de bonne école, représentant l'histoire de Phèdre et d'Hippolyte. Sur un autre, non moins remarquable, se voyait la chasse de Méléagre contre le sanglier de Calydon [1]. Quelques-uns de ces précieux fragments se répandirent en Toscane ; mais les plus nombreux et les plus importants restèrent à Pise, où, à la longue, ils produisirent la renaissance de l'art.

Il fallut du temps pour que la lumière éclatât à des yeux aveuglés. Qui pourrait dire si Buschetto, dans sa cathédrale, et Diotisalvi, dans son baptistère, employaient ces marbres parce qu'ils les jugeaient beaux ou simplement parce qu'ils les avaient sous la main ? Mais placés en des endroits où on les voyait bien, où ce qui les entourait les faisait valoir, ces débris antiques devaient ouvrir les esprits comme les yeux. On sentit enfin la différence de l'art hiératique, digne des Egyptiens ou des Hindous, qu'avait préconisé l'Église, avec cet art grec qui, au lieu de créer des dieux gigantesques, pour mieux montrer qu'ils l'emportaient sur les hommes, ramenait tout aux proportions humaines, sauf à ne voir le divin que dans le beau, et transportait

---

à San Donato d'Arezzo et dans d'autres églises encore, ce qu'était cet art primitif.

[1] Lanzi, I, 3. — Vasari-Lem., I, 258-269. — La chasse de Méléagre est au baptistère.

ainsi l'anthropomorphisme dans l'art, après l'avoir introduit dans la religion[1].

Le premier sculpteur qui montra par ses œuvres une réelle et vive intelligence de ce qu'il avait sous les yeux, ce fut ce Niccola, maître d'Arnolfo en architecture, dont nous avons prononcé le nom. Originaire de Pise, il n'était pas né dans cette ville[2]; mais on l'appelait le Pisan, parce que ses importants travaux dans la patrie de ses aïeux l'y avaient étroitement rattaché. Sous des maîtres grecs[3], il y construisait, il y décorait le dôme et le baptistère; bientôt ni parmi eux, ni parmi ses compagnons, il n'eut plus de rivaux. Sa renommée se propage, et vingt cités à l'envi font appel à ses talents, Rome, Pistoia, Volterre, Sienne, Arezzo, Viterbe, Florence (1224), Naples même, car Charles d'Anjou qui y réside veut lui confier la construction et la décoration d'une église sur le champ de bataille de Tagliacozzo[4].

Architecte et sculpteur, comme la plupart des artistes contemporains, qui ne séparaient point ces deux arts, c'est surtout dans la sculpture qu'il est sans égal. Le fondement de sa gloire, il faut le chercher au baptistère de Pise, où, avec un soin infini, sinon avec perfection, il représenta sur le marbre le jugement dernier.

---

[1] On a justement remarqué que Lysippe a beau faire des colosses de trente à quarante coudées, ce ne sont que des hommes agrandis, lesquels n'ont rien de monstrueux. (Voy. Jeanron, notes à sa traduction de Vasari, III, 232-236.)

[2] Son aïeul, le notaire Biagio, était de Pise ; son père, de la Pouille, comme le prouve un document où on lit : « Magistrum Nicholam Pietri de Apulia. » (11 mai 1266. G. Milanesi, *Doc. per la storia dell' arte sanese*, I, 149.) — Vasari dit donc à tort que Pietro était de Sienne (Voy. édition Lem., I, 258). — Niccola, né en 1205 ou 1207, meurt en 1278.

[3] Salvatico, II, 354-360.

[4] Vasari Lem., I, 258-269. — Rio, I, 228.

Tel est l'étonnant travail qui lui valut de la part des Siennois une confiance si pleinement justifiée. Ils voulaient pour leur cathédrale une chaire sans pareille; ils appelèrent Niccola avec ses disciples Lapo, Donato, Goro, Arnolfo[1], et de leurs efforts communs par lui dirigés ils obtinrent l'incomparable chef-d'œuvre qui est aujourd'hui, comme il y a six siècles, un juste objet d'admiration.

Que les disciples de Niccola fussent pour beaucoup dans ce long et patient travail, comme dans tous les autres de leur maître, on ne saurait le nier, car Lapo, Donato et Goro, qui passaient pour Florentins, reçurent en récompense le droit de cité à Sienne[2], et y devinrent les chefs de l'école siennoise où figurent au premier rang Agnolo et Agostino, dont parle Vasari, Maitani, Gano, Tino, dont il ne parle pas[3]. Trop nombreuses d'ailleurs et trop considérables sont les œuvres du Pisan pour qu'il ait pu les exécuter seul; mais c'est lui qui donne l'impulsion, qui dirige des mains encore incertaines dans des voies encore indécises, avec une décision qui est une

---

[1] 11 mai 1266; 26 juillet 1267. (Voy. les doc. dans G. Milanesi, p. 140 et 152, et Vasari–Lem., I, 258-269.) — Pour son travail, Niccola reçoit par jour 8 sous pisans, et pour ses deux disciples 6, payables chaque mois, plus *hospitium et lectos*. S'il est obligé à quelque voyage par ordre de Fra Melano, *operarius* ou chef des travaux, il aura en outre *expensas equorum et victum de singulo die quo sic iverit vel steterit*. (5 octobre 1266. Le doc. ap. Milanesi, p. 148.)

[2] *Magistrorum intalliatorum de Florentia qui volunt devenire cives senenses* (23 mars 1272. Doc. ap. G. Milanesi, p. 153). — Florence accordait moins facilement l'indigénat. Le 17 juillet 1292, un notaire l'obtient avec le droit de cité, mais il exerçait depuis quinze ans dans la ville et y avait toujours payé les impôts (*Provvisioni*, III, 84 v°). — Tout aussi difficile est aujourd'hui l'Angleterre, tant elle met haut l'honneur d'être citoyen anglais.

[3] Doc. ap. G. Milanesi, p. 154.

notable part de son génie. N'imaginant point qu'on pût imiter la nature, du moins il rejette sans hésiter les modèles hideux qu'on suivait depuis les temps de décadence, et il ne regarde plus que les bas-reliefs antiques. Veut-il représenter la Vierge? C'est une Phèdre qu'il copie ; pour un apôtre, c'est un Bacchus barbu. Voilà comment il échoue à exprimer les sentiments chrétiens et même à mettre une expression quelconque dans ses figures, qui ont avec plus de rigidité tout le calme de l'art grec, et qui paraissent insignifiantes, faute de perfection dans le dessin. Puisqu'il se bornait à imiter les œuvres du ciseau hellénique, que n'imitait-il du moins avec plus de correction et d'ampleur ? C'est qu'il manquait de savoir et d'expérience. Qu'on l'étudie à Pise, à Sienne, à Lucques, à Orvieto, à Pérouse, à Florence, où il orne la petite église de la Miséricorde des statues roides et anguleuses de la Vierge, de sainte Marie-Madeleine, de saint Dominique, et à Bologne surtout, où la châsse de ce père des inquisiteurs est peut-être son œuvre capitale, on retrouve partout le même désordre, la même manière froide et sans souffle de vie. Mais ce désordre est un miracle d'ordre et d'unité au prix de ce qu'on voyait auparavant ; mais ces figures avaient une dignité, ces attitudes une sagesse, ces mouvements une vérité, ces draperies une élégance, qui relèvent du premier coup un art abâtardi par la décadence romaine, appauvri par la sécheresse byzantine, enlaidi par l'aride mysticisme de l'Église. Alors que personne n'osait s'affranchir de la routine et n'en ressentait même pas le désir, Niccola en sort tout d'un coup et prend si bien les devants que ses successeurs mettent un demi-siècle à l'atteindre, un siècle à le dépasser. Il est pour eux plus que Cimabue pour les peintres ; il a peut-être plus d'habileté et certainement plus d'action. Si l'on tenait à faire une comparaison de quelque justesse, c'est à Giotto, de préférence, qu'il faudrait le comparer[1].

L'école, en effet, était fondée. Giovanni Pisano, fils de Niccola, en prend la direction avant même la mort de son père, qui terminait sa vie dans un glorieux repos. De Pise où il construit le Campo Santo (1278), il se rend à Arezzo, où il sculpte des bas-reliefs pour le maître-autel de la cathédrale, à Pistoia pour la chaire de l'église de Sant'Andrea, à Pérouse pour l'élégante fontaine de la place du Dôme, à Sienne pour la façade de la cathédrale, qui lui valut à son tour le droit de cité[2], à Florence qui tint à être embellie par ses mains. Après lui, c'est Andrea Pisano qui conduit la sculpture vers ses destinées. Fécondant les leçons de Niccola par celles de Giotto, il échappa tout ensemble à la barbarie byzantine et à la froide imitation de l'antique. Si la plupart de ses œuvres sont détruites, on peut encore admirer ses bas-reliefs du campanile de Florence, si beaux dans leur simplicité, et sa porte du baptistère de San Giovanni, inférieure en correction, comme en élégance, à celle de Ghiberti, mais empreinte peut-être de plus de majesté dans les attitudes et d'expression dans les figures, heureux résultat de vingt-deux ans d'un travail acharné. Malgré le commerce

---

[1] Tiraboschi, IV, 507 ; Salvatico, II, 354-360 ; Rosini, *Storia della pittura italiana*, I, 163 sq., Pise, 1839. — Rio, I, 228. — Jeanron, I, 147-149, II, 42-44.

[2] En 1284. — Exempté en outre de tous impôts, on ne sait pour quel motif, il fut condamné à 600 livres d'amende. Il les paya et même un tiers en plus, pour retard ou frais. En 1290, en considération des services qu'il continuait à rendre, sa condamnation fut effacée des livres officiels (17 juillet 1290. G. Milanesi, I, 162). Il mourut en 1320 (Voy. Rio, I, 229).

maritime de Pise, qui portait au loin le nom de ses artistes, les merveilles de leur art ne devaient pas de sitôt sortir de la Toscane. C'est qu'ils étaient surtout des architectes, sculpteurs uniquement pour orner leurs édifices. Aussi, très-féconds en bas-reliefs, sont-ils très-stériles en statues isolées. Les progrès de la statuaire, considérée comme un art indépendant et expressif, en devaient être sensiblement retardés[1].

Le rôle initiateur de Pise dans la sculpture, Florence le prenait un peu plus tard dans la peinture. Ses efforts et ses succès dans cet art sont tributaires de ceux de Niccola Pisano dans le sien, car le sculpteur, on l'a dit, est le maître et le guide du peintre, qui reçoit de lui la règle et l'exemple à la fois[2]. Quand on ferme obstinément les yeux sur le livre ouvert, sur le vivant spectacle de la nature, il reste encore à l'architecte et au sculpteur des modèles, les monuments ou les ruines de l'antiquité; mais au peintre il ne reste rien, car les œuvres de ses devanciers ont péri, détruites par les hommes ou par le temps. Si quelques-unes y avaient échappé, elles portaient la marque d'une décadence déjà bien ancienne, puisque, dès le temps de Pline, le goût du riche remplaçait le goût du beau[3]. Qui donc, d'ailleurs, les eût imitées ou reproduites? Le christianisme primitif proscri-

---

[1] Salvatico, II, 354-360. — Jeanron, I, 255-257.

[2] Ennio Quirino Visconti, *Lettere ad un Inglese* (*Opere varie*, I, 30, éd. de Milan). — Rosini appelle cet auteur « il più dotto ingegno del passato secolo. » (I, 8.)

[3] Artes desidia perdidit (Plin. Nat., XXXV, 2). — Hactenus dictum sit de dignitate artis morientis (*Ibid.*, c. v). — Nolite mirari si pictura defecit, cum omnibus diis hominibusque formosior videatur massa auri quam quidquid Apelles Phidiasve Græculi delirantes fecerunt (Pétrone, c. XLVIII). — Et quam subtilitas artificis adjiciebat operibus auctoritatem, nunc dominicus sumptus efficit ne desideretur (Vitruve, l. VII, c. v).

vait les images matérielles, où il voyait un sacrilége retour aux idoles du paganisme. En 305, le concile d'Elvire interdisait encore de représenter sur des murailles les objets sacrés de la vénération publique[1]. Quand l'Église permit aux peintures de se produire au grand jour, ce fut moins pour encourager l'art que pour l'arracher à l'impie imitation de l'antique, dont il faisait ses délices dans les catacombes[2].

C'est en vain que, l'ayant purifié et sanctifié, elle le proclame sien, qu'elle déclare infaillibles les peintres, parce qu'ils reçoivent des Pères l'invention et la composition de leurs tableaux[3], qu'elle voit même bientôt dans la peinture l'équivalent de l'écriture, dans les fresques des murailles le livre des ignorants[4]. L'esthétique sacerdotale bannit la beauté, glorification profane de la nature. Les saintes images doivent être laides, attendu que Jésus, d'après une interprétation trop littérale d'Isaïe, avait masqué sa beauté divine sous les apparences de la laideur[5]. Saint Cyrille ne va-t-il pas jusqu'à soutenir que le Verbe

---

[1] Ne quod colitur et adoratur in parietibus depingatur (Concil. Illib., c. xxxiii. Voy. Ramée, II, 733-736). — Neander, *Geschichte der christlichen Religion*, t. I, part. II, p. 333. — Gruneisen, *Zur Archäologie der christlichen Kunst*, dans le *Kunstblatt* de Tubingue, 1831, n°⁵ 28 à 30.

[2] Crowe, I, 10.

[3] Οὐ ζωγράφων ἐφεύρεσις ἡ τῶν εἰκόνων ποίησις, ἀλλὰ τῆς καθολικῆς ἐκκλησίας ἔγκριτος θεσμοθεσία καὶ παράδοσις... μενοῦν γε αὐτῶν (πατέρων) ἡ ἐπίνοια, καὶ ἡ παράδοσις, καὶ οὐ τοῦ ζωγράφου. Τοῦ γὰρ ζωγράφου ἡ τέχνη μόνον, ἡ δὲ διάταξις πρόδηλον τῶν δειμαμένων ἁγίων πατέρων. (*Concil. Nic.*, II, act. vi; *Acta Conciliorum*, t. IV, col. cccLx, éd. de 1714.)

[4] Illiterati quod per scripturam non possunt intueri, hoc per quædam picturæ lineamenta contemplantur. (Synode d'Arras, 1025, c. iii, ap. d'Achery, *Spicilegium*, t. I, p. 62.)

[5] Voy. le texte d'Isaïe, cap. liii, ⁊ 2; *Testamentum Vetus*, t. II, p. 450, éd. Didot. — S. Clément d'Alexandrie cite une partie de ce texte et s'en autorise pour recommander de ne pas rechercher la beauté. (*Clem. Alex. Opera quæ exstant*, t. I, p. 252, Oxford, 1715, in-f°.)

était le plus laid des enfants des hommes[1]? Cette doctrine était trop commode pour ne pas augmenter encore la perversion du goût[2]. Mal faire est toujours facile, et, pour surcroît de disgrâce, en persécutant d'horribles images, les iconoclastes sanctifiaient des œuvres informes, qu'on n'osait plus trouver mauvaises et qu'on disait descendues du ciel[3].

Tout, en ces temps malheureux, contribuait à la décadence. Théodoric essaie en vain de ramener l'art à l'imitation de l'antique[4]; il y échoue, comme Charlemagne à relever les lettres : combien n'est-il pas plus facile de copier un hideux modèle ou de peindre de souvenir! Sous les Carolingiens les armures de fer[5] cachent ce corps humain que Platon était fier de bien connaître[6], ne laissent voir que des surfaces inanimées, des lignes droites, des masses informes. Peindre n'est plus qu'un métier de barbouilleur, et de barbouilleur qui se hâte, soit pour gagner plus en moins de temps, soit pour couvrir de peintures tout l'intérieur des églises, comme l'avait ordonné le concile de Nicée. On recourt alors aux procédés les plus expéditifs et les moins coûteux, par consé-

---

[1] Ἀλλὰ τὸ εἶδος αὐτοῦ ἄτιμον, ἐκλεῖπον, παρὰ πάντας τοὺς υἱοὺς τῶν ἀνθρώπων. (*Cyril. Alex. De nudat. Noë*, l. II ; *Opera*, t. I, p. 43.)

[2] Em. David, p. 26. — Aux pages 28, 29, cet auteur indique les ouvrages où l'on peut voir la reproduction de ce genre de peintures et de sculptures laides.

[3] Em. David, p. 72.

[4] Voy. *Cassiodori Opera omnia. Variarum*, l. IV, ep. xxxv, li, t. I, p. 35, 76 ; l. VII, formules v, xiii, xv, t. I, p. 112 sq., éd. du bénédictin Garet, Rouen, 1679.

[5] Tunc visus est ipse ferreus Carolus ferrea galea cristatus, ferreis manicis armillatus, ferreo thorace ferreum pectus humerosque platonicos tutatus, hasta ferrea in altum subrecta sinistra impletus, etc. (*Monachi san Gallensis*, l. II, c. xxvi ; *Hist. des Gaules*, etc., V, 132.

[6] *De legibus*, éd. Didot, p. 294.

quent les moins propres à la longue conservation des peintures, comme à leur bonne qualité[1]. Telle était l'œuvre du dixième siècle, cet âge de fer et de plomb, comme l'appelle Baronius[2], et dont les pratiques barbares furent, au onzième, érigées en théorie. On écrit alors sur l'art de peindre[3], et l'on n'en peint que plus mal.

L'art de ce temps est tout byzantin. Ces moines peintres à qui les iconoclastes coupaient les mains avaient appris le chemin de l'Italie, où, grandis par la persécution, ils passaient pour des maîtres. Les œuvres de leur école, qu'ils avaient apportées ou qu'ils répétaient à satiété[4], étaient fidèlement copiées par les Italiens, qui n'avaient pas autre chose devant les yeux et qui ne trouvaient rien dans leur esprit. On ne voyait que madones olivâtres, couvertes, de la tête aux pieds, d'un riche costume oriental, portant sur leurs mains aux doigts effilés et sans fin

[1] Em. David, p. 98.
[2] Sui asperitate ac boni sterilitate ferreum, malique exundantis deformitate plumbeum. (*Ann. eccl.*, ann. 900, t. XV, p. 500.)
[3] Au commencement du onzième siècle, le peintre Eraclius, Italien de naissance, écrivait un traité *De coloribus et artibus Romanorum*. Théophile, probablement Lombard, en a laissé un beaucoup plus étendu, *De omni scientia picturæ artis* (Bibl. nat., ms.) et publié sous ce titre : *Diversarum artium Schedula*, dans les *Mém. d'hist. et de litt. tirés de la Bibl. du duc de Brunswick*, 1781, part. vi°, p. 294. — C'est, dit Emeric David (p. 85), un ouvrage curieux, sinon pour l'histoire de la théorie de l'art, au moins pour celle de ses procédés.
[4] Voy. sur la peinture avant le treizième siècle, Tiraboschi, t. IV, à la fin. — Lami, *Dissert. sui pittori e scultori italiani dal 1000 al 1300*, ouvrage joint au *Trattato della pittura del Vinci*, Flor. 1792. — Lanzi, t. I, p. 1. — On peut voir encore aujourd'hui à Rome, dans l'église de Sainte-Cécile, le martyre de cette sainte, fresque exécutée en 817 par des artistes grecs sur l'ordre de Pascal I°; à Trévise, les images des saints qui décorent les pilastres de l'église Saint-Nicolas; à Aquilée, les peintures des souterrains de la cathédrale; à Milan, la grande Madone qui orne l'église San Fedele. — Ce sont les œuvres byzantines de ce temps-là (Haulleville, p. 236).

un avorton rachitique ; que Christs à l'aspect cadavéreux, copiés, dirait-on, d'une momie, avec des flots de sang noir découlant des plaies, le tout écrasé par un fond et des vêtements d'or[1]. Les plus vieux peintres d'Italie dont on retrouve les noms dans d'obscurs écrits[2] ne sont que des disciples, quoi qu'en dise la vanité nationale. Eût-on pu se passer de ces leçons étrangères, qu'on ne l'eût pas voulu : les rivalités municipales s'y opposaient. Florence aimait bien mieux demander des peintres à Constantinople qu'à Pise ou à Sienne. On voit encore des fresques byzantines à Santa Maria Novella, dans le cloître attenant à la chapelle des Espagnols[3], et même un tableau portatif avec cette inscription : *Andreas Rico de Candia pinxit in* xi° *seculo*[4]. Ce genre de peinture était si recherché qu'il devenait un important article de commerce. Une mosaïque de San Miniato a Monte (1013) présente une tête de Christ d'un style évidemment grec[5]. Vers 1030, vivait en Toscane un peintre grec nommé Luca, que les temps postérieurs ont confondu avec saint Luc l'évangéliste[6]. Léon d'Ostie parle de peintures de tout genre

---

[1] Salvatico, II, 154. — Em. David, p. 113.

[2] Voy. Tiraboschi, t. III, IV, 511, et Rosini, I, 69, 75. — Le plus ancien peintre italien dont il semble rester quelque chose, c'est Giunta de Pise, qui disparaît à partir de 1235, et qui était disciple des Grecs ; mais le crucifix qu'on lui attribue (reproduit au t. III de *Pisa illustrata*) a été attribué à Margaritone, à Cimabue, ainsi que les peintures de la tribune d'Assise. (Voy. Lanzi, I, 7. — Rosini, I, 111-115. — Agincourt, pl. 102.)

[3] Ces peintures représentent la naissance de la Vierge et la visite à Ste Elisabeth (Voy. Agincourt, planche 109). — La première a été imitée par Fra B. Angelico dans un Antiphonaire de saint Marc (Rosini, I, 74).

[4] Em. David, p. 123-126. — Artaud, *Considérations sur l'état de la peinture en Italie dans les quatre siècles qui ont précédé celui de Raphaël*, 1808, opusc. de 41 p., à propos d'une collection.

[5] Lami, *Dissert. relativa ai pittori che fiorirono dal 1000 al 1300*, p. 66. Em. David, p. 113.

[6] Lami, *loc. cit.* — Manni, *Dissert. del vero pittore Luca santo*, ap.

dont Desiderio, abbé du Mont-Cassin, orna en 1066 les murs intérieurs de son église, et, en même temps, les voûtes, les pavés, tous les portiques, tous les cloîtres[1]. Les abbés des monastères de la Cava, de Subiaco et bien d'autres, suivaient son exemple[2].

C'était heureux, à tout prendre. L'art byzantin, si dégradé qu'il fût, restait pourtant supérieur à celui de toutes les autres contrées[3]. Il n'avait pas entièrement perdu les traditions. Il savait qu'on doit choisir les beaux modèles pour les imiter. Il ne cherchait pas toujours l'émotion dans le hideux, le pathétique dans le trivial. Il péchait par excès plutôt que par défaut. Quand la nature du sujet ne lui imposait pas la monotonie, il avait encore, comme par ressouvenir des anciens, quelque dignité, quelque sentiment des convenances[4]. On le voit bien, sinon aux miniatures, déjà difformes au quatrième et au cinquième siècle[5], toujours lourdes et criardes, sans éclat comme sans effet, sans art de la composition comme sans instinct de la proportion[6], du moins aux mosaïques,

Em. David, p. 113. — Agincourt (II, 38) dit que, malgré la décadence, on trouve encore dans les œuvres de ce temps quelque trace des principes antiques.

[1] *Chron. mon. Casinensis*, l. III, c. xxxii (Pertz, VII, 722).

[2] Em. David, p. 114.

[3] Em. David (p. 85), parlant du célèbre Ménologe que Basile le jeune faisait peindre, vers 984, à Saint-Marc de Venise, dit que, s'il témoigne de l'ignorance des artistes, il est un prodige de style et de goût, comparé aux ouvrages français ou italiens du même temps.

[4] Em. David, p. 85, 87. — Agincourt, II, 89.

[5] On peut voir le ms. de la Genèse, à la bibl. imp. de Vienne, et celui de Virgile au Vatican, qui remontent à ce temps reculé. On y remarque, malgré quelque justesse dans l'ordonnance générale, l'effort de l'imitation n'aboutissant qu'à la difformité. — Agincourt (II, 49) et Crowe (I, 54 sq.) parlent de plusieurs autres mss. enluminés du même temps.

[6] Agincourt, II, 59. — Tel est le ms. du chapelain Donizo. On peut voir des exemples dans les atlas d'Agincourt et dans celui d'Inghirami, notamment les planches 88, 92, 93, 101. (Cf. Crowe, I, 54 sq.)

art simple et assuré de la durée parce qu'il est susceptible de réparations qui ne le dénaturent point, art excellent pour faire revivre de beaux tableaux dans des copies presque indestructibles. Quoique peu propre à rendre d'un premier jet les pensées d'un grand maître, parce qu'il en faut confier l'exécution à des subalternes[1], la mosaïque, comme une plante parasite, avait tout envahi, tout recouvert, les parvis des chambres basses, les lambris, les voûtes, les plafonds. Avec de petits cubes de pierre péniblement enchâssés sur un champ dur comme eux-mêmes, on y représentait de grandes scènes, l'Iliade tout entière, s'il faut en croire Athénée[2], et Procope faisait un mérite à ce procédé d'avoir remplacé la cire fondue[3]. Bientôt, aux variétés de la pierre commune, qui ne paraissaient plus avoir ni assez de prix ni des couleurs assez chaudes[4], on substituait les émaux et les pierres précieuses, en sorte que les œuvres des mosaïstes, destinées à être foulées aux pieds, disparaissaient du pavé pour s'étaler aux endroits où elles n'avaient plus rien à craindre d'un quotidien frottement[5]. Là du moins, elles

---

[1] Em. David, p. 6. Agincourt, II, 28-31.

[2] Ταῦτα δὲ πάντα δάπεδον εἶχεν ἐν ἀβακίσκοις συγκείμενον ἐκ παντοίων λίθων ἐν οἷς ἦν κατεσκευασμένος πᾶς ὁ περὶ τὴν Ἰλιάδα μῦθος θαυμασίως· (*Athenœi Deipnosophistœ, ex recens.* Dindorfii, Leipzig, 1827, l. V, n° 207, d. t., I, p. 455).

[3] *De œdif. Justin.*, l. I, c. 10.

[4] On appelait *opus tessellatum, opus sectile*, les mosaïques en marbre, lave azurée ou pierre blanchâtre, sciée en feuillets ou plaques minces; *opus vermiculatum* celles qui étaient faites en petites pâtes de verre. Voy. Agincourt, II, 27-30.

[5] Jeanron. I, 338-347. Voy., sur la mosaïque, Card. Furietti, *De musivis*. Rome, 1752, in-4°. *Joannis Ciampini vetera monumenta in quibus præcipue musiva opera, sacrarum profanarumque ædium structura dissertationibus iconibusque observantur*. Rome, 1690-1699. — Caylus, *Recueil d'antiquités* et *Essai sur la manière de peindre en marbre* (*Mém. de*

conservaient pour les yeux, quand ils recommencèrent à regarder, comme la tradition, comme un reflet des anciennes peintures ; elles les remplaçaient à peu près comme nos belles tapisseries des Gobelins remplaceraient les tableaux de Lebrun, s'ils venaient à se perdre.

Si peu que ce fût, c'était assez pour entretenir le goût de l'art, en attendant qu'on en retrouvât le sentiment. Le rôle des Byzantins en Italie fut, en quelque sorte, celui des vestales de l'antique Rome : ils entretinrent la flamme vacillante, affaiblie, presque éteinte, du feu sacré. Mais qu'on leur fasse honneur de la renaissance dans l'art, c'est ce qui n'est pas soutenable : Vasari tombe, à ce sujet, dans une évidente erreur. Aux pays d'Italie, dit un judicieux critique, où l'art byzantin était servilement suivi, à Venise, Pise, Naples, Amalfi, quoique la peinture y fût grandement encouragée par les gouvernements, les peuples et l'Église, l'étincelle du vrai spirituel, gloire du pinceau florentin, apparaît très-tard après Giotto. On voit, durant tout le quatorzième siècle, deux arts parallèles : à Padoue des merveilles, à Venise la barbarie ou peu s'en faut. En 1381, quand Avanzi et Altichieri couvraient de très-belles fresques les murs de beaucoup d'églises à Vérone et à Padoue, Stefano, recteur de Sainte Agnès, peignait encore la misérable *ancona* qui est dans la petite salle des antiques à Venise. A la fin du quatorzième siècle, les écoles d'Amalfi et de Naples ne font encore que timidement reproduire les monstres byzantins[1].

---

l'*Acad. des inscript.*, t. XXIX). — Artaud, *Histoire abrégée de la peinture en mosaïque.* Lyon, 1835. — Le Vieil, *Essai sur la peinture en mosaïque.* Paris, 1768. — Fougeroux, *Traité sur la fabrication des mosaïques*, 1769, etc.

[1] Salvatico, II, 154. C'est aussi l'opinion de M. Cesare Guasti, qui a écrit excellemment sur les choses de l'art.

Le progrès vint, pour la peinture, parce que, en Toscane, il était dans toutes choses, et comme dans l'air. Les Grecs mêmes qui habitaient ce pays entrèrent dans le mouvement, malgré leurs inviolables traditions. Éclairés par Niccola Pisano, ils s'attachèrent dans leurs mosaïques à améliorer leurs routinières pratiques, à ennoblir leurs triviales images. Il y eut alors comme deux courants; celui de la jeunesse, qui suivait avec enthousiasme les nouveaux exemples, et celui de la vieillesse, dont les plaintes amères condamnaient toute innovation. Entre eux la victoire n'était pas douteuse. L'octogénaire Margaritone (1236-1313) a beau gémir, il modifie ses pratiques, lui, l'incarnation de la résistance, dès qu'il a pu admirer à Florence les œuvres d'Arnolfo [1]. Quand Niccola Pisano eut vu la lumière, rien ne parut plus simple, en peinture comme en sculpture, que de la voir après lui.

Dans ces voies rénovatrices de l'art, Florence et Sienne, au début, marchent d'un pas presque égal. On a fait grand bruit de l'antériorité de Sienne [2], mais on manque de documents pour l'établir. Ce Guido qu'on reporte à l'annnée 1221, des documents gravés sur la pierre et d'autres écrits sur le parchemin démontrent qu'il ne florissait qu'en 1280 [3]. Il cesse dès lors de fournir un argument en faveur de la précocité siennoise. Comment

---

[1] Vasari-Lem., 1, 302-308. — Lanzi, p. 11. — Rosini, I, 194. — Jeanron, I, 168-172.

[2] Rio, I, 87.

[3] Voy. cette démonstration très-concluante dans G. Milanesi, *Sulla storia dell' arte toscana*, p. 89 sq., Sienne, 1873, et *Giorn. degli archivi toscani*, ann. 1859. Ce témoignage a d'autant plus de poids qu'il émane d'un Siennois, et que les considérations de clocher ont toujours beaucoup de poids en Italie. Aujourd'hui encore, Sienne s'enorgueillit au souvenir de Montaperti, et Arezzo s'afflige à celui de Campaldino.

admettre, d'ailleurs, s'il travailla pour Florence, que Florence eût fait appel à ses talents dans cette première moitié du treizième siècle où la haine était à son paroxysme entre les deux villes, alors qu'il était défendu aux citoyens de l'une d'elles d'envoyer dans l'autre leurs enfants en nourrice ou d'y prendre des serviteurs[1]? Au contraire, vers la fin du siècle, au vrai temps de Guido, les rivalités apaisées permettaient des relations plus amicales. Duccio de Boninsegna, élève de Guido et flambeau de l'école siennoise, quoiqu'il y améliore la manière byzantine plutôt qu'il ne la change[2], recevait pour Santa Maria Novella, le 15 avril 1285, commande d'un grand tableau représentant la glorieuse Vierge, son fils tout-puissant et d'autres figures[3]. Sienne avait pour ce disciple, bientôt passé maître, un enthousiasme sans bornes. Son principal tableau, une madone avec des anges et des saints symétriquement distribués autour de son trône, était porté en procession au Dôme, après trois longues années d'attente, par le clergé, par les magistrats, par la population entière, chacun la prière aux lèvres et le cierge en main, toutes boutiques fermées, au son des cloches et des fanfares[4]. Moins sensibles que les Florentins à la beauté plastique, les Siennois s'étudiaient à re-

---

[1] Rosini, 186-199.

[2] Vasari-Lem., II, 166. Duccio était âgé de 20 ans en 1280. Son tableau capital, le seul qui soit bien certainement de lui, ornait jadis le grand autel au dôme de Sienne. Il orne aujourd'hui le mur latéral des deux autels del Sacramento et de S. Ansano. Il lui avait été commandé le 9 octobre 1308. (Milanesi, *Doc. per l'ist. dell' arte sanese*, t. I, p. 166, 168.) M. Rio va usqu'à dire (I, 97) que la madone de Duccio est « bien supérieure aux madones prosaïques que le naturaliste Giotto commençait alors à emprunter à la bourgeoisie florentine. »

[3] Ad honorem beate et gloriose Virginis Marie.... ad voluntatem et placimentum doctorum locatorum. (Doc., ap. G. Milanesi, *Doc. san.*, I, 159.)

[4] *Chron. anon.*, ap. Milanesi, *Doc. san.*, I, 169.

produire les attitudes du chrétien agenouillé devant l'autel, comme sa physionomie en extase, et ils y réussissaient, alors même que les procédés de l'art laissaient le plus à désirer. Il faut passer sur Segna, sur Ugolino, sur Lorenzotti, disciple de Duccio, et arriver jusqu'à Simone, jusqu'à Lippo, pour reconnaître, aux œuvres de l'école siennoise, l'action de la peu mystique, mais bien autrement vivace Florence[1].

De bonne heure, Florence avait eu des peintres en nombre. Deux clercs, Rustico en 1066, Girolamo de Morello en 1112, sont les premiers dont il soit fait mention. Jusqu'au temps des Médicis, on voyait au grand autel de l'église San Tommaso une peinture du Florentin Marchisello, remontant à 1191. En 1224, un maestro Fidanza; en 1236, un certain Bartolommeo. En 1260, Maso de Risalito, « du peuple de San Michele Visdomini, apte au gouvernement. » En 1265, Coppo de Marcovaldo, dont on conserve une peinture dans l'église de Santa Maria dei Servi, à Sienne[2], preuve que les Florentins allaient dès lors travailler à Sienne, comme les Siennois à Florence. Toutes les œuvres de Coppo n'étaient point, paraît-il, dans le goût byzantin. Un autre peintre, Ghese de Pietro, était déjà mort en 1297. Ces noms obscurs qui ont, comme par hasard, échappé à un complet oubli, n'étaient pas les seuls, puisque dès l'année 1269 on trouve mention d'une rue des peintres, *via de' pintori*, qui existe encore aujourd'hui[3]. Certains documents nous font connaître

---

[1] Voy. Vasari-Lem., II, 166. — Salvatico, II, 264. — G. Milanesi, *Sulla storia dell' arte toscana*, loc. cit.

[2] Rio, I, 235, note.

[3] Palatium ghibellinorum inter dipintores. (Voy. les preuves dans Vasari-Lem., I, 233, *Comment. alla vita di Cimabue*.)

des noms dont aucune trace n'est restée dans l'histoire de l'art[1].

L'école florentine était donc aussi nombreuse, pour le moins, que l'école siennoise[2]; mais elle ne se recommandait pas encore par la qualité. Andrea Tafi (1213-1294), qui jouissait, au treizième siècle, de l'admiration publique, n'en paraît digne que si on le compare à ses contemporains : les mosaïques qu'il exécutait à la tribune de San Giovanni ne sont, au prix des mosaïques de Rome, qu'ébauches d'écolier. Antonio Tafi, qui fut peut-être son fils, ses disciples Fra Jacopo, frère-mineur[3], Apollonio, qui paraît avoir été Florentin[4], et le facétieux Buffalmacco, exercèrent une action efficace moins par leurs œuvres, qui étaient médiocres, que par leur zèle communicatif à orner les murs et même les dessus de portes dans les édifices publics et dans les maisons des particuliers[5]. Tous ces travaux n'étaient qu'imitation servile et parfois ridicule de la manière grecque, avec ses teintes sombres, ses chairs bronzées, ses yeux

---

[1] Fino pictori filio Tedaldi de populo S. M. Nov. qui, ut asserit, coactus a D. Capitaneo et D. Bolinxio ejus judice pinxit et pingi fecit picturas, ymagines et figuras factas et pictas in muro pallatii comunis super portam camere dicti comunis et super locum in quo moratur idem D. Bolinxius, lib. 12 f. p. (8 août 1292. *Provvisioni*, t. I, n° 3, p. 100, et ap. Gaye, I, 423).

[2] Avant Guido, on trouve à Sienne Bartolommeo et Diotisalvi (1236), Gilio (1249), Parabuoi, Ventura de Gualtieri (1257 et 1262. — Voy. Milanesi, *Sulla storia dell' arte toscana*, p. 89 sq.). Ce n'est pas même autant qu'à Florence.

[3] Les éditeurs de Vasari pensent qu'il ne faut pas confondre ce franciscain avec Jacopo Torriti (Vas.-Lem., I, 287).

[4] L. Del Migliore (*Riflessioni ed aggiunte alle Vite di Vasari*, ms. de la Magliab., cl. xvii, cod. 292) dit avoir lu dans un contrat de 1279 : « Magister Apollonius pictor florentinus. » Vasari aurait donc tort de le faire Grec.

[5] Voy. même page, note 1.

féroces, ses physionomies farouches à force de recherche dans l'expression[1]. Mais ils prouvent du moins que le marasme absolu dont parle Vasari[2] est une pure fable. L'artiste n'était qu'un artisan. « Entre ses doigts inutilement laborieux, le pinceau n'était qu'un outil, capable tout au plus d'ébaucher quelques linéaments, quelque contrefaçon matérielle des choses[3]. » Ce qui manquait à la peinture florentine, c'est ce qui avait relevé la sculpture pisane, un esprit novateur.

Florence le trouva lorsque parut Cimabue. Non certes que Cimabue fût, comme on l'a trop prétendu, un novateur de toutes pièces, né devant rien qu'à la nature et à lui-même. Issu d'une noble famille[4], il avait pu consacrer à l'étude les loisirs de sa jeunesse, observer avec intérêt les peintures qu'on exécutait autour de lui[5], voir au loin les rudes mais nobles mosaïques de Rome, et surtout celles de Ravenne, si dignes d'admiration. C'est ainsi que se forma son talent tout byzantin. Fût-il un plus hardi génie, comment admettre qu'il s'affranchit de son milieu, dont tout homme dépend, comme de l'air qu'il respire? Il suffit de regarder ses œuvres sans parti

---

[1] G. Milanesi, *Sulla storia dell' arte toscana*, p. 92.

[2] Au commencement de la vie de Cimabue.

[3] H. Delaborde, *Études sur les beaux-arts en France et en Italie*, t. I, p. 6. Paris, 1864.

[4] Né en 1240, Cimabue vivait encore en 1302. Voy. sur la noble famille des Cimabuoi, appelés aussi Gualtieri, Filippo Villani, *Vite degli uomini illustri*, trad. du latin par l'abbé Mehus, et Baldinucci, *Notizie de' professori del disegno da Cimabue in qua*, t. I, p. 17. Flor:, 1767.

[5] On a prétendu qu'il apprit l'art en regardant peindre, à S. M. Novella, la chapelle des Gondi, qui n'existait pas alors qu'il avait déjà le pinceau à la main. Elle ne fut commencée qu'en 1279. Voy. le Comm. à la vie de Cimabue par Carlo Milanesi et Carlo Pini (Vasari-Lem., I, 230). Mais il est hors de doute que des Grecs exécutaient divers travaux à Florence, et l'assertion dont il s'agit n'est erronée que quant au travail mis en avant.

pris, pour reconnaître qu'elles sont de même famille avec celles des Grecs du Bas-Empire. A Santa Croce, on voit, à côté l'un de l'autre, deux Christs, celui-ci de Margaritone, celui-là de Cimabue : sans difficulté l'on pourrait les croire sortis du même pinceau[1].

Cimabue ne serait donc qu'un byzantin de plus, né à Florence comme tant d'autres, s'il n'avait conçu l'heureux dessein de modifier les traditions byzantines. C'est par là qu'il fit preuve d'audace novatrice, car il s'y heurtait comme à des lois immuables. Choqué de les voir si contraires à la nature, il essaya de les en rapprocher, tout en leur restant fidèle, faute d'expérience ou d'invention pour imaginer des procédés nouveaux[2]. Il ose quelquefois regarder en face le modèle vivant : ses têtes de vieillards sont si fièrement accentuées que les modernes, sur ce point, n'ont pas fait mieux que lui. Il y met, ainsi que dans ses draperies, plus de vivacité, de souplesse, de naturel que les Byzantins naturellement si roides et roidis encore par la routine. Il surpasse ses maîtres à la fois par le style et par le coloris. A la supériorité de la conception s'ajoute donc chez lui, pour le mettre hors de pair, la supériorité de l'exécution.

Mais il reste infiniment trop l'esclave du convenu. Ses figures saintes manquent, comme celles des Grecs dégénérés, de beauté, de grâce, de variété, de vie. Ses madones ne sont pas belles ; ses anges sont tous les mêmes ; partout des yeux farouches et des nez trop longs, des mouvements ridicules et des ajustements puérils[3]. Notre

[1] Salvatico, II, 154-156. — Rosini, I, 71.
[2] H. Delaborde, *Revue des Deux Mondes*, 15 décembre 1861, p. 867. — Jeanron, I, 147 ; II, 139.
[3] Tiraboschi, IV, 520. — Lanzi, I, 14-16. — Vasari-Lem., I, 219-229. — Jeanron, I, 46, 146.

goût moderne en est choqué ; celui de son temps ne l'était point. C'était comme le langage traditionnel de la peinture, que doivent parler ceux-là mêmes qui veulent le réformer. A distance, nous estimons que Cimabue « n'avait pas osé pousser les tentatives d'émancipation au delà des perfectionnements extérieurs, et chercher un renouvellement plus radical dans le fond des intentions, dans le choix des sujets, dans les principes mêmes de la composition[1]. » Mais de près, on était surtout frappé de ses réformes hardies, de ses heureuses innovations. On l'admirait avec enthousiasme dans les œuvres dont il orna Florence, à Santa Croce, Santa Maria Novella, Santa Trinita, Santo Spirito, dans ce grand tableau de la Vierge avec son fils, entourée de beaucoup d'anges, qu'il peignit pour Pise et qui est aujourd'hui à Paris, dans ces histoires des deux Testaments, dans ces évangélistes et ces docteurs qu'il représenta au sanctuaire d'Assise[2], et qui, avec la Madone de Santa Maria Novella, seraient son principal titre de gloire, si la postérité ne lui savait gré surtout d'avoir été un chef d'école, ou du moins un précurseur.

Il le fut en effet, et parce qu'il fit mieux que ses devanciers[3], et parce que son caractère impérieux, hautain, inflexible, le rendait propre à soutenir sans plier les saines doctrines, et à y ramener les récalcitrants. Il est

---

[1] H. Delaborde, *Études sur les beaux-arts*, etc., I, 8, 9.

[2] Rosini, I, 188. — Vasari-Lem., I, 219-229. — Rio, I, 237.

[3] Veggo altri scrittori ed odo più testimoni affirmare che prima di Cimabue si hanno in Italia pitture assai migliori di quelle di questo si rinomato pittore (Tiraboschi, IV, 518). — Cela n'est pas admissible. Les Florentins ont peut-être mis à le nier trop d'amour-propre ; mais les Italiens ont certainement mis trop de jalousie à l'affirmer. Les éditeurs de Vasari ont comparé les restes d'anciennes peintures à celles de Cimabue. Ces excellents critiques y ont vu le sensible progrès dû à ce père des peintres modernes.

possible que l'impuissance d'atteindre son idéal ait contribué à le rendre irritable; mais il est certain que sa facilité précoce, sa fécondité surprenante, son habileté supérieure, sa fortune personnelle, ses relations étendues, le disposaient à devenir un maître indépendant, plutôt qu'à rester un disciple docile. Son autorité fut loin d'être méconnue, à en juger par la conservation d'un nombre relativement considérable de ses tableaux, et surtout par le changement qui s'accomplit dès lors dans la manière des peintres contemporains.

On en peut voir la preuve aux mosaïques que Gaddo Gaddi[1] composa pour San Giovanni et Santa Reparata : si elles paraissent préférables à celles de Tafi, c'est que les exemples et les conseils de Cimabue y avaient introduit d'heureuses modifications[2]. Qui peut dire ce qu'eût été sans Cimabue le petit berger du Mugello dont il devina le génie, en le voyant, au milieu de ses brebis, dessiner d'imagination ou d'après nature sur la terre, sur le sable, sur la pierre polie[3]? Toujours peut-être Giotto se fût ignoré lui-même, et jamais il ne fût sorti de son humble condition. L'en avoir tiré est l'éternel honneur du peintre ombrageux qui voulut être le guide de ses premiers pas, et qui lui pardonna de devenir son émule, quoiqu'il pût craindre d'en être éclipsé.

[1] Né en 1259.
[2] Voy., à San Giovanni, les prophètes sous les fenêtres, et à S. M. del Fiore, le couronnement de la Vierge au-dessus de la porte. On a encore de lui une petite mosaïque au musée des *Uffizi*, une grande dans la chapelle de l'Incoronata à Pise. Son portrait et celui d'Andrea Tafi, de la main de Taddeo Gaddi, son fils, se trouvent dans un mariage de la Vierge de la chapelle des Baroncelli, à Santa Croce. Gaddo est à gauche, et semble adresser la parole à Tafi. Ces deux portraits ont été reproduits en tête de la vie de ces deux peintres, dans le Vasari des Giunti.
[3] Giotto, né en 1276, au bourg de Vespignano, à 14 milles de Florence, d'un simple laboureur nommé Bondone.

Sur le compte de Giotto il n'y a qu'une voix parmi les contemporains, si enclins à se tromper, comme dans la postérité plus équitable ou plus clairvoyante. Dante dit qu'il occupe le champ de la peinture et qu'il obscurcit la gloire de son maître[1]; Villani, qu'il était lui-même le plus souverain maître de son temps, celui qui a le plus amené au naturel les figures et les attitudes[2]; Boccace, qu'il savait reproduire toutes choses de façon à faire prendre un objet peint pour un objet réel[3]; Pétrarque, qu'il a des beautés inaccessibles peut-être aux ignorants, mais justement admirées de ceux qui savent[4]; Vasari, qu'il rendit la vie au dessin méconnu[5]; Lanzi, qu'il marqua le passage de l'ancien au nouveau style[6].

Il n'y a rien d'exagéré dans ces unanimes éloges, et c'est à peine même s'ils paraissent suffisants. Après Cimabue, ce qui restait à faire, c'était de rompre avec les traditions byzantines ou du moins de s'en affranchir assez pour suivre l'inspiration personnelle et ne retenir du passé que ses meilleurs enseignements. Un disciple docile devait accomplir une révolution. Pour cette tâche ardue il fallait une nature bien équilibrée, autant d'habileté dans l'exécution que de force dans la conception, autant de persuasion dans les paroles que d'autorité dans les exemples. Giotto était l'homme de ce rôle. D'humeur

---

[1] *Purg.*, XI, 94.
[2] G. Villani, XI, 12.
[3] *Giorn.* VI, nov. 5, t. III, p. 37-39.
[4] Jeanron, I, 388-390. — Je cite cette appréciation de Pétrarque sur la foi de M. Jeanron, n'étant point parvenu à retrouver le texte. Il n'est ni dans les *Famil.*, ni dans les *Senil.*, on peut l'affirmer grâce aux index si soignés de M. Fracassetti; mais les bons index manquant pour les autres œuvres de Pétrarque, il faudrait tout lire pour vérifier.
[5] Vasari-Lem., I, 309.
[6] *Storia pittorica d'Italia*, I, 28.

gaie et spirituelle, beau parleur et gracieux, quoique laid[1], convaincu, mais modeste, il refusait le titre de maître des autres, bon moyen de l'obtenir[2]. Procédant pas à pas, il fit admirer d'abord cette dextérité de main qui a fait légende comme celle de plus d'un peintre de l'antiquité : on connaît l'histoire du cercle qu'il traça devant le pape, et celle de la mouche qu'il peignit sur une figure de Cimabue[3]. Profitant des progrès techniques que la peinture devait à Cimabue et la sculpture à Niccola Pisano, il améliorait encore l'art du dessin. Sec au début et embarrassé de trop de lignes droites, il donnait, avec le temps, plus de variété aux personnages que traçait son pinceau. S'il y manque souvent de proportion, et parfois d'agrément, de beauté, d'élégance, par les lignes fines et pures, par les poses justes et vraies, par l'expression individuelle, heureusement retrouvée, il ressuscite l'art du portrait[4]. Il sait composer un tableau, distribuer la lumière et les ombres, donner une réelle vigueur à ses tons. Lui reprocherons-nous d'ignorer les lois du clair-obscur et de la perspective[5]? Pour les connaître, il au-

---

[1] Duos ego novi pictores egregios nec formosos, Iottum, florentinum civem, cujus inter modernos fama ingens est, et Simonem Senensem. (Pétrarque, *Lett. famil.*, V, 17.)

[2] Boccace, *Giorn.* VI, nov. 5, t. III, p. 37-39.

[3] Vasari-Lem., I, 320. — Jeanron, I, 225.

[4] On attribue à Giotto les trois portraits de Corso Donati, de Brunetto Latini et de Dante qui sont à la chapelle du potestat. Ce dernier a été vivement contesté par MM. Salvatico, Cavalcaselle, Gargani, Monti. On peut lire dans le journal *Il centenario di Dante*, qui parut à Florence en 1865, un rapport de MM. Passerini et G. Milanesi, ainsi que le passage relatif à cette question, encore mal éclaircie, dans le livre de ce dernier, *Sulla storia dell'arte toscana*, p. 105 sq. Il ne faut pourtant pas oublier le mot de Filippo Villani : « Dipinse Dante nella capella del palagio del Potestà. »

[5] Lanzi, I, 16-20. — Salvatico, II, 272-280. — Jeanron, I, 336. — Camillo Laderchi, chapitre d'une histoire inédite de la peinture en Italie, ap. *Nuova Antologia*, t. VI, septembre 1867.

rait dû les découvrir : or, le plus grand génie ne saurait suffire à tout, il lui faut compter avec le temps.

Ce qu'a fait Giotto, voilà ce qui doit nous surprendre. Disciple fidèle dans l'exécution, il est dans la conception, ou pour mieux dire dans la méthode, le plus hardi des novateurs. Il ose détourner ses yeux des modèles consacrés pour regarder la nature en face, dédaigner des images que sanctifiait la vénération de plusieurs siècles, préférer l'original à d'invariables copies, rompre ouvertement avec les plus tyranniques traditions, et, « sans déserter les hautes sphères, intéresser la pensée religieuse au fait humain, à la vie [1]. » Il proscrit sans hésiter ces visages amaigris et livides, ces Christs et ces Vierges qui, ne représentant plus que la douleur physique, avaient transformé, comme l'avoue un critique hostile à la réforme de Giotto, des objets d'adoration en objets de dégoût [2]. Pour avoir osé reproduire ce qu'il voyait, ce que, le premier, il savait regarder, pour avoir peint des figures humaines, des pieds qui ne sont plus en pointe, et qui, se sentant plus conformes à la vérité, se hasardent à sortir de dessous les longs vêtements, Giotto est appelé naturaliste, ce qui, aux yeux de l'école néo-catholique, est un crime irrémissible. Quelques-uns risquent même la suprême injure, le mot de matérialiste. Giotto matérialiste, lui qui a un dessin si chaste et si juvénile, des contours si timides, des teintes si blondes, des colonnettes si délicates et si aériennes, des anges si purs et si beaux ! C'est à peine si l'on peut se défendre, en voyant ses peintures, de penser à celui qui n'a fait qu'en exagérer la tendance,

---

[1] H. Delaborde, *Études sur les beaux-arts*, etc., p. 9.
[2] Rio, I, 255.

à ce Fra Beato Angelico, spiritualiste et séraphique, s'il en fut [1].

Ce que fait Giotto, après tout, c'est ce que lui demandait la religion même. Dominicains et Franciscains n'avaient qu'un but dans les églises qu'ils ornaient de peintures : y représenter les récents miracles qui recommandaient leur ordre et le mettaient au-dessus de l'ordre rival. Comment dès lors leur peintre préféré aurait-il pu ne pas s'inspirer de la réalité? Ce n'est pas dans les vieilles images byzantines qu'il aurait trouvé les moyens de représenter des scènes de la veille, des personnages que chacun avait vus. Sans doute, en évitant un excès, on devait, à la longue, tomber dans un autre ; sans doute, les disciples, pour fuir la laideur si longtemps réputée divine, recherchèrent trop la beauté humaine ; mais il sera temps de remédier à l'abus quand il se produira : le quinzième siècle fera revivre alors les modèles traditionnels, en les purgeant de ce qu'ils avaient de barbare [2]. En somme, l'abus suppose l'usage, et Giotto reste dans la juste mesure. Sans lui, l'art de peindre se fût traîné, qui sait combien d'années encore! dans l'étroite et affreuse ornière où l'enfonçaient de plus en plus les Byzantins.

On pourrait suivre dans ses principales œuvres la marche de sa pensée réformatrice. Ce qui reste de celles qu'il avait composées à Rome au temps du jubilé nous le montre encore esclave des traditions grecques, mais y introduisant déjà plus d'expression et de variété. Bientôt l'intimité de Dante porte son esprit vers les conceptions vastes et symboliques. Pour les fixer sur des murailles

[1] Jeanron, I, 244. Cf. Rumohr, *Italienische Forschungen*, t. I.
[2] Lanzi, Salvatico, Laderchi, *loc. cit.*

nues, les Franciscains lui livrent leurs églises et leurs couvents d'Assise, de Pise, de Florence, de Rimini, de Ravenne, de Vérone, de Padoue[1]. Cet esprit clair et pénétrant, positif et joyeux, se plie aussitôt aux obscurités des compositions symboliques ou légendaires, graves ou passionnées, qui en usent librement avec l'histoire et reflètent la foi. Sa pensée indépendante peut prendre conseil des hardis et sublimes tableaux de l'enfer, profondément burinés par son glorieux ami; mais il s'en inspire, il ne les copie point. Habile à représenter les supplices du corps par les attitudes, et les tortures de l'âme par l'expression des physionomies, il excelle à rendre par quelques traits déliés les élans de l'amour et de la joie, les plus délicates nuances du sentiment. S'il évite le nu, faute d'un savoir suffisant, il sait du moins si bien draper ses personnages que les draperies, chez lui, deviennent un langage toujours clair, quelquefois éloquent[2].

La clientèle des Franciscains était loin de suffire à son activité dévorante. A Padoue, dans l'oratoire de l'Arena, dans la chapelle des Scrovegni et dans le palais du comte, il exécute celles de ses peintures qui donnent peut-être la plus juste idée de son génie, comme de ses procédés[3]. Il travaille pour Arezzo et pour Lucques, pour Urbino et pour Naples. La seigneurie florentine l'envoie d'office à Milan, aux ordres du seigneur de cette ville[4]. Benoît XI l'appelle à Rome, pour décorer Saint-Pierre, Clément V

---

[1] Tous les tableaux qu'il peignit pour les Franciscains et qui ne sont pas des fresques ont péri, à la réserve du saint François recevant les stigmates, qu'a décrit Vasari (p. 317), qui porte en lettres d'or le nom de l'auteur, et qui a passé de l'église de San Francesco à Pise dans le musée du Louvre.
[2] Voy. Rio, I, 243-258.
[3] *Ricobaldi Ferrariensis compilatio chronologica*, R. I. S., t. IX, 255.
[4] Vasari-Lem., I, 309-336.

l'emmène en terre d'Avignon. Mais son séjour dans ces localités lui donnait la nostalgie de Florence. A peine libre, il s'y venait retremper dans le milieu le plus intellectuel de ce temps-là. Ce qu'il dut au génie florentin, on ne saurait exactement le dire ; on sent bien, toutefois, que l'esprit net de ce peuple est pour quelque chose dans l'étonnante netteté de Giotto. Sans sortir de Florence, il est possible d'apprécier son génie. Les injures du temps, la barbarie des mineurs de Santa Croce, les retouches maladroites des restaurateurs ont pu altérer, détruire même l'harmonie de son coloris ; elles laissent voir encore la finesse du dessin, la composition, l'ordonnance, l'expression, l'originale et poétique profondeur de la pensée[1]. Tableaux transportés de la sacristie de Santa Croce et de l'église des frati Umiliati d'Ognissanti à l'Académie des beaux-arts, crucifix à la détrempe et sur champ d'or surmontant la porte principale à San Marco et à Santa Maria Novella, fresques de la chapelle des Peruzzi, de celle des Bardi, de celle des Baroncelli, représentant des traits de la vie de saint Jean l'évangéliste, le banquet d'Hérode, la légende du pieux mendiant d'Assise, le couronnement de la Vierge avec un chœur d'anges et de saints d'un art merveilleux[2], ce sont là autant de pages bien endommagées sans doute, mais dignes encore d'admiration comme d'étude, et qui sont, à Santa Croce, un des principaux ornements de ce Panthéon chrétien.

[1] Salvatico, II, 272 sq.
[2] Voy. sur les peintures de Giotto, dans les chapelles des Peruzzi et des Bardi, à Santa Croce, Ces. Guasti, *Belle arti, opuscoli*, etc., p. 3-41. — On peut voir dans Vasari l'énumération un peu aventureuse des œuvres de Giotto à Florence. Les erreurs ont été soigneusement relevées dans l'édition Lemonnier.

Que Giotto soit le père de la peinture, comme Lanzi l'a prétendu, cela est vrai comme il est vrai que Boccace est le père de la prose. Avant eux Dante est un prosateur et Cimabue un peintre. Mais on peut dire avec vérité que Cimabue laissait à Giotto une plus lourde tâche que Dante à Boccace. Ce qu'avait tenté le précurseur, la gaucherie de sa main l'avait compromis. Il fallait, pour mener l'entreprise à bonne fin, un talent souple et facile; pour l'imposer, la foi du disciple, la fougue du novateur, l'activité du vulgarisateur[1]. Du vulgarisateur, Giotto a les qualités et peut-être aussi les défauts. Il est positif, il apprécie à leur juste valeur les biens de ce monde. Il n'admet pas, avec les ordres mendiants, que la pauvreté soit l'état parfait[2]. « La pauvreté volontaire, dit-il, fausse le jugement, mène au mal, fait perdre l'honneur aux femmes, pousse au vol, à la violence, au mensonge[3]. Rarement le bien est dans les extrêmes : quand on bâtit un édifice, il faut lui donner des fondements que ne puisse ébranler la tempête[4]. » Un homme qui prisait ainsi les

[1] Jeanron, I, 305.

[2]
E tai dicon che fa stato perfetto
S'egli è provato e eletto,
Quello osservando e nulla avendo.
(Canzone de Giotto, ap. Vasari-Lem., I, 348.)

[3]
Di quella povertà ch' è contra a voglia
Non è da dubitar ch'è tutta ria,
Che di peccare è via,
Facendo spesso a giudici far fallo ;
E d'onor donna e damigella spoglia,
E fa far furto, forza e villania,
E spesso usar bugia.   (Ibid.)

[4]
E però nol commendo
Ch' è rade volte estremo senza vizio,
E a ben far dificio
Si vuol si proveder dal fondamento,
Che per crollar di vento
Od altra cosa....   (Ibid.)

biens terrestres devait marcher à leur conquête, et, sans renoncer à ses idées propres, les approprier au goût naissant que son pénétrant esprit savait démêler chez ses contemporains. On ne domine qu'au prix de quelques sacrifices. Quiconque ne cherche dans ses œuvres qu'une satisfaction personnelle et la réalisation de son idéal se condamne à marcher dans des voies le plus souvent stériles, ou dont une tardive postérité appréciera seule les avantages. Aussi, ce n'est ni Cimabue, ni Simone Memmi, disciple ou aide de Giotto dans ses travaux d'Avignon, ni Lorenzotti, ni même Duccio, le premier par l'âge comme par le mérite, qui sont chefs d'école. Cimabue est un précurseur, et les trois Siennois n'ont qu'une renommée ou une influence locale. Le seul qui ait, comme Dante, une renommée italienne, une action générale, et que tous les peintres subséquents reconnaissent pour maître, c'est Giotto, géant sans pareil, génie sans rival dans toute cette première renaissance de l'art italien. C'est lui qu'on prend pour modèle au quatorzième siècle, comme Raphaël au seizième et les Carrache au dix-septième. « Créateur de l'art et du métier, Giotto partage avec Dante la gloire d'avoir, du jour au lendemain, révélé le beau à son pays par la poésie des inspirations, comme par la précision des formes, donné l'essor aux plus hautes facultés de l'imagination, défini, institué les lois du style et du langage[1]. »

Après Giotto cesse toute incertitude. Sauf Duccio, Buffalmacco et Ugolino peut-être[2], quiconque tient un pinceau se rallie à sa doctrine et contribue à mettre l'u-

---

[1] Delaborde, *Revue des Deux Mondes*, 15 décembre 1861, p. 868. Cf. Lanzi, I, 21-30. Giudici, I, 92.
[2] Voy. Jeanron, II, 140.

nité dans l'art, unité féconde qui, sous certaines règles générales et dans des limites fixées, lâche la bride à la liberté individuelle, seule capable de reproduire la nature comme on la voit, comme on la sent. Giotto est trop supérieur à tous les autres pour que le bon sens et le bon goût ne ramènent pas à lui, à l'imitation de ses chefs-d'œuvre, les indépendants tentés de s'en écarter. Il « domine tout, il marque tout à son empreinte. Il apparaît ou revit dans tous les travaux alors exécutés en Italie. C'est lui ou ses élèves qui ornent les murs des églises, des cimetières, des couvents, des palais, qui imaginent, conseillent, inspirent des plans pour les édifices, des projets pour la statuaire et l'orfévrerie, qui apportent partout la lumière, la règle, le zèle, l'intelligence de l'art[1]. » Et il en est ainsi jusqu'aux premières années du quinzième siècle, « sans qu'aucune tentative séditieuse ou seulement indocile soit venue compromettre l'autorité du chef de l'école, et en discontinuer les effets[2]. »

On aimerait à suivre dans ses mœurs et son travail cette école désormais constituée. Malheureusement c'est à peine si quelques mots dans les documents ou dans les conteurs permettent de soulever un coin du rideau. Boccace représente les peintres avec une longue tunique serrée à la ceinture par une courroie, et un manteau descendant presque au milieu de la jambe[3]. Ils passaient pour fantasques, lunatiques, ivrognes, sans pudeur[4].

---

[1] Delaborde, *loc. cit.*, p. 866. — Sacchetti cite un certain Alberto « gran maestro fiorentino d'intagli di marmi, » travaillant le plus souvent pour Galeazzo Visconti (nov. 229, t. III, p. 347). C'était un disciple de Giotto.

[2] Delaborde, *Études sur les beaux-arts*, etc., I, 11.

[3] *Giorn.* VIII, nov. 3, t. III, p. 196. Voy. les dessins coloriés qu'a donnés Peruzzi dans son livre sur le commerce florentin.

[4] Sacchetti, nov. 84, t. II, p. 54.

Leurs facéties ou, comme on dirait aujourd'hui, leurs farces d'atelier, étaient parfois célèbres, notamment celles de Buffalmacco[1]. Sacchetti nous introduit dans un atelier. Celui qui l'occupe est peintre et sculpteur tout ensemble, comme la plupart de ceux de son temps. Il a la spécialité des crucifix, les uns peints, les autres sculptés sur bois, et il en fait de grandeur naturelle, probablement pour les églises et les couvents. Terminés ou non, il les plaçait, selon l'usage, à côté les uns des autres, sur une table très-longue, appuyés au mur, recouverts d'un linge ou de quelque étoffe[2]. On avait beau priser fort le talent des artistes, on les traitait comme des artisans recevant commande, et devant livrer à jour fixe un objet d'industrie ou de trafic. Ce tableau que Florence commandait à Duccio en 1285, Duccio devait le dorer et y ajouter à ses frais tous les ornements nécessaires moyennant une somme de cent cinquante livres. La seigneurie se réservait le droit de ne pas recevoir livraison, et de ne rien payer, si l'œuvre n'était exécutée à son gré[3]. Quant au grand tableau que Sienne, en 1308, voulait avoir du même peintre, Duccio s'engageait à y travailler sans relâche, sauf les jours fériés, et à n'accepter aucune autre commande, jusqu'à entier achèvement[4].

---

[1] Nous en avons cité une plus haut. Voy. même volume, p. 385.
[2] Nov. 84, t. II, p. 47, 48.
[3] .... Deaurare et omnia et singula facere que ad pulcritudinem dicte tabule spectabunt, suis omnibus sumptibus et expensis. Hoc videlicet pacto quod si dicta tabula non erit picta pulcra et laborata ad voluntatem et placabilitatem eorundem locatorum, quod ad dictum pretium nec ad aliquam partem ei per solvendum nullatenus teneantur et ad nullam refectionem aliquarum expensarum ab eo in eadem tabula factarum, sed ad ipsum Duccium ipsa tabula remaneat. (G. Milanesi, *Doc. per la storia dell' arte sanese*, I, 159.)
[4] Temporibus quibus laborari poterit in eadem et non accipere aliquod

Il devait recevoir seize sous pour chaque jour où il travaillerait de ses mains, sous réserve de réduction quand il perdrait une partie de sa journée [1]. Les trois années qu'il y consacra coûtèrent trois mille florins d'or au trésor des neuf [2]. Avec les idées que nous avons sur l'art, ces précautions peuvent nous paraître minutieuses, injurieuses même ; mais on les retrouve dans tous les contrats d'un temps qui ne distinguait point, malgré son goût déjà exercé, entre les divers genres de production.

A peine la main-d'œuvre avait-elle fourni une œuvre d'art, que toute assimilation disparaissait. De fins appréciateurs portaient aux nues le talent du peintre et lui faisaient une renommée, ce qui était une ingénieuse manière de s'acquitter envers lui sans se ruiner. Pour ne pas altérer ses peintures, on aimait mieux geler dans les chambres qu'elles décoraient que d'y brûler dans des réchauds de cuivre, selon la mode sicilienne, l'ambre et l'aloès [3]. Aussi Florence était-elle comme un grand atelier. Depuis que les citoyens voulaient des fresques dans leurs maisons comme l'État dans ses palais, l'industrie du peintre ne connaissait plus de chômages. Mais l'État seul lui faisait ces grandes commandes dont l'importance a sauvé de la destruction bien des travaux qu'elles ont provoqués. En pareil cas, ce peuple si économe ne regardait point à la dépense. Le temps n'est pas loin où,

---

aliud laborerium ad faciendum donec dicta tabula completa et facta fuerit. (*Doc. par la storia dell' arte sanese*, loc. cit.)

[1] Pro qualibet die quo laborabit suis manibus, salvo quod si perderet aliquam doctam diei, debeat excomportari de dicto salario pro rata docte sive temporis perditi (*Ibid.*, I, 166).

[2] Milanesi, *Doc. per l'ist. dell' arte sanese*, t. I, p. 168.

[3] Boccace, *Giorn.* II, nov. 9, t. I, p. 259. — *Il Novellino*, nov. 79. p. 83.

encore sous le coup de la peste qui l'avait ruiné et plus que décimé, il allait applaudir à la seigneurie commandant les dispendieuses portes du Baptistère, dont personne ne pouvait savoir alors si elles seraient ou non des chefs-d'œuvre.

Sans prétendre avec Baldinucci que tout progrès dans les arts vint de Florence, il faut donc reconnaître que Florence eut dans ce mouvement une part prépondérante. C'est que la peinture, qui est alors essentiellement florentine, et que la théorie déclare inférieure à l'art du statuaire comme de l'architecte, exerce plus d'action sur les hommes, grâce à la magie plus pénétrante du dessin et de la couleur ; c'est qu'au lieu de « se perdre en monnaie, comme en France, aux mains d'une foule anonyme qui le faisait passer inaperçu, l'art de peindre est à Florence le privilége éclatant d'un groupe d'hommes bien connus [1]. » C'est enfin que l'enthousiasme tout athénien de ces marchands enrichis porta au bout du monde la gloire de l'art qu'ils admiraient. Si l'esprit souffle où il veut, les germes qu'il dépose ne fructifient que dans des terres fécondes, et il est hors de doute que, née au progrès postérieurement à l'architecture et à la sculpture, la peinture prenait les devants.

Ainsi Florence, ou, si l'on veut, la Toscane, qui marche du même pas qu'elle, rendit à l'art un double service : elle le ramena dans des voies raisonnables, et elle entraîna l'Europe entière dans ces voies. Elle prenait une place vide et elle sut la bien remplir. Jusqu'alors la France marchait au premier rang dans l'ordre intellectuel ; on l'avait vue porter à son plus haut point la

---

Delaborde, *loc. cit.*, p. 869. — Nous nous sommes permis d'ajouter eux ou trois mots au texte de l'éminent critique.

poésie chevaleresque et la science scolastique, terminer
la grande querelle du réalisme et du nominalisme, inaugurer un nouvel ordre d'architecture. Mais au quatorzième siècle, son génie semblait tari. Il lui manquait
de s'alimenter aux sources antiques, de s'inspirer des
Grecs qui, seuls au monde, ont réalisé l'équilibre parfait
de l'idée avec sa forme sensible, et atteint par là cette
sérénité, cette douceur, cette harmonie, cette paisible
noblesse, qui font le charme souverain d'un Phidias, d'un
Sophocle, d'un Platon. Réduit à ses propres forces et
poussé au faux par l'exaltation de la foi religieuse, l'art
avait cru se rapprocher du ciel en s'éloignant de la terre :
revenant aux procédés des Orientaux primitifs, il renouvelait le règne du laid, du violent, du tourmenté, du
monstrueux. C'est l'honneur de la Toscane, qu'à peine
eut-elle entrevu la Grèce, elle s'y rattacha en la modifiant. Elle ramena le culte du beau physique, mais en
l'éclairant d'un rayon intellectuel. Sa foi dans l'enfer et
le ciel ne faiblit point, mais elle comprit l'un et l'autre
avec plus de sens, elle s'en inspira, elle les représenta
avec plus de justesse, par la plume de Dante, le ciseau
de Niccola, le pinceau de Cimabue et de Giotto. Elle
marcha vers le vrai et le beau, avec la sûreté d'un instinct
que guidait le fil conducteur du savoir. Elle sut, comme
les maîtres, allier la fermeté à la vie, l'indépendance
personnelle aux traditions classiques, les plus grandes
hardiesses à la plus noble pureté.

Ce qu'elle avait fait, elle le fit adopter au dehors. La
vanité municipale soutient en vain que chaque ville
s'éleva par ses propres forces, et sans le secours de personne, à la renaissance de l'art : aucun de ces rénovateurs
de clocher n'est devenu illustre et n'a fait école. Les Tos=

cans, au contraire, remplissent le monde de leur nom et rayonnent au loin. Cimabue met une ardeur extrême à propager ses doctrines ; Giotto les propage avec plus d'efficacité encore, dans d'incessants voyages dont il ne se fatiguait point. Partout il faisait et laissait des disciples ; mais ses disciples florentins n'en sont pas moins tenus pour les plus habiles. De toutes les cités on les appelle pour décorer les palais et les églises. Giusto de Padoue, qui tient dans cette ville le premier rang après le départ de Giotto, devrait être nommé Giusto de Florence, si l'on ne tenait compte de ses œuvres plus que de son origine. Giorgio et Giovanni, attirés en Piémont par Amédée IV, étaient aussi des Florentins, probablement des élèves de Giotto, comme ce Stearino et ce Dello qui vont travailler en Espagne. Le pli était pris : les élèves de Taddeo Gaddi, de Buffalmacco, d'Orgagna, devaient, à leur tour, se répandre pareillement[1].

Dans cet essor merveilleux, la société italienne a sa part, qui ne doit pas être méconnue. Cette part, elle est, à l'origine, dans la formation du goût, et, ensuite, dans les encouragements donnés à l'art. Si, en Italie, la race

---

[1] A peine est-il besoin de rappeler que c'est un Toscan, Guido d'Arezzo, moine de l'abbaye de Pomposa, né vers 995, qui réforma le système de notation de la musique, et donna ainsi un grand essor à la musique religieuse. Les élèves de l'école qu'il avait établie dans son couvent apprirent désormais en un an ce qui, précédemment, en demandait dix. (1028. Voy. une lettre touchante de Guido, écrite en 1026 à Michel, religieux du même monastère, dans D. Bouquet, X, 502.) Guido eut l'art de simplifier en compliquant, c'est-à-dire en employant pour la notation six lettres ou syllabes, et en substituant l'échelle diatonique à l'ordre unitonique, dont la monotonie était le grand défaut. Quant à l'invention du chant ou contre-point, on la lui attribue à tort : il fallait les efforts de plusieurs siècles pour former par degrés et conduire à sa perfection cet art si difficile. Voy. Ammirato, l. I, t. I, p. 36. — *L'arte del contrappunto ridotta a tavole*. Venise, 1586, in-f°. — Cherubini, *Cours de contre-point*. Paris, 1836. — Inghirami, V, 491. — Dezobry, *Dict. des arts*, articles *musique*, *contre-point*.

n'avait été plus belle, les allures plus distinguées, les costumes plus élégants et plus harmonieux que partout ailleurs, l'art nouveau n'aurait pas été soutenu, alimenté par la vie, il n'aurait pu que reproduire stérilement quelques bas-reliefs antiques. Pour mieux dire, il ne les aurait même pas reproduits, faute de les comprendre. Quand il les eut compris, copiés, transformés, quand il eut animé les débris antiques au souffle de la vie moderne, et marié l'élégance grecque à l'originalité toscane, quand une religion dégagée enfin de ses sombres terreurs lui eut permis d'orner d'images profanes des édifices sacrés, et d'ériger des temples d'un sentiment plus délicat, alors même qu'ils restent inachevés, que ne sont les chefs-d'œuvre de l'art français ou gothique, la société italienne donna une vive impulsion aux artistes en admirant leurs œuvres, en honorant leur personne ou leur mémoire, comme on faisait celle des poëtes et des politiques, avec cet enthousiasme démonstratif propre aux peuples méridionaux. Tandis qu'en France, dans un temps où il n'y avait ni sculpteurs ni peintres, les architectes restaient obscurs, souvent même anonymes, à Sienne, nous l'avons vu, on portait en procession une peinture de Duccio, à Florence on faisait de même pour la Madone que Cimabue destinait à Santa Maria Novella, et dans les fêtes qu'on donnait à Charles d'Anjou de passage en cette ville, il n'en était point de plus exquise que de le conduire à l'atelier du peintre, pour contempler ce tableau encore inachevé. Si des guerres incessantes entre communes voisines, si des rivalités vivaces même en temps de paix n'empêchaient pas des ennemis séculaires de s'emprunter les uns aux autres leurs artistes et même de les retenir en leur conférant le droit de cité, cette marque si exceptionnelle de faveur, cet oubli si particulier de haines si générales sont une preuve péremptoire que l'art était pour l'Italie non pas la satisfaction d'un caprice passager, mais celle d'un besoin désormais permanent, et qu'il y avait encore, dans cette société si profondément agitée, dans ces esprits si constamment occupés des plus matériels intérêts, une large place pour les goûts élevés, pour les passions nobles, pour l'amour de la gloire, pour le désir raffiné, propre aux âmes d'élite, de figurer avec honneur devant la postérité [1].

[1] Voy. le *Cours d'esthétique de Hegel*, traduit et résumé par Bénard 5 vol. in-8°.— Giudici, I, 92.— Hope, p. 463.— Jeanron, I, 466, et divers articles publiés dans la *Revue des Deux Mondes*, par MM. Saisset (15 novembre 1861, p 427); Renan (1ᵉʳ juillet 1862, p. 220, 267); Montégut, (1ᵉʳ juin 1863, p. 725); Littré (15 septembre 1864, p. 426, 428).

APPENDICE

AU TROISIÈME VOLUME

LIV. VII, CH. 1 ET 3, T. III, P. 237 ET 461.

Extrait des *Ricordanze* de Guido de Filippo de Ghidone de l'Antella (né en ma 1254) et de ses fils et descendants. (*Arch. stor. ital.*, 1re série, t. IV, p. 5.)

En 1267, il va à Gênes pour la compagnie de Lamberto de l'Antella et y demeure dix-huit mois.

En 1270, il va à Venise pour la compagnie Rinuccio Cittadini et y demeure deux ans.

En 1273, il va à Ravenne avec son père, pour un prêt, et y reste quelques mois.

En 1275, il va auprès de Lamberto de l'Antella et reste avec lui cinq ans, tant à Florence que hors de Florence, *sanza tenere ragione in mano*, sans tenir les comptes.

En 1278, il va demeurer auprès de la compagnie des Scali, il tient les comptes (*tenne ragione in mano*); il reste douze ans attaché à cette maison dont il devient l'associé (*compagno*). Tantôt il est à Florence; tantôt on l'envoie à Pise, en France, en Provence, à la cour du pape, à Naples, à Saint-Jean-d'Acre.

En 1290, il se sépare des Scali.

En 1291, il va demeurer trois ans avec les Franzesi en France. Il les quitte en 1294.

En 1296, il loue la *tavola* des Baccherelli avec Neri Filippi et Lapo Ciederni. (la *tavola* est une variété du *banco*, ou table du banquier. Dans les *Provvisioni* on trouve souvent : *chi terra bottega, tavola o banco*). Le 1ᵉʳ janvier 1297, il se sépare de ses associés.

En 1298, il va demeurer avec Giovanni des Cerchi et *compagni*. Il les quitte le 1ᵉʳ avril 1301, lorsqu'ils entrent en querelle avec les Donati, querelle des Blancs et des Noirs (*da loro mi partii per la briga ove vennero cho' Donati e compagni*).

Après la vie commerciale, la vie domestique chez ses enfants.

En 1375, le chef de la famille prend pour servante Caterina del Passa, à raison de 6 florins par an. Il lui laisse prendre des congés de trois semaines (*andossi trastullando tre settimane*). Quand elle les quitte, il écrit cette note : elle est payée entièrement (*È pagata interamente*). Il parait que cela ne se faisait pas toujours.

A une autre, Margherita, qu'il appelle esclave (*schiava*), il donne 30 livres par an.

Ces servantes ne font pas long feu chez lui : l'une reste de mai à février, l'autre de novembre à avril.

Il engage monna Piera comme nourrice d'Amerigo, à raison de 16 fl. d'or. Elle a des cadeaux en vêtements, en étoffes, et même en argent comptant, 2 fl. d'or. Il la remplace, du 24 avril 1376 au 8 juillet 1377, par Giovanna d'Arezzo, puis par Maddalena à la fois nourrice et servante (*schiava*). Un quatrième enfant a pour nourrice Jacopa de Sienne, qui reçoit 16 fl. Caterina, *schiava*, vient achever de nourrir un des enfants et se contente de 15 fl. et demi.

En 1378, un autre enfant est mis au dehors en nourrice, chez monna Nuta de Santino, de Fornaco, pour 50 sous par mois. Cette femme est comblée de cadeaux.

En 1379, autre enfant envoyé en nourrice à Monna Giovanna de Lippo de Pozzolatico pour 42 livres par an.

En 1380, autre enfant envoyé à Michele de Giovanni, près de Signa, pour 3 liv. 10 sous par mois.

Le même, considéré comme propriétaire, donne en location

une boutique moyennant 15 fl. d'or par an et une oie grasse à la Toussaint, chaque année, selon la coutume féodale.

En 1379, il donne en location une terre (*podere*), à condition qu'on lui donnera, à la Pâque de Noël, 150 livres de porc, avec une paire de chapons et cinq douzaines d'œufs; à la Pâque de Résurrection, une paire de chapons et cinq douzaines d'œufs. En outre, le locataire ou fermier doit porter dans sa voiture au propriétaire toute sa part de grain, de blé, d'huile, et la moitié de sa part de vin. Le locataire a encore d'autres obligations : il doit travailler la vigne, acheter et porter sur la propriété quarante charges (*some*) de fumier, payées au vendeur par le propriétaire. Il doit enfin entretenir une paire de bœufs pour l'achat desquels le propriétaire avance 30 fl. Si les bœufs coûtent moins il rendra le surplus....

NOTES SUR LE PRIX DES CHOSES

En publiant à l'appendice ces notes prises au hasard de nos lectures et soumises à un essai de classification, nous ne prétendons pas atteindre le but que poursuivait Cibrario dans les tableaux dont il a fait suivre son remarquable ouvrage sur l'économie politique au moyen âge. Nous savons bien que ces renseignements presque toujours incomplets, souvent contradictoires, ne peuvent présenter toute l'utilité qu'ils auraient, si les documents d'où ils sont tirés contenaient moins de sous-entendus sur des choses trop connues des gens du moyen âge pour qu'on prît la peine de les leur expliquer, et qui sont pour nous pleines d'obscurité; mais nous pensons qu'à l'aide des dates, qui sont d'ailleurs le seul moyen de renvoi précis à certaines collections des archives florentines, on pourra faire des rapprochements de quelque intérêt sur les fluctuations des prix selon les temps et les circonstances, comme s'éclairer, en plus d'un cas, sur l'importance des choses, des hommes, des fonctions.

ANIMAUX

Un riche palefroi, 100 fl. (Sacchetti, nov. 152, t. II, p. 316).
Un cheval acheté 50 fl., revendu 90 ou 100 (Sacchetti, nov. 16, t I, p. 69).

Un cheval arabe, acheté 116 l. en Italie, revendu 137 l. 7 s. 8 d. à Paris (Codici Peruzzi, t. IV, p. 137, ap. Peruzzi, p. 213).

Au camp florentin devant Montaperti, les experts délégués évaluent une cavale *pili bai bruni maltinciam cum stella in testa et musculo albo*, 15 l. — Un cheval noir avec quelques poils blancs sur la tête, et les pieds de derrière blancs (*balzano*), 20 l. (Libro di Montaperti, p. 9, 11 mai 1260).

Un poulain, 10 fl. (Sacchetti, nov. 155, t. II, p. 339).

Un vieux bidet (*ronzino*), 8 fl. (Sacchetti, nov. 160, t. II, p. 377).

Pour ferrer un cheval, 20 sous (Sacchetti, nov. 108, t. II, p. 254).

Deux mulets, près de 100 fl. (Sacchetti, nov. 160, t. II, p. 377).

Un bel âne, 20 fl. (Sacchetti, nov. 152, t. II, p. 316).

Une paire de bœufs, 12 l. 5 s. (9 mars 1253, Cartap. Strozz. Ugucc.)

Une paire de bœufs roux, 16 l. 10 s. 9 d. (1er sept. 1278. Cartap. Strozz. Ugucc.)

Un porc, 5 fl. (Sacchetti, nov. 70, t. I, p. 271-272).

Pour un porc volé, on compose à 12 fl. (Sacchetti, nov. 214, t. III, p. 285).

Un porc mort paye aux portes 40 sous de droits (Sacchetti, nov. 146, t. II, p. 286).

Pour tuer un porc tombé dans un puits et l'en tirer, 1 fl.

Pour laver huit fois le puits souillé du sang du porc, 3 fl. (Sacchetti, nov. 70, t. I, p. 271-272).

Prime pour un loup tué, 50 l. (Sacchetti, nov. 17, t. I, p. 80).

Une paire de chapons, 45 sous (Sacchetti, nov. 220, t. III, p. 314).

DENRÉES

La mesure (*staio*) de grain est chère à 8 sous (Simone della Tosa, p. 188). En 1224 elle coûtait 15 sous (*Ibid.*, p. 192). En 1232, 2 s. 8 d. (26 mars 1232. Cartap. delle Riform.)

Dans les années d'abondance, le grain valait 3 l. le sac.

Dans la disette de 1328 et 1329, le *staio* montait à un fl. d'or (Peruzzi, 360).

Le 26 mars 1232, 4 mesures de bon grain étaient vendues avec obligation pour le vendeur de les transporter à ses frais à la maison de l'acheteur, 10 s. 5 d. pisans. Le prix du *staio* était donc de 2 s. 8 d. (Arch. dipl. Rif. di Fir. Perg.).

8 mesures de grain, 24 sous. (3 mai 1234, *ibid.*)

800 muids de grain, 2000 l. (1258. Capitoli, XXIX, 171 v°).

60 muids de grain, à 6 l. le muid, 360 l. (8 déc. 1295, Provv. V, 192).

110 livres de lin, 5 fl. 21 sous (Comptes des Alberti, ap. Peruzzi, p. 367).

Viande pour un mois et six jours de la nourriture du léopard (du 1er juin au 6 juillet), 9 l. (8 août 1292. Provv. III, 100).

A l'aubergiste qui fournit la viande au lion, 9 sous par jour, soit 81 l. de mai à novembre (9 nov. 1294. Provv. IV, 104).

Un tonneau de vin (*botte*), 9 fl. 25 s. (Comptes des Alberti, ap. Peruzzi, p. 367).

Un gros baril de vin grec porté au conseil du potestat, 6 l. (24 juillet 1290. Provv. IV, 32 v°).

Le conseil des cent décide que le quartaut de vin grec se vendra 28 deniers, prix maximum. Tous les barils seront marqués du sceau des officiers de la commune (5 octobre 1294. Provv. IV, 77 v°).

4 balles de plumes et autres marchandises, 30 l

10 balles de plumes et autres marchandises, 60 l.

2 balles de plumes et autres marchandises, 16 l.

3 balles de plumes et autres marchandises, 18 l.

1 balle de plumes et autres marchandises, 6 l. (Doc. de l'*Arch. stor.* ann. 1, disp. 4, p. 267, ap. Peruzzi, p. 187).

1525 livres de chandelles de suif, 58 l. 8 s. 3 d.

51 torches de cire, 65 l. 11 s. (Codici Peruzzi, t. IV, p. 118, ap. Peruzzi, p. 235, 237).

Cire, 4 charges de bêtes de somme, 600 l. (11 avril 1298. Provv. IX, 176).

Cierges pour la fête de Saint-Jean, 100 l. (15 juillet 1299. Provv. X, 66 v°).

A Agnolo de Bartolommeo, marchand de cire, pour cire, cierges, torches, chandelles en vue d'illuminer les salles des conseils au palais du potestat dans les séances de nuit, 136 l. 12 s. 5 d. (10 octobre 1303. Provv. XII, 45 v°).

45 000 livres de guède (*guado*) pour la teinture, vendues à des marchands de Valence, 800 fl. d'or (Peruzzi, p. 95).

DÉPENSES DOMESTIQUES

Tommaso, Giotto, Arnoldo Peruzzi, frères, vivent ensemble et ont Tommaso 13 enfants, Giotto 11, Arnoldo une fille seulement. Deux domestiques leur suffisent, car ils ne sont que 31 personnes. De 1309 à 1318 il leur faut pour vivre 3000 fl. d'or par an. En 1315, ils consomment 82 muids de grain (Peruzzi, p. 360).

Sépulture d'Arnoldo Peruzzi, mort à l'Incisa en 1312, 36 1/2 fl. (Peruzzi, p. 402).

Un dîner aux moines de Santa-Croce, avec poisson, œufs etc. 20 fl. 22 s.

Festin de noces avec viandes, gâteaux, épiceries, trompettes, hérauts, 110 fl. (Comptes des Alberti en 1348, ap. Peruzzi, p. 367).

Déjeûner à des amis considérables, 100 fl. (Sacchetti, nov. 23, t. I, p. 99).

DOTS

Dot des anciens temps, 100 l. (Ric. Malespini, ch. 16).

Un homme vivant de ses rentes pouvait à peine donner une dot de 500 fl. (Sacchetti, nov. 189, t. III, p. 133).

Une dot de 1000 fl. est réputée considérable (Sacchetti, *ibid*. p. 132).

Un homme qui avait reçu 1000 l. de dot, en emportait 1200 pour faire le voyage de Gênes à Caffa (*Ibid.*, nov. 154, t. II, p. 330-331).

EMPRUNTS ET GARANTIES

Pour 10 livres de Lucques, dues au monastère de San-Salvatore a Settimo, chargé de prier pour l'âme de la comtesse Cecilia, Nottigiova, fils du comte Alberto, donne en gage 30 muids de terres couvertes de bois (19 avril 1136, Arch. dipl. Rif. di Fir. Perg).

GABELLES

Gabelle des portes, affermée pour un an 4000 l. (2 juin 1316. Provv. XIV, 186 v°).

Gabelle des fruits et volailles, affermée 7000 l. ; mais c'est trop cher : le fermier et son répondant ne peuvent payer. On les enferme, puis on finit par les relâcher (26 janvier 1299. Provv. IX, 140).

Gabelle des animaux de boucherie, affermée 1185 fl. d'or (9 oct. 1319. Provv. XVI, 116 v°).

Gabelle du pain, affermée 2000 fl. d'or ; mais, ce chiffre, imposé par le vicaire, est reconnu trop cher et abaissé. (*Ibid.*)

Gabelle du vin au détail, affermée à deux personnes : à l'une 10 000 l. ; à l'autre 3000 pour Florence et un rayon de 3 milles autour des murailles (21 juin 1297. Provv. VIII, 80).

La même pour un an, 11 520 l. 8 s. 8 d. C'est jugé trop cher : On accorde au fermier 2 mois supplémentaires de jouissance (9 déc. 1299. Provv. X, 180).

La même pour un an, 15 000 l. (24 nov. 1301. Provv. XI, 82).

La même pour un an, 24 000 fl. d'or (1317. Provv. n° 211. Framm. p. 66).

Ces gabelles se donnent à l'encan, aux enchères publiques, *publice ad incantum sub astatione promissa vel aliter* (15 nov. 1302. Provv. XI, 160).

IMMEUBLES (VILLE)

La moitié d'une tour au quartier *San Pulinari*, 800 l. pis. (1255. Capitoli, XXIX, 197).

Un palais des Caponsacchi et une maison en bois, 2500 l. (Cronichette di Neri degli Strinati, p. 117).

Le palais Alessi à Sienne, place du *Campo*, appartenant jadis aux Franzesi, et vendu aux Peruzzi, est loué en partie par ceux-ci à la Commune de Sienne au prix de 300 l. (Peruzzi, p. 163).

Un palais et 9 boutiques près du Mercato vecchio, 5500 l. (Ann. 1312. *Ibid.* p. 104-105).

4 boutiques sans terrain ni sortie par derrière, dont une de 6 brasses, 600 l. (Ann. 1252. Cronichette di Neri degli Strinati, p. 101).

2 boutiques formant le tiers d'une maison qui avait été un palais, 400 l. (*Ibid* p. 107).

3 boutiques de 14 brasses, 15 l. (*Ibid.*)

Une mauvaise maison (*casolare*), 120 fl. d'or (Cronichette di Neri degli Strinati, p. 105).

Autre, 80 fl. (*Ibid.*)

Le tiers d'un *casolare* au Campidoglio (ou Mercato vecchio), 155 l. (*Ibid.* p. 107).

Une maison et le quart des fondements d'une tour, 380 l. (*Ibid.* p. 108).

Une petite cour derrière une maison, 10 l. (*Ibid.* p. 114).

Une maison et une cour au Campidoglio évaluée dans un testament à 400 l. (*Ibid.* p. 115).

Une maison au quartier San Benedetto, 7 l. (30 nov. 1186. Cartap. delle Riform.)

Pour une cabane pleine de paille qui avait été incendiée, on était indemnisé de 12 l. (8 mars 1286. Provv. 1, 58).

Une maison avec puits au quartier San Simone, 600 l. (2 juin 1292. *Ibid.*)

Une maison avec jardin et terrain, via del giardino, au quartier San Piero, 169 l. (8 juin 1294. *Ibid.*)

Une maison avec cour, cellier et puits au quartier San Paolo, 325 l. (10 nov. 1295. *Ibid.*)

Deux maisons, une grande et une petite, avec une pièce de terrain cultivée en vigne, 165 l. (5 juillet 1298. *Ibid.*)

Une maison avec cellier, via del corso, 200 l. (2 mars 1306. Arch. dipl. Perg. delle Rif.)

Une maison avec cour, puits et jardin, à San Pier Maggiore, en y joignant 7 pièces de terre cultivées, avec maison et cour dans le Contado, 800 fl. d'or (30 déc. 1310. Arch. dipl. Perg. delle Rif).

Une maison au popolo de Sant'Andrea, 150 l. (Capitoli, XXIX, 288 v°).

Une maison avec terrain, 400 l.

Autre, 290 l.

Autre avec cellier, terrain, dépendances, 225 l. (1279. Capitoli, XXIX, 309, 310).

Une maison avec cour murée et puits, 350 l. (1294. Capitoli, XXXV, 51).

Autre, 300 l. (*Ibid.* 52 v°).

Autre, 120 l. (1282. *Ibid.* 67).

Autre, 565 l. (*Ibid.* 67 v°).

Une maison à San Pulinari, 350 l. (1289. Capitoli, XLIV, 78 v°).

Autre, 700 l. (1294. Capitoli, XLIV, 119 v°).

Autre à San Romolo, pour faire le palais, 700 l. (1301. Capitoli, XLIV, 183 v°).

Une maison à S. Cecilia, 625 fl. (1319. Capitoli, XLIV, 212).

Autre, 270 l. (*Ibid.*)

Construction d'une maison ou boutique pour les payeurs ou essayeurs de florins, 60 l. (19 nov. 1294. Provv. IV, 109 v°).

Un tiers de maison avec terrain et casolare, 155 l. (1279. Capitoli, XXIX, 308).

3 parties d'une maison, 65 l. La 8e partie, 25 l. (1282. Capitoli, XXXV, 68 v°, 69).

La 8e partie des maisons des Foraboschi vendue à la commune pour faire le palais des prieurs, 3600 l. (19 juin 1301. Capitoli, XLIV, 184).

A Pistoia, dans la grande rue, une moitié de maison, 15 l. 5 d. pis. (4 mai 1220. Arch. dipl. Rif. di Fir. Perg.)

Les 9 *panora* (subdivision du *staioro*, mesure de terrain assez grande pour semer 6 ou 7 *staia* de grain, voy. plus haut, p. 307, note 2) de terrain vendus par les moines de la Badia pour les constructions du palais du potestat, 150 l. pis. (1255. Capitoli, XXIX, 198 v°).

84 brasses de terre et *casolare*, au bout de la rue Vacchereccia, pour redresser et élargir cette rue, 3216 l. 6 s. 8 d. (Capitoli, XLI, 99).

Un terrain de 11 *staiora* et 4 1/2 *panora*, 68 l. 5 s. (1222. Cartap. Strozz. Ugucc.)

En 1250, les Umiliati achètent pour 497 fl. aux Tornaquinci un morceau de terrain et deux maisons, le tout formant 234 *staiora* de terrain, pour y bâtir le couvent et l'église d'Ognissanti (Cantini, III, 84).

Vente en emphytéose d'une maison sise au Borgo San Lorenzo, 40 l. den. pis. avec redevance de 9 d. par an à l'évêque de Florence (20 sept. 1205. Capitoli, XXIX, 90. XXVI, 86).

Une maison à San Lorenzo hors les murs, avec dépendances, 13 l. (2 avril 1230. Cartap. Strozz. Ugucc.)

Autre au même lieu, près de Cafagio, 410 l. (14 juillet 1295. Arch. dipl. Perg. delle Rif.)

Une maison à San Frediano, aux portes de Florence, 50 l. (18 janv. 1277. *Ibid.*)

Une maison pour agrandir S. M. Novella, 90 l.

Autre pour le même objet, 235 l. (Capitoli, XLIV, 78 v°, 79).

Une maison à S. M. Novella, 500 l. (1300. *Ibid.* 212).

IMMEUBLES (TERRITOIRE)

Une petite propriété aux environs de Florence valait de 400 à 500 fl. (Il Novellino, nouvelles à la fin, nov. I, p. 110).

Aux temps langobards, un champ planté d'oliviers se payait au prix d'un cheval ou d'une épée (Pizzetti, I, c. 14, p. 73, ap. Inghirami, V, 347).

En 1275, on achète de la terre à 13 l. de *pisani piccoli* le *staioro*. — A ce prix, 48 *staiora* environ coûtent 625 l. 12 s. 6 d. — 36 *staiora* de terre avec maison, four et vignes, 765 l. pis. picc. (Libro della tavola di Riccomano Jacopi, ap. Arch. Stor.

3ᵉ série, 1873, 4ᵉ disp. p. 23, 24). La valeur d'un *staioro* de terrain varie de 10 à 13 fl. d'or (Peruzzi, append. p. 57).

Une terre de 21 *panora* à Signa, 7 l. 5 s. (12 oct. 1231. Cartap. Strozz. Ugucc.)

Un domaine, en y comprenant *omnes colonos residentes adscriptitios inquilinos et masnaderios*, 650 l. (21 févr. 1233. *Ibid.*)

La 6ᵉ partie d'un *staio* de grain et la terre où il est récolté, 10 s. pisans. (8 sept. 1235. *Ibid.*)

Une pièce de terre de 8 *staiora* 7 *panora*, 39 l. 9 s. 8 d. (3 mai 1273. *Ibid.*)

15 *staiora* de terre à Casellino, 518 l. (11 févr. 1264. Arch. dipl. Perg. delle Rif.)

2 *staiora* de terre à San Frediano, aux portes de Florence, 50 l. (16 avril 1269. *Ibid.*)

Une propriété (*podere*) et terre avec maison, vigne, four et une autre terre avec vignes et châtaigniers à la *pieve* (ou paroisse) de Ripoli, 525 fl. d'or. (21 mai 1310. *Ibid.*)

Une maison avec terrain à l'Incisa, 20 l. (19 nov. 1269. Capitoli, XXIX, 122).

IMMEUBLES (HORS DU TERRITOIRE)

Une maison à Volterre, *intra-muros*, 40 l. — *Extra-muros*, 70 l. — *Intra-muros* avec *casolare* et terrain, 60 l. (Capitoli, XXIX, 301, 392, 303).

LOCATIONS

Boutique louée au Popolo San Martino pour prisonniers, du 1ᵉʳ août 1289 au 24 janvier 1290, 5 l. par mois (11 févr. 1289. Provv. II, 59).

Boutiques du Ponte Vecchio louées pour trois ans, à raison de 1600 l. en 1288. Les prenants ont offert eux-mêmes cette somme pour toutes les boutiques du pont (6 juillet 1288. Provv. I, 80).

Boutiques du Ponte Vecchio louées pour deux ans, 1000 l. (26 avril 1281. Consulte, I,B, 15 v°).

Boutiques du Pont Rubaconte, louées 39 l. (*Ibid.*)

Une boutique à S. M. sopra porta, louée 22 l. par an (20 oct. 1301. Arch. dipl. Perg. delle Rif.)

La maison du capitaine, pour un an 159 l. 19 s. (Provv. II, 50 v°).

La maison des prieurs, au popolo de San Firenze, pour deux mois, 12 l. (22 févr. 1290. Provv. II, 66).

La maison d'un aubergiste, 15 jours de location pour le capitaine futur, avant qu'il puisse entrer en fonctions, 18 l. 15 s. (22 juin 1290. Provv. II, 69).

La maison du capitaine, de mai 1290 à février 1291, 120 l. (10 févr. 1291. Provv. II, 184).

Le logement du potestat à l'auberge pendant 22 jours, 25 l. auxquelles un peu plus tard on en ajoute 5 (10 sept. 1291. Provv. III, 22 v°).

Id. pour 10 jours, 20 l. (17 juillet 1292. Provv. III, 85 v°).

Id. pour 11 jours, 33 l. (8 août 1296. Provv. VI, 91 v°).

Pour le logement des sbires du potestat à l'auberge, 6 l. (3 août 1294. Provv. IV, 56 v°).

Un *podere* (propriété), pieve di Ripoli, est affermée par an à 125 l. plus 20 douzaines d'œufs et une paire de chapons. (23 févr. 1312. Arch. dipl. Perg. delle Rif.)

Une pièce de terre labourable est louée à un moine du couvent de San Pietro a Moschetto. Le couvent donnera chaque année au propriétaire ou à ses héritiers 2 *staia* de bonnes châtaignes sèches et comestibles, rendues à domicile, sous peine de 20 sous et même de l'emprisonnement, s'il plaît au potestat. En outre, le monastère abandonne au propriétaire un plant d'oliviers au bord du lac (18 févr. 1210. Cartap. delle Rif.)

MATÉRIAUX, FOURNITURES, MAIN-D'ŒUVRE

Échafaudage construit pour soutenir la cloche du capitaine, 60 l. (3 juillet 1290. Provv. II, 71 v°).

A Guerruccio de Bartolo, legnajuolo, bois fourni pour les chaises de la salle d'audience des prieurs et pour la ringhiera de la salle antérieure de leur maison, 18 l. 9 s. (29 mars 1296. Provv. VI, 1).

Un lit avec ses accessoires pour la boutique, 30 l. 4 s. 5 d. (Cod. Peruzzi, IV, 118, ap. Peruzzi, Stor. del Comm., p. 235-237).

Deux armoires pour renfermer les actes de la Commune, 25 l. (17 juillet 1292. Provv. III, 85 v°).

Une barque armée, 203 l. 16 s. (Cod. Peruzzi, IV, 118, ap. Peruzzi, p. 235-237).

Bois pour siéges dans la salle des prieurs, 18 l. 19 s. (1296. Provv. filza 7, ap. Gaye, I, 429.)

Une cloche sur la tour du palais du capitaine, 32 l. (27 sept. 1291. Provv. III, 38 v°).

Une cloche pour la Commune, 225 l. (9 nov. 1294. Provv. IV, 104).

Un verrou, 5 sous (Sacchetti, nov. 200. t. III, p. 211).

Démolition d'une maison aux frais d'un gibelin qui y est condamné, 140 l. (Cronichetta di Neri degli Strinati, p. 112-113).

Pavage du devant d'une maison au Mercato Vecchio, en 1270, 66 l. (Cronich. di Neri degli Strinati, p. 113).

Pour avoir réparé la Porta Pinti, refait la serrure et la clé, fait quelques lits au palais de la seigneurie, Cosimo forgeron reçoit 3 l. 13 s. 8 d. (10 oct. 1303. Provv. XII, 45 v°).

Pour réparer une fontaine sur la route d'Arezzo, devant l'hôpital del Bigallo, 50 l. (19 nov. 1294. Provv. IV, 109 v°).

Peintures exécutées dans la tour du palais de la Commune, 20 l. 16 s. 10 d. (8 août 1296, Provv. VI, 51).

Racler la peinture d'un écu et le repeindre, 1 fl. (Sacchetti, nov. 150. II, 309).

Cimier commandé à un peintre, 5 fl. Une modification apportée à ce cimier, 1 fl. (Sacchetti, nov. 150, t. II, p. 308).

Memmo, peintre de Sienne, appelé à San Gemignano pour diverses peintures, reçoit 8 l. pour son logement et 6 sous pour avoir peint le lion rouge sur l'étendard de la Commune (Carte di S. Gemignano, Indication dans l'Inventaire des Rif. de l'arch. dipl. à la marge des années 1252-1254).

Housse d'écarlate pour recouvrir un âne de la tête aux pieds, 30 fl. (Sacchetti, nov. 152. II, 316).

Les 16 gonfalons des compagnies et deux plus grands pour la Commune, 180 l. On n'avait voté que 100 l. (3 juillet 1290. Provv. II, 71 v°.)

Une robe pour la femme d'un aubergiste de campagne, 7 l. (Sacchetti, nov. 137. t. II, p. 255).

Un manteau d'occasion, mais en drap bleu clair de Douai, qui passait pour fin, 7 l. Il valait bien 5 s. de plus (Boccace, Giorn. VIII, nov. 2. t. III, p. 186).

Un pourpoint, 40 sous (Bocc. giorn. IX, nov. 4. t. IV, p. 40).

On engage au jeu un pourpoint pour 38 sous; mais, si l'on paye bientôt, le prix du gage est réduit à 35 sous (Boccace, giorn. IX, nov. 4. t. IV, p. 58, 59).

Un habit neuf pour des trompettes des prieurs, 20 l. (Cantini, IV, 23).

Une brasse et demie de drap noir pour chausses, 2 l. 18 s. 6 d. (Comptes des Alberti en 1348 ap. Peruzzi, 367).

Pour carder le drap, 1 fl. la canna (aune), mesure fixée par les statuts. Au dessous de ce prix, le travail passait pour être de mauvaise qualité (Statuta, l. IV, Rub. 45. Cantini, III, 90).

Un palio de soie, 15 l. (Cantini, III, 277.)

Autre palio couru devant Arezzo à la Saint-Jean 1307, 42 1/2 fl. d'or (Provv. XIII, 99).

Autre, 60 fl. d'or 12 s. (14 juillet 1311. Provv. XIV, 85 v°).

Pour couvrir d'un velum la place de San Giovanni, 25 l. (26 uin 1290. Provv. II, 68 v°).

Deux draps d'or (deauratos) pour honorer le card. Pietro di Pipernò, légat du saint siége, 39 l. (19 juillet 1296. Provv. VI, 77 v°).

Vêtements de Filippa de Giotto Peruzzi épousant Carlo des Adimari :

Habit de velours, 269 l. 8 s. 10 d.

Ses habits quand elle quittera la maison paternelle, 290 fl.

Après le mariage :

Cotillon (gonnella) et robe longue (guarnacca) de *mischiato* florentin, 14 l. 17 s. 2 d.

Une pièce de serge d'Irlande, 15 l. (Peruzzi, 301, 302).

Habit de *fegolino* de Douai, 52 l. 17 s. (Peruzzi, 301, 302).

Le plus cher des draps étrangers était le drap noir de Douai, il coûtait 3 sous l'aune ; le moins cher coûtait 9 deniers. (Cibrario, p. 222).

8 onces de taffetas (*zendado*), 3 fl. 22 s. (comptes des Alberti en 1348, ap. Peruzzi, p. 367.)

29 ballots de drap, 2300 l..

30 ballots de drap, 2300 l.

1 ballot de drap, 8 l. (Doc. de l'*Arch. stor.* ann. 1, disp. 4, p. 247, ap. Peruzzi, p. 187).

2 pièces de drap florentin, della Brunetta, 29 l. (3 déc. 1245. Arch. dipl. delle Riform. Pergam).

1 brasse et demie de drap noir pour chausses, 2 l. 18 s. 6 d. (comptes des Alberti, ap. Peruzzi, 367).

Au tailleur Diotisalvi pour 21 brasses de drap rouge et 36 peaux de vair pour habits donnés à M. Donato, familier du pape, et venu en son nom pour offrir un lion à la seigneurie, 175 l. 18 s. 6 d. — Le dit Donato reçoit en outre 84 l. 9 s. 4 d. pour ses dépenses (10 oct. 1303. Provv. XII, 45 v°).

22 bannières pour les *fanti* de la justice, 77 l. 10 s. (9 févr. 1295. Provv. V, 32).

60 pennons de drap pour fanti du Contado, 200 l. (20 juillet 1301. Provv. XI, 20 v°).

22 bannières, 120 l. (4 février 1300. Provv. X, 204 v°).

19 bannières pour les gonfaloniers des compagnies, 112 fl. d'or, 20 s. (13 déc. 1307. Provv. XIII, 163 v°).

74 arbalètes et un grand arc (*arcone*) achetés à des magnats, 1033 l. 15 s. (24 mai 1294. Provv. IV, 4).

Cuirasse et casque d'un chevalier, revendus par lui 42 sous. Cette somme paraissait assez considérable pour faire de larges dépenses (Sacchetti, nov. 145. t. II, p. 277, 278).

Un missel pour la chapelle de la seigneurie, 60 l. (28 sept. 1301. Provv. XI, 63).

A Piero, papetier, pour divers cahiers de parchemin fournis à la seigneurie, 69 l. 8 s. (10 oct. 1303. Provv. XII, 45 v°).

Une rame de papier (*risma*), 27 sous (Comptes des Alberti, ap. Peruzzi, p. 367).

Un exemplaire du statut de la Commune pour une boutique, et quelques autres papiers dont la nature n'est pas indiquée, 14 l. (Codici Peruzzi, t. IV, p. 118, ap. Peruzzi, p. 235-237).

Une coupe d'argent pesant 3 livres, 30 fl. (Sacchetti, nov. 221. t. III, p. 317).

Autre, 23 fl. (14 juillet 1311. Provv. XIV, 85).

Rognures ou balayures d'une boutique d'orfévre, 800 fl. par an (Sacchetti, nov. 215. t. III, p. 287).

SALAIRES

Agents commerciaux des Peruzzi, de 5 l. à 322 l. (Peruzzi, p. 261 sq.) — Sans doute selon l'éloignement et l'importance.

Salaire ordinaire des ambassadeurs, 50 s. par jour. (auct. inc. ap. Delizie, IX, 261-69).

Un ambassadeur à Arezzo, pour échange de prisonniers, 40 sous pour deux mois de fatigues (11 oct. 1290. Provv. II, 144).

Le statut fixe à 50 s. par jour le salaire des ambassadeurs; mais les conseils restent libres de l'augmenter. Le 8 févr. 1292, les ambassadeurs au pape médiateur de la paix en Toscane ont une augmentation de 10 sous par jour (Provv. III, 37 v°).

Ambassadeur à Pérouse, 3 l. par jour (10 déc. 1296. Provv. VI, 153).

Ambassadeur pour 10 jours en Lombardie avec le cardinal Pietro de Piperno (du 12 au 21 oct.), 3 l. 10 s. par jour (25 oct. 1296. Provv. VI).

Ambassadeurs aux frontières de Pistoia, 30 l. pour 30 jours (7 oct. 1297. Provv. VIII, 138 v°).

Ambassadeurs à Boniface VIII, 4 l. 12 s. par jour (7 nov. 1299. Provv. X, 94 v°).

Autres 4 l. 10 s. (25 févr. 1299. Provv. X, 154).

Ambassadeurs à Rome, 3 l. par jour (20 avril 1295. Provv. V. 87).

Autres 4 l. par jour (20 avril 1295. Provv. V. 91).

Cette différence vient de l'importance inégale des ambassadeurs envoyés, comme on le voit par un autre document : *consideratis personis ipsorum ambaxiatorum*. (8 oct. 1295. Provv. V, 141 v°.)

Autres 4 l. 10 s. (25 févr. 1300. Provv. IX, 154).

A ceux qui dirigent les réparations du palais du potestat on paye en une fois 200 l. Pour les réparations mêmes 61 l., plus 8 l. à chacun pour salaire de 4 mois, pour avoir, comme officiers de la commune, surveillé les travaux (27 mars 1292. Provv. III, 31).

Un artisan chez un orfèvre, 100 fl. par an (Sacchetti, nov. 215, t. III, p. 287).

Berrovieri du potestat et du capitaine, 2 sous par jour, 3 l. par mois chacun (3 août 1290. Provv. II, 114, 13 févr. 1282. Consulte, I, C, 49 v°).

Berrovieri et sergents à pied de la seigneurie enrôlés à San Miniato, 5 l. par mois chacun (29 mars, 9 août, 9 nov. 1294. Consulte, I, 2 v°, 14; Provv. IV, 104 v°).

Berrovieri du potestat, 4 l. 10 s. par mois (5 juillet 1307. Provv. XIII, 98).

Un mois de paye aux 60 berrovieri de la seigneurie, 300 l. (29 janv. 1308. Provv. XIII, 176).

Le 29 mars 1294, on en avait porté à 40 le nombre primitif de 32, et on leur allouait 5 l. par mois (Consulte, I, 2 v°).

Banditori de l'armée, 5 sous par jour chacun (Lib. di Montaperti, p. 10. — 13 mai 1260).

Banditori du capitaine, 50 l. par an, plus deux habits de drap d'outremonts, beau, rouge, vert, blanc ou sanguigno (couleur de sang). (10 déc. 1296. Provv. VI, 153).

Un condottiere avec 29 cavaliers pour deux mois, 567 fl. soit 9 pour chacun et 12 1/2 pour lui (6 juillet 1290. Provv. II, 72 v°).

Un condottiere avec 14 cavaliers, 8 fl. d'or par mois chacun, 12 au condottiere, pour paye double, trompette et bannière (31 déc. 1290. Provv. II, 157).

Un condottiere, 25 fl. d'or pour lui (double paye, trompette, bannière). Chacun de ses hommes 10 fl. par mois (22 févr. 1291. Provv. II, 194).

Un connétable catalan, 40 fl. par mois, chacun de ses hommes, 10 fl. (21 déc. 1291. Provv. III, 41 v°).

Un capitaine, 26 l. par mois, ses soldats, 12 (24 mai 1294. Provv. IV, 11).

Cavaliers des *cavallate* qui ont pris part à une expédition de trois jours vers Empoli, 20 sous par jour pour chaque *milite di corredo* ou juge, 15 sous pour les autres (21 déc. 1291. Provv. III, 42 v°).

Dix cavaliers de la *taglia* et leur chef pour deux mois, 124 fl. d'or, 40 s. 8 d. (20 juillet 1301. Provv. XI, 17).

Cavaliers mercenaires, 12 fl. par mois; s'ils sont *di corredo*, 20 fl. (6 août 1292. Provv. III, 97).

Autres, 10 fl. par mois. Leur chef, 25 fl. (Ibid. p. 97 v°).

Cavaliers de la *taglia*, c'est-à-dire indigènes, 15 l. par mois, payables tous les deux mois (Capitoli, XXX, 44, f° 69 v°).

Un condottiere, 25 fl. d'or par mois pour double paye, porte-bannière et trompette. Ses cavaliers 10 fl. (22 févr. 1291. Provv. I, 2, p. 191).

Autre, 29 fl. mais on le réduit à 22 1/2. Ses cavaliers, 9 fl. (6 juillet 1290. *Ibid.* p. 72 v°).

Conseiller de la Commune auprès du capitaine de la *taglia*, 90 l. pour 2 mois, à raison de 30 sous par jour (3 juillet 1290. Provv. II, 71).

Autres, 50 sous par jour hors du territoire de la Commune (6 avril 1291. Provv. III, 8 v°. Cf. 3 sept. 1291. Provv. III, 20).

A deux copistes qui ont copié, orné de miniatures, relié deux nouveaux statuts de la commune, 42 l. (9 févr. 1291. Provv. II, 182 v°).

A ceux qui ont écrit les pactes avec Aymeric de Narbonne, 25 l. (10 févr. 1291. Provv. II, 183 v°, 184 v°).

A un copiste pour un statut, 21 l. (11 avril 1291. Provv. III, 10).

A un notaire qui a compilé un registre alphabétique des noms et prénoms de tous les bannis depuis le temps du potestat Pietro des Stefaneschi, 40 fl. d'or (3 sept. 1391. Provv. III, 20 v°).

A un copiste pour copie, écriture, miniature, rubricature, reliure de deux nouveaux statuts du capitaine, 20 l., plus 5 l. pour avoir corrigé le statut du capitaine selon le décret des arbitres (8 mai 1291. Provv. III, 13 v°).

A un copiste pour nouveaux statuts du capitaine, 18 l. (7 déc. 1291. Provv. III, 40).

Pour deux statuts du potestat, 22 l. par statut et 11 pour un statut du capitaine (13 mai 1295. Provv. V, 100).

Pour un statut du potestat, 16 l., pour un du capitaine, 9 l., destinés à l'usage de la seigneurie (7 oct. 1297. Provv. VIII, 158 v°).

A un notaire, pour copie du nouveau statut de la commune, 20 l. (1er févr. 1292. Provv. III, 35).

Pour un nouveau statut de la commune, 20 l. (27 mars 1292. Provv. III, 31).

Pour copier deux nouveaux statuts du capitaine, 22 l. (17 juillet 1292. Provv. III, 85 v°).

Aux six notaires qui ont copié le registre de l'*estimo*, 30 l. (3 déc. 1296. Provv. VI, 146 v°).

Pour livrer un coupable et lui trancher la main, 50 l. (8 août 1292. Provv. III, 100).

Une entremetteuse, 2 fl. (Il Pecorone, Giorn. I, nov. 2, f° 9 v°).

On avait plusieurs espions pour 25 fl. (Capitoli, XXII, 155 v°).

Le chef des espions (*super spiis mictendis et recipiendis*), 40 s. par mois (3 août 1290. Provv. II, 117 v°).

Un estimateur de chevaux, maquignon ou palefrenier, 30 sous par an. Deux, 3 l. (Stat. della parte, c. 24. Giorn. degl. arch. tosc. I, 34).

Autre, estimateur et maréchal, 20 sous par mois (11 févr., 10 avril 1290. Prov. II, 59 v°, 83 v°).

Autre, 40 sous par mois (7 déc. 1291. Provv. III, 39 v°).

Autre, 20 sous par mois (8 févr. 1292. Provv. III, 36).

Un maréchal, 6 mois de salaire, 12 l. (12 oct. 1295. Provv. V, 152).

154 fantassins gardant 21 jours le château de Pontedera, 377 l. 6 s. (20 févr. 1290. Provv. II, 56 v°).

Un châtelain, 6 l. par mois. Ses fanti, 3 sous chacun (Provv. II, 55).

Un châtelain, 13 l. 6 s. 8 d. par mois. Ses fanti, 13 s. 10 d. chacun (Provv. II, 117 v°).

Un châtelain, 15 l. par mois. Ses fanti, 2 fl. chacun (13 avril 1291. Provv. III, 11 v°). — Mêmes chiffres dans des Provv. des 27 avril, 24 juillet 1291, 17 juillet 1292 (Provv. III, 2 v°, 18 v°, 84 v°).

Un châtelain, 15 l. pour 3 mois (27 sept. 1291. Provv. III, 38 v°).

Autre, 6 l. par mois. Ses fanti, 3 l. (7 sept. 1299. Provv. X, 94 v°).

1586 *fanti* et *banderesi* (porte-bannière) du contado, employés en avril et mai à la garde de Pistoia, 5,200 l. 3 s., à raison de

4 sous par jour le banderese et 3 sous chaque fante (10 août 1296. Provv. VI, 91 v°).

Fanti citoyens, ayant pris part à l'expédition de novembre 1289 contre Poggibonzi, 3 s. 6 d. par jour, qu'ils soient pavesari, balestrieri ou arcieri (Provv. III, 29 v°).

Solde de 17 *bandieri* des *fanti* de justice, 50 l. 2 s. (mai 1293. Provv. VII, 109).

Un châtelain, 15 l. par mois (26 janv. 1290. *Consulte*, II, 8.)
Autre, 10 l. Ses *pedoni*, 2 fl. (*Ibid.*)
Autre, 7 l. Ses *pedoni*, 3 l. (*Ibid.*)
Autre, 6 l. (*Ibid.*)

Gardes des blés à Or San Michele, 2 sous par jour (3 août 1290. Provv. II, 117).

Garde du lion, convers de l'abbaye de Settimo, ayant la charge de le nourrir, 20 sous par mois (Provv. III, 9).

Autre, plus loyer de sa maison pour 2 mois, 17 l. (12 déc. 1297. Provv. VII, 124 v°).

Autre, 1 l. par mois pour son salaire et 7 sous par jour pour la nourriture du lion.

Garde du léopard, 17 s. 8 d. par mois. On lui paye en bloc un semestre (27 nov. 1291. Provv. III, 39).

Gardes principaux ou *soprastanti* des prisons *Burelle* et *Pagliazze*, 50 l. pour 3 mois. Les 4 *custodi*, 48 l., soit 12 pour chacun (1287. Consulte, PPI, 46).

Aux deux *soprastanti* des *Pagliazze*, 200 l. pour un an, et 4 l. par mois pour chacun de leurs *custodi* (5 déc. 1286, Consulte, PPI, 33 v°).

Les payements n'étaient pas réguliers. Les *custodi* devaient être payés par mois, on les fait attendre trois, quatre mois et plus, malgré leurs pressantes réclamations. Il faut une délibération des conseils pour qu'il y soit fait droit (20 sept. 1286. Consulte, PPI, 30 v°).

Salaire annuel de deux *custodi*, 350 l. (15 juillet 1299. Provv. X, 66 v°).

A un *custode* de la *Pagliazza*, 14 l. pour sept mois (4 févr. 1300. Provv. X, 204).

Au geôlier qui tient les clés de la *Pagliazza*, 12 l. pour six mois (27 juillet 1299. Provv. X, 79).

Un juge, élu avocat par la parte guelfa, ne peut toucher plus de 4 fl. d'or par an et peut toucher moins (Stat. della parte, c. 23. Giorn. degli arch. tosc. I, 34).

Deux jurisprudents qui assistent le camerlingue, 1 fl. d'or par mois chacun (11 oct. 1290. Provv. II, 144).

Avocats (on ne dit pas le nombre) qui ont plaidé à Rome dans une cause intéressant la commune de Florence, 25 l. (25 août 1291. Provv. III, 19).

Aux deux sages ou avocats de la commune, 15 l. 10 s. par mois (10 oct. 1303. Provv. XII, 45 v°).

Le juge des appels et ses notaires, 500 l. (9 nov. 1286. Frammenti di provv. e rif. PPI, 14).

Le sage des Peruzzi, de janvier 1335 à janvier 1339, 58 l. (Cod. Peruzzi, IV, 118, ap. Peruzzi, p. 235-237).

Un juge de sestiere, 25 l. par mois (9 août 1291. Provv. III, 17).

Autre, pour six mois 25 l. (17 juillet 1292. Provv. III, 85 v°).

Autre, pour son service de juillet à la fin de décembre 1291, 24 l. (2 août 1292. Provv. III, 100).

Sage assesseur du capitaine de la taglia, 45 l. par mois, à raison de 30 s. par jour (3 juillet 1290. Provv. I, 71).

Consultation de médecins, 2, 4, 5 fl. (Sacchetti, nov. 173. T. III, p. 56).

Au médecin Pietro, approuvé dans l'une et l'autre médecine (physique et chirurgie), Sienne alloue, pour le fixer dans ses murs, 50 l. par an (18 sept. 1309. Arch. de Sienne. Cons. della Camp. t. LXXV, p. 91).

Les médecins qui soignent et les hommes qui transportent Arnoldo Peruzzi, mort à la bataille de l'Incisa, 55 fl. d'or (Peruzzi, p. 402).

Bonifazio Peruzzi fait venir de Bologne le célèbre médecin Alberto pour un mal de gorge, et il le paye 60 fl. d'or (Cod. Peruzzi, III, 53. Peruzzi, 414).

A Niccolò de Mantoue et Piero des Pulci qui ont soigné Barna Valori Curianni, mort le 18 août 1371, 16 fl. (mss. Valori, p. 20, ap. Peruzzi, p. 419-420).

Un messager de la parte guelfa, 4 l. par an, plus 30 l. pour deux habits de livrée neufs par an et 4 l. pour le logement (Statuto della parte, c. 19. Giorn. stor. degli arch. tosc. I, 30. Janv.-mars 1857).

A un messager qui apporte des lettres d'Inghiramo, comte de Biserno, 3 l. (24 juillet 1290. Provv. IV, 32 v°).

A un messager qui apporte la nouvelle d'une victoire des Génois sur les Pisans, 20 sous (*Ibid.*).

Les messagers du potestat et du capitaine, 3 l. par mois (11 oct. 1290. Provv. II, 143).

Messagers des prieurs, 3 l. par mois chacun (26 juillet 1290. Provv. II, 73).

Le mesureur des champs (*agrimensore*) pour les ventes, était payé, sans doute pour chaque opération, 1 l. 9 s. (Peruzzi, append. p. 57).

Officiers préposés aux gabelles des moulins, des maçons et charpentiers (*maestri*), des tailleurs, des boulangers, des barbiers du *contado*, 40 sous par mois chacun. Ils n'étaient souvent payés que tous les deux mois (3 août 1290. Provv. II, 117 v°. — Cf. 11 oct. 1290. Provv. II, 183).

Officiers préposés aux gabelles des gros bois, 30 sous par mois, payés tous les mois (3 août 1290. Provv. II, 117 v°).

Un gabelou aux portes de la ville, 6 l. pour 3 mois (11 oct. 1290. Provv. II, 144).

Autres pour les bois et les farines, 40 sous par mois. On paye 40 jours à la fois. (*Ibid.*)

Officiers aux gabelles, 3 l. par mois, aux portes San Pier Maggiore et San Frediano. 40 sous aux portes Romana et da Quona (26 juillet 1290. Provv. II, 73).

Officier de la gabelle du sel, 3 l. par mois (13 avril 1291. Provv. III, 11).

Officiers chargés de dresser l'*estimo*, 50 l. (8 août 1296. Provv. VI, 93 v°).

Officiers chargés du contentieux des impôts, 3 fl. d'or s'ils sont légistes ; 40 s. s'ils ne le sont pas (24 juillet 1290. Provv. IV, 32 v°).

Officier chargé de la destruction des biens des rebelles dans le *contado*, 15 s. par jour (*Ibid.*, p. 33 v°).

Syndics qui ont soumis le potestat au *sindicato*, 20 sous chacun. (*Ibid.*)

A l'officier qui lit aux camerlingues et aux sages les statuts de la commune, 1 l. par mois (10 oct. 1303. Provv. XII, 15 v°).

Au rédacteur des lettres de la commune, 150 l. par an (*Ibid.*)

Officier étranger préposé à l'abondance des grains, ses deux notaires et ses quatre fanti berrovieri, 225 l. pour les 6 mois de leur charge, plus le logement. Les berrovieri ont, pour leur part, 3 l. par mois chacun (8 avril 1286. Consulte, PPI, 31).

Essayeurs et peseurs de florins, 5 l. par mois (9 août 1294, Consulte, I, 14).

Six officiers chargés d'approuver les cautions des magnats, 48 l. pour 2 mois. Leurs six *nunzii*, 36 l. pour le même temps (4 février 1300. Provv. X, 104 v°).

Le potestat et sa *famiglia*, 6000 l. (Consulte, I C, 49 v°).

Le capitaine du peuple et la sienne, 2500 l. (Auct. inc. ap. Delizie, IX, 258).

Vicaire, pour 6 mois, au pays de Volterre, 300 l. pour lui, sa *famiglia* et ses deux chevaux. 125 l. pour son juge, 75 pour son notaire, aux frais de la ville qu'il administre (Consulte, I E, 87).

Quatorze commissaires, chargés de réviser les statuts des arts, reçoivent pour leurs écritures et leur nourriture de quelques jours, 32 l. (4 avril 1300. Provv. X, 216, 226 v°).

Percepteurs des impôts (*prestanze*), 40 sous par mois. On leur paye 3 mois à la fois (11 oct. 1290 et 12 mars 1292. Provv. II, 144, et III, 29).

Autres, 20 s. par 100 l. (3 déc. 1296. Provv. VI, 146 v°).

Une messe chantée, 37 fl. 23 s. (Comptes des Alberti, ap. Peruzzi, p. 367).

Aux églises, pour faire dire des messes et répandre des aumônes pour le salut de l'âme de Barna Valori Curianni, 300 fl. (Mss. Valori, p. 20, ap. Peruzzi, p. 419).

A un chapelain pour un hôpital, salaire fixé par un testateur, 20 fl. par an (11 sept. 1323. Arch. dipl. Perg. delle Rif.).

Niccolò, anglais, maître de logique et de physique à Rome, est autorisé à venir professer à Sienne. On lui alloue 50 l. par an et le logement (2 sept. 1276. Cons. della Camp., t. XXII, p. 29. 21 août 1277, t. XXIII, p, 19 v°).

A Maître Scatello de Sienne, maître de grammaire et de rhétorique, 25 l. par an, *nel modo che si davano agli altri maestri forestieri* (18 sept. 1309. Cons. della Camp., t. LXXV, p 91).

Maître Gherardo de Florence se fait accepter à Sienne comme maître de l'art de computer les nombres ou de mesurer, sans préjudice d'un certain Giannino maître *dell' abbaco* de Sienne, qui exerçait déjà. On ne dit pas le salaire alloué (30 août 1312. Cons. della Camp., t. LXXXI, p. 90 v°).

(Il y avait à Sienne un *generale studio* ou université).

Une servante, 6 gros (Il Pecorone, giorn. I, nov. 2, f° 16 v°).

Serviteur chargé de balayer le palais du potestat et celui du capitaine, et en outre sacristain de la chapelle du potestat, 12 l. (7 juin 1297. Provv. VIII, 66). — Ce même chiffre est indiqué encore dans deux documents des 19 juin 1298 et 27 juillet 1299 (Provv. IX, 12 et X, 79).

Autre balayeur des deux mêmes palais, 10 l. (17 juillet 1292. Provv. III, 85 v°).

Un sonneur du capitaine, 30 sous par mois (Provv. II, 71 v°).

SUBVENTIONS

Aux frères mineurs, pour leur chapitre général, le Conseil des Cent vote, sur leur demande, à la majorité de 55 voix contre 19, 300 l. (29 mars 1290. Consulte, II, 30).

Aux nonnes de Montesone, pour la construction d'un puits près de leur monastère, 20 l. (7 juin 1297. Provv. VIII, 71 v°).

TRANSPORT DES MARCHANDISES

La voiture de Signa à Florence, 16 s. (Peruzzi, 326-327).
Fret du bateau de Pise à Signa, 4 l. 5 s. 7 d., par sac.
Pour décharger le dit bateau, 1 s. 5 d., au *facchino*.
A Porto Pisano, le *facchino* prend 1 d. 6 picc. pisani par sac.
Droit de magasinage, 8 d. par sac.
Chargement de Porto Pisano à Pise, 7 piccoli par sac.
Gabelle, à Pise, 5 s. 4 d.
Chargement et magasinage à Pise, 6 d.
Chargement pour Signa, 2 picc. par sac.
Le notaire qui fait l'expédition, 8 d.
Passage de Bientina, 8 d.
Passage de Santa Maria a Monte, 9 s. 3 d.

Passage de Castel del Borgo, 3 s.
Fret du bateau de Pise à Signa, 4 l. 5 d. 7 picc. par sac
Pour décharger le dit bateau au port de Signa, 1 s. 5 d.
Voiture de Signa à Florence, 16 sous.

(Peruzzi, p. 326, 327).

TABLE DES MATIÈRES

LIVRE VI

CHAPITRE PREMIER

LES BLANCS ET LES NOIRS

Transformation des partis par suite des ordonnances de justice. — Cerchi et Donati. — Cancellieri et Panciatichi à Pistoia. — Les Blancs et les Noirs (1295). — Les Posés. — La *balia* donnée par eux à Florence (7 décembre 1295). — La *balia* renouvelée pour cinq ans (26 avril 1296). — Les factions des Blancs et des Noirs à Florence (1297). — Leurs querelles (1298-1300). — Vieri des Cerchi appelé devant le pape (1299). — Rixe sur la place Santa Trinita (1er mai 1300). — Ambassade des Noirs au pape. — Légation du cardinal d'Acquasparta à Florence (juin 1300). — Mauvaises dispositions de la seigneurie. — Dante prieur. — Échec du légat. — Irritation croissante des partis. — Nouvelles rixes, attaques à main armée (décembre 1300). — Condamnation des coupables. — Empoisonnement dans la prison. — Nouvelle ambassade des Noirs au pape (décembre 1300). — Les chefs des deux partis exilés. — Retour des exilés Blancs. — Corso Donati à la cour pontificale. — Charles de Valois appelé en Italie. — Son arrivée (août 1301). — Attitude hostile de Pistoia. — Charles à Anagni. — Il est nommé pacificateur de Toscane. — Nouvelle modification des partis à Florence. — Ambassade des Blancs au pape. — Dante en fait partie. — Charles en Toscane (octobre). — Ambassade des Florentins à ce prince. — Charles à Florence (1er novembre). — Conférence à Santa Maria Novella (5 novembre). — Parjure de Charles. — Rentrée de Corso Donati. — Il se rend maître de Florence. — Six jours d'anarchie et de vengeances. — Dévastation du *contado*. — Reconstitution des pouvoirs publics (7 et 9 novembre). — Domination tyrannique de Charles (10 novembre). — Nouvelle mission du cardinal d'Acquasparta (2 décembre) — Nouvelles rixes privées (25 décembre). — Nouvelles proscriptions (27 janvier 1302). — Exil de Dante. — Fausse conjuration des Blancs (26 mars). — Bannissement des Blancs (4 avril). — Départ de Charles (5 avril). 1

CHAPITRE II

DOMINATION ET DISCORDE DES NOIRS

Les Noirs remplacent les Blancs dans la faveur publique. — Rigueurs contre les exilés (7 mai-9 juin 1302). — Arezzo et Pistoia aux mains des Blancs. — Uguccione de la Faggiuola les chasse d'Arezzo. — Ils portent la guerre dans le Mugello (1303). — Leur défaite à Puliciciano (12 mars). — Cruautés envers les prisonniers. — Ligue des Blancs (1304). — Divisions parmi les Noirs : Rosso della Tosa et Corso Donati. — Combats dans les rues (février). — Médiation des Lucquois. — Médiation du cardinal de Prato (10 mars). — Ses réformes — Son appel aux syndics des Blancs. — Accident du pont alla Carraja (1er mai). — Complots des Noirs contre la médiation. — Le cardinal à Prato et à Pistoia (8 mai). — Soumission de Prato. — Expulsion des syndics blancs. — Départ du cardinal (4 juin). — Formation d'un parti modéré. — Il est attaqué par les Noirs (10 juin). — Florence incendiée. — Les chefs noirs cités devant le pape (21 juin). — Expédition des Blancs contre Florence (19 juillet). — Défaite et retraite des Blancs (20 juillet). — Agitation à Florence. — Les douze lieutenants de potestat (5-28 août). — Prise des Stinche et de Montecalvi. — Robert de Calabre, capitaine de la ligue guelfe (16 octobre). — Siège de Pistoia (fin mai 1305). — Cruautés réciproques. — Médiation de Clément V. — Souffrances de Pistoia. — Ses portes ouvertes aux assiégeants (11 avril 1306). — Le légat Orsini en Toscane. — Campagne contre les Ubaldini du Mugello (mai). — Campagne contre Arezzo (mai 1307). — Rappel d'Orsini. — Confirmation des ordonnances de justice (15 mars 1307). — Nouveaux articles. — L'exécuteur de justice. — Augmentation des milices. — Mesures au sujet des grands. — Conjuration de Corso Donati (6 octobre 1308). — Combat autour de sa maison. — Sa fuite et sa mort. — Courte période de calme.   70

CHAPITRE III

HENRI VII ET DANTE

Les gibelins font appel à l'empire. — Dante, théoricien de la monarchie. — Circonstances favorables. — Henri de Luxembourg, roi des Romains (25 novembre 1308). — Joie des gibelins. — Ambassade de Henri VII aux Florentins (3 juillet 1309). — Henri VII à Lausanne (10 octobre 1310). — A Milan (23 décembre). — Soumission équivoque de la Lombardie. — Faiblesse des guelfes. — Florence fortifiée. — Siège de Brescia. — Préparatifs de Florence, secours envoyés aux Brescians. — Rappel des exilés. — Ambassade de l'évêque de Botronte à Florence. — Florence citée au tribunal du roi (20 novembre

1311). — Henri VII à Gênes (21 octobre). — Confiscation de marchandises florentines (janvier 1312). — Henri à Pise (6 mars-23 avril). — Mort des chefs noirs à Florence. — Forces guelfes à Rome. — Henri à Rome (7 mai). — Guelfes et impériaux s'en disputent la possession. — Activité des Florentins. — Couronnement de l'empereur (29 juin). — Les impériaux à Tivoli. — Mesures prises contre eux par Florence (juillet-août). — Marche de l'empereur sur Florence. — Il est arrêté à l'Incisa (18 septembre). — Il campe devant Florence (19 septembre). — Préparatifs de défense. — Forces des deux armées. — Dévastation du territoire. — Maladie de l'empereur et négociations. — Départ des impériaux (31 octobre).— Prise d'un château des Bardi. — Combat de Santa Margherita. — L'empereur à San Casciano (3 novembre). — Escarmouche de San Gaggio. — Les cavalieri della banda. — Les Pisans à l'armée impériale. — L'empereur à Poggibonzi (6 janvier 1313). — Vaines négociations. — Condamnation des villes toscanes et de Robert (23 février).— Florence donne pour cinq ans la seigneurie à Robert. — Explications de Robert à Clément V. — L'empereur à Pise (9 mars). — Ses préparatifs. — Son départ (5 août). — Sa mort (24 août). — Douleur des gibelins et joie des guelfes. — Rôle des guelfes et de Florence dans cette lutte. 133

LIVRE VII

CHAPITRE PREMIER

LES ARTS ET MÉTIERS. LES CONDITIONS SOCIALES

Les marchands. — La richesse. — Calimala. — Son statut. — Ses consuls. — Le notaire et la justice de l'art. — Les conseils des consuls. — Attributions des consuls. — Règlements de l'art. — Révision du statut. — Les compagnies et travaux de l'art. — Les teinturiers. — Contrôle exercé sur les marchands et les marchandises. — L'art de Calimala en France. — Ses consuls. — Ses courriers. — Voyages et inspections du maître. — Les hôtelleries de l'art. — Route suivie par les marchandises. — Régime protecteur. — Priviléges acquis au dehors. — L'art de la laine. — Les *Umiliati*. — L'art de la soie. — Les compagnies de l'art. — Les velours. — L'art du change. — Les associations. — Le *Mercato nuovo*. — La table et les livres des changeurs. — Leurs agents et la lettre de change. — Leurs prêts aux princes. — Leurs comptoirs au dehors. — La commune de Florence maison de banque. — L'usure. — Protection accordée à la propriété, aux créances. — Les représailles. — Voyages dans le Levant. — L'art des médecins, des apothicaires et des merciers. — Discorde avec les merciers. — Les médecins et la médecine. — Les apothicaires. — L'art des juges et des notaires. — Le *proconsolo*. — Discorde entre juges et notaires. — Prévarications des légistes. — Mépris dont ils sont l'objet. — Vacations fréquentes des tribunaux. — Formalités et pénalités de la justice. — Coutume de les éluder. — Esprit de parti dans la justice criminelle. — Justice civile. — Les créances. — Les faillites. — L'offrande des prisonniers. — Les autres arts. — Les bouchers. — Les aubergistes et marchands de vin. — La fraude. — Les boulangers. — La législation des grains. — Les paysans. — Les chevaliers. — Les nobles. — Le clergé. — Attaques des conteurs contre les ecclésiastiques. — Réception d'un nouvel évêque. — Les déclassés : les aveugles, les voleurs.. 219

CHAPITRE II

LA VIE PRIVÉE

La famille. — Coexistence du droit romain et du droit langobard. — La propriété. — L'héritage, les testaments. — Les tuteurs. — Les bâtards. — La femme. — Sa dot. — Sa vie au logis. — Ses mœurs. — La veuve. — Les courtisanes. — La prison pour femmes. — Le mariage — Cérémonies nuptiales. — La toilette, le luxe. — Les modes. — La maison à la ville et aux champs. — Les animaux domestiques. — Les lions de la commune. — Les repas. — Le luxe de table dans les festins. — La cuisine. — Les divertissements après le repas. — La boisson et la taverne. — La galanterie. — L'incrédulité et les pratiques religieuses. — Les madones. — Les saints du cru. — Les dévôts. — Les superstitions. — La vie au dehors. — Les *loggie*. — Le *Mercato vecchio*. — La rue. — Jeux des hommes et des enfants. — Jeux de hasard. — La chasse. — Les facéties. — Les fêtes publiques. — Fêtes de banlieue. — Fêtes de ville : La Befana. — Les Pâques. — Le Saint-Jean. — La mort et les funérailles. — Règlements relatifs aux funérailles. — Le luxe de la mort. — La police.. 326

CHAPITRE III

LES BELLES-LETTRES

Les études en Italie. — Goût précoce pour les anciens. — Premières manifestations littéraires à Florence. — Formation de la langue vulgaire. — Ses premiers monuments, les cahiers et lettres d'affaires. — La poésie. — Les Provençaux en Italie. — La poésie sicilienne. — Elle passe en Toscane. — Brunetto Latini. — Son *Tesoretto*. — Les poëtes toscans disciples des Provençaux. — Les poëtes florentins. — Guido Cavalcanti. — Cino de Pistoia. — Dante : ses poésies amoureuses. — Sa Divine Comédie. — Ses sources et ses emprunts. — La part de Florence dans le poëme. — L'allégorie. — But que se proposait Dante. — Unité du poëme. — Services qu'il a rendus. — Publicité qu'il a reçue. — Enthousiasme des contemporains et des générations suivantes. — La prose. — Traductions du latin. — Mérite littéraire des lettres commerciales. — Les *Ricordi*. — Les chroniqueurs. — Giovanni Villani. — Les prédicateurs. — Écrits de Dante en prose : la *Vita nuova*. — Le *Convito*. — Campagne en faveur de la langue vulgaire. — Le *De vulgari eloquio*. — Effets de cette campagne. 410

CHAPITRE IV

LES BEAUX-ARTS

Ruines de l'art antique. — Initiation aux arts par les lettres. — L'architecture aux temps barbares et aux premiers siècles du moyen âge. — San Minato al monte. — La cathédrale de Pise. — Les constructions civiles. — Renaissance de l'architecture par l'étude des anciens. — Premiers architectes florentins. — Arnolfo. — Ses travaux. — Le *campanile* de Santa Maria del Fiore. — La sculpture. — Causes de sa disparition. — Sa renaissance par l'étude des bas-reliefs antiques. — Niccola Pisano. — Son fils Giovanni et son école. — La peinture jusqu'au treizième siècle. — Influence de l'Église et des iconoclastes. — L'école byzantine. — Les miniatures. — Les mosaïques. — Renaissance de la peinture par les progrès de la sculpture. — Les premiers peintres à Florence et à Sienne. — Cimabue. — Disciple des Byzantins, il regarde la nature. — Son école. — Giotto. — Ses innovations dans l'art. — Ses travaux. — Son génie vulgarisateur. — Ses disciples. — Caractère de l'art florentin. — Les artistes à Florence. — Supériorité de la peinture sur l'architecture et la sculpture. — Rôle de la Toscane dans l'histoire de l'art. 475

INDEX ALPHABÉTIQUE

DES NOMS ET DES CHOSES PRINCIPALES

Les noms d'auteurs ou d'ouvrages mentionnés pour la première fois sont en *italiques*. Deux chiffres au même nom d'auteur indiquent deux ouvrages différents de cet auteur.

A

Abati, 13, 26, 78, 91, 97.
Abbracciavacca, 429.
Abeken, 449.
Abélard, 416.
Abruzzes, 204.
Accattapani, 334.
Acciajuoli, 95, 203, 257.
Accorso de Bagnolo, 285.
Achaïe, 159, 174.
Achat de laines, 245, 246.
Achéron, 452.
Acone, 4.
Acquasparta, 17, 18, 21, 22, 30, 39, 58, 59.
Acre, 53.
Adélaïde de Montferrat, 420.
Adimari, 13, 25, 28, 59, 61, 65, 91, 104, 129, 293, 336.
Adimari (Lodovico), 341.
Adimollo, 360.
Adolphe de Nassau, 141.
Adultère, 291, 341, 343, 344.

Affrico, 129.
Agag, 155.
Agincourt, 478.
Agli, 13, 293.
Agliena, 197.
Agnolo, 495.
Agnolo de Guglielmino, 109.
Agobbio, 31, 45, 73, 110, 190.
Agolanti, 389.
Agostino, 495.
Agriculteurs, 310.
Aigues-Mortes, 240, 241.
Aix-la-Chapelle, 142.
Alaric, 476.
Albanie, 147, 174.
Albertani de Brescia, 460.
Albert d'Autriche, 32, 40, 74, 141, 144.
Alberti, 77, 87, 95, 237, 258, 404.
Alberti (Leon Battista), 489.
Alberti, 374.
Albertini, 87.
Albertino Argentin., 148.

Alberto, ciseleur, 522.
Albigeois, 422.
Albizzi, 25, 56, 95, 184, 195, 201.
Aldobrandino de Campi, 18.
Aldobrandini (Tegghiajo) 451.
Alep, 272.
Alessandri, 249.
Alexandre III, 254, 486.
Alexandrette, 272.
Alexandrie, 247.
Alfani (Gianni), 450.
Alfani (Vermiglio), 51.
Alfieri, 389, 462.
Alfonse d'Aragon, 150.
Algarves, 245.
Algébristes, 275.
Allemagne, 14, 173, 179, 211, 440.
Allemands, 40, 83, 134, 139, 148, 153, 171, 178, 180, 184, 187, 189, 190, 193-195, 200, 216, 243.
Almogaraves, 108.

INDEX ALPHABÉTIQUE.

Alpes, 33, 239, 240, 420.
Alpes des Ubaldini, 76.
Altafronte, 3.
Altichieri, 505.
Altieri, 389.
Altoviti, 61, 506, 521.
Alun, 234.
Amadore, 8, 9.
Amalécites, 155.
Amalfi, 505.
Amata, 155.
Ambassadeurs, 19, 27, 36, 38, 39, 43, 114, 148, 151, 158, 159, 164-168, 203, 204, 206, 207, 509, 515.
Ambra, 117, 184.
Amédée IV, 527.
Amédée VIII, 353.
Amelia, 128.
Amendes, 103, 117, 120, 122, 125, 169, 290, 291, 401.
Amico (Fra), 247.
Amieri, 389.
Ammanati, 56.
Ammirato, 7.
Amorozzo, 431.
Amour, 375-377.
Ampère, 452.
Anacréon, 412.
Anagni, 36, 42, 83.
Anchioni, 184, 362.
Ancône, 114, 240.
Ancona (d'), 211.
Andrea de Cerreto, 56.
Andrea Gherardini, 34.
Andrea, juge, 332.
Andrea Pisano, 497.
Anes, 74, 395.
Angelico (Fra Beato), 502, 517.
Angiolo, 178.
Anglais, 138, 245, 250, 479.
Angleterre, 87, 236, 240, 241, 245, 246, 248, 353, 440, 495.
Animaux, 74, 365-367, 380, 394, 395, 465.
Anjou, 31.
Ann. des études grec-ques, 441.
Agnates, 258.
Anselme Badagio, 480.
Antellesi, 95, 96.
Anténor, 413.
Antonio dell'Orso, 186, 199.
Anvers, 243.
Anziani, 62, 112, 172.
Apennin, 7, 28, 34, 106, 164, 173.
Apollonio, peintre, 509.
Apothicaires, 18, 275, 276, 283, 389.
Appels, 120, 276.
Apprentis, 229.
Apprêteurs, 232.
Aquilée, 257, 416, 501.
Arabes, 282, 421, 486.
Aragon, 31, 108.
Arbalétriers, 50, 76.
Arbitri, 231, 267.
Archers, 196.
Architecture, 477-491.
Archivio de' contratti, 249.
Ardinghelli, 56.
Arezzo, 74-76, 80, 90, 98, 100, 106, 114, 117, 131, 150, 167-169, 179, 183, 184, 192, 261, 263, 429, 486, 494, 497, 518.
Aristophane, 440.
Aristote, 282, 427, 447, 450, 452.
Arles, 240.
Arménie, 255.
Armoiries, 241, 250.
Arnaud, *voy.* Pellegrue.
Arndt, 137.
Arno, 92, 101, 155, 158, 160, 164, 174, 186, 187, 192, 208, 279, 371.
Arnolfo de Cambio, 440, 487-489, 495, 506.
Aroux, III, 445.
Arrigucci, 13.
Artaud, 503, 505.
Artisans, 220, 379, 380, 406.

Arts, 6, 21, 119, 276.
Ascagne, 155.
Asie, 108.
Assise, 487, 503, 512, 518.
Asti, 239.
Astrakhan, 273.
Astrologues, 47.
Ateliers d'artistes, 523.
Athénée, 504.
Athènes, 217.
Athènes (duc d'), 366.
Atlas, 156.
Aubergistes, 302, 304, 305.
Augier, 552.
Augusti, 478.
Avana, 181.
Avanzi, 505.
Aveugles, 323, 324.
Avicenne, 282.
Avignon, 106, 117, 142, 143, 158, 162, 198, 203, 234, 237, 239, 240, 252, 258-260, 519, 521.
Avocats, 285, 312.
Aymard-Verdier, 491.
Azeglio, 471.
Azzo d'Este, 80, 269

B

Babylone, 106, 258.
Bacchus, 496.
Baccicrone, 429.
Bactriane, 272.
Badia, 118, 488.
Bagdad, 250.
Bagnesi, 13.
Bains, 279, 365, 371.
Bal, 16.
Baldelli, 67.
Baldinucci, 490, 510.
Baldo d'Aguglione, 163.
Balia, 10, 11, 16, 18, 46, 56, 72, 73, 85, 86, 88, 93, 230, 231, 304, 306.
Ballots, 241, 242, 265, 272.

INDEX ALPHABÉTIQUE.

Baluze, 142.
Banco, banchi, 255, 258.
Bannières, 21.
Bannitio Florentie, 168.
Banque, 4.
Banqueroutes, 254.
Banquets, *voy.* Repas.
Banquiers, 252.
Baptistère de Pise, 482, 494.
Id. de Florence, 497, 525.
Barbagia, 342.
Barbarie, 272.
Barbe, 366, 402.
Barberini, 140.
Barbier, 276.
Bardi, 13, 158, 178, 193, 203, 243, 246, 257, 261, 266, 269, 273, 378.
Baret, 420.
Bargæus, 476.
Bargello, 50, 290, 378, 486.
Barletta, 258, 259.
Baroncelli, 95.
Barone, 131.
Barone de S. Miniato, 34.
Barone de Ristoro, 291.
Baroni, 131.
Baronius, 501.
Barricades, 94, 101.
Bartolommeo, peintre, 508, 509.
Bartolo, 483.
Bartolo de Spolète, 168.
Baschiera della Tosa, 13, 25, 28, 65, 99, 100, 101.
Basile le jeune, 503.
Bassano, 250.
Bastari, 50.
Bâtards, 333, 334.
Batissier, 478.
Bâton, 343, 344.
Batteurs d'or, 251.
Battifolle, 184, 190.
Baudouin, empereur, 32, 39.
Baudouin de Trèves, 142,

144, 194, 207, 209.
Bavière (duc de), 175.
Beatrice de Capraja, 333.
Beatrice Portinari, 437-439, 445, 447, 466.
Béatrix de Lorraine, 493.
Béatrix de Luxembourg, 179.
Béatrix de Sicile, 52.
Beaucaire, 259.
Beccamorti, 402.
Becchi, 61.
Befana, 396.
Belacqua, 440.
Belfagor, 264.
Bella (Della), 131.
Bellincione Berti, 341.
Bellincioni, 61.
Bénard, 529.
Bencino, 182.
Bencivenni, 330.
Beninsegna, 331.
Benoît XI, 87, 95, 98, 519.
Benvenuto d'Imola, 456.
Bérenger, 411.
Bergame, 10, 250.
Bergmann, 137.
Bernardino de Polenta, 80.
Berni, 374, 396.
Berri, 240.
Berrovieri, 121, 123, 406.
Berto de Rinieri, 293.
Bertrand de Born, 451.
Béthune, 31.
Béziers, 240.
Biagio, 494.
Biagio d'Antolino, 114.
Bianca, 8.
Bibbiena, 118, 268.
Bibliothèque sacrée, 140.
Bigallo, 334, 349, 399.
Bindaccio des Cerchi, 52.
Bindo Bilenchi, 18.
Bindo d'Agobbio, 113, 115, 116.
Bino des Gabbrielli, 110.
Blancas, 108.
Blanche d'Anjou, 149.
Blanc (L. G.), 449.

Blancs, 7-9, 11-13, 15, 18, 23, 24, 26, 28, 29, 35, 37, 38, 42-44, 46, 47, 50-52, 55, 57, 59, 64-71, 74-77, 80-83, 89, 90, 94-96, 98-103, 108-110, 112, 113, 116, 119, 127, 132, 133, 212-215.
Blés, 309.
Boccace, 237, 440, 456, 472, 514, 520, 522.
Boccasini, *voy.* Benoît XI.
Boccio, 397.
Boèce, 438, 466.
Bœuf, 190, 386.
Bohême (roi de), *voy.* Jean de Luxembourg.
Böhmer, 150.
Boileau, 426.
Bollo, 235.
Bologne, 34, 77, 80, 92, 98, 100, 102, 106, 111, 113, 114, 151, 159, 161, 162, 164, 167, 173, 190, 203, 240, 245, 250, 276, 277, 281, 285, 287, 413, 429, 440, 496.
Bonaccorsi, 258, 336.
Bonacosa, 262.
Bonagiunta, 429, 436, 437.
Bonaguida, 264.
Bonaguidi, 430.
Bonanno, 486.
Bondone, 513.
Bongi, 250.
Boniface (Margrave), 369.
Boniface VIII, 15-17, 27, 30, 32, 33, 36-38, 41-43, 46, 55, 58, 68, 71, 75, 77, 83, 87, 106, 135, 149, 221, 451.
Boninsegna, 253.
Bordone, 98.
Bordoni, 129.
Borgo Allegri, 394.
Borgo san Donnino, 164.
Borgo san Lorenzo, 336.
Borromée, 248.
Bostichi, 13.

Botronte (ville), 147.
Botronte (év. de), 169, 180, 184, 185, 188, 199, 206, 207.
Botronte (év. de), 147, 153.
Botti, 253.
Bouchers, 302, 303.
Boucs, 140.
Boudins, 26.
Bouffons, 122.
Boulangers, 306-308, 313.
Bourges, 240.
Bourgogne (duc de), 258.
Bourse, 254, 256.
Bourses, 21.
Boussole, 271.
Boutaric, 105.
Bouterweck, 435.
Boutiques, 122.
Brabant, 144.
Brandani, 51.
Brescia, 24, 154, 160-163, 168, 206, 216, 239.
Bretagne (comte de), 173.
Brienne, 39.
Brocart, 250, 274.
Brodeurs, 251.
Bronci, 26.
Bruce Cohythe, 415.
Bruce Whyte, 477.
Bruges, 259, 252, 259, 260.
Brunelleschi, 13, 98, 131, 173, 174.
Bruxelles, 258.
Buffalmacco, 385, 509, 521, 522.
Buggiano, 36.
Bulgares, 440.
Buonaguisi, 462.
Buoncompagno, 413.
Buonconvento, 209.
Buondelmonti, 13, 98, 168, 186, 378.
Buondelmonte de Ruffi, 253.
Buonuomini, 300.
Burlow, 42.
Buschetto, 481, 493.

Buti, 456.
Byzantins, 475, 483, 501-503, 505, 510, 511, 517.

C

Cacciafuori, 270.
Cacciaguida, 19, 389.
Caen, 239.
Cafagio, 49.
Cagliari, 259.
Cahiers de dépense, 419.
Calabre, 423.
Calchas, 452.
Calimala, 97, 221-246, 249, 261, 262, 295.
Calvoli, 78, 79.
Calydon, 493.
Cambino, 53.
Cambodge, 367.
Cambrai, 553.
Camerlingues, 76, 161.
Campaldino, 4, 18.
Campanile, 119, 490.
Campi, 94, 210.
Camposanto, 497.
Cancellieri, 7, 34, 48.
Cane della Scala, 216.
Canneto, 157.
Cante Gabbrielli, 45, 56, 61, 64, 71, 76.
Cantelme, 204.
Canti carnascialeschi, 374.
Cantino Cavalcanti, 34.
Cantù, 420.
Canzone, 429, 436, 439, 468.
Capétiens, 39, 40.
Capitaine, 12, 18, 55, 107, 112, 119-123, 128, 166, 187, 227, 286.
Capitole, 176, 177.
Capitudini, 6, 119.
Caponsacchi, 97, 389.
Caposelvole, 184.
Capponi, 257.
Caravane, 272.
Carcassonne, 240.

Cardeurs de laine, 313.
Carducci, 210, 434.
Careggi, 99.
Carême, 200, 205.
Caribert, 145.
Carlino, 8, 9.
Carlino des Pazzi, 76.
Carmignani, 138.
Carrache, 521.
Carroccio, 19.
Caruccio de Ranieri, 254.
Casella, 436, 440.
Casentino, 118, 155.
Cassiodore, 477.
Cassiodore, 500.
Castelfiorentino, 190, 200, 208.
Castelfranco, 488.
Castello, 190.
Castello della Pieve, 28.
Castiglione Aretino, 169.
Catalans, 108, 128-130, 149, 175-177.
Catenaia, 77.
Cathares, 140.
Cathay, 272, 274.
Catherine de Courtenay, 32.
Catherine, femme de Charles de Valois, 45.
Catilina, 7, 95, 459.
Caton, 286, 352, 367, 459.
Caucase, 156, 272.
Caumont, 491.
Cavalca, 466.
Cavalcanti, 13. 14, 34, 61, 79, 82, 96, 97, 104, 105, 174, 462.
Cavalcanti (Guido), 215, 431-436, 451.
Cavalcanti (Jacopo), 429, 430.
Cavalcaselle, 478.
Cavalieri della banda, 196.
Cavaliers, 76, 77, 94, 100, 101, 108, 109, 117, 118, 124, 149, 175, 176, 184, 185, 187-189, 196-198, 205, 208.

Cavallaro, 397.
Cavallate, 76, 149, 157, 161, 162, 176, 184, 187, 188.
Cavi, 13.
Cavicciuli, 104, 129.
Caylus, 504.
Cecco d'Ascoli, 215, 457.
Cecino, 50.
Cedreni comp., 441.
Célestin V, 31, 43, 451.
Cellini, 449.
Cenis (mont), 152.
Cento novelle, 220.
Cerbaia, 152.
Cerbère, 452.
Cerchi, 4-6, 10, 12, 13, 15, 16, 24-26, 28, 35, 59-61, 67, 91, 115, 131, 132, 214, 362, 383, 419, 460.
Cerchi del Garbo, 95, 96.
Cerreto, 132.
Certaldo, 189, 190, 194, 197.
Cervantès, 454.
César, 155, 459.
Cessante, 295.
Champagne, 238, 239.
Change, 77, 253, 254, 280.
Changeurs, 252, 255, 257, 258.
Chanson de Roland, 420.
Charlemagne, 151, 500.
Charles Ier d'Anjou, 39, 375, 424, 494, 528.
Charles II d'Anjou, 21, 32, 36, 55, 106, 149, 394.
Charles IV, 214.
Charles de Valois, 30-33, 35-37, 39-49, 52, 55-59, 62, 64-68, 71, 75, 141, 205, 212, 221.
Charles Hubert, 145.
Charles le Bel, 262.
Charles-Martel, 106, 145.
Charon, 452.
Chasse, 392.
Châteaux, 74.

Châtelains, 72, 107.
Cherubini, 527.
Chesterfield, 375.
Chevaliers, 276, 283, 312, 314, 400.
Chianti, 181.
Chiarenza, 259.
Chiaro, 254.
Chiens, 318.
Chiffres, 255.
Chine, 255, 272.
Chirúrgien, 276.
Chiusi, 194.
Chron. de orig. civit., 464.
Chypre, 243, 259.
Ciampini, 504.
Cicéron, 413, 438, 466.
Cicognara, 478.
Cielembroni, 33.
Cimabue, 394, 411, 440, 488, 489, 496, 503, 510-513, 515, 520, 521, 526-528.
Cincinnatus, 14.
Cino d'Aliotto, 264.
Cino de Pistoia, 210, 433.
Cino de Pistoia, 14, 145, 210, 215, 237, 429, 434, 435, 437, 438.
Ciseleur, 522.
Cisti, 508.
Città della Pieve, 169.
Città di Castello, 131, 263.
Ciullo d'Alcamo, 428.
Civitavecchia, 182.
Civitella, 168.
Claudien, 440.
Clément V, 105, 110, 119, 141-143, 145, 146, 149, 154, 158, 179, 198, 205, 206, 208, 214, 237, 518.
Clergé, 118, 297, 314-320.
Cloches, 72, 97.
Cocchi, 190.
Colle, 198, 199, 269, 487.
Colonna, 17, 176.

Colonna (Egidio), 433.
Côme, 154, 161, 479.
Comète, 47.
Compagni (Dino), 51, 461, 462.
Compagnies, 88, 122-124, 128, 130, 161, 186, 188.
Compagnies de commerce, *voy.* Sociétés.
Comptoirs, 240.
Comugnori, 77.
Conca, 75.
Conciles, 499, 500.
Conclave, 105.
Concordat, 295.
Condamnation de Florence, 201, 206.
Id. de Robert, 202, 206.
Confiscation, 57, 63, 77, 78.
Confrérie, 382.
Conjuration, 65.
Conseils, 18, 38, 42, 44, 80, 88, 115, 119, 125, 256, 257, 286, 291, 297, 301, 310.
Conseils des arts, 225, 226.
Consorti, 10, 104, 328, 330.
Constance, 353.
Constantin, 151, 477.
Constantinople, 32, 39, 259, 420, 486.
Constructions, 190.
Consuls, 222-227, 235, 237, 238, 249, 250, 257, 283-285.
Contado, 89, 94, 96, 103, 122, 128, 187, 189, 190, 236, 299, 302, 304, 309, 322, 337, 345.
Contagion, 299.
Contardo, 198, 199.
Convito, 468, 469.
Coppo, 508.
Coqui, 332.
Corbeaux, 146, 202.
Corbinelli, 59.
Corbizzi, 49, 50, 115.

568 , INDEX ALPHABÉTIQUE.

Corde, 78, 290.
Cordonniers, 501.
Corneille, 420, 454.
Cornélie, 14.
Corniche, 420.
Corruption, 2.
Corsini, 201, 375.
Corso Donati, 4-6, 13, 15, 25, 27-29, 38, 44, 48-52, 55, 56, 60, 61, 81-84, 92, 96, 98, 104, 126-130, 370, 515.
Cortese, 378.
Cortone, 169.
Costume, 276, 277, 284, 311, 312, 316, 352-358, 400, 401, 522.
Couronne de fer, 153.
Couronnement, 179, 205.
Courriers, 237, 238, 255, 273.
Courtenay, 32.
Courtiers, 228, 229, 347.
Courtisanes, 190, 345-347.
Cousin (Victor), 131, 459.
Crème, 154, 161.
Crémone, 154, 160, 161, 168, 175, 482.
Cris autorisés, 124.
Croisés, 94.
Crowe, 478.
Cruautés, 109.
Cuba, 486.
Cuisine, 158.
Curion, 155.

D

Dalmazio, 190.
Damas (étoffe), 252.
Damas (ville), 250.
Dames (jeu), 228.
Damiata, 34.
Damien (Pierre), 369, 412.
Daniel, 446.
Daniel, 449.
Dante, 7, 14, 18-21, 23, 29, 38, 39, 43, 46, 47, 61-63, 68, 80, 85, 90,
103, 114, 115, 130, 131, 135, 138, 144, 145, 155, 156, 163, 210, 211, 213, 215, 237, 281, 283, 341, 342, 393, 410, 416-418, 421-423, 428, 429, 431, 433-439, 442-458, 464, 466-473, 515, 517, 520, 521, 526.
Datuccio, 291.
Dauphin de Viennois, 173.
Dauphiné, 198.
Davanzati (Chiaro), 430.
Décimes, 258.
Delaborde, 510.
Delamare, 353.
Delécluze, 467.
Dello, 527.
Deloncle, 449.
Démocratie, 21, 38.
Denis (Ferd.), 441.
Dénonciations, 125.
Dépenses militaires, 76.
Desiderio, 503.
De vulgari eloquio, 470.
Dezobry, 527.
Diego de la Rata, 110, 115, 162-164, 180, 183.
Diestel, 67.
Dietisalvi, 53.
Diez, 420.
Diffenbach, 209.
Dijon, 479.
Dino del garbo, 245, 282.
Dino du Mugello, 285.
Dioclétien, 477.
Diotisalvi, 493, 509.
Divieto, 120, 223.
Divine Comédie, 436, 440, 442-455.
Docum. di Stor. ital., 77.
Dominicains, 209, 280, 466, 484, 517.
Donat, 412.
Donati, 4, 6, 12, 13, 15, 16, 24-26, 28, 29, 35, 59, 60, 81, 83, 84, 92,
130, 173, 177, 259.
Donati (Bindo), 430.
Donato de Bencivenni, 291.
Donato, sculpteur, 495.
Donnesca des Sacchetti, 286.
Dönniges, 193.
Dons d'argent, 65.
Donzelli, 55, 312.
Dordogne, 241.
Doria, 215.
Dots, 334, 336-338.
Douai, 31.
Drogues, 275.
Droit romain et longobard, 327, 328.
Du Bouchet, 32.
Duccio, 507, 521, 523, 524, 528.
Dulcino de Novare, 140.
Duras, 174.
Durazzo, 174.
Du Sommerard, 401.

E

Ebn Batouta, 273.
Échecs, 228, 314.
Écoles, 411.
Ecosse, 241.
Édouard Ier, 258.
Édouard III, 261.
Égalité, 106.
Égouts, 233, 293, 345, 400.
Égypte, 272, 492, 493.
Élections, 87, 222, 223, 225.
Elisei, 19.
Elvire, 499.
Ema, 193.
Émancipation, 328.
Émeric-David, 477.
Empoli, 157, 181, 182, 482.
Emprunts, 106, 261, 262-264.
Enceinte, 158, 186.
Énée, 155.
Enfants, 390, 391.

INDEX ALPHABÉTIQUE.

Enzio, 422.
Épices, 275.
Épire, 147.
Equicola, 432.
Eraclius, 501.
Eschyle, 447.
Éselot, 108.
Espagne, 108, 240, 245, 258, 527.
Espions, 309.
Esse, 80.
Este, 420.
Estrapade, 78.
Étienne, 416.
Étireurs, 232.
Étrusques, 480.
Euripide, 440.
Évêques de Florence, 186, 316, 318, 320, 321.
Excommunication, 94, 118.
Exécuteur de justice, 120-126, 128.
Exil de Dante, 61-64.
Exilés, 156, 163, 190.
Experts, 232, 293.
Exportation, 274, 309.

F

Fabliaux, 441.
Facéties, 393, 394, 523.
Facteurs, 240, 255.
Faenza, 79, 240, 263.
Faggiuola, 75.
Faillis, 12, 293-296.
Falconieri, 13.
Familles, 326-330.
Famigli, 94.
Famine, 111.
Fanfani, 395, 419.
Fano, 208.
Farinata des Uberti, 14, 100, 451.
Favole e novellette, 276.
Favolello, 427, 428.
Fazio de Micciole, 18.
Fazio des Uberti, 210, 215, 450, 454.
Federigo dell' Ambra, 431.

Federigo dello Scotto, 268.
Feltrio san Leo, 75.
Femmes, 294, 299, 334-356, 364.
Ferrand, 65, 66.
Ferrare, 80, 239, 245, 250, 482.
Ferrario, 348, 441.
Ferrucci, 201, 259.
Ferrucci (Caterina), 452.
Ferrurio, 292.
Fêtes, 394-397.
Fêtes chômées, 288, 289.
Fèves, 225, 405.
Fidanza, 508.
Fiesole, 93, 99, 123, 413, 481.
Fieschi, 162.
Firenzuola, 115.
Filache, 198, 199.
Filateurs, 251.
Fino, 509.
Fiorentini (Angelo), 430.
Ficino (Marsilio), 433.
Flandre, 240, 241, 245, 255, 440.
Flandre (comte de), 31, 172.
Floto, 449.
Foglia, 28.
Foires, 238, 251, 273.
Folcacchiero, 428.
Folgore, 429.
Fondi, 184.
Forez (comte de), 173.
Forli, 77, 79, 114, 268.
Forti, 338.
Fortifications, 158.
Fortuno, 247.
Forum, 177.
Foscolo, 20, 419.
Fougeroux, 505.
Fournitures, 121.
Français, 50, 64.
France, 87, 236, 237, 239, 240, 245, 246, 258, 416, 420, 440, 528.
Francesca de Rimini, 215, 451.

Francesco de Barberino, 395, 431.
Francesco de Leonardo, 114.
Francfort, 142.
Franciscains, 140, 199, 280, 315, 402, 484, 517, 518.
Franzesi, 34, 41, 42, 45, 46, 78, 259, 266.
Fraticelli, 140.
Fraticelli, 47.
Frati gaudenti, 395.
Fraude, 303.
Frédéric Barberousse, 58, 247, 486.
Frédéric d'Aragon et de Sicile, 42, 139, 140, 145, 149, 179, 200, 207, 267.
Frédéric II, 139, 280, 385, 415, 421, 422.
Frérots, 140.
Frescobaldi, 13, 24, 35, 44, 50, 52, 82, 131, 257, 258.
Frescobaldi (Dino), 431, 432.
Frezzi, 454.
Fricassée de boudins, 26.
Friedberg, 137.
Frioul, 239.
Fromages, 197.
Fuccechio, 36, 94.
Fulciero de Calvoli, 78.
Funérailles, 24, 200, 398-405.
Furietti, 504.
Furstener, 138.

G

Gabbrielli, *voy.* Bino, Cante.
Gabelles, 262.
Gabelous, 303.
Gaddi (famille), 287.
Gaddi (Gaddo), 513.
Gaddi (Taddeo), 457, 513, 527.
Gaetani, 184.
Gailhabaut, 478.

Galigai, 78.
Gallien, 191, 282.
Gallo, 429.
Gallura, 149.
Gally-Knight, 478.
Gamba de Granajo, 331.
Gand, 31.
Gangalandi, 91, 176, 181, 270.
Ganghereta, 74.
Gano, 495.
Garance, 233, 234.
Garbo, 245.
Gardes de nuit, 323.
Gargani, 417.
Gargonza, 80, 118.
Garnier (Francis), 367.
Gascogne, 31, 141.
Gebhart d'Arnstein, 267.
Geffroy, 462.
Gemma Donati, 63, 73.
Gênes, 82, 152, 168, 169, 171, 172, 175, 179, 196, 204, 205, 207, 234, 239, 240, 245, 250, 254, 259, 267, 271, 272, 351, 356.
Genséric, 476.
Gentile des Cerchi, 24.
Gentilshommes, 313, 322.
Gentucca, 437.
Geri Spina, 13, 17, 28, 38, 81, 98, 131, 166, 167, 173, 308.
Gervinus, 441.
Gesta Florentinorum, 414.
Gesta pontificum, 41.
Gherardi, 245, 250.
Gherardini, 13, 25, 28, 34, 61, 65, 74, 82, 91, 95-97, 115, 259.
Gherardino de Gambera, 24.
Ghese de Pietro, 508.
Ghiberti (Jacopo), 262.
Ghiberti, sculpteur, 497.
Ghiberto de Corrigia, 165, 216.
Ghisla, 338.
Giamboni, 459.

Giandonati, 13, 39.
Gianfigliazzi, 13, 194.
Gianni, 258.
Giannina, 332.
Giano della Bella, 11, 13.
Gianori, 259.
Gibbon, 478.
Gibelins, 3, 5, 7, 11, 13, 14, 16, 19, 21, 22, 37, 42, 50, 54, 68, 71, 74, 76, 77, 87-90, 92-94, 96, 98, 105, 109, 145, 115, 116, 118, 127, 131, 145, 147, 152, 154, 157, 159, 163, 179, 190, 193, 195, 199, 207, 210, 213, 214, 292, 324, 418.
Gibraltar, 241.
Gide, 338.
Gidel, 420.
Gieseler, 478.
Gilbert de Romagne, 161.
Gilio, 509.
Giogole, 124.
Giordano de Rivalta, 466.
Giorgi de Venise, 422.
Giorgio, 527.
Giotto, 410, 411, 428, 430, 440, 489, 490, 497, 515-522, 526, 527.
Giovanna Visconti, 149.
Giovanni de Benedetto, 158.
Giovanni de Campi, 486, 489.
Giovanni de Lamberto, 184.
Giovanni de Lemmo, 77.
Giovanni de Ranieri, 254.
Giovanni, peintre, 527.
Giovanni Pisano, 497.
Girolamo del Chiaro, 51.
Girolamo de Morello, 508.
Gironde, 241.
Giudice (del), 256.
Giugni, 96, 104.
Giuliano, 470.
Giunta de Pise, 503.
Giuntarino, 384.

Giusto de Padoue, 527.
Gli scrittori d'Italia, 428.
Gobelins, 505.
Godereccia, 395.
Goerres, 420.
Goethe, 448.
Goffredi del Grazia, 460.
Gonfalonier de justice, 62, 88, 120, 121, 122.
Gonfaloniers des compagnies, 125-125, 130, 186, 259.
Gonzon, 415.
Goro Dati, 285.
Goro, sculpteur, 495.
Goschel, 449.
Graberg, 273.
Grævius, 476.
Grains, 82, 83, 509.
Grands, 3, 5, 12, 18, 27, 46, 57, 84, 94, 97, 98, 101, 104, 122, 125, 126, 151.
Gravina, 174.
Graziola, 431.
Grèce, 36, 108, 475, 481, 493, 526.
Grégoire VII, 83, 411, 441
Grégoire X, 313.
Grégoire de Tours, 440.
Grégoire le Grand, 440.
Grenade, 150.
Greve, 181, 191.
Grosseto, 364.
Grieben, 445.
Gruneisen, 499.
Gualbert, 280.
Gualfredi, 9.
Gualramo, 154.
Gualtieri, 510.
Guardamorto, 399, 400.
Guasti, 490.
Guasto, 67, 75, 79, 116, 117, 190, 191, 200.
Guazzagliotti, 93.
Gubbio, *voy*. Agobbio.
Gubernatis, 273, 337.
Guccio de Gagliardo, 264.
Guccio de Rinaldo, 184.
Guède, guado, 233, 234.
Guelfes, 3, 5, 7, 14, 17,

INDEX ALPHABÉTIQUE. 571

19, 21, 22, 29-31, 37,
41, 42, 44, 46, 50, 54,
70, 71, 80, 89, 92, 95,
97, 100, 107, 110,
113, 114, 126, 127,
131, 145, 147, 151,
153, 157, 159, 163,
175, 199, 211, 292.
Guglielmo, 9.
Guglielmo, architecte,
479.
Guglielmo, évêque d'A-
rezzo, 314.
Guicciardini, 201, 279,
462.
Guicciardino, 311.
Guidalotti, 115.
Guidi, 25, 168, 189.
Guidini, 463.
Guido Cavalcanti, 14, 25,
28, 29.
Guido d'Arezzo, 527.
Guido de Jacopo, 282.
Guido dell' Antella, 237,
472, 531-533.
Guido de san Donato, 53.
Guido de Sienne, 506,
507.
Guido Guerra, 451.
Guido Novello, 7.
Guidone de Montecalvoli,
180, 182, 185.
Guidotto, architecte, 480.
Guidotto Canigiani, 293.
Guidotto de Bologne, 459.
Guilhem Figueiras, 421.
Guillaume de Champeaux,
416.
Guillaume de Lorris, 416.
Guimbarde, 374.
Guinicelli, 429, 430, 432,
436.
Guittone d'Arezzo, 429,
437, 460, 461.
Gumpold, 412.

H

Habsbourg, 38, 40.
Hainaut, 353.
Halle, 257.

Ham, 31.
Hanoï, 367.
Hartwig, 338, 415.
Heft, 338.
Hegel (Carl), 137.
*Heinrici VII constitu-
tiones*, 153.
Henri III, 412.
Henri VII, 141-144, 147,
148, 150, 152-154,
156-159, 161-165,
167, 170-173, 175,
179, 183, 191-194,
197-202, 204-208,
212, 215, 216, 410,
434, 464.
Henri de Namur, 172,
185, 186, 192, 194.
Hercule, 413.
Hérédité, 530-535.
Hérésie, 316.
Hérode, 396.
Hérodote, 421.
Hindous, 493.
Hippocrate, 191.
Hippolyte, 493.
Historia Dulcini, 140.
Hoang-Ho, 273.
Hohenstaufen, 38.
Homère, 413, 448.
Hongrois, 413, 420.
Honorius IV, 281.
Hope, 359.
Hôpitaux, 280, 408.
Horace, 412, 413, 436.
Hostie, 209, 465.
Hôteliers, 240.
Hugues, 478.
Hugo de Bucheck, 188.

I

Iconoclastes, 501.
Il centenario di Dante,
515.
Ildebrando, 338.
Ile de France, 239.
Iliade, 504.
Imelda, 332.
Imola, 80, 114, 269.
Importation, 274, 275.

Impôts, *voy*. Taxes.
Incamération, 72.
Incendies, 50, 54, 96, 97,
186, 191, 407, 408,
414.
Incisa, 67, 185, 187.
Indemnités, 408.
Indes, 272.
Indigénat, 495, 528.
Indulgences, 94.
Inghirami (Francesco),
481.
Inondation, 192.
Intelligenzia, 435.
Interdit, 59, 94, 117,
118.
Interminelli, 75.
Investigateur, 420.
Irréligion, 318, 319, 379,
580.
Isaïc, 499.
Israël, 160.
Itinéraire de Pegolotti,
273.
Ivrognerie, 316, 317,
375, 376.

J

Jacopo, architecte, 487.
Jacopo, peintre, 509.
Jacopone de Todi, 31.
Jacopone de Todi, 215.
Jayme d'Aragon, 108,
149.
Jean de Brienne, 39.
Jean de Cermenate, 148.
Jean de Luxembourg (ou
de Bohême), 155, 207,
209.
Jean de Meung, 416.
Jean de Morée, 174, 175,
177, 178, 180, 181,
183, 205.
Jean de Paris, 136.
Jeanron, 494.
Jérusalem, 39.
Jésus-Christ, 140, 413,
499.
Jeunes gens, 311, 356-
358, 376.

INDEX ALPHABÉTIQUE.

Jeux, 390, 391.
Jongleurs, 122, 375.
Judas, 48.
Juges, 77, 120-122, 201, 276, 283-304, 312.
Juifs, 281, 385.
Justinien, 134, 201.

K

Kamo, 273.
Kermès, 253.
Khanbalich, 272.
Kinkel, 491.

L

Labitte, 441.
La Cava, 503.
Laderchi, 515.
Lagny, 240.
Laid, 499.
Laine, 77, 170, 244-249, 280, 302, 484.
Lamberteschi, 254.
Lamberti, 91, 250, 254.
Lami, 477, 501, 502.
Landino, 433.
Lando, 306.
Lando, artisan, 153.
Lando d'Agobbio, 110.
Langobards, 477, 479.
Languedoc, 237, 240.
Langue vulgaire, 415-419, 423, 432, 467, 470, 473, 474.
Lanternes, 107, 228.
Lanzi, 492.
Lapa Gherardi, 336.
Lapo Ampolla, 291.
Lapo Angiolieri, 51.
Lapo, architecte, 486, 487, 495.
Lapo Bertaldi, 115.
Lapo del Pazzo, 331.
Lapo de S. Remigio, 293.
Lapo Gianni, 430, 432.
La Réole, 31.
L'arte del contrappun-

to, 527.
Lastra alla loggia, 99, 100, 102, 103, 164.
Lastra a Signa, 99, 176.
Latini (Brunetto), 21, 99, 237, 347, 423, 425-428, 430, 440, 441, 451, 459, 515.
Latino (card.), 486.
Latran (concile de), 411.
Laudesi, 382.
Lausanne, 148, 150-152, 172, 205.
Lebrun, 505.
Le Clerc, 440.
Leghe du Contado, 127, 181.
Légistes, 327.
Legrand, 491.
Legrand d'Aussy, 441.
Legs, 332, 402.
Leibniz, 138.
Leibniz H., 478.
Lelius, 438.
Léon d'Ostie, 502, 503.
Léonine (cité), 177.
Léopard, 365.
Lettere volgari, 419.
Lettre de change, 259, 260.
Le Vieil, 505.
Libourne, 241.
Libri consil. Taurini, 353.
Liége (év. de), 177.
Lieutenant de potestat, 104.
Lièvre, 286.
Lignage (comte de), 173.
Lignari, 195.
Ligue, 108, 150, 152, 163, 168, 183, 784, 188.
Linari, 190.
Lions, 365-367, 465.
Lippi, 295.
Lippo Cambi, 51.
Lippo, peintre, 508.
Littré, 427, 520.
Livres, 265, 266.
Livres de comptes, 255, 256.

Locations, 262.
Lodi, 154, 165.
Loggie, 254, 255, 279, 387, 388, 487.
Lois somptuaires, 351, 353, 354, 358.
Lombardie, 34, 139, 152, 154, 155, 161, 211, 240, 245, 411, 412, 420, 479, 486.
Lombards, 49, 170.
Londres, 239, 245, 255, 258, 259, 273.
Lorenzo, prêtre, 265.
Lorenzotti, 507, 521.
Lottieri della Tosa, 82, 84, 105, 186.
Lotto, 429.
Louis de Bavière, 214.
Louis de Savoie, 148, 168.
Louis le Gros, 32.
Louis VIII, 30.
Louis XI, 295.
Loup, 465.
Louvre, 518.
Luca, peintre, 502.
Lucain, 155.
Lucardo, 197.
Lucco, 41.
Lucifer, 452.
Lucignano, 169.
Lucques, 11, 34-36, 75, 76, 85, 86, 88, 93, 95, 98, 104, 112, 117, 132, 151, 159, 162, 163, 177, 181, 182, 190, 203, 250-252, 366, 429, 479, 496, 518.
Lucullus, 367.
Lune, 136.
Luoghi di Monte, 255.
Luoghi pii, 331.
Luxe, 352-358.
Luynes, 237.
Lyon, 113, 252.
Lysippe, 494.

INDEX ALPHABÉTIQUE. 575

M

Mabillon, 412.
Macaulay, 326
Macerata Feltria, 75.
Macerato, 208.
Macheruffo, 278.
Machiavel, 417.
Machiavelli, 34, 76, 201, 331.
Macone de Montereggio, 286.
Maçons, 293, 301.
Madones, 381.
Magalotti, 56, 95, 166.
Maggiolate, 395.
Magnier, 449.
Magra, 28.
Maine, 31.
Maio, 395.
Maisons de campagne, 363, 364.
Maisons de ville, 359-362, 483.
Maitani, 487, 495.
Majorque, 259.
Malaspina, 13, 28, 61, 108, 110, 437.
Malatesta, 30.
Malatesti, 117.
Malefami, 4.
Malespini (Ricord.), 458, 461, 462.
Malherbe, 418, 426.
Malpropreté, 361, 562.
Malvecii Chron., 162.
Mancini, 95.
Manetti, 259.
Manfred, 422, 423, 451.
Mangiadori, 247.
Mangona, 77, 269.
Manieri, 13.
Mannelli, 13.
Manni, 17, 234, 396, 502.
Manovelli, 56.
Manovello de Tedice, 253.
Mansi, 77.
Marchands de vin, *voy.* Vinattieri.

Marche d'Ancône, 189.
Marchese, 487.
Marchioni di Monticalo, 55.
Marchionne, 486.
Marchisello, 508.
Maremmes, 28, 234.
Margaritone, 502, 506, 511.
Marie de France, 441.
Marignolle, 51, 383.
Maris, 343, 344.
Marius, 95.
Marmites, 188.
Mars, 3, 47.
Marseille, 240, 241, 254.
Martelli, 458.
Martin IV, 31.
Martini, 87.
Masnade, 129.
Maso de Risalito, 508.
Massaria, 293.
Massa Trebara, 28.
Matalena de Braccio, 327.
Matteo, *voy.* Acquasparta.
Mauro, 445.
May, 478.
Mazzo, 449.
Mazzucchelli, 428.
Médecins, 191, 209, 245, 275-283.
Medici, 53, 184, 257, 389.
Medici (Lorenzo des), 433, 434.
Mehus, 444.
Melano, 486, 495.
Méléagre, 493.
Melsola, 186.
Memmi, 457, 521.
Ménologe, 503.
Mercato nuovo, 97, 254, 294, 387, 388.
Mercato vecchio, 53, 96, 97, 174, 277, 302, 388-390.
Mercenaires, 157, 162, 188.
Merciers, 275, 276.

Mersia, 208.
Mertens, 491.
Messie, 145.
Messine, 413.
Metauro, 28.
Methodius, 440.
Meuniers, 307.
Mézières, 67.
Michel, religieux, 527.
Michelange, 457, 486.
Michelino, 456.
Mico Mocato, 429.
Migliore, 430.
Migliore (L. Del), 509.
Milan, 152-154, 158, 159, 162, 168, 236, 239, 413, 478.
Milanesi, 582, 506.
Milizia, 491.
Milliner, 236.
Miniatures, 503.
Minos, 452.
Minuccio d'Arezzo, 375.
Miscellaneorum epistolæ, 146.
Mobilisation, 89.
Modène, 168, 240, 413, 482.
Modes, 352-357.
Moines, 316-317.
Molière, 264.
Monaldello, 110.
Monaldi, 187.
Monnaies, 257, 259, 261.
Montagliari, 74.
Montale, 76.
Montanina, 437.
Montaperti, 19, 105, 208.
Mont-Cassin, 503.
Monte-Accinico, 115, 116.
Monte Agliari, 67.
Monte Andrea, 431.
Montecalvi, 105.
Montecalvoli, 105.
Monte comune, 255, 262.
Montefeltro, 30, 33, 80, 193, 196, 215, 451.
Montégut, 454.
Monte imperiale, 198.
Montelignoso, 190.
Montepulciano, 169.

Monterappoli, 157.
Montesansavino, 80.
Montevarchi, 184.
Montferrat, 202, 420.
Montivilliers, 239.
Montopoli, 77.
Montpellier, 239-241, 252, 260.
Monza, 139, 153.
Morabottini, 53.
Mores, 108, 150.
Morgincap, 336.
Mort, 398-405.
Mort (peine de), 125.
Mosaïques, 503, 504, 509, 510.
Mozzi, 13, 91, 246.
Mugello, 77, 93, 114-117.
Mugnone Fatinelli, 366.
Mulets, 74.
Müller (Max), 220.
Muratori, 478.
Mûriers, 252.
Musignano, 132.
Musique, 374, 375, 393, 527.
Mussato (Alberto), 143, 211.
Musulmans, 385.
Mystère, 394.
Myrrha, 155.

N

Nabuchodonosor, 446.
Nacchere, 374.
Naissances, 405.
Nannucci, 422.
Naples, 159, 178, 179, 181, 239, 258, 259, 280, 486, 494, 505, 518.
Napolitains, 175, 177.
Narbonne, 240, 241, 332.
Navarre, 40.
Navigation, 272.
Navires, 272, 273.
Neander, 499.

Negri, 432.
Nello Doni, 18.
Nello Viviani, 254.
Nera, 8.
Neri, 117, 259.
Neri del Giudice, 18.
Neri des Abati, 26, 27.
Neri des Strinati, 52, 53, 67.
Nerli, 13, 389.
Nez coupé, 16.
Niccola des Cerchi, 60.
Niccola Pisano, 485, 487, 488, 494-498, 505, 514, 526.
Niccolò des Alberti (*voy.* Card. de Prato).
Nicetas Choniates, 492.
Nicolas III, 451, 487.
Nicoletto de Turin, 422.
Nicolini, 445.
Nîmes, 240, 252.
Nina, 215.
Ninfale, 129.
Nipozzano, 25.
Noces, 347-352.
Noffo de Guido, 18.
Nogaret, 42.
Noirs, 7-9, 11-15, 22, 23, 26, 27, 29, 36-38, 41, 42, 45, 46, 48, 50, 52, 57-59, 64, 66, 68-72, 75, 77, 79, 80, 83, 84, 90-96, 98-100, 102-104, 106, 109, 113, 119, 132, 212.
Noms propres, 415.
Norcia, 287.
Nordmann, 449.
Normandie, 239.
Normands, 421.
Notaires, 121, 122, 130, 201, 259, 276, 285-301, 312, 352.
Notter, 449.
Nunziata, 323, 382.

O

Oderigo de Credi, 463.
Œuvres pies, 229.
Officiers, 120.
Id. des blés, 308, 309.
Id. de la draperie, 241, 242.
Id. de la finance, 305.
Id. des magagne, 235.
Offrande des prisonniers, 157, 291, 298-301.
Ognano, 48, 49.
Ognissanti, 49, 248, 519.
Okkam, 136.
Oltrarno, 88, 100, 186, 273.
Ombrie, 30.
Ombrone, 35.
Orabelis, 384.
Orco, 366.
Ordelaffi, 77, 79, 81.
Ordonnances, 3, 86, 98, 119, 120, 125.
Orfèvres, 251.
Orgagna, 457.
Oricellari, 234.
Orlandi, 61.
Orlandi (Guido), 430.
Orlandini, 259.
Orlando de Giovanni, 282.
Orose, 459.
Or san Michele, 97, 249, 309, 323, 381, 487.
Orseille, 233.
Orsini, 31, 110-114, 118, 141, 162, 175, 178, 181, 204.
Orvieto, 175, 181-185, 190, 486, 487, 496.
Osten, 491.
Ostie, 87.
Ostina, 109.
Otages, 154.
Othlo, 441.
Othon I*er*, 415.
Ours, 502, 393.
Ouvré, 137.
Ovide, 427, 436.

P

Pace, 431.
Pace de Certaldo, 461.
Paciarius, 37, 66, 67.
Pacino Angiolieri, 430.
Padoue, 54, 161, 175, 239, 250, 268, 413, 416, 505, 518.
Paganisme, 3.
Paglia, 194.
Palais communal, 51, 122.
Palerme, 259, 421.
Palermo, 425.
Panciatichi, 7.
Pandolfo Savelli, 164, 166, 169.
Panico, 113.
Pannuccio, 429.
Panora, 307.
Panthéon, 485.
Paolino de Pieri, 464.
Papon, 242.
Parabuoi, 509.
Pargoletta, 437.
Paris, 87, 144, 217, 237, 259, 258-260, 313, 416, 440.
Parlascio, 51.
Parme, 24, 104, 163, 175, 482.
Parte Guelfa, 5, 27, 62, 67, 79, 82, 250, 261-263.
Partis, 4, 30, 37, 95, 96.
Pascal Ier, 501.
Passerini, 78, 360, 362.
Passignano, 195.
Pastel, 233.
Pâtisserie, 374.
Paur, 449.
Pauvres, 109.
Pavesari, 50.
Pavie, 160, 163, 477.
Pazzi, 13, 14, 49, 59, 76, 81, 82, 113, 132, 179, 259, 266, 321.
Pazzino des Pazzi, 49, 81, 98, 173, 174.
Péages, 242.
Peaussiers, 280.

Pedoni, 76, 77, 94, 101, 108, 109, 117, 118, 124, 149, 176, 185, 187-189, 193, 197.
Pedro d'Aragon, 108.
Pegolotti, 239, 243, 273, 274, 389.
Peinture, 251, 498.
Peinture infamante, 74, 79.
Pékin, 272.
Pellegrue, 149, 162, 164.
Pelli, 449.
Pénalités, 290, 291.
Pepe, 295.
Père de famille, 329.
Pérouse, 45, 98, 99, 103, 159, 163, 181-183, 188, 190, 203, 258, 266, 276, 496, 497.
Perpignan, 240.
Perrens, 361.
Perse (pays), 250.
Perse (auteur), 413.
Perticari, 461.
Peruzzi, 95, 131, 158, 178, 237, 243, 246, 256-259, 261, 266, 331, 334, 336, 364, 402.
Pescia, 55.
Petit, 478.
Petracco, 14, 66, 67, 211.
Pétrarque, 423.
Pétrarque, 14, 48, 67, 243, 429, 433, 435, 456, 514.
Petreius, 459.
Pez, 441.
Phèdre, 495, 496.
Phidias, 526.
Philippe de Courtenay, 32.
Philippe de Tarente, 159.
Philippe le Bel, 30, 32, 39, 71, 105, 106, 139, 141-145, 170, 205, 208, 353, 433.
Philistins, 160.
Phocée, 254.

Piacente, 397.
Pian di Trevigne, 76.
Picchiapetto, 384.
Pie V, 248.
Piémont, 152, 353, 527.
Pierre de Courtenay, 32.
Pierre de la Vigne, 422.
Pierre de Naples (Tempête), 174, 203.
Piero della Branca, 128.
Pietra des Scrovigni, 437.
Pietra Santa, 164.
Pietro d'Albano, 215.
Pietro de Biagio, 494.
Pietro de Tuderte, 168.
Pigli, 13.
Pillage, 97, 190, 191, 200.
Piombino, 175.
Pise, 34, 37, 77, 80, 98, 100, 106, 111, 149-151, 163, 172, 173, 179, 185, 189, 190, 196, 197, 200, 201, 205, 206, 208, 214, 241, 243, 245, 250, 259, 265, 267, 269, 272, 306, 323, 327, 402, 420, 429, 481, 483, 486, 493, 496, 498, 505, 518.
Pistoia, 7, 8, 10-13, 30, 34-36, 42, 62, 72-76, 79, 93, 98, 100, 106-114, 132, 161, 163, 215, 240, 266, 292, 327, 429, 483, 494, 497.
Piteccio, 112.
Pitti, 239.
Pizzetti, 477.
Plaisance, 482.
Platon, 422, 440, 500, 526.
Plaute, 368.
Pline, 498.
Plutarque, 440.
Pô, 160.
Poccianti, 430.
Poésie vulgaire, 420-423.
Poggibonzi, 41, 190, 195.

197, 198, 200, 205, 208.
Poitiers, 144.
Polenta, 80, 451.
Police, 405-407.
Pomposa, 527.
Ponciardo des Ponti, 86.
Pont alla Carraja, 91, 92, 187, 486.
Pont alla Trinita, 44, 91.
Pont Rubaconte, 91, 187, 382.
Pontassieve, 25.
Pontedera, 172.
Pontelungo, 35.
Ponte Molle, 176.
Ponte Vecchio, 279, 364.
Popolani, 5, 12, 18, 27, 37, 38, 46, 50, 56, 57, 66, 82, 85, 86, 89, 95, 104, 107, 118, 119, 123, 125, 126, 166, 187, 293, 300, 328, 329.
Popolo grasso, 81.
Popolo minuto, 5, 81.
Population, 216, 217.
Porc, 303, 317, 368, 385.
Porte Albertinelli, 49.
Porte al prato, 247.
Porte al vescovo, 101.
Porte a Pinti, 49, 187.
Porte des Spadai, 101-103.
Porte S. Ambrogio, 158, 186.
Porte S. Croce, 186.
Porte S. Gallo, 158.
Porte S. Pier Gattolini, 320.
Porte S. Piero, 4, 15, 394.
Portinari, 26, 259.
Porto Beltramo, 164.
Porto Pisano, 259.
Porto Venere, 173, 239.
Portraits, 120, 456, 515.
Portugal, 240, 245, 258.
Posati, 10, 12.
Potestat, 10, 24, 34, 55, 64, 75, 77, 78, 93,

104, 105, 107, 112, 120, 122, 123, 128, 166, 168, 187, 227, 286, 351.
Pouille, 82, 162, 208, 211, 386, 423, 494.
Prato, 17, 34, 93, 94, 163, 291.
Prato (card. de), 87-94, 98, 110, 111, 141, 162, 183.
Pratovecchio, 155.
Prédicateurs, 465, 466.
Prete (Del), 382.
Prieurs, 11, 18, 22, 46, 47, 50, 58, 82, 84-86, 93, 106, 119-122, 131, 177, 178, 186, 187, 203, 259, 275.
Prisonniers, 51, 58, 157.
Prisons, 50, 58, 81, 104, 294, 296-301, 347.
Procédure, 289.
Proconsolo, 284.
Procope, 504.
Procureurs, 285.
Properce, 423.
Propriété, 265, 267.
Proscriptions, 61-64, 66, 67, 71-73.
Prose florentine, 574.
Protection, 242, 265-267.
Provençaux, 420, 429, 442.
Provence, 240, 422.
Provins, 210.
Ptolémée, 427.
Ptolémée de Lucques, 8.
Puccino, 73.
Puccio de Ventura, 327.
Pulci, 246.
Pulci (Ant.), 371.
Pulci (Luigi), 373, 374.
Pulciarello, 430.
Pulcinelli, 488.
Pulicciano, 77, 80.
Puricelli monum., 579.
Puttagli, 104.
Pyrénées, 156.

Q

Querelles, 392.
Quinet, 448, 452.

R

Rabanis, 105.
Radda, 115.
Raimbaut de Vagueiras, 420.
Rainaldo, architecte, 481.
Rainaldo de Spolète, 119.
Rambaldi, 456.
Ramée, 480.
Raminghi, 402.
Ranalli, 491.
Ranieri de Palerme, 422.
Ranieri de Rinovardi, 331.
Ranke, 435.
Raoul de Houdan, 441.
Raphaël, 457, 521.
Ratherius, 413.
Ravenne, 240, 247, 269, 281, 428, 510, 518.
Redi, 430, 433.
Réforme des arts, 250, 231.
Refuge (maison de), 344, 345, 348.
Reggio, 175, 265, 269.
Reims (év. de), 173.
Religieuses, 321, 383, 384.
Religieux de St-Denis, 276.
Rembert, 441.
Rembrandt, 454.
Remole, 25, 127, 128.
Renaldini, 102.
Renan, 476.
Renieri del Pazzo, 50.
Repas, 350, 351, 367, 368, 369-375.
Représailles, 131, 267-271.
Reumont, 204, 435.
Revendeurs, 302, 312.
Revue Historique, 464.
Rhéa, 413.

INDEX ALPHABÉTIQUE.

Rhodes, 259.
Rhône, 199.
Ribeba, 374.
Ricasoli, 115, 186.
Ricci, 95.
Ricco Falconetti, 18.
Riccomano, 419.
Ricerche sopra S. Giovanni, 478.
Richard de S. Victor, 446.
Richard et Giraud, 140.
Ricimer, 476.
Rico Andrea, 502.
Ricordi, 257, 461-464.
Ricoverino des Adimari, 16.
Ricuccio, 431.
Ridolfi, 56, 77.
Ridolfo de Capraja, 267.
Rifiuto (Gran), 42.
Riformagioni, 66, 67.
Rimini, 117, 240, 518.
Rio, 489.
Ripoli, 123.
Ristori, 259.
Ristoro (Fra), 486, 487, 489.
Robbia, 233.
Robert de Flandre, 200.
Robert de Naples, 106-108, 110, 145, 147, 151, 157, 158, 167, 174, 175, 177, 178, 180, 181, 183, 188, 202-207, 211.
Rodolphe, 40.
Rodolfo de Capraja, 333.
Roger II, 420
Rogerio de Doadola, 105.
Rolandino, 413.
Romagne, 29, 30, 39, 92, 93, 100, 164, 187, 188.
Romains, 7, 48, 368.
Roman de la Rose, 416.
Romandiola, 167, 198.
Rome, 83, 87, 124, 139, 145, 147, 154, 159, 163, 168, 172-181, 188, 204, 205, 214, 234, 239, 258, 412,

413, 484, 494, 505, 510, 517, 518.
Romena, 81, 90, 99, 155, 269.
Roncaglia, 135.
Rondine, 269.
Rondinelli, 184.
Roscelin, 416.
Rosenkranz, 441.
Rosetti, 235.
Rosini, 497.
Rossetti, 140, 445.
Rossi, 13, 34, 85, 98, 117.
Rosso della Tosa, 13, 28, 67, 81, 82, 85, 92, 96, 98, 104, 105, 119, 126, 131, 173.
Rosweid, 441.
Rouen, 239.
Rovezzano, 130.
Rubaconte, 288, 292.
Rubicon, 155.
Rucellai, 234, 394.
Rues, 101, 249-251, 349, 366, 390, 508
Ruffoli, 268.
Rumohr, 479, 491.
Rustico de Filippo, 451.
Rustico de Rinieri, 293, 321, 322.
Rustico, peintre, 508.
Rusticucci, 451.
Rutebeuf, 441.
Ruth, 137, 424.

S

Sabine, 149.
Sacchetti, 286.
Sade, 67.
Sages, 71.
Sagonte, 156.
Saint-Ange (château), 176, 177.
Saint Anselme, 416.
Saint Antoine, 384, 385, 386.
Saint Antonin, 321, 332.
Saint Augustin, 383, 422, 446.

Saint-Bénigne, 479.
Saint Benoît, 383, 412.
Saint Bernard, 446.
Saint Clément d'Alexandrie, 499.
Saint Cyrille, 499, 500.
Saint-Denis, 239.
Sainte Agnès de Padoue, 505.
Sainte-Cécile de Rome, 501.
Sainte-Geneviève de Paris, 441.
Sainte-Sophie de Constantinople, 486.
Saint-Esprit, 140.
Saint François d'Assise, 458.
Saint-Gilles, 240.
Saint-Jacques-de-Galice, 384.
Saint Jean-Baptiste, 55.
Saint-Jean de Latran, 176, 179.
Saint-Marc de Venise, 460, 503.
Saint-Nicolas de Trévise, 501.
Saint Paul, 446, 447.
Saint-Pierre, 176, 179, 518.
Saint Pierre au ciel d'or, 334.
Saint Pierre martyr, 389.
Saints, 383, 451.
Saisset, 529.
Salaires, 123, 161.
Salimbeni, 258.
Salinguerra, 80.
Salomon, 292.
Salomon de Luca, 265.
Salluste, 459, 466.
Salterelli (Lapo), 14.
Salterelli (Simone), 14.
Salvatico, 479.
Salvetti, 23.
Salviati, 466.
Salviati, 258.
Sambuca, 112.
San Barduccio, 383.
San Casciano, 105, 194, 200, 279.

San Concordio, 466.
Sandi, 250.
San Donato a torri, 247.
San Donato d'Arezzo, 493.
San Fedele de Milan, 501.
San Frediano de Lucques, 480.
San Friano, 91, 100.
San Gaggio, 195.
San Gallo, 100, 102.
San Gaudenzio, 115.
San Gemignano, 132, 198, 401, 402, 429.
San Gherardo de Villamagna, 583.
San Giovanni, 88, 96, 101, 103, 157, 298, 301, 322, 405, 456, 478, 481, 488, 509, 513.
San Giovanni (du Val d'Arno), 123, 185, 488.
San Jacopo a Pietrafitta, 292.
San Lorenzo, 101, 323.
San Marco de Florence, 519.
San Martino della Scala, 334.
San Martino de Lucques, 480.
San Michele de Lucques, 480.
San Miniato a Monte, 480, 489, 502.
San Miniato al Tedesco, 36, 157, 163, 172, 193, 208, 287, 381.
San Niccolò, 91, 100.
San Paolo de Pistoia, 482.
San Pier Maggiore, 25, 49, 128, 321.
San Piero, 60.
San Pier Scheraggio, 88, 97, 119, 121, 286.
San Romano, 77.
San Salvatore, 481.
San Salvi, 130, 186.

San Savino, 169, 175.
San Simone, 58.
Santa Caterina de Bologne, 387.
Santa Caterina d'Ognissanti, 248.
Santa Croce, 60, 101, 309, 332, 402, 488, 511, 512, 519.
Santa Fiore, 189, 190.
Santa Lucia sul Prato, 247.
Santa Margherita, 195.
Santa Maria alba de Lucques, 480.
Santa Maria alle grazie, 382.
Santa Maria de Cigoli, 381.
Santa Maria dei servi de Sienne, 508.
Santa Maria del Fiore, 489.
Santa Maria della Selva, 381.
Santa Maria Impruneta, 381.
Santa Maria Maggiore, 332.
Santa Maria Novella, 8, 46, 49, 394, 457, 486, 489, 502, 506, 510, 512, 519, 528.
Santa Maria Novella (château), 194, 197.
Santa Maria Primerana, 381.
Santa Maria sopra porta, 250.
Santa Reparata, 55, 102, 246, 306, 386, 456, 481, 489, 513.
Santa Trinita, 16, 27, 293, 512.
Santa Verdiana, 381.
Santa Zita, 86.
San Tommaso, 508.
Santo Spirito, 512.
Santo Stefano in Pane, 123.
San Zanobi, 55, 280, 321.

Sanzanome, 415, 464.
Sapeurs, 76.
Sardaigne, 149, 342.
Sarrasins, 53.
Sarzana, 28, 29, 164.
Saturne, 47, 413.
Sauf-conduit, 296.
Savetiers, 501.
Savoie, 144, 154, 173, 176, 185, 192.
Scala (Della), 153.
Scali, 13.
Scarabullo, 293.
Scarlatte di colpo, 233.
Scarlattini, 234.
Scarperia, 115.
Scarpetta des Ordelaffi, 77, 79, 80.
Scartazzini, 449.
Sceaux, 128.
Scheffer-Boichorst, 414
Scheraggio, 345.
Schiatta des Cancellieri, 48, 75.
Schlosser, 137, 449.
Schnaase, 491.
Schupfer, 338.
Scipion, 342.
Scolari, 91, 115.
Scrutin, 125, 225.
Sculpture, 491-498.
Secchi, 74, 75, 80.
Segna de Maffeo, 264.
Segna, peintre, 508.
Selmi, 137, 449.
Sénateur, 145, 148.
Sénèque, 413.
Sennuccio del Bene, 211, 215.
Sensali, *voy.* Courtiers.
Serezzano, 28.
Sermons, 346, 579.
Serraglio, 348, 350.
Serravalle, 76.
Servi, 49, 100, 102.
Sestiere, 21, 76, 88, 89, 91, 104, 107, 183.
Settimo, 128, 248.
Shakespeare, 378, 447, 454.
Sicile, 52, 53, 56, 59, 42, 64, 68, 82, 108,

INDEX ALPHABÉTIQUE. 579

139, 239, 420, 423, 486.
Siége de Florence, 186-192.
Siége de Pistoia, 109-112.
Sienne, 41, 43, 76, 79, 80, 95, 101, 102, 118, 151, 159, 163, 168, 175, 176, 180-183, 190, 198, 200, 203, 208, 243, 258, 279, 292, 391, 419, 420, 486, 487, 494-497, 506-509, 523, 528.
Sieve, 191.
Sigier de Brabant, 440.
Silius Italicus, 440.
Silvatico, 184, 190.
Siméon, 145.
Siminetto, 331.
Simone del Salto, 269.
Simone de S. Andrea, 264.
Simone Donati, 60.
Simone Filippi, 148.
Simone, médecin, 277.
Simone, peintre, 508.
Simonin, 234.
Simplici, 366.
Sinaï, 387.
Sindacato, 123, 288, 305.
Sinibaldo Donati, 28.
Sismondi, 418.
Sisto (Fra), 486, 487, 489.
Sociétés, 232, 245, 247, 255, 261, 266, 269, 295, 419.
Soderini, 259.
Soie, 250-252, 280, 295.
Soldanieri, 91, 389.
Solde, 124.
Soleil, 136.
Solidarité, 3.
Sommari, 338.
Sophocle, 526.
Soprastanti des prisons, 297.
Sordello, 422.
Spendereccia, 395.
Spigolistra, 384.

Spigolo, 384.
Spina, Spini, 13, 17, 44, 45, 81, 82, 98, 166, 245, 246, 259, 266, 332. — *Voy.* Geri.
Spinelli, 458.
Spinola, 202, 215.
Spire, 148.
Spolète, 71, 87, 168, 268.
Sprengel, 279.
Stabili, 457.
Stace, 440.
Staggia, 41, 266.
Staio, 307.
Statuts des villes, 338.
Stearino, 527.
Stefano, peintre, 505.
Stern (Daniel), 447.
Stibbio, 77.
Stieglitz, 491.
Stinche, 104, 105, 129, 291.
Strinati, 389, 463.
Strozzi, 95, 257, 259, 457.
Subiaco, 503.
Subsides, 151.
Substitutions, 330, 331, 333.
Suisse, 440.
Superstitions, 380-386.
Sylla, 95.
Syndics, 73, 80, 91, 94, 123, 225, 238, 262, 275.
Syrie, 272, 493.

T

Table, *voy.* Repas.
Tacite, 454, 456.
Taddeo d'Alderotto, 281, 282.
Taddeo Dini, 387.
Tafi (Andrea), 509, 513.
Tafi (Antonio), 509.
Tafo, 385.
Taglia, 83, 106.
Tagliacozzo, 494.
Talenti, 486, 489.

Tana, 273.
Tarente, 159.
Tartare, 465.
Tasso (Faustino), 210.
Taux de l'intérêt, 262, 263.
Taxes, 304, 305, 307.
Tebaldo de Montelupone, 55.
Tedaldini, 26.
Tegrimo, 267.
Teinturiers, 232-235.
Telamone, 240.
Témoins, 72.
Térence, 413.
Ternibili, 128.
Terre sainte, 33.
Tesoretto, 427, 428, 441.
Testaments, 330-335.
Théodoric, 500.
Théophile, 501.
Theotocos, 413.
Thessalie, 108, 146, 147.
Thierry (Am.), 409.
Thomas d'Aquin, 134.
Thor Sundby, 428.
Tibre, 160.
Tibulle, 423.
Tino, 495.
Tirage au sort, 21, 22.
Tiratoi, 249.
Tivoli, 179-181.
Todi, 183, 184.
Tolosato des Uberti, 100, 102, 109, 111.
Tommaso del Garbo, 245.
Tommaseo, 419.
Tommaso de Messine, 422.
Tondeurs, 232.
Tonneliers, 309.
Torches, 351, 352.
Tornaquinci, 13, 98, 117, 177, 389.
Toro de Berlinghieri, 509, 510.
Torre (Della), 152, 154, 168, 216.
Torri, 90.
Torriti, peintre, 509.
Tortoli, 422.
Tosa, Tosinghi, 13, 28,

52, 53, 77, 81, 82, 91, 92, 105, 389.
Totila, 47, 68.
Toulon, 240.
Toulouse, 240.
Tours, 483.
Traducteurs, 458.
Trebbio, 53.
Treccio de Ransci, 293.
Trenta, 478.
Trésor, 423, 426.
Trespiano, 93.
Trèves, *voy.* Baudouin.
Trévise, 455.
Tribus, 123.
Tristizia, 86.
Troie, 413.
Troubadours, 420, 424.
Troya, 75, 486.
Troyes, 240.
Tuderte, 168.
Tunis, 242, 259.
Turnus, 155.
Tuteurs, 333.

U

Ubaldini, 77, 114-116, 131.
Ubaldini (Ottaviano), 430.
Uberti, 91, 115, 214, 362. — *Voy.* Tolosato.
Uberti (Lapo), 430.
Ubertini, 80, 91, 115, 179.
Udine, 455.
Ugheti, 180.
Ugolino de Corigia, 24.
Ugolino de la Gherardesca, 451.
Ugolino, peintre, 508, 521.
Uguccione de la Faggiuola, 30, 75, 76, 127, 128, 149, 172, 215.
Uguccione Renaldini, 102.
Umili, 247.
Umiliana des Cerchi, 383.
Umiliati, 247, 248, 519.
Unanimité, 347.
Université, 114.
Urbiciani, 429.
Urbino, 518.

Urstitius, 142.
Usudiomare, 273.
Usure, 227, 263, 264, 379. — *Voy.* Taux.
Uzzano (Da), 257, 273.

V

Valbona, 268.
Valentino de Vallombreuse, 317.
Valerius Flaccus, 440.
Valois, *voy.* Charles.
Vanneurs, 236.
Vanni, 9.
Vanni Barocci, 195.
Vanni de Cotto, 254.
Vanni de Montevarchi, 300.
Varron, 413.
Vecer, 141.
Végèce, 459.
Velluti, 231, 259.
Velours, 251, 252.
Venciolo de Guccianello, 45.
Venise, 71, 152, 207, 235, 236, 240, 350, 256, 258-261, 268, 272, 287, 320, 357, 359, 505.
Ventraia, 131.
Ventura de Gualtieri, 509.
Vergolese, 215.
Vernaccia, 257.
Vérone, 153, 250, 505, 518.
Vers à soie, 252.
Verts, 74, 75, 80.
Vespignano, 513.
Veuvage, 339, 344.
Vicaires, 107, 152, 154, 203.
Vicence, 164, 250.
Vico, 457.
Vienne, 503.
Vierge, 280, 298, 301, 386, 413, 454, 485, 495.
Vieri des Cerchi, 4-6, 13, 26, 28, 42, 48, 52, 67, 90, 115, 215.

Vieri (Michele), 278.
Villani (Filippo), 285.
Villani (Giovanni), 237, 414, 464, 465.
Villari, 449.
Vinattieri, 303, 305, 345, 576.
Vincent de Beauvais, 441.
Vinci, 132.
Vins, 375, 376.
Vipère, 160.
Virgile, 440, 445, 448, 452, 503.
Virginio, 197.
Viridarium consolationis, 459.
Visconti, 149, 153.
Visconti, 498.
Visdomini, 13, 320-322.
Vita nuova, 467-469.
Viterbe, 175, 183, 268, 494.
Voituriers, 74, 260.
Voleurs, 259, 260, 322.
Volognano, 96.
Volterre, 28, 132, 163, 494.
Voyages, 239, 259, 273.

W

Wadding, 273.
Wagner, 435.
Wegele, 144, 449.
Werner de Homburg, 171.
Wettin, 441.
Wheler, 478.
Wilhelm, 486.
Wippo, 411.
Witte, 137, 435, 449.

Y

Yolande d'Aragon, 149.
Yule, 273.

Z

Zanon, 250.
Zecche, 257.
Ziza, 486.

ERRATA

Page 101, note 3 : au lieu de *Plan de Florence joint à ce volume*, lisez : *au deuxième volume*.

Page 266, ligne 21 : au lieu de *portera*, lisez : *porterait*.

Page 347, ligne 15 : au lieu de *ce qu'il doit*, lisez : *ce qu'ils doivent*.

Page 374, note 1, ligne 9 : au lieu de *florentine*, lisez : *fiorentine*.

Page 460, note 1, ligne 7 : à la place du mot enlevé, lisez : *Ammirato*.

www.ingramcontent.com/pod-product-compliance
Lightning Source LLC
Chambersburg PA
CBHW070411230426
43665CB00012B/1328